新中國史

新中國史

존 킹 페어뱅크
멀 골드만

김형종, 신성곤 옮김

까치

CHINA : A NEW HISTORY (Enlarged Edition)

by John King Fairbank and Merle Goldman

역자 김형종(金衡鍾) 1982년 서울대학교 인문대학 동양사학과 졸업, 1984년
서울대학교 인문대학 대학원 동양사학과 졸업(석사), 1997년 서울대학교 인문대
학 동양사학과 졸업(박사), 1989-1997년 서울대학교 인문대학 동양사학과, 한국외
국어대학교 사학과, 가톨릭대학교 국사학과, 한림대학교 사학과 강사, 1998년 서
울대학교 인문대학 동양사학과 조교수, 2002-현재 서울대학교 인문대학 동양사학
과 부교수. 저서 :『清末新政期의 研究』(서울대학교출판부, 2002), 번역서 :『중
국현대사상사론』(한길사, 2005), 『중국현대사상사의 굴절』(지식산업사, 1992)

신성곤(辛聖坤) 1984년 서울대학교 인문대학 동양사학과 졸업. 1987년 서울대
학교 인문대학 대학원 동양사학과 졸업(석사), 1995년 서울대학교 인문대학 대학
원 동양사학과 졸업(박사), 1995-2001년 국립경상대학교 인문대학 사학과 전임강
사 및 조교수 역임, 1999-2000년 중국 청도대학 교환교수, 2001-현재 한양대학교
인문과학대학 사학과 부교수

편집-교정 김인애(金仁愛)

신중국사

저자 / 존 킹 페어뱅크, 멀 골드만
역자 / 김형종, 신성곤
발행처 / 까치글방
발행인 / 박후영
주소 / 서울시 용산구 서빙고로 67, 파크타워 103동 1003호
전화 / 02 · 735 · 8998, 736 · 7768
팩시밀리 / 02 · 723 · 4591
홈페이지 / www.kachibooks.co.kr
전자우편 / kachisa@unitel.co.kr
등록번호 / 1-528
등록일 / 1977. 8. 5
초판 1쇄 발행일 / 1994. 10. 30
수정증보판 1쇄 발행일 / 2005. 1. 30
        8쇄 발행일 / 2018. 3. 20
값 / 뒤표지에 쓰여 있음

ISBN 89-7291-376-6 93910

월마, 로라, 홀리 페어뱅크를 위하여

차례

제2부 후기 중화제국, 1600-1911년

제3부 중화민국, 1912-1949년

제4부 중화인민공화국, 1949-1991년

〈지도차례〉

<h1 style="text-align:center">수정증보판의 서문</h1>

성년 시절 내내 중국이라는 나라의 역사와 사회에 매혹되었던 존 킹 페어뱅크 교수는 중국에 대해서 쓰고 가르치는 데에 일생을 바쳤다. 이 책은 그러한 그의 이력에 가장 적절한 결말이라고 할 수 있다.

동료나 제자들로부터 JKF라는 애칭으로 불린 페어뱅크는 영국사 연구자로서 출발했다. 하지만 중국에 머무르면서 박사학위를 위한 연구를 하는 도중인 1932년 중국의 외교문서[1]가 공간되면서 그는 중국 연구에 끌리게 되었다. 결국 그의 박사논문은 청조의 공문서(公文書)와 중국과 서구의 상호관계에 대한 연구를 출범시킨 『중국 연안의 무역과 외교(*Trade and Diplomacy on the China Coast*)』라는 선구적인 저작으로 모습을 드러내게 되었다. 1936년 페어뱅크는 하버드 대학교 역사학부에 합류하여 중국 근대사를 교과과정에 도입했다. 그는 비꼬는 재치와 유머가 가득한 슬라이드를 곁들인 강의로 역사를 하나의 이야기로 만들어 보여주었다. 그 이후의 50년 동안 그는 하버드 대학교에서 계속 가르쳤고, 워싱턴 D.C.나 제2차세계대전 중의 중국에서 미국 정부를 위해서 일하기도 했다. 또한 수백 편의 논문, 평론, 논평, 회의선언과 30권이 넘는 책을 혼자서 또는 함께 쓰고, 편집했다. 페어뱅크는 미국뿐만 아니라 거의 전 세계에서 스승이자 논평자, 행정가, 대중교육가, 그리고 역사가로서 근대 중국사 연구분야의 학장(學長) 역할을 맡았다.

나는 1953년에 하버드 대학교의 동아시아 지역 연구 석사과정에 들어가서 처음 JKF를 만났다. 그는 뒤이어 내 박사논문 지도교수가 되었으며, 지금까지 내가 일하는 하버드 동아시아 연구 센터(나중에 페어뱅크 센터로 이름이 바뀌었다)의 부연구원이 되도록 초빙하여주었다. 그는 영감을 불어넣어주지만 동시에 아주 까다로운 요구를 하는 지도교수였다. 그의 훈련을 받은 다른

---

1) 이것은 『주판이무시말(籌辦夷務始末)』을 가리키는데 책 제목은 "오랑캐와 관련된 업무를 처리한 경과"라는 의미이다. 오늘날의 기준으로 보면 "외교문서"인데 19세기 중반 청조의 서양과의 교섭관계 문서인 『주판이무시말』은 1929–1930년 사이 영인, 출판되었다.

수십 명의 중국사 연구자들에게 한 것처럼 그는 가차없이 이끌고, 부추기고, 떠밀어서 내가 박사학위 과정을 마치고 첫 저서를 출판할 수 있게 해주었다. 보스턴 대학교에서 학생들을 가르치기 시작하고 스스로 제자들을 거느리게 된 다음에도 그는 여전히 내게 변함 없이, 압도적인 존재였다. 때때로 그는, 그것도 보통 주말에 아침 7시 이전에 전화를 걸어서 내가 쓴 글에 대해서 굉장히 기뻤다고 하면서 아울러 "좀더 낫게" 표현할 수 있는 방법을 제시해주기도 했다.

페어뱅크 교수가 이 책을 끝마쳤을 무렵, 모택동 이후 시기의 개혁은 겨우 10년 남짓 진행되었을 뿐이어서 역사적인 맥락에서 분석될 수는 없었다. 내가 쓴 제21장과 후기는 이 개혁시기를 좀더 세밀하게 다루면서 제1판보다 좀더 거시적인 시각을 제시하려는 의도에서 쓴 것이다. 내 견해는 또한 얼마간 페어뱅크 교수의 견해와도 다르다. JKF의 잘 알려진 또다른 미덕 가운데 하나는 자신과는 다른 주제나 접근방식에 관심을 가진 학생들을 기꺼이 떠맡고 장려해준 점이었다.

페어뱅크 교수는 인구나 제도라는 요소를 강조하고 중국의 독특함에 중점을 두었다. 그러나 나는 사상사와 정치사에 보다 관심을 가졌고, 유교적 가치와 서구적 가치의 중첩을 좀더 크게 평가하는 편이었다. 또 그는 모택동 이후의 시기를 억압적이고 퇴행적인 최근 중국 역사의 연장선상에 있는 것으로 파악했다. 하지만 나는 이 시대가 좀더 변화에 대해서 개방적인 태도를 가졌다고 보았다. 그의 어두운 시각은 부분적으로는 이 책이 1989년 6월 4일 천안문 광장에서의 처절한 진압 직후에 완성되었다는 점에 돌릴 수 있을 것이다. 자신의 서문에서 그는 19세기 이전까지 대부분의 측면에서 중국은 서구보다 훨씬 앞서 있었으나, 근대에 들어와 뒤처지게 되었다고 지적했다. 심지어 그는 다른 곳에서 중국 혁명까지도 근대의 역사에서 가장 길고, 가장 어렵고, 가장 많은 피를 흘린 것이었다고 주장하기도 했다. 그는 중국이 과연 선진세계를 따라잡을 수 있을 것인가 하는 비관적인 우려를 자주 드러내었다.

이 질문은 오늘날에도 여전히 답을 찾지 못하고 있다. 페어뱅크가 누차 지적한 것처럼 중국은 12억이나 되고 또 그 크기가 계속 늘어나는 지구상에서 가장 큰 인구를 먹이고, 재우고, 생계를 보장해주어야 한다는 독특한 문제를 안고 있다. 하지만 내가 후기에서 쓴 것처럼 많은 어려움에도 불구하고, 모택동 이후 시기의 중국은 이러한 문제들을 처리할 수 있는 방법을 찾고 있으며, 그 오랜 위대함을 되살릴 수 있는 잠재력도 획득한 것처럼 보인다. 강대국이 되는 데에 성공하건 아니건, 중국은 앞으로의 시대에 세계의 나머지 국가들에게 거대한 충격으로 다가올 것이다.

멀 골드만
1997년 12월

저자의 서문

1970년대 이래 현대화(現代化)는 거대한 중국 혁명의 현재 국면을 규정하고 있다. 이 덕분에 중국은 보다 다양하고 역동적인 곳으로 부각되고 있다. "하나의 중국, 하나의 문화"라는 것은 여전히 12억5,000만 중국인들의 애국적 슬로건이다. 여기에는 과거의 유교적 지배 엘리트들이 고집했던 정치적 통일이라는 이상이 반영되어 있다. 그러나 1930년대 이래 중국인들이 겪어온 침략과 반란, 내전과 개혁의 경험은 중앙의 독재와 지방의 복종이라는 오래된 합의를 무너뜨려버렸다. 교육과 경제의 근대화는 중국 인민 대다수에게 새로운 기회, 새로운 직업과 생활방식을 창출해주고 있다. 새로운 사상과 정치제도가 모습을 드러낼 날도 멀지 않았다.

중국인의 생활에 대한 이러한 변혁과 더불어 세계 도처에서는 중국에 대한 연구가 아주 급속도로 성장했다. 지난 20년간 쏟아져나온 전문적인 저술들은 중국의 역사와 제도에 대한 우리의 견해를 현대화시키기 시작했다. 이러한 새로운 견해들 때문에 중국을 "중국인"이 거주하는 하나의 단일한 실체로 보고 중국에 관한 것이면 무엇이든지 연구했던 과거 한학가(漢學家, sinologue)들의 접근방식은 이미 낡은 것이 되어버렸다. 수천 군데의 유적지를 발굴하는 고고학자, 새로운 방대한 문서들을 조사하는 역사학자, 그리고 지방사회에 대해서 연구하는 사회과학자들은 이미 하나의 획일적인 중국이라는 통일체의 개념을 깨부수어나가고 있다.

이 『신중국사(*China : A New History*)』에서는 이러한 최근의 연구작업을 대부분 소개하고 있다. 하지만 새로운 증거와 해석 사이에는 영원한 시소 놀이가 존재한다. 때문에 어떤 새로운 역사서술이든 간에 여전히 풀리지 않는 수많은 문제가 뒤엉켜서 상당히 거친 윤곽을 가지기 마련이다. 그러나 역사적인 지혜의 길은 어떤 주제들이 여전히 논쟁 중에 있고, 현재의 주요한 의문들은 어떤 것인가를 확인하는 데에 있지, 그것들을 한꺼번에 해결해버리는 데에 있지는 않다. 우리의 도서관은 중국에 관해서 모든 것을 아는 체하지만 스스로의 무지를 전혀 깨닫지 못하는 저자들의 의견으로 가득 차 있다. 지식의 팽창은 동시에 무지의 크기도 늘려놓았다.

이 책의 서술방향은 다음과 같다. 중국 사회에 대한 여러 가지 접근의 시각에 주목한 다음, 우리는 우선 선사시대를 살펴보게 될 것이다. 1920년 이래 고고학은 중국의 신화와 전설이라는 낡은 껍질을 부수어왔다. 동시에 그것은 그 가운데 많은 것이 실제 사실이라는 점을 다시 확인해주기도 했다. 과학적인 발굴을 통해서 북경원인(北京原人)을 발견했으며, 신석기시대의 발전을 추적하고, 한때에는 전설에 지나지 않았던 상(商)왕조와 하(夏)왕조의 청동기시대 수도를 발견했다. 우리는 우선 거의 독자적인 중국 문명의 놀라운 연속성이라는 점을 확인하는 데에서부터 시작하게 될 것이다.

그 다음에는 황제독재체제, 사대부(엘리트), 그리고 그들이 다스린 국가와 사회의 성장을 추적하게 될 것이다. 주요한 시기들 —— 한(漢), 당(唐), 송(宋), 명(明), 청(淸) —— 에 대한 최근의 연구는 우리들로 하여금 세련된 중국 문명을 평가할 수 있게 해준다. 그렇게 적은 수의 사람들이 그렇게 오랫동안, 그렇게 많은 사람들을 지배해온 경우는 중국 외에는 없었다. 하지만 이러한 황제독재와 엘리트주의의 성공은 문제를 남겨놓았다. 황제는 의례(儀禮)를 통해서 군림했으며, 사대부들은 도덕적 자기수양에 몰두했다. 관료들은 백성들 사이에서 교묘한 자아조절의 메커니즘이 움직이게 했고, 만일의 경우를 대비하여 엄격한 형법을 마련해두었다. 전통적인 이 모든 것의 혼합체가 자급자족적이고 자기영속적인 문명을 만들어냈다. 하지만 그것은 현대화를 추진하겠다는 동기를 갖춘 정부가 이끄는 근대적 국민국가를 만들어내지는 못했다.

지난 2,000년 동안의 중국 역사를 살펴보면 오늘날 모든 애국적인 중국인들을 괴롭히고 있는 하나의 커다란 역설을 발견할 수 있게 된다. 유럽과 비교하면 11세기와 12세기의 중국은 문명 대부분의 측면에서 앞서 있는 선구자였다. 반면 19세기와 20세기의 중국은 유럽에 비해서 훨씬 뒤떨어져 있었다. 1620년 무렵 프랜시스 베이컨은 인쇄술과 화약, 나침반에 의해서 세계가 만들어지고 있다고 말했다. 그는 이 세 가지 모두가 중국에서 최초로 나타났다는 사실을 언급하지 않았다. 그렇지만 1200년대의 중국이 대체로 유럽보다 훨씬 앞서 있었다는 점은 오늘날 널리 인정되고 있다. 그렇다면 왜 중국은 뒤처지게 되었는가? 세계 주요 국가의 국민들 가운데 왜 중국인만이 현대화의 길로 접어드는 데에 뒤떨어지게 되었는가? 18세기와 같은 가까운 과거에는 중국과 유럽이 생활조건이나 삶의 쾌적함 면에서 일반적으로 비슷한 수준이 었다. 그런데 왜 중국은 공업화로 나아가는 유럽의 뒤를 따르는 데에 그토록 처참한 실패를 맛보았던가? 이러한 커다란 문제는 단순하거나 단일한 원인에 기초한 해답으로는 풀리지 않을 것이다. 제2부에서 우리는 이러한 흥미있는 질문에 대해서 여러 가지 각도로 추적해보게 될 것이다.

제3부에서 우리는 모택동(毛澤東)이 지배하는 중국공산당이 권좌에 올라가는 모습을, 그리고 제4부에서는 1949년 이후 그 중국공산당이 놀랍게 변신하는 모습을 보게 될 것이다. 1890년대 이후 일단 중국 사상계의 근대적 혁명이 진행되기 시작하자 어떠한 외국적인 모델도 중국에 맞지 않는다는 것, 많은 모델들이 이용될 수 있지만 적절한 것은 전혀 없다는 것, 그리고 창조적인 중국인들은 스스로의 방식으로 구원을 이루어야 할 것이라는 점이 분명해졌다. 독특한 과거를 가졌으므로 중국이 독특한 미래를 가진다는 것이 이상한 일은 아니다.

이런 결론에 많은 사람들은 어리둥절할 것이다. 하지만 이러한 결론은 현생인류(現生人類 또는 新人, *Homo sapiens sapiens*)라는 종(種) 자체가 (사피엔스라는 단어를 거듭해서 재확인하는 것처럼) 위험에 빠져 있다는 세계적인 공감을 널리 얻고 있는 인식과 일치한다. 20세기는 이전의 모든 세기를 합친 것보다 더 많이 인간이 초래한 고통, 죽음과 환경의 파괴를 목격했다. 중국이 이제 막 외부세계에 합류하려는데 그 세계는 이미 몰락으로 접어들고 있는 것인지도 모른다. 좀더 낙관적인 몇몇 사람들은 지난 3,000년간 중국인이 과시해왔던 생존능력이 결국 우리를 구해줄 것이라고 믿고 있다.

중국의 오랜 역사, 그 다채로운 개혁, 반란과 혁명, 근대 중국의 놀라운 성공과 비참한 실패의 기록에 대해서 새롭고 신선한 조명을 함으로써 우리는 중국의 미래를 형성하고 동시에 우리의 미래에도 영향을 미칠 장기적인 추세와 현재의 조건을 발견할 수 있을 것이다.

존 킹 페어뱅크

1991년 9월 12일

중국사 이해의 시각

역사적 시각의 다양성

미국과 유럽이 서구의 역사를 가장 잘 알고 있는 것처럼, 중국의 역사는 중국이 가장 잘 알고 있다. 이 사실은 중국과 외부세계 사이에서 중국사에 대한 서로 다른 시각을 낳는 원인이 된다. 예를 들면 중국인들은 만주족(滿洲族) 지배자들이 1636년에 새로 세운 국가를 청(淸)이라고 이름 지었다는 사실을 알고 있다. 그러나 미국인들(적어도 보스턴 부근의 사람들)에게 이때는 신세계 최초의 대학인 하버드가 설립된 해로 기억되고 있다. 200만 명 남짓한 만주족이 1억2,000만 이상이 되는 한족(漢族)을 정복한 이후 청조는 267년 동안이나 지배했다. 그 사이 중국인의 수는 약 4억으로 늘어났다. 수도를 북경(北京)에 두고 중국 전체를 지배하면서 청조는 1770년대의 전성기에 몽골, 중앙 아시아, 티베트에 대한 정복을 완성했다. 이 무렵 미국에서는 13개 주, 수백만 명이 반란자들이 영국으로부터의 독립을 선언했다.

18세기의 프랑스와 19세기의 영국의 뒤를 이어, 오늘날에는 미국이 정상에 있는 국가이다. 때문에 미국인에게는 어느 때보다도 절실하게 역사적 시각이 필요하다. 미국의 민주주의적인 시장경제는 중국에서 마지막 공산독재와 대면하고 있다. 이 중국 공산주의의 배후에는 세계에서 가장 오래 된 성공적인 전제(專制)의 전통이 도사리고 있다. 미국인들은 대의제(代議制)의 정치적 민주주의가 세계의 구원을 위한 특별한 선물이라고 여긴다. 하지만 중국은 이러한 것 없이 경제적 현대화를 성취하고자 노력하고 있다. 중국의 독재체제를 쳐부수고 싶어하는 미국 시민들은 미국 내에서 자유와 권력을 행사하는 데에 직면하는 어려움을 돌이켜보는 것이 상당히 쓸모가 있을 것이다. 그러면 과연 중국의 현대적 변혁을 위해서 미국적 모델이 적절한가 하는 질문이 던져지기 때문이다. 예를 들면 미국은 최근 국가의 지도력에서 어려움에 부딪치고 있다. 한 대통령은 알려지지 않은 이유 때문에 암살되었다. 우리는 그 이유에 대해서 차라리 묻지 않는 편을 선호한다. 또다른 대통령은 거짓말에 대한 탄핵을 피하기 위해서 사임했다. 좀더 최근의 할리우드 출신 대통령은 환상적인 삶을 누렸다. 그는 국민이 편안한 마음을 가지도록 자기 자신과 대중에게 계속 거짓말을 해왔다. 그동안 민주주의라는 표면 아래에는 극빈층이 생겨났고 소련과의 냉전이 끝났다. 이때 저 멀리 중국에서는 모택동(毛澤東) 주석이 혁명을 위한 계급투쟁이라는 이름 아래 수백만, 그리고 또 수백만의 중국인을 죽음으로 몰아넣었다. 1989년 그의 후계자 역시 TV의 황금시간대에 민주주의를 요구하는 비무장 시위대에게 탱크를 보내 수백 명을 살해하는 오류를 저질렀다. 그만큼 그는 중국의 독재적인 전통에 깊숙이 빠져들어 있었다.

오늘날 북경의 노인들은 중국에 상업세계의 대중문화가 넘쳐드는 것을 환영하지 않는다. 미국의 학자들은 4만 명의 뛰어난 중국 유학생들을 환영하면서 그들이 현대의 문제에 대해서 자유롭게 생각하기를 바라고 있다. 이런 것에는 마약이나 총기산업, 거리에서의 총격전이 포함된다. (반면) 중국인들은 10억 이상이 되는 인구 속에 익사하지 않기 위해서는 무슨 수단을 써서라도 출생률을 감소시켜야만 했다. 여아 살해도 한 방법이었고, 가족계획과 임신중절도 한 방법이었다. 미국인들은 그 어머니나 아이의 미래가 어떻든 간에 모든 태아가 신성한 인간으로서 생존할 수 있기를 바라왔다.

이런 모든 기묘하고 통렬한 역설들 가운데, 오늘날 모든 애국적인 중국인들이 대답을 얻지 못한 질문이 하나 있다. 중국의 한(漢)제국은 로마 제국과 같은 시대에 존재했으며 그보다 거대했다. 진정 중국은 로마 제국과 대등할 뿐만 아니라, 중세의 유럽보다 훨씬 앞섰던 세계 최고의 문명이었다. 과장법을 삼가도록 훈련을 받은 경제사가인 알버트 포이어워커는 1000년에서 1500년 사이 "농업생산성, 공업기술, 상업의 복잡성, 도시의 부유함 또는 생활수준(세련된 관료제나 문화적인 성취는 말할 것도 없이) 등 어느 면에서 비교해도 유럽은 결코 중국과 대등한 수준이 아니었다"(롭, 1990)고 이야기했다. 그렇다면 왜 근대에 와서 중국은 뒤떨어지게 되었을까? 어떻게 해서 중국은 19세기 말 서구 제국주의자, 심지어는 일본 제국주의자들에게까지 굴욕적으로 수모를 받게 되었던 것일까?

그 대답은 일부는 중국에서, 다른 일부는 서구에서 찾을 수 있다. 1750년 무렵의 영국에서 시작된 공업혁명 이후 과학과 기술은 급속하게 근대세계를 변혁시켜왔다. 그리고 1978년 이래 "현대화(現代化)"는 중국의 국가적인 목표가 되었다. 이 거대한 수의 중국인이 현대화의 길로 다시 돌아왔다는 점은 정말 극적인 드라마이다. 자신들의 타고난 우월성을 믿는 중국인들의 알 수 없는 확신 때문에 이 점은 더욱 감동적이다. 20세기에 들어와 뛰어난 수준의 상대(商代) 청동기, 송대(宋代)의 회화, 그리고 중국적 유산들의 다양한 측면은 전반적으로 높은 평가를 받았다. 1950년 이래 조지프 니덤과 그의 동료들이 열네 권 이상 출간한 『중국의 과학과 문명(*Science and Civilization in China*)』 시리즈는 그 점에서 대표적이다. 여기서는 잘 알려진 종이, 인쇄술, 화약, 나침반 외에도 훨씬 많은 옛날 중국인들의 발견, 발명에 관한 인상적인 목록을 상세히 나열하고 있다. 네이선 시빈은 중국과 유럽의 전(前)근대 과학은 그것들 각자가 근대 과학과 비슷한 것 이상으로 서로간에 표면적 유사성을 지닌다고 주장했다. 유럽은 나중이 되면 좀더 과학적인 사고를 할 수 있는 사고방식을 물려받기는 했지만, 어느 쪽에도 과학과 기술, 이론적인 학자와 실제적인 기술자 사이에는 그다지 대단한 결합관계가 없었다는 것이다. 다시 말해서 과학과 기술의 역동적인 결합은 실은 근대에 와서야 창조된 것이라는 말이다.

시빈은 또한 다른 예로 계산기로서의 중국 주판(珠板)의 뛰어난 효율성은 십 단위 내외의 직선적인 배열에서나 통하는 것이라서 고급대수학(高級代數學)에는 거의 쓸모가 없었다는 점을 지적하고 있다. 나아가 그는 1300년대 중반에서 1600년대에 이르는 사이 중국에서 상대적으로 수학적인 혁신이 없었던 것은 아마 주판이 가져다준 편리함에 대한 대가일 것이라고 지적하기도 한다. 여기서 우리는 너무 앞선 시기의 조숙한 발명이 나중에는 오히려 중국의 뒷덜미를 붙잡게 된 사례를 볼 수 있다. 모든 위대한 성취들이 스스로를 경직화시키는 씨앗을 뿌리는 것처럼, 사실 나는 중국이 송대에 이룩한 우월성 그 자체가 1800년 무렵이 되면 오히려 후진성의 원천이 되었다고 생각한다.

지금 인정되는 것처럼 중국의 조숙성은 예술과 기술에만 한정되지는 않았다. 어떤 기준에서 보더라도 고대 중국에서는 관료적 행정제도, 기록의 보존, 과거시험을 토대로 한 능력에 의한 관리 선발, 경제, 사회, 문학과 사상 전반에 대한 중앙의 통제를 갖춘 전제적인 국가가 출현했다. 이 중국적 전제지배는 17세기 유럽에서 근대적 절대주의 국가의 출현을 예고하는 것이었다. 다원주의적인 서구의 경험에서 파생된 우리의 사회과학적 개념들은 사실 이러한 중국의 초기적 업적을 설명하는 데에는 그다지 적절하지 못한 듯하다.

만약 근대에 와서 중국을 서구에 뒤떨어지게 만든 사회적, 인간적 요인들에 대해서 이해하고자 한다면, 우리는 중국의 선사시대, 쌀 경제, 가족제도, 내륙 아시아로부터의 침입자들, 고전사상, 그리고 그밖의 중국 고급문명의 여러 특성을 자세하게 살펴보면서 그것들이 어떤 역할을 수행했는가 이해할 필요가 있다. 그러므로 우선 여기서는 중국을 이해하는 몇 가지 주된 접근방식을 확인하는 데에서부터 시작하기로 하자.

지리적 환경 : 대조적인 남과 북

중국의 다양성에 대한 접근은 무엇보다 우선 시각적인 데에서 출발한다. 중국 대륙의 거대한 잿빛 구름층과 안개, 햇빛 사이를 뚫고 비행하는 여행자에게는 두 가지 풍경 —— 화북(華北)과 화남(華南)의 풍경 —— 이 전형적인 것으로 비칠 것이다(지도 1 참조). 북경 남쪽으로 펼쳐진 건조한 화북평원, 거기서 바로 중국 문명이 최초로 꽃을 피웠다. 여름이 되면 그 화북평원 위로 끝없이 넓은 초록색 밭이 펼쳐진다. 흙담으로 둘러싸인 마을의 나무들은 짙은 초록 덩어리가 되어 그 사이에 드문드문 들어서 있다. 그것은 거의 반 마일 간격으로 농장과 숲이 흩어져 있던 수십 년 전 미국 중서부의 풍경과 매우 비슷하다. 그러나 중서부의 옥수수 지대에는 농장이 있는 반면, 화북평원에는 마을 전체가 있다. 즉 아이오와나 일리노이의 경작지 가운데에서 미국의 농민가족은 주변 이웃과 거의 반 마일 떨어져 있고 헛간과 가축 우리를 지닌 농가에 사는 반면, 중국에서는 반 마일 간격으로 숲에 둘러싸인 마을이 있고 거기에 수백 명이 하나의 공동체를 이루며 살고 있다. 똑같은 농민 출신이지만 미국인들은 중국 농민의 모든 행동과 사상을 미묘하게 제약하는 인구밀도에 대해서 전혀 이해하지 못한다.

화남에서 전개되는 전형적인 풍경은 전혀 달라 미국인들은 거의 본 적이 없는 낯선 것이다. 논〔水田〕은 1년 내내 대부분 물이 차 있고 하늘에서는 수면만이 보인다. 녹색의 지형은 언덕이 많고 꼭대기까지 초승달 모양의 논이 계단처럼 줄지어 있으며, 그 반대쪽에도 꼭대기부터 기슭까지 논이 이어진다. 논 위에 논이 끝없이 이어지고 있고 논둑은 지세를 따라 형성되어 있어 마치 지리학자의 지도에 묘사된 등고선(等高線)처럼 보인다. 사실 하늘에서 본 계단식 논의 구부러진 모습은 논이 있는 계곡의 경사에 대한 시각적인 지표이다. 가늘고 움푹한 띠 같은 농토는 언덕 꼭대기에서 계곡 바닥으로 내려갈수록 폭과 길이도 점점 넓어진다. 얽히고 설킨 복잡한 모양으로 회색 돌이 깔린 작은 길이 논둑마다 뻗어 있다. 해가 뜨면 햇빛이 논 위의 물에 비쳐 반사되는 것을 하늘에서 볼 수 있다. 그 모양은 마치 수면 아래에 있는 해가 위로 비치는 깃처럼 보인다. 따리서 논둑과 작은 길과 언덕, 이 모든 것으로 이루어진 화려한 무늬가 우리 눈에 다가온다. 마치 거대한 회전 스크린 위에서 검은 레이스가 은빛으로 반짝이는 수면 위를 가로질러 움직이는 것 같다.

화남의 울퉁불퉁한 녹색 산악지대를 비행하는 사람은 누구나 그렇게 넓은 산과 계곡의 경사면이 대부분 개간되지 않았고 사람들도 드문 것을 보면서, 10억 이상의 중국인들이 어디에서 살고 무엇을 먹는지 의아할 것이다. 우리가 보는 이러한 비어 있는 거대한 광경은 인구의 7분의 6이 경작이 가능한 3분의 1의 토지 위에서 살아야 한다는 추정에 통계적으로 반영되어 있다(지도 2 참조). 중국에서 실제 사람이 살고 있는 토지는 미국의 그것에 비교하면 대략 절반에 지나지 않는다. 하지만 인구는 미국의 다섯 배나 된다. 이것은 강하류와 홍수가 범람하는 평야〔氾濫原〕에 있는 경작지 1제곱마일당 약 2,000명의 사람이 빽빽하게 살고 있기 때문에 가능한 것이다. 미국은 약 57만 제곱마일이 개간되어 있고 그것이 크게 늘어날 수도 있다. 반면 중국의 경작지는 대략 45만 제곱마일(1인당 경작지는 0.5에이커 미만)이며, 아무리 철저히 토지를 이용해도 조금이나마 이 경작지를 증가시킬 전망은 아예 없다. 간단히 말해서 중국은 세계 경작지의 약 7퍼센트로 세계 인구의 약 23퍼센트를 먹여살려야 한다.

건조한 화북의 밀〔小麥〕, 좁쌀〔小米〕 지대와 습윤한 화남의 쌀〔稻作〕 지대

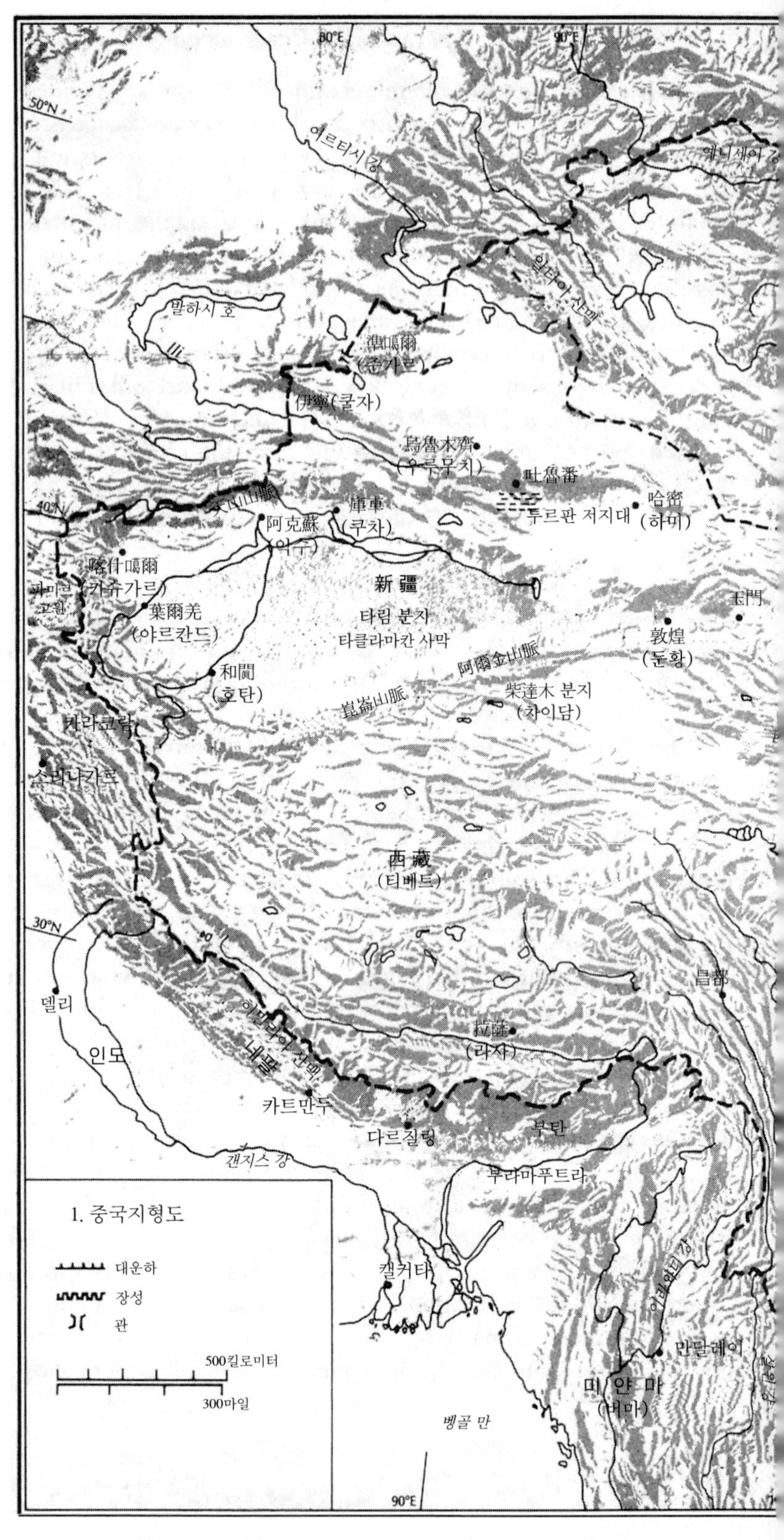

50°N
80°E
90°E
예니세이 강
에르타시 강
알타이 산맥
발하시 호
Ili
準噶爾
(준가르)
伊寧(쿨자)
烏魯木齊
(우루무치)
吐魯番
哈密
(하미)
40°N
天山山脈
庫車
(쿠차)
阿克蘇
(악수)
투르판 저지대
玉門
喀什噶爾
(카슈가르)
新疆
파미르
고원
葉爾羌
(야르칸드)
타림 분지
타클라마칸 사막
阿爾金山脈
敦煌
(둔황)
和闐
(호탄)
崑崙山脈
柴達木 분지
(차이담)
카라코람
스리나가르
西藏
(티베트)
30°N
히말라야 산맥
昌都
델리
拉薩
(라사)
인도
네팔
부탄
카트만두
다르질링
갠지스 강
부라마푸트라
이라와디 강
캘커타
미 얀 마
(버마)
만달레이
벵골 만
90°E
1. 중국지형도
대운하
장성
관
500킬로미터
300마일

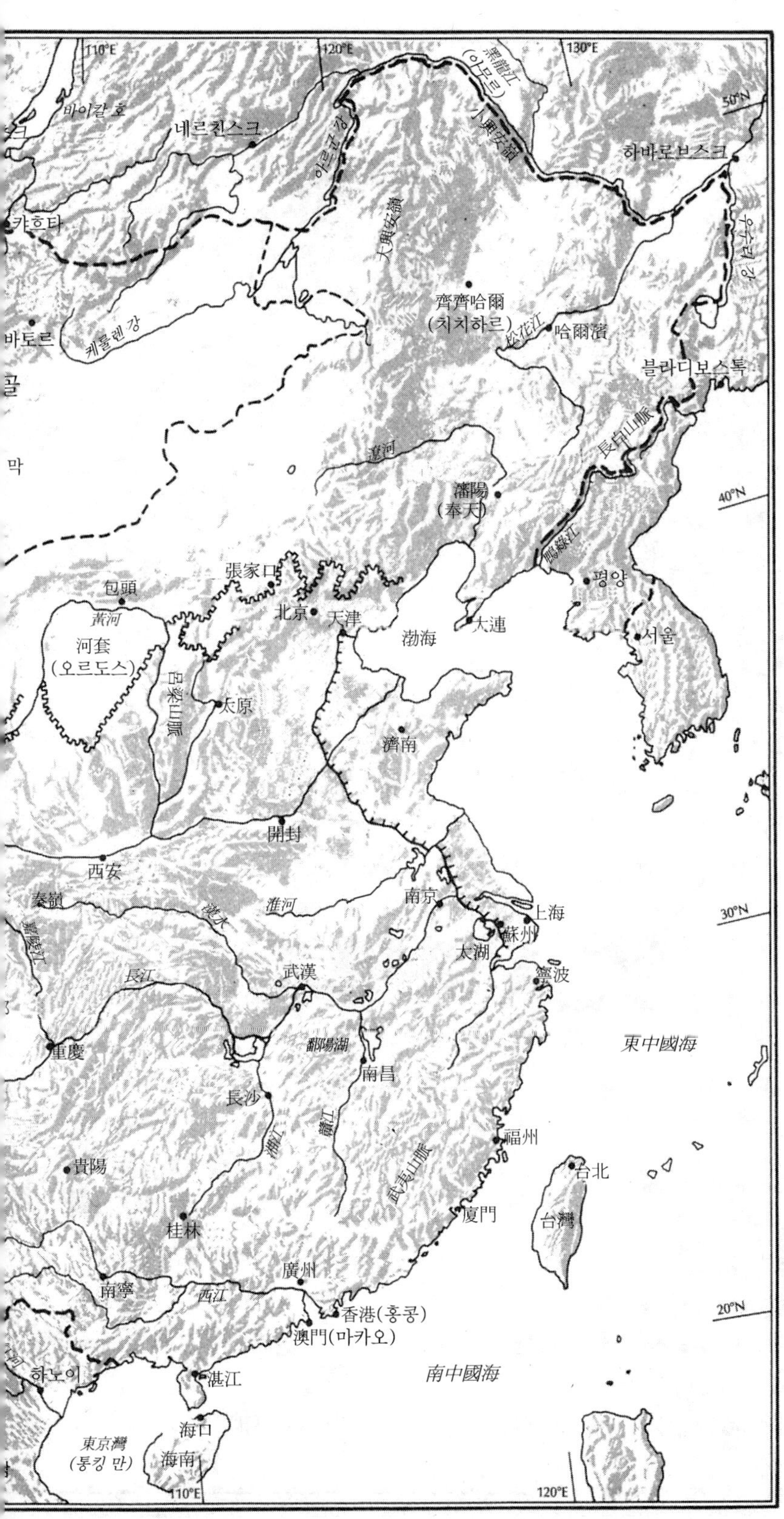
110°E
120°E
130°E
50°N
40°N
30°N
20°N
120°E
110°E
바이칼 호
네르친스크
하바로프스크
카흐타
케룰렌 강
바토르
골
막
黑龍江 (아무르)
八興安嶺
齊齊哈爾 (치치하르)
松花江
哈爾濱
우수리 강
블라디보스톡
大興安嶺
아르군 강
遼河
長白山脈
潘陽 (奉天)
鴨綠江
평양
包頭
張家口
北京
天津
太連
서울
黃河
河套 (오르도스)
巴樂山脈
太原
渤海
濟南
開封
西安
秦嶺
淮河
泗水
南京
上海
蘇州
太湖
東中國海
寧波
長江
武漢
重慶
鄱陽湖
南昌
長沙
贛江
湘江
武夷山脈
福州
台北
貴陽
台灣
桂林
廈門
南寧
廣州
西江
香港 (홍콩)
澳門 (마카오)
湛江
南中國海
하노이
東京灣 (통킹 만)
海口
海南

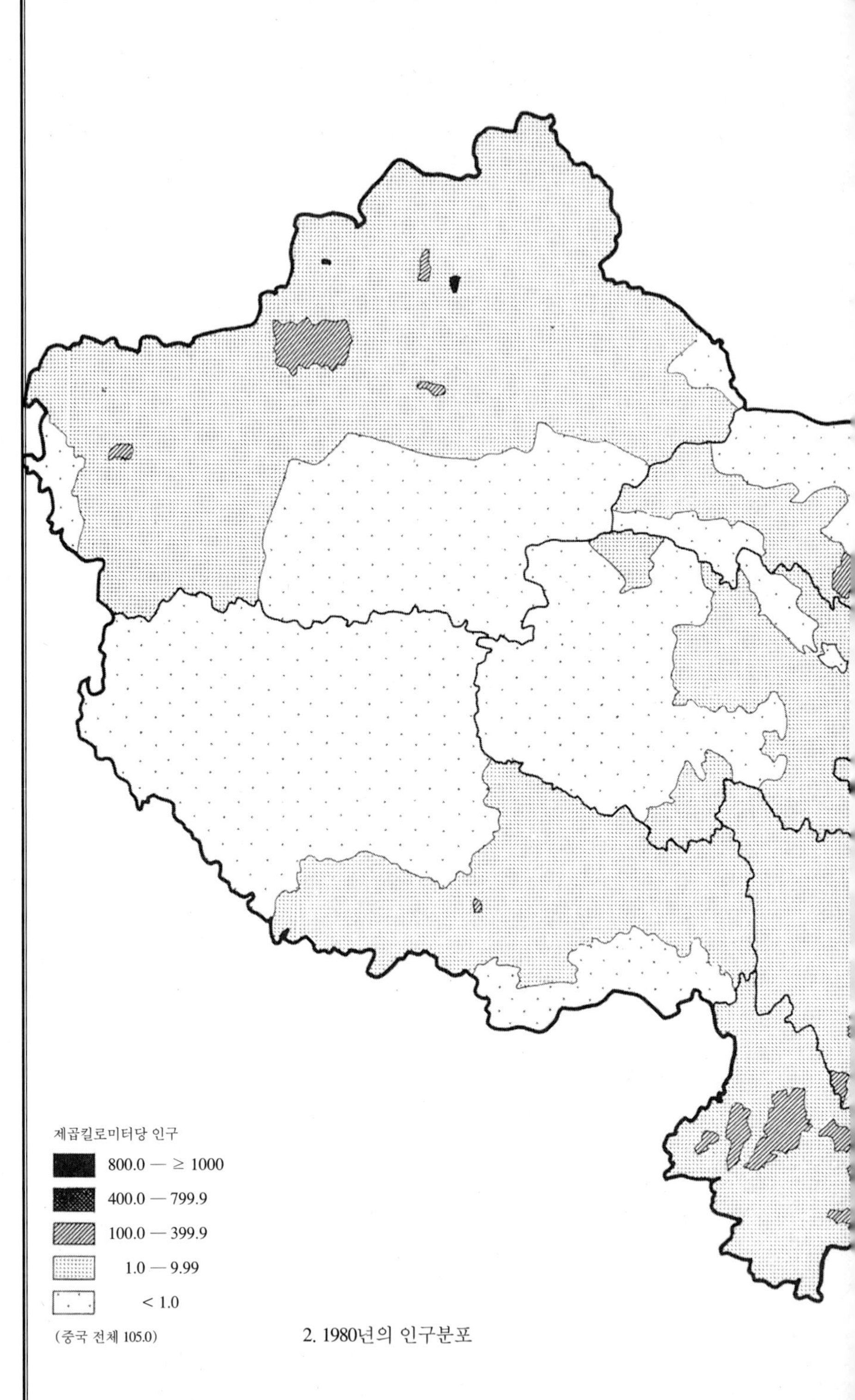

2. 1980년의 인구분포

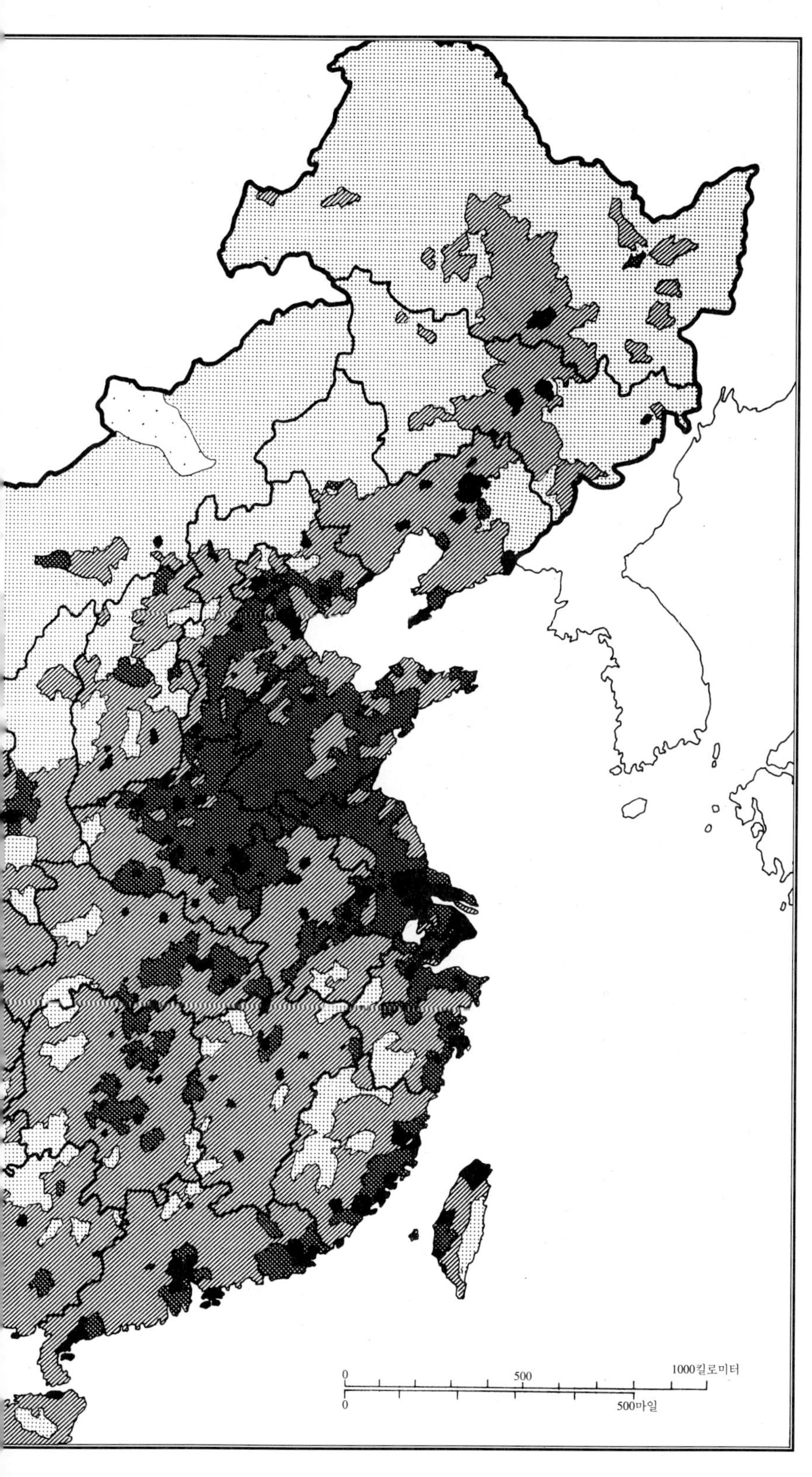

0
500
1000킬로미터
0
500마일

는 북위 33도선을 따라 대략 황하(黃河)와 장강(長江)의 중간을 가로지르는 선으로 구분된다(지도 3 참조). 이 두 경제지대 사이의 뚜렷한 대조는 강우량, 토양, 온도, 인간의 이용 등에서 비롯되었다.

중국의 강우형태는 지형의 산물이다. 아시아 대륙은 서태평양과 그 조류보다 훨씬 더 쉽게 온도의 변화를 일으킬 수 있다. 겨울철에 대륙을 얼어붙게 만드는 차갑고 건조한 공기는 최소량의 비를 내리면서 동남쪽으로 바다를 향해 부는 경향이 있다. 반대로 습기를 포함한 채 남중국해에서 불어오는 여름 계절풍은 대륙 위에서 달아오른 뜨거운 공기가 상승함에 따라 내륙과 북쪽으로 끌려들어가게 된다. 따라서 여름 동안에 주로 비가 내린다. 이 여름 동안의 남풍은 우선 화남의 산악지대를 가로지르면서 이 지대에 상대적으로 안정적인 비율로 많은 양의 비를 내려준다. 남중국해에서 멀리 떨어진 화북지역은 전반적으로 강우량이 적다. 그나마 그 강우량도 최근 수십 년 사이에는 매년 30퍼센트의 편차가 있었다. 화북평원의 연평균 강우량은 미국 서북부의 넓은 황진(黃塵)지대와 마찬가지로 20-25인치 정도이므로 가장 좋을 때에도 계속 경작하는 데에 충분하지 못하다. 이처럼 해마다 크게 차이가 나는 강우량이 끊임없이 가뭄과 기근을 가져오는 위협이 되고 있다.

미국 중서부와는 달리 화북의 가혹한 겨울철 대륙성 기후는 작물의 성장기간을 약 반 년으로 제한한다. 중국의 최남단에서는 작물이 1년 내내 성장하며 쌀은 두 차례, 심지어는 세 차례까지 재배할 수 있다. 이 점은 왜 대부분의 중국인들이 보다 비옥한 강남의 쌀 지대에 살고 있는가를 잘 설명해준다. 막대한 물과 노동력을 투입해야 하는 쌀 재배는 최근까지 밀보다 두 배 이상의 식량을 생산해냈다.

남북 모두 자연자원은 인간의 끈질긴 노력에 의해서 보완된다. 그 가운데 퇴비의 사용은 비교적 눈에 띄는 형태의 하나일 뿐이다. 퇴비나 이에 상당하는 화학비료를 사용하지 않고서는 중국의 어떤 지방도 지금의 인구를 먹여살리기에 충분한 식량을 생산해낼 수 없다. 이렇게 모든 중국의 도시들은 주변에 채소재배 단지를 거느리고 있다. 따라서 하늘에서 보면 주변으로 갈수록 옅어지는 짙은 녹색의 작물지대가 띠처럼 둘러 있는 듯하다.

초기의 서양인 여행자들은 다양한 방언과 각 성(省)의 크기를 두고 중국을 유럽과 비교했다(지도 4 참조). 예를 들면 장강 유역의 세 지역, 즉 서쪽의 사

황토(黃土)지대
경작한계선
쌀 경작 북방한계선
운항 가능한 하천
몽골리아
滿洲
河套
黃河
北京
天津
渤海
한반도
일본
大運河
西安
洛陽
開封
밀, 좁쌀 주곡
쌀 주곡
南京
長江
武漢
上海
杭州
重慶
東中國海
桂林
台灣
廣州
香港
베트남
南中國海
海南島
필리핀 군도
40°
30°
20°
110°
120°
0 300 600킬로미터
0 200 400마일

3. 지세도

遼寧
河北
北京
天津
保定
山西
太原
濟南
山東
銀川
寧夏
西寧
蘭州
青海
甘肅
陝西
西安
開封
鄭州
河南
江蘇
合肥
南京
蘇州
安徽
上海
四川
湖北
武漢
杭州
浙江
成都
重慶
南昌
長沙
福州
湖南
江西
福建
貴州
貴陽
台灣
昆明
桂林
廣東
雲南
廣西
廣州
南寧
海南
성(省)의 경계

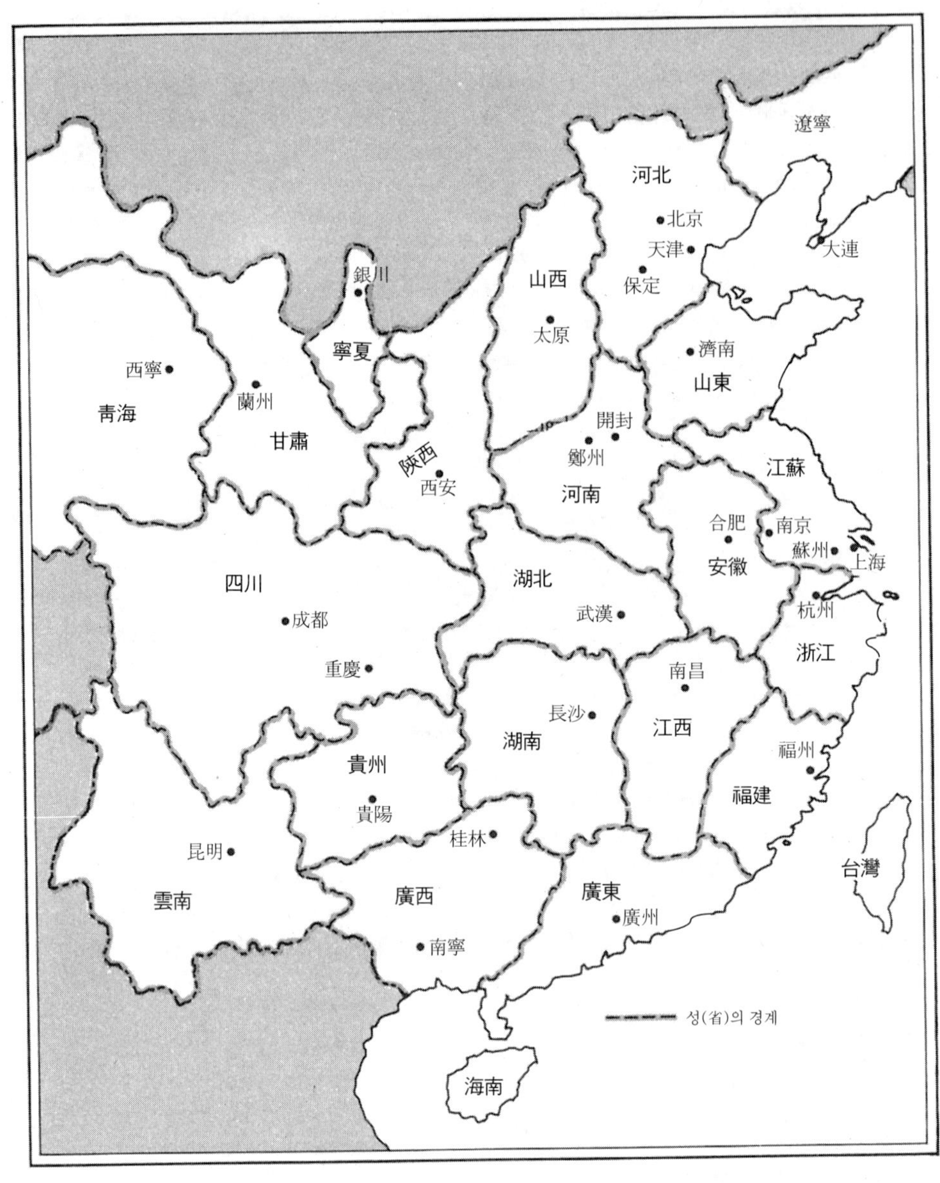

4. 중국의 성(省)

北京
天津
濟南
濰坊
서북지구
蘭州
화북
開封
南京
蘇州
성都
장강
상류지구
長江
武漢
장강
하류지구
杭州
重慶
南昌
동남
해안
長沙
黃河
장강
중류지구
貴陽
閩江
福州
서남지구
昆明
台灣
西江
東江
廣州
영남
인문지리학상 대구역의 경계
(비공식적이고 경계가 없는,
추정상의 경계)
海南
대구역의 핵심지대

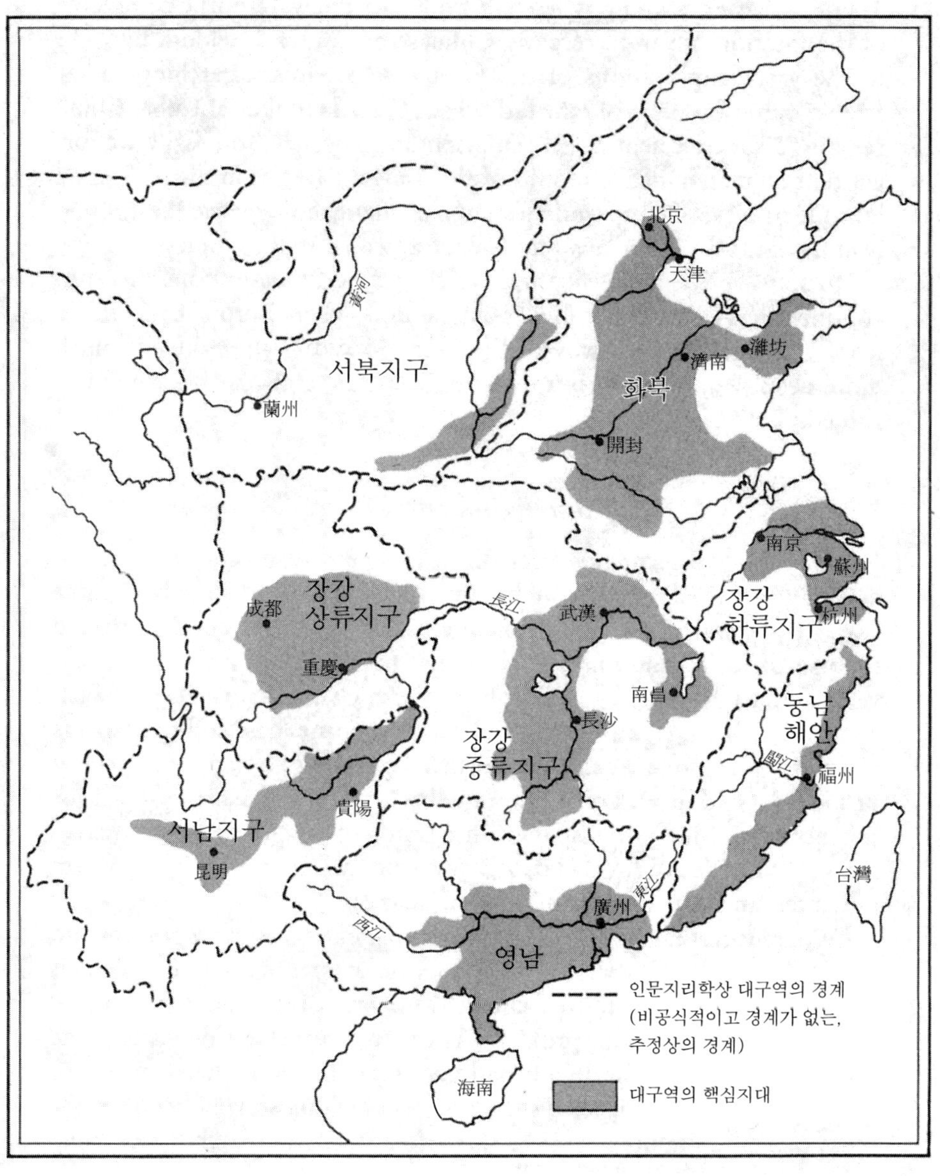

5. 대구역

천성(四川省), 북쪽의 호북성(湖北省)과 남쪽의 호남성(湖南省) 및 장강 하류의 삼각주 지역[1]은 각기 그 면적이 독일에 필적하고, 인구는 독일보다 많다고 비교되었던 것이다. 중국의 성 대부분은 저녁식사 자리에서 끝없는 대화의 소재를 제공할 수 있을 만큼 각기 특징적인 방언, 요리와 사회문화적 관습을 가지고 있다. 그러나 성은 기본적으로 중앙정부가 정치적으로 구분한 단위이다. 따라서 분석적 목적을 위해서 경제지리적인 구역으로 중국을 나누어 보려는 새로운 접근방식이 나타났다.

지난 25년 동안 윌리엄 스키너는 시장과 도시화에 대한 연구를 통해서 각기 큰 강의 유역에 중심을 둔 대구역(大區域, macroregion)으로 중국을 구획했다(지도 5 참조). 그에 따르면 각 구역은 인구가 조밀하고 생산력이 높으며 물길 주변에 위치한 핵심지역(core area)과 인구가 희박하고 생산력도 낮은 산지나 건조지대인 주변지역(periphery area)으로 구성된다. 당연히 핵심지역은 인간과 관련된 사무에서 강력한 힘을 가지게 되며, 반면 주변지역은 종속적이거나 주변적인 역할을 맡는다. 예를 들면 주변지역에서의 산림 벌채, 농경, 토양의 침식은 유용한 충적토를 핵심지대로 내보내게 되며, 이 때문에 두 지역의 비옥도는 더욱 차이가 벌어진다.

이렇게 분석적으로 정의된 대구역의 정확한 경계와 상호관계는 연구의 진행에 따라 더욱 치밀해지고 개선될 것이다. 정치적으로 구분된 성보다 경제적인 현실을 보다 정확하게 반영하고 있으므로 이 구역들은 역사학자들에게도 많은 도움이 될 것이다. 사실, 성의 경계라는 것은 경제적인 요소의 힘을 강화시키기 위해서가 아니라 오히려 그것을 억제하기 위해서 정해졌을 수도 있다. 따라서 비옥한 강남지역은 그 압도적인 경제력을 하나의 성정부가 장악하게 되면 국가를 뒤집을 만한 힘을 가질 수도 있으므로 절강(浙江), 강소(江蘇), 안휘(安徽)라는 세 성으로 분할되어 있다.

대구역은 교역수송로인 수로를 중심으로 삼고 있다. 따라서 광주(廣州), 상해(上海), 무한(武漢), 그리고 심지어는 천진(天津)과 같은 근대의 대도시들은 모두 해상무역이 내륙의 수로무역과 만나는 곳에서 성장했다. 하지만 최근까지 중국의 대외무역은 외국상인들의 큰 기대에 거의 부응하지 못했다. 위도

---

1) 이 지역은 보통 강남(江南)지역으로 불린다. 특별한 예외가 아니라면 앞으로 나오는 장강하류지역(長江下流地域)이라는 용어를 강남지역이라는 용어로 통일하겠다.

(緯度)로 말하자면 캐나다에서 쿠바에까지 이를 정도로 남북으로 길게 펼쳐진 중국은 오늘날까지 대체로 자급자족적인 아대륙(亞大陸)으로 남아 있다. 장강 하구에 있는 상해가 뉴 올리언스, 수에즈와 같은 온대기후의 위도에 있고, 서강(西江) 부근의 광주가 열대기후에 속하는 아바나, 캘커타와 같은 위도에 있다는 사실을 우리는 곧잘 잊어버린다.

광대하고 다양한 풍경에도 불구하고 유럽과는 달리 이 아대륙은 단일한 정치적 단위로서 유지되어왔다. 그것은 중국이 유럽보다 훨씬 뿌리가 깊고, 저 멀리 아득한 과거까지 끊이지 않고 거슬러올라갈 수 있는 기원을 가진 정치체제와 생활양식에 의해서 통합되어 있기 때문이다.

자연 속의 인간

어떠한 문명의 요소 —— 인간이나 문화적 경향 —— 가 축저되어왔건, 그것들은 모두 양질의 토지와 그것을 이용함으로써 양육되고, 조절되고, 제한을 받은 중국적인 특징이 뚜렷한 생활양식 속으로 통합되었다. 한 예를 들어보면, 신석기시대(1만2,000년 전)부터 오늘날까지 화북 사람들은 중국 서북방 약 10만 제곱마일에 걸쳐 150피트 이상의 두께로 쌓인 미세한 황사(黃沙)로 이루어진 황토층에서 동굴이나 움집을 짓고 살고 있다. 황토는 수직으로 갈라지는 특성을 가지고 있어서 이러한 주거지에 알맞다. 지금도 수십 만의 사람들이 황토벼랑의 측면에 동굴을 파서 살고 있다. 이 집은 지진이 일어날 경우에만 위험할 뿐 여름에는 시원하고 겨울에는 따뜻하다.

초기 인류나 최근의 미국 개척자들처럼 중국인들도 삼림이 있는 곳에서는 벌목을 했다. 그 결과 수세기에 걸쳐서 침식이 일어나 중국의 겉모습을 바꾸어놓았다. 오늘날에도 침식은 중국에서 여전히 중요한 문제이다. 황하의 물이 싣고 내려온 황토의 퇴적층은 산서성(山西省)과 바다 사이에 넓은 범람원(汜濫原)을 만들었고, 이 과정은 지금도 계속되고 있다. 바다에서 200마일이나 떨어진 인구가 조밀한 평야를 헤치면서 황하는 평야보다 20피트 높은 곳에서 거대한 흙 제방을 따라 당당하게 흘러내린다. 소용돌이치며 흐르는 그 커피 색의 홍수를 볼 때보다 더 생생하게 자연에 마주친 인간의 무력감을 느끼게 해주는 것은 없을 것이다. 또 생각해보라. 이 거대한 황색의 격류는 꾸준히 토사를 퇴적시켜 주위의 농토보다 훨씬 높은 곳에서 강바닥을 이루게 한다. 그리고 인간의 나태함이라든지 신의 분노가 작용하면 황하의 물은 이 제방을 뚫고 넘어 주변의 평야를 물바다로 만든다.

벌목, 토양의 침식, 홍수는 물을 통제하려는 인간의 끊임없는 노력이 항상 마주치는 문제이다. 황하 유역에 나무를 심고 지류를 댐으로 막는 공사가 최근 중화인민공화국에서 시도되고 있다. 이전 시대 중국의 통치자들은 홍수철마다 황하가 엄청난 힘으로 화북평원에 밀어닥친다는 사실에 직면해야 했다. 그러나 선사시대에는 평원으로 넘치는 홍수보다는 홍수가 만드는 원시적인 습지와 소택(沼澤)을 다시 개간하는 것이 더 큰 문제였다. 또 홍수 방지와 관개만이 아니라 배수(排水)를 위해서도 물을 통제하는 기술이 발달했다. 이에 따라서 수많은 세대에 걸친 노동의 결과 토지는 오늘날과 같은 형태를 갖추었다. 즉 토지가 제방에 의해서 보호되고, 대지 위에 만들어진 수로와 도로가 그것을 가로지르며, 하천과 호수가 거기에 물을 대고, 오솔길이나 숲속의 무덤으로 구분이 이루어지는 이 지형 모두가 대대로 전해내려온 것이다.

현대 중국이 물려받은 토지는 거의 전부가 인간이 소비하는 식량을 생산하는 데에 사용되고 있다. 중국 본토(China Proper) 지역에서는 식용 가축을 사육할 여유가 없다(이 점에서 내륙 아시아와 확실히 구별된다. 아래의 내용을 참조). 이용 가능한 전체 토지의 10분의 9는 농경지로 사용되며, 단지 2퍼센트만이 가축을 위한 목초지이다. 미국에서는 이용되고 있는 토지의 10분의 4만이 농작물을 위해서 사용되고, 거의 절반이 목장이다.

집약농업(集約農業)의 사회적 의미는 장강 유역과 화남 어디에서나 중국식 생활의 근간을 이루는 쌀〔米穀〕 경제에서 가장 뚜렷하게 드러난다. 보조 작물이 한지(旱地)에서 재배되고 수확되는 반면, 벼는 보통 처음 한 달 동안 못자리에서 키워야 한다. 그 다음 모를 옮겨 심기 위한 준비로 논에 물을 대고, 퇴비를 주고, 땅을 갈아 일군다(이때 물소가 쟁기질을 돕는 경우도 있다). 모내기는 아직까지 주로 사람의 손으로 이루어진다. 모내기란 발목까지 빠지는 논에서 열을 지어 허리를 구부리고 한 걸음씩 뒤로 물러나면서 모를 심는 일이다. 중국 전체를 통해서 어느 논에서나 이 방법이 쓰이고 있다. 아마도 이만큼 근력을 소모하는 노동은 세상에 없을 것이다. 김매기를 한 뒤 벼가 성숙하면 논물을 빼고 다시 손으로 벼를 수확한다. 물과 노동력만 무한정 공급된다면 일정한 면적의 토지에서 그보다 많은 수확을 얻을 수 있는 방법은 없다. 이런 사정 아래서는 토지가 노동보다도 경제적 가치가 있다. 다시 말해서 좋은 토지보다 좋은 노동력이 훨씬 풍부한 것이다. 대규모 농경을 위한 토지와 자본 모두가 부족했으므로 중국 농민은 대규모의 기계화 농업보다 집약적이고 생산성이 높은 수작농법(手作農法)에 초점을 맞추어왔다.

자그마한 토지에 인력과 퇴비를 대량으로 투입하는 것은 또한 사회적으로 상당한 영향을 미친다. 조밀한 인구와 토지의 집약적 이용 사이에 바람직하지 못한 상호의존 관계, 즉 각자가 서로를 가능하게 만드는 관계를 형성하기 때문이다. 조밀한 인구밀도는 집약적인 토지 이용의 동기와 수단 모두를 제공한다. 그리고 일단 집약농업에 기초한 경제가 확립되면 그것은 관성이 된다. 그래서 수많은 사람들을 녹초로 만드는 노동이 일상적인 기준이 되며, 노동을 절감하려는 창조적인 노력은 배제되어버린다. 기계를 도입하려고 했던 중국의 초기 근대화주의자들은 인력이라는 기득권과 항상 충돌할 수밖에 없었다. 근시안적으로 볼 때 기계는 인간의 손과 허리에 경쟁하는 것으로 보였기 때문이다. 그래서 철로는 마부와 일꾼들의 직업을 빼앗는 것으로 공격받았고, 노동력을 절감하는 발명은 장려될 수 없었다.

인구와 토지 사이의 이러한 바람직하지 못한 균형은 또다른 의미가 있다. 늘어나는 인구의 압력으로 후기 중화제국 시기[2]의 수많은 중국 농민들은 주곡생산에서 상품작물의 재배로 전환하지 않을 수 없었다(예를 들면 강남지역의 면화). 이것은 토지면적당으로는 보다 많은 수익을 가져왔지만, 노동시간당으로 보다 많은 수익을 낳는 것은 아니었다. 이것이 바로 황종지(黃宗智, 1990, 1991)가 "과밀화(過密化, involution)"라고 이름을 붙인 생존의 전략이다.[3] 이것은 상당한 정도의 상업화를 진행시키기는 했지만, 근대적 자본주의의 발전을 유도하거나 간신히 목숨만 부지하는 기아생활에서 중국 농민을 해

---

2) 후기 중화제국 시기는 대체로 송대(宋代) 이후 청대(淸代)까지의 시기를 말한다. 이와 대비되는 전기(또는 초기) 중화제국의 시기는 진한(秦漢)시대에서 당대(唐代)까지 이르는 시기이다.

3) 황종지는 이것을 발전이 없는 성장(growth without development)이라고 설명하기도 한다. 황종지가 이런 논점을 제기한 것은 Philip. C. C. Huang, *The Peasant Economy and Social Change in North China*, Stanford University Press, 1985 및 *The Peasant Family and Rural Development in the Yangzi Delta*, 1350-1988, Stanford University Press, 1990이라는 두 편의 저명한 경제사 저작을 통해서이다. 명청시대에서 현대에 이르는 화북과 강남의 농촌사회와 그 변화를 분석할 때 황종지가 사용한 핵심적 개념이 바로 이 과밀화이고 내권화(內券化)로 번역되기도 한다.

방시켜주지도 못했다.

중국인의 생태학, 즉 그들의 물리적 환경에 대한 적응은 문화에 다양한 영향을 미쳤다. 거대한 강의 범람원에서 생활한다는 것은 언제나 힘든 일이었다. "낳고 파괴하는 것 모두 하늘의 뜻이다"라는 말은 오래된 속담이다. 넓게 펼쳐진 평원 위에서 참을성이 강한 중국 농민은 변덕스러운 기후에 시달리면서 하늘이 내려주는 선물인 햇볕과 비에 의존해왔다. 그들은 가뭄, 홍수, 역병, 기근 등의 재난을 피할 수 없었다. 이러한 중국 농민의 운명은 다양한 지형의 토지에서 살았던 유럽 농민의 그것과 뚜렷한 대조를 이룬다. 지중해 연안에 살거나 유럽 대륙에서 거주한 서구인들은 물의 공급에 곤란을 겪지 않았으며, 원한다면 항상 수렵과 어로로 농업을 보완할 수 있었다. 옛날부터 해상무역은 서양의 경제에서 직접적인 역할을 담당했다. 상업을 위한 탐험과 발명은 자연극복을 위한 서구인의 투쟁의 일부가 되었다.

동서양에서 자연에 대한 인간의 관계가 다르다는 점은 두 문명이 두드러지게 대비되는 점들 가운데 하나이다. 서양에서는 인간이 무대의 중심이었고, 나머지 자연은 중립적인 배경이든가 아니면 적이었다. 따라서 서양 종교는 인간 중심적이며 초기 서양 회화에서도 인간이 중심이다. 기독교를 불교의 상대적인 비인격성과 비교해보라. 아니면 험한 바위산과 강으로 인해서 왜소해진 인간의 모습을 그린 송대 산수화의 풍경을 자연이 배경으로 처리된 르네상스 이전 이탈리아 화가의 그림과 비교해보라. 얼마나 이 간격이 컸는가는 여기서 너무나도 분명히 드러난다.

중국인은 가족이나 이웃과 매우 밀접한 관계를 맺고 살아와서 보통 집단이 개인을 지배하는 공동생활에 익숙하다. 이 점에서 볼 때 최근까지도 중국인의 인생경험은 그 땅에서 오랫동안 거주해왔던 예전 농민들과 거의 다르지 않았다. 예외적인 것은 선원, 개척자 또는 도시 기업가 등 근대적인 개인이다. 개인을 위한 방은 높은 생활수준을 상징하지만 인구가 조밀한 동양보다 신대륙에서 더 쉽게 얻을 수 있었다. 따라서 중국에 관한 전승(傳承) 가운데 하나는 개인이 자연세계뿐만 아니라 사회적 집단성에도 흡수되어버린다는 일반화이다.

오늘날 중국 사회의 집단성과 그 아름다운 자연환경 사이의 균형은 현대화에 의해서 파괴되고 있다. 화학물질과 산업폐수가 물을 더럽히고, 연료용 저질 유연탄의 사용은 공기를 오염시키고 있다. 젊은 연령층 인구의 증가도 앞으로 수십 년 동안 그 속도가 늦추어질 가능성이 없다. 이들은 압도적인 다수를 차지하며 더구나 평균수명도 늘어날 것으로 예상된다.[4] 반면 삼림의 벌채, 토양의 침식은 도로와 주거지 건설, 공장의 설치와 짝을 이루어 경지를 파괴하고 있다. 세계에서 가장 크고, 가장 인구가 많은 이 나라는 지금 엄청난 집단적 노력을 통해서만 극복할 수 있는 생태의 악몽에 직면해 있다.

촌락 : 가족과 혈연

오늘날의 중국을 이해하기 위한 기본적인 접근방법의 하나는 인류학적인 방법이다. 그것은 현대 중국이 이제야 겨우 벗어나기 시작한 그 농촌의 촌락과 가족환경을 관찰하는 것이다. 지금도 중국인들은 대부분 땅을 경작하면서 촌에서 생활하고 있나. 집은 햇볕에 말린 갈색 벼돌, 대나무, 아니면 회칠을 한 나뭇가지나 또는 간혹 돌로 짓는다. 바닥에는 흙이나 돌이, 창문에는 대개 유리가 아닌 종이가 쓰인다. 충분하지 못한 현물수입의 대략 절반 정도가 식량을 위해서 쓰인다. 중국인들은 거주공간에서도 사치를 누리지 못한다. 농민의 집은 보통 세 사람이 네 부분으로 나누어진 작은 방을 함께 사용한다. 때로는 남녀가 함께, 또는 두어 세대가 같은 온돌 침상[磚炕]에서 자기도 한다. 화북의 온돌 침상은 근처에 있는 난로에서 나온 연통에 의해 난방이 된다. 식사 때에는 거의 고기를 먹지 않는다. 인력은 여러 용도에서 아직까지 기계를 대신하고 있다.

고도의 물질적 생활수준을 누리는 미국인과 유럽인이 중국 농민에 대해서 가장 놀라는 것은 이렇게 빈곤한 상황 아래서 어떻게 높은 문명적 생활을 유지할 수 있는가 하는 점이다. 그 해답은 바로 사회적 제도에 있다. 이것은 뿌리 깊은 행동양식에 따라서 가족 속의 개인이 세상살이의 다양한 역경과 부침을 헤쳐나갈 수 있게 해준다. 이러한 제도와 행동양식은 세계에서 가장 오래되고 가장 지속적인 사회현상이다. 중국은 가족제도의 요새였고, 거기에서

---

4) 이러한 페어뱅크의 평가는 약간 과장된 느낌이 있다. 지금도 중국의 인구는 늘어나고 있으나 그 증가율은 과거보다 뚜렷하게 낮아지고 있으며 앞으로도 그럴 것이라고 예측하는 것이 보다 일반적인 견해일 것이다.

힘과 관성을 얻었다.

아주 최근까지 중국의 가족은 소우주이자 축소된 국가였다. 개인이 아니라 가족이 사회적 단위였고, 지역생활에서 책임을 지는 기본 요소였다. 가족생활에서 길러진 효심과 복종심은 군주에 대한 충성과 국가의 권위에 대한 복종을 위한 연습무대였다.

충성스러운 신하가 될 효심이 깊은 자식을 기르는 가족의 이런 기능은 전통가족의 권위양식을 잠깐 살펴보기만 해도 쉽게 알 수 있다. 아버지는 최고의 독재자였다. 그는 가정의 모든 재산과 수입을 자유로이 사용하고, 자식들의 배우자를 고를 때 결정적인 발언권을 행사했다. 자식의 아버지에 대한 감정은 사랑, 두려움, 무서움이 뒤섞인 것이었으며 연장자에 대한 존경심 때문에 더욱 강화되었다. 노인은 활력을 잃더라도 늘어나는 지혜로 그것을 상쇄하고도 남았다. 능력이 있는 한 가장은 모든 가족을 지배할 구속력을 지닐 수 있었다. 법률에 의해서 아버지는 자식을 노비로 팔거나 무자비하게 죽일 수도 있었다. 물론 중국의 부모들은 천성적으로나 관습적으로 자식들, 특히 어린애들을 사랑했다. 또한 가족인 자식에 대해서 책임을 지는 호혜적인 법률에 얽매이기도 했다. 하지만 마음만 먹으면, 법률이나 관습도 아버지의 압제를 막을 수는 없었다.

구식 가정의 젊은이에 대한 노인의 지배에 대응하는 것으로서 여성에 대한 남성의 지배가 있었다. 오늘날에도 여자아이는 남자아이보다 영아 살해의 위험에 노출되기 쉬운 것처럼 보인다. 여성의 결혼은 중매로 이루어졌으며, 사랑을 위한 것은 아니었다. 자신의 가족에게서 떨어져나와 벌벌 떠는 신부는 곧바로 시어머니의 지배 아래 놓이는 며느리가 된다. 특히 후사를 이을 사내아이를 낳지 못하면 후실이나 첩이 들어오는 것을 참아야만 하는 경우도 있었다. 남편은 여러 이유로 아내를 쫓아낼 수 있었다. 남편이 죽어도 아내는 쉽게 재혼할 수 없었다. 이런 것들은 모두 여성이 경제적으로 독립하지 못했음을 반영한다. 여성은 가사노동에 종사했지만 아무런 수입도 없었다. 농가 여성은 보편적으로 문맹이었고, 거의 혹은 전혀 재산권을 가지지 못했다.

여성의 열등한 사회적 지위는 중국 전체의 사회규범과 세계관이 지닌 위계성(位階性)을 드러내주는 것들 가운데 하나일 뿐이다. 고대 중국에서는 세계가 상호 보완의 관계에 있는 두 요소, 즉 음(陰)과 양(陽)의 산물이라고 보았다. 음은 여성적이고, 어둡고, 약하고, 수동적인 모든 것의 속성이었다. 양은 남성적이고, 밝고, 강하고, 능동적인 모든 것의 속성이었다. 남성과 여성은 서로 필요한 존재이고 서로 보완하는 관계였다. 하지만 한쪽은 본질적으로 다른 한쪽에 대해서 수동적이었다. 이러한 이념의 토대 위에서 끊임없이 이어져온 중국의 남성 도덕가들은 여성에게 기대되는 복종과 수동성의 행동양식을 만들어냈다. 이러한 행동양식은 소녀를 어렸을 때부터 소년에게, 아내를 남편에게, 어머니를 자식에게 예속시켰다. 중국에도 결코 강한 여성이 없었던 것은 아니지만 그녀들은 보통 명령이 아니라 간접적인 행동으로 가족을 지배했다.

가족 내의 지위는 유교에서 강조한 저 유명한 "삼강(三綱)"으로 규정되어 있다. 삼강이란 신하는 군주에게 충성하고〔君爲臣綱〕, 아들은 아버지에게 효도하고〔父爲子綱〕, 아내는 남편을 섬긴다〔夫爲婦綱〕는 것이다. 평등을 내세우는 서양인이 이 원칙에 대해서 가장 놀라는 것은 두 가지가 가족 내부에 관한 것이고, 또 모두 상하관계라는 점이다. 서양에서도 모친이 아들을 지배하는 경우가 적지 않다. 중국에서도 물론 모자관계는 당연히 중요한 것이었으나 이론적으로 강조된 적이 없었다.

아버지는 자식이 개성이나 독립성을 보이기 시작하면 이기적인 개인적 방종이 집안을 망칠 것이라고 두려워했다. 또한 어머니와 자식 또는 부인과 자식의 강한 유대감은 가족질서와 아버지의 권위를 유지시키는 충성심과 존경심이라는 수직적 관계를 위협하는 존재였다. 조너선 오코는 아내란 "없어서는 안 되지만 안정을 해치는 요소"라고 결론지었다(劉廣京, 1990). 대를 잇게 해주지만 항상 부자간의 복종관계를 위협하는 존재라는 말이다.

가족에 대한 충성이라는 이러한 공통의 유대 외에도 구(舊)중국은 고급교육을 받은 지방 엘리트의 공통적 경험에도 강력한 영향을 받았다. 그들은 어릴 때부터 경전의 문장과 가르침을 공부하고 따르는 데에 온힘을 기울였다. 어머니의 양육과 아버지의 훈육은 이 젊은 학생들이 자기를 억제하고, 경박하고 성적인 충동을 누르는 데에 노력을 집중하게 만들었다. 19세기 말 상류계급의 소년기에 대한 존 사리(1990)의 연구가 지적하듯이 젊은이들의 훈련은 무엇보다도 복종에 있었다. 일단 사춘기에 들어가면 부모는 공개적인 애정표현을 삼가고 예의바른 성격 형성을 위한 집중 훈련을 시켰던 것이다.

전통적 가족제는 중국인들이 관료제의 위계적 질서를 포함하여 비슷한 특색을 지닌 여러 형태의 신분제를 받아들이도록 준비시킬 수 있었다. 독일의 사회학자 막스 베버는 중국을 "가족제국가(familistic state)"라고 특징지었다. 신분제의 장점 가운데 하나는 개인이 가족이나 사회 내에서 자신이 어디에 서 있는지 자동적으로 알게 된다는 점이다. 자신에게 주어진 역할을 한다면 체계 내의 다른 사람들에게서 그에 상응하는 행동을 기대할 수 있음을 알기 때문에 안심할 수 있는 것이다.

대가족 내에서 모든 아이들은 태어나면서부터 형, 누이, 이종사촌형의 형수나 여러 숙모, 숙부, 사촌, 조부모, 인척 등 서양인들이 헤아리기에는 너무 많은 사람들로 이루어진 질서정연한 혈연관계의 체계로 끌려들어간다. 이러한 관계들은 서양에서보다 훨씬 분명한 이름을 가지고 구별되며, 지위에 따라 강제적인 권리와 의무가 결정된다. 가족 가운데 누군가가 자신을 부를 경우에도 정확하게 서로의 관계를 가리키는 용어로 부르는 것이 필요했다.

선구적인 인류학자 모리스 프리드먼(1971)의 현지조사를 통해서 화남에서는 종족(宗族, family lineage)이 중요한 사회제도라는 사실을 발견했다. 같은 종족에 속한 사람들은 같은 조상의 후손임을 주장하고, 족전(族田)을 공유하며, 조상의 무덤과 사당에서 치르는 정기적인 제사에 참석한다. 족보(族譜)의 지원을 바탕으로 종족은 지역사회의 공동이익을 경제적, 정치적으로 공유할 수도 있었다. 그러나 인류학자들은 화북지역에서는 이와는 다른 기초 위에서 종족이 조직되었음을 발견했다. 중국의 친족(親族, kinship) 조직은 이처럼 지역에 따라서 다르다. 가족의 재산소유권, 결혼지참금, 매장 혹은 화장 등의 관습 역시 복잡한 역사를 가지고 있다. 이에 대해서는 이제 막 연구가 시작되었을 뿐이다.[5]

중국의 친족 조직은 화남이나 화북 모두 부계(父系)이다. 가부장권(家父長權)은 아버지에게서 큰아들에게 남계(男系)를 따라 계승된다. 따라서 여성은 다른 집안으로 시집가지만 남성은 집에 남게 된다. 하지만 남녀 모두 서양의

---

5) 종족은 공통의 조상으로부터 단계(부계나 모계)로 내려온 자손이라고 자타가 함께 인지하고 있는 사람들에 의해서 만들어지는 구조가 명확한 집단이다. 다시 말해서 중국의 종족은 공동의 제사를 받드는 부계의 종족이며, 대외적으로는 족외혼제(동성불혼)를 취하며 대내적으로는 종법에 기초하여 규제된다. 한편 친족은 생물학적 범주가 아니라 사회적, 문화적 범주로 실제적 혹은 상상에서의 혈연, 출신, 혼인관계로 맺어져 있다고 자타가 함께 인지하는 사람들 내지 그 집합체이다. 우리나라의 민법에서 다루는 개념으로 보면 친족은 8촌 이내의 혈족, 4촌 이내의 인척, 배우자로 규정된다.

개인이 당연시하는 생활양식을 따르는 것은 아니다. 최근까지 중국의 청춘남녀들은 인생의 반려자를 스스로 선택할 수 없었고, 결혼 후에도 독립된 가정을 형성하지 못했다. 대신 그들은 결혼생활을 가족생활에 종속시켰으며, 보통 시댁에 들어가 집안을 유지하는 책임을 떠맡았다. 서양인들은 도저히 이런 방식을 지지하지 못할 것이다.

가부장권과는 달리 가족의 재산 모두가 아버지에게서 큰아들로 전해지지는 않았다. 역사의 초기 단계부터 중국인은 장남이 아버지의 모든 재산을 상속받고 차남 이하는 다른 곳에서 살 길을 찾아야 하는 장자상속제(長子相續制)를 포기했다. 이 제도 변화가 지닌 거대한 의미는 영국과 일본 같은 나라와 비교해보면 확실해진다. 아버지의 재산을 물려받지 못한 차남 이하의 아들은 정부, 회사, 해외식민지 —— 이곳에서 지방귀족이 중앙권력에 도전할 정도로 성장했다 —— 에 필요한 인원을 공급했다. 중국에서는 어떤 자식이라도 토지를 균등하게 분배받았디. 따라서 장남에게는 그 지위를 확인하기 위한 의례상의 의무만 남았으며, 가끔 여분의 재산이 주어졌다. 이렇게 토지가 잘게 나누어진 결과 가족의 지속적인 토지 소유가 약화될 수밖에 없었다. 또한 관료들은 토지에 기반을 둔 권력을 지킬 수 없었고, 농민은 적은 토지 때문에 줄곧 생존의 한계선상에서 살았다. 결혼한 부부의 첫째 의무는 가문을 잇는 아들을 낳는 것이었다. 하지만 둘 이상의 사내아이를 낳는 것은 바로 가난을 의미할 수도 있었다.

일반적인 믿음과는 달리 여러 아이를 거느린 대가족이 중국 농가의 표준은 아니었다. 질병과 기근뿐만 아니라 토지의 부족 때문에 한 집에서 생활하는 사람의 수는 자연스럽게 제한을 받았다. 결혼한 여러 자식과 많은 아이들까지 한 집에 동거하는 대가족은 중국 가족의 전형처럼 여겨져왔다. 그러나 그것은 이상이었고, 예외에 지나지 않았으며, 오로지 부유한 집에서만 가능한 일이었다. 보통 농가의 가족은 모두 네댓이나 여섯 사람 정도에 지나지 않았다. 아들 사이에 토지가 분배되어 재산이나 저축이 여러 세대에 걸쳐서 축적될 수 없었고, 따라서 전형적인 농가에는 사회적 지위를 높일 기회가 거의 없었다. 농민은 법률과 관습이 아니라 오히려 농민의 수에 의해서 토지에 얽매여 있었던 것이다.

오늘날까지 중국 사회의 기초를 이루고 있는 농촌은 여전히 가족단위로 이루어져 있다. 가족은 변함없이 대대로 이어지면서 특정한 토지를 경작하여 생활한다. 가족은 모두 사회적 단위인 동시에 경제적 단위이다. 가족은 농경에 의존해 생계를 유지하며, 사회적 지위도 가족에서 비롯된다. 농촌의 생활주기는 여전히 집약농업의 계절주기와 맞물려 있다. 농민의 삶과 죽음은 농작물의 성장과 수확에 연결된 리듬에 따른다.

그러나 중국의 농민생활이 보통 하나의 촌락에만 한정되어 있었던 것은 아니다. 오히려 그들은 여러 촌락으로 이루어진 하나의 시장지역 전체를 삶의 무대로 삼고 있었다. 이러한 형태의 전형, 즉 시장공동체의 세포구조는 공중에서 보면 시장을 중심으로 주위에 위성촌락이 고리처럼 둘러싸고 있는 모습으로 드러난다. 혁명 이전 중국의 농촌은 이렇게 대략 자급자족이 가능한 촌락들이 벌집과 같은 형태를 이루고 있었다. 시장에서 시작된 작은 길(때로는 수로)이 여섯 개 정도의 촌락이 이루는 첫번째 순환 고리를 향해서 방사형(放射型)으로 뻗어나간다. 그것은 계속해서 열두 개 정도의 촌락이 이루는 두번째 순환 고리로 이어진다. 이 열여덟 개 정도의 촌락에는 각각 약 75호(戶) 정도가 거주했다. 호마다 부모, 그리고 아마 자식 두 명, 조부모 가운데 한 명 등 평균 다섯 명 정도의 가족이 있었을 것이다. 시장에서 2.5마일 이상 떨어진 촌락은 없었다. 대개는 짐을 어깨에 메거나 아니면 손수레를 밀거나 당나귀를 끌고(수로에서는 거룻배에 싣고) 쉽게 하루 만에 다녀올 수 있는 거리였다. 촌락의 농민, 시장의 상인, 수공업자, 지주, 승려 등 모두 합쳐 대략 1,500호에 7,500명 정도가 하나의 지역사회 공동체를 형성했던 것이다. 시장(town market)은 예컨대 10일을 주기로 1, 4, 7일에 정기적으로 열렸다. 상인은 1, 4, 7일에는 규칙적으로 이곳의 시장을 찾았고 2, 5, 8일 혹은 3, 6, 9일에는 5마일 정도 떨어진 다른 시장이나 보다 상위의 중심 시장(standard market)에 갔다. 시장이 열리는 이 주기에 맞추어 각 가정에서는 3일마다 한 사람이 시장에 가서 그 지방의 산물을 약간 팔거나 아니면 다른 지방의 산물을 구입했을 것이다. 아니면 찻집이나 절 혹은 길에서 친구들을 만날 수도 있었다. 그들은 10년 동안 시장에 1,000번은 갔을 것으로 추산된다.

따라서 촌락은 자급자족이 불가능했다. 그러나 촌락이 모여 이루어진 거대한 시장공동체는 경제적 단위이자 사회활동의 영역이기도 했다. 결혼은 보통 시장에 있는 중매쟁이를 통해서 이루어졌다. 시장에서 축제가 열렸으며 비밀결사도 이곳에 회합장소를 마련할 수 있었다. 그리고 농민들은 이곳에서 지배계층의 대리인, 즉 조세와 소작료를 징수하는 사람들을 만나곤 했다. 그러나 최근의 또다른 연구는 이러한 전형적인 시장공동체의 모습을 수정하기도 한다. 프라젠지트 두아라(1988)는 혈연조직, 비밀결사, 종교와 신앙, 군대 또는 상호 연대의 책임을 진 인보조직(隣保組織) 등의 또다른 네트워크를 제시하고 있다. 이것들은 반드시 시장공동체라는 네트워크와 겹쳐지지는 않는데, 두아라는 어떻게 농민들이 여기에 참여하고 있었는가를 밝히고 있다.

내륙 아시아와 중국 : 유목과 농경

내륙 아시아(Inner Asia) 평원의 유목생활과 집약농업에 기초한 중국 농촌의 정착생활을 대조하는 것에 비하면 화남과 화북의 대조는 피상적인 것에 시나지 않는다. 내륙 아시아란 원래 넓은 호(弧)를 그리면서 중국에 인접하고 있는 비한족(非漢族) 거주지를 가리킨다. 즉 만주에서 출발하여 몽골을 거쳐 투르키스탄과 티베트에 이르는 광범위한 지대이다. 이 지역은 강력한 중화제국의 정복에 의해서 역사상 여러 차례 그 판도 내에 포함된 적이 있다. 실제 오늘날의 중국에서도 그러하다. 몽골족, 티베트족, 만주족과 같은 내륙 아시아 민족은 중화인민공화국을 구성하는 55개의 소수민족에 포함된다.[*]

내륙 아시아와 중국 본토(China Proper)는 거의 모든 면에서 뚜렷한 대조를 보인다. 초원지대의 인구밀도는 희박하며, 오늘날 몇 백 만의 몽골족과 그보다 수가 적은 티베트족이 불모의 고원지대에서 살고 있을 뿐이다. 이곳보다 약간 좁은 지역에 한대(漢代, 표 1 참조)까지 그 조상을 거슬러올라가는 10억 이상의 한족(漢族)이 거주하고 있다. 내륙 아시아의 인구밀도가 낮은 초원지대 유목민〔胡族〕의 생활은 인구밀도가 높은 한족의 그것과 전혀 다르다.

"유목(遊牧)"이란 물론 아무런 목적도 없이 초원 위를 떠돌아다니는 것이 아니다. 텐트와 가축을 이끌고 기후와 강우량에 따라 목초(牧草)를 찾아 한 장소에서 다른 장소로 이동하는 것이다. 대개 여름철의 저지대 목초지에서 겨울철의 산간지대로 계절적 이동을 하는 것이다. 말과 양에 의존하는 이러

---

[*] 초기 서구의 탐험가들은 중국 서부의 사막과 산악, 그리고 인도의 북쪽을 "중앙 아시아(Central Asia)" 라고 불렀다. 따라서 내륙 아시아 —— 중국에서 더 내륙으로 들어간 —— 는 중앙 아시아를 포괄한다.

표 1. 전통 중국의 주요 왕조

동주(東周)	기원전 771–256년
전국시대(戰國時代)	기원전 403–221년
진(秦)	기원전 221–206년
전한(前漢)	기원전 206–기원후 8년
후한(後漢)	25–220년
남북조(南北朝)	220–589년
북위(北魏)	386–535년
수(隋)	589–618년
당(唐)	618–907년
북송(北宋)	960–1125년
북방의 요(遼, 거란족) 포함	
남송(南宋)	1127–1279년
화북의 금(金, 여진족) 포함	
원(元, 몽골족)	1279–1368년
명(明)	1368–1644년
청(淸, 만주족)	1644–1912년

한 완전한 유목민은 원래 정착농업과 수렵, 전쟁을 함께 하던 초원 변두리의 반(半)유목사회에서 등장했을 것이다. 유목민이나 반유목민 모두 청동기, 그리고 뒤이어 철기 주조기술을 획득했다.

집약농업이 중국의 특징을 이룬 것과 마찬가지로, 내륙 아시아의 유목 경제는 유목민의 생활을 규정했다. 화남지역의 논에서 쌀 문화가 고도로 발달했듯이, 초원지대에서는 양, 염소, 낙타, 말, 소 등을 토양과 지형, 기후에 적합하게 키우는 기술이 발달했다. 유목민은 가축 떼로부터 식량을 얻었고, 양가죽으로는 옷과 천막을 치기 위한 유르트(yurt)를 만들었으며, 양의 똥을 연료로 사용했다. 토지경작은 신뢰하기 어려웠으므로 유목민은 동물을 키워서 생활물자를 해결했다. 이동할 때에는 말을 이용함으로써 불모의 초원지대에서 자신을 보호할 수 있었다. 따라서 유목민은 항상 자원을 풍부하게 보유하고 낯선 모험을 대비해야 할 필요가 있었다. 또 관습상 토지에 얽매이지 않았지만, 그들은 정착농경 지대와 최소한의 교역을 유지해야만 했다. 유목민은 보통 중국 농민보다 자유로웠지만 동시에 중국의 지주보다는 가난했다. 여러

46

세대에 걸쳐서 부동산을 축적할 수는 없었기 때문이다. 그들은 또한 숙련된 사냥꾼이자 기수(騎手)였고, 동시에 잠재적인 전사(戰士)였다.

유목군주(遊牧君主)의 지위 계승은 중국 왕조와 같은 단순세습이 아니었다. 훨씬 탄력성 있는 방법으로 뛰어난 지도자의 능력을 지닌 후계자를 추대하는 선출방식이 정착되었던 것이다. 그러한 인물은 직계를 따라 군장의 아들이나, 혹은 방계를 따라 군장의 형제들 가운데에서 찾을 수도 있었다. 이런 식의 모호한 제도는 부족의 지도자들이 내리는 어떤 선택도 정당화시킬 수 있었다. 그들은 유능한 지도자를 환영했다. 그래서 13세기에 칭기즈 칸 같은 카리스마적인 군주가 기마궁수(騎馬弓手)의 화력에 바탕을 둔 엄청난 무력에 의해서 순식간에 대규모 부족연맹을 조직할 수 있었다. 중국의 북부, 서부에 거주하는 유목민, 반유목민은 최근까지 중국인의 군사, 정치생활에 지속적인 영향을 미치는 요소로서 작용했다.

여기에 중국 "문화주의(culturalism)"의 한 원천이 있다. 그것은 자신들의 생활방식에 대한 중국인들의 애착이라고 할 수 있다. 이것은 근대 유럽의 정치적 민족주의만큼이나 강하며, 모든 면에 걸친 감정이다. 유럽 민족주의가 다른 국민국가와의 접촉, 또는 다른 국가를 본보기로 삼아서 성장했다면, 중국 문화주의는 중국과 내륙 아시아 "오랑캐〔夷狄〕" 사이의 문화적 차이에서 비롯되었다. 내륙 아시아의 침입자들은 군사적으로 훨씬 강한 전사들이었다. 그래서 한족은 자신의 사회제도와 문화적, 미학적 우월감 —— 비한족(非漢族) 정복자도 없앨 수 없는 —— 에서 위안처를 찾았던 것이다.

따라서 우리는 중국의 역사는 한족의 역사 외에도 내륙 아시아 비한족의 역사를 포함하고 있음을 깨달아야 한다. 이들은 한족의 국가와 사회에 누차 침입했고, 그리하여 그 빠뜨릴 수 없는 구성요소의 하나가 되었다. 간단히 말해서 우리는 내륙 아시아인들이 중국 역사에서 결정적인 부분이었다고 하는 그런 넓은 시야를 가져야 한다. 오늘날에도 중국 정부는 다수인 한족의 거주지보다 더 넓은 지역을 소수민족의 "자치구(自治區)"[6]로 설정해놓고 있다.

---

6) 현재 중화인민공화국의 5개 자치구는 성(省)과 동등한 행정단위이며, 그 밑에는 소수민족의 규모에 따라 자치주(州)나 현(縣)이 설치되기도 한다. 연변(延邊)에는 조선족자치주가 있다. 전 중국에 걸친 한족(漢族)의 확산이 이루어진 지금에 와서 이런 자치지역은 소수민족이 집중적으로 거주하는 지역을 의미하지 그들이 한족보다 수가 많은 지역이라는 의미가 아니라는 점에 주의할 필요가 있다.

제1부

황제독재의 등장과 몰락

역사학자도 언론인과 마찬가지로 언제나 복잡한 현상들을 일반화시켜왔다. 그래서 쉽게 지배적인 인물을 앞에 내세워 시대의 주연배우로 삼을 필요성을 느끼게 된다. 미국 대통령들 가운데 시어도어 루스벨트(TR), 프랭클린 루스벨트(FDR), 아이젠하워(IKE), 케네디(JFK), 심지어는 부시(Bush)의 경우들 보면 알 수 있듯이 긴단힌 악칭은 상당히 쓸모가 있다. 마치 대사관의 모든 통신문이 외부로 전달될 때는 언제나 대사의 이름만 사용하는 것처럼, 이렇게 하나의 이름으로 전체를 대표하게 하는 것은 관례가 될 수도 있다. 그렇다면 중국 황제는 그 대표성을 무한정 확장시킬 수 있는 존재일 것이다. 이를 테면 1991년, 1992년이라고 하지 않고 부시 3년, 부시 4년이라고 연도를 표기하는 것처럼 중국 황제들은 모든 기록에 자신만의 연호를 사용해왔다. 황제가 독재군주였다라고 하는 것이 과연 언급할 만한 가치가 있을까? 아니면 그는 도대체 무엇이라고 해야 할까?

하지만 독재정치에는 정도의 차이가 있고, 다양한 형태도 있다. 극단적인 경우로는 자신의 의지를 국가와 사회에 강요하는 지배자의 능력이라고 정의할 수도 있다. 이것은 전제(專制)나 폭정(暴政)과도 가깝다. 적어도 독재정치는 법을 초월하고, 법 그 자체이며, 특별한 법을 만들지만 그것에 의해서 통제를 받지는 않는다는 것을 의미한다.

그러나 실제의 운영이라는 면에서 보면 중국 황제와 같은 독재군주도 도덕적 훈계, 자신의 이해관계 및 명성뿐만 아니라 절차상의 규칙들과도 싸워야만 했다. 황제는 신하들의 협조, 적절한 정보와 간언(諫言)이 필요했다. 예를 들면 절차상의 규칙은 공식적으로 자기에게 문제가 보고되었을 때에만, 혹은 신하들이 선택할 수 있는 책략을 바쳤을 때에만 황제가 행동할 것을 요구했다. 황제를 보좌하는 참모는 수가 많았고 교대로 쉴 수도 있었다. 그러나 황제는 혼자였고, 이러한 독재군주에게 개인적인 자유란 찾아보기 어려웠다. 특히 제사와 궁중의례(宮中儀禮)를 치러야 하는 시절에는 더욱 그러했다. 독재군주는 수많은 의무에 짓눌려 있었고, 예법에 의해서 조종당했다. 낮에는 신하, 그리고 밤에는 후궁. 얼마나 꽉 짜인 인생인가!

그러나 여기서 묘사할 중국 황제제도의 모습은 단조로운 궁정생활이 아니라 오히려 중국의 경우를 두드러지게 만드는 여러 특징들이다. 첫째로 황제 권위의 **보편성**을 지적할 수 있다. 중국의 황제는 인간생활의 모든 면에 대한 최종적인 결정자였다. 둘째, 이 때문에 복식에서 예절, 서적, 회화에 이르기까지 모든 면이 **정치화되는** 결과를 낳는다. 모든 행동은 나름대로 정치적인 의미를 지닐 수 있다. 셋째로, 황제가 자신의 **권력독점**에 도전할 수 있는 다른 경쟁적인 권위나, 징세가 곤란한 소득이 나타날 것을 막는 데에 아주 큰 주의를 쏟았다는 점이다. 요컨대, 중국의 황제제도는 때로는 강력한 지도력을 발휘할 수 있었고, 그것이 사실은 초기 중국의 빼어난 성취에 상당히 기여했던 것으로 생각된다. 황제가 그 모든 것을 이루었다고 할 수는 없다. 결코 그렇지는 않다! 하지만 황제제도의 활력은 중국 사회의 통합, 통일의 정도를 거칠게나마 보여주는 지표라고 할 수는 있다. 그렇지만 시간이 지나면서 이러한 강력한 황제의 지도력은 성장하는 국가기구의 권력에 밀리지 않고 도대체 얼마나 오랫동안 버틸 수 있었던 것일까?

제1장

기원 : 고고학의 발견

중국의 구석기시대

중국 문명은 독자적인 선사시대(先史時代)가 없었고, 밀, 토기, 문자, 전차와 같은 서아시아 문명의 특징이 전파되어 갑작스럽게 발달한 것이라는 일부 학자와 고고학자들의 믿음은 중국에 관한 서양의 문화적 제국주의를 잘 보여주는 사례이다. 즉 중국 문명은 서양에서 중앙 아시아를 거쳐서 점차적으로 형성된 "삼투(滲透)에 의한 문명"이라는 이 가설은 무지의 소산이었지만 극복되기까지는 오랜 시간이 걸렸다. 예전에는 문화적 특징의 전파를 강조하던 것이 이제는 오랜 기간에 걸쳐서 원시인들 사이에 아마도 상당한 접촉이 있었을 것이라는 인식으로 바뀌었다.

중국에서 고고학적 발굴을 통한 선사시대의 연구는 가장 새롭게 발전하고 있는 분야 가운데 하나이다. 오늘날 중국 현대화의 측면 가운데 하나는 1920년대 이후 진행된 고고학의 꾸준한 발전에서 찾아볼 수 있다. 근대 중국 혁명의 마지막 단계로서 국민당 정부, 공산당 정부 아래에서 시행되었던 현대화의 노력 못지 않은 것이 중국의 선사시대에 대한 과학적 발견이었다. 물론 그것만은 아니다. 사실 그 중요성은 그것이 문화적 연속성을 밝혀낸 데에 있었다. 이를테면 군주독재와 같은 오늘날 중국의 독특한 특징은 선사시대로부터 직접 이어져 전해 내려온 것이다.

중국에는 남북으로 뻗은 두 산맥이 있다. 하나는 바닷가를 따라 뻗은 것이다. 예전에 만주(滿洲)라고 불린 동북(東北)지역에서 단속적으로 내려오다가 산동성(山東省)과 동남해안을 거쳐 홍콩과 해남도(海南島)에 이른다. 다른 하나는 중앙 아시아 고원의 동쪽 끝에 있는 내륙에서 시작된다. 산서성에서 남쪽으로 사천성을 향해 내려오면서 중국 서남부의 고원지대에 이른다. 그 동쪽에는 화북평원의 북부가 펼쳐져 있다. 북경에서 서남쪽으로 27마일 떨어진 평원의 끝에 위치한 석회석 구릉인 오늘날의 주구점(周口店) 부근에는 수많은 동굴이 있다. 그 가운데 특히 큰 동굴은 본래 미식 축구장만한 크기였다(길이와 폭이 각각 500피트와 150피트이며 어떤 곳은 바닥에서 천장까지의 높이가 120피트이다). 서북쪽에 작은 출입구가 나 있는 이 동굴은 지금부터 40만 년 전에 형성되었으며, 내부에 부스러기나 쓰레기가 완전히 채워지기까지 약 20만 년 동안 계속 원시인이 거주했다.

고고학자들에게 얼마나 위대한 발견인가! 1921년 이 지점에서 발견된 치아 하나는 원인류(原人類)의 것이라고 판명되었다. 1929년에는 최초의 두개골이 발견되었다. 1921년에서 1937년까지, 그리고 1959년 이래의 신중한 발굴로 10만 점가량의 석기, 100개 이상의 치아, 14개의 두개골 및 40구 이상이라고 일컬어지는 직립원인(*Homo erectus*)의 많은 뼈가 발굴되었다. 이 원인은 자바(1891), 유럽, 중동과 아프리카에서 발견된 초기 인류와 같은 종(種)이다.

그들은 키가 작았다. 북경원인(北京猿人)은 남성이 키가 약 5피트 2인치였고 여성은 4피트 9인치였다. 두개골은 매우 두껍고 턱은 뒤로 후퇴한 모습이었지만 뇌의 용량은 850-1,300cc로서 자바인의 775-900cc나 초기 호모 사피엔스(*Homo sapiens*. 原人, 또는 早生人類)의 1,350cc와 비교될 수 있을 것이다. 그들은 사냥, 어로, 채집에 의존했으며, 동굴을 밝히고 고기를 익혀 먹기 위해서 불을 사용했다. 그을린 동물의 뼈 가운데 70퍼센트는 사슴의 것이었지만 표범, 곰, 날카로운 이빨을 가진 호랑이, 하이에나, 코끼리, 코뿔소, 낙타, 물소, 멧돼지, 말 등의 뼈도 아울러 발견되었다. 동굴 안에는 매장의 흔적이나 완전한 해골은 없었지만, 일부 두개골에는 타격의 흔적이 있어 북경원인이 보잘것없는 식인종이었거나 아니면 적어도 뇌를 맛보는 사람 사냥꾼이었음을 암시하고 있다. 요컨대 장광직(張光直, 1986)은 북경원인의 화석이 "고인류학(古人類學)의 가장 큰 수확물"이라고 말하고 있다.

다른 발견들이 뒤를 이었다. 1949년 이후 도로, 철도, 댐, 건물의 광범위한 건설로 수백 군데에 이르는 새로운 고고유적이 발견되었다. 직립원인에 속하

표 2. 중국의 선사시대

100만 년 전– 20만 년 전	조기(초기) 구석기시대
40만 년 전– 20만 년 전	호모 에렉투스(直立猿人, 북경원인)
20만 년 전– 5만 년 전	중기 구석기시대
	초기 호모 사피엔스(原人)
5만 년 전– 1만2,000년 전	만기(후기) 구석기시대
	호모 사피엔스 사피엔스(新人)
기원전 1만2,000년– 2000년	신석기시대
기원전 8000년– 5000년	농경의 시작
기원전 5000년– 3000년	앙소(仰韶) 채도(彩陶)문화
기원전 3000년–2200년	용산(龍山) 흑도(黑陶)문화
기원전 2200년–500년	청동기시대
기원전 2200년–1750년	하(夏)왕조
기원전 1750년–1040년	상(商)왕조
기원전 1100년–256년	주(周)왕조
기원전 600년–500년	철기시대의 시작

*기원전 256년을 제외한 모든 연대는 추정치이다.

는 또다른 두개골이 섬서성(陝西省)에서 발견되었다. 이것은 북경원인보다 더 원시적 특징을 보인다. 10여 군데 이상의 지점에서 발견된 타제석기와 인류 화석은 지금으로부터 40만 년 전부터 20만 년 전(조기 혹은 초기 구석기시대, 표 2 참조)에 걸친 것이었다. 이것으로 직립원인이 주로 서부 산맥지역에 널리 퍼져 있었음을 알 수 있다. 1980–1981년 안휘성(安徽省)에서는 두개골이 발견되었으며, 1984년에는 요녕성(遼寧省)에서 일부 골격이 발견되었다. 그밖의 발견도 계속되고 있다.

1970년대에 발굴된 몇 군데 유적에서는 대략 20만 년 전에서 5만 년 전인 중기 구석기시대로 추정되는 초기 호모 사피엔스가 발견되었다. 또한 약 5만 년 전에서 1만2,000년 전인, 만기 혹은 후기 구석기시대에 호모 사피엔스 사피엔스(新人, 現生人類)가 중국 전역에 걸쳐서 대여섯 군데 혹은 그 이상의 지역적 특징을 보이는 문화유적에 광범하게 분포되어 있었다. 그들은 보통 평원이 내려다보이는 산록에 거주했으며 어로와 채집을 겸한 수렵에 의존했다. 그들이 남긴 석기로 판단하건대 이 문화유적들은 공통적 특징뿐만 아니라 아주 초기부터 서로 다른 뚜렷한 지역적 특색을 보이고 있다. 여기에는 황하 중류지역을 포함하여 오르도스(Ordos, 河套)[1] 지역, 섬서성의 황토고원, 화북평원의 서쪽 끝이 포함된다. 또한 주구점의 상층에서 발견된 동굴 유적 등은 구석기 후기에 들어 묘지로 사용된 듯하다. 그곳에서 발견된 일곱 개의 두개골은 모두 깨져 있었다. 장광직 같은 고고학자는 중국의 구석기 인류가 돌을 깨뜨려서 사용한 정도에 머무르지 않았다고 보고 있다. 오늘날까지 중국에서 찾아볼 수 있는 혈연, 권위, 종교, 예술 등의 기본 관념을 이미 이 초기 문화유적에서 발견할 수 있다는 결론을 내리는 것이다.

중국의 신석기시대

약 1만2,000년 전에 시작된 중국의 신석기시대는 정착 농경사회의 광범한 분포가 특징적이다. 당시 황하와 장강은 서부와 동부 산맥 사이 평원에 지금 같은 충적토양을 아직 퇴적시키지 않은 상태였다. 오늘날의 산서성과 산동성 사이의 평원은 대부분 호수와 소택지였고, 산동성은 해안 부근의 섬이나 마찬가지였다. 현재의 하남(河南)과 하북(河北)은 당시 아직 거주하기에 부적합한 소택지였다. 장강 유역의 화중(華中)지방은 거대한 호수였다. 또 현재의 호북(湖北)과 호남(湖南)은 경작이 가능하지 않았고, 쌀 재배는 말할 것도 없었다. 산에는 수풀이 무성히 우거졌고 동물들도 많았다. 개나 돼지 같은 가축의 사육은 농작물의 경작과 비교하면 사소한 문제였다. 수렵·어로·채집공동체가 점차 식량으로 사용하기 시작했을 내한성이 강한 다년생 식물은 규칙적으로 씨를 뿌리고 수확할 수 있는 1년생 작물로 대체되었다. 요컨대 농경

---

1) 청해성(青海省)에서 발원한 황하가 난주(蘭州)를 거쳐 동북으로 치닫다가 오른쪽으로 굽어지고 거기서 만리장성과 만나는 지역에서 다시 남쪽으로 내려와 섬서성과 산서성 사이를 흐르다가 동쪽의 화북평원지대로 크게 방향을 옮기게 되는데 이 황하의 만곡부 안에 있는 지역을 오르도스라고 한다. 지금의 내몽골 자치구에 속한 이 지역은 유목에 적합한 곳이 많아 예로부터 많은 유목민들이 쟁탈전을 벌인 곳이다.

이 시작된 것이다. 신석기시대 당시의 상당히 온난하고 습윤한 기후는 아직 지금처럼 건조하고 쌀쌀한 기후로 바뀌지 않은 상태였다. 신석기시대의 농경은 고지대의 숲이 경작 가능한 목초지와 맞닿는 경계지역에서 우선 발달했다. 그러한 곳은 식물과 동물이 풍부해 농경의 성공 여부에 관계없이 생존할 수 있었다.

수천에 달하는 신석기 주거지는 황하의 남쪽 만곡부(彎曲部) 및 숲이 우거진 고지대와 습지인 저지대 사이의 경계에서 정착농경이 시작되었음을 알려준다. 예를 들면 대략 기원전 4000년 무렵 지금 서안 시내에 있는 반파(半坡)에 거주했던 사람들은 수렵과 어로의 도움을 받기는 했지만 좁쌀〔小米〕을 주식으로 삼았다. 이들 반파인들은 대마(大麻)로 옷을 해 입었다. 주거지는 가옥들끼리 집단을 이루고 있어서 친족단위의 존재를 연상시킨다. 화살촉의 발견으로 미루어보아 활을 사용한 사냥도 했던 것 같다. 이들은 개와 돼지를 주된 가축으로 사육했다. 곡물을 담아누는 토기에는 물고기, 동물, 식물 무늬뿐만 아니라 씨족이나 종족을 분명히 구분하기 위한 것으로 보이는 상징도 장식되어 있다. 그러나 앙소(仰韶)문화라고도 부르는 이 화북의 채도(彩陶)문화와 거의 동시대에 해당되는 문화유적이 동남해안과 대만, 그리고 강남에서도 발견되었다. 강남에서는 이미 벼농사가 시작되었다.

채도유적 위층에서는 보다 얇고 광택이 나는 흑도(黑陶)가 발견되었다. 흑도는 화북, 장강 유역, 심지어 동남해안에서도 광범하게 분포된 것으로 나타났다. 이것은 신석기시대 농업이 크게 확산되면서 수많은 지역적 하위문화를 낳았음을 보여준다. 따라서 중국의 신석기문화는 구석기에 기원을 둔 몇 군데의 중심지에서 농시에 발달했던 것으로 보이다.

중국 신석기시대의 또다른 성과는 비단의 생산이었다. 옛날부터 지금까지 까다로운 양잠(養蠶)의 과정은 농촌경제에 계속 이어져왔다. 대량의 뽕잎으로 누에를 기르는 방법, 누에가 휴면기간 동안 허물을 벗고 누에고치를 만들 수 있게 도와주는 방법, 그리고 마지막으로 누에고치를 자아서 생사(生絲)를 뽑아내는 과정은 모두 매우 힘든 수작업 노동이다. 약 15파운드의 누에고치를 만들기 위해서 누에는 약 100파운드의 뽕잎을 먹는다. 그렇게 해서 1파운드의 생사가 생산된다. 신석기시대 화북에서 시작된 이 가내수공업은 기원후 6세기에 누에가 서양으로 몰래 반출될 때까지 중국인의 독점물이었다.

상(商)과 하(夏)의 발굴

　　1920년 무렵에는 오랫동안 전승되어온 고대 중국의 세 왕조, 즉 하(夏), 상(商), 주(周) 삼대(三代) 가운데 오직 주왕조만이 자체의 역사기록을 통해서 직접적으로 알려져 있었다. 상대(商代)의 30명의 왕이나 일곱 번이나 옮긴 수도는 주대(周代)나 그 직후 편찬된 연대기에 기록되어 있었다. 많은 세기가 지난 다음 송대(宋代)의 금석학자들은 일부에 명문(銘文)이 새겨진 상대의 청동 예기(禮器)에 관심을 가졌다. 그러나 학자들이 한약방에서 고대 문자가 새겨진 "용뼈〔龍骨〕"를 팔고 있는 데에 주목하게 된 것은 1899년이 되어서였다. 1920년대 말이 되면 개인 소장가들은 이 "갑골(甲骨)"을 추적하여 그것들이 황하 북쪽에 있는 하남성의 안양(安陽) 부근에서 출토되었음을 확인하게 된다. 1928년에는 남경국민정부 국립중앙연구원(國立中央硏究院)의 고고학자들이 안양에서 상의 마지막 수도에 대한 과학적인 발굴작업을 시작했다. 이 작업은 1937년 일본이 중국을 침략할 때까지 계속되었다. 1950년 이후 보다 초기의 상대 수도가 현재의 정주(鄭州)에서 발견되었다.

　　상대의 수도 성내에는 흙으로 다진 기단(基壇) 위에 기둥과 대들보를 가진 건축물인 왕궁과 지배층의 거주지가 있다. 이것은 오늘날 우리가 감탄해 마지않는 북경 고궁박물원(故宮博物院, 즉 과거의 紫禁城)의 기본적인 건축양식을 이미 갖추고 있다. 안양에서는 시멘트만큼 단단하게 흙으로 다진 건물의 기초가 53개나 발견되었다. 거기에는 수많은 석주(石柱)의 받침대도 있다. 근처에 있는 지하 갱은 창고와 거주지로 사용되었던 것이 분명하다. 귀족들은 고도로 발전한 청동기 주조, 토기 제작 및 다른 수공예에 전문성을 지닌 장인(匠人)을 부리고 있었다. 어떤 장인의 솜씨로도 뛰어넘지 못하는 이 상대 청동기들은 지금도 인류의 위대한 예술적 업적의 하나로 남아 있다. 상왕은 문자를 다루고 갑골을 이용해 점을 치는 정인(貞人)들의 보좌를 받았다(동물의 어깨뼈에 구멍을 뚫고 열을 가해 균열을 만든 다음, 조상신의 도움으로 이 균열을 해석하고 그 결과를 뼈에 새겨넣는 방식이었다). 이렇게 하여 안양에서 최초로 발견된 저 유명한 "갑골문〔卜辭〕"이 만들어졌다. 지금까지 대략 10만 개가량의 갑골이 수집되었다. 갑골에 새겨진 질문과 대답을 보면 상대 귀족들은 말이 끄는 전차를 타고 나가 싸우기도 하고, 운동을 위해서 사냥을 즐기기도 하고, 제사와 의례를 주관하기도 했다. 다른 한편 그들은 기록자〔史〕와 장인을 거느렸으며, 주변 촌락의 반수혈식(半竪穴式) 주거지에 사는 농민들이 경작하는 농작물을 공납받아 호사스런 생활을 했다. 상대 사회는 이미 고도의 계급분화가 이루어진 상태였다.

지금보다 따뜻하고 습기가 많았던 기후 조건 아래서 물소는 가장 중요한 가축이었다. 갑골문을 위한 뼈를 지속적으로 공급하기 위해서 많은 가축들이 키워지고, 수백 마리씩 제사의 희생(犧牲)으로 이용되었을 것이다. 상왕은 완전히 의식화된 종교의식의 형태로 조상숭배를 표현했다. 지하의 묘실에는 귀중한 물품, 수많은 동물과 인간이 희생으로 매장되었다. 장광직은 이러한 매장풍습은 상대 사회가 때로는 제사의 희생물로 하층민을 바치기도 했던 계층화된 사회임을 아주 생생하게 보여준다고 결론지었다. 안양 유적〔殷墟〕은 보다 넓은 수도지역의 일부, 즉 왕궁을 중심으로 하는 핵심지대를 보여주는 것에 지나지 않는다. 상대의 유적은 또한 화북과 사천 등 다른 지역에서도 다수가 발굴되었다.

상왕의 권력은 토목공사를 위한 방대한 노동력 동원에서도 역시 잘 드러난다. 정주의 상성(商城)은 사각형인 성벽의 길이가 사방 4마일에 이르고, 흙을 다져 지은 성벽의 높이는 27피트에 달한다. 통나무를 가지고 두들겨 기단을 만들면서 층을 쌓아 올렸으므로 시멘트만큼 단단했다.[2] 용산 문화 유적에서 처음 발견된 이 건축기술은 이후 중국 역사 전체를 통해서 계속 사용되었다. 3,000년이 지난 후 명조(明朝, 1368-1644년)의 수도인 남경(南京)과 북경(北京)의 성벽도 역시 흙을 다져 만든 것이었다. 이들 성벽은 40피트의 높이에 사방 23마일과 21마일에 이르는 훨씬 더 큰 규모였고, 벽돌로 외양을 꾸미기는 했지만 대규모 노동력을 투입한 것은 마찬가지였다. 고대 세계의 다른 지역에서도 대규모 노동력을 동원해 이집트의 피라미드와 같은 불가사의를 만들기도 했지만, 중국의 경우 이러한 관행이 지금도 계속되고 있다.

1959년 현재 황하의 바로 남쪽에 위치한 낙양(洛陽)에서 그리 멀지 않은 언사(偃師) 현에 있는 이리두(二里頭)에서 하왕조의 수도로 추정되는 거대한

---

2) 이러한 성벽건축의 방법을 이른바 판축법(版築法)이라고 한다.

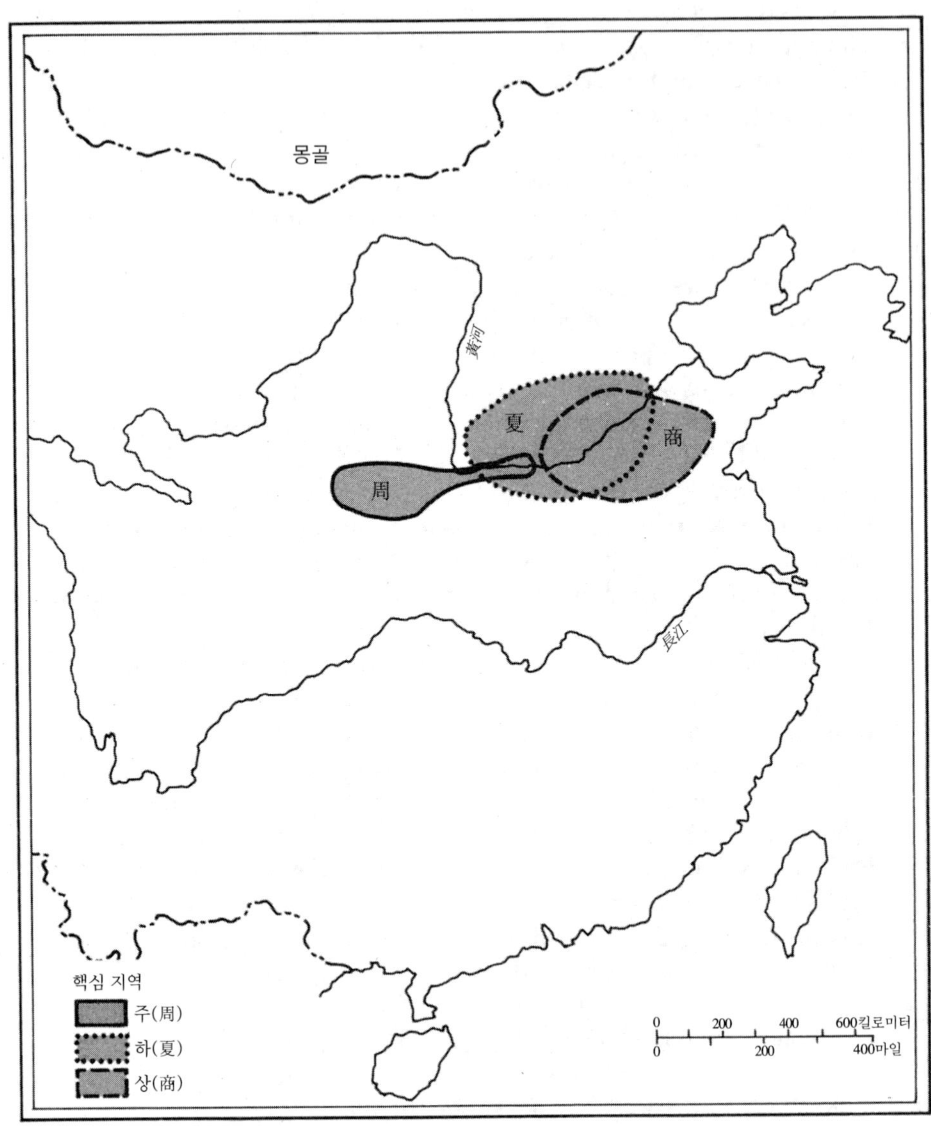

6. 삼대(三代) : 하, 상, 주의 핵심 지역

왕궁유적이 발견되었다.[3] 이리두 문화는 하남성 서북부와 산서성 남부에 걸쳐 널리 분포되어 있다. 이 문화는 용산 흑도문화를 직접 계승한 것이고 상의 초기보다 시기적으로 앞선다. 방사성 탄소 연대측정법에 의하면 대략 기원전 2100년에서 1800년에 걸쳐 존재했던 것으로 보인다. 거의 단정 가능한 이 연대추정에 의해서 오랫동안 전승되어온 삼대 가운데 하와 상도 분명한 모습을 찾게 되는 것이다. 이것은 중국의 기원에 대해서 무엇을 말해주는 것일까?

우선 용산 문화기의 수많은 신석기 거주유적에서 삼대(三代)의 청동기시대 도성유적으로 바뀌어가는 과정이 상당히 순탄했던 것 같다. 따라서 이 과정은 단일한 문화적 발전의 앞뒤 단계로 볼 수 있다. 도구와 무기, 토기와 청동기, 농작물과 가축의 사육, 거주지와 무덤의 건축적 배치, 종교, 정치활동에서의 뚜렷한 의례행위 등을 살펴보면 고도의 문화적 동질성, 연속성을 발견힐 수 있는 것이다. 왕조교체는 전쟁으로 이루어졌지만, 외부문화에 의한 폭력적인 침략의 증거는 발견되지 않는다. 더구나 하, 상, 주는 그 중심지가 각기 달랐고, 한때는 공존한 것처럼 보인다(지도 6 참조). 상과 주의 "교체"는 주가 고대 화북의 지배적인 중심지가 되는 것을 의미했다.

둘째로, 이러한 고대 도시들은 왕권의 기초가 정착적이고 토지에 얽매인 농업이라는 점을 입증해준다. 유동적이고 다른 지역과의 해상무역에 의존하는 왕권이 아니라는 말이다. 안양에서 발견된 조개는 해안에서 가져온 것이 확실하다. 신석기시대 동아시아 사람들은 기회가 닿는 대로 항해를 했다. 기원전 4000-2500년으로 추정되는 대만 북부의 신석기 유적(대만 남부의 뒷시대 신석기 유적은 연대가 기원전 2500년에서 400년이다)에서 이러한 점을 확인할 수 있다. 이곳은 현재 복선(福建)의 해안에서 100마일이나 떨어진 섬이다. 대륙에서 이어지는 다리도 없었고, 지금보다 수심이 얕았지만 더 쉽게 건널 수 있을 정도의 수심 변화도 없었다. 따라서 우리는 해안에 거주하고 있던 신석기인이 농경에서 발휘한 능력과 맞먹을 정도의 항해기술을 발전시켰다고 결론짓지 않을 수 없다. 그렇다면 왜 중국에서는 중동이나 지중해에 비견될 만한 활발한 해상무역이 발달하지 못했을까? 그 차이는 우연한 지리적인 요인에 있었다. 즉 동아시아의 다른 초기 국가 가운데 중국에서 연안항해

---

3) 현재 이리두 문화유적은 하왕조의 것이 아니라, 후대에 상나라를 건국한 주인공이었던 선상(先商)문화유적으로 보는 것이 학계의 통설이다.

나 해상무역을 통해서 도달할 수 있는 곳이 거의 없었다. 중국의 수상운송은 장강 연안, 산동과 남만주 사이 및 해안을 따라 이루어졌다. 하지만 주변에 갈 만한 외국들이 없었기 때문에 대양(大洋)무역은 발달하지 못했던 것이다.

중앙권력의 성장

화북평원 및 황하와 강남 유역에 분포된 대여섯 군데의 앙소, 용산문화는 토기의 제작형태에 의해서 지방문화의 차이를 보여준다. 이들 신석기시대 농경취락과 친족조직, 동맹관계 사이의 접촉이 점차 늘어남에 따라 중앙의 수도는 보다 넓은 지역까지 통치할 수 있게 되었다. 이후의 결과로 판단하건대 대규모 부족에서 갈라진 종족들은 각기 독자적인 성벽도시(邑)를 건립했던 것처럼 보인다. 상대 갑골문에는 모두 1,000개에 달하는 이러한 도시들의 이름이 나온다. 족장에 의해서 통솔되는 종족은 다른 성벽도시의 종족과 혼인관계를 맺었다. 새로운 도시로의 이주나 새 도시의 건설에 의해서 종족의 분할이 생겨날 수도 있었다. 이에 따라서 지배와 복종이라는 복잡한 관계가 형성되었다.

기원전 2000년대 후반 무렵 화북지역에 널리 매장되어 있던 황동(黃銅)과 주석(朱錫)으로 청동(靑銅)을 주조하는 기술은 하, 상 왕조 동안 넓은 영역을 확보한 최초의 중앙정부와 거의 동시에 출현했다. 청동의 주조는 앙소, 용산문화에서 토기에 무늬를 그리고 열을 가하고 칼과 같은 작은 구리제품을 생산하는 과정에서 이루어진 기술적 진보에 의해서 가능해진 것 같다. 청동주조 기술이 독자적인 것이건 외부에서 수입한 것이건(혹은 둘 다이건), 청동생산에서 가장 중요한 점은 강력한 권위가 있어야만 광물의 채굴이 가능했다는 사실이다. 19세기의 예로 판단하건대 전근대의 광산에서는 손이나 무릎을 짚은 채 좁고 바람도 통하지 않는 갱도에서 무거운 광물 운반차를 끌어내야만 했다. 이러한 작업은 노예나 죄수에게나 적합했다. 청동을 녹여서 틀에 넣고 주조하는 과정에서도 녹은 청동을 처리하고 다룰 수백 명의 숙련된 장인이 필요했을 것이다. 따라서 예기용(禮器用) 청동기를 만드는 것은 몇 가지 의미를 지니고 있다. 첫째는 왕권은 그것을 장식해주는 의례와 실질적으로 아주 밀접한 관계가 있었다는 점이다. 둘째는 왕권이 있었기 때문에 광물 채굴, 금속 제련과 같은 힘든 작업에 인력을 동원할 수 있었다는 점이다.

우리는 하와 상의 왕족이 통치권을 확인하기 위해서 정교하고도 극적인 의례를 이용했음을 알고 있다. 특히 제사장이기도 한 왕이 조상들의 도움과 가호를 받기 위해서 조상신과 영적으로 교제하는 제사를 행하는 경우도 자주 있었다. 이 의식에서 샤먼은 토템 신앙에서 조상과 관계가 있다고 생각되는 동물의 도움을 받는다. 이 점은 상대의 예기용 청동기에 새겨진 동물 무늬, 특히 두 얼굴을 지닌 동물의 얼굴4) —— 예를 들면 훗날 미국 인디언의 토템 기둥에 반영되고 있는 —— 에 잘 묘사되어 있다. 각 지방의 통치자들은 조상에게 제사를 지냄으로써 권위를 정당화했다. 그 가운데 일부는 여러 도시를 거느린 제후가 되었고, 이에 따라 집단끼리, 지역끼리 경쟁하여 마침내 단일한 통치왕조가 특정지역에서 출현했다.

이런 과정이 일단 진행되자 확장된 국가의 권위는 여전히 청동기 이전 신석기시대에 미무르고 있던 지역들을 포괄할 수 있게 해주었다. 청동 무기는 이 과정에서 도움을 주었다. 말 두 필이 끄는 전차가 약 기원전 1200년 이후인 상대 후기의 정복전쟁에서 사용되었다. 이 전차는 기원전 1500년 무렵부터 서아시아 정복자들의 무력을 증강시켜주었던 것이었다. 물론 이러한 발상이 중앙 아시아를 통하여 전파되었다는 것은 의심할 여지가 없다. 창과 활을 든 보병들이 전차에 동행했다. 전차에는 세 사람이 배치되었는데, 전차를 조종하는 사람이 가운데 있었고, 양 옆에 칼(혹은 창)을 든 사람과 활을 든 사람이 탔다. 청동장비로 전차는 더욱 경쾌하게 달릴 수 있었다. 군대는 종족 내 여러 가족에서 충원된 남자들로 형성되었던 것 같다. 수천 명의 병사들이 수천 명의 포로를 잡았고, 그 가운데 수백 명이 제사의 희생으로 바쳐진 것을 언급하는 기록도 있다. 왕은 스스로의 개인적인 미덕에 의해서 우월한 지위를 얻었다고 주장했지만 군사력이 그를 도왔음은 의심할 나위가 없다.

정복전쟁 이외에도 하와 상은 새로운 성읍 건설에 의해서 영역을 확대시켰다. 성읍은 상업이나 개별 가정의 이주로 무질서하게 늘어난 것이 아니라 지방통치자들이 계획적으로 만든 것이다. 농토가 새로 개간되면 왕이 새로운 성읍의 건설을 선포하고, 성읍주민을 차출하여 공사에 투입하는 것은 전형적

---

4) 이것은 도철(饕餮) 문양이라고 한다. 도철은 탐욕적인 맹수라고 전해지며, 청동기 위에 도안화된 수면(獸面)은 좌우대칭을 이루고 있다.

인 예이다. 마치 미국의 서부개척자들이 헛간을 짓는 것을 묘사하듯이 『시경
(詩經)』에는 새로운 성읍을 건설하는 장면이 묘사되어 있다.[5]

……오른쪽으로 왼쪽으로	(迺慰迺止), 迺左迺右,
크고 작은 영역의 경계를 가르고	迺疆迺理,
땅을 개척해 크기를 세어보고	迺宣迺畝,
서쪽에서 동쪽으로……	自西徂東, (周爰執事)
(집 짓는) 사공(司空)을 부르고	乃召司空,
(백성을 맡은) 사도(司徒)를 불러	乃召司徒,
집을 짓게 했네.	俾立室家.
먹줄 따라 곧바르게 하여	其繩則直,
판(版)을 묶어 흙을 쳐 올리니	縮版以載,
종묘(宗廟)가 엄정(嚴正)하다.	作廟翼翼.
영차 소리 지르며 흙을 퍼붓고	捄之陾陾
쾅쾅거리며 여러 번 다져	度之薨薨,
……	(築之登登, 削屢馮馮, 百堵皆興, 鼛鼓弗勝).
외문(外門)을 세우니	迺立皋門,
외문이 우뚝해라.	皋門有伉,
내문(內門)을 세우니	迺立應門,
내문이 반듯해라.	應門將將,
거대한 흙산을 세우니	迺立冢土,
이제 출정(出征)이 시작되리.	戎醜攸行.

　전체적으로 보면, 조상이나 다른 자연신과의 교감으로 왕이 누리는 제사,
의례기능에서의 전반적인 우월성은 통치권의 확대에서 전쟁과 무역 이상으
로 중요한 요소였던 것 같다. 데이비드 케이틀리가 관찰한 프랑스 초기 카롤
링거 왕조와 마찬가지로, 넓은 지역에 걸친 왕의 순행(巡幸)은 그가 아직은
완전히 관료화되지 않은 가산제 국가(家産制 國家)의 우두머리였음을 암시해

---

5) 『시경』, 「大雅」, “文王之什”을 참조.

준다. 그 국가는 정부행동의 측면에서 세속적(世俗的)이라기보다는 신권적(神權的)인 국가였다.

서주(西周)

주가 상을 정복함으로써 중국적 국가가 마침내 등장했다. 여기에서 다시 청동기 명문이나 새로 발견된 주대의 갑골문 같은 새로운 고고학적 증거들이 고전이나 초기의 사서(史書)에 의해서 오래 전부터 알려져왔던 고대의 지명, 인물, 사건에 관한 문자기록들과 얼마나 일치하는지 살펴보기로 하자.

기원을 따져보면 세력이 미약했던 주족(周族)은 북부의 유목민인 적인(狄人) 및 오늘날 티베트족의 원류인 서부의 강족(羌族)과 서로 영향을 주고받으면서 지냈다. 그들은 일찌감치 다른 문화를 지닌 종족에게 어떻게 관용을 베풀고 협력할 수 있는지를 배웠다. 마침내 위수(渭水) 유역에 정착을 한 뒤 주족의 지도자들은 대략 기원전 1040년의 전쟁에서 상을 정복하기에 충분한 힘을 가지게 될 때까지 상의 제후국(諸侯國)으로 지냈다. 쌍방은 700-800개의 읍 또는 "소국"에서 병사를 동원했다. 승리한 주는 서안(西安, 과거의 長安)에 새로운 수도를 건설했다. 주는 이 건설공사의 작업을 위해서 유력한 상의 여러 가문들을 이주시켰다. 또한 의례와 통치 면에서도 상의 경험과 기술을 이용했다. 서부지역을 개발하기 위해서 상의 일부 다른 가문들을 그곳으로 이주, 정착시켰다. 허탁운(許卓雲)과 캐서린 린더프(1988)는 상의 엘리트와 주의 지배계급이 서로 연합했다고 결론을 내렸다.

동부의 평원에 대한 정복이 끝난 후 주는 서북방의 유목민에게 승리를 거두고, 남방의 한수(漢水)와 장강 유역 및 동남방의 회수(淮水) 유역에 출정함으로써 세력을 확대시켰다. 주의 통치는 지배계급〔姬氏〕의 자손들을 50여 개 이상 제후국에 분봉(分封)한 이른바 "봉건(封建)"제도의 실시로 확립되었다. 주의 분봉의식(分封儀式)은 본질적으로 계약의 성격을 띤 정교한 권위의 위탁이었다. 주의 천자(天子)는 제후에게 상징적인 예기(禮器)와 더불어 특정지역의 인민을 수여했다. 하지만 수여된 인민들은 토지 이상으로 중요했다. 분봉된 제후의 자손들 전체는 다른 지역으로 이주하여 토착민들과 함께 새로운 제후국을 세웠다.

상과 마찬가지로 계속 정치조직의 주요소로 친족을 이용하는 한편, 주는 천명(天命)이론을 내세움으로써 새로운 정당성의 근거를 만들어냈다. 상의 통치자들은 조상신을 존숭하면서 그들의 보호를 기대했다. 반면 주는 보다 폭넓고 비인격적인 신, 즉 하늘〔天〕로부터 지배에 대한 인가를 얻어냈다고 주장했다. 이러한 천명은 덕(德)이 있는 가문에게 수여될 수 있는 것이었다. 이 천명론은 통치자가 인간사회를 이끄는 최상의 도덕적 역량을 갖추어야 한다고 강조했다. 탄생만으로 결정되는 왕권신수설(王權神授說)에 의한 서양군주의 세습과는 달리, 중국의 천명론은 권력장악을 위한 도덕기준을 설정한 것이다.

주의 중앙권력의 확대는 한자나 중국적 의례와 행정기술의 확산이라는 측면 이상으로 복속된 사람들의 문화적 동화를 수반했다. 주류 문화는 상과 주가 지배했던 핵심지역인 중원(中原)의 문화였다. 한자가 아니라 한자로의 음역으로 이름이 기록되었다는 사실로 보아 전혀 다른 문화적 상태에 있었던 것으로 여겨지는 다수의 비한족이 그 주변지역에 존재했다. 그들은 북방, 동북방, 서북방의 반(半)유목민과 화남의 부족들을 포함했다. 통혼과 문화적 동화, 관료기구의 출범 등을 통해서 점차적으로 상과 주의 뒤를 잇는 제후국가들이 세워졌다. 다양한 혼합문화를 이어받아 이 국가들은 기원전 400년 무렵 시작된 전국시대(戰國時代)에 분명한 정치적 실체가 되었다.

새로운 고고학적 기록의 의미

고고학적 자료에 의해서 밝혀진 대로 고대 중국의 문화적인 동질성은 고대 중동에서의 인종, 국가, 문화의 다양성과 선명한 대조를 이룬다. 기원전 3000년 무렵부터 중동지역에서는 이집트, 수메르, 셈, 아카드, 아무르(바빌론의 함무라비가 통치했다), 앗시리아, 페니키아, 히타이트, 메디아, 페르시아 등의 종족이 잇따라 전쟁과 정치의 흙탕물 속으로 뛰어들었다. 이 시기의 기록은 일종의 보복으로 점철된 다원주의이다. 관개사업은 나일 강, 티그리스-유프라테스 강, 인더스 강 유역 등 몇 군데 중심지 농업의 발전에 기여했다. 해상운송으로 무역이 번성했다. 언어, 문자, 종교는 무수하게 증식되었다. 그야말로 고대 중국과는 더할 나위 없이 대조적인 모습이었다.

그 다음으로, 중동의 기술은 여러 측면에서 중국보다 시기적으로 앞선다. 채도, 청동의 사용, 말이 끄는 전차가 중국보다 앞서 등장했고, 이후 철기의 사용도 마찬가지였다. 이렇게 시기적으로 앞선다는 사실은 자연히 이러한 문화요소들이 중국으로 전파되었다는 점을 시사한다. 그러나 고대 중국과 중동 사이의 구체적인 관계는 아직 모호하며, 논쟁의 여지가 있다. 어떤 것은 결코 중동에서 전파된 것이 아님을 우리는 알고 있다. 예를 들면 이집트, 메소포타미아, 인도에서 시기적으로 앞서 관개시설을 만들었음에도 불구하고, 화북평원의 황하에는 관개수로망이 만들어지지 않았다. 하, 상대에는 철제 농기구가 사용되지 않았고, 야생동물이나 쟁기도 이용되지 않았다. 말이 이끄는 전차는 상대 후기에 주요한 전쟁의 도구로서뿐만 아니라 귀족들의 교통수단으로도 사용되었다. 하지만 그렇다고 해도 이적(夷狄)이 전차를 타고 서북지역과 초원으로부터 침입했다는 증거는 없다. 서양의 역사학자들은 중동지역에 대한 초기 선차의 침입 사례를 들어 최근까지 이렇게 주장해왔다.

남방으로부터의 영향 역시 모호한 상태이다. 예를 들면 청동의 제련은 기원전 3000년 이전에 태국(泰國)에서 시작되었던 것으로 생각된다. 이것과 중국의 청동기 사용이 어떤 관계에 있는지는 확실하지 않다. 전체적으로 서로 떨어진 선사문화 사이에 일찍부터 광범위한 접촉이 있었다는 중동지역의 증거를 가지고 중국에 "전파"되었다거나 그렇지 않다고 하는 것은 더 이상 논쟁거리가 되지 못한다. 각 지역의 중요한 문화는 독자적으로 성취된 것이지만, 그렇다고 문화가 고립적이었다고만 보기도 어렵다. 확실히 "삼투압(渗透壓)"처럼 서아시아로부터의 중요한 영향력이 미치기는 했지만, 그것이 중국문화의 동질성을 깨뜨릴 정도는 아니었다고 결론지을 수 있을 것이다.

이러한 결론은 대부분 서양인이었던 선구적 고고학자들의 초기 가설과 상충된다. 즉 고대 중국은 분명히 중앙 아시아를 통해서 중동 문명과 접촉함으로써 문명의 형성에 근본적인 자극을 받았다는 추정이다. 새로운 증거들도 또한 최근의 견해, 즉 고대 중국의 문명은 화북에 있는 단일한 핵심지역에서 성장했으며, 하, 상의 발전은 독자적이었다는 견해에 불리하게 작용한다. 하병체(何柄棣)는 이 핵심지역을 "동방문명의 요람"이라고 표현한다. 하, 상, 주에 대한 주대의 기록이나 1920년대 이후의 고고학적 발굴을 함께 결합시켜 생각한다면, 확실히 중국 고대사에서는 삼대(三代)가 중심무대였다는 느낌이들게 마련이다. 그러나 이제 바로 시작단계에 있는 동아시아에서의 발굴 전체는 이미 장강 남쪽, 중국의 동남해안, 베트남 북부에서 독자적이지만 서로 관련이 있는 토기문화를 밝혀냈다.

하와 상이 강력했던 원인의 하나는 친족에 의해서 짜여진 사회질서, 그리고 소종(小宗, branch lineages)이 대종(大宗, parent lineages)에게 예속되는 것을 의미하는 계층적 분파를 통한 종족의 서열화에 있었다. 개인은 모두 가족 집단 내에서 지위를 가지고 있으며, 종족에는 상호간의 우열관계가 존재했다. 그 최고의 정점에 왕이 자리잡고 있었다. 통치자의 최고 지위는 또한 청동예기(靑銅禮器)를 사용하는 조상숭배의 샤머니즘에서의 최고 권위와, 전차와 청동무기를 운용하는 전쟁에서의 궁극적인 권위에 의존했다. 왕릉에는 이미 고도로 계층화된 사회에서 보이는 순장(殉葬)이 수반되었다.

다른 한편 중요한 의미를 지닌 항해활동이 없었던 것으로 보아, 무역과 기술혁신은 중앙의 정치권위가 성장하는 데에 아주 부차적인 역할밖에 하지 못했던 것 같다. 서양, 특히 지중해의 역사에서는 초기 도시가 교역로를 따라 등장했고, 제국은 상업, 특히 해상무역의 장악에 따라 발달했다는 증거가 워낙 강하게 뿌리박혀 있다. 때문에 이러한 고고학적 발견을 서양의 역사학자들이 이해하기는 쉽지 않다. 고대 중국에서 해상무역의 결여는 상인이 중시되지 않고 이념적으로도 경시되는 결과를 가져왔다. 진한(秦漢)의 통치자들도 권력을 잡게 되면 사회에서 점차 세력을 키우던 상인들을 통제하는 데에 주력했다

마지막으로, 통치자의 최고 권능은 제례(祭禮)와 전쟁뿐만 아니라 복사(卜辭)의 제작과 그것이 기록하는 역사적 지식에서도 지도력을 독점하는 데에 의존했다. 상대의 문자체계는 주어, 동사, 목적어의 어법과, 이후 한자의 기본으로 남게 된 상형(象形, 단순한 그림 문자), 지사(指事, 추상적이고 묘사적인 그림 문자), 형성(形聲, 소리를 따온 그림 문자) 등 글자 만들기 방법을 이미 갖추고 있었다. 한자(漢字)는 그림 혹은 상징에서 비롯되었다. 한자로 木이라는 글자는 나무를 의미했다. 나무 두 그루인 林 자는 숲을, 세 그루인 森은 삼림을 의미했다. 一, 二, 三의 기호는 확실히 "one, two, three"보다 쉽다. 큰 □는 포위 혹은 "둘러싸는 것"을 의미하고, 작은 사각형 口 자는 입 모양인데, 거기서 의미가 확대되어 구멍, 입구, 항구 등을 의미한다.

한자는 애초부터 순전히 상형적인 기반(앞서 지적한 나무 두 그루를 합쳐 숲이라는 글자를 만든 것처럼)에서 발전한 것만은 아니었다. 거기에는 표음적(表音的)인 측면이 추가될 필요가 있었다. 따라서 거의 모든 한자는 편(偏)과 방(旁)의 조합으로 만들어진다. 보통 한자는 의미를 나타내는 부분〔表意部〕과 소리를 나타내는 부분〔表音部〕의 조합으로 이루어지는 것이다.

예를 들면 동쪽을 의미하는 東이라는 한자를 보자. 북경 표준어〔官話〕에서는 마오쩌둥(毛澤東)의 이름에서처럼 "둥(doong)"이라는 음이다. 한자는 단음절로 읽고, 또 구어에서는 음의 종류가 적기 때문에(중국어 전체 가운데 다른 음절은 약 400개에 지나지 않는다) 영어의 "soul"과 "sole" 혹은 "all"과 "awl"처럼 비슷하게 발음되는 단어나 문자, 즉 동음이의어(同音異義語)로 인한 괴로움을 겪어왔다. "얼다"라는 의미의 凍 자도 발음이 "둥"이고, 마룻대 棟 지도 같은 발음이다. "얼다"라는 의미의 한자를 쓸 때에는 동쪽이라는 의미의 東 자를 취하고 그 옆에 얼음을 상징하는 冫지를 두어 凍 자를 만든다. 마룻대를 의미하는 "둥" 발음의 棟 자를 쓸 때에는 東 자를 쓰고 나무를 상징하는 木 자를 그 앞에 두어 棟 자를 만든다.

이것은 간단한 예이다. 사실 한자의 어떤 부분도 그 자체로서는 아주 단순하다. 그러나 외워야 할 것과, 의미와 비유가 너무 많아 어려워진다. 예컨대 나중에 사전 편집자가 하나의 사전 안에 수천 개에 달하는 한자를 배열할 때, 알파벳이 없는 상태에서는 214개의 분류기준 혹은 "부수(部首)"로 분류하는 것이 가능한 최선책이었다. 어떤 글자이든 부수 가운데 하나는 반드시 거기에 포함되어 있기 때문이다. 사전 편집을 위한 이러한 214개의 부수는 영어의 알파벳 26개에 상당하지만, 일피벳보다 모호하고 덜 효율적이다. 상대의 문자는 이런 의미의 범주를 가리키는 나무〔木〕, 입〔口〕, 마음〔心〕, 손〔手〕과 같은 "부수"를 이미 사용했다. 중국의 문자체계를 통제하는 힘은 처음부터 통치자의 손 안에 있었다. 문자는 교역을 위한 목적보다는 종법질서(宗法秩序)와 정부의 통치라는 수요에서 등장했던 것으로 보인다.

제사장, 전사(戰士), 갑골문 기록자〔史〕, 종족의 우두머리〔宗主〕, 수공업노동자 감독 등으로 분류하다 보면 우리는 지배계층 발전의 원형을 알게 된다. 정치적 지배의 기술은 의례와 예술, 전쟁, 문자, 친족관계 등을 이용하여 만들어졌으며, 이 모든 것은 문화라는 관념의 형성에 기여했다. 그 다음 단계는 주변민족들을 아직 중앙정부의 최고 권위를 인정하지 않는 "오랑캐"(그리스어 βαρβαροι에서의 문화적인 의미처럼)라고 부름으로써 중앙의 문화적 우월성을 주장하는 것이었다. 고대 문헌에서는 그런 민족들을 총칭하여, 동, 서, 남, 북의 오랑캐를 이(夷), 융(戎), 만(蠻), 적(狄)이라고 불렀다(중국인들은 19세기 말까지 바다를 통해서 접근한 서양인을 공식적으로 夷라고 불렀다). 이렇게 안(內)과 밖(外)을 뚜렷하게 구분하는 관습은 화북의 "중원(中原)"지역을 통치한 데에서 비롯되어 중국을 "가운데 있는 나라(中國)"라고 부르는 것과 같은 맥락을 이룬다. 주대에 편찬된 고전에서 쓰인 이러한 명칭의 영향력이 너무 강했기 때문에, 동서양 역사가들은 일반적으로 삼대(三代) 시기의 중국을 수준 높은 중국 문화의 교화를 받지 못한 "오랑캐"의 바다에 둘러싸인 "문화의 섬(culture island)"이라고 묘사할 정도였다.

새로운 고고학적 기록은 이렇게 단순하게만 볼 수는 없음을 암시한다. 북방과 서부 변경의 중국어를 사용하지 않는 주민들을 끌어안아야 했던 서주(西周)는 중원문화의 우월성을 강조하면서도 문화적 차이에 아량을 베푸는 데에는 익숙했다. 그 포섭과정은 직접적인 군사적 정복보다는 중국적 생활방식과 통치의 효율성에 바탕을 둔 꾸준한 동화에 의한 것이 더 많았다. 정치단위는 영토보다는 문화로 규정되었다.

기나긴 중국 역사의 가장자리에 항상 오랑캐(夷狄)가 등장했던 것에서 우리는 이들이 아예 처음부터 정치체계의 기본 항목이었음을 알 수 있다. 문화와 실제 권력을 잡은 왕조 사이의 공생(共生)에 대한 고대 중국인의 관념에 우리는 주목해야 한다. 어떤 왕조에 대한 복종은 그 왕조국가의 의례와 인간을 지배하도록 천명을 부여해준 우주관을 받아들이는 것을 의미했다. 이러한 정치화된 문화를 받아들이지 않는다는 것은 중국(中國) 밖에 남아 있게 됨을 의미했다. 하지만 만일 사용하는 언어가 중국어라면 고전이나 구어(口語) 그 자체에 담긴 용어들에 의해서 이미 부분적으로 그 정치화한 문화를 받아들인 셈이 된다. 신석기시대 후기의 중국에는 비슷하다고 확인될 수 있는 생활방식이 널리 확산되어 있었다. 청동기시대인 하, 상, 주의 삼대 동안 국가 건설은 중앙왕조의 지배가문에 대한 보다 광범위한 복종이나 인정을 획득하는 것이었다. 통치자는 사회구조에서의 최고 정점, 조상숭배에서의 최고 제사장, 형벌의 심판자, 그리고 공공사업, 전쟁, 문학의 지도자로서 기능했다. 장광직은 이러한 전지전능한 기능 가운데에서 "유일하게 하늘과 하늘의 의지에 접근할" 수 있는 통치자의 자격을 강조했다. 결과적으로 통치자는 단일한 세계국가(universal state) 내 정치적 통일의 기반이 되는 문화적 통합을 꾀할 수 있었다. 물론 중국뿐 아니라 다른 여러 고대 제국에서도 이렇게 통일을 이상화했다. 하지만 지리적 고립은 중국의 이러한 이상이 처음부터 훨씬 더 가능성이 높은 것으로 만들었다. 시간이 지남에 따라 그것은 국가와 사회로부터 보다 많은 지지를 얻었다.

이러한 사고가 지나친 것일지는 모르지만, 고고학을 통해서 나타난 중요한 사실들을 반영하는 것이다. 즉 역사시대의 초기부터 중국인은 이미 다른 세계와는 비교할 수 없는 문화적 동질성과 외부와의 격리 속에서의 연속성을 갖추고 있었다. 그들은 국가권력에 지배되는 사회를 건설하기 시작했다. 다른 모든 행위, 예컨대 농업, 기술, 상업, 전쟁, 문학, 종교, 예술 등은 전체에 종속되는 부분으로서 여기에 기여했다. 하지만 오늘날 근대적 민족주의 감정에 익숙해져 있다는 이유로 고대 중국을 초기적인 민족국가(nation-state)라고 상상하는 것은 잘못이 될 것이다. 차라리 문화주의라는 개념을 적용하여 서양의 기독교 문명에 필적할 만한 완전한 문명이라고 보는 것이 더 타당할 것이다. 공통의 유럽 문화를 가지고 있으면서도 프랑스와 영국 같은 민족국가는 이 문명의 정치적인 하위단위로 존재한다. 또한 우리는 20세기 전체주의 국가의 무소불능(無所不能)의 권력을 잘 알고 있어, 상왕과 주왕의 특권은 불가피하게 전체주의를 낳는다는 식의 시대착오적인 비약도 현명하게 피할 수 있다. 오히려 중국의 정치형태를 "관료제(officialism)" 국가라고 부른 에티엔 발라주(1964)의 의견을 따르는 편이 더 나을 것이다. 스튜어트 슈람(1987)은 결론적으로 "국가는 중국 사회에서 처음부터 중앙권력 그 자체였으며, 모범적인 행위, 의례, 도덕, 교화는 중국에서 항상 통치의 수단으로 여겨져왔다"고 요약했다. 이 의례적인 기능들 외에도 우리는 통치자가 군사적 폭력의 사용을 독점해왔다는 점을 덧붙여야 할 필요가 있을 것이다.

제2장

최초의 통일 : 국가유교

왕조의 효용

20세기에 이르기까지 인류를 지배하는 통치자의 대다수를 배출해온 것은 왕실이었다. 이 과정에서 친족관계는 내부집단의 네트워크를 형성시켜 왕권계승이라는 폭발적인 문제를 안정시킬(혹은 증폭시킬) 원칙을 지탱했고, 권력소유자(또는 경쟁자)를 지지해주기도 했다. 그러나 프랑스의 카페 왕조(987-1328년), 영국의 노르만, 플랜태저넷 왕조(1066-1485년), 합스부르크 왕조(1273-1919년) 혹은 로마노프 왕조(1613-1917년)와 같은 유럽 왕조 가운데 어느 것도 중국만큼 거대한 영토를 지배하지 못했다. 또한 중국과 같은 중앙권력의 독점을 유지하지도 못했다. 통치제도 면에서 대부분의 중국 왕조들은 비할 데 없이 뛰어나다. 페르시아나 인도, 일본도 영토나 권력 면에서 비교가 되지 않는다. 전한(前漢)의 유씨(劉氏)는 13명의 황제를 배출했고 후한(後漢)은 14명의 황제를 배출했다. 당대(唐代)의 이씨(李氏)는 23명의 황제를, 명조의 주씨(朱氏)는 17명의 황제를, 청조의 아이신 지오로(愛新覺羅) 가문은 9명의 황제를 배출했다(표 1 참조).

이와 비교하면 유럽 왕조는 기독교 문명의 테두리 내에서 지방왕국을 다스리는 지방군주에 지나지 않았다. 자크 제르네도 지적하듯이, 17세기 말 등장한 최초의 근대 국가인 프랑스 왕국은 중국이 오랫동안 "통일적 관료조직으로 중앙집권적인 제국을 통치해왔던" 것에 비해서 이제 막 국가조직을 갖추어가는 정도였다. 게다가 황제의 실체도 동서양은 매우 달랐다. 예를 들면 근대 유럽은 **동시**에 역사적인 역할을 수행한 프랑스, 러시아, 오스트리아-헝가리, 독일, 영국의 황제가 존재했고, 여기에 로마의 교황까지 덧붙여졌다. 그러나 중국에는 이념적으로나 실제적으로나 대부분의 기간 동안 하늘에 해가 하나인 것처럼 지상에 오직 한 명의 황제만이 존재했다.

따라서 중국을 이해하려면 가장 먼저 유럽적 판단기준의 강요를 피해야 한다. 예를 들면 유럽의 음악, 미술, 기술, 사상, 종교는 외부에서 전부 혹은 일부가 유입된 것이다. 어떤 유럽의 통치자도 자급 자족적인 영토를 통치하거나, 혹은 중국처럼 천자(天子)에 의해서 그리고 천자를 위해서 요구된 법률과 정의, 윤리, 종교, 예술, 군대, 공공사업 등에 대한 최종 결정권을 가지지 못했다.

중국의 역사를 왕조별로 구획하는 것은 서구처럼 세기(世紀)로 시대를 구획하는 것보다 훨씬 사리에 맞는다. 중국의 왕조들 역시 대통령 중심의 미국 행정부처럼 사람들간의 투쟁, 이상주의, 속임수로 가득 찬 정치적 모험이었다. 따라서 유럽의 세기보다 훨씬 구체적이고 명료하다. 더욱이 유럽의 세기는 그 시대의 특징으로 설명되는 운동이나 추세와 잘 부합되는 일이 별로 없다. 통일왕조들이 계속 이어진 것은 왕조교체기 동안 항상 정치적인 재통일을 추구해온 뿌리 깊은 중국인의 충동 덕분이었다. 안정, 평화, 번영을 약속해준 통일은 강렬한 이상이었다. 하지만 통일은 역사적 순환의 주기에 불안정하게 의존하고 있었던 듯하다. 개인이나 가족의 성쇠와 마찬가지로 정권의 그것 역시 꾸준한 주의(注意)를 필요로 한다.

연구자들은 고대 중국에서 그리스, 로마 세계와 유사한 현상이 평행적으로 일어난 데에 대해서 깊은 인상을 받아왔다. 즉 사상가의 시대와 전국시대, 통일과 제국의 시대, 분열과 중앙권력 붕괴의 시대가 그것이다. 더구나 공자(孔子)와 그의 제자는 플라톤, 아리스토텔레스와 거의 동시대인이다. 알렉산느로스 대왕은 진(秦)의 시황제(始皇帝)보다 불과 100년밖에 앞서지 않았다. 로마와 한(漢)제국은 거의 동시에 번영했다. 이 제국이 쇠퇴함에 따라서 북부변경의 야만인들이 보다 위험한 존재가 되었고, 토인비가 말한 "세계국가(universal state)" 내부에서 경제적, 정치적 분열이 나타나면서 곤궁에 빠진 백성이 위안을 추구하여 외래종교의 확산을 이끌었다는 점도 비슷하다. 기원후 3세기에서 6세기에 걸친 시대에 중국에서는 북방 유목민[胡族]이 중국에 침입했고 불교가 전파되었다. 서양에서 고트족과 반달족이 침입하고 기독교가 전파된 것은 실제로 같은 시대의 일이었다. 유명한 로마사가인 기번이 지적한 대로 "야만과 종교"의 승리였다.

중국 역사 내부에서는 한(漢, 기원전 206-기원후 220년)과 당(唐, 618-907년)이 비슷한 평행국면의 전개를 보이고 있어 흥미롭다. 두 왕조 이전 시대는 춘추전국시대의 제자백가(諸子百家)나 당대 이전 도교, 불교의 성행에서 보이는 것처럼 사상계의 격동시대였다. 위대한 제국의 시대는 그에 앞서 천하를 통일한 단명 왕조인 진(秦, 기원전 221-206년)과 수(隋, 기원후 589-618년)에 의해서 시작되었다. 한과 당은 모두 통일국가로 확립되면서 주변지역, 특히 중앙 아시아로 그 정치적 세력을 확장시켰고, 그에 따라 외국과의 접촉도 발전했다.

중국의 정사(正史)[1]에 매우 열심히 기록된 현상 속에는 자연스럽게 동일한 내용의 반복이 나타난다. 왜냐하면 각 왕조의 사관(史官)들은 모두가 황실이 권력을 장악하고, 전성기를 맞이하고, 무대에서 사라져가는 역사를 기록했기 때문이었다. 예를 들어 왕조 말기에 이르면 언제나 자연재해, 지진, 홍수, 혜성, 일식, 월식, 기타 자연현상의 불길한 조짐에 대한 기록이 늘어났다. 이것은 군주의 잘못된 행위가 천명(天命)을 잃게 했다는 증거였다.

민중의 사기와 사회심리라는 측면에서의 자기암시는 확실히 왕조의 교체에 영향력을 미쳤다. 왕조는 도덕적 위신에 크게 의존하고 있으므로, 어떤 시점에서 왕조가 "체면(體面)"을 잃는다는 것은 이데올로기가 거꾸로 왕조를 향해 등을 돌리고 몰락을 재촉하는 과정이 진행됨을 의미했다. 지배층의 여론을 이끄는 지식인들이 황제가 도덕적 자질을 잃었다고 일단 확신하게 되면 누구도 그것을 구할 수 없었다. 이것은 오늘날에도 중국 정치를 움직이는 하나의 요소이다.

시간이 지남에 따라서 왕조의 쇠퇴는 황실이 무능해지는 것과 발걸음을 같이하게 된다. 권력을 쥔 황실에는 대대로 쓸데없는 짐이 누적되며, 가족제도는 그 짐의 무게를 아주 무겁게 만든다. 이 점은 황실에서 입지를 굳힌 외척(外戚)의 부정과 뇌물 수수에서 가장 악명 높은 형태로 드러났다.

---

1) 정사는 사마천의 『사기』와 반고(班固)의 『한서(漢書)』 이래로 중국 왕조의 역사를 기록한 역사서 가운데 기전체(紀傳體)로 쓰여진 단일왕조의 역사(斷代史)이면서, 초기의 것들을 제외하면 대부분 관찬(官撰)이고, 황제나 국가권력에 의해서 공인을 받은 것들을 가리킨다. 보통 24사(史)라고 일컬어진다.

왕조의 순환을 설명하기 위해서 중국사를 경제적으로 해석하는 방법은 훨씬 널리 쓰이게 되었다. 이 접근방법은 특히 토지세〔田租〕에 집중되었다. 왕조마다 지배계급의 이익을 위하여 토지가 점차적으로 과세대상에서 빠져나가고, 결국에는 정부세입이 위험스러울 정도로 줄어든다. 왕조 초기에는 보통 대략적인 조사를 통해서 토지와 인구가 검토되고 기록되었다. 새로운 조세대장은 징세를 위한 근거로 사용되었다. 하지만 시간이 지남에 따라서 정부와 그 정부 아래 유력한 대가문의 이해는 충돌을 거듭하게 된다. 지배층은 점차 토지소유를 증가시키고, 조세대장을 파기하든지, 관리와 공모하든지, 법을 왜곡하든지 하는 편법으로 자신의 토지를 과세대상에서 제외시킨다. 이리하여 대토지를 소유한 가문은 자기 세력권 아래 소농민(小農民)들을 끌어들일 수 있었다. 소농민은 국가에 내는 조세보다는 적은 액수를 이들에게 지불하는 소작인〔佃戶〕이 되는 것이다. 이것은 여전히 조세를 부담해야 하는 나머지 농민들에게 엄청난 부담을 떠넘겼고, 동시에 정부로 하여금 세수증가를 꾀하게 만드는 악순환을 낳았다. 이리하여 징세대상이 되는 토지가 점점 줄어드는데 거기에 더 많은 세금이 매겨지는 상황이 나타난다. 이것은 농민의 반발을 부를 수밖에 없게 된다.

어떤 경우에는 열광적인 종교지도자가 이끄는 농민반란이 마침내 왕조를 무너뜨리기도 한다. 어떤 왕조도 반대세력의 조직화를 용납하지 않았으므로, 반대세력들은 주로 비밀종교나 비밀결사에 의존했다.

군주와 사상가

중국 사회를 지배하게 된 황제제도는 오랜 경험을 통해서 세련되고 내구력을 갖추었다. 기원전 771년 주왕실은 서안 부근의 위수 유역에서 동쪽의 낙양으로 수도를 옮겼다. 여기에서 동주시대(東周時代)가 시작되었다. 그러나 이미 중앙의 통제력이 미치지 않는 곳에서 수많은 제후국가가 성장하면서 주의 권력은 점차적으로 약해지고 있었다. 이른바 춘추시대(春秋時代, 기원전 722-481년)에는 성벽을 두른 수도를 중심으로 삼는 제후국가가 약 170여 개 존재했다. 이들은 동맹과 연합을 형성하고 외교적, 군사적 경쟁을 통해서 다른 국가들을 흡수했다. 전국시대(戰國時代, 기원전 403-221년)가 되면 오직

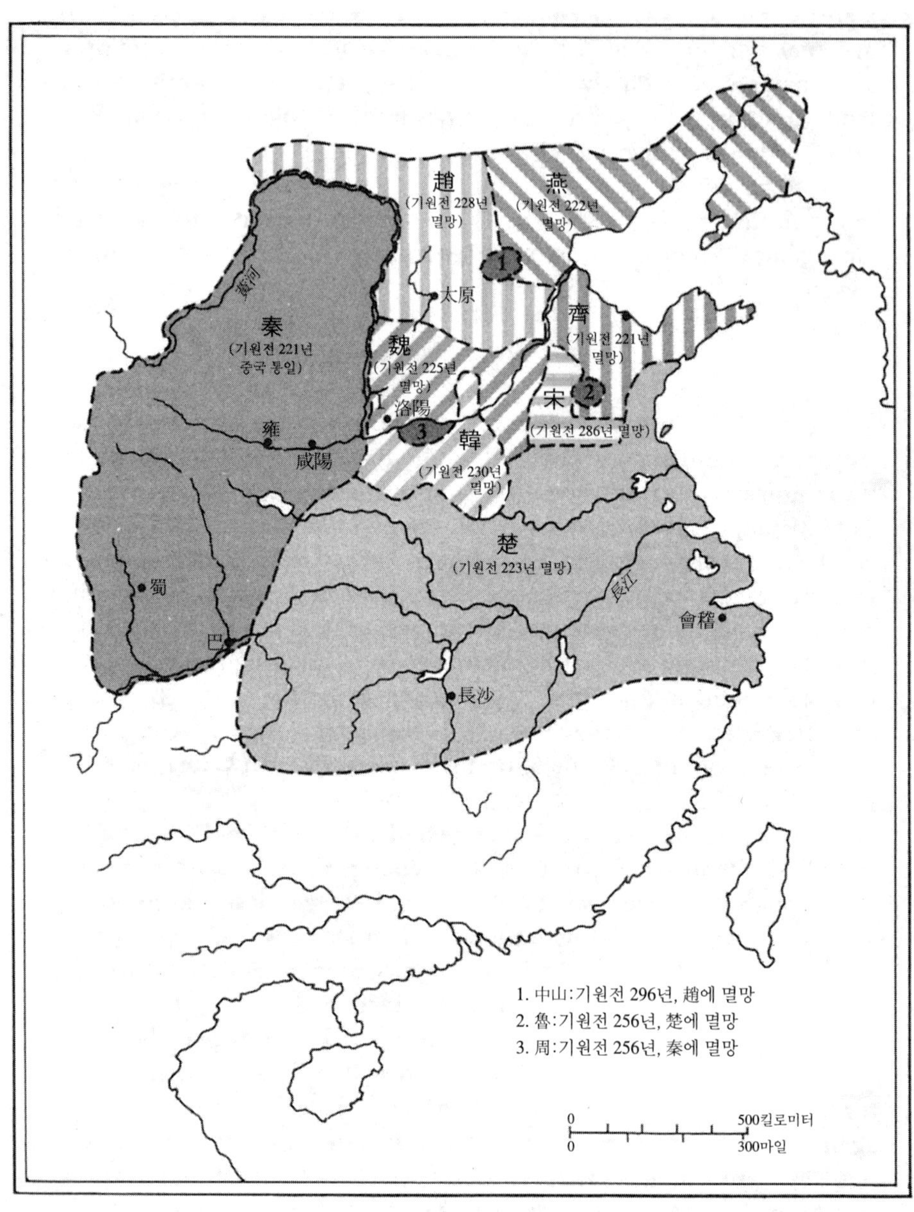

7. 진(秦)과 기타 전국(戰國) 국가

7개국〔戰國七雄〕만이 경쟁에서 살아남았다. 그 대부분은 인구가 조밀한 화북평원에 위치했다(지도 7 참조).

황제체제의 두 가지 중요한 구성요소를 이루는 군사적 지배자와 학자-교사(scholar-teacher)가 이미 이 시대에 모습을 보이고 있었다. 이들은 모두 인간사회를 우주질서(인간사회는 그 일부였다)에 조화시키기 위한 의례와 의식의 수행에 관심을 쏟았다. 최근 마크 루이스(1990)가 고대 중국의 국가권력과 사회질서를 해명하는 열쇠로서 인가된 폭력(sanctioned violence)에 대해서 연구함으로써 지배자의 역할에 대한 이해가 더욱 깊어졌다. 그는 국가에서 군주의 권위가 "희생(犧牲), 전쟁, 사냥 등의 의례(儀禮)적으로 인가된 폭력"에 근거하고 있음을 밝혔다. 동물에 대한 폭력인 사냥은 인간에 대한 전쟁의 연습이었으므로, 국가의 의례에서 중요한 두 가지는 사실 희생과 전쟁이었다. 이것은 모두 의례화된 살생(殺生)을 포함하고 있었고, 이것이 정치권력의 영역을 규정했다. 싱대와 미찬기지로 주대에도 동물과 인간을 희생으로 삼는 조상제사에는 최고의 예술작품인 청동제기가 사용되었고, 이러한 의례적 행위를 통해서 군주의 정당성이 유지되었다. 사냥은 희생으로 쓰일 동물을, 전쟁은 희생으로 쓰일 포로를 공급했다. 전쟁은 그 자체가 전투에 임하기 전에 점을 치고, 승리를 기원하고, 맹서(盟書)를 바치는 의식과 전투가 끝난 후 조상의 제단에서 행하는 공식적인 보고와 전리품, 포로를 바치는 의식으로 이루어진 종교행사였다. 사냥, 전쟁, 희생을 통해서 조상신과 다른 신들을 위한 행사에 참여한다는 것은 공동의 조상을 모시는 지배층의 특권이었다. 고기를 먹는 것도 특권의 하나였다.

국가권력과 사회질서를 위한 군사적, 의례적 기반과 더불어 전국시대는 역설적으로 이런 것에 대한 이론적 근거를 모색하는 제자백가(諸子百家)의 시대를 낳았다. 경쟁과 전쟁의 이 시대를 지내면서 평화와 질서에 대한 갈구가 널리 확산되었다. 모두가 한 명의 군주 밑에서 평화롭게 살았다고 하는 전설적인 초기의 황금시대를 많은 사람들이 이상화했다. 폭력은 제자백가 사상가들에게 영향을 미쳤고, 이들은 제후의 고문으로 활동하면서 황금시대로 돌아갈 수 있는 방법을 제안했다.

공자(孔子, 기원전 551-479년)와 그의 중요한 후계자 맹자(孟子, 기원전 372-289년)는 이 시기에 배태되었던 초기 사상가 집단의 일원이었다. 제자백가 가운데 그 저술이 후세에 전해진 것은 대여섯 정도의 학파였다. 이들은 인도의 부처(기원전 500년경), 그리스의 플라톤(기원전 429-347년)과 아리스 토텔레스(기원전 384-321년)와 같은 위대한 사상가들과 같은 시대의 사람이 었다. 따라서 어떤 사람은 여러 초기 문명권에서 기본적인 사고방식이 확립 된 이 시대를 "주축시대(主軸時代, axial age)"라고 부르기도 했다.[2] 그러나 중국의 제자백가는 결국 무질서를 종식시키지 못했다. 또한 유가사상(儒家思想)은 좀더 나중인 한대(漢代)에 가서야 중요한 철학으로서 자리잡게 되었다. 그러나 살생과 의례를 수반한 인가된 폭력이 판치던 전국시대를 보면 어째서 유학이 등장했고, 마침내 왜 그것이 받아들여지게 되었는가를 이해하는 데에 도움을 얻을 수 있다.

유가의 원리

유가사상의 사회조직에 대한 이론적 근거는 우주질서와 계층적 존비관계 (尊卑關係)에서 비롯되었다. 부모는 아이보다 우월하고, 남성은 여성보다 우월하며, 지배자는 피지배자보다 우월했다. 따라서 누구나 토머스 메츠거 가 지적한 대로(코언과 골드만, 1990) "개인의 행동이 준수해야 하는 인습 적으로 형성된 사회적 기대"에 따른 역할이 요구되었다. 권위에 의해서 규 정된 이러한 기대는 적절한 의례행위에 따른 개인행위를 안내했다. 공자는 이 점을 "君君, 臣臣, 父父, 子子"라는 말로 간결히 표현했다.[3] 이 구절은 "군주는 군주답게 다스리고, 신하는 신하답게 섬기고, 아비는 아비답게 행동 하고, 자식은 자식답게 행동해야 한다"는 의미이다. 만일 모든 사람이 자신 의 역할에 충실하다면 사회질서가 제대로 유지될 수 있을 것이다. 따라서 자 신들의 행위가 타인에게 모범이 되어야 하므로 엘리트는 주변 집단의 의견 과 도덕적 평판에 의존하지 않을 수 없었다. 집단에 의해서 경멸된다는 것은 체면과 자부심에 대한 치명적인 손상을 의미했고, 이를 벗어나는 방법의 하

---

2) 이 개념은 세계 주요 종교와 철학의 창립이 대체로 기원전 800-200년(시기는 논자에 따라 약간씩 다르다) 사이에 이루어졌다는 점에 착안하여 독일의 철학자 칼 야스퍼스(1883-1969)가 가장 먼저 제기한 것이다.

3) 이 구절은 『論語』「顔淵 第十二」에 나온다. "齊景公問政於孔子. 孔子對曰, 君君, 臣臣, 父父, 子子. 公曰, 善哉. 信如君不君, 臣不臣, 父不父, 子不子, 雖有粟, 吾得而食諸."

나는 자살이었다.

　유가의 중요한 원리 가운데 하나는 인간의 본성이 착하다는 성선설(性善 說)이었다. 전국시대 주요 학파의 사상가들은 수많은 가족-국가의 군주들이 원했던 세습특권의 원리에 반대하여 인간은 태어나면서부터 누구나 평등하다고 강조했다. 인간은 태어나면서부터 착하고 도덕관념을 타고난다는 맹자의 주장은 널리 받아들여졌다. 인간은 교육, 특히 자기수양을 위한 노력을 통해서 바른 길로 인도될 수 있었지만, 동시에 외부의 모범을 흉내냄으로써도 그것이 가능했다. 즉 바른 일을 하려고 스스로 노력하는 인간은 성인(聖人)과 군자(君子)의 모범에 영향을 받을 수 있었다. 성인과 군자는 다른 모든 것을 제쳐두고 올바른 행위를 앞세우는 데에 성공한 사람들이었다. 인간의 교육 가능성에 대한 고대 중국인들의 강조는 오늘날까지 지속되어왔고, 여전히 정부로 하여금 도덕교육을 펼치도록 영향을 미치고 있다.

　유가사상은 또한 "신분에 맞는 적절한 행위", 즉 예(禮)를 강조했다. 유가의 군자란 고전이 되어버린 경전에 교훈적으로 기록된 예를 따르는 사람이었다. 이러한 이념은 원래 절대적으로 지배층 내부에서 통치를 유지하는 데에 필요한 것이었다. (법가가 강조한) 상벌(賞罰)에 의해서 규제를 받는 일반 서민들에게는 도덕적 원리가 적용되지 않았기 때문이다.[4] 이것은 공자가 군주의 도덕적 행동을 강조하는 이론적 근거가 되었다. 이 점은 서양의 어떤 학설과도 아주 다르다. 스스로의 모범에 의한 지배라는 이 이론의 핵심은 올바른 행동에 부가되는 덕(德)이라는 개념이었다. 예의범절, 즉 예(禮)에 따라 행동하는 것 그 자체가 그 사람에게 도덕적인 지위나 위엄을 가져다주었으며, 이러한 도덕적 위엄은 다시 일반 백성에 대한 영향력을 가져다주었다. "백성은 풀과 같고 군주는 바람과 같다〔君子之德風, 小人之德草〕."[5] 바람이 불면 풀은 눕는다. 올바른 행위는 군주에게 권력을 주었다. "군주의 개인적 행위가 올바르면 법령을 공포하지 않아도 잘 다스려진다. 만약 행위가 옳지 않다면

---

4) 유가경전인 『禮記』의 「曲禮上 第一」에 나오는 "禮不下庶人, 刑不上大夫"라는 구절의 내용을 가리킨다. 문자 그대로 예는 서인에게 적용되지 않고 형벌은 대부 이상에게 적용되지 않는다는 의미이다.
5) 『論語』「顔淵 第十二」에 나오는 구절이다. "季康子問政於孔子曰, 如殺無道, 以就有道, 何如? 孔子對曰, 子爲政, 焉用殺? 子欲善而民善矣. 君子之德風, 小人之德草. 草上之風, 必偃." 또한 『孟子』「文公章句 上」에도 비슷한 구절이 나온다. "上有好者, 下必有甚焉者矣. 君子之德, 風也, 小人之德, 草也. 草上之風, 必偃. 是在世子."

법령을 공포하더라도 백성들은 따르지 않는다"[6]고 공자는 말했다.

개인적 행위의 규범으로서 유가사상은 각 개인을 이상적인 기준에 따라서 행동하고, 포악한 군주가 포함될지라도 인간적 과오에 반대하여 덕(德)을 지지할 준비가 되어 있는 도덕적 존재로 만들려고 노력했다. 이에 따라서 폭군과 타협하지 않는 위대한 도덕성을 지닌 수많은 유가관료들이 나타났다. 하지만 그들의 개혁열정(그 신념의 원동력)은 전통적인 정치의 기본 전제를 바꾸는 데에 있는 것이 아니었다. 그것은 이를 재차 확인하고 보존하는 데에 목적이 있었다.

유가경전의 문장만을 본 서양의 관찰자들은 불가지(不可知)의 귀신(鬼神)을 다루지 않는 그 현세주의(現世主義)[7]에 일찍이 깊은 인상을 받았다. 인생철학으로서 유가사상은 일반적으로 인내와 평화주의와 타협, 중용이라는 조용한 미덕, 조상과 노인과 학자에 대한 존중, 그리고 무엇보다도 신이 아닌 인간을 우주의 중심에 두는 원숙한 인본주의 등의 덕목과 연결된다.

이런 인식을 모두 부정할 필요는 없다. 그러나 이 유가적 인생관을 사회, 정치적인 맥락에서 파악하게 되면 우리는 유가사상이 젊은이보다 노인을, 현재보다 과거를, 혁신보다 기존의 권위를 존중했던 점이 사실은 중국 사회의 안정성이라는 질문에 대해서 가장 큰 역사적인 답변의 하나를 제공하고 있음을 알게 될 것이다. 유가사상은 모든 보수주의 체계들 가운데 가장 성공적인 것이었다.

도가

흔히 중국의 사대부는 관직에 있을 때는 유가이고, 관직을 떠나면 도가라고 일컬어진다. 일반 민중 사이에서 번창한 도가[8]는 엘리트 위주의 유가규범

---

6) 『論語』 「子路 第十三」에 나오는 "其身正, 不令而行. 其身不正, 雖令不從"이라는 구절에 해당되는 내용이다.

7) 『論語』 「述而 第七」에 나오는 "子不語怪力亂神"이라는 유명한 구절이나 「先進 第十一」에 나오는 "季路問事鬼神. 子曰, 未能事人, 焉能事鬼? 曰, 敢問死. 曰, 未知生, 焉知死?"이라는 구절을 보면 이러한 입장이 잘 드러난다.

8) Daoism은 도가 또는 도교로 번역될 수 있는데, 도가라고 하면 보통 제자백가의 하나인 철학적 흐름을 가리키는 것이고, 도교라고 하면 나중에 도가와 신선사상, 민중신앙 등이 결합하여 형성된 대중적 토착종교를 가리키는 것이 일반적이다.

에 강력하게 반발한 학파였다. 도(道)란 "길", "도로"를 의미한다. 도란 일반 민중의 자연주의적인 우주론과 눈에 보이지 않는 자연계의 신령(神靈)에 대한 믿음을 표현하는 것이었고, 그 대부분은 사대부들도 공유했다. 도가는 민속전승(民俗傳承)의 거대한 저수지였다. 또한 도가는 유가경전의 지나치게 까다로운 규범에 반발하는 학자들 편에 서서 유가로부터의 도피처를 제공했다. 도가는 속세를 벗어나는 도피처였다.

전통적으로 도가는 노자(老子, 문자 그대로 "늙은 스승"이라는 뜻)에서 비롯되었다고 일컬어진다. 추종자들에 의하면 그는 공자와 동시대인으로서 공자보다 나이가 많았다고 한다. 그를 받드는 학파는 유가에서 거부한 다양한 믿음과 관습의 저장소가 되었다. 거기에는 초기의 대중적인 신령숭배, 연단술(煉丹術), 고대의 마술, 불로불사(不老不死)의 약과 신선이 사는 봉래도(蓬萊島)에 대한 추구, 중국의 초기 의술, 자생적이거나 인도에서 수입된 신비주의 등이 포함되어 있다.

일반적으로 장자(莊子, 기원전 369-286년?)의 멋들어진 문학적 비유를 추종했던 도가들은 우리가 상대주의적인 관점이라고 부를 만한 것으로부터 질문을 끌어냈다. 장자는 자신이 나비가 되어 햇빛 사이를 날아다니며 노는 꿈을 꾸었는데, 깨어난 후 자신이 나비였다는 꿈을 꾼 장자인지, 아니면 사실은 나비가 자신이 철학자 장자였다는 꿈을 꾼 것인지 확신할 수 없었다는 내용의 글을 써서 후세 사람들에게 즐거움을 남겨주었다. 초기 도가들은 대립물의 통일이라는 (변증법적) 개념을 적용함으로써 인간의 도덕적 사고란 인간이 타락했다는 사실의 반영이고, 효라는 개념은 불효라는 현실에서 출발하고 있으며, 유가에서 강조하는 예란 세상의 도덕적 혼란을 반영하는 것이라고 주장했다. 이러한 사고의 연장선 위에서 전형적인 도가는 무위(無爲)라고 하는 말로 표현된 소극성의 철학에서 피난처를 찾았다. 무위란 "아무런 행위도 하지 않는 행위"나 "아무런 노력도 하지 않는 것"을 의미한다. 이 무위 관념은 자유방임주의, 비이성적인 내적 본능에 따라 인생의 경험을 아등바등하지 않고 받아들이는 형태를 취했다. 이것은 분명히 정부의 간섭과 도덕개혁운동을 혐오하고, 피할 수 없는 삶의 무게에 몸을 내맡기고자 하는 사람들의 철학이었다.

진(秦)의 통일

제후국가 사이의 경쟁이 치열해짐에 따라 전국시대의 통일에 기여하게 될, 새로운 질서를 구성할 요소들이 하나하나 등장했다 이러한 요소들 가운데 하나는 전차를 사용하기 어려운 북쪽 및 남쪽 변경의 산악지형에서 이용되었던 보병의 동원이었다. 또다른 요소는 무기뿐만 아니라 농기구로서도 철기를 사용한 것이다. 이것은 농업생산력을 비약적으로 끌어올렸고, 교역을 확대시키고, 무력을 증강시켰다. 그리고 마지막으로는 내륙 아시아의 비한족들이 기마전쟁에서 말을 사용했다는 점이다. 한족들도 이 때문에 말을 이용하지 않을 수 없게 되었다.

전국칠웅에 속한 국가들은 모두 많은 발전을 이룩했다. 지금의 산동성에 해당하는 화북평원의 동쪽 가장자리에 위치한 제(濟)를 예로 들면, 여기서는 유능한 군주가 통일된 조세제도, 법률, 소금전매, 중앙군을 기반으로 하여 중앙집권적인 행정체제를 수립했다. 다른 국가들도 마찬가지였다.

그러나 다른 어떤 나라보다도 진(秦)이 가장 많은 발전을 이루었다. 문화적으로는 뒤떨어졌지만 진은 일찍이 주왕조의 기반이었던 서부지역에 전략적으로 자리잡고 있었다. 후에 스스로에게 시황제(始皇帝)라는 칭호를 붙이게 될 진왕(秦王)은 법가(法家)로서 군주를 보좌한 상앙(商鞅, 기원전 338년에 사망했다. 商君이라고도 한다)이 실행한 개혁이 이미 한 세대 동안 충분히 제도화되어 있었던 덕을 보았다. 이른바 엄형(嚴刑)에 의존하는 법가(여기서 법이란 근대적 의미의 법은 아니다)는 인민을 다스리는 "두 가지 수단"으로서 상과 벌을 이용할 것을 주장했다. 상앙은 이에 대해서 매우 냉소적(혹은 현실적?)이었다. "서로 뭉쳐 입을 다무는 것은 착한 사람이고, 서로 사이가 벌어져서 감시하는 것은 나쁜 사람이다. 착한 사람을 칭찬하면 백성의 잘못이 감추어질 터이지만, 나쁜 사람을 임용하면 백성의 죄가 제대로 처벌될 것이다"고 말했다.[9] 여기서 군주의 목적은 물론 권력을 유지하는 것이었을 뿐 백성에게 은혜를 베풀 마음은 추호도 없었다. 군주와 백성 사이에 이익을 조화롭게 나눈다는 것은 상상할 수 없었다.

---

9) 『商君書』「說民」에 나오는 내용이다. "合而復者, 善也. 別而規者, 姦也. 章善則過匿. 任姦則罪誅. 過匿則民勝法, 罪誅則法勝民."

상앙의 개혁(商鞅變法)은 진의 국력을 강화시켰다. 그러자 어떻게 하면 중앙에서 각 지방의 종족을 지배할 수 있을까 하는 흔한 문제가 군주의 고민거리로 등장했다. 이런 목적을 위해서 진에서는 관료제를 발전시켰다. 나라 전체를 31개의 현(縣, county)으로 나누고, 각 현은 중앙에서 임명한 영(令)으로 하여금 다스리게 했다. 현령은 문서로 중앙에 보고를 했다. 그 다음으로 작위(爵位)에 따라 요역(徭役)과 조세(租稅)를 면제시켜주고, 일부 작위에서는 특정한 토지와 서인에게서 거두어들인 수입을 주는 이십등작제(二十等爵制)를 시행함으로써 예전의 귀족과는 다른 새로운 지배층을 만들어 통치자에게 종속시키는 데에 이용했다.

한편 일반 백성에게는 토지의 매매가 허용되었는데, 이 조치는 농업생산의 의욕을 자극했다. 또한 형법(律)이 반포되어 상과 벌이 모든 사람에게 알려지게 되었으며, 누구에게나 똑같이 적용되었다. 법가의 지배원칙은 농업을 장려하고 가족에 대한 국가의 지배를 관철시키기 위한 법 집행을 강화하는 것이었다. 예를 들면 각 가족만이 아니라 5가(家) 혹은 10가의 단위에 대해서도 연좌제가 반포되었다(什伍制). 그리하여 각 단위 내의 모든 사람이 개별 범죄에 대해서 집단책임을 졌다. 이 제도 아래서 최선책은 모든 범죄자를 지체 없이 신고하는 것이었다. 따라서 국가에 대한 복종이 강화되면서 집단 내부의 연대감이나 충성심은 약화될 수밖에 없었다.

백성에 대한 통제의 강화로 진은 군사력을 향상시킬 수 있었다. 국가에서는 관리와 잠재적인 병사인 농민을 우대했고, 상인과 수공업자를 천대했다. 진은 오늘날의 섬서성과 산서성, 그리고 또 최초의 정복지인 사천성을 영역으로 함으로써 다른 국가들에 대해서 방어에 유리한 서부에 위치해 있었다. 더구나 운하를 개착하고 관개시설을 수축함으로써 경제력도 향상되었다. 전쟁에서는 이제 청동제나 철제 무기, 특히 쇠뇌로 무장한 기마병과 대량의 보병이 고전적인 마차를 대신했다.

진의 군대가 기원전 221년에 다른 국가들을 멸망시킨 다음 진시황은 자신의 새로운 제국을 36개 군(郡)으로, 군을 다시 몇 개의 현으로 나누었다(封建이 분권적인 혹은 "봉건적인" 통치를 의미하는 대명사였던 것에 반해서 郡縣은 이후 중앙집권적인 관료통치의 대명사가 되었다). 군은 군수(郡守)와 군위(郡尉)가 다스렸으며 군수를 감시하는 감어사(監御史)가 있었다. 현령(縣令)

은 중앙정부에 의해서 임명되고, 봉록을 받고, 해임되는 존재였다. 각 지방의 유력가문은 수도로 강제이주를 당했고, 민간의 무기는 모두 녹여졌고, 일부 도시의 성벽은 완전히 파괴되었다.

문자도 표준화되어 두 가지 형태로 통일되었다. 이른바 소전(小篆)은 복잡해 보이는 문자인데 돌에 새기는 비문이나 공식적인 묘비에서 사용되었다. 이보다 필기체에 가깝고 단순한 예서(隸書)는 일상 업무에 사용되었다. 후자는 죽간(竹簡) 혹은 백서(帛書)에, 그리고 나중에는 종이에 붓으로 쓰게 되었다(종이는 기원후 1세기 중에 점차적으로 발달했다). 도량형과 화폐도 표준이 정해져 통일되었다. 치도(馳道)가 4,000마일에 걸쳐서 건설되었다. 이것은 로마 제국의 그것과 맞먹는다. 그 가운데 하나인 "직도(直道)"는 건조한 오르도스 지역을 거쳐 초원의 유목민과 인접한 변경에까지 이르렀다. 남쪽에는 운하와 수로가 만들어져 장강에서 광주(廣州, 영어로는 종래 Canton이라는 명칭으로 불렸다)까지 1,200마일에 걸쳐 수상운송이 가능해졌다.

이 모든 것들이 과장처럼 들릴 수도 있을 것이다. 그러나 우리의 의심은 1974년 서안 부근 시황제의 능에서 7,500개나 되는 실물 크기의 병사 도용(陶俑)이 발굴되고, 지금도 계속 발굴 중이라는 사실에 맞닥뜨리게 된다. 게다가 여기서도 고고학은 우리가 예전에 고대 중국에 대해서 상상했던 것보다 훨씬 많은 것들을 알려주고 있다. 1930년대까지도 미술사가들은 1세기에 불교가 전파되기 전까지 중국 내에는 조각이 없었다고 이야기했다. 우리가 모르는 것이 얼마나 많은가!

시황제가 유생(儒生)들의 불만을 듣고 이들을 혐오해 그들 가운데 460명을 산 채로 파묻었다는 것〔坑儒〕이 사실인가 하는 문제에 대해서 최근의 연구는 의문을 제기하고 있다. 더크 보드는 『케임브리지 중국사(*The Cambridge History Of China*)』 제1권에서 이러한 생각은 오역(誤譯)에서 비롯되었고, 단지 학자들이 살해되었을 뿐이라고 지적하고 있다. 분서(焚書)를 통해서 법가적인 입장에서 역사를 통제하려고 한 진제국의 시도 역시 진의 기록만 보존하고 정복된 국가들의 공문서를 파괴했지만 결코 철저한 것은 아니었다.

만리장성은 진과 다른 전국시대의 제후국가, 그리고 이후의 여러 왕조들에 의해서 수축되었다. 진시황이 만리장성을 쌓았다는 오래된 전설은 무너진 지 오래이다. 오늘날 우리가 볼 수 있는 이 거대한 장벽은 주로 16세기에 명조

(明朝)가 쌓은 것이다. 아서 월드런(1990)은 최근 새로운 연구에서 명조가 장성을 축조한 이유는 관료들의 우유부단함에서 비롯된 것이라고 밝혀냈다. 북방 유목민의 침입을 대비하는 군사적인 가치가 거의 없음에도 불구하고 그들에 대한 공격이나 교역 가운데 보다 나은 어느 한 방법을 결정하지 못했기 때문이라는 것이다. 진대 이후의 초기 황제들은 요새만이 아니라 교역, 외교 혹은 전쟁을 통해서 유목민을 다루었다.

진(秦)제국의 통치 아래 매년 계속된 시황제의 인력, 조세에 대한 가혹한 징발은 백성과 국가의 다른 재원을 고갈시켰다. 진을 통치한 지 37년이 지난 기원전 210년에 그는 49세의 나이로 갑자기 사망했다. 진제국은 순식간에 분열되었다. 당시 중국인에게 알려져 있던 세계 전체를 통일하는 것 외에도 시황제는 특히 자신을 위한 불로장생의 약을 찾고 있었다. 신선들이 산다는 산을 찾아 다섯 번이나 순행(巡幸)한 것은 바로 이런 약을 찾기 위한 노력의 일환이었다. 시황제의 통치이념은 그대로 따르기에는 너무 부적절한 것이었다. 시황제를 계승한 전·후한(前·後漢, 기원전 206-기원후 220년)의 황제들은 진대의 관료적 통제방법을 확장시키기는 했으나 훨씬 완만하게 추진했다. 아울러 그것을 황제에게 초점을 맞춘 포괄적인 도덕적 우주관과 결합시켰다.

한대(漢代)의 통합과 팽창

기원전 206년에 건립된 한(漢)제국은 국토의 반에 해당하는 서부지역에 14개의 군을 설치하고, 보다 인구가 조밀한 동부에 10개의 세습왕국을 분봉했다(지도 8 참조). 한대의 황제들은 자손을 이들 왕국의 왕으로 삼아 통치하게 했지만, 점차적으로 그 영토와 관료의 규모를 축소시켰다. 기원전 108년이 되면 84개의 군과, 규모가 작아져 좀더 쉽게 다스릴 수 있게 된 18개의 왕국이 있었다. 한의 황제들은 100명 이상의 공신들과 친척을 제후로 삼았다. 토지세와 특정지역의 주민이 수반되는 작위가 주어진 이들은 자신들의 봉읍(封邑)에 거주하면서 지방귀족으로서 황실을 지지하게 될 터였다(황제는 이것을 원했다).

진한시대에 형성된 관료제는 여러 면에서 국가권력을 강화시켰다. 그 가운데 하나는 도로를 통해서 문서를 전달하는 역전제도(驛傳制度)였다. 다른 하

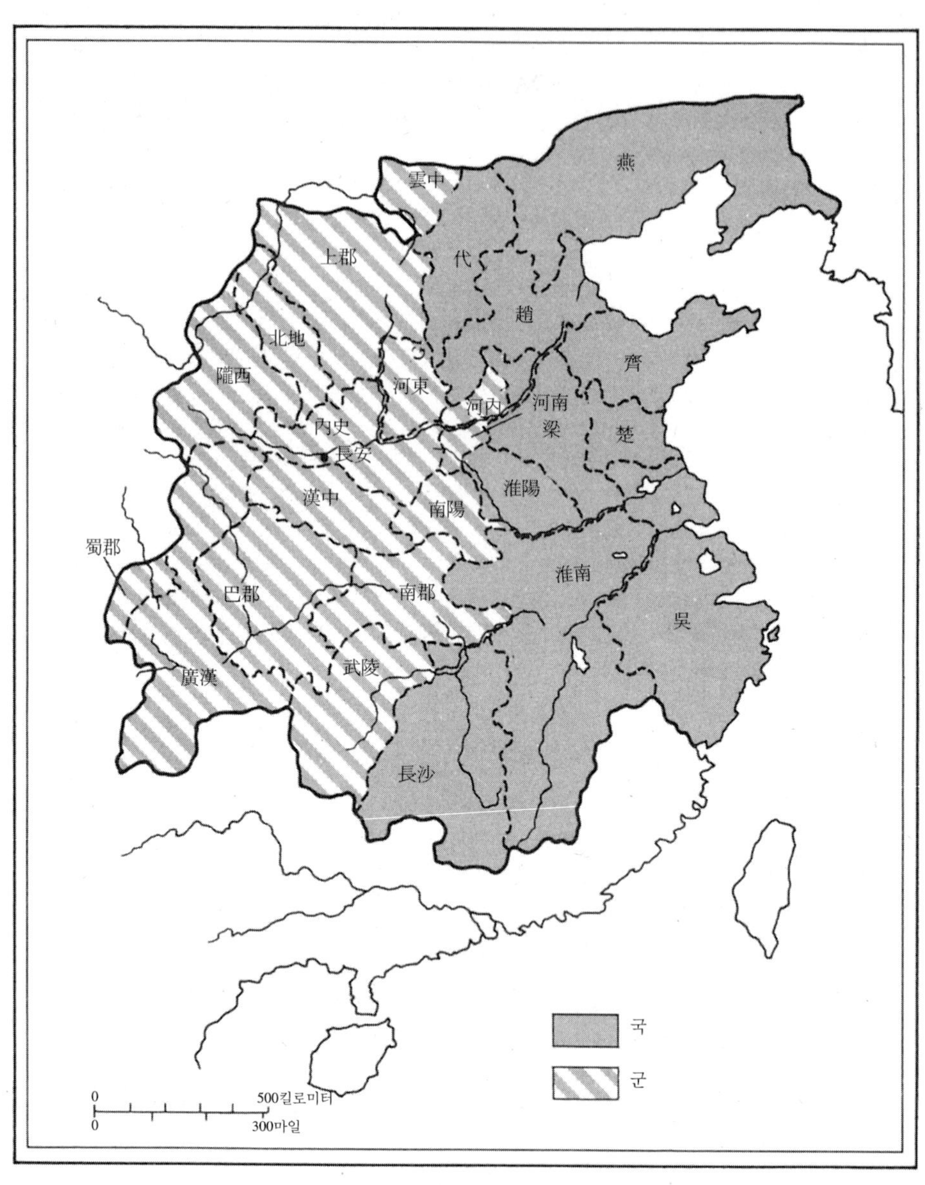

8. 기원전 206년 한(漢)제국의 군(郡)과 국(國)

나는 주자사(州刺史)의 설치인데, 자사는 담당구역을 돌아다니면서 지방행정에 대해서 매년 수도 장안(長安)의 조정에 보고했다. 그들의 주임무는 군량과 군사력을 지닌 지방 호족가문의 재등장을 감시하는 것이었다.

수도에서도 한의 황제에게는 비슷한 문제가 등장했다. 즉 어떻게 하면 외척의 조정 지배를 피하는가 하는 문제였다. 한의 황제가 죽으면 권력은 그의 아내, 즉 태후(太后)의 손에 넘어갔다. 태후는 한의 황실인 유씨(劉氏) 가운데 남편의 후계자를 지명했다. 그녀는 보통 유씨들 가운데 보잘것없는 인물을 황제로 지명하고, 그녀의 일족 가운데 강력한 섭정(攝政)을 골라 그가 황제를 대신하여 통치하게 했다. 사실 대여섯 가문의 외척이 이런 식으로 활동했다. 하지만 황제는 궁정 안에서는 환관(宦官)의 보좌에 의존할 수 있었을 뿐이다. 환관은 황제의 후궁으로 선발된 여성들을 돌보기 위해서 거세(去勢)를 당한 사람들이었다. 황제는 여러 아들들 중에서 적절한 후계자를 찾고자 했다. 하인이자 친구로서 어린 황제에게 진적으로 의존하고 있던 환관들은 또한 외척에 대항할 때 믿을 수 있는 유일한 지지자가 될 수 있었다. 이리하여 궁정은 음모의 온상이 되었다.

궁정 밖에는 수도인 장안(전한의 경우)의 주민을 통제하기 위해서 도시를 160개의 구역으로 나누었다. 각 구역은 담장을 쌓고 문을 설치해서 오늘날 미국의 거리순찰위원회처럼 주민 가운데서 선출된 집단이 이것을 감독했다. 한제국은 또한 경제생활도 지배하고자 했다. 모든 도시에서의 거래는 정부가 정한 시장구역[市]에서 이루어졌다. 시에서는 관리가 상품가격을 결정했으며, 상업세를 징수하여 직접 궁정의 비용에 충당했다. 도시에서 시적(市籍)에 올라 가게를 운영하는 상인들은 실제적으로 차별을 당했다. 즉 그들은 토지소유가 허용되지 않았고, 관리도 될 수 없었다. 세련된 생활(비단옷을 입거나 말을 타는 것 등!)을 즐길 수도 없었다. 이와는 반대로 시적에 등재(登載)되지 않은 상인들은 역전(驛傳)의 도로를 따라 개설된 사설 숙박업소에서 잠을 자면서 다른 도시나 외국과의 교역으로 부를 축적했다. 그들은 관료와의 연줄을 발전시켰고 대지주가 되었으며, 상품을 매점하고, 투기를 했다. 또한 비단길의 오아시스를 따라 서아시아와 로마까지 황금과 비단을 수출하여 막대한 이득을 얻었다. 간단히 말해서 상업이라는 악(惡)은 관료를 매수하는 경향이 있었다. 이윤이라는 동기를 강렬하게 멸시하는 유교적인 가치가 아니었다면 이 "관상복합체(官商複合體)"는 정부 내에서 어느 정도 세력을 얻었을 것이다. 유교적인 이념 때문에 이후 2,000년 동안 공식적인 입장은 일반적으로 상인의 평판을 깔아뭉개게 되었다. 그러나 관리들은 실제적으로 허가와 징세 과정에서 이익을 얻었으며 상인과 개인적인 거래를 했다. 상인들이 관리의 승인과 협조에 의존하게 되자 위험을 무릅쓰는 기업정신에 대한 자극은 거의 찾아볼 수 없게 되었다.

정부는 또한 가능하면 언제든지 소금(매일 인체에 소량이 필요하다)과 철(무기만이 아니라 농기구를 만드는 데에 필요하다)을 비롯한 제조상품에 대한 전매정책을 실시했다. 기원전 117년에는 정부에 의해서 수천 명의 수공업자를 거느린 48개의 양조장이 세워졌다. 소금전매정책의 의도는 허가받은 소금생산자가 생산한 소금을 정부나 허가받은 염상(鹽商)에게 팔고, 정부는 생산, 운송, 판매의 각 단계에서 세금을 징수하려는 것이었다. 상인과 지방유력자가 동광(銅鑛)을 개발하여 수많은 동전을 주조한 다음에는 "동전(銅錢 : 중앙에 사각형의 구멍이 있다)"의 주조권 역시 중앙정부가 독점했다. 기원후 1세기에는 6,000만 명에 달하는 인구를 위해서 매년 약 22만 관(1串은 1,000개의 동전을 가리킨다)의 동전이 주조되었다. 물론 이것이 곧바로 고도로 발달된 화폐경제를 의미하는 것은 아니다.

400년에 걸친 한의 통치기간 동안 중국에서는 인구가 증가했을 뿐 아니라 토지를 집적한 지방호족이 성장하는 거대한 변화가 일어났다. 호족은 빈궁한 농민들이 부채를 갚지 못할 때 토지에 대한 소유권을 빼앗고 그들을 소작인으로 부렸다. 정부의 토지세는 수확의 10분의 1이나 30분의 1로서 가벼웠던 반면, 농민이 지주에게 바쳐야 하는 소작료는 수확의 절반이나 3분의 2에 달했다. 농민들이 1년에 약 한 달 동안 정부에 바쳐야 하는 노역(勞役) 혹은 요역(徭役)은 점차 현금으로 대체되었다. 농민들은 계속 인두세(人頭稅)를 납부해야 했다. 정부가 점차 느슨해짐에 따라 지방호족들이 토지를 집적하고 상인들의 세력이 커진 반면, 정부에서는 전매정책의 일부와 시장에 대한 통제를 포기했다.

이 400년 동안 하나의 상층계급이 지배적인 사회집단으로 등장했다. 그들은 관료와 친족관계로 맺어졌고 지역적으로 독립해 있었으며, 지식인이 되기 위한 교육을 받은 인물로 대표되었다. 학문과 예술을 즐기며 호사스러움을 누리던 그들의 생활방식은 1974년 장사(長沙) 부근의 마왕퇴(馬王堆)에서 발굴된 기원전 186-168년의 것으로 추정되는 한대의 무덤 세 기(基)에서 극적으로 드러나고 있다. 네 겹의 방수처리가 된 관의 가장 안쪽 자리에 놓여 있던 대후(軑侯)부인의 잘 보존된 유체는 1,000점의 부장품과 함께 매장되어 있었다. 거기에는 로마 공주의 묘라고 해도 아름다움과 세련됨에서 비교가 되지 못하는 그림, 대나무에 글을 새긴 죽간(竹簡), 비단에 글을 쓴 백서(帛書)와 다채로운 비단이 포함되어 있다. 또다른 사치품으로 칠기, 토기, 청동기, 탄소 성분이 다른 두 종류의 철로 만든 철제무기 등이 포함되어 있었다. 철기주조는 중동지역보다 늦게 시작되었지만 도입된 다음에는 아주 빠른 속도로 발전했다.

화북의 경제발전은 외국무역과 군사적 팽창을 자극했다. 가장 정력적인 황제였던 한무제(漢武帝, 기원전 140-87년 재위) 치하에서 중국 군대는 동북쪽의 남반주와 한반도에 진출했고, 중국의 남부와 서남부 및 북부 베트남으로 진격했다. 이 지역에는 농경민을 통치하기 위해서 군이 설치되었다. 오로지 북부와 서북부 변경만이 불안한 상태였다.

한의 외교정책은 흉노(匈奴)와 안정된 관계를 맺기 위한 필요에서 시작되었다. 약탈과 물자공급의 목적으로 기마궁수를 앞세워 화북을 침략하던 투르크계(突厥系) 유목민〔胡族〕인 흉노는 광대한 지역에 걸쳐서 부족연맹체를 이루었다. 한은 세력이 강할 때에는 호족 가운데 협력자나 고용된 기마병들의 도움을 받아 군대를 구성하는 한편, 자체적으로 말을 기르는 목장과 기마병을 발전시킬 수 있었다. 한이 취한 방법의 하나는 호전적인 북흉노를 방어하기 위해서 남흉노를 복속국으로 만들고 물자를 제공해 회유하는 방법이었다. 초원지대로의 원정은 비용이 많이 들고 위험했다. 게다가 몇 주일이 지나지 않아 식량이 부족해서 대부분 흉노 부족민을 손대지도 못한 채 후퇴하기 일쑤였다. 군사적으로 열세였던 경우 —— 대부분의 기간 동안 그랬지만 —— 한의 황제들은 "화친(和親)"정책을 썼다. 화친정책이란 흉노의 군주인 선우(單于)를 잘 접대하고, 그에게 한의 공주를 배필로 보내주며, 풍족한 선물, 특히 비단을 제공하는 방식이었다. 유목전사들은 한의 종주권을 인정하고 수도 장안에서의 의례에 참석하기만 하면, 좋은 시간도 보내고 물질적으로도 이익이 많다는 사실을 배웠다. 여영시(余英時)는 이러한 회유책이 중국측의 군사력의 약점을 자인했던 송대(宋代)와 청말(淸末)의 불평등조약의 선구였다고 지적한다.

전쟁과 매수 외에 한대 황제들은 또한 외교를 통해서 일부 호족(胡族)을 협력자로 만들어 서로 싸우게 하는 외교술(以夷制夷)을 배웠다. 흉노에 대한 동맹세력을 찾아서 한은 초원 유목민들의 측면을 따라 중앙 아시아의 오아시스 국가를 거쳐 비단길을 횡단하는 사절[10]을 파견했다. 티베트족의 원류인 강족(羌族)과 같은 여타 부족민들이 서방으로 통하는 교역로를 위협했으므로, 한무제 시대처럼 한이 강성했을 때에는 한에서 서역도호(西域都護)를 두었다. 전성기에 한군(漢軍)은 파미르 고원을 넘어 아시아의 심장부까지 진출했다. 이 지역은 바로 알렉산드로스 대왕의 그리스 군이 2세기 이상 전에 진출했던 지역이었다.

오랑캐를 길들이려는 중국의 술책이 결국에는 성공하지 못했다는 점을 우리는 깨달아야 한다. 토머스 바필드(1989)의 내륙 아시아에 대한 연구는 어째서 중국의 황제가 강력한 유목민들에게 조공품에 대한 대가로 선물을 보내야 했는지, 또는 왜 그들이 침입했을 때 달래기 위해서 마지못해 자금이나 물자를 제공해야 했는지 하는 점을 상기시켜주고 있다. 그것은 중국의 물자가 유목민의 생활에 없어서는 안 되는 것이었기 때문이었다. 그래서 중국이 통일되면 초원의 부족민은 중국과의 관계를 담당할 강력한 유목군주를 쉽게 받아들이는 경향이 있다고 바필드는 지적하고 있다. 중국이 강해지면, 유목민은 더욱 강해졌던 것이다.

국가유교

한대의 황제들이 매일 의례와 제사를 지내기 위해서는 조정의 학식 있는 인물의 보좌가 필요했다. 한무제는 특히 (選擧賢良의 방식 외에) 관료를 충원

---

10) 유명한 장건(張騫)이라는 인물이다. 무제(武帝)의 명에 의해서 기원전 139년 장안을 출발한 장건은 월지(月氏)로 가던 중 흉노에게 붙잡혀 10여 년 동안 고생을 하다가 탈출하여 겨우 대월지(大月氏)에 도착했다. 그러나 대월지가 한(漢)과 함께 흉노를 칠 의사가 없다 하여 동맹에 실패하고 돌아오던 중 또 흉노에게 붙잡혔다. 다행히 흉노의 내분을 틈타 간신히 부하 한 명과 함께 탈출하여 13년 만에 고국으로 돌아왔다. 그러나 장건은 한혈마(汗血馬)나 포도주 외에 다양한 서역에 대한 정보를 가지고 왔고 이것은 서역과의 왕래를 크게 촉진하는 역할을 하게 되었다.

하는 통로의 하나로서 학문을 장려했다. 그는 세습 귀족가문에 대항해 새로운 상층계급을 강화시키는 방법이 교육이라고 보았으며, 국가의 관료가 익혀야 할 국가이념으로서 유학을 받아들였다. 진대의 법가적인 전제통치의 기술 위에 한은 총괄적인 국가철학을 제공하면서 대부분 유가적 기원을 가진 기념비적인 이념의 구조를 첨가했다. 이러한 법가와 유가의 혼합물을 우리는 국가유교(Imperial Confucianism)라고 부르고자 한다. 그렇게 함으로써 이것을 공자와 맹자 등의 본래적인 가르침[原始儒學]이나, 송대에 발전하여 과거 중국 문화권이었던 중국, 한국, 베트남, 일본 등 동아시아 국가에서 사상적 길잡이가 된 세속적이고 개인적인 유가철학, 즉 이학(理學 : 宋學 또는 新儒學, 新儒敎, 性理學)과 구분할 수 있다.

　법가와 유가의 혼합에서 핵심은 군주는 법가주의를, 관료는 유가사상을 선호했다는 점이다. 군주는 인민이 법을 준수하도록 상과 벌이라는 물리적 유인책을 사용할 수 있었다. 그러나 관료들이 최선의 노력을 하게 만들려면 물리적인 은혜나 위협 이상의 무엇인가가 필요했다. 유학자들은 군주가 예법에 따르고 모범적인 행동을 하면 덕(德) —— 또는 그레이엄(1989)은 권능이라고 부른다 —— 을 얻을 수 있으며, 그러면 다른 사람들이 군주의 통치를 인정하고, 지지하고, 심지어는 존경할 것이라는 믿음을 가졌다. 도덕적이고 문화적인 행동[文]을 실행하는 문치(文治)가 효과가 없으면 군주는 언제든지 형벌, 나아가 군사력[武]에 의한 통치로까지 복귀할 수 있었다. 폭력의 사용은 여전히 인민과 관리에 대한 군주의 특권이었다. 하지만 무력만으로는 통치할 수 없기 때문에, 군주가 인(仁)과 예(禮)에 대해서 항상 도덕적인 관심을 가지고 있음을 과시하는 데에는 유학자들의 도움이 필요했다. 유가사상의 도움으로 황제는 매일 하늘의 아들, 즉 천자(天子)로서의 특수한 권능인 의례와 의식을 거행하게 되었다(오늘날 백악관에서 대통령을 위해서 안배하는 사진촬영과 인터뷰는 그에게는 아주 자연스러웠을 것이다).

　유학자 신분의 한계가 처음부터 분명했다. 사람들로부터 존경을 받으면서 아울러 군주의 통치를 돕는 군자(君子)가 되려는 엘리트의 교육을 공자는 목표로 삼았다. 공자 자신은 군주가 되려고 하거나 직접 대중을 가르친 적이 없었다. 그는 예(禮)를 가장 우선으로 여겼고, 인(仁)을 둘째로 두었다. 지(智)는 세번째에 지나지 않았다. 공자는 나중에 황제의 문인관료가 될 제자들의 나갈 길을 스스로의 모범으로 보여주었다. 간단히 말해서 중국의 사회구조는 이미 자리가 잡혀 있었으며, 중국적인 예언자로서 사상가가 할 일이란 대중을 일깨우는 것이 아니라 다만 군주를 안내하는 일뿐이었다. 드 베리(1991)도 지적하듯이 유학자들은 어떠한 "자신들만의 권력기반도" 세우려고 하지 않았다. "그들은 국가나, 누구이건 조정에서 국정을 통제하는 사람에게 개인적인 학자로서 대항했다……이러한 제도적 약점, 종속적인 지위와 극도의 불안정성은 이들로 하여금 전통중국의 정치에서는 유(儒, 부드럽다, 나약하다는 의미)라는 명칭을 가지게 했다." 그들은 자신을 보호해줄 후원자가 필요했다. 따라서 그들이 기존체제에서 벗어나 독자적인 목소리를 낸다는 것은 쉬운 일이 아니었다.

한은 유씨(劉氏)의 조상을 비롯하여 특히 하늘에 바치는 황제의 제례를 통해서 천명을 계속 유지했다. 여기에서 비롯된 우주관은 인간이 경험하는 모든 현상을 결합시켜주었고, 유가사상이 점차 관방학설(官方學說)로서 중심적인 정치적 역할을 맡게 되는 무대를 만들어주었다.

중국의 초기 우주론(질서정연한 전체로서의 우주라는 개념)은 서양사상과 분명히 다른 차이점을 보이고 있다. 예를 들면 고대 중국인은 창조신화도, 현재의 세계를 만든 창조자 겸 입법자도 없었고, 조물주도 없었다. 우주의 기원에 관련된 대폭발(Big Bang) 이론 같은 것도 없었다. 조지프 니덤의 말처럼 중국인은 "유기체의 철학, 즉 신의 개입이 없는 질서정연한 의지의 조화"를 채택하고 있었던 것이다. 이러한 관점은 초자연적인 신을 상정하는 여타 세계의 뿌리 깊은 경향과는 대조적이다. 서양인들은 중국을 바라보는 이미지에 끊임없이 이러한 선입견을 강요해왔다. 그러나 중국인은 일반적으로 하늘을 지고한 우주의 힘이라고 여기기는 했지만, 초월적 존재가 아니라 자연에 내재하는 존재라고 생각했다. 여기서 더 이상 깊이 들어갈 필요는 없을 것이다. 다만 고전에 기록된 한대의 사상은 인간을 자연의 일부로 여기고 군주와 그 조상 사이에 특별한 관계를 설정하는 관념을 확립했다는 점을 지적하려고 한다. 이 관념은 이미 1,000년이나 앞선 상대(商代)의 사상에서도 중시되었던 것이다.

천인상관의 우주론

한대의 중국인들은 하늘[天], 땅[地], 사람[人], 즉 우주의 현상, 지상의 자연계, 인간사회 사이의 관계가 서로 감응(感應)하거나 영향을 주고받는 관계라고 보았다. 여기에서 그들은 우주 속에서의 자신의 합당한 위치라는 생각을 끌어냈다. 존 헨더슨(1984)이 "소우주인 인간과 대우주인 자연 사이의 조화"라고 부르기도 한 이 "천인상관(天人相關)의 우주론"은 예컨대 기원전 139년에 지어졌다고 추정되는 『회남자(淮南子)』라는 한대의 문헌에서 잘 드러난다. 여기서는 다음과 같이 설명하고 있다.

> 머리가 둥근 것은 하늘을 닮아서이고, 다리가 네모난 것은 땅을 닮아서이다. 하늘은 사계(四季), 오행(五行), 구해(九解)와 366일로 구성된다. 사람도 마찬가지로 사지(四肢), 오장(五臟), 구규(九竅, 竅는 인체에 난 구멍), 366절(節, 뼈마디)로 구성되어 있다. 하늘은 바람과 비, 추위와 더위를 가지고 있고, 사람 역시 주는 것과 받는 것, 즐거움과 노여움이 있다……따라서 눈과 귀는 해와 달이며, 피와 영혼은 바람과 비이다.

일단 인간과 나머지 자연 사이에 밀접한 교감 —— 숫자명리학(數字命理學), 해부학, 심리, 도덕이라는 측면에서 —— 이 있다고 보기 시작하면, 이것은 어떤 철학자든지 가지고 놀 수 있는 숫자 놀음이 되어버린다. 오늘날까지도 중국인은 1919년의 5·4운동처럼 중요한 사건을 숫자로(5·4라는 식으로) 지칭하는 관습을 지니고 있다. 이렇게 깅힌 숫자명리학적인 사고습관은 오행(五行)의 원리에서 완벽하게 표현되었다. 3, 4, 9나 다른 숫자를 사용하는 숫자명리학은 모두 오행의 개념에 압도당했다. 오행은 수(水), 화(火), 목(木), 금(金), 토(土)라고 알려져 있다. 일단 이런 식으로 접근하기 시작하자 한대의 우주학자들은 그들이 볼 수 있었던 모든 행성인 오성(五星)과 오계(五季), 오방(五方), 오색(五色), 오음(五音), 오제(五帝), 오장(五臟), 오착(五鑿, 耳目口鼻心의 다섯 구멍), 오수(五獸), 오곡(五穀), 오악(五嶽), 오형(五刑) 등을 기록에 남겼다. 나무는 불을 낳고, 불은 흙을 낳으며, 흙은 쇠를 낳고, 쇠는 물을 낳고, 물은 나무를 낳는다는 식으로[五行相生說], 각 행은 다음에 오는 행으로 이어지기 때문에 이 오행은 변화를 설명하는 것으로 이용될 수 있었다. 이와는 달리 오행은 예를 들면 쇠는 나무를 이기고, 불은 쇠를 녹이고, 물은 불을 끄며, 흙은 물을 막고, 나무는 흙을 조종한다는 식으로〔五行相勝說〕 다른 순서를 가질 수도 있었다.

이러한 상관구조(相關構造)의 적용은 자동적인 것이 아니고 논쟁의 대상이 될 수 있었으므로 철학적 토론을 위한 큰 밑천이 되었다. 예를 들면 사계절과 사각형과 같은 넷으로 구성되는 것을 오행의 원리에 집어넣는 데에는 상당한 문제가 있었다. 중세 유럽에서도 상관관계를 추구하던 사색가들이 아홉 명의 뮤즈 신을 여덟 개인 천궤(天軌)와 짝지으려고 했을 때 비슷한 문제에 부딪쳤다. 이것은 동그라미를 네모나게 만드는 것과 마찬가지였다.

중국 사상가들은 음(陰)과 양(陽)이나 시간계산을 위해서 60진법 혹은 60을 주기로 만들어주는 십간(十干)과 십이지(十二支) 같은 장치를 통해서 상관론적인 사고의 어휘를 만들어내는 재주가 비상했다. 십간과 십이지에서 각기 하나씩을 뽑아 결합시키면 60이라는 단위가 된다. 이에 따라 60주기에 관한 상당한 전승이 생겨났지만, 중국인들이 가장 널리 사용하는 장치는 『주역(周易, 易經이라고도 한다)』의 64괘(卦)였다. 64괘란 가운데가 붙어 있거나 떨어진 여섯 개의 평행선의 조합이었다. 64괘는 각기 나름대로 함축된 의미를 가지고 있었으므로 점복에 이용될 수 있었다.

상관적론인 사고는 초기 단계의 사회를 연구하는 인류학자에게 새로운 일이 아니다. 또한 결코 중국에만 독특하게 존재하는 것도 아니다. 그러나 중국에서는 이것이 유별나게 널리 유포되었으며, 특히 아주 오랫동안 그들의 사고를 지배했다. 이것은 의심할 바 없이 중국의 국가와 사회가 중앙집권적으로 구성되었기 때문이다. 황제가 모든 것의 중앙에 위치하고 있었기 때문에 상관론적인 사고, 특히 황제가 자연과 밀접하게 교감(交感)한다는 현상론적 사고가 확고한 원칙이 될 수 있었다.

우리가 익숙해진다고 해서 자연현상의 신비로움이 없어지는 것은 아니다. 오늘날 우리는 모든 물체가 떨어져 있는 다른 물체에 대해서 영향을 미친다는 인력의 개념을 이해하고 있다. 전한대의 사람들은 인간과 자연계의 운행이 서로 작용하게 만드는 널리 퍼져 있는 어떤 기운, 즉 기(氣)라는 것의 존재를 당연시했다. 상관론적인 우주론을 틀린 것이라고도 하지만 그것은 단지 과학적으로 증명될 수 없기 때문이었다. 악기의 관(管)이나 현(弦)이 다른 관이나 현의 공명을 일으키는 것처럼 감응(感應)이라는 것은 또한 호혜적인 것이었다(선행은 보답을 받음으로써 균형이 갖추어진다). 지배자의 모범적 행동을 본 백성들이 그대로 따라야 하겠다고 마음 먹는 것 역시 그러한 감응의 하나였다.

이러한 감응이론은 한대 초기의 자연활동 관찰자들이 과학적인 사고의 방면으로 나가는 것을 도와주었다. 특히 네이선 시빈(1987)은 한의학 방면에서 그러했다고 지적하고 있다. 예를 들면 침술에 의한 마취는 최근 20세기에 와서야 발달했다. 하지만 그들은 이미 신체 어떤 부위에 침을 놓음으로써 다른 부위의 신경감각을 통제할 수 있다는 점을 알고 있었다. 중국 과학의 주요한 선구자였던 연단술사(煉丹術士)들은 이런 상관론적인 사고를 널리 이용했다. 실제로 중국인의 정신활동은 거의 모든 분야에서 이러한 영향을 받았다고 할 수 있다.

서양세계에서 상관론적인 우주론은 전한과 동시대인 헬레니즘 사상에서도 상당한 역할을 차지했다. 이것이 르네상스 시대의 절충론적 사상가들에게 미친 영향은 더욱 컸다. 그러나 시간이 지남에 따라서 일부 상관론의 독단성이나 일부 체계의 포괄성에서 문제가 드러나면서 이에 대한 회의가 발생했다. 송대의 주요 사상가들은 자연현상과 황제의 행동 사이에 존재하는 감응에 대해서 회의적이었다. 상관론적인 우주론은 지나치게 상상력과 억측에 의존했으므로 전반적인 설명의 장치로 확립될 수 없었다. 특히 천문학과 같은 분야에서 이 감응론은 복잡하고도 극도로 다양한 천체현상을 제대로 다룰 수 없었다.

이러한 모든 우주론적 지식은 황제의 의례 준수와 계절순환 혹은 다른 천체현상 사이의 감응에 특히 초점이 맞추어져 있었다. 상대(商代)에 갑골문을 새긴 정인(貞人)들의 초기 활동에서 발전해온 황제의 의례준수에 대한 규정은 아주 세밀한 형태가 되었다. 무엇보다도 기상이변에 대해서 상당한 주의가 기울여졌다. 중국의 천문관측은 이를테면, 기원전 246년에서 177년까지 주요 행성이 뜨고 지는 시간과 위치를 보여주는 표를 만들 정도로 대단히 정확했다. 마찬가지로 황제의 의례준수에 대해서도 세심한 관심이 기울여졌다. 황제의 행위와 자연현상은 서로 관계가 있었기 때문이다. 여기서 기본적인 것은 앞에서 설명한 감응의 개념이었다. 상관론이라는 개념은 특히 황제와 하늘 사이의 관계에 적용될 수 있었다. 인간은 우주의 운행과정에서 그 일부를 이루고 있었으므로 인간의 과오는 우주의 운행질서를 깨뜨릴 수도 있었다. 또한 황제의 실정은 자연재해를 가져올 수 있었다. 따라서 유성, 일식과 월식, 지진, 홍수와 같은 현상은 황제의 행위에 대한 자연의 비평으로 여겨질 수 있었다.

황제와 문인관료

여기에 바로 간언(諫言)하는 유학자들이 황제의 행동에 영향을 미치기 위해서 쓸 수 있는 도구가 존재했다. 상대의 안양(安陽)에서 정인(貞人)들이 했던 것처럼, 유학자들은 천인상관설로 황제를 위해서 그 조짐을 해석할 수 있었다. 유가경전은 통치술에 대한 통찰력을 제공했고, 오직 명석한 학자들만이 밝혀낼 수 있는 숨겨진 의미를 안고 있는 것으로 여겨졌다. 때문에 동중서(董仲舒, 기원전 175-105년)는 황제에게 어떻게 우주질서에 적응해야 하며, 또 어떻게 우주의 영향을 받는가를 풀이해주는 대학자〔博士〕가 되는 기회를 잡을 수 있었다. 벤저민 슈워츠(1985)는 동중서의 "우주론적인 유학이 보편적인 군주(황제)의 우주에서의 지위를 확인해주었다"고 지적했지만, "한무제에 대한 경우에는 동중서가 그것을 금지와 억제의 무기로서 생각한 것 같다"고 부언했다. 요컨대 더크 보드(1991)의 지적처럼 조짐은 때로는 있지도 않았던 것이 일어난 것으로 잘못 추정되거나, 아니면 정치적인 목적으로 날조될 수도 있었던 것이다.

유학자들은 자신들이 황제의 필수적인 조언자라고 주장했고, 사실 그렇게 되었으므로 전국시대의 다른 학파에 대해서 승리를 거둘 수 있었다. 보다 넓은 역사적 맥락에서 볼 때 이것은 아서 라이트가 지적한 것처럼 다음과 같은 의미를 지니고 있었다.

문인관료들은……군주제와 합작했다. 군주는 황제권, 경찰, 군대, 사회통제의 기구와 같은 권력의 상징과 힘을 제공했다. 문인관료들은 권력을 정당화하고 국가를 운영해갈 수 있는 선례(先例)와 경세(經世)의 지식을 제공했다. 군주와 문인관료는 농업에 기반을 둔 두 계급의 사회를 이끌었다.

한대의 황제는 주요한 의례로서 하늘에 대한 제사에 신경을 썼다. 또한 수백에 달하는 선제(先帝)들의 묘당(廟堂)을 유지했다. 그러나 조정의 고위관료들은 경전에 기록된 선왕(先王)들의 선례(先例)에 가장 큰 관심을 보였다. 한대의 유교사상은 기원전 124년에 태학(太學)이 설치됨으로써 그 지위가 확고해졌다. 한대에는 오경박사(五經博士)가 설치되었다. 오경이란 『역경(易經)』, 『서경(書經)』, 『시경(詩經)』, 『춘추(春秋, 山東에 있던 魯나라의 연대기)』, 『예기(禮記)』를 말한다. 한대 황제는 유능한 인재를 추천받아 시험을 거쳐 임용하던 방식에 덧붙여서, 관리의 선발 기준으로 오경에 대한 시험과 고전에 대한 소양을 추가했다. 기원후 2세기 중엽 태학에는 3만 명 정도의 학생이 있었다고 한다. 아마 등록된 학생의 수를 가리킨 것이지 그들이 항상 태학에 거주하지는 않았을 것이다.

유가적인 개인행동의 규범 역시 학자들에 의해서 밝혀진 것처럼 유가경전의 선례에서 나왔다. 이러한 개인규범은 송대의 이학(또는 신유학)에서 가장 발달했지만, 그 기본 주제들은 이미 한대 이전의 다양한 학파에서도 제기되었다. 가장 근본적인 것은 선사시대에는 아주 분명했을 위계질서에 대한 강조였다. 이것은 사람들을 존비(尊卑)의 기준에 의해서 조직할 때만 질서가 잡힐 수 있다고 가정했다. 그래서 이러한 위계질서의 원리는 권리보다는 의무를 강조하고, 누구든 자기 본분을 다한다면 거기에 맞는 보답을 받을 것이라는 분명한 전제를 강조하는 토대가 되었다. 따라서 부모에게 순종하는 효자라면 부모의 신인을 얻을 수 있었다. 각자가 모두 본분을 지킨다면 사회는 모두에게 이익이 돌아가는 질서를 얻게 될 터였다.

의무 가운데 가장 중요한 것은 충성이었다. 그것은 효라는 형태로 가족 내에서의 부모의 통제권을 확립시켰으며, 국가 내에서는 황제와 왕조에 대한 관료들의 확고한 지지를 끌어냈다. 관료들의 머리 속에 이런 사상이 너무 깊숙이 박혀 있어서 무너진 왕조의 관료들은 새 왕조에서 관직을 맡기보다는 차라리 죽음을 택했다.

이런 강렬한 충성심은 황제의 본기(本紀)에 자주 보이는 이상한 사건들을 설명해준다. 풀리지 않는 수수께끼의 하나는 저명한 유교관료들의 열전(列

傳)에 일부가 참수형(斬首刑)을 당했다는 기록이 가끔 나온다는 점이다.[11] 후대 왕조에서 관료들이 공개적으로 곤장을 맞은 것은 강력한 전제주의 아래서의 불운한 사건 때문일 것이다.[12] 그러나 참수형이라니? 확실히 이것은 희생자에게는 물론이고, 국가의 가치관의 상징으로서도 중요한 사건이다. 아득히 오래 전부터 시행된 군주의 권리라지만, 어떻게 황제가 최소한의 법적 절차를 통해서 각료의 목을 벨 수 있다는 말인가?

결국 의식은 좀더 피를 덜 흘리는 방향으로 바뀌었다. 아주 최근인 1858년에는 영국, 프랑스, 미국과 최초의 조약을 협상했던 대신(大臣)에게 외국인들 앞에서 체면을 잃었다는 이유로 황제가 비단으로 된 목끈을 보냈다. 이 대신은 하인의 도움을 받아 자살하도록 허용되었다.

여기에는 확실히 국가유교의 법가적 측면이 나타나고 있다. 법가의 문헌을 보면 군주는 "불효하고 형제간의 우애가 좋지 못한 사람에게 엄격한 법률을 적용함으로써 가족도덕이 최우선적으로 지배하는 가족조직의 네트워크에 형법의 제재(制裁)가 도입될 수 있음을 알릴 수 있다……군주의 덕은 도덕적 영향력에서뿐만 아니라 공정한 형벌에서도 표현되었다"고 벤저민 슈워츠(1985)는 지적했다.

여기에는 몇 가지 가정이 전제가 되어 있는 듯하다. 첫째, 일상화되고, 예측 가능한(혹은 아예 행동을 하지 않는) 관료들의 행동과는 반대로 황제의 역할은 자발적이고, 비이성적이거나 예측할 수 없는 행동의 원천을 이루고 있었다. 관료들은 질서를 추구했지만 황제는 무질서로 그것들을 흔들어놓을 수 있었다. 둘째, 황제는 독단적이고 아무런 구속도 받지 않는 생살권(生殺權)을 가진 것으로 여겨졌다. 희생대상은 아무 권리가 없었다. 이것은 부분적으로는 중국의 정치이론에 자신의 권리를 주장하는 원칙이 아예 없었기 때문이었다. 셋째, 이것이 가장 놀라운 점인데, 관료를 처형하겠다는 황제의 결정을 누구나 받아들였다. 피해자가 억울함을 호소할 법정 따위는 없었다. 다른 사람들은 불복했을지 모르지만 각종 방식에 의한 항의나 집단적 반역의 형태를

---

11) 여기서 나오는 본기(本紀)는 연대기적으로 서술된 황제의 전기이며, 열전은 기록에 남길 만하다고 평가를 받은 유명인사들의 전기이다. 이 두 가지의 전기가 정사에서 가장 핵심적인 비중을 차지하므로 정사의 체례(體例)를 기전체(紀傳體)라고 부른다.
12) 대표적으로 명조에 이런 경우가 많아서 황제의 명령에 의해서 관리가 장살(杖殺)되는 경우가 상당히 나타났다.

제외하면 아무런 방법도 없었다. 이러한 상황은 의심할 나위 없이 마크 루이스가 전국시대의 문헌을 통해서 확인한 바 있는 인가된 폭력에서 물려받은 것이었다. 그것은 인간을 희생으로 바치는 것이 중단된 이후에도 사냥터에서 짐승을 죽이고 전쟁터에서 인간을 죽이는 것이 군주의 전문적인 권능이었음을 의미한다.

이것은 또한 서양과 중국의 학자들이 중국의 관념체계에서 황제가 차지하는 초월적인 역할을 과소평가한 것은 아닌가 하는 의문을 품게 한다. 천자(天子)는 사실 지상의 신이나 마찬가지였다. 서양의 용어로 표현하면 신의 화신(化身)이라고 할 유일한 인간이었다. 그렇다면 종묘는 황제를 숭배하는 장소였다. 황제가 중국의 국가와 사회를 지배하는 중앙의 신이었다는 점을 제대로 이해해야만 우리는 그가 대신을 참살할 권리를 가졌다는 것을 납득할 수 있을 것이다. 유가관료들은 내세(來世)의 응보에 대해서는 전혀 두려워하지 않았다. 황제의 권력이 그들에게 상을 줄 수도 있고 그들을 처형해버릴 수도 있는 일상적인 환경 속에서 살고 있었기 때문이다. 내세에 주안점을 두었던 서아시아나 유럽의 사람들은 지옥으로 가는 것을 두려워했다. 하지만 현세에 관심을 둔 유학자들은 황제의 노여움에 벌벌 떨면서 살지 않을 수 없었다. 수도의 궁전에서 황제의 관을 쓰고 앉아 있는 존재는 바로 신이었다. 따라서 두려움에 떠는 관리들은 언제나 모든 행동을 조심해야 했다. 관리가 참수되더라도 그것은 마치 오늘날의 보험대리인이 "불가항력"이라고 부르는 일처럼 받아들여질 수밖에 없었다.

이러한 사고는 문(文)과 무(武)의 관계라는 중요한 문제를 제기한다. 문은 기본적으로 글자로 쓰여진 문장을 의미한다. 따라서 거기에서 확장된 의미로서 사상, 도덕, 신념, 문화에서의 영향력이라는 의미로도 사용된다. 가장 일반적인 용어로는 "문민질서(civil order)"라고도 할 수 있을 것이다. 무는 폭력의 사용이라는 의미를 내포하고 있다. 따라서 일반적으로 군사적인 질서를 의미한다. 유교의 훈도를 받은 문인관료(文人官僚：사대부, 독서인)들은 문을 대단히 칭송하고, 무를 경멸했다. 하지만 문과 무의 결합에서 무(왕조를 창업하고, 반란세력과 악인을 근절하고, 관료를 처벌하는 것을 포함한다)의 측면이 더 강하고 문의 측면은 더 약한 요소가 아닌가 하는 의문을 느끼지 않을 수 없다. 예를 들면 (문의 측면으로서) 충성이라는 미덕은 (무의 측면으로서)

위협의 힘보다 강력한 것이었을까? 상황의 주도권을 잡고자 할 때 황제가 흔히 취했던 주요 전술은 위협이었던 것 같다. 중국의 위대한 역사가 사마천(司馬遷)을 예로 들어보자. 에드윈 라이샤워(라이샤워와 페어뱅크, 1960)는 이렇게 설명한다.

> (그는) 궁정의 태사령(太史令)으로서 부친의 지위를 물려받았고 황실서고의 수많은 자료들을 접할 수 있었다……그는 단지 부친인 사마담(司馬談)이 쓰기 시작한 역사책을 완성했을 뿐이라고 주장했다. 이것은 공자의 가장 위대한 업적 —— 과거의 기록을 적절한 형태로 체계적으로 정리한 일[13] —— 을 자신의 시대에서 계승, 확장하고자 했던 야심 찬 계획에 대해서 겸손하게 변명한 것일 뿐이다. 사마천은 분명히 놀랄 만한 학식과 무척 대담한 성품의 소유자였다. 기원전 99년에 사마천은 어쩔 수 없이 흉노(匈奴)에게 항복했던 유명한 장군〔李陵〕을 변호했다. 이러한 사마천의 대담함에 맞서 한무제는 그를 거세시키는 궁형(宮刑)으로 대응했다.

형벌로 고환을 잃는다는 것은 사실 머리를 잃는 형벌 다음가는 것이었다. 왜냐하면 그것은 제사를 지낼 후손이 잠정적으로 끊긴다는 것을 의미했기 때문이다. 통속적인 신앙 속에서 중국의 엘리트들은 제사가 조상의 영혼을 위로시켜줄 것이라고 생각했다. 기원전 99년부터 죽을 때(기원전 85년 무렵)까지 사마천은 아마 중국사를 체계적으로 정리하는 위대한 작업을 마무리짓고 있었을 것이다. 그가 궁형에 의해서 위협을 받지 않았다고 믿어야 할 것인가?

이런 위협이 『사기(史記)』에 어떤 영향을 미쳤는지는 다만 상상으로나 가능할 뿐이다. 사마천의 『효무본기(孝武本紀)』는 간단한 서론만을 쓴 채로 끝나고 있다. 그는 황제의 정당성의 근원 —— 무엇이 황제에게 자신에 복종하는 사람들을 처형하고 거세하도록 인가해주었는가 —— 에 대해서는 논의하지 않았다. 아마 여기에는 비판적으로 재검토해볼 만한 무언가가 있을 것이다.

토머스 메츠거(1973)도 지적했듯이 황제는 원래 "상황에 따라서 이용할 수 있는 모든 인가 —— 강제적인 것, 보상을 하는 것, 모범적인 것 등 —— 를 결

---

13) 공자가 유가경전 대부분을 손보았다는 이야기도 있지만 여기서는 말하는 것은 노(魯)나라의 궁중기록을 정리하여 최초의 편년체 역사서인 『춘추(春秋)』를 편찬한 일을 가리킨다.

합시켜 사용했다." "황제의 무자비한 폭력에는 보통 도덕적인 분노의 폭발이 수반되었다. 그것은 이러한 규범을 통해서 문인관료들이 마음속으로 수긍하게 만드는 것을 목표로 삼았다."

황제의 권력이 문인관료의 생활에 영향을 미침에 따라 지식과 지식의 전달 수단인 서적과 교육에도 황제의 권력이 작용했다. 거의 모든 왕조는 서적의 수집을 후원했다. 오로지 진시황만이 서적과 학자에 대해서 탄압을 가한 것은 단지 그가 다른 황제들보다 좀더 격정적이었기 때문이다. 켄트 가이(1987)는 만약 "고대 중국에서 통치의 기술과 저작의 기술이 함께 발전했다고 할 수 있다면, 이 두 가지 행위가 기본적으로 통일적이라는 의식은 유가와 법가의 학문관, 통치관 밑바닥에 깔려 있는 셈이 된다"는 결론을 내렸다.

교육과 관련해서도 비슷한 결론이 나올 수 있다. 아마 (기원전 124년에 시작되어 남송대까지 이어진) 태학(太學)을 "국립대학"으로, 혹은 (송대부터 청대까지 이어진) 국자감(國子監)을 "교육부"로 부른다면 좀 지나친 번역이 될 것이다. 경전에 초점을 맞추었던 이 시설들은 둘 다 이념교육기관이라고 할 수도 있을 것이다. 사실 황제의 권력과 서적, 그리고 문인관료는 통치 메커니즘을 구성하는 여러 측면으로서 서로 관련되어 있었다.

제3장

불교시대의 재통일

분열

한제국의 붕괴로 통일이 무너지자 기울어져가던 국가유교를 대신하여 신도를 끌어 모은 것은 기원후 1세기 중엽 인도에서 전래된 불교신앙이었다. 로마 제국이 그랬던 것처럼 이민족의 침입과 종교의 전파가 한제국의 붕괴에 수반되었다. 그러나 그 이후의 결과는 유럽과 중국이 달랐다.

한제국이 쇠퇴하게 된 근본적, 구조적 요인은 흔한 것이었다. 지역 혹은 지방권력의 성장이 중앙의 권력을 약화시켰던 것이다. 중앙권력이 약화된 이유는 여러 가지가 있다. 나약한 황제의 잇단 등극, 외척의 전횡, 환관의 권력 찬탈, 기타 조정에서의 수많은 당파 싸움 등이 그것이다. 총신(寵臣)에 대한 편애와 부패는 부적절한 관직 임명, 백성들에 대한 지나친 수탈, 상인과 호족 가문의 이익 무시, 왕조 군사력의 약화라는 현상을 불러왔다. 그러한 중앙권력의 약화는 대토지를 소유하고 성읍과 성읍 내의 산업까지 장악했던 문벌귀족의 지방권력이 성장하는 것과 맞물려 있었다. 최후의 재난은 220년 화북에서 과거의 유목귀족(遊牧貴族)과 그 가신들이 일으킨 반란에서 비롯되었다. 그들은 여전히 종래의 군사력과 관습을 유지하면서 장성 내에 거주했다.

이 반란의 시대에 3세기 이상에 걸친 남북의 분열을 가져온 두 가지 과정이 진행되었다. 첫째는 호족(유목민)의 화북으로의 끊임없는 침입, 그리고 둘째는 (그 결과이기도 한데) 보다 온난하고 비옥한 먼 남쪽 장강 유역으로의 한족의 이주였다. 이것은 남북의 소규모 지역왕조가 병존하면서 발달하는 토대를 제공했다. 220년에서 265년까지의 이른바 삼국시대(三國時代)를 거쳐 280년에서 304년 사이에 잠시 통일되었다가, 이어서 317년부터 589년 까지는 장강 유역의 강남(江南)에서 이른바 육조(六朝)가 그 뒤를 이었고, 화북에서는 십육국(十六國) 사이의 경쟁이라는 혼란이 거듭되었다.

화북의 주요 침입자는 연맹이 와해되어버린 투르크계의 흉노가 아니라, 선비(鮮卑)였다. 그들은 몽골족의 전신(前身)인 유목민으로서 서부의 감숙(甘肅)과 동부의 산동 및 하북에 걸쳐서 국가를 세웠다. 이 문명화가 덜 된 침입자들은 토착적인 한족문화를 호화(胡化)시키는 대신, 재빨리 한족 귀족의 복장을 모방하고 한족과의 통혼을 통해서 한화(漢化)된 국가를 건립했다. 그 가운데 가장 눈에 띄는 것이 투르크계의 탁발(拓跋)이었다. 그들은 산서성 북부의 대동(大同)에서 최초로 북위(北魏, 386-535년) 왕조를 세웠다. 북위는 화북을 정복하여 통일한 후 수도를 후한의 수도였던 황하 바로 남쪽의 낙양(洛陽)으로 옮겼다. 북위는 불교를 전파하고 두 군데 수도 부근에 석굴사원을 조성하는 네에 큰 기여를 했다.

불교는 화북뿐만 아니라 남쪽의 육조에서도 급속히 전파되었다. 5세기에서 9세기에 걸친 중국 불교의 전성기 동안 유교는 전반적으로 침체되었다. 불교는 예술뿐만 아니라 교리 면에서도 남북 모두에서 중국 문화에 깊은 영향을 미쳤다.

불교의 교리

기원전 6세기 무렵 네팔에서 살았던 것으로 생각되는 부처는 귀족 출신이었다. 그러나 그는 왕궁, 후궁과 사치스러운 생활을 거부하고 출가하여 명상을 통해서 깨달음을 얻음으로써 법륜(法輪)이라는 위대한 진리를 체득했다. 이것은 바로 생명의 "윤회(輪廻)"라고도 한다. 이것은 폐쇄된 연속과정 속에서 만물은 무언가 다른 것에 의해서 영향을 받게 된다는 것을 의미한다. 인간의 불행 역시 어떤 다른 조건에 의해서 좌우되는 것이므로, 이 조건을 제거함으로써 불행 그 자체를 없앨 수가 있다는 이론이다. 예를 들면 욕망 —— 궁극적으로는 불행으로 이끈다 —— 은 감각에 대한 의존에서 생겨나는 것이고, 감각은 접촉과 육근(六根)[1] 등에 대한 의존에서 생겨난다는 식의 논리이다. 따라서 불교의 목표는 사람을 이러한 열정, 욕망, 애착의 사슬에 묶어두는 인과관계를 끊어버리는 것이었다. 불행은 이러한 인연(因緣)에 근거한 것이며, 인연은 끊어버릴 수가 있다는 전제에서 초기 불교도들은 수많은 이론을 발전시켰다.

오늘날에 특히 흥미를 끄는 중심적 사고는 바로 법(法, dharma)[2]이다. 이것은 실제로는 원소(元素) 또는 원자(原子)의 이론이라고 할 수 있다. 이에 따르면 존재는 그 자체로서 존재하는 것이 아니라 수많은 부분으로 구성된다. 과거 불가의 고승들은 인간이 단순히 이들 수많은 부분 혹은 법으로 이루어진 데에 지나지 않으며, 개성, 영혼, 자아도 가지고 있지 않다고 믿었다. 법에는 몇 가지 형태가 있다. 어떤 것은 형식과 실질에 관계되고, 다른 것은 감각에, 또다른 것은 정신활동에 관계된다. 함께 결합시키면 이것들은 경험에 대한 깔끔한 설명이 될 수 있으며, 자아 존재 부정〔無我〕의 바탕이 될 수 있었다. 이것이야말로 번뇌에서 벗어나는 방법으로 바로 불교가 추구하는 바였다. 모든 경험의 요소는 공간적으로나 시간적으로 서로 이질적이고 연관이 없는 원자적인 것으로 분석될 수 있다. 따라서 이러한 진리를 제대로 인식함으로써 자아라는 환상에서 깨어나 윤회의 사슬에서 벗어날 수 있다는 것이다. 이러한 종류의 도피나 깨달음은 다른 세계의 신비주의자들이나 중세의 중국인들 역시 열심히 추구하던 바였다.

초기의 불교는 후대의 기독교 수도원 제도와 비교, 대조될 수 있는 사원(寺院)의 질서로 제도화되었다. 이 초기 승려들에 의해서 마침내 경문(經文, sutra : 전통적인 설법과 부처의 가르침)이 쓰여졌다.

마하야나(Mahayana), 즉 "대승불교(大乘佛敎)"가 북인도에서 동아시아로 전파되면서 고대 불교의 교리는 크게 변화되었고, 대중에게 보다 큰 호소력을 지니게 되었다. 이러한 발전의 하나가 바로 제도(濟度)의 개념이다. 이것은 보살(菩薩 : "깨우친 사람"이라는 뜻)의 매개로 가능해졌다. 보살은 부처의

---

1) 육근은 안(眼), 이(耳), 비(鼻), 설(舌), 신(身), 의(意)라는 여섯 가지 감각기관이며, 육경(六境)이란 그 각각에 대응하는 모양, 소리, 냄새, 맛, 감촉, 그리고 현상과 존재라는 여섯 가지 대상이다. 이 둘을 합해서 십이처(十二處)라고 한다. 이 감각기관과 대상들이 만나 이루어지는 분별인식 작용을 육식(六識)이라고 한다. 이 세 가지를 모두 아울러 십팔계(十八界)라고 부른다.

2) 다르마는 불교 이전부터 사용된 말로써, 보통 법(法)이라고 번역되지만 매우 다양한 의미로 쓰인다. 다르마는 원래 지탱하다, 유지하다라는 의미의 어원에서 비롯되어 일반적으로 질서, 규범, 법칙 등의 뜻을 나타낸다. 나아가 도덕, 정의, 진실, 습관, 성질 등의 뜻도 의미했다. 불교에서는 부처가 가르친 진리를 가리키지만, 이와는 달리 일반적인 사물존재를 의미하기도 한다.

깨달음을 획득했지만 다른 중생의 제도를 돕기 위해서 이 세상에 남아 있는 존재를 가리킨다. 보살 가운데 가장 유명한 것이 자비(慈悲)의 화신인 관(세)음보살(觀音菩薩)이다. 또한 무한한 광명의 부처인 아미타불(阿彌陀佛)[3]이 있다. 깨달음을 얻은 보살의 노력을 통한 여타 중생의 제도라는 개념은 이러한 공덕의 전이(轉移)가 가능하다는 이론에 의해서 뒷받침되었다. 여기서 자비[4]의 관념이 나왔으며, 이 자비의 개념은 원시불교의 교리를 보완하여, 중국과 일본에서 불교가 더욱 적극적인 사회적 영향력을 지니게 했다.

대승불교는 또 열반(涅槃, nirvana)이라는 적극적인 원리를 발전시켰다. 열반은 불교도가 도달하려고 애쓰는 목표였다. 부처 자신은 그것을 완벽하게 묘사할 수 없다고 생각하여 거기에 대해서는 아무것도 이야기하지 않았다.

불교의 교리는 불경, 즉 삼장(三藏)에 수록되었다. 불경으로부터 경문을 번역하는 것은 중국 초기 승려들의 주요한 작업이 되었다. 승려들과 신도들은 불경 번역과정에서 사상적인 문제만이 아니라 대단히 복잡한 언어의 문제에도 부딪치게 되었다. 즉 다음절어(多音節語)로 어미변화가 많으며 영어와 기타 인도-유럽어와 마찬가지로 알파벳을 사용하는 산스크리트어를 단음절어이고 어미변화가 없으며 표의문자(表意文字)인 한문으로 어떻게 번역하는가, 또 고도로 상상력이 풍부하고 추상적인 인도의 신비주의를 어떻게 간결하고 구체적인 한문으로 옮기는가 하는 문제였다.

새로운 외래사상을 중국인들이 알아들을 수 있는 말로 전달하거나 "번역"하면서 초기의 승려들은 나중에 외래사상을 수입하려던 사람들이 마주치는 것과 똑같은 문제에 부딪쳤다. 즉 이미 정해진 의미를 가진 문자로 구성된 용어들 가운데 어떤 것을 선택할 것인가, 또 그 과정에서 외래사상이 미묘하게

---

3) 아미타불은 산스크리트어의 아미타(Amita)에서 나온 것으로, 無量光, 無量壽, 甘露를 의미한다. 그래서 일반적으로 無量壽佛, 無量光佛이라고 불리는 아미타불은 모든 중생을 제도한 다음 성불하여 서방극락세계(西方淨土, 無量淸淨土, 無量壽國, 阿彌陀由國)에 머무는 부처라고 한다. 나무아미타불(南無阿彌陀佛)은 아미타불에 귀의한다는 의미이다. 南無는 梵文의 Namas로 致敬, 歸敬, 歸命이란 의미이다.

4) 산스크리트어의 어원을 보면, 자비의 慈는 Maitri, 즉 참된 우정 또는 순수하게 아끼고 사랑하는 마음 정도를 뜻한다. 그리고 悲는 Karuna, 즉 연민이나 동정을 뜻한다. 하지만 자비에 해당하는 산스크리트 단어, 요컨대 자비에 대응하는 범어 개념은 없다. 불경을 한문으로 번역할 때 역승(譯僧)들이 아마 마이트리와 카루나라는 말을 모두 자비로 번역한 것으로 생각되는데, 자비는 오늘날 불교의 핵심 개념의 하나이다.

변질되는 것을 막으면서, 다시 말해서 중국화시키지 않으면서 어떻게 그 용어에 새로운 의미를 부여할 것인가 하는 문제였다. 예를 들면 도교와 유교에서 이미 수없이 이용되었던 "도(道)"라는 단어는 인도의 도법(道法), 수도(修道), 오도(悟道) 등으로 다양하게 이용될 수 있었다. 도가의 "무위(無爲)"는 열반이라는 의미로 쓰일 수 있었다. 이러한 번역은 결국 원래의 개념을 희석시킨 것은 아닐지라도 적어도 그 뜻을 모호하게 만든 셈이 되었다.

외국의 추상적인 개념이 한자로 표현될 때 얼마간 중국화될 수밖에 없었다. 더구나 이국적이고 사회적 분열을 가져오는 가치는 저항을 받았다. 아서 라이트(1959)는 "불교가 아내와 어머니에게 부여하고 있는 상대적으로 높은 지위는 이 초기의 번역과정에서 변질되어버렸다. 예를 들면 '남편은 아내를 지지한다'가 '남편은 아내를 지배한다'로 바뀌었고, '아내는 남편을 편안하게 한다'가 '아내는 남편을 존경한다'로 바뀌었다"고 지적하고 있다.

4세기 이후 화북에 들어온 이민족 침입자, 즉 호족들은 대체로 자신들과 마찬가지로 그들이 대신한 구질서의 외부에서 온 것이기에 쉽게 불교를 받아들일 수 있었다. 불교 승려들은 대중에게 순종의 미덕을 기르게 하는 동맹자가 되었다. 남방으로 피신한 한인귀족들에게도 불교는 그들의 낡은 사회가 붕괴한 것에 대해서 지적으로 세련되고 미적으로 만족스러운 설명과 위안을 제공했다. 황제나 백성들도 마찬가지로 사회적인 분열의 시대에 종교적인 구원을 모색했다. 위대한 회화, 불상, 석굴 등의 걸작들은 바로 이 시대에 만들어졌다. 중국에서 불교가 성행한 이 시대에 나타난 승려와 사원의 역할, 종파의 성장 및 교단과 국가의 관계 등을 중세 유럽에서의 기독교의 그것과 비교하고 대조해보는 일은 대단히 유익한 작업이 될 것이다. 예를 들면 불교의 사원은 여행자들의 숙소, 도피자를 위한 피난처, 보시(布施)의 원천으로서 기능했다. 사원은 또한 대토지 소유자가 되었고, 행정적인 면에서 관리에 준하는 지위를 차지했다.

외래의 불교를 받아들여 토착화시킨 초창기 뒤에는 그것을 수용하여 독립적으로 성장시키는 시대가 이어졌다. 중국에서 성장한 불교는 아직 논쟁의 여지가 남아 있기는 하지만 도교의 영향을 받았으며, 또 거꾸로 도교에 영향을 주기도 했다. 또 새로운 종파가 중국에서 일어나 중국인의 필요를 충족시켰다. 여러 종파 가운데 동양예술에 끼친 영향을 통해서 오늘날 우리에게 가장 잘 알려진 것은 명상(禪)의 실천을 통해서 깨달음을 얻는 종파, 즉 선종 (禪宗)이었다. 여기서는 인도의 불교, 이민족 침입자, 토착적인 도교 사이의 대단히 복잡한 상호작용, 그리고 그 결과로서 나타난 중국 불교의 성장, 번영 과 쇠퇴를 지적하는 데 그치기로 한다.

수 · 당의 재통일

분열시기 동안에는 중앙의 정통왕조가 없었다. 따라서 수도를 대개 건강 (建康 : 오늘날의 南京)에 두었던 강남의 육조(六朝)와 화북의 십육국(十六國) 은 서로를 차별화하고 혁신을 추구할 수 있었다. 불교와 도교는 예술가, 사상 가, 문학가에게 영감을 불어넣었다. 왕조교체가 잦아서 이 시대의 덧없는 단 명왕조들에 관한 정사(正史)도 그 수가 적지 않다.

300년에 길친 수 · 당(隋 · 唐, 589-907년)대에 한대부터 발전해온 통일천 하라는 이상이 최종적으로 확립되었다. 화북은 유목민(胡族)의 침입으로 황 폐화되었다. 그러나 장강 유역의 강남은 상대적인 평화 속에서 번성했다. 기 원후 2년 무렵 6,000만 명으로 추산되었던 한제국의 인구(주로 화북지방; 지 도 10 참조)가 줄어들기는 했지만, 한족이 강남으로 이주하면서 중국의 중심 (지도 11, 12 참조)이 옮겨지기 시작했다. 근대에는 강남의 인구가 전체 중국 인구의 3분의 2를 차지하게 된다. 그러나 6세기에서 10세기에 걸쳐서 대다수 중국인은 여전히 쉽게 통일이 가능했던 화북평원에서 거주했다. 화북은 20여 개 주(州)로 나뉘었으며, 주마다 10만 호(戶) 정도의 인구(즉 50만 명 정도)가 있었다. 마크 엘빈우 로마 제국은 "분명히 이에 필적하는 안정된 통치지역을 가지지 못했다"고 지적했다(블런든과 엘빈, 1983). 화북의 중앙으로서의 위 치와 높은 인구집중은 통일을 위한 하나의 요소였다. 이 지역을 장악하는 사 람은 누구든지 강남을 포함한 다른 지역을 쉽게 정복할 수 있었다.

수 · 당 왕조의 창업자들은 한화(漢化)된 호족 가문과 서로 통혼관계를 맺 어왔었다. 그들은 이미 당시 중국 서북지역, 즉 관롱(關隴)지역의 귀족이었 다. 그들은 지금의 산서성, 그리고 위수에서 황하의 남쪽을 따라 화북평원으 로 펼쳐진 옛 수도지역에 거주했다. 주, 진 시대 이래로 이 서북지역은 유목 민들로부터 군사적인 활력을 받아들여왔다. 초원의 유목민들로부터 중국인은 기병전투용 말, 승마용 바지, 안장과 보다 나중의 등자(鐙子),[5] 가슴에 대는 갑옷, 말고삐 등을 받아들였다. 이것은 나중에 서양에서도 모방하게 될 터였다. 수·당이 중국을 통일하기 훨씬 이전부터 이들 가문은 중앙 아시아와 교역, 외교 면에서 아주 밀접한 관계에 있었고, 오랫동안 영향력을 행사해왔다.

수의 창업자는 호족(胡族)의 혈통을 일부 지닌 양씨(楊氏)였다. 그는 주와 한의 옛 수도, 즉 장안과 낙양 사이의 지역에 기반을 두고 있었다. 당조의 황실 역시 투르크계 무장 출신의 귀족 이씨(李氏)의 후손이었다. 이 군사귀족들은 한족이나 다른 군사귀족 가문들과 통혼을 통해서 정복과 행정이라는 부담스러운 사업을 감당할 수 있는 거대한 동질의 지배집단을 형성했다. 화북의 유목군주들은 언어, 복식, 정치제도를 포함하여 한화에 열심이었으므로 이 호한체제(胡漢體制)의 국가들은 역사기록에서는 완전한 중국의 정통왕조처럼 보인다.

수의 창업자(楊堅)가 581년에 정권을 잡을 당시 십육국의 말기에 있었던 화북지역은 이미 통일된 상태였다. 그는 곧 500개 조항에 이르는 율령(律令)을 반포했다. 아울러 지방의 행정제도를 정비했으며, 이전 왕조들이 만든 몇몇 제도들을 답습했다. 여기에는 매년 성인이 되는 남성(丁)에게 일정한 면적의 농지를 분배해주었다고 생각되는 "균전(均田)"제도가 포함되어 있다. 그는 호구들을 묶어서 집단책임을 지게 하는 인보제(隣保制)도 존속시켰다. 또 부병제(府兵制)[6]를 실시했으며, 변경지역에는 둔전(屯田)[7]을 설치했다. 관료제도의 통일 아래 조세제도가 정비되었고, 상평창(常平倉)이 설치되어 곡물 가격이 비쌀 때는 사들이고 곡물이 부족해지면 싼값에 내다

---

5) 등자, 즉 안장에 부착된 발을 받쳐주는 가죽 밴드나 발주머니. 발걸이로 말을 올라타거나, 탄 이후 발을 걸어 몸의 균형을 이루는 데 쓰인다. 기수는 안장에 단단하게 앉아 다리를 고정시키는 발판(등자)을 이용하여 달리면서 사방으로 화살을 쏠 수 있어 유목민의 군사력이 강력한 힘을 발휘하는 데에 중요한 역할을 했다. 중국에서도 위진시대 이후에야 등자의 이용이 나타난다.

6) 원래 서위(西魏)의 재상인 우문태(宇文泰)가 550년에 처음 시행한 군사제도로, 당대에 계승·정비되었다. 전국에 430개의 절충부(折衝府)를 설치하여 21−59세의 정남(丁男) 가운데에서 3명당 1명씩 징집하여 근무하게 한 제도였다. 부병은 장비, 식량 등을 스스로 마련해야 했다. 당의 부병제는 절충부의 기능이 무너진 749년 이후 완전히 붕괴되고, 병농분리의 모병제(募兵制)로 전환한다.

7) 국가에서 대량의 무주토지(無主土地)에 농민을 동원, 모집해서 생산용구를 지급해주고 개간, 경작케 하는 것이 민둔(民屯)이고, 보통 군인들을 동원하여 주둔지에서 군인과 농민으로서의 역할을 겸하게 하는 것이 군둔(軍屯)이다. 삼국시대에 위(魏)가 우위를 점할 수 있었던 것도 둔전 덕분이라고 일컬어지기도 한다.

106

팔았다. 한편 불사(佛寺)는 점점 더 영향력이 커지는 대지주가 되었다. 아서라이트의 말을 따른다면 황제의 후원으로 "국가불교(Imperial Buddhism)"가 탄생했다.

장강 유역의 강남에 대한 수의 정복은 그렇게 파괴적이지 않았다. 그래서수의 제2대 황제 양제(煬帝)는 거대한 공사를 위해서 전국의 자원을 동원할 수 있었다. 그 가운데 하나는 항주(杭州)에서 북쪽으로 장강 유역의 양주(揚州)를 거쳐서 서북지역의 낙양(洛陽)에 이르는 대운하(大運河)의 확장이었다(지도 16 참조). 609년까지 대운하는 멀리 떨어진 내륙에서 동북방향으로 (오늘날의) 천진과 북경 방면까지 확장되었다. 운하와 호수를 통한 조운(漕運)수송은 강남의 식량과 물자를 화북으로 옮겨주었다. 이로 인해서 수도 주변에 식량을 공급할 수 있을 뿐만 아니라 변경방위력까지 강화될 수 있었다. 대규모의 조운선단도 만들어졌다(한번에 3,300만 부셸[bushel][8]을 운송할 수 있었다고 한다).

원대한 꿈을 지닌 황제의 통치 아래 이렇게 지나치게 국력을 동원한 것은 무리수를 둔 끝에 단명한 수양제와 진시황을 비교하게 만든다. 양제의 고구려 원정 시도는 국가자원을 고갈시켰다. 그것이 실패한 결과 광범한 반란이 일어나고 수는 천명을 상실했다.

당의 창업자들은 한층 신중했다. 그들은 30제곱마일에 이르는 거대한 수도 장안과 두번째 수도 낙양을 포함하여 수대의 성과를 그대로 이어받았다. 한대의 행정부서는 전국적인 문제와 더불어 조정, 황실의 일을 함께 처리했다. 그와는 달리 수 · 당대에는 1900년까지 중국 행정의 주요 체계를 이루게 되는이(吏), 호(戶), 예(禮), 병(兵), 형(刑), 공(工)의 육부(六部)를 설립했다.[9] 그밖의 기구로 관료들과 심지어 황제의 행동, 그리고 초기 과거시험의 문제까지 감찰하고 보고했던 어사대(御史臺)가 있었다.

제2대 황제인 당태종(唐太宗) 시기에 당군(唐軍)은 모든 방향으로 작전을

---

8) 1부셸은 36리터이다.

9) 당대에 완성된 3성6부제는 국가정책을 기안하는 중서성(中書省), 이를 심의하는 문하성(門下省), 그리고 정책을 실시하는 상서성(尚書省)으로 이루어졌다. 3성 가운데 문하성은 귀족계급의 이익을 대표했으며 봉박(封駁)이라는 거부권을 행사할 수 있었다. 이것은 황제권이 귀족에 의하여 상당히 제한받고 있었음을 보여주는데, 문하성을 통과하면 그 조칙은 상서성 예하의 육부에서 실시되었다. 당 후기에는 문하성이 황제에게 가까운 중서성에 흡수되어간다.

전개했다. 고구려를 패배시켰고, 남쪽의 북부 베트남까지 영토를 확대시켰으며, 중앙 아시아의 대부분의 지역을 장악하고 그곳에 군현을 설치하여 파미르 고원의 서쪽에까지 영향력을 넓혔다(지도 9 참조). 비단길 주변의 오아시스 무역도시를 통한 당의 팽창은 서아시아와의 접촉을 증대시켰다. 당의 수도 장안은 거대한 국제도시가 되었으며, 유라시아 세계의 중심이 되었다. 600년에서 900년 사이에 존재한 어떠한 서구의 도시도 규모나 장엄함이라는 면에서 장안과 경쟁할 수 없었다.

당의 군사적 업적은 예술과 문학에서의 성취와도 잘 어울렸다. 당시(唐詩)는 후세의 모범이 되었다. 당대의 창조적인 활력은 당대의 사회를 개방사회로 만들었다. 도시에서는 페르시아와 서아시아뿐 아니라 일본, 한반도, 베트남에서 온 사람들까지도 환영을 받았다. 불교는 한대로부터 이어받은 유산 위에서 한층 더 높은 발전을 이룩했다. 동아시아의 신흥국가들은 모두 당의 제도들을 모범으로 삼았다.

불교와 정부

중국에서 불교가 수행한 역할을 유럽 기독교의 역할과 비교하면 정치 면에서 아주 뚜렷한 차이가 드러난다. 당제국에 의한 강력한 중앙정부의 부활 이후, 불교의 영향 아래서도 유학은 점차 활력을 되찾으면서 강력한 정부를 지탱해줄 수 있었다. 결국에는 당제국의 관료제가 사찰들을 확고하게 통제하게 되었다.

불교가 중국의 습속에 적응했다는 점은 예컨대 교육 면에서 분명하게 드러난다. 에릭 취르허(1959)는 불도(佛道)가 도덕적 행위를 강조한다는 점에서 유교와 유사하다고 지적한다. 수도승이 되면 수많은 규율을 배워야 하고, 죄악, 욕망, 집착 등과 끊임없이 싸워야 했다. 또한 살생, 도둑질, 간음, 거짓말, 음주를 금지하는 오계(五戒)도 지켜야 했다. 승가(僧伽, sangha : 僧團) —— 또는 비구와 비구니, 수도승, 신자의 공동체 —— 는 엄청나게 많은 계율을 준수해야 했다. 이와 더불어 선행과 자비의 수행이라는 것도 있었다(뒤에 나오지만 이것은 송대와 그 이후에 "향약(鄕約)"이 발전하게 되는 배경이 된다).

500년에서 850년에 이르는 중국 불교의 전성기 동안 정치적, 사회적 질서

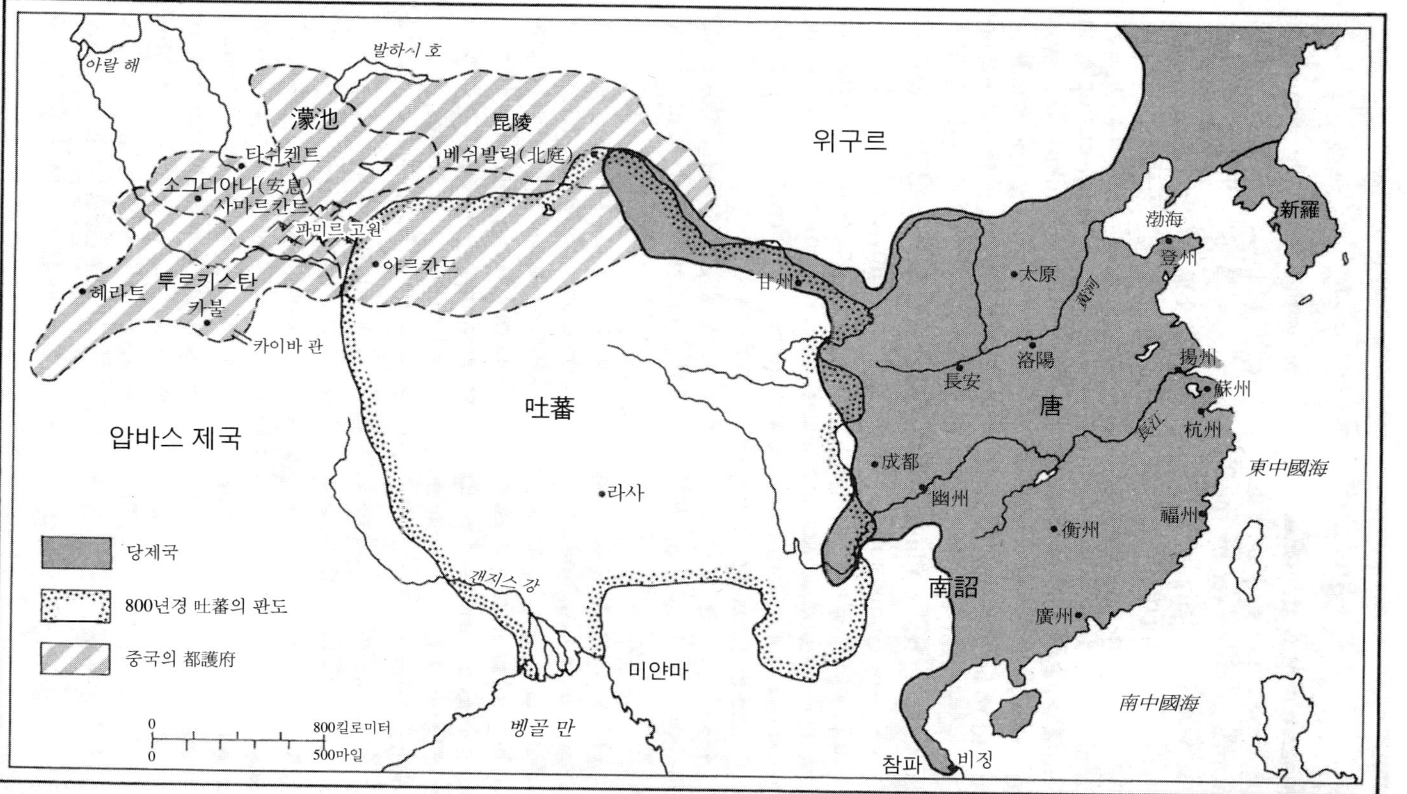

9. 당제국의 최대 판도(8세기)

의 유일한 원천이었던 정부권력은 약화된 적이 없었다. 고급문화는 여전히 세속적 엘리트인 사대부가 장악했다. 이것은 불교의 신앙공동체가 엄격한 한계를 지니고 있었음을 의미한다. 6세기가 되어서야 승려는 취르허가 말한 바 "제2의 엘리트"가 될 수 있었다. 승려들은 고관의 가문에서 충원되었다. 단체로서의 승려사회는 외부사회와의 인연을 단절한 것이었기 때문에 사실 이것은 변칙이었다. 그들은 정부에 대해서 자율을 요구했고, 정부의 통제와 과세로부터 자유로웠으며, 심지어는 여성까지 포함했다. 조만간 이러한 자치는 불교를 정부에 위협적인 존재로 만들게 될 터였다.

당대에는 행정적 통제, 승려자격의 부여, 자격증의 매매, 불교경전의 편집 그리고 시험을 통한 인재선발 등을 통해서 불교가 관료제에 포섭되는 추세가 진행되었다. 승려들은 도첩(度牒)을 받기 전에 혹독한 훈련과정과 학업을 겪어야 했다. 유교경전을 공부하는 사대부에 대한 시험처럼 승려가 되기 위한 자격시험은 예부(禮部)에서 주관했다. 사찰에서의 교육은 유교경전의 연구를 포함했다. 사실 유교적인 시험제도에 대비하여 승려를 교육시키는 사찰의 모습은 송대 서원(書院)의 선구처럼 보인다. 845년에 탄압을 받기까지 불교의 교육은 먼저 우세를 차지한 유교적 가르침 때문에 끊임없이 제한을 받았다. 하지만 불교는 후대에 이학(理學)으로 알려진 혼합이념에 간접적인 영향을 미쳤다.

불교가 중국의 정치적 전통을 파괴한 일은 거의 없었다. 때문에 당조는 사찰의 경제력을 삭감하는 데에도 별다른 어려움을 겪지 않았다. 몇 가지 불교 박해사건, 특히 9세기에 일어난 사건은 사원의 토지소유를 금지하고 보다 쉽게 과세할 수 있게 만들려던 노력의 일부였다. 그러나 중세의 중국에서는 서양과 같은 교회와 정부 사이의 투쟁이 발전하지 않았다. 사원 —— 불교의 사찰이건 도교사원이건 —— 은 정부로부터 완전히 독립을 성취할 수 없었다. 승려와 사원의 조직은 느슨하고 분산적이었다. 또한 지역사회의 부양에 의존했다. 조직화된 일반 신도의 집회나 전국적인 행정조직에 의한 지지도 없었으며, 정치적 문제에 대해서 소극적이었다.

불교의 선례에 따라서 철학자나 연단술사와는 달리 도교사원(道觀, 觀廟)은 당당한 신전(神殿)과 수많은 종파를 통해서 대중에게 접근했다. 그러나 세속적인 조직을 세우는 데에는 실패했다. 도관은 서로 상관없는 단위로 존재하면서 대중에게 신앙을 제공했다. 본질적으로 도교는 중국 정치에서 큰 힘을 발휘하는 조직적 세력이 될 수 없었다. 개인적인 신앙 차원에서 유교사상의 대체물임을 표명했지만, 실천의 영역은 유교에게 넘겨준 상태였다.

한편 도사(道士)들은 불로불사의 약, 나아가 황금을 만들려고 노력하는 과정에서 오랫동안 발전시킨 연단술, 연금술을 통해서 중국의 과학기술에 공헌했다. 생리학과 화학의 실험을 통해서 그들은 영약을 배합하고 약초를 조사하면서 오늘날 세계가 관심을 가지고 있는 위대한 한의학의 체계를 세웠다. 연금술사들은 도자기, 염료, 합금 및 기타 나침반과 화약 같은 중국인의 발명에 공헌을 했다. 그들의 수많은 업적은 조지프 니덤의 말대로 "사이비 과학(pseudo-science)이라기보다는 원초적 과학(proto-science)"이었다.

당조의 쇠망

당대의 세번째 황제 고종(高宗)은 불행히도 병약한 인물이었다. 그러나 그의 황후 무씨(武則天, 과거에는 주로 則天武后라고 불렸다)는 처음에는 고종의 이름을 빌려서, 다음에는 어린 후계자의 이름을 빌려서, 그리고 마지막으로 얼마 동안은 새로 성립된 왕조(周)의 황제로써 거의 50년 동안(654-705년) 독재권력을 휘두를 수 있었다. 무측천은 중국의 유일한 여황제이다. 그녀는 대단히 수완이 좋고 유능한 정치가였지만, 정권을 유지하기 위해서 잔혹하고 불법적인 방법을 동원했기 때문에 남성관료들 사이에서 평판이 좋지 않았다. 또한 관직을 남발했고, 수많은 부정부패의 온상이 되었다. 657년에 당조는 1만3,500명의 관리로 약 5,000만에 달하는 인구를 통치했다. 정부는 자작농에게 지방의 부병역(府兵役)과 요역을 담당하게 함으로써 비용을 절감할 수 있었다. 정부는 물론 여전히 독립적인 자작농의 유지를 목표로 했다. 이에 따라서 균전제(均田制) 아래서 토지는 주기적으로 호적에 따라 재분배되었다. 당의 두번째 황제(唐太宗)가 매일 간언을 하는 신하들과 협의해 통치했던 반면, 무측천의 교묘한 조작술은 황권을 더욱 고립적이고, 음모적이고, 독재적인 것으로 만들었다. 그녀는 서북지역 귀족가문의 세력을 깨뜨려 화북지역 출신자들에게 정부를 대표할 수 있는 더 많은 기회를 주었다. 진사과(進士科) 출신 합격자들은 관료조직 내에서 소규모 엘리트를 형성하기 시작했다.

그녀의 공과에 대해서는 아직 논쟁이 계속되고 있다.

현종(玄宗, 713-755년 재위) 치하에서 당조는 번영과 영광의 절정기를 맞이했다. 반면 취약점도 계속 누적되었다. 취약점은 우선 엄청난 비용으로 지나치게 재정을 고갈시킨 군사적 팽창에서 비롯되었다. 당의 군사력은 중국 서남변경으로 계속 진출했고, 파미르 고원 서쪽으로까지 넘어갔다. 그러나 당군은 751년 사마르칸트 부근에서 아랍군에게 패배를 당했다. 한편 부병제로 구성되었던 군대도 점차 9개 절도사에 소속된 직업적인 군대로 바뀌었다. 번진은 주로 변경에 두어졌고 적을 격퇴하기 위해서 막강한 권한을 지니게 된 절도사(節度使)의 지휘 아래 있었다. 강력해진 절도사는 조정의 정치에 끼어들었다. 육부 아래의 외조(外廷)가 관행에 빠지면서 방해가 되자 외조의 대신들(실제적인 황제의 대리인으로서 황제의 이름으로 통치했던)은 더욱 격렬한 당파 싸움에 빠져들었다. 반면 황제는 내조(內廷)의 환관을 이용하여 황권을 유지하고자 했다. 그런 가운데 현종은 만년에 아름다운 후궁 양귀비(楊貴妃)와 사랑에 빠졌다. 그리하여 중앙권력은 더욱 약화되었다. 그녀는 자신이 총애하던 절도사인 안녹산(安祿山)을 양자로 받아들였다. 755년 안녹산은 반란을 일으켜 수도 장안을 포위했다. 755년에서 763년까지 가공할 파괴력을 보인 반란이 전국을 휩쓸었다. 황제는 수도에서 탈출해 도피했다. 도중에 군대가 양귀비의 처형을 요구함으로써 황제의 러브 스토리는 비극적(그리고 자주 재연되는) 종말을 맞이했다. 8년 후에 당조의 통치는 명목상 회복되었다. 그러나 이후 150년 동안 당조는 전성기의 면모를 되찾을 수 없었다.

안녹산의 반란이 실패한 다음 새로운 번진 할거의 기초가 될 번진(藩鎭)이 각지에 세워졌다. 변경지역에 대한 통치권은 완전히 상실되었다. 국내에서도 당조는 권력을 군대에게 넘겨주어야만 했다. 이제는 더 이상 통일적인 법률과 제도로 중앙에서 통치할 수 없게 되었다. 엘리트 관료제도 전국을 통제할 수 없었다. 지방주의와 배타주의가 그 뒤를 따랐으며, 명목적인 천하의 통합은 속이 빈 강정과 다름없었다.

사회적 변화 : 당송변혁기

당대 후반기에 나타난 변화 가운데 가장 장기적인 것은 정부를 지배해왔던 귀족가문의 몰락이었다. 후한대에는 법적인 것은 아니었지만 사대부 가문〔士〕과 일반 서민〔庶〕 및 천민(賤民)이라는 신분의 구별이 분명했다. 사(士)는 정부에 근무하는 식자(識字) 엘리트를 의미하는 "시종〔侍〕"에서 비롯되었다. 한대부터 당말에 이르기까지 "문벌귀족(門閥貴族)"의 귀족지위와 정부고관을 배출하는 사족(士族)의 지위는 겹쳐져 있었다. 문벌귀족 가문은 관부의 기록에 올라 있었다. 그들은 일반 서민과의 결혼을 꺼렸다. 한대 이후의 분열시대 동안 이들 귀족들은 대략 정부관료의 4분의 3을 배출했다. 당대 초기까지도 이 비율은 50퍼센트 이상이었으며, 후에는 60퍼센트에 달했다. 서북지역 출신의 귀족가문들은 주로 호족(胡族) 혈통이었음에도 불구하고 중앙관료를 배출하는 주된 원천이었다. 데이비드 존슨(1977)의 지적처럼 "법률, 의학, 상업, 교회, 군대에서의 경력을 통해서 높은 사회신분을 획득할 수 있었던 영국이나 프랑스와는 달리, 중국에서는 관직만이 오직 유일하게 중요한 직업적 계층질서였다."

중국에서는 장자상속제가 없었다. 가장이 죽으면 아들끼리 재산을 공평히 나누는 것이 일반적인 관습이었다. 국가의 법령도 분할상속을 요구했다. 이것은 유럽과 같은 토지귀족의 등장을 가로막았다. 한 가문에서 2-3대 사이에 관료를 배출하지 못하면 조만간 몰락할 수밖에 없는 운명을 맞이한다. 따라서 각 세대는 잠재적으로 불안정한 상태였고, 관직생활로 그 존재를 입증해야만 했다. 가문의 지위는 세습적인 것이었다. 그러나 고관을 배출한 귀족 가문이라도 더 이상 고관을 배출하지 못하게 되면 그 지위는 하강했다. 하지만 당대에는 정식 품관(品官) 외에도 관직에 오를 수 있는 다양한 신분집단을 유지함으로써 완충장치를 제공했다.

관리의 임용은 추천, 즉 우선 주자사의 추천으로 이루어졌다. 주자사는 관할구역의 모든 뛰어난 인재를 구품(九品)으로 나누어 추천했다. 이 등급이 후에 관료품계인 구품이 되었고, 각 품계는 상, 하로 나누어져 있었다. 유능한 후보자를 임명하기 위한 공식 평가는 문서로서 축적되었다. 이러한 제도를 통해서 엘리트들은 계속 재생산될 수 있었다. 수·당대에는 과거제도가 시행되었다. 그렇지만 그것은 아직 관료의 충원과정에서 지배적 위치를 차지하지는 못했다. 관료의 충원은 법적인 과정이라기보다는 사회적인 과정이었다. 사회적으로는 개인의 연줄〔關係〕이 관료 후보자가 관직에 나아가고 가문의 지위를 유지할 수 있게 하는 유동적인 기반을 형성했기 때문이다. 예를 들면 북위(北魏)는 자신들의 성족(姓族)에 등급을 정하고 중국인의 성족을 거기에 맞추어 정함으로써 유목민 배경을 가진 가문들이 최상급 한족의 생활로 옮겨갈 수 있게 했다. 공식적으로 국가에서 후원한 씨족지(氏族志)가 385년과 713년 사이에 만들어졌는데, 이것들은 확실히 주자사들이 제출한 추천 목록에 근거했다. 이렇게 만들어진 씨족지는 통혼을 위한 근거가 되기도 했다.

당제국의 창업자들은 이런 제도가 유능한 인재의 계층이동을 막는다고 여겨 반대했다. 새로 정권을 잡게 된 서북지역의 호한(胡漢) 혼혈가문들은 이렇게 하여 화북평원 동북지역에 기반을 둔 대족(大族)들에게 타격을 가했다. 당의 창업자들은 또한 딸을 결혼시킬 때 구귀족들이 요구하던 막대한 선물도 비난했다. 659년에 개정된 씨족지는 200권에 이르는 분량이며, 235개 씨족으로 이루어진 2,287개 가문을 포함했다. 이 개정의 목적 가운데 하나는 분명히 서북지역의 가문들을 기존 귀족의 대열에 끼워넣는 것이었다.

8세기가 되면 귀족가문보다는 관직 보유 여부가 가문의 지위를 결정하는 주요 기준이 되었던 것처럼 보인다. 이제 모든 것은 출신가문이 아니라 개인의 관직품계에 따르게 되었다. 법적으로 관료는 더 이상 특별한 엘리트로 여겨지지 않았다. 당의 제도에 의해서 관료의 아들에게 낮은 관품이 주어지기는 했으나, 법률적으로 관직 임용의 특권이 주어지는 귀족신분은 더 이상 남아 있지 않았다. 국가의 제도가 귀족가문의 사회적 이익에 대해서 승리를 거둔 것이다.

따라서 데니스 트위쳇(『케임브리지 중국사』 제3권)이 주장한 것처럼, 문벌귀족에 의한 지배에서 훈련된 관료제에 의한 지배로 전환이 이루어졌다. 당대에는 황실마저 단순히 최고 품계의 가문에 지나지 않았다. 그것이 송대가 되면 이제는 일부이기는 하지만 과거를 통해서 자기능력으로 출세한 관료가 지배하는 사회로 바뀌는 것이다. 문벌귀족의 쇠퇴는 중앙권력이 더욱 용이하게 각 지방을 다스릴 수 있는 여지를 제공했다. 황제는 전쟁터에서의 동료들과는 절연된 채 새로운 관료기구에서 부상한 재상의 보좌를 받으며 궁정에서 홀로 지고무상의 지위를 누릴 수 있게 되었다.

당말 문벌귀족이 정부 내에서 지배권을 상실한 것은 또다른 커다란 변화와 같이 이루어졌다. 즉 정부가 경제생활에 대한 직접적 지배를 포기하게 되었던 것이다. 향촌의 토지분배 방식인 균전제의 붕괴와, 도시에서의 시제(市制), 가격에 대한 규제의 붕괴는 경제가 이미 정부의 통제범위를 넘어서고 있음을 보여주었다. 그리고 지방유력자들은 수중에 물질적인 부를 축적하기 시작했다. 국가권력을 지탱하기 위해서 매년 여름과 가을 두 번에 걸쳐서 인정(人丁)이 아닌 토지를 기준으로 세금을 부과하는 합리적인 조세제도가 실시되었다. 양세법(兩稅法)으로 알려진 이 제도는 780년부터 실시되었다. 말하자면 지세(地稅)와 호세(戶稅)가 결합한 형태였다. 이 새로운 제도는 정부가 더 이상 사유재산과 토지의 자유매매를 통제할 수 없음을 인정한 것이나 마찬가지였다. 그렇지만 세액은 평가에 의해서 결정되었고 중앙정부에 얼마간 전망이 밝은 안정된 세원(稅源)을 제공했다.

755년에서 763년에 걸친 반란 이후 상업에 대한 정부의 감독권도 붕괴하기 시작했다. 당대의 정책은 상업을 계속 규제하고 시장을 공식적으로 감독하는 것이었다. 안정된 가격으로 농민의 생산에 도움을 주고, 천박한 이윤추구의 성향은 인정하지 않는다는 방침에서였다. 상업세 수입은 군사비가 필요하거나 왕조가 쇠퇴할 때에는 중시되기도 했다. 그러나 심각한 재정위기가 닥치는 경우를 제외하고는 중요하게 여겨지지 않았다. (서론에서 서술했듯이) 중국 시장공동체의 네트워크는 머지않아 송대에 등장하여 정부가 통제할 수 없는 규모로 성장하게 될 터였다.

한편 중앙 아시아에 있던 당의 전초기지가 붕괴되고 서북지역 대부분이 티베트계 주민인 탕구트족에게 점령되었다. 그러나 중국은 안녹산의 반란으로 군사화가 진행되어 무력이 우선하는 사회가 되었다. 중국 내지에는 모두 약 30개 정도의 번진이 설치되었다. 대부분은 절도사가 군대를 거느리고 지역정부를 장악한 상태였다. 반면 중앙정부가 장악한 군대는 거의 없었다. 때문에 여러 차례 탕구트족의 침입으로 위험에 빠지기도 했다. 763년 이후 황제권은 네 지역, 즉 수도 주변 지역, 서북 변경 지역, 강남 지역, 수도로 통하는 동맥이었던 대운하 주변 지역에만 불안정하게 미쳤을 뿐이었다. 일부 북방의 번진들은 중앙정부의 통제에서 벗어났다. 당제국 전체인구의 약 4분의 1 정도가 수취체제의 틀에서 벗어나 있었던 셈이다. 중앙정부에게는 주된 재정 수입원이었던 강남과 회수(淮水) 유역만이 남아 있었다.

반란 이후 일부 황제는 번진의 세력을 덜어내서 권력을 중앙으로 집중하는 데에 성공했다. 하지만 당의 전성기는 이미 지나간 뒤였다. 외조는 격렬한 파벌 싸움으로 붕괴 상태에 있었고, 내조는 황제권을 등에 업은 환관세력에 의해서 음모의 온상으로 변해버렸다.

대체적으로 당대 문인관료제의 성장은 유교의 새로운 부활에 공헌을 했다. 이 점은 데이비드 맥멀런(1988)이 당송변혁기의 또다른 측면의 하나로 연구한 바 있다. 역사서술과 통속문학뿐만 아니라 당대의 학교제도, 과거시험, 공자 숭배, 국가의례 등에 의해서도 유교경전에 대한 연구는 끊임없이 발전했다. 당대 사대부의 성장은 북송대(北宋代)의 사상적 개화(開花)를 이끄는 근거를 마련했다.

845년 당의 황제(武宗)는 막대한 면적의 면세 토지를 보유하고 수천 명의 신도가 거주하는 호화로운 도시불당을 보유한 불교사원에 대해서 광범하고 체계적인 탄압의 조칙을 내렸다. 약 25만 명이나 되는 승려들이 강제로 환속되었다. 이후 정부는 도첩(度牒)을 발급함으로써 불교의 성장을 제한했다. 당의 번영이 퇴색하면서 중국 불교도 같은 길을 걸었다.

755년의 반란에서 979년에 이르는 시기의 화북 권력구조는 중앙권력이 실제로 거의 공백상태에 있었음을 보여준다. 당의 멸망 이후에도 절도사들과 그 후계자들은 개인이 거느리는 집권적 군사정권을 건립했다. 이것은 당송교체기와 송초(宋初)에 이르기까지 정부의 전형적 모델이었다.

마지막 50년 동안의 당제국은 무정부 상태의 본보기였다. 문무관원을 포함한 모든 관료는 냉소적 자세로 부패에 빠졌다. 향촌의 농민들은 무자비한 억압을 받았고, 끔찍한 일들이 일상화되었다. 충성심은 사라졌고 도적이 들끓었다. 도적집단은 무장폭도로 급성장하여 이 지역 저 지역을 떠돌아다니면서 닥치는 대로 약탈했다. 황제, 환관, 관료들은 통제력을 상실했고, 비웃음의 대상이 되었다. 6년 동안(878-884년) 대도(大盜) 황소(黃巢)는 무리들을 이끌고 산동에서 복주(福州)와 광주로, 다시 낙양과 장안으로 전국을 옮겨 다니면서 파괴를 자행했다. 907년 당제국이 공식적으로 멸망하자 투르크계와 기타 호족들이 화북의 상당 부분을 점령했다. 번진의 할거는 더욱 심해졌다.

이러한 파편 더미 속에서 화북에서는 오대(五代), 화중과 화남지역에서는 십국(十國)이라는 지역국가가 출현했다. 이러한 할거국면은 960년에 송조가 들어서고 황제의 친위군인 금군(禁軍)이 수도를 장악하게 되어서야 비로소 해소되었다.

제4장

중국의 전성기 : 북송과 남송

물질적 성장의 정점

송대 300년은 기묘한 비정상적 현상을 보여준다. 한편으로 송대는 기술 혁신, 물질적 생산, 정치사상, 지배구조, 지배층의 문화 등에서 중국이 세계의 어느 곳보다 앞서게 만든 위대한 창조적 시대였다. 예를 들면 인쇄술, 회화, 과거제도 등은 중국의 우수성을 입증한다. 다른 한편, 중국이 번영을 구가했던 바로 이 시기에 내륙 아시아의 유목민 침략자들은 점차 중국과 중국인에 대한 군사적, 행정적 지배권을 장악했다. 송대의 문화적 성취가 궁극적으로 외래민족의 지배와 관계가 있는 것일까? 중요하지만 결코 단순하지 않은 질문이다.

화북에 세워진 오대의 마지막 왕조〔後周〕의 친위대장은 960년 친위군에 의해서 새로운 황제로 추대되었다. 이렇게 권력을 잡은 조광윤(趙匡胤)은 송조(宋朝)를 세웠다. 유능하고 근면한 그와 후계자들은 무장들의 병권을 해제하고, 절도사를 문인관료로 대체하고, 최정예 군대를 금군(禁軍)으로 끌어모았다. 또 과거제도를 통해서 관료제를 수립하고, 세수(稅收)를 중앙에 집중시켰다. 이런 것들이 군대를 장악하고 새로운 문인정권을 세우기 위한 대표적 작업이었다. 150년에 걸친 북송(960-1126년)은 중국사에서 가장 창조적인 시기였다. 어떤 의미에서는 2세기 후 유럽에서 시작된 르네상스와 비슷한 시기였다.

중국사에서 송대의 전략적인 위치를 평가하기 위해서는 여러 시각을 통해서 접근해보아야 한다. 우선 물질적 성장, 즉 인구의 증가와 도시화의 진전,

그리고 생산, 기술, 국내외 교역 면에서의 성장이라는 측면이다.

중국의 인구는 전한 중기(기원후 2년)에 6,000만에 이르렀다. 이후 분열시대에 감소되다가 700년대 초 당의 전성기에 다시 5,000-6,000만에 이르렀던 듯하다. 그런데 송대 초기에는 그것이 1억으로 증가했던 것으로 추산된다. 12세기 말에는 약 1억2,000만 수준이었다. 회수(淮水)의 이북인 화북지역의 인구가 4,500만이었고, 장강 유역과 그 이남의 인구가 7,500만이었다(지도 10, 11, 12 참조).

인구의 증가는 도시생활의 발전을 가져왔다. 이러한 현상은 수도에서 가장 특징적으로 나타났다. 북송의 행정, 정치의 중심지로서 개봉(開封)에는 수많은 관료, 하급관리, 군대, 궁인(宮人) 등이 집중적으로 거주했다. 크기는 당의 수도였던 장안의 5분의 4 정도에 지나지 않았지만 고대 로마보다 세 배나 컸다. 1021년의 인구는 성내에만 약 50만이었다. 아홉 군데의 교외지역〔廂〕을 포함하면 거의 100만에 달했다. 1100년의 인구는 총 105만이었고, 군대를 합친다면 140만이었다.

개봉은 황하와 초기 대운하의 합류점 부근에 있었다. 또한 강남의 곡창지대에서 오는 조운(漕運)의 종착지이기도 했다. 때문에 이렇게 도시에 집중된 인구에 식량을 공급하는 것도 가능했다. 중국의 국내무역과 구역간 무역은 대운하, 장강 및 그 지류, 호수 및 여타의 강과 운하를 통한 값싼 운송에 의해서 크게 촉진되었다. 이들 수로는 대략 3만 마일에 걸쳐서 펼쳐져 있었다. 때문에 세계에서 가장 인구가 많은 교역지대가 만들어졌다(지도 16 참조). 해외무역은 언제나 이처럼 거대한 국내 상업활동의 일부에 지나지 않았다.

공업은 정부의 수요에 따라 우선적으로 개봉에서 발달했다. 예를 들면 당시 화북에는 수로를 통해서 싼값에 수도로 운송할 수 있는 석탄과 철이 많이 매장되어 있었다. 1000년 무렵까지 계속된 벌채로 인해서 산림자원이 거의 소모되자, 야철장인(冶鐵匠人)들은 코크스를 태우는 용광로에 목탄 대신 석탄을 쓰게 되었다. 이렇게 생산된 주철(鑄鐵)을 사용하여 송대의 야철장인들은 탄소를 제거하는 탈탄법(脫碳法)을 발전시켰다. 1078년까지 화북에서는 매년 11만4,000톤 이상의 주철을 생산했다(700년이 지난 후 영국에서는 겨우 그 반을 생산할 수 있었다).

때문에 전쟁기술 면에서는 철갑(鐵鉀)과 강철 무기가 발명될 수 있었다.

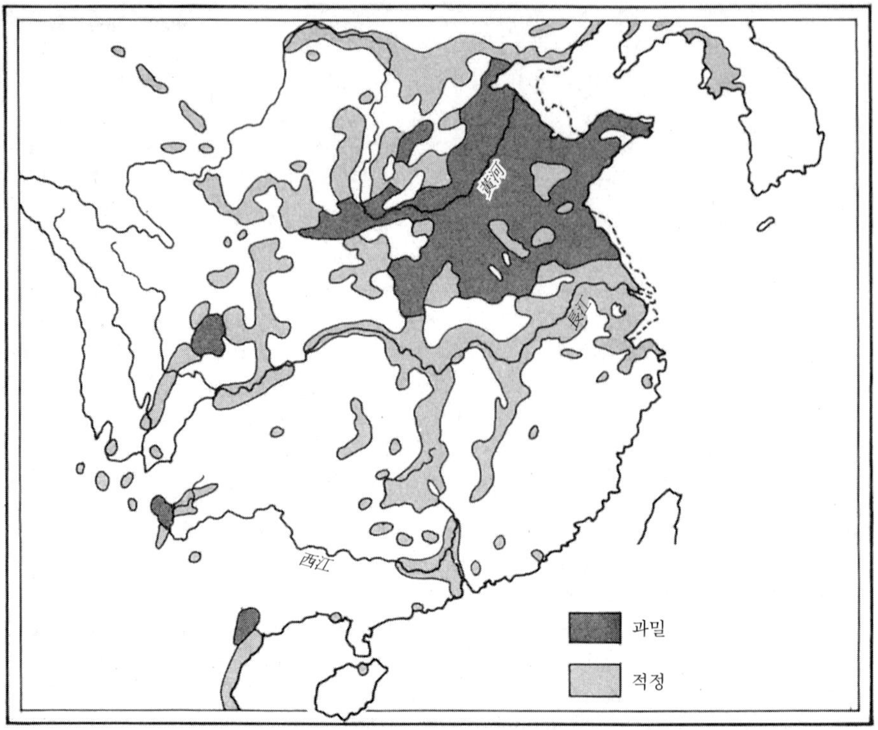

10. 2년 한대(漢代)의 인구분포

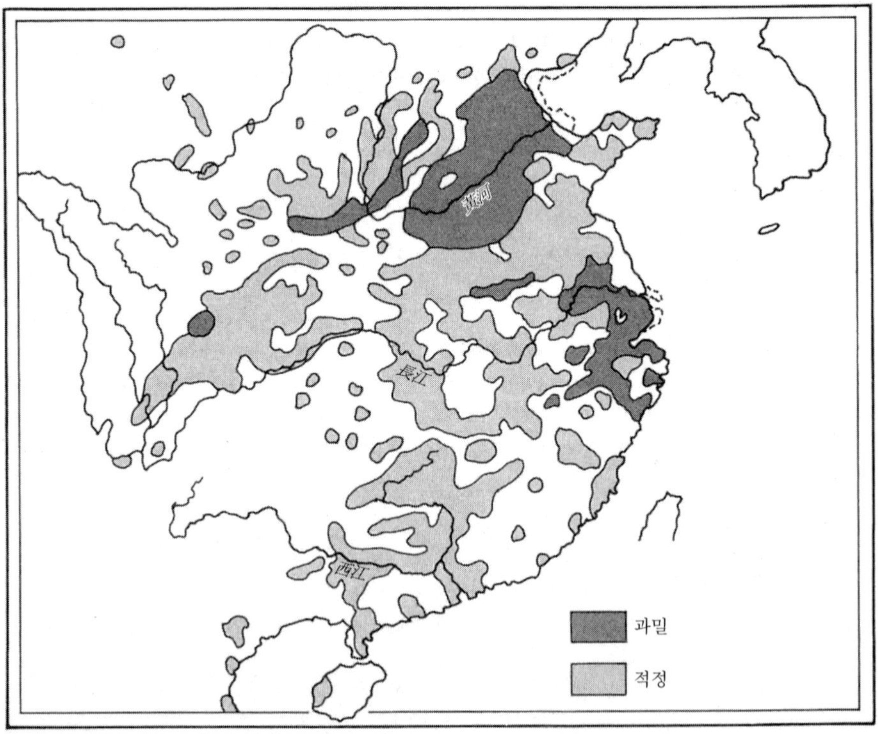

11. 742년 당대(唐代)의 인구분포

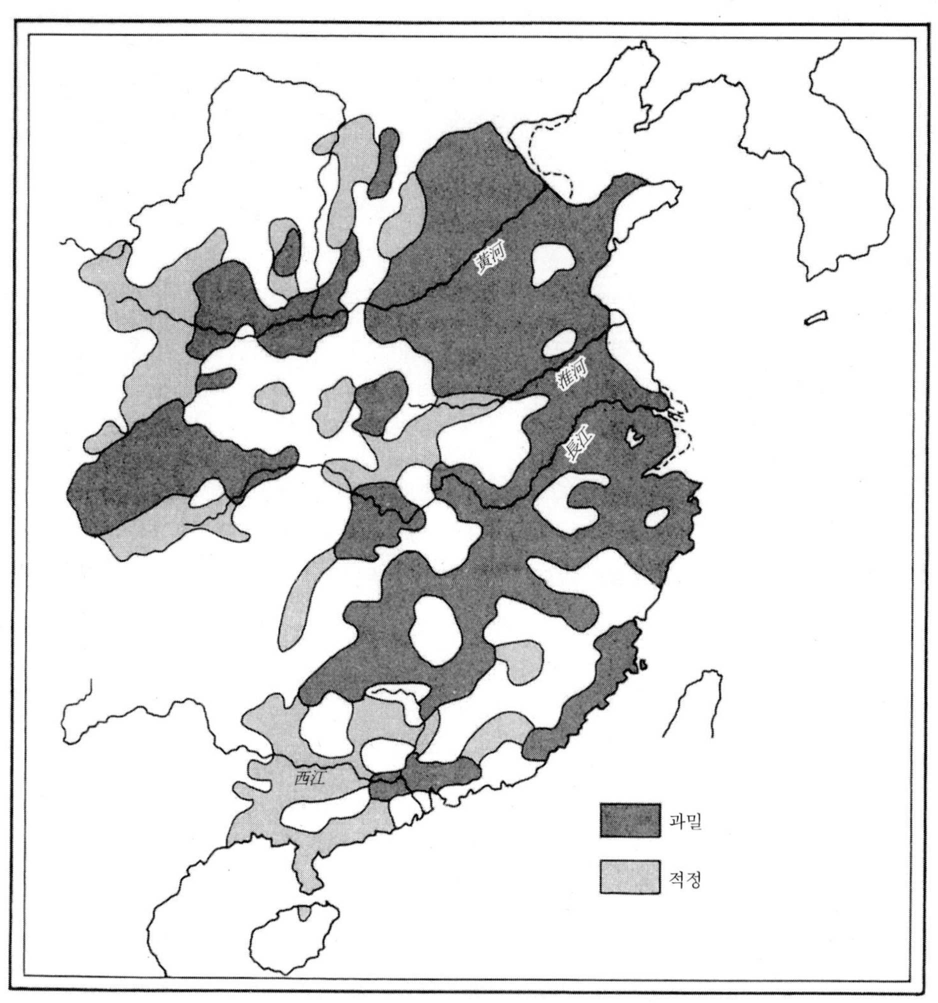

12. 1100년경의 송대(宋代)의 인구분포

한편 대포의 전신인 노포(弩砲)가 성벽 포위전에서 사용되었다. 조총(鳥銃), 유탄(榴彈), 사석포(射石砲)에서 화약이 최초로 사용되었다. 황폐화된 외곽에서 물자를 징발해야 했던 포위군보다 물자를 비축하고 있는 포위된 도시가 오래 버티는 일도 가끔 있었으므로 예전의 포위공격은 상당히 위험한 일이었다. 그러나 이제 새로 발명된 송의 무기들은 성벽과 성문을 파괴할 수 있었다. 화약을 폭파시켜 성 안을 불바다로 만들 수 있었다.

북송으로서는 불행하게도 여진족(女眞族) 침입자들이 이러한 전쟁기술을 신속하게 이어받았다. 결국 그들은 1126년에 수도 개봉을 함락시킨 후 화북에 금조(金朝)를 세웠다. 남쪽의 임안(臨安, 즉 오늘날의 杭州)에 새로운 송의 수도가 건립되었다.

1200년대 초 전성기에 이 남송의 거대한 수도 임안은 전당강(錢塘江) 어귀에서 20마일 이상 떨어져 있는 곳에 위치했다. 임안에는 남부 교외에 40만, 성내에 50만, 그리고 북부 교외에 20만이 거주했다고 한다. 임안은 마르코 폴로가 기술한 대로 어느 정도 베네치아 풍의 특징을 보이고 있었다. 깨끗한 물이 거대한 서호(西湖)에서 20여 개 이상의 운하를 통해서 도시로 공급되었다. 또한 이 운하를 통해서 동쪽에 있는 강 어귀의 해안가로 쓰레기가 운반되었다. 성벽으로 둘러싸인 도시는 약 7제곱마일의 크기였고, 넓은 어가(御街)가 남북으로 가운데를 관통했다. 1279년 몽골의 침입 이전 임안의 인구는 100만 이상(일부는 250만에 달했다고 보기도 한다)으로 세계에서 가장 큰 도시였다. 마르코 폴로가 살았던 당시의 베네치아는 아마 인구가 5만 명 정도였을 것이다. 왜 그가 그렇게 중국의 도시생활에 감명을 받았는지 이해할 수 있을 것이다.

남송대의 해외무역에서 나온 수입은 중국 정부의 재정에서 큰 비중을 차지했다. 이것은 19세기 이전의 중국에서는 거의 유일한 경우였다. 임안의 사치품 수요, 특히 동인도에서 향료길을 통해서 유럽뿐만 아니라 중국으로도 수입되는 향료에 대한 수요는 송대 해외무역이 급속한 성장을 이루게 했다. 수입품에 대한 수요가 아주 높아 비단, 도자기, 동전 등 유명한 중국 상품의 수출로도 균형을 맞추지 못할 정도였다. 스페인에까지 이르러 유럽에 심대한 영향을 끼쳤던 이슬람 세력이 쇠잔하자, 송대에는 광주(廣州), 천주(泉州), 하문(厦門), 복주(福州), 임안 등의 항구에서 해상무역이 급속도로 발전했다. 중국의 선박은 동남 아시아 해안을 따라 인도와 그 너머의 아프리카 동부에까지 이르렀다. 하지만 남송의 대외무역은 이전과 마찬가지로 주로 아랍인의 손 안에 있었다. 여기서 얻어지는 세금 때문에 남송은 이제 전통적으로 조정(朝廷)을 공양해왔던 토지세보다 소금과 무역에 부과하는 세금에 더 의존하게 되었다. 상업의 성장이 가져온 결과 가운데 하나는 당대에 시작된 지폐 사용의 부활이다. 우선 자금 이송을 위한 정부의 송금장(匯票), 약속어음(期票), 기타 양도가 가능한 증서(票券)에서 시작하여 결국 정부에 의해서 전국적인 지폐의 발행으로 이어진 것이다. 석탄처럼 지폐의 사용 역시 마르코 폴로를 놀라게 했다.

중국의 항해술도 이 시기에는 세계에서 가장 선진적이었다. 격실(隔室)을 갖춘 거대한 중국 선박(4층의 갑판, 4-6개의 돛대, 12개의 돛을 갖춘)은 선미의 방향타(舵柱舵)를 갖추고 지도와 나침반을 사용하여 항해했으며, 500명을 태울 수 있었다. 이 기술은 여전히 팔을 써서 노로 방향을 잡는 지중해 범선을 사용하던 서아시아와 유럽보다 훨씬 앞선 것이었다.

송대에 이룩한 위대한 업적들 중에서 이러한 측면들은 그 일부에 지나지 않는다. 근대적인 정신을 지닌 팽창주의자라면 이 모든 발전과 창의성을 검토해보고 그대로 진행되었을 경우 송대 중국이 해상을 주름잡고 역사를 뒤바꾸어 아시아에서 유럽을 침략하여 식민지로 삼았을지도 모른다고 상상할 수도 있을 것이다. 여기서 유일하게 결여된 것은 동기와 자극이었던 것처럼 보인다. 물론 이것은 극단적인 환상일 뿐이다. 그러나 마크 엘빈(1973)이 이름 지은 중국 "중세의 경제혁명"이 한걸음 더 내딛는 것을 가로막은 것이 도대체 무엇일까 하는 의문이 다시 떠오르지 않을 수 없다. 오랑캐의 침입을 지적하면서 몽골족의 침입이 근대를 향해 전도 양양하게 항해하고 있던 송나라라는 함선에 어뢰를 발사해 침몰시켰다고 비난하는 것은 아주 쉬운 일이다. 이런 주장은 모든 원인이 유일하게 악마 때문이라고 하는 이론이나 마찬가지이다. 그러나 우리는 현재 그 원인이 다양한 것이었다는 사실을 알고 있다.

다음에서 우리는 어떻게 과거제도가 문인관료의 주된 원천이 되었는지, 실제적으로 문관직을 얻는 가능성이 줄어듦에 따라 어떻게 사대부(士)들이 지방의 지도자로서 지방사에 간여하는 쪽으로 방향을 바꾸게 되었는지, 그리고 어떻게 이학(理學)이 이러한 초점의 변동을 도왔는지 살펴보고자 한다.

교육과 과거제도

송대 교육의 발달에서 기술적인 요체는 인쇄술에 있었다. 전존훈(錢存訓, 1985)이 종이 발명과 인쇄술에 대한 권위 있는 저술에서 자세히 밝히고 있듯이, 중국이 인쇄된 서적을 발명하는 데에 성공을 거두게 된 최초의 요소는 종이였다. 종이의 발명은 기원전 2세기 혹은 1세기로 거슬러올라간다. 하지만 종이로 인쇄한 것은 당 후기가 되어서였다. 북송은 서적을 인쇄한 최초의 사회였다. 유럽은 이보다 훨씬 뒤늦었다. 유럽에서처럼 누더기로 만드는 것보다 식물의 섬유질로 만든 중국의 종이는 훨씬 가격이 저렴했다. 이것은 목판인쇄가 활판인쇄보다 간단하고 저렴하며, 한자에 적당했던 것과 같은 이치였다. 인쇄물은 늘어나고 있던 송대 독서인 계층의 활력소가 되었다.

인쇄서적은 가족 내뿐만 아니라 불교사원에서의 교육활동도 크게 자극했다. 처음에 정부는 이미 보급된 출판에 대해서 통제하려고 했다. 하지만 1020년대가 되면 정부는 서적뿐만 아니라 토지까지 기증하면서 학교의 설립을 권장했다. 그 목적은 모든 주(州)에 관학(官學)을 세우는 것이었다. 학교에서는 과거수험생들을 등록시키고, 유교적 의례를 거행했으며, 강연을 개최했다. 존 샤페(1985)에 의하면 1100년대 초까지 국가에서 운영하는 관학체제는 약 20만 명의 학생에게 생활비를 제공할 수 있는 150만 에이커의 토지를 소유했다고 한다.

과거제도는 상류계층의 생활에 중심적인 위치를 차지하는 거대하고 복잡한 제도가 되었다. 당대부터 1905년까지 1,000년 동안 과거제도는 사상, 사회, 행정, 정치와 관련하여 많은 역할을 담당했다.

송의 제1, 2대 황제는 관료기구를 충원하기 위한 목적으로 과거를 실시했다. 고관이 자신의 후손을 관료후보로 지명할 수 있는 음(蔭)이라는 특권은 부분적으로는 여전히 관료계급이 자신들을 영속화하는 데에 기여했다. 그러나 당 중기에 과거를 거친 관료가 약 15퍼센트이던 것이 송대에는 30퍼센트가 되었다. 송대의 시험관들은 "문관정부(文官政府)의 이념에 충성하는" 새로운 문관질서의 지지자를 선발하려고 노력했다고 피터 볼(1992)은 지적했다. 시험관들은 부정행위에 주의를 기울일 필요가 있었다. 따라서 입구에서 수험생의 몸을 수색하고, 답안지에 이름 대신 수험번호를 썼으며, 채점자가 작성자의 글씨를 알아볼 수 없도록 답안지를 그대로 베끼는 방법이 사용되었다. 989년에는 시험마다 통과할 수 있는 인원수[學額]를 할당했다. 그래서 상대적으로 학문적 수준이 높은 일부 지역에서는 보다 많은 합격자를 내지 못하게 되었다.

수십 년 전의 선구적인 연구자들은 송의 과거제도가 실력 있는 새로운 인물들에게 재능만 있으면 출세할 수 있는 기회를 제공했다고 결론을 내렸다. 그러나 최근의 세밀한 검토 결과 명문가들이 비례에 상당히 어긋날 정도로 많은 후보자들을 계속 관료로 배출했다는 견해가 제기되고 있다. 이것은 일부는 우월한 가정교육, 또한 다른 일부로는 관료의 추천과 인맥 덕분이었다. 샤페는 송대의 3세기 동안 관직을 얻기 위한 방법으로서 과거제도의 중요성이 점차 줄어든 반면, 역설적으로 시험에 합격하고자 하는 후보자는 더욱 늘어났다는 점을 밝혀냈다. 이것은 관호(官戶)라는 "기득권층"이 아들의 학위를 얻는 더 많은 특별한 방법을 발견했다는 사실을 반영한다. 예를 들면 추천에 의한 음(蔭)의 특권, 정기적인 경쟁시험[常擧] 외에 다양한 특별시험[制擧]이나 후보자격을 제한하는 시험을 통과하는 방법, 그리고 가장 놀라운 것으로는 단순히 과거시험에 몇 번이고 **떨어지게** 하여 합격시키는 방법(학습 지진아에게 최소한 "노력의 대가라는 이유로 A" 학점을 주는 성적표를 생각하면 된다) 등이 있었다. 결과적으로 정규학위 소유자가 1046년에는 관료의 57퍼센트를 점유했으나, 1119년에는 45퍼센트, 1191년에는 31퍼센트, 그리고 1213년에는 27퍼센트로 줄었다. 합격자 비율이 줄어드는 것은 후보자 수가 증가하는 데에 따른 낙방자 수에도 잘 드러난다. 1023년에는 10명 가운데 5명이 통과되었고, 1045년에는 10명 가운데 2명, 1093년에는 10명 가운데 1명, 1156년에는 100명 가운데 1명, 1275년에는 200명 가운데 1명이었다. 경쟁이 치열해짐에 따라 합격률은 더욱 줄어들었다.

따라서 고전교육을 받고 과거를 치르는 것은 시험 합격이나 관료로서의 입사(入仕) 여부에 상관없이 사회적 지위를 증명하는 수단이 되었다. 로버트 하임스(1986)는 특정 지역의 사례연구를 통해서 독서인층이 관직의 수를 훨씬 능가하게 됨으로써 대부분의 학위소유자가 전문적인 관료사회에 진입하지 못했음을 밝혀냈다. 등록된 20만 명의 학생 가운데 절반 정도가 시험에 참가했다. 그들은 관료기구 —— 대략 2만 명 정도라고 일컬어진다 —— 에 들어갈 수 있게 해주는 500개의 진사 자격을 놓고 경쟁했던 것이다. 따라서 대부분 학생들에게는 관직에 오르는 길이 막혀 있었다. 이러한 상황 아래서 지방의 지도자를 필요로 하는 농촌의 시장공동체가 성장하게 되자 독서인층은 자신들의 고향으로 관심을 돌리게 되었다. 남송대 가문지위의 높낮이는 가족의 관직 취임보다는 점점 더 지방에서의 재산과 권력, 명망에 의존하게 되었다.

로버트 하임스는 지방의 엘리트였던 73개 정도의 가문이 평균적으로 약 140년 동안 그 지위를 유지했다는 점을 밝혀냈다. 그는 또한 관료와 일반 백성을 결합시키는 "긴밀한 관계의 네트워크" —— 가족적이거나, 학문적 또는 개인적인 —— 를 밝혀냈다. 관직 보유는 엘리트 지위의 확립에서 하나의 요소였을 뿐 필수조건은 아니었다. 다른 말로 하자면 엘리트는 퇴임관료는 물론 지역유지, 가문의 연장자, 하급 관리까지 포함하는 것으로 확대되었던 것이다. 이 모든 것의 전제조건은 경전교육을 받아 문화적으로 사(士), 즉 사대부나 독서인이라는 자격을 갖추어야 한다는 것이었다. 유교사상의 훈도(薰陶)를 받은 이들은 자각적으로 인간사회의 물질적, 도덕적 질서를 지켜야 한다는 책임감을 느꼈다. 그들은 북송시대 문인관료들의 논쟁을 통해서 성장한 인생철학인 이학의 가르침을 따랐기 때문이다.

이학의 성립

유학은 완벽하고 이기심이 없는 행위를 강조했다. 또한 다른 곳과 마찬가지로 중국에서도 역시 어디에나 타락한 사람들이 있었기 때문에 유학자들은 주기적으로 개혁을 요구했다. 사실 대부분의 왕조 창업자들은 사회의 해악을 바로잡음으로써 권력을 쥐었다. 일단 과거제도가 확립되고 송의 관료들이 경전에 대한 교양을 공유하게 되자, 자연히 그들 가운데서 개혁가가 나왔다. 항상 되풀이되는 이러한 유학의 측면을 보면서 우리는 두 가지에 주목해야 할 것이다. 첫째, 개혁파 관료들은 보통 자신들의 개혁에 황제가 권한을 부여해주기를 바랐다. 그들은 황제의 독재가 모든 정치권력의 원천이라고 생각했다. 그들은 황제의 독재를 강화하거나 혹은 그것을 이용할 수도 있었다. 하지만 그 이면을 캐려고 노력하거나 국가와 사회에 다른 형태의 권위가 필요하다고 고려해본 적은 없었다. 둘째, 이른바 개혁가로 자처하는 사람들은 일반 백성을 자신들이 이끌어주기를 바라는 자비로운 전제주의의 피동적인 수혜자로 여겼다. 또한 상인은 탐욕에 빠진 해로운 존재이고, 군인은 폭력을 행사하는 존재로 여겨졌다. 개혁작업이란 이들이 본분을 되찾게 하고, 황제로 대표되는 통합된 중앙권력이 널리 미칠 수 있도록 현명한 지혜를 발휘하는 것이었다. 이런 관점에서 보면 개혁이란 국가질서를 유지하고 대중에게 이익을 가져다주는(그런 반면 통제하는) 수단이자, 고귀한 사명이었다.

초기의 유가 개혁가 가운데 모범적인 인물은 범중엄(范仲淹)이었다. 그의 공헌은 사대부는 "세상 사람들이 걱정하기 전에 먼저 걱정하며, 세상 사람들이 기뻐한 다음에야 기뻐한다"[1]는 그의 언급에 잘 나타나 있다. 유자건(劉子健)이 간략하게 정리했듯이(페어뱅크, 1957), 범중엄은 북송의 재상이 되자 정실주의에 빠진 관료사회를 바로잡고, 과거의 시험문제를 현실성 있는 것으로 바꾸었다. 한편 공전(公田)을 통해서 지방관리들의 수입을 보장해줌으로써 백성을 수탈하지 못하게 했고, 국방에서는 지방 민단(民團)을 강화하는 개혁을 추진했다. 학제 방면의 확충을 요구했던 그의 주장도 상당한 결실을 맺었다. 그는 또한 자기 문중의 자제를 교육시키기 위해서 토지를 기증하여 모범적인 의장(義莊)을 세운 창시자로도 유명하다.

가장 유명하고 논쟁거리가 된 개혁가는 왕안석(王安石)이었다. 그의 개혁에 대해서는 다양한 견해들이 있다. 가장 최근의 연구는 그를 시대를 앞선 전체주의적인 태도의 소유자로 보고 있다. 경전 연구자로서 그는 중국의 고대 성인들을 공자보다 낮게 평가했으며, 공자야말로 여전히 진정 본받아야 할 완벽한 모델이라고 여겼다. 왕안석의 신법(新法) 개혁은 피터 볼(1992)의 말대로 "완벽하고, 자급자족적이고, 자기재생산적인 제도"의 설립을 목표로 했다. 1068년부터 왕안석은 신종(神宗)의 후원을 등에 업고 관리의 부패와 부의 편중을 개선하는 개혁을 추진했다. 그것을 위해서 그는 관료제를 우회하여 자신의 사람들을 관직에 앉혔고, 정부가 경제에 적극적으로 개입하게 했다. 결국 왕안석은 토지소유와 사유재산을 엄격히 제한하고, 백성을 통제할 목적으로 집단성원의 연좌제인 보갑제(保甲制)로 백성을 조직함으로써 민간

---

1) "然則何時而樂耶? 其必曰, 先天下之憂而憂, 後天下之樂而樂乎." 범중엄(989-1052년)이 쓴 『岳陽樓記』에 나오는 유명한 구절이다. 호남성 동정호변에 있는 유명한 누각인 악양루의 중수를 기념하여 쓴 글인데, 이 구절은 사대부의 기개와 책임감을 보여주는 것으로서 아주 잘 알려져 있다.

분야 —— 오늘날의 용어를 쓰자면 —— 에 타격을 주려고 했다. 부도덕하다고 생각했기 때문에 그는 반대파를 용납하지 않았다. 그는 제대로 통일된 국가와 사회 아래서는 모든 사람이 동등한 가치관을 가지고 위계질서 속의 자기 지위에 맞는 기능을 수행할 것이며, 누구도 남을 지원하거나 따라서 반대파를 지원할 수도 있는 독립적인 수단을 가져서는 안 된다고 생각했다. 신법에 의하면 지주가 소작인에게 빌려주는 고리대는 사라져야 하며, 모든 사람은 완전히 정부에 의지해야 했다. 한편 보갑제는 공동체적인 유대를 강화시킴으로써 명문가의 힘을 약화시키게 될 터였다.

왕안석의 급진개혁은 지방유력자와 상인뿐만 아니라 과거수험생을 배출하던 지방명문가의 경제적 토대를 공격하는 것이었다. 결국 몇 년 동안의 실험은 혼란만 가중시킨 채 막을 내렸다. 당시 왕안석과 동시대인이었던 역사가 사마광(司馬光)은 이에 대한 대안적인 접근방식을 제시했다. 사마광은 황제의 정책은 고대의 완벽한 이론 모델이 아니라 역사연구를 통해서 가르침을 받아야 한다고 생각했다. 그래서 그는 『자치통감(資治通鑑)』[2]으로 알려진 가장 큰 영향력을 미친 역사서를 쓰게 되었다. 이것은 기원전 403년부터 기원후 959년까지의 왕조 통치를 연대기적으로 정리한 것이다. 사마광은 다양한 종류의 정책들이 어떤 식으로 작용했는가를 보여주는 사건들을 선택하려고 했다. 이러한 실용적인 접근방법은 황제가 이전의 황제들을 연구해야 하며, 완벽성을 추구하려다 배를 흔들리게 해서는 안 된다고 요구했다. 기존질서는 확실히 개선할 필요가 있지만 청사진대로 뒤바꾸어버려서는 곤란했다. 지주와 소작인의 차이는 인간의 능력이 다른 데에 따른 당연한 결과였다. 군주의 가장 중요한 기능은 유교적 교육을 받은 사대부들 가운데 능력 있는 인물을 선발하는 것이었다.

항상 자체의 결점을 치유하고 해악을 피하기 위해서 노력함으로써 국가유교의 체제를 유지하려는 이러한 보수적인 접근방식은 중국의 정치체제에 장기적 영향을 미쳤다. 왕안석은 정치적 권위자가 이끄는 통합적인 사회정치적 질서로 국정을 바꾸고자 했다. 그것은 정부와 사회, 정치와 도덕 사이의 구분

---

2) 이 책의 제목은 "以鑑於往事, 有資於治道"라는 구절에서 나온 것으로 *A Comprehensive Mirror for Aid in Government*라는 영어번역이 보여주듯이 황제의 통치에 도움이 될 수 있는 앞뒤 시대를 통괄해서 보는 거울이라는 의미이다. 글자 그대로 황제의 정치지침서인 셈이다.

1. 진(秦), 기원전 3세기. 섬서성 서안 부근 진시황제의 능에서 발견된 유명한 토용 병사(土俑 兵士). 이 병사들은 총 7,500명의 실물 크기 도용(陶俑)으로서, 모두 개별적으로 조각되었고 사후에 황제를 호위하기 위해서 지하에 군진(軍陣)의 형태로 배열되었다. 이 병사는 아마 손에 활이나 창을 쥐고 있었던 듯하다.

2. 한(漢), 기원후 164년 무렵. 진시황제(기원전 219년)가 강〔泗水〕 바닥에 다시 모습을 보인 이전 왕조의 신성한 청동기〔周鼎〕를 찾고 있다. 이 주정은 천명을 통치자에게 부여하는 권능을 가졌다. 시황제의 관리들이 석각 위쪽에서 바라보고 있다. 아래에 보이는 배와 물고기는 강을 의미한다. 사람들이 둑 양쪽에 배열하여 주정에 맨 밧줄을 끌어당기고 있다. 그러나 주정이 막 수면 위에 이르렀을 때 용이 이빨로 밧줄을 끊어버렸다. 오른쪽에 있는 세 사람이 뒤로 굴러 떨어진다. 왼쪽의 네 사람은 주정이 다시 강 바닥에 가라앉을 때까지 주정의 무게 때문에 앞으로 끌려가고 있는데, 이것은 진제국이 곧 종말을 맞을 것임을 시사한다.

3. 한, 기원후 2세기. 잘 알려진 한대의 장면을 표현한 청동상. 관리가 둥근 우산 아래 이륜마차에 앉아 있고, 구부러진 수레의 채 사이에 있는 말은 생동감 넘치는 모습으로 재갈을 문 채 어적어적 씹고 있다. 맞은편에 보이는 말과 마차를 이 삼차원적인 말과 마차와 비교해보라.

4. 위쪽 : 북위(北魏), 기원후 525년. 이 석각의 세부 탁본은 효의 모범인 채순(蔡順)을 찬양한 것이다. 그의
보살핌으로 모친은 아흔까지 장수했다. 모친을 매장하기 전 입관한 상태에서 마을에 갑자기 불이 났다. 왼
쪽에는 마을 사람들이 불길을 잡으려고 흥분하며 애쓰고 있는 모습이고, 오른쪽에는 상복을 입은 아들〔蔡
順〕이 불길로부터 모친의 관을 구하려고 자신의 몸으로 관을 감싼 채 하늘의 도움을 구하며 부르짖는 모습
이다. 마을 전체가 모두 불에 타버렸지만 채순의 집과 모친의 시신은 불에 타지 않은 채 남았다.

5. 오른쪽 : 요(遼), 기원후 984년. 관음보살은 고통을 덜어주고 기원하는 사람들의 소원을 잘 들어주었기 때
문에, 중국 신도들 사이에서 다른 어떤 부처나 보살보다 자비의 보살로 가장 많이 알려져 있다. 52피트 높이
의 이 거대한 점토 입상은 북경에서 동쪽으로 약 60마일 떨어져 있는 계현(薊縣)의 사찰에 모셔져 있다. 사
찰은 목조 건축물이지만 약 1,000년 동안 바람과 지진을 견뎌냈다. 이 단면도는 중국의 유명한 건축사학자
인 양사성(梁思成)이 그린 것이다.

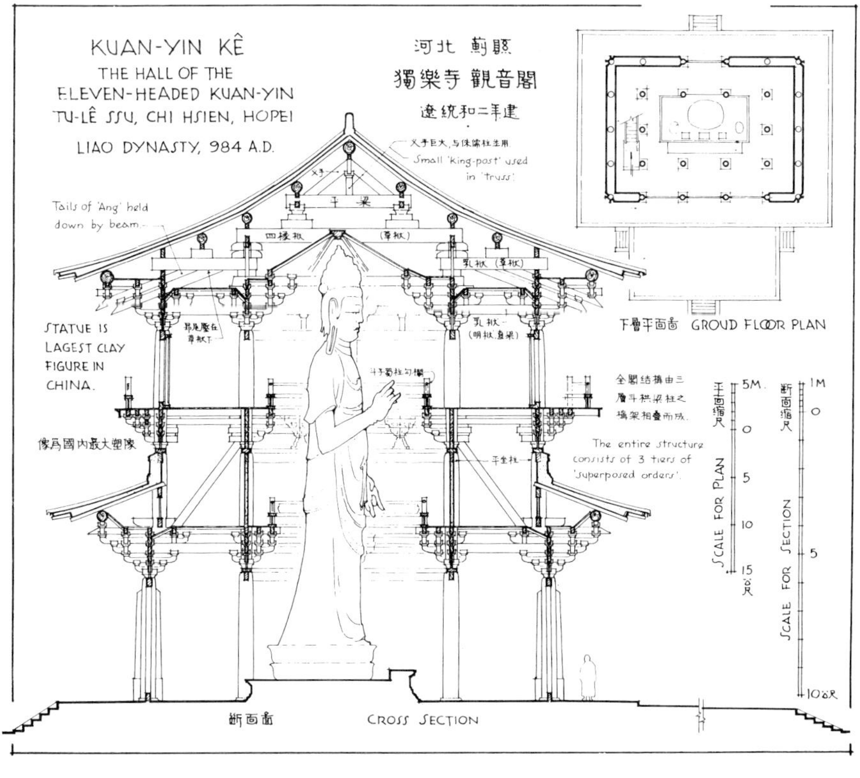

KUAN-YIN KÊ
THE HALL OF THE
ELEVEN-HEADED KUAN-YIN
TU-LÊ SSU, CHI HSIEN, HOPEI
LIAO DYNASTY, 984 A.D.

河北 薊縣
獨樂寺 觀音閣
遼統和二年建

叉手巨大，与侏儒柱兼用
Small 'king-post' used in 'truss'

Tails of 'Ang' held down by beam.

STATUE IS LAGEST CLAY FIGURE IN CHINA.

像爲國內最大塑像

昻尾壓在
尊栿下

叉手
千梁
四椽栿
（草栿）
乳栿（草栿）
乳栿
（明栿.直梁）
平梁
斗子蜀柱勾欄

全閣結構由三
層斗栱梁柱之
墻架相疊而成.

The entire structure consists of 3 tiers of 'superposed orders'.

下層平面畗　GROUD FLOOR PLAN

平面縮尺　5M.
斷面縮尺　1M

SCALE FOR PLAN
SCALE FOR SECTION

斷面畗　CROSS SECTION

6. 위쪽 : 송(宋), 11세기. 이 그림의 제목은 "북제교서도(北齊校書圖)", 즉 경전 교정을 보고 있는 북제의 학자들을 그린 그림이다. 그러나 이 그림을 보면 네 명의 학자들은 일하면서 놀고 있다. 커다란 평상의 먼 쪽에 있는 두 학자는 손에 붓과 종이를 들고 있지만, 앞쪽에 있는 두 학자는 밀고 당기면서 웃으며 서로 놀려대고 있는 것 같고, 소년이 오른쪽에서 신발을 벗기고 있다. 두 여종은 잔과 음식물이 든 접시를 늘어놓고 있지만, 놀고 있는 두 학자가 접시 한 개를 뒤집어버렸다. 평상의 왼쪽 끝에는 많은 오락도구, 즉 악기인 비파(琴)와 살가지를 병 단지에 던져 점수를 다투는 놀이 도구가 놓여 있다.

7. 오른쪽 : 송, 11세기. 붉은 종기를 치료하고 있는 떠돌이 마을 의사를 그린 이당(李唐)의 이 작품(炙艾圖)은 환자의 두려움을 생생하게 표현하고 있다. 환자의 동료는 앞에서 환자의 손을 꼭 붙들고 있고, 오른쪽에는 젊은 조수가 의사 옆에서 몸을 굽히고 서 있다.

8. 송, 12세기. 유명한 화첩인 장택단(張擇端)의 "청명상하도(淸明上河圖)"는 원래 훨씬 길었지만 지금은 17 피트만 남아 있다. 이 그림은 변수(汴水)의 제방을 따라 축하사절이 북송의 수도인 변량(汴梁, 지금의 開封) 의 우뚝 솟은 수문(水門)에 이르는 광경을 묘사한 것이다. 이 그림은 무거운 짐을 진 낙타가 문을 통과하고 있는 모습과 군중이 분주히 왕래하고 있는 모습에서 장택단의 고향, 즉 우리가 800년 동안 마음에 품고 있 던 예술가를 배출한 이 도시에서의 수많은 세밀한 일상사를 간략하게 상징하고 있다.

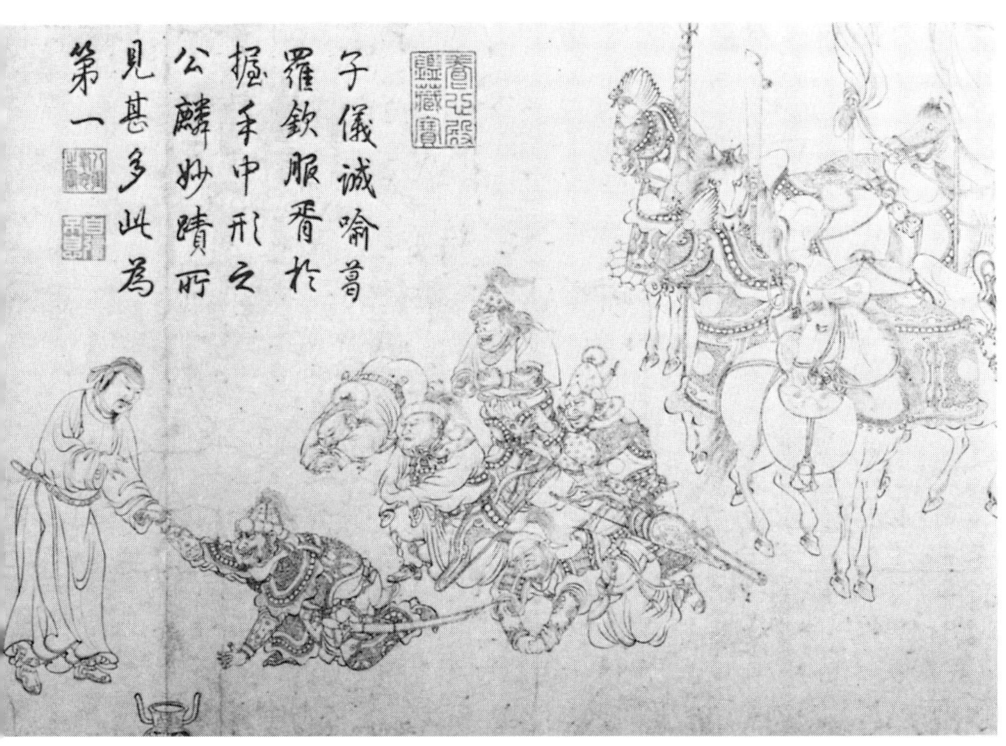

9. 송, 12세기. 당의 장군이 내륙 아시아 유목민의 항복을 받고 있는 광경이다. 이 그림〔免冑圖〕은 강력한 무력을 지닌 위구르 족이 침략해오자 곽자의(郭子儀, 697~781년)가 무장을 하지 않은 채 그들의 진지로 가니 위구르 족이 그를 알아보고, 말에서 내려 복종의 표시를 하고 있는 모습을 그린 것이다. 위구르 족의 족장은 일찍이 곽자의를 섬긴 적이 있었다. 이 필치는 유명한 화가 이공린(李公麟)(원문은 Li Guanglin인데 잘못인 것 같다/역자)의 영향을 받은 것이다.

10. 송, 12–13세기. "욕영도(浴嬰圖)"라는 제목의 화첩 중 이 그림은 바쁜 세 궁녀를 묘사하고 있다. 욕조에 들어가 있는 어린애는 코를 닦고 있고, 그 뒤에 한 아이가 욕조에 들어갈 차례를 기다리고 있는 모습이 생생하다. 오른쪽에서 옷을 입고 있는 어린애는 도망가려고 하는 반면, 왼쪽에 있는 아이는 여인의 무릎에서 편안히 쉬고 있다. 이렇게 궁정에서의 여인네들의 비공식적인 일상사를 그리는 것은 당대에 시작되어 송대 궁정화원(宮廷畵院)에서도 계속되었다.

11. 송, 1210년. 잡화를 파는 행상의 어깨에 맨 장대가 장난감으로 몹시 무겁다. 네 명의 장난스러운 조그만 소년들은 행상의 상품에 완전히 넋이 빠져 있다. 소년늘 가운데 어머니가 셋을 먹이면서 서 있고, 이이들 중 한 소년이 손을 뻗어 장난감을 잡는다. 붓과 먹으로 세밀하게 그린 걸작이다.

12. 왼쪽 : 명(明), 14세기. 1368년부터 1398년까지 재위한 명조의 창업자 홍무제(洪武帝)는 흉폭하고 험상궂게 생겼다는 평판을 받았다. 황제의 관(冠)과 복식(服飾)을 착용한 이 홍무제의 초상화에서 그는 "봉황의 눈, 용의 턱, 얼굴 전체에 걸친 곰보 자국"으로 묘사되어 있다.

13. 위쪽 : 명, 15세기. 이 그림은 사람이 타지 않은 말(여기에는 보이지 않음)을 중국 황제에게 조공품(朝貢品)으로 바치는 여섯 명의 "말 위의 타타르인"을 묘사한 화첩의 부분도이다. 말을 탄 한인(漢人)이 행렬을 이끌고 있지만, 그의 뒤에서 수염을 기른 타타르인이 따라가려고 서두른다. 이 그림은 초원에서의 말과 유목민을 그리는 데에 뛰어났던, 10세기 요(遼) 거란족의 작품을 모사한 것으로 생각된다.

14. 명, 15세기. 이 그림은 기원후 4세기경의 유명한 역사적 사건을 묘사한 화첩의 세부도이다. 이 일화란 훌륭한 재상 진원달(陳元達)과 "중국사의 아틸라(Atilla : 훈 족의 아틸라 왕)"로 묘사되는 투르크[匈奴]의 군주(前趙의 劉聰) 사이의 고사이다. 궁정을 넓히려는 낭비적인 계획(당시 유총은 貴嬪 劉氏를 황후로 삼고 後庭에 그녀가 거처할 새로운 殿을 건설하려고 했다/역자)을 추진하던 잔혹한 군주에게 廷尉 진원달은 직무상 간언을 하지 않을 수 없었고, 충언을 받아들이도록 하기 위해서 자신의 몸을 스스로 나무에 사슬로 묶었다. 이 그림은 진원달이 나무를 꽉 붙들고 있고, 호위병이 그의 사슬을 풀려고 하는 모습을 보여준다. 두 명의 관료가 엎드린 채 분노한 투르크 군주(여기에는 보이지 않음)에게 용서를 탄원하고 있다. 다음 그림을 보면 유총의 한인 출신 황후(유씨)가 중국의 전통을 남편에게 설명해 그를 구해준다.

15. 명, 15세기. 눈먼 두 거지를 그린 이 그림은 긴 두루말이 화첩 중의 세부도(細部圖)이다. 이 그림을 그린 화가 주신(周臣)은 그림 말미의 제자(題字)에서 그 동기를 다음과 같이 밝히고 있다. "나는 창문 밑에서 한가로이 있었는데 갑자기 거리와 시장에서 흔히 보던 거지들과 기타 거리의 인물들의 모습과 태도가 갑자기 내 마음에 떠올랐다. 손에 붓과 먹을 들고 즉흥적인 방법으로 그 광경을 그려나갔다." 여기서 보이는 사회비평은 중국 화가로서는 정통적이지 않은 주제이고, 바로 이 점 때문에 주신의 그림에는 유명한 회화 감정가나 혹은 수집가의 낙관(落款)이 찍혀 있지 않다.

16. 청(淸), 1696년. 이 벽걸이 화첩의 대상은 강희제(康熙帝)의 친한 친구이자 저명한 그림 수집가였던 고상한 사대부 고사기(高士奇, 1645-1703년)이다. 이 그림〔消夏圖〕은 그가 작은 배를 타고 낚시를 하며 무더위를 쫓고 있는데, 그 옆에서 여종이 물을 그에게 바치고 있는 모습이다.

을 없애게 될 터였다. 그러나 사마광은 이와는 달리 독립적인 사회 엘리트인 사대부, 즉 주로 전통적으로 관료를 배출했던 가문 출신이자 그러한 목적 아래 지식을 습득한 독서인들이 국가를 운영할 필요가 있다고 보았다.

나중에 예수회 선교사들이 신유학(新儒學, Neo-Confucianism)이라고 이름을 붙이게 된 이학(理學 : 性理學)은 여진족이 북송을 굴욕적으로 무너뜨린 이후 성립한 남송에서 분명한 모습을 갖추었다. 송초에 다섯 명의 중요한 사상가들이 저서를 내기는 했으나 그들의 다양한 공헌은 뛰어난 학자이자 집대성자인 주희(朱熹, 1130-1200년)에 의해서 종합된 이후에야 인정을 받았다. 그의 가르침은 단순한 또다른 국가우주관은 아니었다. 그것은 우주와 그 안에서의 개인의 위치에 대한 폭넓은 철학적 관점을 제공했다. 송대의 다른 저술가들과 마찬가지로 그도 수당 시대의 유교를 비난하고, 대신 주대 후기 및 한대의 유가경전으로 돌아갈 것을 주장했다. 약 120권이나 되는 방대한 분량의 십삼경(十三經)이라고 일컬어지는 고대 경전에서 그는 유가사상의 본질을 포함하고 있다고 볼 수 있는 『사서(四書)』를 간추려내어 편찬했다. 즉 공자의 『논어(論語)』, 공자의 주요 계승자인 맹자(기원전 372-289년)의 『맹자(孟子)』, 그리고 과거에는 다른 유가경전(『예기(禮記)』를 가리킨다)의 일부였던 『중용(中庸)』과 『대학(大學)』이 바로 그것이다.[3]

주희의 우주론은 만물의 위대한 불변의 원리인 이(理)가 물질적인 요소인 기(氣)를 낳으며, 기가 이에 의해서 형태를 취함으로써 천지만물이 존재한다는 이원론(二元論)이었다. 그러나 이 이원론 뒤에는 우주와 그 안의 만물에 충만해 있는 방대한 근원적인 힘인 도(道)가 존재했다. 엄격하게 규제된 자기 수양을 통해서만 인간은 도를 이해할 수 있고, 그 도를 추구하는 과정에서 자신의 성격을 형성할 수 있었다. 송대의 이학자들은 개인과 세계를 도덕적으로 발전시키는 참된 도란 공자와 맹자에서 비롯되었지만[道統], 이후에는 전해지지 않았다고 믿었다. 1,500년이 지난 후 그들의 목표는 자연히 "도[道統]의 부활"에 있었다.

---

3) 이리하여 우리가 알고 있는 四書五經이라는 명칭이 탄생하는데, 이 명칭 자체가 송대 이학의 입장을 잘 보여주는 것이다. 당대까지 유교경전에서 가장 중요한 것은 五經이었으며, 四書라는 명칭은 존재하지 않았다. 송대에 들어와 생긴 이 명칭에서 사서가 오경보다 앞에 나오게 되었다는 것은 이학에서는 유가사상의 본질을 이해하는 데 사서가 오경보다 중요한 것으로 평가하게 되었음을 의미한다.

결국 주희는 불교의 선험철학 가운데 필요한 요소를 암암리에 유학에 가미하는 방법을 발견했다. 뚜렷하게 이성적이면서도 인문적인 이 새로운 철학은 지지자들의 힘을 업고 발전하여 조정과 사대부에게 이기심을 버리고 유교적 이상에 따라 살아갈 것을 요구했다. 일부 비판적 소수의 저술과 가르침을 통해서 이학은 12세기 이후 중국 사대부의 생활신조가 되었다. 아울러 실제로 세계에게 가장 광범하게 전파되고 영향력을 가진 윤리체계 가운데 하나가 되었다.

이학이 사대부에게 중요한 신조였던 전통사회가 붕괴된 이후 최근 몇 십년 동안 중국 사상 연구자들은 주희 사상의 재평가를 통해서 다시 도를 부활시켰다. 예를 들면 1989년 매사추세츠 주 케임브리지의 미국 인문과학 아카데미에서 3일간 "유가적 인본주의에 대한 공동연구" 발표회가 열렸다. 이학에서는 원래 대중이 아니라 교육을 받은 엘리트에게만 관심을 가지고 있었다. 하지만 말할 필요도 없이 여기서 말하는 유가적 인본주의란 인권이라는 근대적 개념까지도 포함하는 것이다.

이학자들의 저술에 대한 연구는 드 베리를 비롯한 여러 연구자들에 의해서 이루어졌다. 그 가운데 가장 주목을 받는 것은 첫째, 경전 연구 속에서 자신의 양심과 지각력을 실천하도록 요구받았던 독서인들의 상대적인 자율성이다. 학문이란 "자신을 위하여……자신 속에서 도를 발견하는 것"이었다. 남(시험감독관)이 아니라 자신을 위해서 공부한다는 것은 이기적인 것이 아니라 자아수양을 성취하기 위한 것이었다. 엄격한 통제로 "자신을 억제하는" 사대부들의 자아수양은 결국 궁극적으로는 공익을 위한 것이었다.

둘째로, 경전을 연구하는 주요 목적은 예술과 문학보다 훨씬 중요한 것으로 여겨졌던 이성적이고 도덕적인 학문을 얻기 위한 것이었다. 그것은 오륜(五倫)을 지지했으며, 그렇게 함으로써 개인과 사회의 양극화를 피하면서 사회질서를 유지시킬 수 있었다. 드 베리(1983)는 이것이 급진적인 개인주의라기보다는 "유가적 인격주의"라고 부를 수 있는 것이라고 주장했다. 이것은 개인이 "다른 사람들과 친밀한 교감을 나누는 가운데" 가장 잘 완성될 수 있었다.

주희는 일반 민중에게 접근하기 위해서 구어[白話]를 썼다. 또한 향약(鄕約)으로 알려진 정기적인 지역주민의 모임을 활용할 것을 주장했다. 이 제도는 1368년 명조 이후가 되어서야 일반적으로 시행되었지만, 그 기원을 이루는 원초적인 형태는 1077년 여씨(呂氏) 집안에서 확립되었다. 매달 서로 만나 식사를 하고 모임의 기록을 만드는 형식으로서 한 명 혹은 두 명의 약정(約正)을 선출했고, 행동거지에 대한 매우 자세한 규율을 채택했다. 주희는 여씨 향약보다 훨씬 더 세밀한 개정향약을 만들었다.[4] 이 향약은 위계질서에 역점을 두었다. 예를 들면 다섯 명의 연로한 약정을 두었으며, 여러 범주에 속하는 모든 성원들의 행동에 대한 규제를 정해두고 있었다. 그 목적은 분명히 교양 있는 사대부 가문이 어떻게 처신해야 하는가를 가르치는 데에 있었다. 주희는 일반 복식과 중요한 의례가 사대부에게만 적용되는 것이라고 생각했다. 연장자 순으로 앉는 것은, 비록 오늘날까지 남아 있는 것이지만, 사대부가 아닌 사람에게는 적용되지 않았다. 주희의 개정향약에는 또한 언제 동료 향약 성원들을 방문할 것인가, 어떻게 그들을 연회에 초대할 것인가, 어떻게 연회에서 행동할 것인가, 어떤 옷을 입을 것인가, 어떤 명패를 사용할 것인가 등 향약의 성원을 접대하는 상세한 가르침이 포함되어 있었다. 그는 정말 놀라운 조직가였다!

이러한 향약 모임에서의 토론을 통해서 선행을 칭송하고 잘못을 바로잡을 수 있었으며, 의례와 관습을 보존할 수 있었다(德業相勸, 過失相規, 禮俗相交). 주희는 이 제도가 공익과 사익을 융합시키고 국가와 가정을 중재하는 것이라고 여겼다. 700여 년이 지난 다음 그 내용은 다르지만 비판과 자아비판이라는 방법은 중화인민공화국 아래서 다시 등장했다. 둘 다 실용도덕을 시험하는 점에서는 똑같았다.

독서인들을 위해서 주희는 서원(書院)을 장려했다. 그는 약 24개나 되는 이러한 민간서원과 접촉했으며, 자신의 서원에서 20명의 학생을 가르쳤다. 이 교육의 대상은 도덕적인 성취를 이루고, 성인이 되기 위해서 도덕적 자기 수양에 대해서 스스로 책임을 지는 방법을 배워야만 하는 개인이었다. 주희는 궁극적으로 좋은 정부란 결국 "황제의 자성(自省)에서 시작되는 모든 사

---

4) 향약은 宋代 陝西省 藍田縣의 呂氏門中에서 道學으로 이름 높던 呂大中, 呂大防, 呂大約, 呂大臨 4형제가 문중과 鄕里를 위해 자치행동규범으로 만든 것이다. 남전현에서 시작되었다고 하여 "藍田鄕約"이라고도 했다. 주요 내용은 德業相勸, 過失相規, 禮俗相交, 患難相恤 등의 條約으로 되어 있다. 그 뒤 朱熹가 수정해 "朱子增損呂氏鄕約"을 만들고 "月旦集會讀約之禮"를 덧붙였다. 이것 역시 "朱子鄕約"이라고도 한다.

람의 자기수양(自己修養)"에 기초를 둘 것이라고 희망했다. 이것은 학자들의 군주에 대한 강연, 즉 경연(經筵, 궁정의례의 일부로서 이루어졌다)뿐만 아니라 사관(史官)의 지속적인 판단에 의해서도 도움을 받을 수 있을 터였다. 도덕적인 문제에 대해서 토론할 때 대신은 황제와 동등한 입장에 설 수 있었다.

주희는 뛰어난 경전 편집자이자 주석가였다. 그러나 그의 가장 중요한 공헌은 유교도덕의 정통성이라는 깃발을 끌어올려 기둥의 꼭대기에 매단 데에 있었다. 데니스 트위쳇이 『케임브리지 중국사』 제3권에서 지적한 것처럼 송대는 "중국이 강력한 정통의식을 지닌 이데올로기 사회로 점차 바뀌어나가던" 시기였다. 유자건(劉子健, 1988)은 이학가들을 "도덕적 초월주의자"라고 부르면서, 최근에는 "신전통주의(新傳統主義)가 문화 속에 너무 철저하게 침투하여 송대는 변혁의 힘을 상실했다"고 지적하기도 했다. 주희와 이학의 역사적 역할에 대해서는 7세기가 지난 아직까지도 논쟁이 계속되고 있다. 이학이 중국의 근대적 성장을 방해했을지도 모르는 것 가운데 하나는 상업에 대한 경시였다. 이학가들은 상인들이 물건을 생산하지 않고 오로지 이윤을 찾아 여기저기 돌아다니는 것이야말로 비천한 동기라고 보았던 것이다.

경전 연구자들의 저술방법을 관찰해보면 우리는 왜 번역된 중국 문헌의 의미에 대해서 논쟁이 끊이지 않는가를 보다 잘 이해할 수 있을 것이다. 조지프 니덤도 지적한 바와 같이 그들은 주의 깊게 관찰하여 연대기적으로 정리할 가치가 있는 구체적인 현상들의 연속적인 흐름으로 세계를 파악했다. 그러나 그들은 분석적인 범주를 그다지 많이 사용하지 않았다. 논리적인 체계를 세우는 것은 그들의 장점이 아니었다. 더크 보드(1991)는 "주희와 같은 위대한 인물조차 기록된 그의 말, 경전에 대한 주석, 친구에게 보낸 편지나 다른 여타의 문서로 이루어진 잡다하게 분류된 문집 속에서 그 사상체계를 끌어내야 한다. 대가인 그 자신이 스스로의 사상을 정리하여 **요약한** 단일한 저술은 남아 있지 않다"고 말하고 있다(이 점은 동시대의 유럽인인 토마스 아퀴나스와 대조적이다).

고전한문으로 저술한 사람들은 창작훈련이 아니라 편찬훈련을 받은 사람이었다. 방대한 분량의 경전과 역사서를 암기하고 있었으므로 이들은 사료에서 문장과 구절을 대규모로 잘라다 붙이는 복제(複製)의 과정을 통해서 작업을 진행시켰다. 오늘날 허가받지 않은 이러한 인용은 표절로 불리지만, 아주 일찍부터 중국의 저술가들은 스스로를 새로운 기록의 창조자라기보다는 기록의 보존자로 여겨왔다.[5]

번역의 문제는 한문 문법에 결여된 특수성, 예를 들면 단수와 복수, 과거와 현재와 미래의 시제(時制), 품사의 성(姓)과 관계를 보여주는 어형변화 혹은 다른 구절에서 일부를 따와서 파생된 의미를 보여주는 방법(글자의 부수나 발음을 나타내는 부분으로 의미를 파생하는 것은 제외하고) 등에서 비롯되었다. 내가 25년 동안 청조 당안(檔案)의 번역을 가르치면서 알아낸 것이지만, 음운이나 억양, 또는 대구(對句)의 균형 등에 주의함으로써 문장의 의미를 파악하는 데에 도움을 받을 수도 있다.[6]

고전한문과 관계된 또 하나의 문제는 추상적인 개념을 일반화시키거나 표현할 방법이 거의 없다는 점이다. 예컨대 시제도 없고 문법상의 태(態)도 없는 추상적인 개념만으로 존재나 실존이라는 개념을 표현하는 것을 생각해보라. 또한 사실과 반대되는 이론적인 가설이나 조건이 거의 이용되지 않으며, 귀납적이거나 연역적인 논리적 추론도 마찬가지이다. 이 모든 것들은 새로운 외국의 사상을 한문체계 속에 받아들이는 것을 곤란하게 했으며, 결국 이론적인 측면에서 과학을 발전시키는 것도 어렵게 했다. 영어로 번역하면서 가장 잘 알려진 용어의 문제는 격물(格物)이다. 주희가 사용했고, 영어로는 "사물에 대한 탐구"라고 번역되는 이 용어는 현대의 일부 학자들이 자연에 대한 과학적인 탐구라고 보아야 한다고 주장했다. 그러나 사실 이 용어가 의미하는 바는 유광경(劉廣京, 1990)이 설명했듯이 "경전에 대한 조심스러운 연구, 역사와 일상생활이 이면에 숨겨져 있는 원리에 대한 자세한 음미를 통해서 도덕적 지식을 획득하는 것"이다.

현대 철학자들이 끊임없이 발전시키는 새로운 개념들과 더불어 방금 앞에

---

5) 이것은 바로 孔子가 말한 "述而不作"(『論語』「述而 第七」, "述而不作, 信而好古")이다.

6) 당안이란 간단히 말하자면 공문서를 가리킨다고 할 수 있다. 원래는 궁정의 서류를 보관하는 책장이라는 명칭에서 파생하여 청대 이후 관문서 종류를 가리키는 용어로 사용되었다. 지금은 좀더 확대되어 모든 공, 사의 문서나 기록물, 또는 개인의 이력이 담긴 문서 등을 가리키는 의미로도 사용되고 있다. 페어뱅크 교수는 또한 청대 당안의 강독을 위한 교재를 펴내기도 했다. John K. Fairbank, *Ch'ing Documents : An Introductory Syllabus* (Cambridge, Mass. : Harvard University Press, 1952. 이후 1965년까지 개정 3판이 나옴)가 바로 그것이다.

서 설명한 것처럼 부정확성을 가져오는 여러 원인 때문에 이학은 아직까지도 새로운 통찰력과 흥미를 자아내는 비옥한 연구분야가 되어 있다.

신사사회의 형성

송대에 중국 사회가 발전하면서 이후 20세기까지 그 대체적인 윤곽을 존속시키게 될 하나의 사회구조가 확립되었다. 이 사회에서는 상층가문들이 중국 사회를 지배했으며, 그에 따라서 사회학자들은 중국을 신사국가(紳士國家)라고 불렀고, 심지어는 일반 사람들도 "신사(紳士 : 또는 士紳, 鄕紳)"를 하나의 계급으로 부르게 되었다. 그러나 로스트 비프를 먹으면서 여우를 사냥하는 즐거운 영국[7]의 대지주 신사를 떠올려서는 곤란하다. 왜냐하면 중국의 경우 "신사"란 두 가지 중요한 의미를 가지고 있고, 내용이 모호한 술어이기 때문이다. 따라서 신사라는 용어는 특별취급을 할 필요가 있다. 다음에 서술할 특징들은 주로 가장 연구가 많이 되어 있는 청조(1644-1912년)의 신사에서 추출한 것이다. 제도적인 정비라는 면에서 중국의 신사사회는 장기적이고 다양한 진화의 과정을 겪었고, 그 거대한 다양성은 지방 엘리트에 대한 연구를 통해서 지금에 와서야 조금씩 밝혀지고 있다. 그러나 다양성을 평가하기 위해서는 우선 선구적인 연구자들이 추구했던 것처럼 일반적인 신사상(紳士像), 중국 어디에서나 널리 적용될 수 있는 모델을 찾아내야만 한다.[8]

비(非)마르크스주의 학자들은 일반적으로 우선 신사가 단순한 봉건지주계급은 아니었다는 데에 동의한다. 중국 사회가 기원전 221년 이전을 제외하면 봉건제라고 부를 수 있는 어떤 제도로도 조직된 적이 없다고 보기 때문이다. "봉건적(feudal)"이라는 말이 여전히 쓸모 있는 공격용 단어로 이용될 수 있

---

7) merry England : 옛날부터의 영국의 별칭이다.

8) 구미에서는 송대에서 청대에 이르는 시기를 後期(또는 晩期) 中華帝國, 즉 Late Imperial China로 부르는 것이 일반화되어 있다. 이 용어는 송대 이후 청대까지 이르는 중국 사회가 어느 정도 동질성을 가지고 있음을 인정하는 것이다. 하지만 보통 신사층의 출현이나 그들의 지배적인 위치의 확립은 명대 중기 이후로 잡는 것이 일반적이기 때문에, 송대부터 "신사사회(紳士社會, gentry society)"라고 부르는 것이 학계에 일반화되어 있는 개념이 아니라는 점은 지적해둘 필요가 있을 것이다. 송대부터 이러한 개념을 적용하는 것은 페어뱅크 교수 자신의 독자적인 서술방식이며, 그것을 존중하기 위해서 "사대부사회"나 이런 용어로 하지 않고(中譯版의 경우는 이렇게 하고 있다) 그대로 신사사회라고 번역했다.

을지는 몰라도, 중국에 적용되는 서양의 용어로서는 거의 가치가 없다. 예를 들면 봉건제의 기본적인 특질은 중세 유럽이나 일본에 관련하여 사용될 때처럼 토지가 양도될 수 없다는 것이었다. 중세의 농노는 토지에 묶여 있어서 자유로이 토지를 떠나거나 처분할 수 없었다. 하지만 중국의 농민은 법적으로나 실제적으로나 자유로운 신분이었다. 또 수단만 있다면 토지를 구입할 수 있었다. 사실 작고 그리 비싸지 않은 면적을 사고 파는 과정이 오랫동안 거듭되었기 때문에 (중국의) 농경지는 아주 작은 규모의 토지로 너무 잘게 나누어져버렸다. 여하튼 중국 농민의 생활상태를 "봉건적"이라고 부를 수 없다고 하더라도, 그것이 결코 그들이 덜 비참했다는 것을 의미하지는 않는다. 하지만 만약 봉건이라는 단어가 유럽이나 다른 사회제도에 적용되었던 원래의 의미를 그대로 지닌다고 한다면, 그것은 일반적인 중국적 맥락에서는 거의 의미를 가지지 못한다.

송대부터 청대까지 발전된 제도적 존재로서 중국의 신사는 토지소유와 학위소유 모두에 관련된 경제적이고 정치적인 이중적 의미에서만 이해될 수 있다. 신사층을 좁은 의미로 정의하면 정상적으로 과거에 합격함으로써, 혹은 추천을 통하거나 돈을 주고 구입함으로써 학위를 소유한 **개인들**을 가리킨다. 이런 좁은 의미규정은 구체적이고, 심지어는 그 수를 계량(計量)할 수 있는 장점을 지니고 있다. 이러 의미에서 신사는 공식적으로 관청의 명단에 올라 있는 학위[功名]의 소유자였다. 또한 그들의 지위는 토지(토지는 특히 사료를 통해서 계량하기가 아주 까다롭다)와 같은 경제적 자원에 의존하고 있지 않았다. 더욱이 청대의 경우 첫 단계의 학위[生員]를 소유한 사람은 100만 명 정도였다 그들은 평민신분에서 겨우 벗어난 존재였다. 하병체(何柄棣)는 이들을 "하층신사(下層紳士, lower gentry)"라고 불렀다. 반면 수년간에 걸친 노력 끝에 소수 독서인만이 성도(省都)와 수도 북경을 오가며 보는 세 단계의 힘들고 여러 주일이 걸리는 시험을 통과하여 큰 영향력을 지니는 "상층신사(上層紳士, upper gentry)"가 될 수 있었다.

신사사회는 남성이 지배하는 가족주의에 토대를 두고 있었다. 여성은 보통 다른 가문으로 시집가는, 열등한 창조물이자 상대적으로 소모적인 존재였다. 신사층의 목표는 아들이 독서인, 학위소유자가 되도록 훈련시켜 가문의 엘리트 지위를 보존하는 것이었다. 이학의 영향 아래 어렸을 때부터 젊은 독서인들이 받는 훈련에는 아마 애정보다는 규제가 훨씬 크게 작용했을 것이다. 자기억제와 이기심을 버리기 위한 힘겨운 정신적 노력은 경박한 행동, 성욕, 육체의 단련, 심지어 자발성까지 배제하는 경향이 있었다. 존 사리가 청말의 독서인들부터 수집한 증언들은 신사 집안에서의 상당히 엄격한 교육을 묘사해주고 있다.

개인자격으로 신사는 정치적, 행정적인 역할을 맡는 공공기능을 수행했다. 그러나 그들은 물질적인 생계를 의존하는 가족관계에 휩쓸려들어가기도 했다. 이 정치적, 경제적 이중성 때문에 많은 학자들은 신사라는 용어를 보다 넓은 의미로 정의하여 개인적인 학위소유자라기보다는 그 가족의 집단으로 보기도 했다. 좁은 의미와 넓은 의미의 정의 모두 기억해둘 필요가 있다.

신사가문은 대다수가 작은 촌락이 아니라 주로 성내(城內)에 거주했다. 그들은 토지를 소유하는 지주가문이었다. 한편으로는 토지에 묶인 농민대중과, 다른 한편으로는 전체적인 행정, 상업활동의 유동적 기반을 이루는 관리, 상인들 사이에 끼어 있었다. 그들은 아래로는 농민과 관련된 몇 가지 기능을, 위로는 관리와 관련된 다른 기능을 수행하는 지방 엘리트였다. 농촌사회에서 신사란 대토지 소유자를 포함했다. 그들은 커다랗고 높은 담으로 둘러싸인 저택과 그 안의 수많은 정원을 보유했다. 거기에는 하인과 비축된 물자도 풍부했고, 도적에 대한 방어시설도 갖추어져 있었다. 그들은 또한 오래된 농촌 시장들을 지배했다. 이것이 중국에 관한 중국, 서양의 소설에서 잘 알려진 "대가문"의 전형적인 형태였다. 지방의 지배계급으로서 신사는 토지 사용에 관한 관습적, 법률적 권리의 체계를 관리했다. 이 권리들은 보통 너무 다양하고 복잡했기 때문에 단호한 관리능력이 없으면 제대로 관리할 수 없었다. 전면권(田面權)과 전저권(田底權)의 차이,[9] 다양한 소작관계, 부채, 저당, 소작보증금[押租], 지주와 소작인 쌍방의 의무 등은 지역사회 내에서 매우 복잡

---

9) 간단히 말해서 전저권이란 토지의 소유권, 전면권은 토지의 사용권, 경작권이라고 생각할 수 있다. 소작인[佃戶]은 소작지의 개간이나 생산성 유지와 향상, 관개 및 기타 여러 가지 투자와 노동을 이유로 소작지에 대한 일정한 권리를 주장하게 되고, 토지의 소유권자가 바뀌더라도 그것을 유지할 수 있는 권리[永佃權]를 가지게 되는데 이것이 바로 전면권이다. 전저권은 이에 대해서 그 토지에 대한 소유권이라고 할 수 있는데, 이 두 가지 권리가 모두 법적인 권리로서 매매나 이전, 상속의 대상으로서 인정을 받는 제도를 一田兩主制라고 한다. 이 제도는 송대 또는 명대 이후 특히 강남지역에서 발달하게 되는 토지이용의 관행이 된다.

한 양상을 형성했다. 따라서 많은 농민들은 자신이 자작농인지 아니면 소작농인지 가늠하기 어려울 정도였다.

옛 중국의 관리들에게 신사층은 세금을 징수하는 데에 영향력을 미치는 중개자였다. 마찬가지로 농민들의 입장에서 신사층은 관리의 압박을 완화시켜 줄 수 있는 중개자였다. 지방관은 신사들의 협조를 받아 홍수, 기근, 반란의 초기 상황, 수많은 소규모 소송사건, 공공사업계획 등을 처리할 수 있었다. 신사는 백성과 관리 사이에서 완충작용을 했다.

가난한 사람이 과거에 합격하면 비록 지주가문과 관련이 없었다고 할지라도 앞에서 설명한 좁은 의미에서 신사의 일원이 될 수 있었다. 그렇지만 학위소유자 개인들은 대개의 경우 지주가문과 관계가 있었으며, 또 지주가문은 대개의 경우 학위소유자를 보유했다. 일반적으로 신사가문은 학위소유자로서 아직 관직에 나아가지 않은 사람과 전임 관료들이 모여 있는 곳이었다. 대가문은 관리를 양성하는 못자리이자 면직되거나 늙어서 퇴직한 관료가 돌아갈 수 있는 안식처였던 것이다.

어느 공동체에서건 신사는 다양한 측면에서 중요한 공적(公的) 기능을 수행했다(여기서 公이란 官이나 私와 대비되는 개념이다). 수세기에 걸쳐 수백만 명에 의해서 이루어진 그와 같은 행위를 일반화하기 위해서는 그 목적을 기준으로 하여 이상주의적 측면과 현실주의적 측면으로 나누어 살펴보는 것이 좋을 것이다. 지방지(地方志)와 다른 문헌들을 통해서 우리에게 다가오는 이상주의적 측면에서 보면 신사층은 지역사회의 지도력을 위임받았다는 사명감을 가지고 있었다. 이러한 사명감에서 그들은 공공사업 —— 운하, 둑과 제방, 도로, 교량, 서착장과 같은 수리, 운송시설 —— 의 건설과 보수를 위해서 자금을 모으고, 이러한 사업들을 감독했다. 그들은 향약 모임에 참여했고, 서원, 관학, 사묘(寺廟), 공자묘(孔子廟)를 건설하고 유지했다. 또한 서적, 특히 지방지를 출판하고, 백성에게 도덕적 설교와 훈계를 펼쳐 유교적 관습과 도덕을 옹호했다. 평화로울 때에는 공중생활의 질서를 유지했고, 동란의 경우에는 지방무장[團練 또는 民團]을 조직하고 지휘했다. 미국에서는 어디에서나 소송사건이 끊이지 않는 것과는 달리, 신사층은 날마다 비공식적으로 분쟁을 중재했다. 그들은 일족을 위해서 자선사업을 일으켰고, 자신이 속한 공동체를 위해서 신탁자금을 운용했다. 물론 어느 한 사람이 이 모든 것을 다해낼 수는 없다. 그러나 이러한 것들은 신사층이 활동하기 위한 기회가 얼마나 광범위한가를 잘 보여주고 있다.

신사의 또다른 기능은 지방관의 요구 —— 전쟁, 홍수 혹은 기근 때는 특히 —— 를 받아들여 기부를 함으로써 국가를 돕는 일에 관한 것이었다. 신사층의 공헌이 대단히 유용했기 때문에 거의 모든 왕조에서는 생원 학위를 팔아 수입을 올렸다. 이에 따라 많은 사람들이 과거를 치르지 않고도 학위소유자의 신분을 인정받을 수 있었다. 정부가 학위를 파는 것〔捐納〕은 제도의 남용이었지만, 동시에 경제적으로 부유한 사람들은 그 대가로 상급계층에 들어가 관리와 교제하거나 체형(體刑)을 면제받는 신사의 특권을 누릴 수 있었다.

한편, 신사가 수행하는 공적 기능의 현실주의적인 측면은 송대 이후로 나타나는 증거에서 살펴볼 수 있다. 그들은 지방의 정기시(定期市)를 감독하고, 조세의 할당과 징수를 떠맡았다. 이는 다른 말로 하자면 당대 초기까지 관리들이 수행하던 의무를 그들이 떠맡게 되었음을 의미한다. 프라젠지트 두아라(1988)와 다른 연구자들에 의하면 이상의 것은 지방 행정에서 신사가 담당했던 "중개"기능 가운데 일부라고 한다. 이러한 중개행위는 상업매매에서 시작되었지만 토지세의 징수로까지 확대되어 그들은 (조세 할당액의 지불을 관청에 약속하면서 개인적 수수료로 할당액 외에 얼마를 납세자로부터 징수하는) 징세 청부업자가 되었다.

아행(牙行)은 상업활동에서 수수료를 받고 업무를 원활하게 처리해주는 중개인이었다. 예를 들면 외지로부터 온 행상(行商)은 방언, 관습, 화폐단위, 화물의 보관, 숙박, 시장 등의 사정에 어둡다. 따라서 거래과정에서 믿을 수 있는 그 지방 사람의 도움을 필요로 했다. 대개 재력가들의 차지가 되었던 이러한 지방의 중개인은 국가로부터 허가를 받았고, 국가에 보고할 거래기록의 보존뿐만 아니라 상품의 보관, 숙박, 운송 등과 같은 업무를 처리해줌으로써 수수료를 받았던 것 같다. 중개인 자신이 대상인(大商人)인 경우도 많았다. 부유한 양주(揚州)의 염상(鹽商)과 외국무역에 종사하던 광주의 공행(公行)은 국가로부터 허가를 받고 국가를 대신하여 일했던 중국의 수많은 중개상인들 가운데 가장 유명한 사례였을 뿐이다. 신사층은 과거시험에 합격하여 학위를 받음으로써 "허가를 받았기" 때문에 넓은 의미에서 "중개인"의 한 부류라고 볼 수도 있다. 따라서 개인자격으로 공공사업과 세무 분야에서 공무를 감독하는 데에 종사했을 경우 신사는 수입의 일부로서 수수료나 구전을 받을 수 있었다. 당연한 일이지만 지역사회에서 신사가 지도력을 발휘하는 것은 순수한 자선사업이 아니라 보수를 받고 하는 일이었다. 후기 중화제국에서는 수입을 가져다주는 토지라는 유용한 자원이 감당할 수 있는 것보다 신사의 수가 훨씬 더 많이 늘어나버렸다. 따라서 신사들은 더욱더 공공영역에서의 활동에 적극성을 띠게 되었다.[10) 이를테면 복지기구의 관리자, 신동(紳董, gentry manager), 그리고 신상(紳商, gentry merchant)으로서의 활동이 바로 그것이다.[11]

신사층이 지방에서 담당했던 지도력과 관리의 기능은 왜 관료제의 힘이 중국 사회의 밑바닥까지 깊숙이 침투하지 못했는가 하는 점을 설명해준다. 아니 기원이라는 기준으로 다시 말하자면, 초기의 관료제 국가와 송대 이후로 그 통제에서 벗어나버린 중국의 농민사회 사이에 존재하는 공백을 메우기 위해서 신사가 등장했다고 할 수 있다. 윌리엄 스키너(1977)에 의해서 자극을 받은 도시연구를 통해서, 한대 초기부터 청대 중기에 이르는 2,000년 동안 등장했던 중국 왕조들이 지방행정 구조를 확장시키는 데에 실패한 반면, 중국의 인구는 여섯 배로 증가했다는 점이 지적되었다. 왕조의 전성기에 가장 하위의 지방행정조직인 현(縣)의 수를 살펴보면 한대에 총 1,180, 수대에 1,255, 당대에 1,235, 송대에 1,230, 원대에 1,115, 명대에 1,385, 청대에 1,360개였다. 반면 중국의 인구는 80년에 총 6,000만, 875년에 8,000만, 1190년에 1억1,000만, 1585년에 2억, 1850년에 4억2,500만이었다. 따라서 현을 관할하는 지방관인 지현(知縣 또는 縣令)은 후한시대에 5만 명을 맡았지만, 청말에는 30만 명을 맡아야 했다. 스키너는 수도 북경에서 통제하는 8,500개의 현을 가졌더라면 청조의 행정조직은 기능 자체가 불가능했을 것이라는 견해를 제기했다. 따라서 중국 정부는 통제할 수 없을 정도로 현의 수를 기계적

---

10) 이런 측면에 대해서는 12장에서 다시 언급되고 있다.

11) 복지기구는 영아보육기관이나 재해구제기관 등 다양한 사회사업기구를 가리키는데 이러한 복지기구의 관리자는 대부분 신사였다. 이러한 복지기구의 관리자도 포함하는 신동은 일반적으로 지역공공사업의 관리자기능을 하는 신사를 가리킨다. 신상은 과거시험이나 捐納 등의 방법을 통해서 신사로서의 학위, 즉 공명을 획득한 상인이라고 할 수 있다. 상인 자격만으로는 사회적 지위나 상업활동에 불리한 점이 많기 때문에 상인에게는 신사 자격의 확보가 필요했던 것이다. 하지만 반대로 신사가 상업활동에 참가하는 경우도 있으므로 신상은 그 來源이 다양하고 신사 자격이나 공명의 획득방법, 또는 상인으로서의 자산의 규모에 따라 다양한 성격을 가지고 있다고 보아야 할 것이다.

으로 늘리는 대신, 인구가 밀집된 핵심지역의 현에 대한 통제를 강화시키고, 주변지역에 새로운 현을 창설했다.[12] 반면 지방의 행정기능은 종래보다 훨씬 축소시켰다. 예를 들면 정부는 당대 이후 관리가 도시의 시장을 관리하는 시제(市制)를 폐지했고, 전반적으로 "상거래에 대한 사소한 규제"도 중단시켰다. 지방사무에 대한 관부의 개입도 꾸준히 축소시켜왔다. 이를 대신하여 등장한 것이 바로 신사층이고 그들의 지방사회에서의 기능이었다.

이런 식으로 해서 송대 이후의 중국 정부는 거의 비슷한 명목상의 관직 수를 보유한 상부구조를 유지할 수 있었다. 예컨대 당대에는 약 1만8,000, 송대에는 2만, 청대에도 2만 개의 관직이 있었다(관료 조직표는 거의 그대로 이어졌다). 정부는 향촌을 기반으로 삼고 있는 신사에 의존했으므로 그 내부의 문제에 직접 개입하지 않았다. 지방의 학위소유자가 수행한 수많은 공적 기능은 정부의 관료기구 아래에 일종의 판층(板層)을 형성했다. 이 위에서 지방관들은 지방사회에 뿌리를 내리지 못한 채 상당한 유동성을 가지면서 움직였다. 하지만 실제 황제로부터 지방관으로 임명받은 사람은 누구든지 그 지방 신사층의 협조가 있어야만 통치가 가능했다. 요컨대 지금으로부터 100년 전에 4억 이상의 인구를 가졌던 국가가 정규관리는 2만 명 미만, 그에 반해서 학위소유자는 약 125만을 보유하고 있었던 것이다.

신사층이 농민대중에 대해서 계속 우월성을 누릴 수 있었던 것은 그들이 지주였다는 것 때문만이 아니다. 그들은 또한 서예, 회화, 문학, 철학, 관료생활 등에서 위대한 전통을 계승하는 "사대부(士, scholar-gentlemen)"를 배출한 주된 모체(母體)이기도 했기 때문이다. 만일 최근까지의 유럽 사회와 비교하여 중국의 신사사회를 뒤돌아본다면, 우리는 깊은 인상을 받지 않을 수 없다. 오늘날처럼 크게 바뀌어버린 환경 아래서조차 이학의 신념체계는 —— 상황에 맞게 조절된 형태로 —— 그것을 존중하거나 추종하는 사람을 찾을 수 있을지도 모른다. 사회질서에 이바지하기 위한 자기규제를 강력하게 요청하는 이학의 중심적인 메시지는 여전히 많은 청취자들을 끌어들이고 있다.

---

12) 여기서 말하는 핵심지역이나 주변지역은 스키너의 대구역 이론에서 나오는 개념이다. 같은 대구역 내에서도 핵심지역은 보통 교통이 편리하고 인구나 자원, 생산과 교역활동이 집중되는 대규모 하천 주변의 평야지대이고, 주변지역은 보통 핵심지역을 둘러싸고 있는 외곽지역으로 교통이 불편하고 산악이 많아 상대적으로 인구나 자원, 생산과 교역의 집중이 훨씬 빈약한 지역이다.

중국인들의 질서(따라서 권위)에 대한 특별한 요구는 패트리샤 에브리 (1984)와 같은 사회인류학자에 의해서 잘 설명되고 있다. 그녀는 송대의 원채 (袁采)라는 관료가 지은 『세범(世範)』이 이학자들의 가르침에 따르는 데에 큰 도움이 되는 필수품이었음을 지적하고 있다. 200개 정도의 항목에 걸쳐서 저자는 어떻게 친척들과 잘 지낼 것인가, 어떻게 자신의 행위를 개선할 것인가, 그리고 어떻게 대가족의 일을 처리할 것인가 하는 점에 대해서 충고를 하고 있다. 여기서 다양한 현실적인 영상들이 한꺼번에 우리 눈앞에 떠오른다. 무엇보다도 혈연, 연령, 성별, 법률 속의 신분에 따라서 각기 다른 역할이 정해지고, 각자가 따라야 할 규범이 있으므로 개인 상호간의 관계는 아주 복잡하고 미묘해진다는 점이다. 대가족이라는 "소국가" 안에서는 첩, 하녀 등뿐만이 아니라 하인도 대단한 중요성을 지니게 된다. 어떻게 하인을 매질할 것인가(스스로 하지는 말라), 어떻게 노비를 사는가, 어떻게 아들을 훈련시키는가? 독자는 체스터필드[13]나 앤 랜더스[14]의 그것만큼 가치 있는, 실제적이고 분별력 있는 충고를 받게 된다. "무릇 비첩(婢妾)은 그 처음을 삼가야 하고, 나중까지 잘 방비하지 않아서는 안 된다."

하녀와 첩을 다스리는 일반 법칙은 무엇이 시작되는가에 주의를 기울이고, 어떻게 끝맺음이 되는가에 대해서 미리 대비하는 것이다."

전체적으로 가장 놀라운 것은 가장까지 포함해 모든 사람이 반드시 고도로 자신을 억제해야 한다는 점이다. 이 고도의 통제는 특히 집단의 도덕적인 여론에 의해서 이루어진다. 원칙에 절대적으로 충실할 것을 바라는 사상가들의 이상과는 달리, 신사가문의 가장은 앞장 서서 생각하고, 모든 면을 고려하고, 항상 타협할 쥬비를 갖추라는 충고를 받고 있다.

---

13) 1694-1773. 필립 체스터필드 또는 체스터필드 백작 4세(4th Earl of Philip Dormer Stanhop Chesterfield)로 알려진 영국의 저명한 정치가이자 문인이다.

14) 1918-2002. 본명은 Esther Pauline Friedman Lederer로 *Sun Times* 컬럼니스트 Ann Landers의 이름을 그대로 이어 40년 이상 동안 *Sun Times* 신문의 독자충고란을 맡은 미국의 Advice Columnist이다.

제5장

송조의 역설과 내륙 아시아

문(文)과 무(武)의 공생

송대에는 기술, 정부, 예술, 사상, 사회조직 등 모든 면에서 중국의 창조성이 최고조에 이르렀다. 그렇지만 내륙 아시아 비한족 유목민들의 중국 내부로의 침입과 정복 역시 최고조에 이르렀다. 문명의 절정기에 있었던 중국이 외부세력에게 정복당했다는 것은 정말 놀라운 역설처럼 보인다. 그리고 이 정복자들이 한꺼번에 나타난 것이 아니라 사실은 송조가 성립되기 전인 907년부터 1279년까지 350년이 넘는 기간 동안 계속 이어졌다는 점을 알게 되면 이 불가사의는 더욱 깊어진다. 그렇게 오랫동안 지속된 발전을 우연이라고 할 수는 없을 것이다. 그 뒤에는 어떠한 장기적인 추세가 놓여져 있었던 것일까?

송조가 취약했던 원인 가운데 하나는 지나친 국방비 부담을 짊어진 관료기구의 형성에 있었다. 폴 J. 스미스(1991)는 "남송대가 되면 국가는 기생적인 것이 되었다"라고까지 단언했다. 그 이면에는 상인보다도 더 낮게 분류되는 무인(武人)에 대한 유가적 경멸이 놓여 있다. 이러한 뿌리 깊은 혐오감으로 인해서 무인은 유가의 직업 분류인 사민(四民), 즉 사(士), 농(農), 공(工), 상(商)에서 아예 빠져 있을 정도였다. 더크 보드(1991)는 사민의 분류가 공자나 맹자가 아니라 주대 말기나 한대 초기 법가의 저작에서 처음 나타난다고 지적했다. 그러나 그때부터 2,100년 동안 사민계층은 전통 중국에 관한 지식에서 아주 표준적인 기준이 되어왔다.

군사력으로 왕조가 세워지고 유지되었으며 제국이 건립되고 방어되었다.

따라서 항상 거대한 수의 군대가 필요했다. 중국에서 무인(戰士) 역시 직업적인 집단 또는 계층이었다는 점은 쉽게 논증이 가능하다. 어떤 학자들은 상대 복사에 기록된 사(士)가 당시의 "전사(戰士)" 또는 나중의 "사병"이었다는 견해를 제기하기도 했다. 군대가 제5의 직업계층으로 인정받지 못했던 것은 분명히 유가적 문인(文人)들이 무인들을 최대의 적으로 여겼기 때문이었다. 즉 그들은 문화적 행동을 위해서는 잔인한 폭력이라는 해악을 근절시키는 것이 자신들의 도덕적 의무라고 여겼으며, 무인들을 이러한 야만적 폭력 그 자체의 화신으로 여겼던 것이다. 무인을 제5의 직업계층으로 인정한다는 것은 그들을 용서하고, 그들의 존재를 정당화하며, 그들에게 도덕적 신분을 부여하는 것으로 보일 수 있었다.

유학자들은 나아가 군사력의 이용은 항상 문인관료라는 지배계층이 이용할 수 있는 도구의 하나에 지나지 않는다고 말할 정도였다. 거기에 들어가려면 반드시 독서인이 되어야 했다. 독서인이 되면 관료가 될 수 있었고, 관료는 군대를 지휘할 수 있었다. 문관 출신의 장군이 군사력을 지휘하는 경우도 자주 있었다. 군대는 원래 단순한 농민으로부터 충원하거나 모집되었다. 하지만 유일하게 구별될 수 있는 "계급"으로서의 군대는 문인들이 보기에는 투항한 도적, 고용된 기마병, 훈련교관, 궁수 등 잡다한 집단으로 구성되어 있어서 관료체계의 저 밑바닥에 존재하는 것이었다. 무과과거(武科科擧), 품계(品階), 직위 등은 문신들의 경우와 병행했다. 그러나 문신들은 노골적으로 이들을 경멸했다. 폭력을 사용하는 군인은 문인관료제의 통제를 벗어나 황제의 내조(內廷) 일부를 구성했다. 때로는 환관이 군대를 지휘하기도 했다.

왜 중국의 문인들은 2,000년 동안이나 군대를 직업적 계층으로 받아들이는 것을 거부해온 유가의 입장을 따랐을까? 직업적인 군인세력은 중국사에서 언제나 모습을 보였다. 그들을 군인계급으로 받아들이지 않는 것은 중국 문인들이 여전히 덕치(德治)라는 유교국가 신화의 영향 아래 있음을 암시해 주고 있다. 다른 각도에서 보면 우리는 여기서 옛 중국의 위대한 영광 가운데 하나인 사려 깊은 평화주의를 찾아볼 수 있다. 동시에 옛 중국의 가장 뿌리 깊은 취약점, 즉 대초원 유목민족의 공격을 막지 못한 무능력도 여기서 확인하게 된다.

피터 볼(1992)은 과거에 출제된 시험문제로 판단하건대 남송대 사람들은 군사적인 취약점을 잘 인식하고 있기는 했지만, 그럼에도 불구하고 사회 최하층의 찌꺼기인 용병에 의존했다고 지적한다. 이들 용병은 훈련도 빈약했고, 심지어는 지휘관들까지도 결정권을 위임받지 못했다. 문신의 군사력 장악은 국가에 대한 지배 엘리트의 통제 가운데 일부를 이루었다. 그렇지만 이것은 국가를 군사적으로 허약한 상태로 만들어 놓았다. 영토의 규모나 군사 자원에서 보면 송은 금(金)이나 혹은 이후의 몽골 제국 이상이었다. 하지만 송의 문인관료제는 폭력에는 거의 흥미가 없었다. 찰스 허커(1975)와 다른 연구자들은, 중국 본토와 내륙 아시아에 걸친 제국의 통치를 받은 한인들은 너무 문명화되어 비한족 침입자들에게 대항할 상무정신(尚武精神)이나 종족의식(種族意識 : 文化主義에 대립되는 것으로서)이 결여되어 있었다고 결론지었다. 비한족 침입자들이 보통 중국식으로 통치할 것을 약속하곤 했기 때문이다. 사실상 문인들은 행정에는 특히 뛰어났지만, 궁극적인 황제권력을 유지시키는 데에는 적합하지 못했다. 결국 그들은 글자 그대로 문신으로서 훈련을 받았고, 폭력에 호소하는 것은 더 큰 폭력을 불러올 뿐이라는 신념을 따랐다. 하지만 이 모든 것에도 불구하고 남송은 세계의 정복자 몽골을 거의 두 세대 동안인 45년에 걸쳐 궁지에 몰아넣을 수 있었다.

토머스 바필드는 초원 부족민의 잇따른 출현을 연대기적으로 설명함으로써 중국 황제와 내륙 아시아와의 관계에 대한 전망을 제공했다. 즉 그는 강력한 중국과 연줄을 맺은 유목부족은 내륙 아시아에서의 패권을 장악하는 데에 큰 도움을 받았다고 결론을 내리고 있다. 그러므로 한이 강했을 때 흉노가 내륙 아시아를 오랫동안 지배했고, 당이 강성했을 때는 투르크계 위구르가 그러했다. 주로 중국측에서 나오는 증거들은 이러한 관계에 대한 균형 있는 관점을 방해하고 있다.

내륙 아시아와의 접촉이 줄어들어 전쟁에 대비한 말〔馬〕을 확보하는 것이 더욱 어려워짐으로써 송은 불리한 입장에 놓였다. 진한과 수당 시대에는 교역과 사절을 통해서 내륙 아시아의 권력구조에 개입했다. 그들은 동맹자를 구하거나 유목민 부족들끼리 서로 싸우도록 만드는 데에 익숙했다. 송의 외교적 실책은 아마 내륙 아시아와 직접 접촉하지 못한 채, 거기에 주변적으로만 참여했던 데에 기인한다고 볼 수 있을 것이다. 송은 처음에 거란(契丹)에 대항해 여진(女眞)을 도와주었으나, 결국 여진에게 패배했다. 또한 여진에 대

144

항해 몽골을 도와주었으나, 나중에 몽골에게 침략을 당했다. 남송의 경우는 결국 남방의 베트남, 서남방의 남조(南詔), 티베트, 서북방의 탕구트족이 세운 서하(西夏), 북방의 거란족이 세운 요(遼) 등 몇 개의 주변국과 공존했다. 사실상 중국은 모리스 로사비(1983)가 지적한 것처럼, 외교적으로 "대등한 국가들 사이에 존재하는" 상태에 있었다. 후에 명조가 세계에 대한 보편적인 우월성을 주장할 수 있었던 것은 사실 13세기의 몽골 제국이 그에 앞서 선례를 보여주었기 때문에 가능했다.

송대 이후로 우리는 전통적인 유교적 정치체제의 내부에서 문관행정집단과 더불어 군사권력집단이 번갈아 권력을 차지하는 것을 보게 된다. 국가를 통치하기 위해서는 둘 다 필요한 존재였다. 문관행정집단은 이학의 훈도를 받고 과거시험을 통과한 학위소유자와 문인관료 및 그들을 배출하는 지방 엘리트와 사대부층을 포함했다. 반면 두번째의, 그리고 보다 연구가 덜 된 군사권력집단은 황제와 황실 및 황실귀족, 군대와 금군(禁軍) 및 황제 직속의 환관과 정보기구(현대식으로 이야기하면)로 구성되었다.

이 두 집단 사이에 뚜렷하게 기능의 분할이 있었음을 우리는 발견할 수 있다. 앞에서 밝힌 대로 관료행정은 그 상대역으로 반드시 황제독재를 필요로 했다. 황제독재는 자율적인 데다가 상례화(常例化)될 수도 없었다. 혁신이나 갑작스런 개입도 여기에서 비롯되었다. 황제독재는 본질적으로 예측이 불가능했고 잔혹한 경우도 많았다. 언제든지 재난을 가져올 수도 있었다. 잘 짜여진 유교적 질서 속에서 황제는 그러한 구조의 정점으로서 기능했지만, 동시에 극단적인 형태로 폭력적인 무질서의 원칙을 대표하기도 했다. 예컨대 황제는 위대한 도살자(屠殺者)였다.

거의 초기 단계부터 중국의 정부는 이 두 가지 기능을 겸비하고 있었다. 내륙 아시아의 유목부족은 지속적인 상무주의적(尚武主義的) 행태를 통해서 황제의 대권장악 기능에 기여했다. 다른 기능들은 중국의 유가적 문인관료들이 수행했다. 왕조는 무인 출신이 세웠지만, 일단 왕조가 성립되면 그 관료기구는 문인들이 차지했다. 각자의 이념은 각자의 필요에 맞는 것이었다. 왕조를 세운 군사력의 사용자들은 천명을 믿었으며, 저항이 종식되면 천명은 자신들의 것이라고 확신했다. 반면 관료기구를 채운 문인관료들은 무인들을 경멸했다. 군사력(武)에 의존한다는 것은 교양(文)이 부족함을 내보이는 것이었기 때문이다. 유교국가의 중심적인 신화는 군주가 자신의 미덕을 드러내는 단정하고 자비로운 행동으로 백성들을 끌어모으며, 그것이 바로 그에게 천명을 가져다준다는 것이었다. 반란자들을 진압할 수 있기만 하다면 이 말은 그럴듯했다. 반란을 진압하는 상책은 무엇보다 반란자를 참수하는 것이었다.

이와 같은 유가적 국가의 신화에서 가장 큰 약점은 계속 군림하기를 원하는 황제가 왕조유지를 위해서라면 누구든지 참수할 수 있는 군사적 특권을 보유하고 있어야만 했다는 점이다. 따라서 국가유교의 영향 아래 있는 정부는 독재군주에게 봉사하는 관료들이 이끌었다. 그들은 서로 의존하고 있었던 것이다. 실제로 유교적 소양을 갖춘 지방관이 반역자를 진압하기 위해서 군대를 지휘하도록 허용되었을 때에는 문과 무 사이에 균형이 이루어지곤 했다. 많은 문인들은 군사문제에 정통했고, 일부는 유능한 장군이 되었다. 그러나 이들이 병권을 장악할 수 있는 것은 오로지 황제의 판단에 달려 있었다.

송대 중국에서는 순종적인 관료를 양성하는 장치로서 고전적인 과거제도를 완성시켰다. 그러나 중국을 침입한 동시대의 비한족들 —— 거란〔遼朝〕, 여진〔金朝〕, 몽골〔元朝〕 —— 은 황제권력의 원천으로서 상무주의라는 유용한 방식을 제공했다. 중국이 유가적인 문인의 방식으로만 다스려질 수 있다고 한 고대의 격언은 사실의 절반만을 보여주고 있을 뿐이다. 국가유교는 왕조가 반역자를 멸망시키기에 충분한 폭력을 휘두를 수 있는 경우에만 기능할 수 있었다. 이러한 형태의 권력은 내륙 아시아 비한족 부족들의 특징이었다. 따라서 한인 관료행정가들과 내륙 아시아 권력소유자 사이에 역사적으로 기능분화가 일어났음을 우리는 발견할 수 있다. 그렇게 됨으로써 내륙 아시아의 비한족들이 중국의 지배에 가담하는 일이 점차 늘어나고, 때로는 중국을 정복하게까지 되었던 것이다.

비한족의 중국 지배

여기서 내륙 아시아적 요소가 어떻게 중국의 정체(政體)를 이루는 하나의 구성요소로서 출현하게 되었는가를 잠깐 살펴보자. 서북지역의 주와 진 왕조는 이후 수와 당 왕조가 그랬던 것처럼, 북방 유목민들과의 접촉 및 통혼을

146

통해서 군사적인 활력의 일부를 얻었다. 북방의 유목민 침입자들이 직접 중국의 일부를 점령하고, 한족의 도움으로 왕조를 세워 그것을 지배하는 것은 여기서 바로 그 다음 단계에 지나지 않았다. 이렇게 세워진 이중적인 호한체제(胡漢體制)는 4세기부터 남만주 지역에 등장했다. 몽골과 만주족이 중국을 완전히 정복하게 되자 이것은 절정에 도달했다.

문화적 이방인에 의한 지배는 중국의 정치이론에 첨예한 문제를 제기했다. 상대의 왕들이 지배하던 초기 때부터 문화(갑골문, 청동 예기의 사용, 주술을 통한 조상신과의 교감, 자연신에 대한 지배자의 의례적 존경의 표현 등을 포함하여)는 정치의 일부이자 단편이었다. 중화사상의 초기 내용은 중국의 문(文, 문화와 문명)의 측면에서의 우월성이 불가피하게 내륙 아시아 부족의 단순한 군사력(武)을 지배하게 된다는 것이었다. 이것은 비한족 부족의 군장(君長)들이 황제 앞에서 절을 하여 중국의 우월성을 인정하도록 요구함으로써 완성되었다. 황제는 천명을 받아 중국을 통치하고 있었고, 황제의 뛰어난 덕망과 인심(人心)은 자연스럽게 비한족들을 끌어들여 그들이 문명화되게 만들었기 때문이다.

대등한 문화적 성취를 이룬 다른 국가와의 접촉이 없었으므로, 한과 당의 대외정책은 국내의 사회질서를 유지시키는 삼강(三綱)과 비교할 수 있는 상하간의 호혜적 대외관계인 조공체제(朝貢體制)에 근거했다. 조공품을 바치면 보통 황제로부터 상당한 답례의 선물을 받았다. 따라서 중국의 우월성을 인정하는 것은 물질적으로 충분히 가치 있는 일이었다. 더구나 조공체제는 일찌감치 대외무역을 위한 제도적인 포석이 되었으며, 또한 실제적인 대체품이 되었다.

당의 중앙권력이 쇠퇴하면서 10세기 중국에는 잠시 동안 10여 개 정도의 후계국가가 등장하여 마치 진의 통일 이전 전국시대와 같은 다국가체제(多國家體制)가 전개되었다. 이제 누가 중앙권력을 회복시킬 것이냐 하는 것이 초점이 되었지만, 이 국가의 지배자들은 상호간의 외교관계에서 사신을 파견해 협상을 하는 등 일부는 전국시대의 방식으로 돌아가기도 했다. 그리고 중국 주변부의 비한족 지배자가 이제 이러한 경쟁 속에 참여하기 시작했다. 비한족이 처음으로 화북의 한족 백성들을 통치하기 시작하면서 예전과 같은 정치, 문화의 결합체는 분리될 수밖에 없었다. 대외관계를 다루는 사상과 제도로서 한대에 만들어지고 당대에 부활되었던 중국적 세계질서는 이제 완전히 무너져버렸다.

비한족의 통치는 거란(契丹)의 발흥과 더불어 시작되었다. 거란(몽골계. 중세 유럽인이 화북을 캐세이[Cathay]라고 부른 것은 거란에서 비롯되었다)은 화북, 만주, 몽골을 포함한 지역에서 200년 이상(916-1125년) 제국을 유지했다. 원래 거란은 양, 말, 돼지뿐 아니라 농작물, 특히 좁쌀에 의존하는 반(半)유목민에 지나지 않았다. 그들은 초원과 농경지대에 걸친 경계지역을 장악함으로써 세력을 떨치게 되었다. 유목민 기병의 군사력과 농민에 의한 경제적 생필품의 공급을 결합시켰기 때문이다. 요(遼)제국을 건립한 기반인 부족연맹을 통솔한 것은 황실인 야율(耶律) 씨족이었다. 그들은 세습군주제라는 중국식 제도와 갖가지 유교적 통치형태를 채택하여 지배체제를 연장시킬 수 있었다. 칼 비트포겔 등의 연구에 의하면(Wittfogel and Feng, 1949) 스스로 요라고 명명한 이 제국은 남쪽인 화북지역에 16개 주(燕雲十六州 : 송의 약 300개 주 가운데 일부이다. 지도 13 참조)를 두어 당으로부터 물려받은 문인관료제를 통해서 중국적 방식으로 지배했다. 한편 이보다 훨씬 더 넓은 북쪽의 거란 영토는 이전처럼 기마궁사(騎馬弓士)가 통치했다. 이러한 이중국가 체제 아래서 남쪽 지역을 다스리기 위한 황제의 관료는 전통적인 과거제도를 통해서 충원된 반면, 북쪽에서는 기마궁사가 황제를 호위하는 정예, 즉 오르도(ordo : 여기서 "horde" 즉 유목민 집단이라는 말이 나왔다)로 동원되어 훈련을 받았다. 결국 대략 60만 명의 기마궁사로 이루어진 12개의 오르도가 각지에 만들어졌다. 그들은 기동력을 갖춘 예비 돌격대였다.

이 이중국가의 인구는 대략 400만 정도였다. 이는 남쪽의 송에 비하면 약 15분의 1 정도였다. 그러나 요의 기마부대는 공격력이 막강하여 송은 결국 변경의 평화를 유지하기 위해서 매년 요에게 세폐(歲幣)를 지급하지 않을 수 없었다. 북송의 황제들은 1005년과 1042년에 송이 열등한 지위를 받아들이고 매년 세폐를 지급하는 맹약(盟約)을 맺음으로써 거란의 침략을 중지시켰다. 1044년에는 비슷한 조건으로 중국 서북지역에 있던 서하(西夏)의 탕구트와도 맹약이 체결되었다. 부유한 선진국이었음에도 불구하고 거대한 송제국이 이런 상황을 맞이했던 것은 아마 이 야만인들을 정복할 수단이 부족해서가 아니라 오히려 결단력이 부족해서였을 것이다.

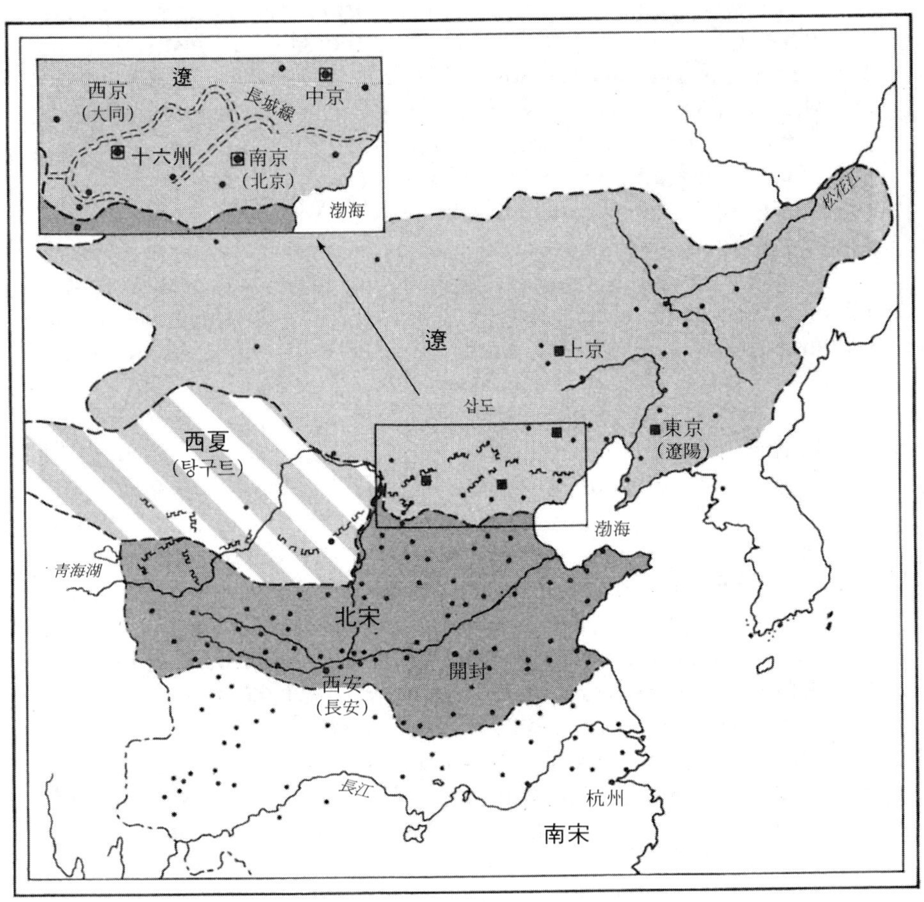

13. 1000년경 북송(北宋)과 요(遼, 거란)제국

화약이 9세기에 중국 연단술사들에 의해서 발명되었다는 것은 니덤도 말하듯이 정말 놀라운 사실이다. 유목민 침입자들에 대항해 중국인은 간단한 폭탄과 노포(弩砲)를 사용했다. 그러나 군사기술 면에서의 이 위대한 비약은 분명하게 전통교육을 받은 송의 정치가들에게는 아무런 중요성도 가지지 못했다. 여기서 우리는 유교사상이 기술(技術)이라는 말의 등에 올라타는 데에는 매우 서툴렀다는 점을 발견할 수 있다.

1125년에 요는 북만주의 퉁구스계인 여진(女眞)에게 정복되었다. 여진은 자신들의 왕조를 금(金)이라고 이름지었다. 금도 초기에는 요와 마찬가지로 이중적인 통치형태를 유지했다. 요처럼 호한(胡漢)의 혼합제국이었던 금은 초원지대의 무력과 화북지역의 곡물을 결합시켜 남쪽의 송을 군사적으로 공격, 압박했다. 960년에 건국했을 때부터 송은 대운하의 출발점인 황하 유역의 개봉을 수도로 삼고 있었지만, 1126년 금의 공격으로 화북을 포기했다. 여진족 금의 공격에 대한 송의 저항은 침략자와 싸울 것이냐 아니면 강화할 것이냐 하는 논쟁 때문에 방해를 받았다. 이 논쟁은 재상이자 협상의 당사자였던 진회(秦檜)가 주전파(主戰派)의 우두머리였던 장군 악비(岳飛)를 1141년 계획적으로 살해하면서 절정에 이르렀다. 이 때문에 악비는 이후 중국 애국자들에게 불후의 모범으로서 명성을 누리게 되었다. 1142년 남송은 회수 이북의 화북지역을 양도하고, 신하로서 금에게 매년 세폐를 지급하는 데에 동의하는 맹약을 맺었다. 강남지역과 더불어 화북평원은 한인이 생활해오던 심장부였으므로, 이제 처음으로 상당수의 한인들이 비한족의 통치를 받게 되었다(지도 14 참조).

금(1115–1234년)이 화북을 점령했을 때 금조 내부 여진족의 인구는 전체 화북의 인구 4,500만 가운데 총 600만이었다. 916년에서 1125년까지 존속했던 요조(遼朝)에서 남은 거란족은 전체 가운데 약 400만이었으므로, 여진은 피지배자인 약 3,500만의 한족을 다스려야 했다. 이것을 위해서 금은 처음에는 한화(漢化)된 거란인과 거란에 봉사하던 한인에 의존했다. 그들은 또한 중국의 서리층(胥吏層)에서도 관리를 충원했다. 그러나 금조의 황제는 자신들이 정복한 토지와 백성을 통치하기를 바라는 여진 부족장들 및 북방 출신의 군사귀족들과 경쟁하면서 중앙권력을 유지해야 한다는 사실을 곧 깨달았다. 자기방어를 위해서 금조의 황제는 유교적 통치방식에 입각한 관료조직을 건립했다. 이 관료조직을 채울 고전교육을 받은 과거수험생들이 필요하다는 사실을 깨닫고, 12세기 후반 금조의 황제는 개봉에 여진어학교(女眞府學과 女眞國子學)를 세우고, 유교경전을 여진어로 번역시켰으며, 여진인을 위한 과거시험을 마련했다(女眞進士科). 그러나 관료로 충원된 사람들 대다수는 한족이었다. 예를 들면 1185년 이후 25년 동안 확대된 중국식 과거를 통해서 적어도 5,000명의 진사 학위 소유자가 배출되었다. 피터 볼도 지적하듯이 이와 더불어 중요한 점은 유교문화의 확산이었다. "과거시험을 위한 교육을 받은 사람은 수만 명이나 되었다."

그러나 금조의 황제들이 추구하던 것을 "한화(漢化)"라고 표현하는 것은

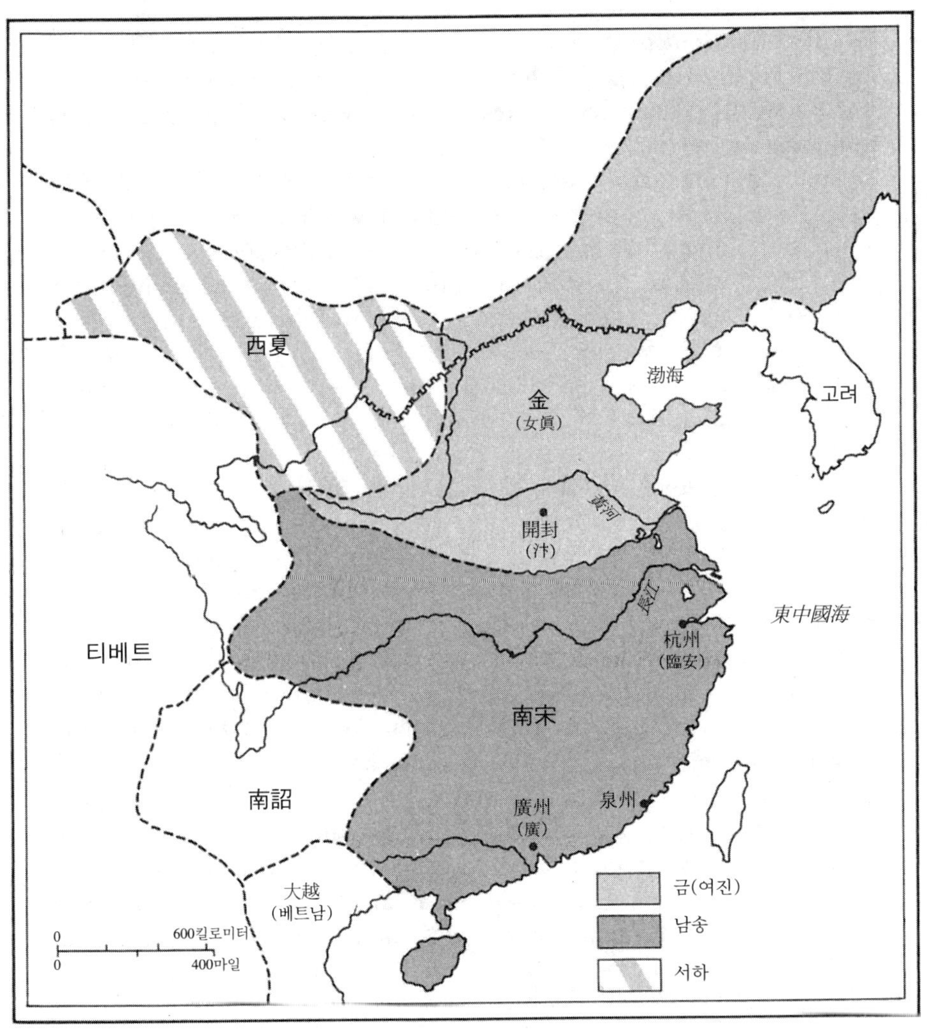

14. 1142년 남송(南宋)과 금〔女眞〕

적절한 묘사가 아니다. "한인이 되는" 대신 그들은 거꾸로 자신들의 역할을 문치(文治)의 지지자로서 발전시켰다. 그들의 역할은 피통치자인 한족과 유목민 침입자가 세계제국 아래서 평화와 번영을 누리며 공존하는 방법으로서 초민족적 가치를 지니고 있었다. 달리 말해서 중국과 내륙 아시아의 통치자로서 기능하면서도 민족적 독자성을 유지했던 비한족 통치자에 의해서도 중국 본래의 "문화주의('유가적인' 사상과 행동의 방식)"가 추진될 수 있었다.

여진족은 그들의 후계국가인 만주왕조 아래서 전성기를 맞이하게 될 다민족제국(多民族帝國)을 위한 이론적인 토대를 발전시킨 셈이 되었다.

금조의 황제들은 이전 왕조를 뒤이은 "합법적인 후계자〔正統〕"라고 주장하기 위해서 전통적인 중앙집권체제를 채택하고, 중국 고유의 의례를 거행했다. 찬 혹람(1984)의 개략적인 설명대로, 이러한 의례들은 자연신과 특히 상대에 거행되던 조상신에 대한 숭배에서 비롯되었다. 그들은 맹자가 주창하고 이후의 유학자들이 해설한 성왕(聖王)에 의한 덕치〔王道政治〕와 주대(周代)에 강조된 천명사상(天命思想)을 계속 신봉했다. 오행의 순환이론을 중심으로 한 전한시대의 천인상관론적인 우주관 역시 여전히 계승되었다. 자연질서와 인간사회 사이의 감응을 상정한 이 이론은 각 왕조와 관련을 가지고 있었다. 따라서 그 정통성을 입증해주는 오행과 그 색깔의 중요성이 강조되었다. 한무제가 한의 덕으로서 토덕(土德), 색깔로는 황색(黃色), 숫자로는 다섯〔五〕 등을 채택한 것이 바로 그 실례이다. 이후의 크고 작은 왕조들도 계속 오행의 순환에 따라 자신들의 정통성을 주장했다. 예를 들면 당조는 한의 토덕을 이어받았다고 주장했다. 반면 송은 화덕(火德)을, 색깔로는 붉은색을 정통성의 상징으로 삼았다. 이에 따라 금의 황제들은 송을 계승하여 자신들의 왕조는 토덕의 왕조라고 주장했다.

여진은 1153년 하얼빈(哈爾濱)에서 오늘날의 북경으로 수도를 옮겼다가 1161년에 다시 북송의 수도였던 개봉으로 옮겨갔다. 중국에서는 전통적으로 독서인, 특히 관료에게는 체형(體刑)을 면제했던 것과는 달리 금조의 일부 황제들은 새로운 잔혹성을 보여주기도 했다. 어전에서 공개적으로 대신들에게 장형(杖刑), 태형(笞刑)을 가하는 일이 상례(常例)가 되었던 것이다. 일부 황제는 반역을 사전에 예방하기 위해서 수백 명의 종실이나 관료, 장군을 처형했다.

반면 후기의 황제들 가운데 한 사람은 모범적인 유가군주로서 역사에 전해졌다. 그의 통치기에는 전대로부터 물려받은 문화를 유지하는 것을 도덕적 임무로 여기던 유가적 한인관료에 의해서 문화부흥이 이루어졌다. 유가적 이상을 품은 금조의 황제와 한인사대부 관료들은 이민족 왕조라도 실제로는 "중국적"(즉 한족적인 것과 내륙 아시아적인 것) 문화전통을 후원할 수 있다고 인정했다. 여하튼 몽골의 원조 치하에서 그 정사(正史)가 쓰여짐으로써,

금조의 정통성은 공식적으로 확립되었다.

남송대 이학의 출현은 왕조의 정통성에 대한 보다 광범한 기준을 세우게 했다. 전쟁의 승리, 조상숭배의 권장과 같은 요소 외에도 의례와 상징, 학술이론, 위협적인 통제수단, 상호감시와 대중(혹은 엘리트)의 승인 등 정통성을 부여하는 데에 등장한 모든 요소들은 서아시아와 유럽의 그것들만큼 수가 많았다. 그러나 주로 유가적인 학문 때문에 중국의 기준은 훨씬 통일적이었고 독자적이었다. 송대 이학자들이 자신들의 우주관과 가치관의 보편성을 강조했던 것은 비한족 침입자들이 적응할 수 있는 상당한 가능성을 제공했다. 따라서 필요하다면, 정치이론의 차원에서 볼 때 중국은 언제나 내륙 아시아 부족에 의한 통치를 받아들일 준비가 되어 있었다.

결국 비한족의 중국 지배에 대한 정당화는 그것이 회피될 수 없었다는 것, 따라서 반드시 합리화되어야만 했던 사실 때문이라고 할 수 있다. 조선인(朝鮮人)들이 나중에 발견한 것처럼, 청조 치하의 중국에서 한인 학자들은 청조의 통치를 증오했을 터이지만 그러한 사실을 기록으로 남기지는 않았다. 속으로는 싫어하면서도 겉으로는 받아들이는 이러한 태도는 그때나 지금이나 대개 전제주의 희생자들에게 공통으로 나타나는 것이다. 그것은 사람들에게 자기억제와 일종의 위선, 즉 내면적으로 통치권력의 정당성을 부인하면서도 외면적으로는 그것을 인정하는 "가장된 복종"을 실행하도록 요구한다. 지배자들이 주장하는 것처럼, 이것은 대부분의 사람들이 정치는 자기 일이 아니라고 하면서 외면상 무관심을 보이게 하는 태도를 만들어내었다.

그 다음으로 우리는 요, 금, 원과 같은 정복왕조(征服王朝, the dynasties of conquest)는 내륙 아시아 군사력이 서로 연결되면서 잇따라 중국에 침입하는 과정이며, 산발적이지만 단일한 과정이라고 가정할 수도 있다. 요는 가장 오랫동안 유지되었지만 화북의 북부 일부를 차지했을 뿐이다. 원은 중국 전역을 차지했지만 가장 단명했다. 이 점에서 보면 금조는 자신들이 패배시킨 북송으로부터 물려받은 한족들을 이용하여 중국의 심장부인 화북평원을 지배할 수 있는 방법을 알아낼 수 있었던 유리한 입장이었다. 이러한 금의 중국 통치는 지금까지 몽골 정복의 그늘에 가려서 상대적으로 무시되어왔던 것으로 보인다.

몽골 제국 속의 중국

몽골의 정복은 19세기 중국 앞에 다가온 서양 제국주의의 선구였다. 두 번 모두 중국 사회는 조화되기 어려운 외국의 영향력이 가져온 문화적 충격 앞에 무방비 상태로 놓였다. 다시 말해서 원조(元朝, 1279-1368년)는 명조(1368-1644년)와 청조(1644-1912년)에서 보이는 중요한 현상들의 못자리로 연구되어야 할 필요가 있다.

우선 첫 단계로 우리는 거대한 대제국을 건설하면서 이룩한 몽골의 놀라운 성취에 주의를 기울여야 한다. 몽골의 "전쟁기계"들은 유라시아 대륙 전체에 걸쳐 용맹을 뽐낸 기마궁수 황금시대의 절정기를 보여주었다. 칭기즈 칸이 1206년에 부족을 통일한 이후 몽골 각 부(hordes)는 모든 방향으로 뻗어나갔다. 그의 아들과 손자들은 각기 페르시아, 남러시아, 중앙 아시아, 중국에 걸쳐서 4개의 한국(汗國)을 세우고 지배했다(표 3 참조). 정복자로서 몽골의 무자비한 파괴행위는 악명이 높았다. 도덕지향적인 유학자들 사이에서는 특히 그러했다. 예를 들면 화북의 금제국을 몽골이 최초로 공격한 다음 90여 개 이상의 시진(市鎭)이 불탄 채 돌무더기만 남았다.

몽골은 1234년에 금을 멸망시켰고, 45년 후인 1279년 마지막으로 남은 남송을 정복했다. 그러나 1234년에서 1279년 사이에 몽골은 이미 100년 동안 이민족의 지배를 받았던 화북의 심장부를 통치하는 경험을 얻었다. 19세기 유럽의 제국주의자들이 총칼로 중국인을 억누를 수 없다는 사실을 배운 것과 마찬가지로, 말의 등 위에서 제국을 정복할 수는 있어도 말의 등 위에서 제국을 다스릴 수는 없다는 점을 배우게 된 것이다.

결국 1260년부터 1294년까지 몽골 세계의 최고 지배자로 군림했으며 칭기즈 칸의 유능한 손자였던 쿠빌라이 칸은 북경에 수도를 건설했다(지도 15 참조). 그는 1271년 중국의 황제가 되어 국호를 원(元, "근원"이라는 의미이다)으로 정하고 중국식 통치방식을 선택했다. 하지만 그는 황실의 암투와 권력 경쟁자들에게 식상해버렸다. 그는 또한 이슬람 교도들에게는 신앙의 보호자로서 자처해서 영합해야 했으며, 티베트의 라마 교를 신봉하는 몽골 신도를 위해서는 불교도적인 보편군주가 되어야만 했다. 이러한 신앙의 다양성은 몽골 세계의 다민족적 세계주의를 반영하는 것이다. 심지어는 황실 내에 중앙

표 3. 칭기즈 칸의 계승자에 의한 몽골 제국의 분할

대칸(大汗), 동아시아 : 우구데이(칭기즈 칸의 셋째 아들), 1229-1241년 ; 뭉케(蒙哥),[*]
1251-1259년 ; 쿠빌라이,[*] 1260-1294년(1279년 이후 중국 전체를 지배) ; 1368년 몽
골은 명조에 의해서 중국에서 축출되었다.

차가타이 한국(투르크어로는 Djaghatai) : 차가타이(칭기즈 칸의 둘째 아들), 1227-1242
년 ; 1370년 이후 서부지역은 티무르 제국(1336-1405년)에 합병되었다.

페르시아 한국(또는 일한국) : 훌레구[*] ; 1258년 바그다드 점령 ; 1335년에 멸망되었다.

킵차크 한국(金帳汗國) : 볼가 강 하류에서 바투[*]가 건국, 1227-1255년 ; 러시아를 지
배 ; 티무르 제국에 의해서 정복되었다가 15세기에 멸망되었다.

---

[*]는 칭기즈 칸의 손자를 가리킨다.

아시아에서 전래된 네스트리우스 교(景敎)에 귀의하는 사람마저 있을 정도
였던 것이다.

자기 나라에서 열등한 지위에 처하는 굴욕을 당한 한인들에게는 그 당시나
지금이나 반몽골 감정이 들끓어오르는 것은 당연할 것이다. 존 랭글로이스
(1981)도 암시했듯이, 원대 중국인의 실제생활은 기존의 시각과는 좀 다른 재
평가가 필요할 정도로 복합적인 모습을 보인다. 우선 상무주의(尙武主義)라
는 점에서 보면 몽골의 영향은 거의 의심의 여지가 없다. 모든 농민이 잠재적
으로 동시에 자위능력을 지닌 병사가 되어야 하는 것이 중국의 전통적 이상
이었다. 진에서 당에 이르는 왕조에서 군대는 징병제였다. 진한 시대에는 신
체가 건강한 모든 남성이 요역으로 2년 동안 군대에 복무해야 했다. 수와 당
초에는 부병제가 실시되었고, 그에 따라 세금을 면제받은 일정한 호구는 무
기와 식량을 자비로 부담하면서 병사로서 복무할 인원을 제공해야만 했다.
당초에는 약 1,000명으로 구성된 절충부가 633개소 두어졌는데, 그것들은
주로 서북지역과 수도 주변에 자리잡았다. 부병제는 749년에 폐지되었다.
당말과 송대에는 일반적으로 자질 면에서 평판이 좋지 않은 용병(傭兵)이 등
장했다.

이와는 반대로 내륙 아시아의 부족민은 성장과정과 관습상 정복을 한 후에
는 쉽게 전문적이고 세습적인 군인(軍戶)으로 바뀔 수 있는 잠재적 기병이었
다. 모든 농부가 병사가 된다고 하는 것은 단지 이상에 지나지 않았다. 그러

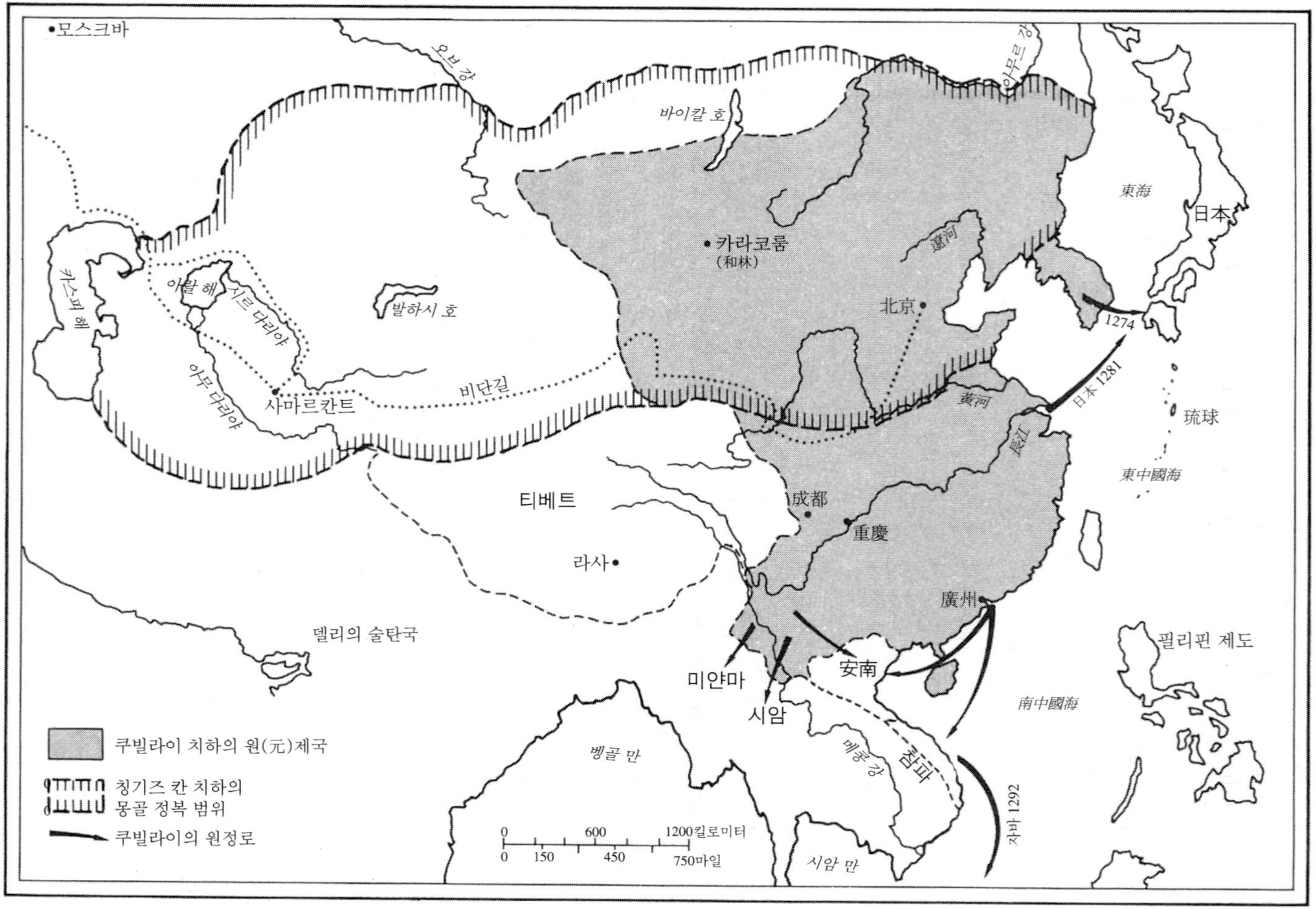

15 몽골의 정복과 1279년의 원(元)제국

나 모든 (유목민) 사냥꾼이 군인이 된다는 것은 쉽게 사실이 될 수 있었다. 여
진의 기본적 단위는 300호(謀克)로 이루어졌으며 여기서 100명의 군사가 동
원되었다. 칭기즈 칸은 1206년 부양가족과 할당된 초지(草地)를 보유하고 각
자 1,000명의 군사를 동원할 수 있는 95개의 군단(千戶)을 휘하에 두었다.
몽골이 전 중국을 정복하고 통치한 최초의 내륙 아시아인이었던 점에서 잘
드러나듯이, 몽골의 가장 큰 공헌은 군사적인 분야였다. 소계경(蕭啓慶,
1978)이 말했듯이 몽골 정복자들은 "주로 권력에 대해서 계속 관심을 두었
다. 그들은 군사적인 관점에서 생각하는 경향이 있었으며", "정복민족 대다
수를 포함하는" 새로운 군사조직을 중국에 알려주었다.

일단 중국이 정복되자 몽골 주둔군은 그들에게 할당된 인구가 감소한 화북
지역의 토지에서 스스로, 또는 노예를 부려 농업에 종사함으로써 생계를 유
지해야만 했다. 이러한 세습군호들의 전투력은 곧바로 저하되었다. 몽골의
장령(將領)들은 일반 병사와 분리되고 자기영속적인 귀족 —— 몽골 제국의
관료제에서 우월한 지위를 차지한 군사집단으로서 —— 이 되었지만, 중국에
남은 일반 몽골 병사들은 빈궁화의 길을 걸었다. 그들은 중국 여성과 결혼했
지만 대부분은 자신의 토지를 상실했고, 심지어는 가족을 팔거나 때로는 도
망쳐서 방랑자가 되기도 했다. 평화로운 시절에 세습적인 군호가 된다는 것
은 사실 재난이나 마찬가지였다.

역사가들의 논쟁거리가 되는 문제들 가운데 하나는 몽골의 지배가 중국의
유교적 지배를 어느 만큼 더 전제적으로 만들었느냐 하는 것이다. 그 해답은
긍정적인 것처럼 보인다. 하지만 그 이유가 모두 몽골에게 있지는 않다. 명의
태조(朱元璋)는 아마도 나중에 가장 적극적인 증거가 될 터였다. 몽골인들은
경멸을 받았다. 그들은 누린내가 아주 심해서 바람이 불어오는 쪽에 있으면
쉽게 그 냄새를 맡을 수 있다고 한족들은 말하기 좋아했다. 몽골의 화북 지배
는 여진이 지배했던 시기보다 짧은 100년 미만이었다. 장성 주변지역을 제외
하면 몽골은 뿌리를 내리지 못했다. 그러나 이러한 사실이 그들의 통치방식
들 가운데 일부가 모방되지 않았다는 것을 의미하지는 않는다.

중국을 통치하면서 몽골이 부딪친 첫번째 문제는 문화적인 문제였다. 외몽
골에서 완전한 유목생활을 하던 몽골은 이전에 중국과의 접촉이 거의 없었
다. 언어, 복식, 관습, 배경이 너무나 달랐으므로 몽골은 남송과의 문화적인

격차를 메울 수 없었다. 일반적으로 문맹이었고 인구도 상대적으로 적었으므로 몽골은 서역인(西域人)들 —— 투르크계 위구르인, 아랍인, 심지어 마르코 폴로와 같은 일부 유럽인 —— 과 자신들에게 정복된 금조 출신의 한족–여진족 관리를 이용하여 통치했다. 남송의 한인, 즉 남인(南人)은 충성이 의심스러운 존재로 경멸되었다. 남인들은 정부관료가 되는 것을 거부함으로써 이에 대응했다. 노연훤(勞延煊)은 진사 학위를 소유한 남인들이 기꺼이 민간 서원(書院)의 원장이 되려고 했지만, 지위는 낮더라도 관료가 되어 관학에서 가르치는 것은 거부했다고 지적했다(랭글로이스, 1981).

대체로 이와 같은 문화적 격차 때문에 원조의 통제를 비교적 느슨한 것이 되었다. 원조의 형벌은 외견상 송대보다 덜 가혹했다. 조세에 부과되는 부가세도 송대보다 적었다. 쿠빌라이는 정통 유학뿐만 아니라 라마 교와 도교의 확실한 후원자였고, 문자옥(文字獄)을 일으키지는 않았다. 몽골의 왕공(王公)들은 각자의 속령(屬領)을 가지고 있었으며 서로 분쟁을 일으켰다. 몽골인들은 전략적인 요충지를 지켰다. 그러나 정부에 대해서 행정적인 간섭을 하거나, 지역사회를 감시하거나, 중국 문학과 경극(京劇)을 검열하지도 않았으며, 사상적이고 문화적인 지도력을 발휘하지도 못했다.

헤르베르트 프랑케는 요, 금, 원을 비교하여 세 왕조 모두 한족과 유목민의 생활방식이 물과 기름처럼 섞이지 않았기 때문에 거의 식민정부처럼 느슨한 행정체계를 가지고 있었다고 주장했다(슈람, 1987). 따라서 이러한 다민족, 다언어 정권 아래서 각 민족은 각자 고유의 문자 —— 거란, 여진, 몽골 문자 —— 를 사용했다. 한인들은 권위의 위계질서 내에서 세습적인 계승이 이루어지기를 기대한 반면, 정복자들은 얼마간 민주적인 혹은 최소한 부족장들의 집단적인 회합에서 선거로 후계자를 결정했다. 한인들에게 법률은 획일적이고 보편적이었지만, 유목민에게는 각자 자기 부족의 관습법이 적용되었다. 이러한 다양성이 원조의 중앙집권화나 일원적인 전제주의를 보다 약화시키는 방향으로 상당한 작용을 했다.

과거제도는 1315년이 되어서야 부활되었다. 따라서 행정관료의 부족은 서리층(胥吏層)의 이용을 늘림으로써 메워졌다. 많은 한인들이 이러한 경로를 통해서 관리가 되었다. 그러나 몽골의 감독도 부족했을 뿐 아니라, 유교적 소양도 결여된 서리들은 광범위한 부정을 저질렀다. 지방에서 권력을 유지하기 위해서 몽골은 중층적(重層的)인 지방담당관을 두었다. 조정에서는 핵심적인 지역에 전권을 가지고 군사적인 문제나 일반 행정의 문제를 처리할 수 있는 몽골인, 그리고 때로는 한인 관리를 파견했다. 이 문제해결사들은 다루가치(達魯花赤[札魯忽赤], [大]斷事官)라고 불렸다. 이들은 황제로부터 직접 전권을 위임받았다. 원말의 수십 년 동안 몽골 지배자들은 유교적 통치방식을 연구하고 이용함으로써 좋은 효과를 거두었다. 그렇지만 한화(漢化)되지 않은 강경한 몽골인 사이에 내란이 일어남으로써 그것은 수포로 돌아갔다.

몽골의 특징들 가운데 하나는 더 많은 전리품과 노예를 찾아 이동을 계속하는 유목민 특유의 열망이었다. 기존에 알려진 세계를 모두 정복하고 마지막으로 남송을 전복시킨 다음, 몽골은 숙련된 선장과 승무원을 보유한 채 포획한 남송의 함대를 앞세워 해외로 원정군을 파견했다. 수천 척에 달하는 원의 함대는 1274년에 일본 정복을 시도했다. 1281년에는 베트남과 참파(현재의 베트남 남부)와 유구(琉球, 현재의 오키나와)를 침략했다. 1292년에는 자바를 공격했다. 하지만 모두 성공을 거두지 못했다. 미얀마와 시암 또한 침략의 대상이 되었다. 몽골 전사들은 영토 확장에는 그렇게 열심이었다. 반면 아시아 주변의 해로에 모습을 드러내기 시작한 초기적인 해양 세계체제에서 중국의 해상무역을 가담시키는 데에는 거의 관심을 돌리지 않았다. 몽골의 지배로 중국에서는 수십 년 동안 국내가 평화스러웠고, 아시아를 관통하는 대상(隊商)무역이 발달했다. 이 교역로를 따라 다수의 유럽인이 중국에 왔다. 대략 1331년에서 1354년 사이에 중국의 인구를 격감시킨 선(腺)페스트가 몽골을 통해서 유럽에 전파됨으로써, 1348년에서 1349년에 걸친 페스트의 대재난을 가져왔다는 것은 그럴듯한 이론이다.

제2차 대운하의 건설과 같은 쿠빌라이의 거대한 공공사업은 어느 정도 경제번영에 공헌했다(지도 16 참조). 서아시아와 인도로부터의 해양무역은 앞에서 살핀 대로 여전히 주로 아랍인의 손 안에 있었다. 이슬람 세계의 분열로 이슬람 상인들이 비단길뿐만 아니라 동인도제도에서 중국 및 유럽의 동부 지중해로 향료를 나르는 향료길을 통해서도 중국에 이르렀기 때문이다. 무역에 투자한 몽골 군주들은 해상무역이나 중앙 아시아를 횡단하는 비단길의 대상으로 활동하던 이슬람 상인집단들을 통제하면서 그들에게 자금을 빌려주었다. 이 상인들은 또한 징세 청부업자로서 몽골이 농업잉여를 징수하여 그 일

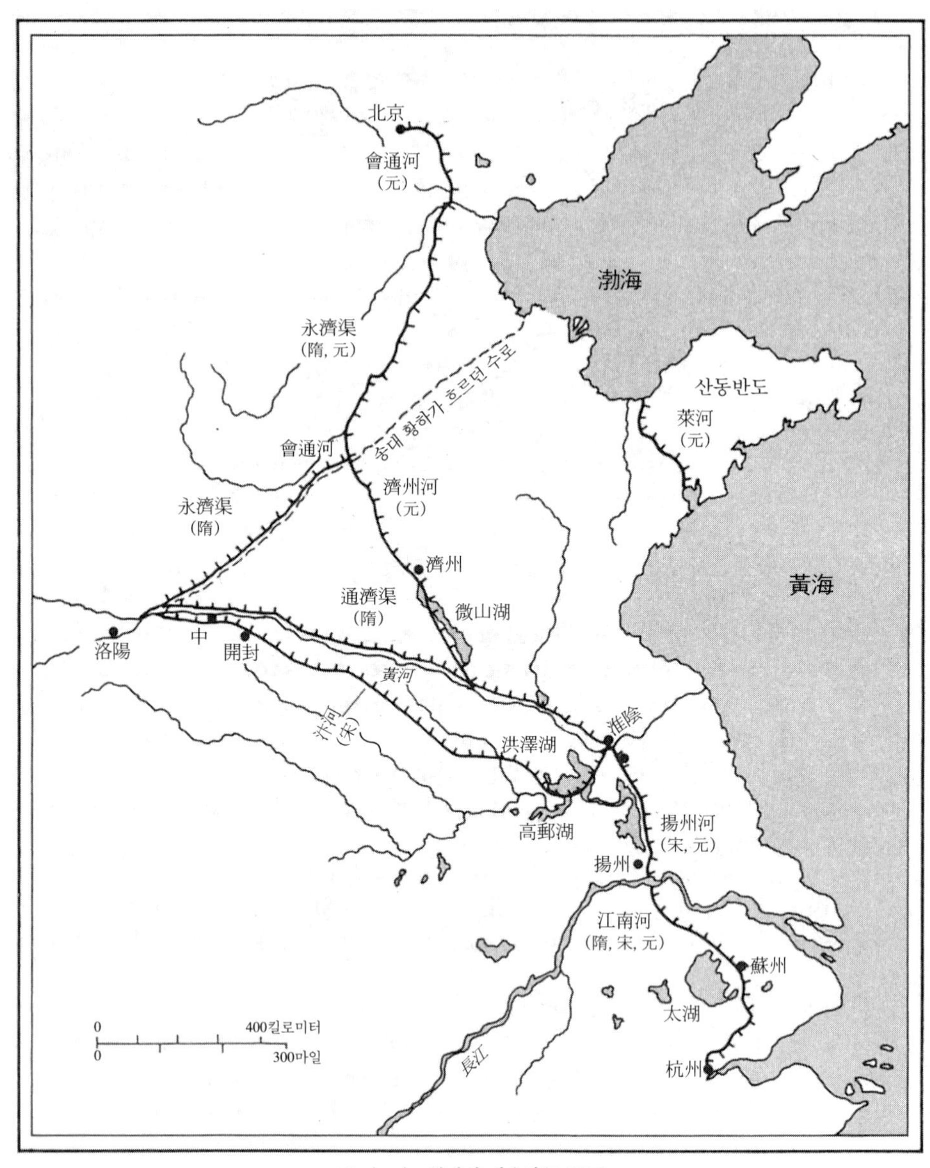

16. 수, 송, 원대의 대운하(大運河)

부를 무역에 투자하는 것을 도와주었다. 상업의 성장은 조정의 이슬람 재정 전문가가 감독한 광범위한 화폐의 발행에서 잘 나타나고 있다.

남인들을 관리로 이용하지 않고 지역사회에도 간섭하지 않음으로써 몽골 지배는 중국에서 민간학문의 발전을 자극했다. 관리로서 국가에 임용되지 않은 수많은 한인 사대부들은 자신들이 자유롭게 개인적인 목적을 추구하거나, 공동체에서 지도력을 발휘하거나, 또는 유교의 전승자가 될 수 있음을 깨달았다. 따라서 원대의 중국에서는 연극이 발달했고 회화도 번영했다. 민간학자들은 사회질서와 선정(善政)의 기초로서 개인의 도덕적 자기수양을 강조한 주희의 이론을 정력적으로 발전시켰다. 주자학파(朱子學派)는 객관적인 세계의 연구에 몰두했다. 반면 또다른 이학자인 육상산(陸象山)의 추종자들은 좀더 주관적인 사색을 옹호했다. 이러한 철학적인 추세와 더불어 정치제도에 대해서 좀더 실용적인 지배술을 추구하는 경세학파(經世學派)도 발전했다. 도덕파와 실용파라고 할 수 있는 이 학파들은 충성을 강조했다. 그렇지만 이것은 어떤 왕조에 대해서라기보다는 오히려 이학적인 방식에 대한 충성을 의미했다. 원대에는 또한 독단적인 정부에 대한 교정수단이라는 측면에서 법률에 대한 새로운 관심이 일어나기도 했다.

송대의 이해

고도로 발전한 문명의 시기를 간단하게 묘사하는 것은 쉬운 일이 아니다. 그러나 위대한 시대에 대한 학자들의 해석은 흔히 그 시대에 대한 역사적 기록의 일부가 되어왔다. 일본의 학자 나이토 코난(內藤湖南)은 송대의 변화가 아주 광범위하고 인상적인 것이어서 송대를 "근대적인" 중국의 요람기, 즉 근세(近世)라고 보았다. 그에 의하면 근세란 20세기 초, 즉 그 자신이 살던 청조 말기까지 지속된 시대였다. 나이토는 근세에서 두 가지 차원의 권력, 즉 "측근과 부하"를 거느린 전제적인 황제와 "중앙에서 임명한 관료기구 밑에 존재하는 지방사회"를 발견했다. 이 새로운 근세는 "문화의 중요성이 늘어남에 따라 대다수 중국인에게는 정부의 중요성이 줄어드는" 특징을 보였다(포겔, 1984). 우리는 앞에서 소수 문벌귀족에 의한 지배가 보다 강력한 황제와 황실이 교육과 과거시험을 거친 관료와 지방 사대부를 이용하여 지배하는 방식으로 변화했다고 지적했다. 나이토는 그러한 경향을 이러한 변혁의 일부라고 보았다. 황제는 매일 소수의 과두지배집단과 비공식적으로 접촉하던 관행을 멈춤으로서 더욱더 독재권을 강화할 수 있었다. 데니스 트위쳇이 『케임브리지 중국사』 제3권에서 지적했듯이 "결과적으로 황제와 사회, 그리고 황제와 황제의 지배수단인 관료 사이에 간격이 훨씬 커졌다." 그는 "나이토의 이론이 근대적인 연구의 발전에 뛰어난 공로를 세웠다"고 부언했다. 그러나 나이토의 이론은 송대의 번영과 그 번영을 저지한 유목민의 정복이라는 거대한 드라마에는 특별한 주의를 기울이지 않았다. 송, 원대의 중국에서 일어난 놀라운 성장과 결과적으로 그것을 억제한 요소들에 대한 최근의 새로운 평가는 때늦은 감이 있다.

한 사람의 관찰자로서 많은 학자들의 연구성과를 검토하고 연결시켜보는 과정에서 내게는 하나의 이론이 떠올랐다. 다른 학자들도 약간 다른 용어이지만 거의 같은 내용을 강조했다. 이 가설은 다음과 같다. (1) 고대 중국은 중앙의 통제를 확보하려는 목적으로 조직된 **정치화된** 국가를 창출했다. 그 수단으로 학술적, 사상적 설득이라는 관료제적 방법과 독재적인 황제의 폭력 행사라는 방법이 이용되었다. (2) 내륙 아시아로부터의 비한족 침입자들은 중국의 정치체제에 빠뜨릴 수 없는 **참여자**가 되었다. 그들의 기여는 군사적 용맹성과 행정적 숙련성이다. (3) 그 결과로 나타난 호한체제적(胡漢體制的) 황제권력은 중앙에서 **정치적으로 통제하는** 대권을 계속 유지할 수 있었다. 경제성장과 문화적 다양화는 여기에 부차적으로 종속되어 있었다.

간단히 말해서 처음부터 비한족 침입자들은 고대 중국으로부터 물려받은 고유한 문화적, 경제적 생활에 대한 정치의 우위를 유지시키는 데에 도움을 주었던 것이다. 정치는 여전히(또는 특히) 모든 것을 지배하고 있었다.[1] 특히 위계적인 사회질서 내에서 권위에 대한 충성을 강조하며, 훨씬 통제하기 어려운 무역과 대외관계의 성장보다는 농업에 의한 자급자족을 중시하는 이학 이데올로기는 이러한 통제의 경향을 더욱 강화시켰다. 그러나 이러한 정부

---

1) 여기서 페어뱅크 교수는 "Politics was still(or especially) in command."라는 문장으로 표현하고 있다. "Politics in command"는 중국의 문화대혁명기에 사용되었던 "政治掛帥", 즉 정치는 모든 것을 지휘, 지배한다, 정치는 모든 것에 우선한다는 의미의 구호를 영역할 경우 사용되는 단어인데, 여기에서 아마 이러한 의미의 차용을 위해서 사용한 것으로 보인다.

내에서의 지속적인 독재 강화의 경향과 함께 수반되었던 것은 앞에서 이야기한 것처럼 중국인들에게 "문화의 중요성이 더욱 늘어났다"는 점이었다. 달리 말해서 우리는 여기서 국가와 국가 밑에 놓여 있는 사회라고 하는 두 가지 차원에 대해서 논의하고 있는 셈이다.

따라서 정부의 역할이 줄어들고 지역사회에서 문화의 역할은 증대된다는 나이토의 두번째 지적은 앞서 신사사회의 형성을 다루면서 이미 확인된 셈이 된다. 그러나 지방차원에서의 성장에도 불구하고, 황제와 조정 차원에서의 권력은 여전히 독재적인 상태로 남아 있었다.

요-금-원의 이민족 지배라는 엄청난 사실이 중국에 미친 영향에 대해서는 지금에 와서야 연구가 시작되고 있다. 그것이 가져온 경제적 충격도 아직 확실하게 알려져 있지 않다. 확실히 그것은 커다란 물리적 상처를 가져다주었지만, 전체적으로 보았을 때는 아마 심리적인 재난이 훨씬 더 크게 삭용했을 것이다. 정복왕조들이 명대의 중국에 미친 영향은 곧바로 아주 분명하게 드러났다.

제6장

명조의 정부

홍무제의 유산

1368년부터 1644년에 이르는 명조의 276년 동안 중국의 인구는 8,000만에서 1억6,000만으로 두 배 늘어났다. 파괴적인 내전은 거의 없었다. 교육과 철학, 문학과 예술 면에서의 성취는 신사사회의 수준 높은 문화를 반영했다. 그러나 원-명 교체의 광경은 그리 보기 좋은 것만은 아니었다. 처음에 명조 정권은 몽골을 몰아내고 저지하기 위해서 군사화를 추진했다. 그 다음에는 국내의 안정을 이룩하고 외부의 영향을 차단하려고 노력했다. 몽골 정복자를 몰아내고 부활한 한족의 국가는 송을 계승하려고 하지 않았다. 이론적으로는 한과 당의 모델로 되돌아가려고 했지만 실제적으로는 뚜렷하게 원대의 몇몇 특징들을 유지했던 것이다.

명조의 특징은 1368년부터 1398년까지 재위한 홍무제(洪武帝), 즉 태조 주원장(朱元璋)의 심리상태에서 비롯되었다고 할 수 있다. 그는 어려서 굶주리고 거지 노릇도 한 적이 있는 농민 출신이다. 그는 불교 승려에게 글을 배웠으며, 원조에 반대하여 일어난 불교종파인 백련교(白蓮敎)에 가담했다. 반란군의 수령으로 출세하여 강남지역의 경쟁자들에게 승리를 거둔 다음 그는 유학자들의 도움을 받아 천명을 받았음을 선언하고 그에 따른 의례를 거행했다. 1368년에는 분열된 몽골의 왕공들을 몰아내고 남경(南京)에 수도를 건설했다(지도 17 참조).

이 새로운 독재군주는 다른 왕조의 창업자들처럼 칭송을 받았다. 그럼에도 불구하고 그의 개인적 성향은 중국에 커다란 재난을 가져다준 것으로 보인

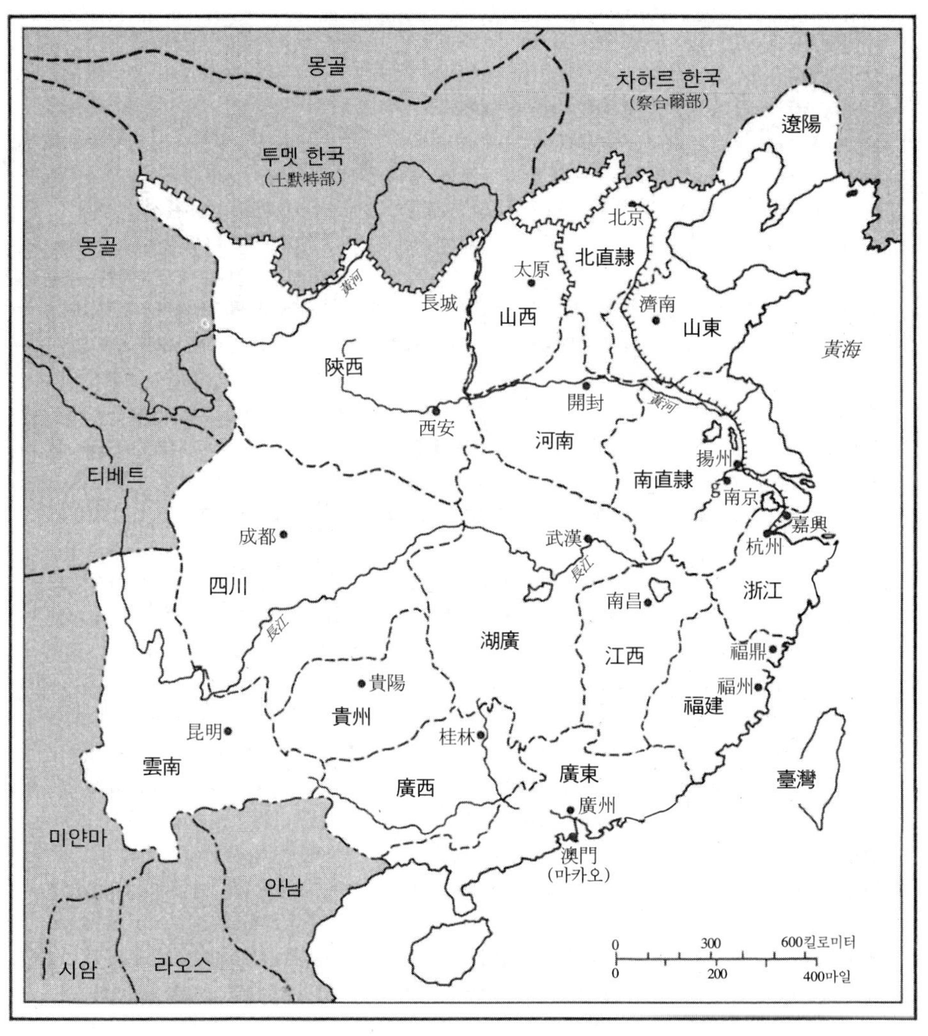

17. 명(明)제국의 최대 판도

다. 험악한 인상을 지닌 홍무제는 매우 정력적이었고 폭력적인 기질이 짙었다. 또한 과대망상에 빠진 것처럼 자신에 대한 반역음모를 의심했다. 프레더릭 모트는 명조 통치의 수많은 특색이 "이 기괴하고 강력한 인물의 개인적 특징에서" 비롯되었다고 보고 있다(『케임브리지 중국사』 제7권).

홍무제의 목표는 세계에서 가장 규모가 크고, 가장 다양한 국가에 대해서 중앙집권적인 통제를 유지하는 것이었다. 이 목적을 위해서 그는 신민(臣民)의 행위를 인도할 훈계와 규제, 즉 수많은 법령, 전장(典章), 조종의 훈시(訓示), 일련의 교유(教諭), 향촌법령, 의례규정 등을 반포했다. 에드워드 파머는 이러한 규정들이 이상적 사회질서를 위한 청사진을 이루었고, 이를 보장해줄 형벌체계를 포함했다고 지적한다.

홍무제는 농촌이 피폐했다는 것을 경험해봐서 알고 있었다. 따라서 토지세를 경감하고, 토양침식을 막기 위해서 나무를 심고, 황하와 장강의 제방을 다시 보수하고, 기근에 대비해 창고를 채우고, 도적을 막기 위한 연좌제를 실시하고 빈민을 구제하기 위해서 신사층을 격려하는 등 가능한 모든 경세(經世)의 도구들을 이용했다. 그러나 그의 경제적 구상은 농업을 국부의 원천으로 보아 검약을 가장 중요한 덕목으로 강조하는 전통적 유교적 관점에 의해서 제약을 받았다. 때문에 그는 상업을 멸시하고 기생적인 것이라고 간주했다. 정부는 자급자족적인 농촌사회를 만들어내기 위해서 노력했다. 그 결과 백성들이 스스로 치안을 유지하고, 군대는 자급자족을 이루고, 농민들은 지방도로와 관청의 사업을 위한 요역을 제공했다. 그의 검약정신은 관료들에게 단지 명목상의 봉록만을 지급하게 될 정도로 확대되었다. 이 때문에 관료들은 규정 이외의 수입으로 조직을 유지해야만 했다. 새로운 세금을 부과하지 않는 홍무제의 정책은 불가피하게 경제적 파탄을 이끌게 되었다.

그러나 홍무제의 주된 관심은 군사문제에 있었다. 중국은 몽골의 부흥을 막아야 했다. 이를 위해서 그는 원의 군제를 모방하여 전략요충에 위소(衛所)를 설치하고 평상시에는 농경에 종사하지만, 전시에는 병사로 복무하는 세습적인 군호(軍戶)를 두었다. 원의 왕공들이 큰 영토를 가진 할거귀족이었던 반면, 홍무제는 휘하의 장군들을 최고 관료보다 높은 지위와 급료를 받는 군사귀족으로 만들었다. 적어도 그들에게 반역죄의 혐의를 두어 대량으로 학살하기 전까지는 그러했다.

　문과 무, 덕치와 폭력을 사용하는 통치방식 사이에서 선택할 필요가 있을 때 홍무제는 자신이 만든 모든 법률과 도덕적 가르침에도 불구하고 폭력을 사용하는 편을 선택했다. 1380년에 승상(胡惟庸)의 음모가 적발되자, 그는 승상을 참수형에 처했다. 그의 가족과 여기에 연루되어 사형을 당한 자가 모두 약 4만 명에 달했다(關係의 네트워크라는 것은 위험한 측면도 지니고 있다!). 계속된 관료들의 참수형과 이후의 탄압은 희생자의 수를 거의 10만 명 가량으로 늘려놓았다. 그 결과 능력 있는 인물이 사라지고 폭력이 군림하게 되면서 유교적 정부는 거의 발전하지 못했다. 조정에서 신하들은 공공연히 크고 작은 곤장으로 얻어맞는 벌과 모욕(廷杖)을 당했다. 이것은 폭력적인 명조 지배의 일상적 현상이 되었다. 희생자는 엎드린 채 발가벗은 궁둥이에 매질을 당했다. 매질하는 사람은 때릴 때마다 그 횟수를 헤아렸다. 피부가 곧바로 찢겨졌고, 피묻은 수건으로부터 감염을 피할 수 없었던 만큼 어떠한 의식도 이보다 더 창피하고 위협적이지는 않았을 것이다. 1519년에는 황제가 직분에서 벗어나 계속 남방에 머물러서는 안 된다고 권했다는 이유로 146명이 매질을 당했고, 그 가운데 11명이 죽었다. 1524년에는 사촌에게서 왕관을 물려받은 황제의 친부모에게 황제로서의 칭호를 붙이는 것에 반대했다는 이유로 134명이 매질을 당했으며 그 가운데 16명이 죽었다.[1] 이것을 보면 황제와 관료들은 황제의 폭력으로도 풀 수 없는 제도적인 갈등에 빠져버린 경우가 많았다는 인상을 받는다.

　일반적으로 홍무제의 판단착오는 개인의 권력을 주장하고 유지하기 위해서 모든 결정권을 혼자 행사했다는 데에서 찾을 수 있다. 중앙권력을 장악해야 한다는 강박관념(역사적으로 이어받은 긴박한 요구) 때문에 그는 1380년에 중서성(中書省)과 승상(丞相)을 폐지했다. 이에 따라 황제는 행정과 군사의 모든 면에서 최고 책임자가 되었다. 이것은 그에게 통제력을 가져다주었지만, 동시에 과도한 부담도 떠맡겼다. 명대 제도사의 최고 권위자인 찰스 허커는 홍무제가 어느 8일 동안 제출된 3,391건의 상주문 가운데 1,600건을 처리했다고 지적하고 있다. 하루 10시간에 200건을 처리한 셈이라면 문서마다 평균 3분 정도밖에 생각할 여유가 없는 셈이다. 이전의 왕조에서는 보좌진을

---

1) 방계에서 들어온 세종(世宗)이 자신의 부친을 황숙부(皇叔父)가 아니라 황고(皇考)로 칭할 것을 고집하여 일어난 분란을 가리킨다. 이 사건을 "大禮의 議"라고 한다.

거느린 재상(승상)에 의해서 일상적인 행정이 처리되었다. 명청시대에는 이러한 부담이 이제 황제의 몫이 되었다. 그들 모두가 초인(超人)은 아니었기 때문에, 정부의 업무는 정체되는 경우가 늘어났다. 정부는 쉽사리 비효율적인 일상화의 함정에 빠져들었다.

승상과 중서성을 폐지하는 과정에서 홍무제는 관료조직에 대한 대규모 숙청을 단행했다. 승상은 육부(六部), 어사대(御史臺) 및 수도의 여러 관청, 즉 외조(外廷)의 최고 관료로서 인사와 문서행정을 이끌던 존재였다. 따라서 승상의 폐지는 명의 황제가 개인적 측근들로 구성된 내조(內廷)를 통해서 통치할 수밖에 없다는 것, 다시 말해서 황제는 군사나 다른 특별한 문제뿐만 아니라 행정까지도 환관에게 의존하게 되었음을 의미한다. 결과적으로 명조 황궁은 7만 명에 이르는 환관을 보유하게 되었다.

재정문제

황인우(黃仁宇, 1974)와 같은 재정사가의 입장에서 본다면 홍무제의 유산 가운데 가장 눈에 띄게 불합리한 것은 재정부문이었다. 우선 황실재정과 국가재정 사이의 구분이 없었다. 내전을 통해서 제위를 찬탈한 3대 황제 영락제(永樂帝, 재위 1402-1424년)는 자신의 개인적인 기반이 강하고 또 몽골의 침입을 저지하는 전략적 위치에 있다는 이유로 수도를 북경으로 옮겼다. 자금성(紫禁城)을 둘러싼 북경의 황성(皇城)에는 공사(公私)의 구분 없이 황실의 수요에 부응하기 위해서 50개소 이상의 조달 관청과 상점이 몰려 있었다. 3제곱마일에 이르는 이 구역에는 10만 명의 장인과 기타 여러 사람들이 고용되어 있었다. 이것은 황제의 개인적인 생활과 의식행위가 핵심적인 정부활동의 일부로 간주되었고, 여러 측면에서 유학자나 도학가(道學家)의 감독과 비판의 대상이 되었다는 사실과 일치하고 있다.

환관이 정권을 잡자 궁정의 비용은 이유 없이 늘어났다. 황제의 친위부대인 금의위(錦衣衛)의 비용 역시 늘어났다. 금의위는 황제의 호위대였을 뿐만 아니라, 특무기관으로서 정치적 반대자들을 "특별취급"하기 위한 무시무시한 진무사(鎭撫司)의 조옥(詔獄)을 운영했다. 금의위는 1382년에 위졸(衛卒) 1만6,000명으로 시작했지만, 결국 그 수는 7만5,000명으로 늘어났다.

조정이나 후손들은 어땠는지 몰라도 홍무제 자신은 극단적인 검소함을 목표로 했다. 그는 토지세를 농업생산물의 10퍼센트 정도로 고정시켰는데, 이는 부담스런 비율이 아니었다. 하지만 겉으로 보기에 자비로워 보이는 이 경세(輕稅)정책은 정부의 세입을 고갈시켰다. 현대적인 관점에서 보면 민중의 경제생활을 도와줄 수 있는 정부의 공공기능 수행을 방해했던 것이다. 홍무제는 조세의 납부와 관련된 모든 사적인 지출을 정부 대신 지역사회에서 해결하기를 기대했다. 통제와 징세를 목적으로 농민들은 1381년 이갑제(里甲制)로 알려진 110호(戶)를 단위로 하는 편제로 조직되었다. 이갑제 아래서는 이장호(里長戶)의 지도를 받는 갑수호(甲首戶) 10호가 전체 이갑의 납세와 요역에 책임을 졌다. 또한 모든 토지와 호구를 기록한 부역황책(賦役黃冊)이 작성되어 계속 수정되었다. 갑수호의 의무는 10년을 주기로 매년 바뀌었으므로 이것은 영구적으로 순환하는 주기가 되었다.

이 교묘한 배치방식은 유사한 고안품, 즉 상호감시와 치안유지를 목적으로 한 보갑제(保甲制)와 똑같이 심각한 결점을 지니고 있었다. 이 제도는 문인관료들이 고안한 다양한 종류의 의무들을 수행하는 방법을 대중에게 보여주기 위한 청사진이었다. 그 세부사항들은 거의 변경의 여지가 없었다. 결국에 가서는 지역 실정과 촌락의 인간관계에 따라 변형되지 않을 수 없었다. 그렇게 되자 제도의 남용이 점차적으로 나타나기 시작했고, 머지않아 부패가 만연했다. 재난에 가까운 이러한 증후군의 예를 우리는 조세제도, 군대의 유지, 화폐정책 등에서도 확인할 수 있다. 이것들 역시 모두 머지않아 문제가 심각해질 터였다. 문제의 원인은 창업자가 정한 경직된 형태 그대로 정부조직과 제도가 고정되었던 데에 있었다. 결과적으로 명조의 행정은 변화하는 중국의 수요에 적응할 수 없었다.

조세 면에서 보면 첫째, 중국 전역에서 북경으로 운송하는 비용을 줄이기 위해서 특정한 재원(財源)에서 나온 세입을 이미 허가를 받은 지출부문으로 직접 옮기는 방법이 고안되었다.[2] 그 결과 세입과 세출이 자동적으로 또는 법령에 따라 복잡하게 뒤얽히는 네트워크가 나타났다. 이 네트워크는 경직된 선례로 굳어졌다. 하지만 어떤 관료도 거기에 주의하지 않았기 때문에 부패

---

2) 지방에서 중앙으로 올려보냈다가 정부에서 다시 지방으로 내려보내는 방법이 아니다.

에 대한 감찰은 이루어질 수 없었다. 황인우는 명조의 재정제도에서 중요한 관심사는 "항상 정부의 안정이었다"라고 결론지었다. 모든 재무관료들은 이루 헤아릴 수 없을 정도로 잡다한 재원에서 나오는 세입들을 관할해야만 했다. 때문에 지방관이 재정독립을 주장한다거나 행정의 질을 개선한다는 것은 불가능했다. 반란에 이용될 수 있는 재원은 전혀 개발되지 않았다. "명제국의 재정운용은 너무나 분산화(分散化)되어 있었으므로 실제로는 전체적인 파악이 불가능했다."

세입과 세출의 분산화 때문에 중앙정부는 무력해졌다. 넓고 화려한 아문(衙門)에서 근무하는 아역(衙役), 서리(書吏), 차역(差役)은 1년 내내 언제나 납기일이 닥쳐올 때마다 잡다한 종류의 세금을 징수하느라 바빴다. 전체 조세액 가운데 토지세는 경제에 부담을 줄 정도로 과중하지는 않았다. 그렇지만 진짜 부담이 된 것은 징수과정이 비효율적이고 징수대리인의 수가 너무 많았다는 점이었다. 다시 말해서 수백만에 달하는 중개인이 이 복잡한 징세과정에 가담하여 세입체계에 기생했던 것이다.

예를 들면 대운하를 유지, 보수하기 위한 재정항목은 예산에 없었다. 대운하의 유지와 보수는 중앙정부로부터 아무런 재정지원도 없이 지방의 요역으로 유지되었다. 15세기 중반 12만1,500명의 관리와 군대가 1만1,775척의 조운선(漕運船)으로 곡물을 운송했다. 군대는 소속부대의 배급으로 보수를 받도록 되어 있었다. 하지만 이들 운송부대는 실제로 거의 보수를 받지 못했으므로 조운선으로 몰래 개인화물을 운송하여 나오는 수입에 의존해야만 했다. 일반적으로 모든 재정항목은 세입이 들어오기도 전에 이미 지출비용으로 예정되어 있었다. 빈번한 이송(移送)의 지시 때문에 징수되기도 전에 자금은 명목상 지출된 것으로 되어버렸다. 여기에는 아무런 융통성도 없었으므로, 홍수와 같은 재난이 닥치면 특별자금을 마련하기 위한 비상수단이 필요했다.

둘째, 군대가 농경에 종사하여 식량을 자급자족했음을 칭송하는 명조의 기록들은 믿을 만한 것이 못 된다. 황인우는 어떤 군대도 자급자족하지 못했다고 말하고 있다(기록은 사실이 아니라 이상을 언급한 것에 지나지 않았다. 군관들은 기록을 남기지 않았으며, 명조의 사가들은 왕조의 모습을 보기 좋게 꾸몄을 뿐이다). 군대를 농경에 종사시킨다는 둔전(屯田)의 계획은 아무런 대책이나 조사 또는 사전의 예비실험도 없이 마련된 청사진일 뿐이었다. 둔전을 추진하기 위한 아무런 기구도 세워지지 않았으며, 행정은 대단히 느슨했다. 강제로 군호(軍戶)에 편입된 호구(戶口)들은 탈주하는 경우가 많았다. 병사들은 정규적인 보수를 받지 못했으며, 가끔 일정에도 없는 보상이 주어졌을 뿐이었다. 이 제도는 단지 병사들을 농민으로 되돌려놓은 것에 지나지 않았다. 보급품이 차단되었으므로 군대조직은 쇠퇴했다. 따라서 병사들은 받은 토지를 팔거나 저당으로 잡혔다. 그래서 군대는 더욱 보수가 줄어들게 되었고, 탈주 때문에 그 수도 줄어들었다. 보급이 필수적이었던 국경 부근의 부대를 제외하면 군부대(衛所)는 원래의 10분의 1 정도로 규모가 줄어들었다. 그러나 자급자족적인 군대라는 비현실적인 전설이 여전히 남아 있었으므로 군사비를 위한 재정대책을 폐지하거나 바꿀 수도 없었다.

셋째, 화폐제도도 실패작이어서 교역의 성장을 도저히 따라잡을 수 없었다. 애초에 정부는 지폐(寶鈔)에 의존했다. 홍무제는 무한정 지폐가 발행되면 통화팽창이 초래된다는 것을 알지 못하고 지폐를 상금으로 계속 나누어주었다. 1425년에 지폐는 원래 가치의 40분의 1에서 70분의 1 정도로 떨어졌다. 결국 지폐는 쓰이지 않게 되었다. 그동안 정부는 줄곧 은의 사용을 금지했다.

중국의 동전은 눌러서 찍어내는 것이 아니라 녹인 금속을 주형에 부어넣는 방식으로 만들어졌다. 모든 마무리 공정은 손으로 이루어졌다. 명조에는 송대보다 동전의 수요가 컸음에도 불구하고 그보다 훨씬 적은 수량의 동전을 주조했다. 정부가 새로운 동전을 전혀 주조하지 않는 경우도 많았다. 따라서 개인이 주조한 위조동전이 그 공백을 메웠다. 주조작업은 성(省)에서 이루어졌다. 그러나 생산자들이 납을 섞어 주조함으로써 동전의 가치가 떨어졌다. 정부가 적절한 주조작업을 하는 데에 실패했으므로 대부분의 동전은 위폐(僞幣)였다. 동전의 가치는 과거의 표준인 은 1냥(兩)당 1,000문(文)에서 은 1냥당 6,000문으로 떨어졌다. 간단히 말해서 명조 정부는 교역의 증대로 화폐의 수요가 늘어나고 있던 바로 이 시기에 일반 백성이 사용하는 동전의 수급을 전혀 만족시킬 수 없었던 것이다.

16세기에 대외적인 교역이 증가하자 일본과 여러 경로를 거친 신대륙의 은이 산발적이기는 하지만 대량으로 중국에 유입되었다. 결과적으로 중국 특유의 상품경제는 화폐화되었다. 일조편법(一條鞭法)으로 알려진 개혁이 실시되면서 현물과 요역의 형태로 정부에 납부하던 방식이 점차 통합되어 화폐로 대체되었다. 지방민에게 요구되었던 이갑의 조세부담도 회계장부에서는 보존되었지만 실제로는 점차 토지세에 흡수되었다. 이갑제의 요역노동도 도로보수나 공공사업에 참가하는 대신 대리인을 고용할 수 있게 되었다. 결국에는 요역을 바치는 대신 간단히 화폐를 국가에 납부하기만 하면 되는 것으로 바뀌었다.

일본과 신대륙에서 백은(白銀)이 유입되었으나 중국에는 불행히도 백은화폐가 없었다. 동전(銅錢)과 은자(銀子)를 함께 사용하는 일종의 복본위제(複本位制)와 비슷한 것이 시행되었던 것이다. 정부는 동전의 가치 하락을 거의 막지 못했지만, 일반 백성 사이의 일상거래에는 동전이 사용되었다. 하지만 명조는 결코 은화(銀貨)를 주조하려고 하지 않았다.[3] 따라서 은을 고정된 가치를 지닌 주조화폐로 유지할 수는 없었다. 조세를 은자로 내게 한 것도 계획적인 것은 아니었다. 단지 다른 화폐로의 납부가 실패해서 어쩔 수 없었기 때문이다. 은자는 적당히 쪼개서 유통되었기 때문에, 계산 (무게) 단위인 냥(兩)은 장소마다 다르고, 업종, 정부기관마다 차이가 났다. 한 도시에서 동시에 서로 다른 20가지 종류의 계산 단위가 존재하는 것은 보통이었다. 소금과 면포(綿布)와 같은 주요 상품에 대해서나 또는 다른 지역에 지불하기 위한 수단으로서 각기 다른 "통화(은)"가 요구되었다. 은자는 모두 무게를 재고 순도(純度)를 분석해야 했다. 은의 통화단위인 냥(兩)이 무척 다양해지고 교환과정의 조정이 필요해지자 이런 복잡한 과정에서 이익을 얻는 금융업자가 생산적인 기업활동에 자본을 쏟으려는 투자자를 압도하게 되었다.

이러한 재정구조는 이윤 그 자체를 악(惡)이라고 확신했던 창업자의 강력한 절약정신을 따른 데에서 비롯된 것 같다. 홍무제는 상업이익이란 원래 국가와 사회의 이익에 배치되는 것이므로 가능한 한 억제해야 한다고 생각했다. 동시에 그는 정부의 이익은 자동적으로 백성의 손해를 의미한다는 순진한 관점에서, 국가가 "스스로 재정을 풍족히 하는 것"을 자제해야 한다고 생

---

3) 여기서 말하는 은자는 은 덩어리 또는 말굽 모양으로 주조한 은괴를 이야기한다. 이 은자 또는 은괴는 무게를 따져서 유통되었다. 기본 단위는 냥(兩)이다. 주로 19세기 이후 들어온 서양의 여러 은화는 무게나 모양, 성분 등이 규격화되어 있어서 사용할 때 일일이 그것을 따져보아야 하는 은자나 은괴보다 편리해서 환영을 받았다. 기본 단위는 원(元)이다. 청말이나 민국시대에 가서야 중국은 자체적으로 은화를 제조하여 사용하게 된다.

각했다. 정부는 잠재적인 경제력을 발전시키는 데에 실패했다. 대신 그 지배의 기초로서 정치적 통제에 의존했다. 따라서 재정기구를 운용하는 데에 필요한 최소한의 재력을 갖추는 일도 끝까지 무시되었다. 이 때문에 공공복리를 위한 운송시설에의 투자도 무시될 수밖에 없었다. 이렇게 재정적으로 궁핍한 상황 아래서는 일반 대중으로부터 대규모의 요역을 징발하는 일이 불가피했다.

황인우는 전체적으로 볼 때 중국의 어떤 지역이 기업이나 혹은 대외교역을 통해서 성장하는 경향이 나타나면 명조 정부는 그 지역을 도와주기는커녕 그런 불균형적인 성장이 "거꾸로 제국의 정치적 통일을 위협한다"고 여겨 반대했다고 지적하고 있다. 모든 성(省)이 가장 낙후된 지역과 같은 수준으로 머물러 있는 것이 차라리 나았던 것이다. 황인우는 송조와 원조가 명조보다 훨씬 세련되고 높은 행정의 질을 보여주었다고 결론짓는다. "당, 송, 원은 명처럼 그런 경직된 재정구조를 강요하지 않았고", 정부의 고위관료도 그렇게 재정운영에 무책임한 일이 없었다. "명조의 체제는 중국 재정사에서 하나의 중대한 파탄으로 실패를 대표하고 있다. 이후로도 정부재정의 중요한 목적은 정치적 현상유지였으며, 어떠한 동태적인 특성도 보여주지 못했다." 이러한 현상과 함께 나타난 것은 명조가 해양세계로부터 장대(壯大)하게 후퇴한 일이었다.

내부로의 선회

남송과 원은 중국의 선박건조, 항해술, 일본·동남 아시아·남아시아와의 해상교역이라는 면에서 엄청난 진전을 보였다. 1400년 무렵 명조와 해상무역을 했던 국가들은 수백 년 동안 알려진 나라들이었다. 중국 상선들은 비단, 도자기, 동전을 수출했다. 영락제는 내관감(內官監)의 태감(太監)이었던 정화(鄭和)에게 중국 남부의 교역로를 따라 해양원정을 떠나도록 명령했다. 정화는 원래 성이 마씨(馬氏)인 이슬람 교도였다. 그의 부친은 메카에 순례를 간 적도 있었다. 정화는 황제가 특별한 과업을 수행하도록 임무를 부여한 유능한 환관집단을 거느렸다.

1405년부터 1433년까지 7차에 걸친 정화의 원정은 대규모 사업이었다(지도 18 참조). 남경 부근에 있던 조선소에서만 1403년부터 1419년까지 2,000 척의 선박이 건조되었다. 그 가운데에는 길이가 370-440피트에 이르고, 폭이 150-180피트에 달하는 거대한 "보선(寶船)"이 100척 가까이 포함되어 있었다. 밀즈(1970)는 그것들이 각기 배수량(排水量) 약 3,000톤 정도로 환산할 수 있다고 평가했다. 90피트 높이의 돛대가 4개에서 9개, 12개의 방수용 격실(隔室), 선미의 방향타(舵)를 갖춘 이 배들은 최대 50개의 선실을 갖추어 450-500명의 인원을 실을 수 있었다. 1405년에서 1407년에 걸친 제1차 원정대는 317척으로 출발했다고 판단된다. 그 가운데 보선이 62척이었다(1588년 스페인의 무적함대는 총 132척이었다). 정화는 자신을 보좌할 환관 70명, 의원(醫員) 180명, 점성술사 5명, 병사 2만6,800명을 지휘할 장교 300명을 동승시켰다. 제1-3차 항해는 인도와 교역로상의 여러 무역항을 방문했다. 제4차 항해는 인도를 넘어 호르무즈에 이르렀고, 마지막 세 차례의 항해에서는 아프리카의 동부해안을 방문하여 남쪽으로 멀리 몸바사 부근의 말린디까지 이르렀다. 훨씬 전에 송대의 도자기와 동전은 이곳까지 도달한 적이 있었다. 다른 방향으로 파견된 분견대(分遣隊)의 하나는 메카에 이르렀다. 정화가 맡은 중요한 임무들 가운데 하나는 조공사절을 중국으로 데려오고 다시 데려다주는 일이었다. 정화는 약간의 교역도 실행하기는 했지만, 약 30개 국가와 외교관계를 확대시키는 데에 전념했다. 약간의 전투도 치렀지만 무력으로 공격한 일은 거의 없었다.

여기서 특기할 만한 점이 세 가지 있다. 첫째, 이 공식 원정대는 바스코 다 가마나 콜럼버스와 같은 의미에서의 탐험항해를 하지 않았다. 그들은 아프리카 동부의 해양에 이미 확립되어 있던 아랍과 중국 사이의 기존 교역로를 따라갔을 뿐이었다. 둘째, 중국 원정대는 해적행위나 식민사업 같은 것은 말할 필요도 없고, 상업이 아니라 외교적 목적을 지닌 원정대였다. 그들은 선물을 교환하고, 조공품을 기록했으며, 지리적인 정보나 상서로운 일각수(一角獸)로 관심을 모은 기린 같은 것들을 가지고 돌아왔다. 셋째, 이것이 가장 놀라운 사실인데, 1433년 일단 이 원정이 끝난 후 아무도 그 뒤를 잇지 않았다는 점이다. 대신 1479년경 병부시랑(兵部侍郎)은 그들의 기록을 모두 파기했고, 중국의 해외무역은 1567년까지 심각한 제한을 받았다. 세계일주가 이제 막 시작되려고 하던 위대한 대항해 시대에 명조는 잠재적으로 가장 앞서 있었지

킵차크 한국
페르시아
티베트
明
黃河
長江
揚州
동중국해
福州
臺灣
廣州
지다
홍해
호르무즈
미얀마
필리핀 군도
아라비아 반도
인도
해남도
남중국해
아덴
아라비아 해
시암
(태국)
차반
참파
아프리카
캘리컷
벵골 만
실론
모가디슈
콜롬보
수마트라
보르네오
말린디
팔렘방
동인도제도
자바
1405-1433년, 정화의 항로
0   500   1000마일
0   800   1600킬로미터

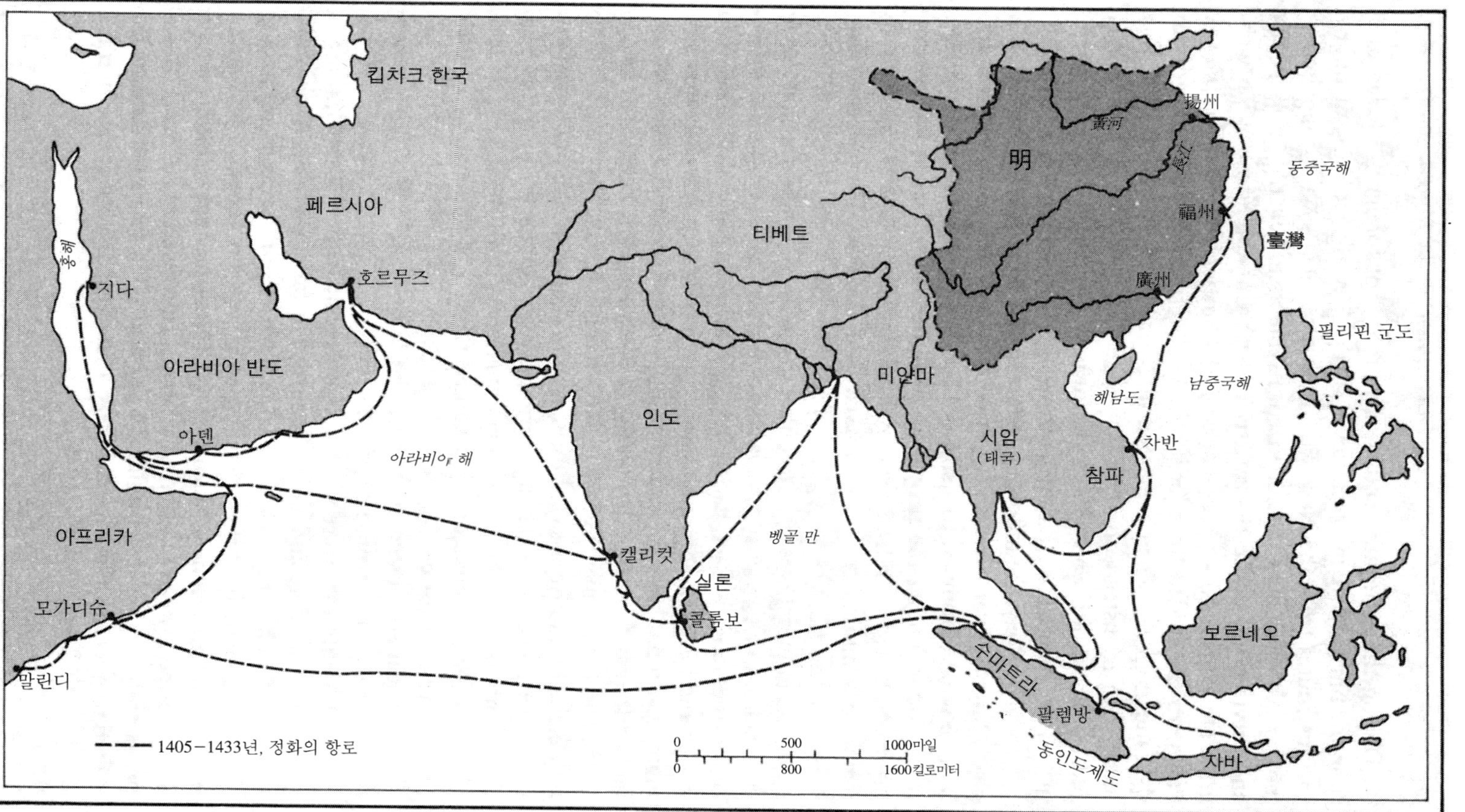

18. 정화(鄭和)의 항해

만 더 이상 앞으로 나가는 것을 거부했다. 유럽인들이 대항해 시대를 열게 된 것은 그로부터 50년이나 지난 다음이었다. 1433년 이후 37년이 지나서 포르투갈의 탐험대가 먼 남쪽의 아프리카의 서부해안, 즉 황금해안을 탐험했다. 59년이 지나 콜럼버스가 총 450톤의 조그만 배 세 척으로 항해를 떠났다.

에드워드 드레이어는 이 위대한 중국의 원정이 원칙적으로 교역과 대외접촉을 반대하던 유가적 훈련을 받은 문인관료들에 의해서 중단되었음을 밝히고 있다. 반면 황인우는 그렇게 막대한 비용이 드는 탐험대를 뒷받침할 만한 재력이 부족했던 당시의 재정위기를 강조했다. 예를 들면 명은 1407년 북부 베트남에 침입했지만 엄청난 비용 때문에 1428년 퇴각할 수밖에 없었고, 1431년에는 베트남을 독립된 조공국으로 인정해야만 했다. 영락제는 군대와 밀정기구에 환관을 이용하여 정부 내에서 세력이 커지는 전통적인 과거 출신의 문관들을 견제했다. 하지만 북경의 문관들은 이 환관에 대해서 불만을 품게 되었다.

15세기 중반에 명조는 또한 몽골 세력이 부활하여 변경을 침략하는 사태에 직면했다. 1449년 아첨배였던 사례감(司禮監)의 태감〔王振〕은 황제가 친히 몽골을 응징하도록 부추겼다. 그러나 오히려 황제는 몽골에게 사로잡히고 말았다. 몽골은 그를 거래대상으로 삼아 교환하기 위해서 북경에 접근했다. 하지만 명조는 신속하게 새로운 황제를 즉위시켰다. 이후 명의 정책은 몽골의 위협에 대해서 속수무책이었다. 관료들의 끝없는 정책토론을 추적한 아서 월드런(1990)에 의하면 그들은 대개 몽골을 공격하는 것을 두려워하면서도 그들에게 교역을 허용함으로써 침략을 완화시킬 수 있는 방법 역시 거부했다. 1474년 이후 16세기까지 명은 수백 개의 망루를 갖춘, 벽돌과 돌로 된 장성을 수축함으로써 오늘날 우리가 볼 수 있는 만리장성을 만들었다(지도 17 참조). 이것은 아무런 쓸모도 없는 군사활동으로 판명되었다. 그렇지만 이것은 당시 중국을 사로잡고 있던 심리상태를 생생하게 보여주는 역할을 하고 있다.

선박 건조가 소형선박으로 제한된 이후, 명의 해군력은 쇠퇴하여 중국 남부해안에서는 해적이 들끓게 되었다. 겉으로는 왜구(倭寇)를 가장했지만 사실 그들은 주로 중국인 해적이었다. 해적에 대해서 반격을 가하는 대신 명은 해적을 굶겨 죽인다는 헛된 목적 아래 막대한 비용을 들여 주민들을 해안으로부터 강제로 철수시켰다. 이런 수세적인 자세에는 대외무역을 제한하기 위해서 그 것들이 모두 조공무역의 형태를 취하도록 요구한 정책도 포함되어 있었다. 사라신 비라폴(1977)은 태국산 쌀이 태국과 중국의 상인들에 의해서 마치 조공 사절과 관계가 있는 것처럼 위장된 채 수입되었다는 점을 밝혔다. 명조의 조공체제는 위세가 아니라 약점을 암시해주는 방어적 형태의 정점에 이르렀다.

간단히 말해서 반(反)상업주의와 배외주의가 승리를 거두었고, 중국은 세계무대에서 은퇴한 셈이었다. 군대는 약해졌고, 관료들이 주도권을 장악했다. 물론 황제를 위해서 감찰과 조사를 수행하던 방대한 환관기구가 때때로 허약한 군주 아래서 사대부들을 공포에 떨게 하는 전횡을 부리기도 했다. 해양으로의 확장에서 보여준 명조의 뛰어난 능력과 그 목을 죄는 보수적 이학자들 사이의 모순은 명조 중국이 근대적 기술과 경제의 발전이라는 배를 포기한 것이 거의 의도적인 것이었음을 암시하고 있다.

물론 이렇게 비난에 가까운 논단은 20세기 후반이라는 맥락에서 나온 것이다. 기술의 발전과 성장이 세계적 차원에서 삶의 모든 측면에 대하여 헤아릴 수 없을 정도의 무질서를 가져오면서도, 인류문명의 파멸을 연기시켜줄지도 모르는 질서의 원칙은 아직 드러나고 있지 않은 시대의 기준으로 본 것이라는 뜻이다. 오늘날 우리가 실패라고 보는 것을 도리어 성공이라고 간주하게 될 미래의 역사가라면 오히려 비교적 평화와 복지를 누렸던 명조 중국의 자급자족적 성장을 칭찬할 수 있을지도 모른다.

붕당정치

사대부들의 사상영역에서는 정치가이자 철학자였던 왕양명(王陽明, 1472-1529년)의 사상, 즉 양명학(陽明學)이 많은 추종자들을 얻으면서 사대부들을 새로운 이학의 추세로 이끌었다. 왕양명은 매우 유능한 문인관료이자 수년간에 걸친 반란[寧王의 반란]을 진압한 장군이었다. 또한 그는 스스로 향약을 통해서 지방사회를 재건하는 데에 헌신하기도 했다. 향약제도는 복고주의에 가장 가까운 유교적 접근방식 가운데 하나였다. 철학자로서 왕양명은 주희와 동시대인이었던 육상산(陸象山)의 사상을 이어받아, 도덕적 훈련과 자기수양을 위한 접근방법으로 학문적 훈련보다 사색을 더 중시하는 쪽으로 발전시켰다. 왕양명은 본원(本原)의 세계란 통일적인 것이며, 개인의 외부뿐만이 아니라 내부에도 존재한다고 가르쳤다. 따라서 개인은 신중한 사고와 명상을 통해서 얻어진 직관적인 앎[良知]에 의해서 인도될 수 있어야 한다고 그는 주장했다. 이 점은 상당히 불교[禪宗]적인 색조를 띤 것이었다. 이론과 실천의 일치[知行合一]에 대한 왕양명의 유명한 주장은 "도덕적 지식과 사회적 행동의 통일"을 요구한 것이라고 윌러드 피터슨(1979)은 지적하고 있다. 양명학은 중국뿐만 아니라 일본에도 광범위한 영향을 미쳤다.

명이 멸망한 후 나중에 청조의 비판자들은 양명학이 너무 추상적이고, 수동적인 데다가 개인 중심적이었다고 비난했다. 이러한 비판은 명조의 학문이 실용기술보다는 올바른 도덕성만을 떠받들었다는 견해를 낳게 했다. 주자학파와 양명학파 모두 이학의 전통적인 훈련을 통해서 관료들에게 윤리적인 행동이 좋은 정치의 뿌리이며, 기술은 기술자나 열등한 사람들의 문제라는 주장을 가르쳤다.

이와 같은 도덕원칙의 강조는 거꾸로 경쟁적인 문인관료들 사이의 붕당정치(朋黨政治)에 양분을 제공했다. 그리고 붕당은 관료들로 하여금 황제의 잘못된 행동을 비판하거나 혹은 사악한 환관의 영향에 대해서 맞서 싸우도록 그들의 도덕심을 자극했다. 수많은 당파 싸움 가운데 가장 악명 높은 것은 만력제(萬曆帝)의 48년간의 재위기간(1573–1620년)에 시작되었다.

만력 연간의 첫 10년 동안 커다란 권한을 쥔 내각수보(內閣首輔) 장거정(張居正)은 내핍을 강조하고 국고에 잉여금을 축적했다. 마치 항상 황제의 승인을 받는 것처럼 그는 불필요한 관직에 있던 관료들의 감정을 해치는 것을 꺼리지 않았고, 또 그들을 공격했다. 그는 개혁을 목적으로 삼지는 않았지만 정부의 재정문제를 해결하고자 했다. 그러나 그의 방법은 성급하고 관례를 무시하는 것이었다. 사후에 그의 고압적인 방법은 두고두고 비난을 받았다.

그 무렵 만력제는 관료들의 도덕적인 공격과 반격에 염증을 느껴 황제의 역할을 철저하게 외면했다. 그는 마침내 복수심에 불타 정부의 행정업무를 봉쇄하거나 무시했다. 수년 동안 그는 대신들을 접견하거나 정사를 집무하는 것을 거부했다. 명조 행정기구의 상층은 인원부족으로 고통을 겪게 되었다. 요컨대 만력제는 사적인 목적을 위해서는 최대한 축재를 하면서도 황제로서의 의무는 아예 무시했던 것이다. 국가의 기둥으로서 황제에게 요구되는 역

178

할을 고려할 때 관료제에 대한 이러한 개인적인 반란은 파멸이자 배신을 의미했다.

만력제의 실정과 강력한 환관세력의 부패로 인해서 강남지역에서 새로운 차원의 붕당을 자극했다. 강남지역은 조정에 납부하는 토지세나 저명한 관료의 배출이라는 점에서 다른 곳보다 훨씬 큰 비중을 차지했다. 결국 무석(無錫) 부근의 동림서원(東林書院)을 중심으로 개혁운동이 일어났는데, 일반적으로 고결한 정신을 지녔던 이 유학자들은 상하를 막론하고 관료들에 대한 공격을 퍼붓는 도덕적인 열정을 과시했다. 실제적 통치의 문제는 이들의 안중에 없었으며, 유교적 원칙은 절대적인 것으로 추앙되었다. 그들의 과녁이 된 관리들은 격렬한 비난을 받았다. 실제적 통치의 문제보다는 윤리적 요구나 개인적 비난에 관심이 쏠렸기 때문에 어떤 집단이 더 나은 주장을 펼쳤는가는 말하기 어렵다. 만력제가 죽은 다음 1620년대에 독재적인 환관[魏忠賢]이 권력을 잡아 동림파(東林派)의 학자들을 무자비하게 탄압했다. 그 가운데 일부는 살아남아 나중에 위충현에 대해서 최종 판결을 내리게 된다. 명말의 붕당정치는 활력이 넘치는 지도력이 가장 필요하던 시기에 관료사회를 분열시키고 황제를 무기력하게 만드는 결과를 낳았다.

1600년대 초가 되면 그전부터 무역이 이루어지던 포르투갈과 스페인 외에도 네덜란드와 영국의 동인도회사가 등장했다. 이들은 활발한 국제적 상업활동 속에서 일본과 중국의 상인, 관료의 활동에 반응했다. 중국 내에서는 도자기, 비단, 면포 등의 대량생산과 더불어 소금과 곡물의 교역이 확대되고, 도시가 발달했다. 좀더 부유해진 상인계급은 보다 늘어난 대구역 간의 교역에 종사했다. 중국에 은이 유입된 것은 이러한 성장의 한 원인에 지나지 않았다. 상당수 역사학자들은 경제적인 측면뿐만 아니라 사회와 문화의 측면에서 역동성이 부활하는 조짐으로서 명말에 이룩된 문학, 예술, 도시생활 면에서의 업적을 지적하고 있다. 그러나 상업의 발전과 서양과의 접촉은 정치적 질서를 흔들어놓을 위험성을 지니고 있었다. 1600년대 초 일본은 서양의 상인과 선교사들에 대해서 단호하게 쇄국정책을 실시했다. 중국에서는 새로운 왕조[청조]가 명조를 대신했는데, 명조로부터 대외무역과 서양과의 접촉에 대한 우려를 그대로 이어받았다. 명말 중국의 부흥에 대한 기대는 이리하여 좌절을 겪게 된 것으로 보인다.

제7장

청조의 성공담

만주족의 중국 정복

1644년 만주족의 중국 정복은 장성 안쪽에서보다 밖에서 중국을 점령하는 것이 훨씬 쉽다는 점을 다시 한번 보여주었다. 장성 밖에서는 상무주의와 문관행정, 즉 문과 무의 필수적인 결합이 안에서보다 훨씬 쉽게 이루어질 수 있었기 때문이다. 지리적 환경은 이러한 기회에 핵심적인 열쇠를 제공했다. 16세기 만주는 심양(瀋陽) 이남의 지역에서만 한인(漢人)에 의한 집약농업이 이루어지고 있었다. 명조는 변경으로서의 성격을 잘 이해하고 있었으므로, 이 지역을 문관행정에만 맡기지 않고 군사구역으로 조직했다. 농업지역에 대한 행정기구와는 달리 명조는 전략요충에 세습적인 위소(衛所)를 설치함으로써 유목민의 침입에 대한 완충지대를 유지하고, 지방관료의 분리주의적 경향을 통제하려고 했다. 장성과 해안이 마주치는 지점에 있는 산해관(山海關)이라는 병목 요새에 의해서 화북과 차단될 수 있었던 남만주(南滿洲)야말로 언제든지 빼앗길 수 있는 땅이라는 사실을 간과할 수 없었기 때문이다(지도 19 참조).

이러한 변경지역에서 만주족은 한족의 방식을 배울 수 있었지만 그렇다고 한족의 지배에 복속되지도 않았다. 만주족은 그 권력장악 과정에서 이러한 전략적 이점을 최대한 활용할 수 있었다. 만주왕조의 창건자인 누르하치(努爾哈赤, 1559-1626년)는 남만주 농업지대의 동부경계에 거주하던 소부족의 족장 출신이었다. 그가 거느리게 된 사람들은 여러 계통의 혼성이었지만 대부분은 12세기 화북에서 금조를 세운 반(半)유목민인 여진족의 후손이었다. 몽골족에서 칭기즈 칸이 그랬던 것처럼 누르하치도 인접 부족들을 자신의 통

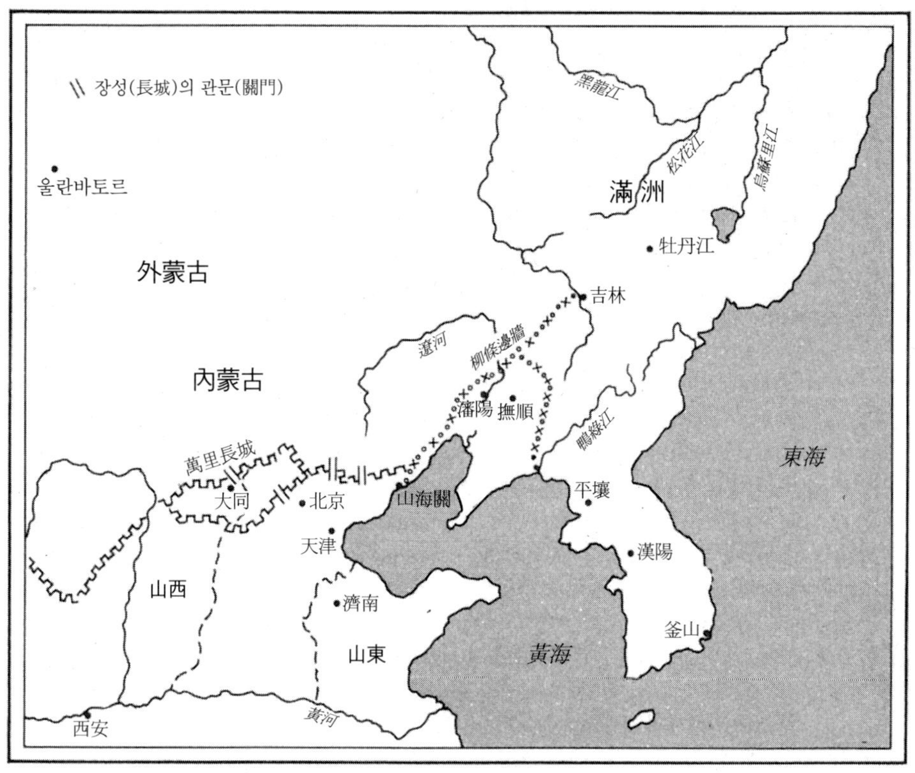

19. 만주의 발흥

제 아래 통합하고, 17세기 초에는 심양에 수도를 둔 후금(後金)왕조를 세웠
다. 그의 아들이자 후계자인 유능한 홍타이지(皇太極, 만주 이름으로는 아바
하이라고 한다)는 동쪽의 조선을 복속시키고, 내몽골의 서부에 있던 몽골 부
족과 동맹관계를 맺었다.[1] 1636년에 그는 주민들에게 만주라는 칭호를 내리
고 청("淸")왕조의 성립을 선포했다. 한편 만주문자가 창안되어 유교경전의
일부가 만주문자로 번역되었다.

　1644년까지 만주족은 화북지역에 여러 차례 침입했지만 명을 패배시키지
는 못했다. 명조 정권은 점차 쇠약해졌으며 반란의 풍조가 이미 만연되어 있
었다. 이자성(李自成)을 수령으로 하는 반란집단은 중국의 서북부와 사천, 장

---

1) 누르하치는 1616년 스스로 심양(瀋陽)에서 칸위(汗位)에 올라 국호를 (후)금이라고 했다. 뒤를 이은
　홍타이지는 내몽골로 진출하여 차하르 부(部)를 정복하고 대원(大元)의 전국옥새(傳國玉璽)를 얻자
　1636년 황제의 위에 올라 국호도 대청(大淸)으로 고쳤다.

강 유역을 광범하게 짓밟았다. 마침내 그는 독서인 출신의 참모들을 얻어 왕조정부의 틀을 짜기 시작했다. 1644년 그는 북경을 점령하여 새로운 왕조를 창건할 기회를 얻었다. 하지만 그는 무력으로 얻은 지위를 제도적으로 공고히 하는 데에는 실패했다.

그런데 화북과 동북의 명군(明軍)은 주로 붕당정치에 몰두하는 강남 출신으로 구성된 수도의 문인관료들에게 극도의 불신감을 지니고 있었다. 과거시험에서의 뛰어난 성적을 통해서 북경의 정부에 중용되었지만 동부, 중부지역의 이 지주가문들은 분명히 전쟁에 대비할 수 있는 능력을 거의 갖추지 못했다. 만주족의 뛰어난 무력을 잘 알고 있었지만, 유능한 명조의 장군들은 아직 화북에 있는 명군의 수가 훨씬 많다고 생각했다. 일부는 만주족을 장성 내에서 이용하여 반란군을 진압하기를 바랐다. 이리하여 명의 총병(總兵) 오삼계(吳三桂)와 그의 몇몇 동료들은 적군이었던 만주족이 화북으로 진격하게 받아들여 북경의 이자성 군을 진압하려고 했다. 만주족은 일단 장성 안으로 들어오자 신속하게 점령지역을 확대했다.

이 격동기를 연구한 많은 연구자들 가운데 특히 프레더릭 웨이크먼 2세(1985)와 린 스트루베(1984)는 강남의 지주가문들과 화북의 명조 장군들이 전혀 다른 관심사항을 가지고 있었음을 지적하고 있다. 이들 사이에서 만주족은 그 성공의 단서를 발견했다. 만주족은 뛰어난 군사활동으로 북방의 반란군을 소탕하고 뒤이어 곧 강남의 심장부를 점령했다. 그들은 유교적 의례와 관례를 받아들이는 한편 전제권력의 냉혹함을 동시에 보여주었다. 예를 들면 명의 저항세력이 자리잡고 있던 대운하 주변의 양주(揚州)에 대해서는 모든 주변지역에 경고하는 의미로 10일간의 대학살과 약탈을 허용했다. 명조의 관료와 장군들은 불충(不忠)과 죽음 사이의 가혹한 선택에 직면했다. 어떤 관료의 아내는 1621년 남편이 만주족에게 사로잡혔다는 소식을 듣자 충성의 대상을 바꾸기보다는 죽음을 택할 것이라고 생각하여 42명의 "노비와 친속들"을 거느리고 자살했다. 그러나 상당히 현실적이었던 그녀의 남편은 천명이 이미 바뀌었다고 생각하여 만주족에 투항했다. 1677년 청조의 고관이 된 그의 손자는 반청(反淸)세력에 항복하기를 거부하여 죽임을 당했고, 그의 아내는 38명의 가속을 "하룻밤 내내 계속된" 자살로 이끌었다. 한인 관료(와 그의 아내)들로부터 이만한 충성을 받았기에 만주족은 중국을 지배할 수 있었다. 일부는 죽음을 선택한 반면, 나머지 명조의 관리들은 청조의 고관이 되어 정복 과정이 원활하게 수행되도록 도왔다.

1644년 만주족이 북경을 점령했음에도 불구하고 중국 전역에 대한 그들의 정복은 한 세대 동안 완전히 달성되지는 못했다. 오삼계를 포함한 세 명의 한인 협력자들은 번왕(藩王)이 되어 중국 남부와 서남부에 광대한 영지를 확보하여 각자 대규모 군대를 보유하고 있었다. 1673년 이른바 삼번(三藩)이라고 일컬어진 이 지역에서 반란이 일어나 화남지역 대부분의 성을 장악했다. 갓 제위에 오른 젊은 강희제(康熙帝)가 다시 청조의 통제력을 확립하는 데에는 8년이라는 시간이 걸렸다. 비옥한 강남지역이라는 그의 기반이 여기서 큰 도움을 주었다. 청조에 대한 충성심 역시 마찬가지였다. 결국 오삼계는 명과 청에 대해서 두 번 불충을 저지른 셈이었다.

호한체제(胡漢體制)의 효율성은 곧바로 증명되었다. 명말의 파괴상황은 주로 중국의 반란세력에 의한 것이었다. 특히 장헌충(張獻忠)의 반란군은 사천의 인구를 격감시켰다. 장헌충과 그의 경쟁자였던 서북지역의 이자성 모두 독서인들의 도움을 받아 왕조체제를 갖춘 정권을 세우려고 시도했지만 실패로 끝났다. 한인 반란군은 실패한 반면, 만주족이 성공을 거둔 원인은 근본적으로 정치제도의 창조에서 이룬 업적에 있었다.

제도적 적응

만주족이 직면한 최초의 문제는 부족정치의 틀을 넘어서 발전하는 일이었다. 이 문제는 1601년부터 자신들의 통치지역에 통일적 행정기구를 창설하고, 아울러 모든 만주족 전사를 편입한 팔기(八旗)라는 군사조직을 창설함으로써 이루어졌다. 팔기는 각기 다른 깃발로 구분되었는데, 여기에 소속된 기인(旗人)에게는 기지(旗地)라는 토지가 지급되었다. 그것들은 여전히 분산되어 있어서 팔기는 지역적인 단위가 되지는 않았다. 만주족에 복속한 몽골족과 한인도 이 체제에 흡수되어 각기 자신의 기에 속했다. 만주, 몽골, 한인의 팔기가 모여서 결국 24기가 구성되는 것이다.[2] 이들은 모두 개인적으로 황제

---

2) 여기에 소속된 사람들을 기인이라고 한다. 기인은 만주족, 한족, 몽골족 중심으로 이루어져 있으며 기타 한족(韓族) 등의 소수민족도 포함되어 있다. 따라서 만주족은 모두 기인이지만, 기인이 모두 만

에 소속된 전사들이었다. 파멜라 크로슬리(1990)는 팔기의 기원을 추적하여 그것이 세습적인 군역의 부담을 지는 투르크-몽골 계통의 제도라는 것을 밝혔다. 그들이 보기에 황제는 유교적 방식의 아버지가 아니라 오히려 유목적 방식으로 그들을 소유하는 사람이었다. 기인들은 전시에는 전리품을, 평시에는 곡식과 돈을 봉록으로 받았다. 그들은 "조정과 관계가 가깝고, 또 조정이 자신들을 중히 여긴다는 상징"이었던 이러한 대단히 의례화된 노예제를 몹시 소중하게 여겼다. 이것은 고도의 충성심을 불러일으켰다. 한인 협력자들의 도움을 받기는 했지만, 약 15만 명 정도였던 용맹스러운 기인(당시 문서에서는 단지 16만9,000명이라고 기록되어 있다)이 명조를 정복했다는 사실이 이를 증명해준다.

팔기제도가 다민족으로 구성되기는 했지만, 실제 1648년에는 몽골족이 8퍼센트, 만주족은 겨우 16퍼센트였던 것에 비해서 한인 팔기가 4분의 3을 차지했다. 1723년에 만주 팔기는 23퍼센트로 늘어났지만 그래도 전체의 3분의 1에 미치지 못했다. 여하튼 기인(한인 출신의 노예도 포함하여)은 황제의 믿을 만한 측근이자, 내조의 일원으로서 환관보다는 훨씬 나은 편이었다. 그들은 문관으로 선발될 수 있는 인재 풀(talent pool)을 형성하고 있었다. 누르하치는 여러 아들이 각기 팔기를 이끌도록 임명했으나, 그들의 권력은 의정왕대신회의(議政王大臣會議)라는 중앙의 통제력 아래 있었다. 국가의 지배자와 충성스러운 부족장, 부족민 사이에 원래는 개인적인 관계로 존재했던 것이 이런 식으로 해서 국가의 제도가 되었던 것이다.

마지막으로, 금과 원의 황제들과 마찬가지로 청조 초기의 황제들은 유교적인 용어, 형식, 사상을 받아들였고, 당연히 정치적 권위의 유지와 지지를 위해서 이것들을 이용했다. 그들은 열심히 유교경전을 공부하고 조상을 받들었다. 공자에 대한 국가적인 의례를 행하고, (300년 뒤 '만주국'에서 일본인이 그랬던 것처럼) "왕도(王道)"를 이야기하고 그에 대해서 글을 썼다. 유교적 미덕을 칭송하고, 군주는 덕으로 다스려야 한다는 이상을 받아들였던 것이다.

입관하기 10여 년 이전부터 만주족은 북경을 모방하여 심양에 소규모 내

주족은 아니라는 점에 주의할 필요가 있다. 청조의 중국 정복 이후 기인들은 한족의 일반 민인에 비해서 우대를 받았지만, 같은 기인이라고 할지라도 만주족, 몽골족, 한족의 순으로 차별대우가 있었다.

조(內朝)기구를 세웠다. 명조의 특징인 육부(六部) 및 기타 부서가 공식적으로 설치되었고, 만주족, 몽골족, 한족으로 구성된 관료가 충원되었다. 화북으로 진출하여 천명을 얻었다고 생각하게 될 무렵에는 한족의 방식으로 통치하면서 만주족으로서의 독자성을 유지한다는 근본 문제를 해결하는 데에 충분한 준비를 갖춘 셈이 되었다.

몇 가지 주변상황이 그들에게 도움이 되었다. 몽골과는 달리 초기 만주족의 국가는 서방에까지 영토가 미치는 방대한 제국은 아니었다. 때문에 중국의 모든 주요 문제에 전력을 기울일 수 있었다. 몽골 초원지대가 아니라 남만주의 변경에서 성장했으므로 그들은 유목지대와 농경지대 사이의 엄청난 문화적인 격차를 극복할 필요도 없었다. 또한 유별나게 초기의 두 황제가 재위기간도 길었고, 각자 정력적으로 60년 동안 통치를 했다. 덕분에 청조 초기의 강희제(1662-1722년), 옹정제(雍正帝, 1722-1736년), 건륭제(乾隆帝, 1736-1796년)는 133년 동안 강력한 지도력을 발휘할 수 있었다. 그들은 모두 보통 매일 새벽에 대신들과 조회하고, 열심히 경전을 공부했으며, 철저하게 자기를 억제한 근면하고 성실한 군주였다.

만주족이 청조의 활력과 독자성을 보전하기 위해서 추구했던 다양한 방식은 흥미 있는 연구의 주제이다. 내몽골에서 여름을 보내면서 청조의 황제들은 말타기, 사냥, 활쏘기 등을 통해서 상무(尙武)정신을 드러냄으로써 전혀 유가답지 않은 모습을 보였다. 그들은 자신들의 고향으로 한족이 이주하는 것을 금지시켜 만주 북부를 중국의 농업경제에 편입되지 않는 수렵지역으로 유지했다. 남만주 이북으로 한족이 이주하는 것을 저지하기 위한 유조변장(柳條邊牆 : 주변에 버드나무 울타리를 심은 큰 수로)이 수백 마일에 걸쳐 설치되어 한족이 이주할 수 없는 경계를 표시했다(지도 19 참조). 만주지역의 통치를 위해서는 만주족 장군(將軍)이 이끄는 군사정부가 설치되었다. 남방의 한족이 넘어갈 수 있는 한계선 너머의 북쪽에 있었던 만주는 18세기 말까지 인구가 희박한 공백지대로 남아 있었다. 이 때문에 이 지역은 후에 러시아와 일본의 제국주의자들이 야심을 품는 상품(賞品)이 되었다.

만주족은 또한 종족적 순결을 유지함으로써 스스로를 보전하려고 했다. 그들은 한족과 만주족 사이의 통혼을 금지시켰으며, 양자 사이의 관습의 차이를 조장했다. 예를 들면 만주족 부인은 전족(纏足)을 하지 않았다(제8장 참

조). 만주족은 또한 상업이나 노동에 종사하지 않았다.[3] 만주족의 씨족조직
은 샤머니즘적인 종교체제에 의해서 보전되었다.

만주족은 전략적 거점에 주방팔기(駐防八旗)를 설치함으로써 중국에 대
한 군사통제를 유지했다. 존재가 인정된 유일한 한족의 군대는 성의 부대인
녹영(綠營)이었다. 이들은 주로 역참(驛站) 경비나 토비(土匪)에 대항하기
위해서 이용된 경찰과 같은 존재였고, 공격부대로서의 훈련은 결여된 상태
였다.

강력한 지도력을 유지하기 위해서 청초의 황제들은 황자(皇子)에게 연금과
재산을 주었지만 영지를 가진 제후가 되지 못하도록 배치했다. 그들은 권력
을 가지지 못한 채 북경에만 거주할 수 있었다. 청조는 이전 왕조에서 흔히
궁정 내의 암투를 일으켰던 후궁과 환관에 의한 정치적 문란을 1860년까지
피할 수 있었다.

문관행정에서 청조는 하나의 요직에 한인과 만인을 함께 임명하여 각기 책
임을 지게 하는 만한병용제(滿漢竝用制)를 채택했다. 조너선 스펜스(1990)는
만주족이 처음에는 남만주 출신의 한인 협력자에게 의존했음을 지적했다. 이
들은 특히 만주족 지배자에게 의존하고 충성을 바쳤던 남만주 출신의 한인
팔기나 노예였다. 결국 이러한 만한병용제는 유능한 한인에게 일자리를 주고
충성스러운 만인을 시켜 그들을 감시하는 것이었다. 수도에서는 만인 관리가
한인 관리보다 많았지만 지방에서는 한인 관리의 수가 훨씬 많았다. 가장 유
능하고 유망한 한인을 관료로 끌어들이기 위해서는 여전히 과거제도가 최고
의 명성과 효력을 가지고 있다는 점을 청조는 잘 알고 있었다.

둘이나 그 이상의 인원이 공동으로 행정을 담당하는 공동 통치제인 만한병
용제는 충분히 활용되었다. 팔기 내에 몽골 팔기와 한인 팔기가 두어졌을 뿐
만 아니라, 수도에 설치된 육부(六部)의 상서(尚書, 長官)에 한인과 만인이
이중으로 임명되었다(그래서 서양인들은 육부를 가리킬 때 "Six Boards"라는
단어를 사용했다). 지방의 성(省)에는 만인과 한인이 총독(總督)과 순무(巡撫)

---

3) 만주족뿐만 아니라 팔기에 소속된 기인은 청조가 망할 무렵까지 관료가 되거나 군인이 되는 것을 제
   외하고는 직업을 가질 수 없었다. 즉 농업이나 상업에 종사하는 것이 금지되었으며, 기인을 위해서
   따로 배당된 구역 내에서 오로지 국가에서 제공하는 연금 내지 보조금에 의해서 생활해야만 했다. 이
   것이 초기에는 정복자의 특권이었지만, 청조의 재정상황이 악화되는 후기가 되면 오히려 기인의 빈
   곤화를 초래하게 되었다.

로 짝을 이루어 임명되었다. 만인총독이 한인순무가 통치하는 두 성을 담당하는 것이 보통이었다. 성의 행정조직은 수도에 있는 육부에 일상적인 업무를 보고했지만, 독무(督撫, 총독과 순무)들은 황제에게 함께 직접 상주(上奏)할 수 있었다. 도찰원(都察院)의 어사(御史)는 수도와 15개의 구역에서 관리들의 행동을 감찰하고 보고했다. 어사의 상주문은 또한 (자주 있는 일은 아니었지만) 황제에게 직접 전달될 수도 있었다.

청조의 황제들은 통제체제의 일환으로 만주어를 보존하려고 노력했고, 거란, 여진, 몽골의 전례에 따라서 일반적으로 한인 관료가 알아볼 수 없는 만주어로 문서를 작성했다. 가장 중요한 것은 황실 담당부서인 내무부(內務府)였다. 내무부는 독자적인 예산을 가지고 있었으며, 황제의 기인과 노예(包衣)들이 여기에 충원되었다. 북경에 두어진 공식적인 통치조직과 병행하는 비밀 통치조직으로서 내무부는 토지, (인삼으로 알려진 동북지방으로부터의 항노인병 약초도 포함한) 독점무역, (광주(廣州) 무역을 포함한) 관세, 소금 전매, 비단 생산, 고리대, 벌금, 조공품 등으로부터 막대한 재정수입을 올렸다. 이 모든 것들은 청조가 무역과 산업의 성장으로 많은 이익을 올릴 수 있도록 도움을 주었다. 이런 내조(內朝)의 조직은 궁정의 환관을 통제하고 그들의 뿌리 깊은 부패를 미연에 방지하기 위한 방법으로서 시작되었다. 그러나 시간이 지남에 따라 이 조직 자체가 부패했다. 그렇지만 이러한 방식으로 청조 황제들은 일반 행정조직의 관할범위 밖에서 자신의 직접적인 통제 아래 막대한 자원을 계속 유지할 수 있었다.

청조는 명조가 몽골을 통제하던 방식대로 내륙 아시아에 대한 통제력을 확립할 수 있었다. 즉 부족들을 분산시키고, 고정된 목초지의 범위를 정해주던 방식이었다. 몽골 부족의 이동을 막고 분산시킴으로써 그들이 새로운 칭기즈칸 아래 통일될 수 있는 희망을 없앤 것이다. 청조는 또한 몽골인들 사이에 널리 퍼져 그들이 라사를 숭배토록 만들었던 티베트 불교의 황모파(黃帽派)를 지지했다.⁴) 내륙 아시아에 대한 통제는 특별기구인 이번원(理藩院)을 통

---

4) 달라이 라마는 원래 티베트 불교의 종파 가운데서 가장 늦게 형성된 겔룩빠(黃帽派)의 라마인데, 보통 "바다와 같은 넓은 덕을 지닌 스승"이라는 의미로 해석된다. 겔룩빠는 15세기경 쫑카빠에 의해서 세워진 종파이다. '달라이 라마'는 쫑카빠의 수제자인 겐둡 둡빠가 제1대이다. 제1, 2대는 달라이(큰 바다)라는 몽골어에 대응하는 티베트어인 깡쪼라는 명칭을 사용하다가 16세기 말 제3대인 쇠남 깡쪼가 당시 몽고의 알탄 칸으로부터 달라이라는 존칭을 받으면서부터 달라이 라마라는 칭호가 생겼다.

해서 이루어졌다. 반면 예부(禮部)는 여전히 인접국가인 조선과 베트남 및 해양을 거쳐온 외국과의 조공업무를 처리했다.

만주족은 어떠한 사회혁명도 시도하지 않았다. 그들은 저항자를 살육했지만 청조의 통치를 받아들이기만 하면 신사가문의 지위를 그대로 인정해주었다. 가장 눈에 띄는 증거로 청조는 모든 중국 남자들에게 독특한 만주족의 변발(辮髮), 즉 머리의 앞부분은 모두 깎고 뒷머리는 땋아 늘어뜨리는 방식을 강요했다. 청조는 또한 명조 정부의 불합리한 점, 즉 전체 국민총생산량의 5퍼센트 미만을 징수하는 조세구조에서 비롯된 재정적인 약점과 억상주의(抑商主義) 정책을 이어받지 않을 수 없었다. 예를 들면 아주 다양한 단위(兩이나 錢이라는 무게)로 교환되는 은자를 쓰는 비효율적인 방식도 계속되었다. 만주족은 스스로 내륙 아시아인이었던 만큼 명조와 마찬가지로 해외무역이나 대외관계에는 거의 관심을 가지지 않았다.

1722년에서 1736년까지 재위했던 옹정제는 행정제도 면에서 몇 가지 유용한 개혁을 추진했다. 우선 들 수 있는 것은 조세의 개혁이다. 그는 특히 비옥한 강남지역에서 지주들이 관아의 서리(胥吏)들과 서로 공모하여 세액을 줄임으로써 부담을 주로 농민들에게 전가시키는 것을 발견했다. 매들린 젤린(1984)은 옹정제의 세무관리들이 신사지주(紳士地主)에게 조세를 징수하려고 노력했지만 그다지 큰 성공을 거두지는 못했음을 지적하고 있다.

개혁조치의 하나로 잡다한 부가세(附加稅)들이 모선(耗羨)[5]으로 통합되었다. 이것은 가장 기본적인 조세로 세액이 그지 높지 않았던 토지세의 약 15-20퍼센트 정도였다. 지방에서는 고위관리에게 "양렴은(養廉銀)"[6]이라는 수

현재 인도 다람살라에서 티베트 망명정부를 이끌고 있는 달라이 라마 14세는 '환생(또는 轉生)' 이라는 전통에 따라 두 살 때 제13대 달라이 라마인 툽텐 갸초의 환생자로 인정받고 1940년 정식으로 14대 달라이 라마로 즉위했다.

5) 화모(火耗)라고도 하는 이 부가세는 동전이나 은자로 거둔 세금을 은괴로 바꾸는 과정(성정부나 중앙으로 보내기 위해서)에서 발생하는 손실분을 보충하기 위해서 아예 징수할 때 미리 그 부분을 헤아려서 거두는 방식을 의미한다. 이 화모나 모선은 관례적으로 그 상한선이 정해지기는 하지만 법적으로 정해지는 부분은 아니므로 지방관이 징세과정에서 얼마든지 재량권을 행사할 수 있는 여지가 있었다. 국가로부터 받는 봉록이나 양렴은은 너무 액수가 적어 지방관은 일반행정비용, 참모인 幕友들의 봉급, 상관에 대한 상납, 자신과 가족, 친족을 위한 축재 등 다양한 용도를 위한 자금을 여기서 충당해야 할 필요가 있었다.

6) 양렴은은 글자 그대로 청렴함을 양성하기 위해서 정규급여에 추가된 보너스이다. 정규급여의 수배에서 수십 배에 달하는 액수이지만 정규급여가 워낙 낮았기 때문에 이것을 받더라도 실제 관리들의 비

당을 지급하는 제도를 실시했다. 그러나 각 개인의 경력에 도움을 주는 개인적인 연줄 또는 "관계"라고 하는 것은 관료구조 속에 너무나 뿌리깊게 박혀 있어서 도저히 제거할 수 없었다. 이 점은 오늘날까지 계속 문제가 되고 있다.

행정 면에서 옹정제는 관료제적인 절차에 따른 정보의 질식상태를 벗어나고자 "황제만이 볼 수 있는" 사신(私信) 형식의 보고서인 비밀주접(秘密奏摺)을 발전시켰다. 이 밀접(密摺)은 지방관이 중간의 관료기구나 중앙의 육부 등을 통하지 않고 황제에게 직접 보고를 올리고, 황제가 이에 대해서 붉은 글씨로 주비유지(硃批諭旨)를 적어 개인적으로 회답하는 형식으로서 강희제 때 시작된 것이었다. 이것은 한마디로 관료기구 전체에 걸쳐 밀정을 침투시켜 감시하는 방식이었다. 1729년에는 긴급한 업무를 처리하기 위해서 최고위 관료로 구성된 군기처(軍機處)가 설치되었다. 군기처는 내조의 최고 기관이 되었으며, 서양인들에게는 Grand Council로 알려졌다.[7]

군기처는 결국 대단히 효율적인 내조의 정책결정 장소로 발전했다. 그 이유는 우선 비공식성을 들 수 있다. 군기대신(軍機大臣)은 보통 약 7명이었다. 군기대신에는 만인, 한인, 그리고 간혹 몽골인이 임명되었다. 그들은 임기가 정해지지 않았고 또한 모든 것을 비밀로 하여 외조의 고위직을 겸임하기도 했다. 여기에 속한 32명의 속료(屬僚)인 군기장경(軍機章京)은 전도가 유망한 능력 있는 젊은이들이었다.

두번째로 들 수 있는 것은, 비어트리스 바틀릿(1991)이 밝힌 것처럼, 군기처가 황제에게 직접 전달되는 주접을 포함한 자체적인 비밀문서들을 축적해 나가게 되었다는 점이다. 가장 중요한 문서는 만주어로 쓰였다. 군기처의 편집작업 가운데 가장 중요한 것은 특히 황제에게 충성을 바치는 기인(주로 한인 팔기가 많았다)에 관계된 일이었다.

정규적인 수입에는 훨씬 미치지 못하는 액수였다. 따라서 관리들에게는 정규급여와 양렴은을 받는 것보다는 비정규적으로 막대한 수입을 올리는 제도가 훨씬 유리할 수밖에 없었다.

7) 오늘날의 내각에 해당되는 명청시대의 정부기구는 육부(六部)라고 할 수 있다. 반면 명청시대에 황제를 위해 대신 奏摺이나 題本 등의 문서를 읽고 그 내용의 요약과 그에 대한 대책까지 함께 제시하는 기능(이것을 票擬라고 한다)을 하는 것이 내각 대학사(內閣 大學士)의 임무였다. 따라서 명초에 승상이 폐지되고 나서 황제를 보좌하는 최고의 관료기구로 등장하는 것이 이 내각이었는데 청조에 군기처가 들어서면서 그 기능을 군기처에 넘겨주었다. 'Cabinet'으로서의 내각은 청조 멸망 직전인 1911년에 입헌준비의 일환으로 처음 성립되었으며, 군기처도 이때 가서야 폐지되었다.

예수회의 활동

17세기 전반의 명청 교체기는 유럽인들이 바다를 통해서 동아시아에 도착한 시점과 일치했다. 선교사들은 무역로를 따라 중국에 왔다. 중국과 유럽의 첫 접촉은 잠깐 동안이었지만, 예수회 선교사들이 지적인 면에서 중국의 문인관료들과 서로 통할 수 있는 지식인들이었으므로 상당한 성과를 거두었다. 1601년에 이탈리아의 예수회 선교사 마테오 리치[利瑪竇]는 북경 거주가 허용되었다. 그는 서양의 학자로서 황실에서 봉록을 받았다. 그의 후계자들은 달력의 제작을 맡는 흠천감(欽天監)의 책임자가 되었다. 예수회는 천문학, 지도, 유럽의 시계, 기억술(기억훈련) 및 여타의 외래품으로 중국 지식인의 관심을 끄는 데에 성공했다. 아울러 그들은 현명하게도 "현지화(現地化)" 정책을 채택하여 원시 유가를 고대의 윤리학으로서 받아들였고, 오로지 불교와 이학만을 공격했다. 기독교 신도의 제사도 기독교 신앙과 상충되지 않는 "전례(典禮)"로서 허용했다.

그러나 예수회의 전교방식은 유럽에서 다방면의 공격을 받았다. 그리고 머지않아 스페인령 필리핀에서 중국으로 와서 일반인을 상대로 전교에 나선 도미니크 파와 프란체스코 파 선교사들은 주로 중국의 엘리트에게 영합한 예수회를 비난하게 되었다. 이 분쟁은 교황에게 보고되었고, 교황은 종교문제에 대한 교황의 최고 권위를 설명하기 위해서 청조 황제에게 두 명의 사절을 파견했다. 예수회는 다시 청조의 궁정정치에 말려들었다. 결과는 1724년 황제가 기독교를 이단으로 금지시키는 것으로 끝났다. 예수회 선교사들은 북경에 머무는 것만 허용되었다.

조너선 스펜스(1984)가 생생하게 다시 묘사한 마테오 리치의 첫 성공담과 마찬가지로, 중국에 대한 기독교의 이러한 자멸적(自滅的)인 선교사(宣敎史)는 잘 알려진 이야기이다. 유클리드 기하학을 비롯하여 예수회 선교사들은 기독교 서적 외에 서양의 과학과 기술에 관한 100여 권 이상의 서적을 한문으로 출판했다. 이 저작들이 중국에 미친 영향에 대해서는 앞으로 좀더 충분한 고찰이 필요하겠지만, 예수회가 문화적으로 선구적인 역할을 맡았다는 점과 예수회가 가능하게 만들었던(또는 만들지 못했던) 사상적 교류가 지니는 중요성에 대해서는 의심의 여지가 없다.

반면 18세기 유럽의 계몽주의에 미친 중국의 영향은 두 가지 면에서 연구되어왔다. 첫째는 정치사상 면에서 사상가들 사이에 영향을 준 측면이다. 둘째는 정원, 탑, 가구, 도자기 등에 미친 "중국풍"의 영향이다. 예수회를 통해서 유럽에 미친 중국의 영향은 앞으로도 연구의 여지가 많은 영역이다.

청조의 내륙 아시아 통제강화

18세기 청조의 활력은 내륙 아시아, 특히 몽골, 티베트, 동(東)투르키스탄에서의 팽창에서 명백하게 드러난다. 동투르키스탄은 천산산맥(天山山脈) 북쪽의 일리(伊犁) 초원지대와 천산산맥 남쪽 카슈가르의 건조한 사막과 오아시스를 포함한 광대한 지역이었다.

제국의 변경을 통제 아래 두지 않으면 잃게 되는 것이나 마찬가지였으므로, 청조는 1600년대에 시베리아를 횡단해 만주 북방에 있는 아무르 강 유역에 진출한 러시아 모피상과 탐험대 활동의 확대에 대처하지 않을 수 없었다. 청조의 군사력이 시베리아를 횡단하는 물자수송로의 끝에 위치한 소수의 러시아인을 수적으로 능가하여 그들을 위협할 수 있었던 것은 남에서 북으로 수로를 통해서 물자를 수송하는 체제를 발전시켰기 때문이다. 결과적으로 북경 예수회 선교사들이 통역과 초안 작성을 담당하여 1689년에 여러 문자[8]로 쓰여진 네르친스크 국경조약이 체결되었다. 1727년의 조약[카흐타 조약]이 덧붙여져 중국과 러시아의 국경이 확정되었다. 러시아 정교회의 선교단이 북경에서 조용하게 활동하는 것도 인정되었으며, 몇 명 안 되는 러시아 상인이 북경에 오는 것도 허용되었다.

만주 서쪽의 몽골 부족들은 청조의 행정통제, 그리고 라사에 중심을 둔 달라이 라마의 황모파 라마 교의 종교적 통제 아래 있었다. 이 때문에 티베트는 몽골에서의 세력을 유지하는 열쇠의 하나가 되었고, 청조의 군대가 라사에 주둔하게 되는 결과를 가져왔다. 13세기의 쿠빌라이 칸처럼 청조의 황제들은 정치적인 목적으로 종교를 이용했다. 즉 북경에 있는 러시아인들을 위한 러시아 정교회, 궁정에서 접촉하는 유럽인을 위한 가톨릭 교회, 티베트와 몽골

---

8) 라틴어로 된 정본(正本)과 만주어, 한자, 몽고어, 러시아어로 된 부본(副本).

에서의 황모파 라마 교가 그것이다.

그러나 머나먼 서방과의 사이에는 동투르키스탄의 산맥과 사막이 가로놓여 있었다. 청조는 16세기와 17세기 초에 호전적이고 팽창주의적인 서몽골 부족들이 청의 안정된 몽골 지배권을 위협하는 불안에 직면했다. 이러한 위험에 대처하여 청조의 팔기는 예전에 한과 당의 군대가 지나간 길을 따라 일련의 원정을 단행했다. 청조는 1750년대 일리에서 서몽골의 세력을 복속시켰다.

모든 정복자들이 그렇듯이 청조는 천산산맥의 남쪽에 있는 카슈가르 부근의 오아시스 지역을 정복하는 것이 필요하다고 느끼게 되었다. 여기서 청조는 처리해야 할 또 하나의 강력한 종교적 공동체, 즉 이슬람 세력을 만났다. 카슈가르 주민들은 일상적으로 회회력(回回曆)에 따라 생활했다. 그들의 종교, 교육, 문화생활은 이슬람 지도자가 지배했다. 일단 1750년대의 정복으로 통치를 확립시키자 청조는 그 지역의 부족장을 벡(Beg : 伯克, 城長)으로 임명함으로써 이슬람 주민들을 통제하는 방식을 취했다. 무슬림으로서 부족장들은 법률적 문제는 이슬람의 율법에 따라 해결되도록 했다. 북경의 청조 황제들은 세금, 특히 상업세를 징수했으며, 질서를 유지하려고 노력했다. 그러나 국가유교는 이 지역에서 받아들여지지 않았다. 기껏해야 이따금 자급자족적이고 모든 것을 포용하는 이슬람의 질서를 용인하는 흉내를 낼 수 있을 뿐이었다.

이리하여 전성기의 청조는 명조보다 훨씬 더 멀리까지 국경선을 확장시켰다. 다시 말해서 내륙 아시아는 이제 북경의 지배자에게 복속되었다. 이러한 성공이 부분적으로 만주족 스스로가 내륙 아시아인이었고 이념적으로 융통성이 있었다는 사실에 바탕을 둔 점은 의심할 나위가 없다. 1755년 이후 내륙 아시아에 대한 청의 지배권 확립으로 농경민인 한인과 초원지대의 유목민 사이에 영구적인 상호관계가 맺어지는 새로운 시대가 시작되었다. 중국은 유목민이 원하는 식량, 비단, 기타 물품 등을 제공하는 보급기지였다. 한인과 내륙 아시아의 유목민은 일종의 지연정치적(地緣政治的) 공동체를 구성했다. 결국 20세기의 중국 국가는 내륙 아시아를 다루기 위한 중국판 식민의 제국을 보유하게 되었다.

명말부터 1800년 무렵에 이르는 시기까지는 지속적으로 만주족의 창의성이 발휘된 시기였다. 하지만 그런 가운데 문제는 점차 심각해지고 있었다. 예를 들면 1750년대 서몽골에 대한 청조의 마지막 정복으로 몽골, 중앙 아시아, 티베트에 대한 청조의 대륙 지배가 확립되었음을 주목할 경우 우리는 동시에 서양의 상황에도 주목해야 할 필요가 있다. 동시대인 1750년대의 7년전쟁 동안 프랑스와의 투쟁을 거쳐 영국은 해군력과 기업활동을 위한 기지로 캐나다와 인도를 확보할 수 있었다. 청조가 건조한 중앙 아시아의 빈약한 대상(隊商)들의 무역로를 장악하는 동안, 영국은 훨씬 높은 수준의 무력으로 세계의 해양을 정복하기 시작했던 것이다.

정치체제와 문화의 통합

청조의 황제들은 가장 중요한 목표였던 권력을 유지하기 위해서 두 가지 과업에 부딪치지 않을 수 없었다. 첫째는 유교적 사회 · 정치질서를 보존하는 것이었다. 둘째는 비한족 지배자로서 권력을 유지하는 것이었다. 이 목적은 서로 겹치지만, 동일한 것은 아니었다. 결과적으로 분명해지지만 만주족의 통치는 청말이 되면 중국 민족주의의 저항의 덫에 빠져들었다. 역사적으로 이 종족적 민족주의는 세계의 다른 국가에서도 명백히 중요한 동력의 하나였다.

첫번째 과제인 유교적 지배에서 청조의 중요한 목표는 상호의존의 기반 위에서 청조 지배와 중국 문화를 통합시키는 것이었다. 그 정치적 의미는 아주 분명했다. 즉 도전을 허용하지 않는 유일한 군주에 의한 통일이라는 필요성은 전쟁에 의해서 확립된 왕조권력을 인정하도록 만들었다. 그리고 이러한 통일은 바로 질서에 대한 요구에 의해서 승인을 받았다. 질서는 형벌권을 (사용하지 않고) 보류한 채 수행하는 의례와 적절한 행위에 달려 있었다.

시민들이 필요 이상으로 많은 상징들을 제공받으면서 사건을 직접적으로 관찰하게 된 오늘날과 같은 대중매체의 환경 아래에서는 과거에 의식과 의례가 지니고 있었던 중요성을 제대로 평가한다는 것이 쉽지 않다. 중화제국 통치의 중요한 기초 가운데 하나는 사회의 모든 차원에서 의례를 엄숙히 거행하는 것이었다. 민간질서의 본질은 관계의 층위(層位)를 구별하는 것이었다. 때문에 부친이 황제와 관료 앞에서 절해야 했던 것과 마찬가지로 아들은 부친에게 머리를 조아렸다. 남이 기대하는 대로 예의바른 행동을 하는 것은 자신의 내면적 가치를 외면화하는 것이었지만, 내면적 감정이 없더라도 의례의 준수는 다른 사람과의 공통적인 형식적 유대관계를 제공해줄 수 있었다. 이렇게 하여 외면적인 조화가 확보될 수 있었던 것이다. 내퀸과 로스키(1987)는 "난(亂)이란 윤리규범과 적절한 의례가 수행되지 않을 때 국가, 사회, 가족, 개인 내부에서 일어날 수 있는 무질서를 의미했다. 질서를 장려하고 난을 막으려는 욕구는 중국 사회의 꼭대기에서 밑바닥까지 침투해 있었다"고 지적하고 있다.

황제는 위대한 질서의 장려자였다. 매일 아침마다 모후(母后)에게 문안을 드리고, 선황(先皇)에 대한 존경을 드러내는 의식을 지내는 것을 비롯하여 다양한 행동을 수행함으로써 황제는 대중 앞에서 자신의 지위를 주장하고 강화시킬 수 있었다. 유교적 통치의 또다른 강점은 피지배자들의 도덕적인 승인을 끊임없이 추구한다는 데에 있었다. 이것은 송명이학(宋明理學)의 가르침에 관한 서적의 출판과 교육을 지원하고, 연중의 절기(節期)와 천인(天人)의 상호관계를 표시하는 의례를 유지하고, 피지배자의 복종을 요구할 수 있는 미덕을 군주에게 부여해주는 —— 그렇게 기대되었다 —— 모범적인 행동을 일상적으로 과시함으로써 이루어졌다. 군주의 활동에는 홍수 통제를 위한 제방의 수축, 재해 구제를 위한 상평창(常平倉)의 유지, 기근 때의 곡물대여와 같은 공공복지를 꾀하는 여러 가지가 포함되었다. 군주는 또한 노인과 효자, 특히 수절하는 과부를 포상함으로써 도덕심을 고취시켰다.

도덕에 대한 이와 같은 광범위한 숭상과 더불어 도덕, 그리고 특히 왕조에 대해서 죄를 저지른 악인에게는 법률과 형벌의 위협이 가해졌다. 악인 혹은 단순한 악행의 위협에 대해서 법률을 적용할 때에도 그들의 가족 및 개인생활에 대한 무제한적인 조사, 자백을 받아내기 위한 고문이 포함되었다. 궁정에서 사용되던 발목에 차는 형구(刑具)는 걸으면 걸을수록 압력이 더 커져, 익숙해질 때가 되면 뼈가 흐물흐물해질 정도였다. 죄를 저질렀다는 의심이 들기만 하면 재판관이기도 한 지방관은 실제 상황이 어떠했든 "하지 말아야 할 짓을 했다"는 데에 대해서 법률을 적용시킬 수 있었다.

일반 백성은 이상과 같은 상벌에 의해서 교정될 것으로 기대되었다. 친척을 징벌하는 것은 죄인에 대한 통상적인 징벌의 일부였고, 집단연좌라는 장치가 의미하는 것은 요컨대 관련이 있으므로 유죄라는 것이었다.

황제를 천자로 숭배하던 중국의 신정국가(神政國家)에서 이단(異端)은 영원히 경계해야 할 대상이었다. 이러한 목적을 위한 전략적 엘리트 층이 바로 약 100만 명에 달하는 하층신사 혹은 과거의 첫 단계 학위소유자(생원 혹은 감생)[9]를 필두로 한 지방의 지도층이었다. 생원이나 감생은 관료로 임용될 수 있는 자격은 없었지만 특권적인 지위와 더 높은 학위를 추구할 수 있는 기회를 부여받았다. 여기에다 정도의 차이는 있지만 유교적 교육을 받은 대략 500만 명에 달하는 일반 남성이 있었다. 이들의 도움으로 사대부들은 도학가적 의무로서 평민에 대한 교화를 열심히 수행했다.

그 예로서 백성들의 일상적인 행동을 지도하기 위해서 1670년에 강희제가 공표한 "성유(聖諭)"의 이용사례를 들어보자. 각 구절은 일곱 자씩으로 되어 있었는데, 이 성유는 빅터 메어가 지적하듯이 "일반 백성들에게 파고들 수 있도록 유교정통사상의 핵심"을 전달하려는 것이었다(존슨 등, 1985). 1670년 이후에는 상당수의 문학작품에 이 교훈에 대한 논평, 해석, 각색 등이 나타나게 된다. 유교경전의 원문을 구어체 문장으로 설명한다는 생각은 원대에 시작된 것처럼 보인다. 이전 왕조였던 명초에는 홍무제의 "육유(六諭)[10]가 공표된 적이 있었다. 청대의 향약이나 촌락의 설교체제에서는 이제 이와 같은 성유를 이용했다. 향약은 원래 주희가 주창했던 조직으로 명청대를 통해서 이단과 싸우고 정통을 지지하는 과정에서 종교적인 색채까지 가미되었다.

예를 들면 소수민족이 거주하던 변방의 낙후된 지역에서는 지방관이 현지 언어로 바뀐 판본을 쓰거나 내용을 주문처럼 노래로 만들어 부르게 했다. 일상적인 공동체의 회합에는 의식, 향불, 촛불, 꽃병, 가수 등이 동원되었고, 이에 덧붙여 북과 박수에 맞추어 선창자의 노래가 이어졌다. 청중은 그것을 들을 때 언제 무릎을 꿇고, 절을 하고, 머리를 땅에 부딪치는지 지시를 받았을

---

9) 과거시험의 3단계 학위에서 가장 낮은 것이 바로 생원(生員)이고 이들은 주현의 관학에 소속되면서 다음 학위를 위한 시험준비를 하게 된다. 이 가운데 우수한 생원이 선발되어 공생(貢生) 자격이 주어지며, 돈을 내어 국자감의 학생 자격을 취득한 것이 바로 감생(監生)이다. 생원이나 감생은 모두 그 자체로서 관직에 오를 자격이 없고 한꺼번에 생감층이라고 불리기도 하는데, 윗 단계인 거인(擧人)이나 진사(進士)가 되어야 관직을 위한 자격을 확보했다고 보는 것이 일반적이며 이들이야말로 신(紳)에 해당하는 상층신사로 분류된다.

10) 주원장이 반포한 이 육유는 부모에게 효도하고, 윗사람을 존경하며, 향리 사람들과 화목하고, 자손을 잘 교육시키고, 저마다 현재에 만족하되 나쁜 짓을 저지르지 말라는 내용이다.

것이다. 지방관은 또한 촌민의 반응이나 그들의 행동양태와 갈등의 우호적인 해소 등 회합에 관한 기록을 남기곤 했다. 18세기 초에는 한 달에 두 번씩 성유를 듣기 위한 모임을 가지게 하려는 노력이 이루어졌다. 본문은 단순한 방언을 쓰거나, 고전의 인용으로 윤색하거나, 아니면 순박한 촌민들이 기억할 수 있도록 반복하는 형태로 수정될 수도 있었다.

이후 옹정제는 1724년에 성유에 덧붙여 거의 1만 자에 달하는 "광훈(廣訓)"을 공표했다. 옹정제는 분명한 것을 원했다. 하지만 대부분의 청중은 원문을 거의 이해할 수 없었다. 따라서 관리들은 방언으로 바꾸는 방식을 개발했다. 백성들이 표준어인 관화(官話)를 알아듣지 못한다고 하더라도 다시 이 방언을 써서 큰 소리로 백성들에게 낭송해주었을 것이다. 낭송 모임에서 일반인들은 "일어서서 들으라는 지시를 받았지만", 반면 80세나 90세가 넘는 노인들은 신사들 뒤에 앉아서 차를 대접받았다. 이단에 대한 관심이 늘어났다는 점은 명조의 육유, 1670년의 성유, 1724년의 광훈에서 제시된 교시에서 분명하게 드러난다. 메어는 10여 종의 강해본(講解本)을 열거하면서 이것들이 "고급문화의 담당자들이 의식적으로 그리고 강력하게 대중문화를 형성하려고 노력했던" 실례라고 지적했다. 하지만 얼마만큼 그것이 성공을 거두었는가를 이야기하기는 아직 이르다는 느낌이다.

황제의 지도력을 확립시키기 위한 또다른 영역은 민간종교, 특히 예전부터 유명했던 인물의 신격화였다. 가장 뚜렷한 사례가 삼국시대 촉(蜀)의 창업자였던 유비(劉備)의 호위(護衛) 출신인 관우(關羽, 162-220년)의 경우이다. 프라젠지트 두아라(1988)는 관우가 군신(軍神)으로서뿐만 아니라 충성, 재부(財富), 문학, 사당의 보호신, 배우와 비밀결사의 수호신으로서 도처에 존재하는 대중적인 신이 되었다는 점을 설명했다. 따라서 많은 사회집단이 관우를 신화적인 상징으로 받들었다. 1614년 명조는 그에게 관제(關帝)라는 황제의 칭호를 부여했다. 1725년에는 "관제숭배가 체계적인 조정의 통제 아래 들어갔다." 현마다 수백 개씩 존재하는 관제묘(關帝廟) 가운데 가장 기부금이 많은 사당이 "공식적 관제묘로 지정되었던" 것이다. 1853년 청조는 공식적으로 공자와 같은 수준으로 제사를 지내 관제에 대한 숭배열을 조장했다. 관제는 경전의 가르침을 따른 위대한 스승으로 철저하게 유교화(儒敎化)되었으며, 영웅적인 수호신이자 일꾼, 무엇보다도 기존의 권위와 질서에 가장 충성스러운

196

전사가 되었다. 두아라는 관제숭배와 같은 의식이 촌락을 보다 넓은 사회에 통합시키는 데에 기여했다고 결론짓는다. 민간차원과 정부차원에서 관제가 지닌 수많은 상징적 기능들은 서로를 보강하는 역할을 했다.

마찬가지로 제임스 왓슨의 추적에 의하면 "화남에서는 국가가 후원하는 숭배의 장려가 대단히 성공적이어서, 청조 중엽이 되면 토착 신들이 국가가 공인하는 소수의 신에 의해서 효과적으로 대체되었다"(존슨 등, 1985). 그러한 실례의 하나가 어부, 선원, 해양상인의 수호여신인 마조(媽祖)로 알려진 천후(天后)였다. 그녀는 10세기 복건(福建)의 해안에서 조그만 신으로 등장했다. 그녀에 대한 숭배는 선원들의 안전을 기원해서 "임씨 아줌마"로 알려지게 된, 임씨(林氏) 가문의 한 여인에서 비롯되었다. 그러다가 마조는 점차 가톨릭 교회에서의 성인 확인절차와 비슷한 관료적 확인절차를 거쳐 국가가 공인하는 사당에 합동으로 모셔지는 여신이 되었다. 1156년부터 황제는 국가에 대한 이 여신의 봉사에 관해서 공식기록을 만들고 존칭을 부여했다. 1278년에는 다름 아닌 쿠빌라이 칸이 그녀를 칭송했다. 1409년까지 그녀는 사람들을 보호해주는 천비(天妃)였다. 남부해안을 통제하고자 했던 청조 황제는 그녀를 더욱 중요한 신으로 만들었다. 1737년 최종적으로 황제가 "천후"라는 칭호를 그녀에게 붙인 것이다. 대만에는 이 여신을 모시는 공인, 비공인의 사당이 있었으며, 그녀는 복건에 있는 몇몇 상인조합의 수호신이 되었을 뿐 아니라 동시에 상인들을 약탈하던 해적들의 수호신이 되기도 했다.

지방의 유력한 가문이 그녀를 수호신으로 선택했을 때 그녀는 정부나 지방차원에서 모두 쓸모 있는 상징을 제공했다. 지방 엘리트들이 여신을 섬기는 것은 국가가 승인하는 방식에 맞추어 협력의사를 표현하는 셈이었다. 그녀는 중국 문화의 주류를 결합시켜주는 상징이 되었다. 마조 숭배는 그녀에 대해서 서로 다른 믿음을 가졌던 아주 다양한 사회적 배경을 가진 사람들을 한데 묶어주는 작용을 했다. 백성들이 받아들인 것을 승인하는 것만으로 국가는 문화적 통합을 강화시킬 수 있었다.

데이비드 존슨은 자신이 "우세의 구조(structure of dominance)"라고 이름을 붙인 것에 의해서 보증되며, 불가피한 종속으로 연결되는 또다른 형태의 통합을 확인했다(존슨 등, 1985). "우세의 구조"란 일반 평민의 경우 만일 소작인이라면 향촌의 지주에 대해서, 그리고 장인(匠人)이라면 도시의 고용주에 대해서 독립적 관계를 유지할 수 있는 사람이 거의 없다는 사실을 의미한다. 우세한 권위에 대한 이러한 종속감(從屬感)은 일반 평민의 문화행동에 반영된다. 민간문화에 대한 기록은 세시기(歲時記)에서 종파(宗派)의 경전에 이르기까지 광범위한 범위에 걸쳐 있다. 지방의 경극이나 연극은 시장이나 촌락에서 조직되고 상연되었으며, 때로는 그것이 일족에 의해서 이루어지는 경우도 있었다. 그러나 민간문화 속에서는 전반적으로 이견(異見)을 드러내는 목소리가 허용되지 않았으며, 가능하다면 그것은 박멸되어야 했다.

정치체제와 문화의 통합은 이민족 왕조로서 권력을 보존해야 한다는 두번째 과업에서 청조가 정당성을 확보하는 데에 도움을 주었다. 이미 한족에 동화되어버린 결과 주방팔기는 빈궁의 나락으로 떨어지고 있었다. 농토에 의지하여 살아갈 수 없었으므로 많은 병사들이 자기에게 할당되었던 토지와 생활근거를 잃었고, 심지어는 한족 여인과 결혼하기까지 했다. 반면 정권을 장악하고 있던 만주지배층은 한족 신사층의 계속적인 충성이 필요했다. 임명할 수 있는 관직보다 훨씬 많은 합격자가 과거시험을 통해서 배출되었기 때문에 사대부들의 정력을 흡수하기 위해서 청조 황제는 위대한 문화의 후원자가 되었다. 대규모 도서의 정리와 비평, 편찬이라는 거대한 사업을 지원했던 것이다. 이것은 단순한 약삭빠른 임기응변이 아니라, 본래부터 황제의 의무에 속한 것이었다. 한, 수·당, 송, 명의 황제들은 모두 황실서고의 목록편찬을 후원했다. 1409년 명조의 영락제는 엄청난 작업을 통해서 문헌을 필사한, 1만 책(册)에 달하는 백과사전인 『영락대전(永樂大典)』의 편찬을 후원했다. 강희제는 유명한 『강희자전(康熙字典)』과 5,020권(卷)으로 이루어진 방대한 백과사전인 『고금도서집성(古今圖書集成)』을 출판시켰다. 켄트 가이(1987)는 그러한 사업이 모든 서적, 그리고 모든 사대부의 사상과 교육에 대한 황제의 책임과 통제권을 드러내는 것이었다고 지적하고 있다.

재위기간 동안 약 60여 종의 출판사업을 후원했던 건륭제는 1772년 이후 10년 동안 경(經 : 유가경전), 사(史 : 역사분야), 자(子 : 철학분야), 집(集 : 문학분야)의 네 분류로 전통중국의 모든 중요한 문헌들을 모아서 편찬하는 계획을 진행시켰다. 그 결과 간행된 것이 『사고전서(四庫全書)』로서, 이것은 1만 869종의 문헌에서 가치가 있다고 생각되는 3,697종의 문헌을 뽑아서 수록한 것이었다. 너무 방대한 양이었기 때문에 이것은 인쇄되지 못했다. 대신 각기

3만6,500권(卷)에 달하는 일곱 부만이 손으로 필사되어 만들어졌다. 인쇄된 목록만 해도 4,490쪽에 달한다(오늘날 같으면 퓰리처 상 선정위원회가 염두에 둘 만한 책들이 가득했다). 이 사업은 청대의 고증학자들이 주도했다.

켄트 가이는 보수적인 "송학(宋學)"이나 보다 모험적인 고증학파의 "한학(漢學)"을 연구하면서 재야의 학자들이 쓴 역사비평서와 경전주해서들이 가부장적 전제군주의 감시 아래 편찬의 임무를 맡은 관료들에 의해서 어떻게 편집되었는가를 밝히고 있다. 황제가 자신의 직분을 다하고 있다는 것을 보여주었으므로, 이 전체 과정은 황제의 정당성을 보강해주었다. 중국의 황제들은 "서양에서 흔히 보이는 것 이상으로 학문과 사상생활에 대한 매우 다른 특권을 가지고 있었다." 그들은 "정치적인 지도자였을 뿐 아니라 성인(聖人)이고, 경전의 관리자였다." 덧붙여 이야기하자면, 이러한 원리는 상대 이래 중국 정치체제의 중심에 머물러 있었던 것이라고 할 수 있다.

청조는 점차 이러한 방대한 서적수집의 방법을 아울러 문자옥(文字獄)의 일환으로 이용했다. 서양학자들이 애초에 생각했던 것과는 달리 그것이 원래의 목적은 아니었다고 켄트 가이는 믿고 있다. 하지만 이민족 군주를 비난하는 모든 서적을 탄압하려는 노력은 분명히 시행되었다. 중심적인 서고(書庫)에 소장하기 위해서 희귀본과 완본(完本)을 찾는 과정에서 편찬자들은 동시에 금지되거나 파기되어야 할 이단서적을 찾아낼 수 있었다. 그들은 희귀본을 비싼 값으로 사들였으며, 심지어는 집집마다 점검하기도 했다. 금서(禁書)에는 변경이나 군사문제를 연구한 책, 이적(夷狄)을 비난하는 색채가 농후한 비평서, 그리고 무엇보다 이전 왕조인 명조를 칭송한 논평서 등이 포함되었다. 모두 약 2,320종의 서적이 금서가 되었다. 관련된 수천 명의 사대부와 관료에게 본보기로 가혹한 형벌이 가해졌다. 왕석후(王錫侯) 같은 사람은 『자실(字實)』이라는 사전을 편찬하여 『강희자전』을 비판하면서 청조 황제들의 묘호(廟號)를 무엄하게도 그대로 모두 수록했다. 이 때문에 왕석후는 처형되었고, 그의 가족 21명은 노비가 되었다. 편찬사업을 후원한 강서순무(江西巡撫) 또한 처형되었다.

실로 이민족에 의한 전제지배의 대가는 끝없는 경계(警戒)라고 할 수 있었다. 1768년의 주술(呪術)소동에 대한 연구를 통해서 필립 쿤(1990)은 건륭제가 영혼 훔치기(soul-stealing)라는 소동을 분쇄하기 위해서 얼마나 고심했는가를 잘 보여주고 있다. 영혼 훔치기라는 것은 남자의 변발 일부를 잘라냄으로써 영혼을 훔쳐낼 수 있다는 대중적인 믿음에서 비롯된 소동이었다. 이것은 대중을 위협하는 주술형태의 일종이었다. 하지만 이에 고심하던 황제는 곧바로 영혼 훔치기라는 것이 자신의 통치에 대한 충성스런 복종의 상징인 변발에 가해지는 선동적인 공격이라는 점을 발견했다. 고심한 건륭제가 증거를 요구했으므로 이에 대한 광범위한 기록이 쌓이게 되었다. 법정에서의 오랜 고문을 통해서 관리들이 걸승(乞僧)과 거지들에게서 원하는 자백을 얼마든지 끌어낼 수 있었기 때문이다. 결국 군기처의 면밀한 조사로 고문으로 얻어낸 "증거"들이 날조된 것이라는 사실이 밝혀졌다.

절정의 전성기였음에도 불구하고 아주 가벼운 선동의 조짐에 대해서 이렇게 황제가 민감한 반응을 보인 것은 청조가 스스로 동화되는 것을 피하면서 한족의 충성을 얻어내는 데에 과연 얼마나 성공했던 것일까 하는 의문을 불러일으킨다. 이것은 풀리지 않은 또다른 의문을 제기한다. 1911년에 이르기까지 왕조의 지배력을 유지하려고 했던 청조의 노력이 중국을 뒤로 잡아당기는 완강한 보수주의를 필요로 했던 것이 아닐까?

문인관료 계급에게도 같은 질문을 던질 수 있을 것이다. 드 베리(1991)는 "유가사상의 문제점"을 묘사하면서 국가권력에 대해서 유학자들이 얼마나 무방비 상태에 있었는가 하는 점을 생생하게 상기시켜주고 있다. 그들은 군주에게 계속 충성을 바치거나 아니면 뜻이 맞는 동료끼리 붕당으로 연합할 때를 제외하면 자체적인 아무런 권력기반도 가지지 못했다. 명조의 재난을 겪은 17세기의 비평가들도 황제독재에 대해서 의문을 던지는 이론적인 근거를 전혀 가지지 못했다. 그들은 다시 봉건(封建)의 이상을 제기했다. 부패한 아문의 서리나 지방신사들을 견제하기 위해서 회피제(回避制)를 폐지함으로써 지방관들이 고향에서 오랫동안 관직을 맡게 하여 그들의 권한을 강화시켜야 한다는 주장이 그 한 사례이다. 이럴 경우 지방관들은 지방의 여건을 개선시킬 수 있는 더 많은 자극과 기회를 얻게 되었을 것이다. 하지만 이것은 지방의 이익을 앞세우게 만들 위험성이 있기 때문에 청조는 받아들이지 않았다. 양심적인 의문을 제기한 소수를 제외하면 청조의 학자들은 정통을 지지하는 것이 안전하다는 점을 잘 알고 있었다. 비판적인 견해는 이단으로 보일 수 있었다. 왕조권력에 대해서 가장 통렬한 비판을 가했던 17세기의 황종희

(黃宗羲)마저도 국가의 최종권력을 행사할 한 명의 모범적인 군주가 필요하다고 생각했다.[11] 서양의 서적이나 사상을 거의 접하지 못했으므로 독서인들은 1820년대까지 계속 이학의 기성체계에 매몰되어 있을 수밖에 없었다.

그런데 도시생활과 사대부 문화를 자세히 분석해보면 고도의 문명수준을 자랑하던 청 중기에도 정부는 최소한의 역할에 머물렀음을 알 수 있다. 하지만 아대륙(亞大陸)인 중국의 일부 구역 내에서는 국가의 경제활동이 때로는 상당한 면모를 보여주기도 했다. 경덕진(景德鎭)의 관요(官窯)에는 약 10만 명의 노동자가 고용되어 있었다. 200-300개에 달하는 가마에서 나오는 불빛은 밤을 환하게 비출 정도였다. 1600년대 말에는 수백만 개의 도자기가 매년 유럽으로 팔려나갔다. 마찬가지로 소주(蘇州)의 관영 제사공장인 소주직조국(蘇州織造局)은 1685년에 직기(織機)가 800대, 직공이 2,330명을 헤아렸다. 개인기업의 발전과 더불어 상업화는 신속하게 진행되었다. 모택동 시기의 중국에서는 이런 점을 두고 수백 대의 직기와 직공을 보유했던 18세기의 공장들이 서양 제국주의에 의해서 싹이 잘리지 않았더라면 중국 경제를 근대화로 이끌었을 "자본주의의 맹아"라고 높은 평가를 했다. 아울러 상인계급도 전면에 부각되었다. 1800년 이전 북경에는 다른 성(省)에서 온 고향상인들에게 숙식을 제공하기 위한 약 23개의 동향회관(同鄕會館)이 있었다. 1875년에는 그것이 387개 소로 늘어났다. 상업의 성장을 보여주는 인상적인 사례는 얼마든지 들 수 있다.

내퀸과 로스키(1987)는 대구역(大區域)으로 구분하여 18세기 중국을 고찰한 연구서에서, 19세기에 보다 밀접한 접촉을 가지면서 중국을 경멸하게 되기 이전까지 유럽의 계몽주의는 중국에 후한 평가를 주었다는 지적으로 서술을 시작하고 있다. 그보다 이른 시기 유럽 관찰자들은 "일반적으로 중국의 세련됨과 호화로움에 현혹되었다"는 것이다. 1680년대에 강희제가 청조의 통치를 확립시킨 이후의 120년 동안은 명말에 시작된 경제성장과 사회변화의 큰 파도가 다시 일어나면서 나타난 영향의 일부로 중화제국이 최대한의

---

11) 황종희(1610-1695년)는 명말 동림당의 운동이나 청조에 대한 저항운동에 가담하기도 했지만 성공하지 못하자 이후로는 학문과 교육 활동에 전념하면서 청조에 협조하지 않고 평생 관직에 나아가지 않았다. 황종희는 1662년 『명이대방록(明夷待訪錄)』을 집필하여 중국 군주체제의 역사를 돌이켜 분석함으로써 그 결점과 폐단을 문제삼았다. 『명이대방록』은 시대의 어둠을 뚫고 밝은 새벽이 오기를 기다리며, 그 새벽의 시대를 다스릴 군주에게 올리는 책이라는 의미이다.

범위로 팽창한 가장 "역동적인" 시대였다. 계몽주의 시대 유럽 학자들이 중국의 장관(壯觀)에 감동을 받은 것은 당연한 일이었다.

하지만 그러한 장관이 18세기 중국의 "번영"인가 하는 질문을 던진다면, 우리는 여러 대구역에 대한 연구에서 애써 피하고자 하던 전체론(全體論)적인 일반화의 덫에 빠지게 된다. 핵심지대에서의 새로운 발전이 보여주는 활력은 미래의 잠재력에 대해서 얼마간 이야기해주지만, 당시 농촌의 전국적인 상황을 이야기해주는 것은 아니다. 국민총생산(GNP)은 백만장자와 가난뱅이의 소득을 평균한 것이기 때문에, 대부분의 국민이 가난하더라도, 통계적으로는 국가가 부유하게 보일 수 있다. 더구나 전근대(前近代) 시대에 대해서 의미 있는 일반화를 한다는 것은 한층 어려운 일이다. 내퀸과 로스키는 "국가차원의 일반화에 대해서는 참을성을 가지는 것이 중요한 일이다"라고 경고하고 있다. 인구통계와 무역통계가 없으므로 청조 전성기의 지방지나 지방의 기록에 나타나는 지방사를 연구한다는 것은 커다란 기회이지만 그만큼 큰 부담이 따른다.

장기적으로 확립되어 있는 관습과 제도의 부담을 고려에 넣고, 근대 초기의 중국과 유럽을 비교하는 가설이 제시될 수 있을 것이다. 중국의 경우 중화제국 후기의 경제성장과 사회발전은 혁신성보다는 지속성의 측면이 더 부각된다. 면적, 활동성, 세련됨이라는 측면에서 중국은 유럽과 비교할 만하다. 하지만 그럼에도 불구하고 18세기 중국은 800년 전 북송에서 시작된 고도 문명의 마지막 단계에 있었던 반면, 계몽주의 시대의 유럽은 전혀 새로운 세계사의 국면으로 이제 막 출항하는 단계에 있었다. 다시 말해서 중국에서 새로운 것들은 19세기에도 여전히 지배적인 위치를 고수하게 될 황제독재와 신사사회라는 과거로부터 물려받은 구조 내에서만 나타날 수 있었던 것이다. 이점은 다음 장에서 중점적으로 살펴볼 부분이다.

제2부
후기 중화제국, 1600-1911년

1600년에서 1911년에 이르는 시기의 후기 중화제국[1]에서는 사실 세 배까지는 되지 않지만 적어도 두 배는 인구가 늘어났다. 생산과 무역 및 그것을 지탱하는 제도도 그에 어울리는 성장을 이루었다. 명에서 청으로 왕조교체가 이루어지는 17세기의 혼란 다음에는 대략 1680년 무렵부터 19세기 초까지 청조의 전성기가 뒤를 이었다. 그리고 1820년 무렵 이후 서구와의 접촉이 청조의 통제에서 벗어나기 시작했다. 그 무렵에는 청조의 몰락이 이미 시작되고 있었다.

이러한 물질적인 성장과 정치적인 쇠퇴라는 극적인 대비 속에서 전제국가는 여전히 이론적으로는 중국인의 삶의 모든 측면에 대한 지배권을 주장했다. 하지만 명말 이후 중국의 경제와 사회가 크게 성장하는 과정에서 사실 정부는 아주 작은 역할만을 맡았을 뿐이었다. 따라서 제2부에서 우리의 주된 관심은 정치에서 경제로, 국가에서 사회로 옮겨간다.

빅토리아 시대의 오랜 고정관념은 진취적인 서구가 세계적으로 팽창해나가는 동안 중국은 여전히 수동적이고 정체적인 상태로 남아 있었다고 하는 것이었다. 하지만 이러한 시각은 이미 훨씬 전부터 낡아빠진 것이 되어버렸다. 대신 우리는 1750년대를 생각할 경우 태도를 바꾸어 아시아의 대국(大國)들을 상상해야만 한다. 2,800만의 인구를 가진 일본은 프랑스나 독일보다 컸고, 2억의 인구를 가진 중국과 약 1억의 인구를 가진 인도는 물론 그보다 훨씬 거대했다. 유럽은 유라시아 대륙이라는 땅덩어리에 달린 반도로서 지중해와 발트 해 사이에 끼어 있는 존재에 지나지 않았다. 당시의 미국에는 약

---

1) 구미에서는 송대에서 청대에 이르는 시기를 後期(또는 晩期) 中華帝國, 즉 Late Imperial China로 부르는 것이 일반화되어 있다.

1,000만 명의 원주민이 있었다. 이베리아 반도 출신인 멕시코 및 중남미의 보다 오랜 이주민들의 뒤를 이어 유럽에서 온 이주민들은 주로 세인트 로렌스 강을 따라 올라가는 개척지나 대서양과 멕시코 만 연안에 집중되어 있었다. 따라서 250년만 거슬러올라가더라도 세계의 인구는 오늘날과는 전혀 다르게 분포되어 있었던 셈이다.

1750년 무렵 이후 공업혁명은 제조업과 수송에서 증기기관의 사용을 크게 증대시켰다. 그리고 자동차나 전기와 같은 그 계승자들은 세계적으로 인간의 환경을 바꾸어놓았다. 하지만 우리는 이때 무엇이 일어나고 있었는가 하는 점에 대해서는 여전히 일치된 견해를 얻지 못하고 있다. 어떻게 공업혁명이 시작되었는가 하는 문제는 심지어 오늘날까지도 경제사가들 사이에서 논쟁의 대상이 되고 있다. 그 과정에서는 열 가지 또는 그 이상이 되는 요소들이 평가의 대상이 된다. 이를테면 시장의 성장, 공장체제의 운용, 발명, 과학과 기술, 공공교육, 사유재산의 안정성, 농업혁명, 해외무역, 인구의 증가, 자본과 신용의 공급, 노동력의 공급과 생산성 향상, 투자율과 같은 것들이다. 이런 요소들은 모두 유럽의 공업화를 자극했다. 아마도 진정한 역동성은 이런 요소들 사이의 상호자극이라는 관계 속에서 찾을 수 있을 것이다.

근대 초기의 중국에 대해서 우리가 물려받은 인상은 이런 요소들 대부분은 아닐지라도 상당한 부분이 중국에서는 보이지 않는다는 것이다. 19세기 중국에서는 유럽의 그것과 어깨를 견줄 만한 공업화가 일어나지 않았다. 하지만 빅토리아 시대 유럽인들에게 아주 깊은 인상을 준 기술과 물질적 발전의 격차는 중국 내부의 거대한 교역량과 그 성숙성 및 명말청초기(明末淸初期) 중국 상인계급의 성장 —— 공식적인 기록에서는 간접적으로밖에 인정되지 않았지만 —— 이라는 시각에서 새로운 해석이 이루어지고 있다. 애덤 스미스조차도 중국의 국내시장은 유럽의 모든 나라를 합한 것만큼 거대하다는 점을 인정했다. 광범위한 성간무역(省間貿易)은 중국이 대체적으로 자급자족적이기는 하지만 이미 고도로 상업화되었음을 보여주었다. 예를 들면 랭커셔의 직물업은 중국 시장을 석권하는 데에 실패했다. 그것은 단지 손으로 짠 "남경목면(南京木棉)"이 품질이 더 좋고 지방주민이 사용하기에 좀더 값싼 상품이었다는 이유 때문이었다. 1930년대 후반까지도 그것은 화북에 공급되는 면직물의 대부분을 차지했다. 중국 시장을 "개방시키기" 위한 오랜 투쟁을 거친 다음 서구가 알게 된 것은 대량의 수요 때문에 중국에 수입되는 것이 주로 마약과 연료, 즉 아편과 등유라는 사실이었다. 그렇지만 이것들은 사실 서구의 우월한 공업보다는 지리적인 조건에 더 의존하는 산물이었다. 중국의 근대 경제가 만약 발전하게 된다면 그 대부분은 중국인의 손으로 이루어질 터였던 것이다.

그 거대한 물질적인 성장에도 불구하고 청말의 중국이 공업화를 거의 이루지 못한 원인은 경제적인 것뿐만 아니라 사회적이고, 정치적이고, 문화적인 것들 때문이다. 이것은 단지 경제적인 개념만을 적용한다고 해서 풀릴 수 있는 것은 아니다. 따라서 제2부에서는 1820년 이후의 서구의 침입을 다루기 전에 다음 두 요소를 먼저 다룰 것이다. 하나는 중국의 국내적 성장 및 그 공업화 능력을 제한하게 될 제도적인 억제장치들의 범위이다. 다른 하나는 해외화교 —— 중국연해(中國沿海, Maritime China) —— 의 역동성과 중국이 외부세계로 진입하는 데에 기여할 해외무역이다.

제8장

발전이 없는 성장

인구의 증가

인구의 증가에는 보통 상업의 확대가 뒤따르기 마련이다(사실 상업의 확대가 그것을 촉진하기도 한다). 상업의 확대가 뒤따르지 않는 인구 증가는 거의 상상하기 어렵다. 서구의 경험에서 본다면 상업은 공업화가 시작될 수 있는 조건을 제공했다. 공업화는 과학, 기술, 교통, 통신, 사회적 변화 등 우리가 흔히 넓은 의미로 통틀어서 부르는 발전이라는 것을 가져왔다. 중국에서는 —— 적어도 서구의 그것과 같은 규모로는 —— 이러한 발전이 나타나지 않았다. 황종지(黃宗智, 1990)와 같은 연구자는 중국을 살펴볼 때는 서구적 경험이나 애덤 스미스나 칼 마르크스와 같은 유럽 경제사가들이 그러한 전제에 대해서 보인 반응에 기초한 공통의 전제를 우선 포기해야 한다고 생각한다. 중국 경제는 나름대로 독특한 문제를 가지고 있었기 때문이다. 이를테면 중국은 너무나 거대하기 때문에, 동시에 서로 다른 지역에서 아주 다양한 조건과 경향을 보이는 증거들을 찾아낼 수 있다.

우선 유럽에서 직접적으로 공업화에 기여했던 대량의 인구 증가가 중국에서도 역시 같은 시기에 나타났다. 물론 그것은 유럽과 비교할 만한 공업화를 수반하지는 않았다. 한대 중기인 2세기 무렵에 6,000만 정도로 평가되었던 중국의 인구는 당대 중기에도 거의 같은 숫자를 보였다. 1,000년 동안의 증감은 전체적으로는 아주 미세한 증가만을 가져왔던 것이다. 그리고 이 전체 인구의 숫자는 송대에 1억 이상으로 올라갔다. 원대와 명조 초기에는 이보다 상당히 낮았던 것으로 기록되고 있다. 17세기에 청조가 들어설 무렵에도 전체적으로 보면 600년 동안 약간의 완만한 증가가 있었을 뿐이다.

1651년 청조는 1,000만이라는 호수(戶數)를 기록했다. 호마다 대략 여섯 명의 성원이 있었던 것으로 추산되었다. 하지만 우리는 전통시대의 공식적 인구평가가 실제보다 상당히 낮게 잡힌 것임을 알고 있다. 이것은 대충 어림잡은 전체 인구의 수를 감안하여 각 행정구역별로 세금이 부과되었기 때문이다. 이것은 징세당국과 백성 양쪽 모두에게 인구를 줄여서 보고하게 만드는 동기를 제공했다. 어떤 주어진 시점에서 연령과 성별 분포, 결혼 여부, 이주, 기타 과학적 분석에 필요한 상세한 조건에 관해서 정확한 자료를 기록하는 근대적 인구조사는 1980년대 이전의 중국에서 한번도 이루어진 적이 없었다. 오히려 중국의 통계는 정부를 위한 등록과 평가의 필요에서 비롯된 것이었다. 따라서 그것은 토지를 경작하거나, 요역에 봉사하거나, 군인이 되거나, 세금을 낼 수 있는 사람의 수를 파악하는 데에 주안점이 두어졌다. 그래서 백성의 협조라는 것을 기대하기 어려웠고, 개인적 차이에 대한 모든 범주들도 무시되었다. 통일적인 계획이나 정확한 지도(地圖), 훈련된 조사원도 아예 없었다. 통계 숫자는 관료적 의식(儀式)의 산물인 경우도 많았다. 예를 들면 하남성(河南省)에서는 19세기 내내 2년마다 인구가 1,000명씩 증가한 것으로 보고되었다!

1600년 무렵 중국의 인구는 1억5,000만에 가까웠던 것으로 짐작된다. 명청 교체기에는 얼마간의 감소가 있었을 것이다. 그리고 1741년부터 1851년의 태평천국의 반란에 이르는 시기 동안 매년 숫자는 꾸준한, 그리고 아주 놀라운 증가의 추세를 보였다. 인구는 1억4,300만에서 4억3,200만으로 늘어났다. 이러한 전체 숫자를 받아들인다면 우리는 1790년에서 1840년 사이의 50년 동안 인구가 두 배로 늘어났다는 상황을 인정해야 한다. 18세기 초에 대해서 보다 낮은 숫자를 채택하고 1850년에도 인구가 겨우 4억이었다고 잡는 좀더 조심스러운 추측을 하더라도, 우리는 여전히 다음과 같은 놀라운 사실을 인정해야 한다. 즉 서구와의 접촉, 해외무역, 공업화 등이 큰 영향을 미칠 수 있게 되기 이전에 단 1세기 동안 중국의 저 방대한 인구가 두 배로 늘어났다는 점이다.

이러한 갑작스러운 증가를 설명하기 위해서는 중국 사회에 상존하고 있었던 요소뿐만 아니라 이 시기 동안 새롭게 영향을 미치게 된 조건이나 요소들의 조합을 발견해야 한다. 이 가운데 가장 두드러진 것은 18세기 청조치하에서 거의 완벽하게 유지된 국내적 평화였다. 광주(廣州)를 통한 해외무역의 증가나 국내 교통이 약간 개선된 점도 들 수 있다. 천연두 접종에 의한 마마의 억제와 같은 질병 억제도 상당히 중요할 것이다. 하지만 가장 결정적인 중요성을 가지는 것은 식량공급이었다.

믿을 수 없을 만한 수치의 증가에 마주치게 된 경제학자들은 이러한 인구기록을 1368년 이래 6세기 동안의 경지 총면적 및 식량 총생산량과 비교해보았다. 1400년에 중국의 인구가 8,000만이었다는 가정 아래 드와이트 퍼킨스(1969)는 1960년대에 인구가 7억 혹은 그 이상으로 늘어날 수 있었던 것은 곡물공급의 꾸준한 증가 때문이라는 결론을 내렸다. 1400년에서 1800년 사이 식량공급은 분명 5-6배 증가했다. 1800년과 1965년 사이에도 다시 50퍼센트가 늘어났다. 이러한 식량공급의 증대는 아마도 절반은 경작지의 증가 —— 특히 중부와 서부 지역으로의 이주와 정착에 의한 것 —— 에서, 그리고 나머지 절반은 농민들이 이룩한 생산성의 증가 —— 단위면적당 식량 생산량의 증대 —— 에서 비롯되었을 것이다.

이와 같은 기술진보는 여러 가지 형태로 이루어졌다. 이모작을 가능하게 하는 조생종 벼를 남방으로부터 꾸준히 도입한 것도 그 한 예이다. 땅콩과 담배뿐만 아니라 옥수수나 감자와 같은 작물도 신대륙에서 도입되었다. 화북지방의 건조한 토양이나 메마른 산지에서도 성장할 수 있는 옥수수는 식량, 땔감 또는 사료로 사용되었고, 이 지역에서 가능한 식량 에너지의 7분의 1 정도를 제공했다. 모래땅에서 자라고 다른 어떤 작물보다도 높은 단위면적당 식량 에너지를 제공하는 감자는 화남(華南)의 미곡 생산지대 대부분에서 가난한 농부들의 주식이 되었다.

농업생산성의 향상에 이바지한 또다른 요인에는 자본투자, 특히 관개사업이 있었다. 1400년에서 1900년 사이 관개가 가능한 토지면적은 거의 세 배로 늘어난 것으로 보인다. 인구도 경지면적의 증가만큼 빠르게 다시 절반이 늘어났다. 농기구, 가축, 비료(퇴비)에서도 역시 개선이 있었다. 인구 증가는 단위면적당 이용 가능한 노동력과 퇴비의 비율을 증가시키는 효과를 낳기도 했다. 따라서 토지에 대해서 더욱 많은 노동과 비료를 투입하는 보다 집약적인 농업으로 늘어나는 인구를 부양할 수 있었다.

이렇게 보다 넓은 안목에서 보면 지난 600년 동안 중국의 인구 증가는 연평균 약 0.4퍼센트로 결코 빠른 성장률이라고 할 수 없다. 그러나 18세기와 19세기 초에 중국 인구가 두 배로, 다시 그 두 배로 늘어난 것은 부분적으로는 감자의 보급 때문에 당시 유럽의 인구 폭발이 촉발된 것과 비슷한 일이었다. 최근에 어떤 사람은 같은 근대 초기에 중국, 유럽, 러시아에서 인구 팽창이 나타난 것은 이 무렵 지구 전체에서 발생한 기후 온난화 현상이 식물의 성장기간을 늘렸기 때문이라고 추측하기도 했다. 아마도 이것이 중국의 인구 팽창에 대한 주요한 설명이 되겠지만, 아직은 좀더 상세한 연구를 기다려야 하므로 확실한 것이라고 하기는 어렵다.

농업노동의 생산성 체감

인구와 식량공급의 거대한 성장에도 불구하고 후기 중화제국에서는 농업노동자의 1인당 생산성이 줄어드는 현상이 나타났다. 이러한 쇠퇴는 유가적인 문인관료들이 국가의 근본이라고 생각하여 가장 그 양성에 힘썼던 분야, 바로 농업에서 나타났다. 사실 그들의 농업기술에 대한 연구와 저술들은 당시에는 그야말로 표준이었다. 하지만 불행하게도 이 저자들은 투입과 산출을 비교하여 따지는 경제학자가 아니었다. 농민가족들은 너무 바쁘고 고된 노동에 시달리고 있었으므로, 특히 벼의 재배에서 투입되는 노동력에 비해서 산출되는 양이 줄어들고 있다는 점을 깨닫지 못했다.

벼를 재배하는 기술은 인구의 증가와 더불어 꾸준히 향상되어왔다. 1126년 북송이 금에게 무너진 다음 화북에서 남쪽으로 이주하는 사람들이 늘어나자, 장강 유역과 그 남쪽에서는 인구와 벼의 재배가 동시에 증가했다. 정력적인 노력에 의해서 토지는 논으로 개조되었다. 예를 들면 로버트 하트웰(1982)은 1170년과 1225년 사이 새로운 제방과 우전(圩田)[1]에 의해서 "태호(太湖)에서 바다에 이르는 지역, 장강 하구에서 절강 북부의 연안에 이르는 지역의 모든 토지가 개간되었다"고 서술하고 있다. 절강(浙江)에서 광주(廣州)에 이

---

1) 또는 위전(圍田)이라고도 하는데 특히 강남지역에서 오랜 역사를 가지고 발전했다. 물에 잠겨 있는 강변이나 호숫가의 토지를 이용하기 위해서 사방에 제방을 쌓고 그 안에 관개시설을 하여 농지로 이용하는 것을 가리킨다.

르는 동남연안에서도 해안 저지대에 제방을 쌓는 방법으로 새 경작지가 만들어졌다. 동시에 언덕과 산악지대를 계단식 논으로 바꾸는 작업이 진행되어, 화남지역 전체에 걸쳐서 벼 재배지가 확대되었다.

수작업(手作業)으로 이루어지는 벼의 재배는 많은 요소들의 적절한 조합을 필요로 한다. 볍씨와 수확 횟수의 선택, 쟁기질, 물대기, 비료 주기, 모내기, 김매기, 수확과 키질, 그리고 쌀의 건조와 저장, 수송, 판매 등 고려해야 할 점은 아주 많다. 숙련도의 향상과 아낌없는 노력은 다른 작물이나 수공업에 비해서 쌀 생산량을 증가시킬 수도 있다. 풍부한 노동력이 존재할 경우 쌀 생산성은 거의 무한정 향상되지만 그렇다고 해도 언제까지나 한계생산성 체감의 법칙을 피해나갈 수만은 없다.

오늘날 중국의 많은 지방의 경치를 수놓고 있는 계단식 논을 보게 되면 인간이 자연을 변화시켜 만든 수평등고선의 아름다움에 감명을 받고, 그것들이 상징하는 과거에 투입된 막대한 노동력에 대해서 경외감을 느끼게 될지도 모른다. 경제학적인 시각을 가진 사람은 그러한 지역에서 가능한 농부의 1인당 생산성에 대해서 계산해보게 될 것이다. 쌀은 단위면적당 다른 어떤 작물보다도 많은 칼로리를 제공할 수 있었다. 또한 송대 이래로 그것은 중국에서 주식의 자리를 차지해왔다. 하지만 벼농사는 대단히 노동집약적이었다.

예를 들면 이미 사용되고 있는 계단식 논의 꼭대기에 다시 계단식 논을 만드는 추가노동에 대해서 생각해보자. 새로운 꼭대기 논을 마련하기 위해서 계단식 논을 올라가는 육체적 노력, 모내기를 위해서 모를 끌어올리는 일, 물길의 흐름을 조정하는 일, 퇴비를 실어 올려 뿌리는 일, 벼를 살피고 김을 매고 마침내 손으로 수확하는 일 등. 조강(趙岡, 1986)은 중국의 노동집약적 농가에서 단위면적당 투입하는 노동량은 보통 조방식(粗放式) 기계재배를 시행하는 다른 지역의 10-20배가 될 것이라고 평가했다. 결국 농민은 중노동에 시달리지 않을 수 없다. 시간이 지남에 따라 전체적인 쌀 생산량은 인구의 증가와 더불어 늘어났다. 드와이트 퍼킨스는 인구의 증가와 더불어 —— 물론 더욱더 접근하기 어렵고 비효율적이었지만 —— 어떻게 새로운 경작지가 증가했는가를 보여주었다. 또한 쌀에 대해서 투자되는 노력은 다른 작물이나 농업 아니면 수공업 생산으로 옮겨질 경우에도 조만간 마찬가지 한계에 부딪치게 마련이었다. 자신의 노력을 늘릴 때마다 농부는 보다 더 적은 생산물을 얻게 되는 것이다.

잉여인구가 인구에 비해서 토지를 희소하게 만들고, 따라서 노동력을 값싸게 만드는 것이 바로 "인구압력"이다. 이 용어는 중국에 관한 일반화에서 가장 잘 쓰이는 것들 가운데 하나이다. "과잉인구"인가 아닌가를 판단하는 일은 경제사가에게는 기술적인 문제이다. 하지만 중국의 경우 언제, 어디에서, 얼마만큼 커다란 압력이 있었는가 하는 점에 대해서는 아직 일치된 합의가 없다. 토지와 인구에 대한 주요 통계들은 여전히 논쟁의 대상이다. 그렇다고 하더라도 우리는 인구압력이 중국의 경제적, 공업적 성장을 늦추었다는 일반적 결론을 뒷받침할 만한 사실들을 여러 가지 지적할 수 있다.

이를테면 토지에 대한 갈망은 중국 농부들로 하여금 꾸준하게 호반(湖畔)지역을 침식하게 만들었다. 피터 퍼듀(1987)는 호남성(湖南省) 동정호(洞庭湖) 주변에서 20세기에 이르기까지 거의 4,000마일에 이르는 900여 개의 제방이 만들어졌음을 발견했다. 호반지역의 감소는 범람을 막기 위한 집수(集水) 유역의 축소를 초래함으로써 홍수문제를 악화시켰다. R. 키스 쇼파(1989)는 항주 부근의 상호(湘湖)가 900년의 세월 동안 메워져 마침내 사라지는 과정을 추적했다.

이러한 토지에 대한 갈망 뒤에는 인간 대 토지 비율이 꾸준히 악화되는 경향이 존재했다. 485년에서 700년대 중반까지의 균전제 시대에는 호당 경지면적이 약 80무(畝, 대략 6분의 1 에이커)로 평가되었다. 12세기 무렵에 그것은 20-30무였고, 1936년 중국의 농가당 평균은 약 3.6무였다. 아주 다양하면서도 방대한 중국의 기록에서 나타나는 용어나 통계의 정확한 의미는 연구자를 항상 곤혹스럽게 하지만, 인간 대 토지의 비율에서 장기적 하락의 경향이 있었음은 의심할 여지가 없다.

중국 농민의 곤경을 알려주는 또다른 주목할 만한 자료는 비단이나 자기, 운하의 갑문, 시계의 탈진기(脫進機), 선미의 방향타, 인쇄, 화약, 흙밀이 판을 가진 쇠쟁기 등 조지프 니덤과 동료들이 아주 풍부하게 예시해준 중국의 위대한 기술적 발명들이 송대가 되면 일반적으로 종말을 맞이하게 되었다는 점이다. 그 이후로 풍부한 인력의 존재는 노동절약적인 발명에 대한 필요성을 감소시켰다. 1313년의 소책자에는 농업에 사용하기 위한 77개의 발명(관개를 위해서 쓰이는 물통이 달린 물방아와 같은 것)이 기록되어 있는데, 후대의 농서(農書)에는 더 이상 보태진 것이 거의 없다는 점에 조강은 주목했다.

　비단이나 차 또는 나중에 가면 면제품을 생산했던 농가의 가내수공업도 또 다른 증거가 될 수 있다. 송대에 개봉이나 항주와 같은 대도시가 생긴 이후 19세기에 이르기까지 중국에서 인구 100만이 넘는 대도시가 나타나지 않았다는 점은 기묘하게 생각되는 일이다. 이것은 부분적으로는 공업이 "농촌화되었거나"(조강의 설명) 아니면 "가내화(家內化)되었던 것"(황종지의 설명) 때문으로도 볼 수 있다. 즉 농가여성에 의한 가내수공업이 도시의 공장이나 물레보다 더 싼값으로 제품을 생산할 수 있었던 것이다. 농가여성은 집에서 쓰거나 시장에 내다 팔 물품을 생존이 가능한 임금보다 훨씬 싼값으로 제조하기 위해서 자기 집에서 스스로의 노동력을 착취하는 자그마한 작업장을 운영했다. 이것은 초기 자본주의적인 징조라기보다는 너무도 작은 토지에서 나오는 불충분한 수입을 메우기 위한 중국 농민의 발명이었다. 수공업 제품은 송대 이후로 성장하기 시작한 지방시장에서 판매되어 약간의 잉여수입을 보충해주었다. 그것은 농가의 비참한 곤궁을 잘 설명해주고 있다. 결코 굶주림을 막아주지 못할 그야말로 조그만 몫을 얻어내기 위해서, 농부의 아내와 아이들은 계속해서 실을 잣고 베를 짰던 것이다.

　중국의 인구와 생산에 대한 성장의 기록이 적어도 일부 지역에서의 생활수준의 저하를 의미하는 "빈궁화"의 증거와 양립될 수 있을까? 경제학자들은 이례적으로 이 문제에 대해서 논쟁을 계속하고 있다. 인구가 명조에 두 배로 늘어나고, 청조에 다시 두 배로, 1949년 이후에 다시 또 두 배로 늘어날 수 있었던 중국에 대해서 "과잉인구"라고 단언하는 것은 정면으로 증거를 부인하는 일처럼 보일지도 모른다. 하지만 문제는 국민들이 그 수를 늘릴 수 있는가 하는 점이 아니라, 그 전체적인 생활수준이 유지될 수 있는가 하는 점이다.

　19세기 말에는 이러한 인구압력으로 여러 가지 결과가 초래되었다. 기계는 교통과 산업 분야에서 값싼 노동력과 경쟁해야 했다. 따라서 민중의 생계를 위협하는 것으로 생각되었다. 가난이란 구매력과 제조상품에 대한 시장이 없다는 것을 의미했다. 기계화와 표준화에 대한 둔감함 때문에 중국은 수공업 생산기지로서의 경쟁력을 갖추는 데에도 실패했다. 인도가 차의 생산에서 중국을 앞지른 것이나, 일본이 견직(絹織) 생산에서 주도권을 장악한 것이 바로 그 예이다.

그리고 중국이 농업노동력의 1인당 생산성에서 입고 있었던 손실은 전족을 통하여 인위적으로 여성의 힘을 약화시킨 것 때문에 더욱 악화되었다.

여성의 종속

옛 중국 여성의 낮은 지위는 가족제도를 설명할 경우 언제나 인용되고 있을 정도이다. 하지만 단순하게 여성이 결혼하면서 자신이 태어난 집을 떠난다거나, 재산을 소유하지 못했다거나, 교육을 거의 받지 못했다고 이야기하는 것만으로는 독자들에게 생생한 형상을 제공하지 못한다. 이러한 부족함은 아주 특이한 전족(纏足) 관습에 초점을 맞춤으로써 일부나마 보충될 수 있을 것이다.

아내와 나는 1930년대 초반의 4년 동안 북경에서 살고 있을 때 세 가지 특이한 점에서 깊은 인상을 받았다. 첫째, 우리는 중국인이 아니었지만 이전의 제국주의 국가의 침략 때문에 중국 지배계급의 특권을 누릴 수 있었다는 점이었다. 경찰은 우리를 귀찮게 하지 않았다. 둘째, 인력이 너무나 풍부하고 값이 싸서 가장 손쉬운 교통수단은 지능을 가진 말 —— 즉 사람 —— 이 끄는 인력거였다는 점이다. 요구만 하면 그는 아주 빨리 달릴 수도 있었다. 추위 속에서 달리고 땀을 흘리느라 기침을 하면서 피를 토하더라도 그를 대신해서 일할 사람은 얼마든지 있었다. 셋째, 중년이나 그 이상의 모든 여성은 발의 앞부분이 줄어든 것처럼 뒤꿈치로 어색하게 걸어다닐 수밖에 없는 구부러진 발, 즉 전족을 했다는 점이다. 화북 5개 성의 농촌을 여행하는 동안 서른 살이 넘은 농부의 아내치고 전족을 하지 않은 여자는 없었다. 바람직하지 못한 이 세 가지 현상 —— 외국인의 특권, 인력의 과잉, 여성의 전족 —— 모두 문화의 일부이자 편린이었다.

옛 중국에서 여성은 무엇보다도 가족의 산물이자 재산이었다. 20세기에 들어올 때까지 그녀들의 종속은 전족이라는 관습에 의해서 과시되고 강화되었다. 중국인들은 일반적으로 전족문제에 대해서 언급을 피했으므로 이에 관한 근대 중국의 출판물은 아주 빈약했다. 중국을 연구하는 서구인들도 자연스럽게 동화되어 이 민감한 부분을 피했다. 그래서 부끄러운 부분을 일부러

들추어내려는 사람은 거의 없었다. 하지만 전족은 여러 세기 동안 많은 중국
여성들의 삶을 어둡게 만들어왔으며, 역사적인 평가가 필요한 사회적·심리
적인 영향력을 행사해왔다. 가장 명백한 것은 농가여성의 근력과 노동력을
불구로 만듦으로써 나타난 경제적 손실이었다.

　전족에 대해서 가장 먼저 주의할 것은 발이 더 이상 자라지 못한다는 점이
다. 발을 단지 뒤틀린 형태로만 자라도록 했던 것이다. 당신 자신이 소녀가
되어 —— 소녀기와 성장기인 다섯 살이나 여덟 살부터 열세 살이나 열다섯
살에 이르기까지 6-10년 동안 —— 3인치짜리 "황금 연꽃〔金蓮〕"[2]을 만들기
위해서 밤낮으로 발을 긴 천으로 묶어놓아야 한다고 상상해보라. 끊임없는
압력을 가해서 발을 더욱 작게 만들려면, 엄지발가락을 제외한 네 발가락을
발바닥 쪽으로 눌러야 한다. 정상적으로 걷고자 한다면 몸의 무게를 엄지발
가락의 뼈에 실어야만 할 것이다. 하지만 다행스럽게도 그렇게 할 수는 없다.
발을 더욱 작게 만들기 위해서 노력하는 동안 발을 묶는 천이 그것들을 앞에
서 뒤까지 항상 억누르고 있기 때문이다. 이렇게 끊임없이 압력을 가하는 동
안 발바닥의 장심(掌心)이 부서지고 위로 구부러져 발뒤꿈치만 몸무게를 감
당할 수 있게 된다. 장심이 점차적으로 부서지는 동안 앞 발바닥과 뒤꿈치의
바닥은 점차 수평상태에서 수직상태로 옮겨져 서로 마주보게 된다. 그 사이
의 좁은 공간에 1달러짜리 은화를 끼울 수 있을 정도가 되는 것이다. 그 결과
이제는 결코 달릴 수 없게 된다. 걷는 것조차도 아주 어려워져 겨우 뒤꿈치로
걷게 된다. 서 있는 것도 힘들어진다. 발이 더 이상 자라지 않으면 고통은 사
라질 것이다. 그렇지만 모양을 지탱하기 위해서 또한 너무나 흉하게 뒤틀리
고 보기에 역겨운 것이 되었으므로 계속 천으로 발을 묶어두어야 한다. 아무
에게도 맨발을 보여서는 안 된다.

　성장기의 이런 자학적이고 가혹한 고통은 이론적으로는 당연히 환영을 받
았다. 훌륭한 결혼으로 가족에게 멋진 혼례품을 가져다줄 수 있는 방법이라
고 생각되었기 때문이다. 중매꾼들은 발 크기의 중요성을 강조했다. 어머니
도 견뎌냈고, 또 당신이 견뎌내는 것을 도와줄 것이다. 어머니는 발이 썩거나
고름이 생기지 않도록 피가 통하게 하고, 압력이 고르게 미치도록 날마다 천

---

2) 전족을 가리키는 말이다.

을 갈고, 냄새를 줄이기 위해서 씻고, 고통을 줄이기 위해서 주무르고, 작은 신발을 신어 당신의 성취를 과시하고 남성의 주의를 끄는 방법을 가르쳐줄 것이다. 결혼을 하면 사내아이를 낳기를 바라겠지만, 당신은 자신의 인생이 대체로 가족적인 의무에 한정되어 있음을 발견하게 될 것이다. 만약 전족을 한 여주인 앞에 서는 하녀의 운명이라면 그녀는 불편함을 덜어주기 위해서 당신이 벽에 기댈 수 있도록 허용해줄 것이다. 정말 문자 그대로의 의미로 당신은 달아날 수 없게 된다. 다른 무엇보다도 쓰지 않는 다리의 근육이 위축되고 보기 흉하도록 가늘어진다.

1880년대의 선교사들은 자신들이 들은 바에 의하면 전족을 한 소녀의 약 10퍼센트가 결국 살아남지 못했다고 평가했다. 물론 중국에서는 어린아이들 가운데 상당 부분이 여하튼 죽음의 운명에서 벗어나지 못했다. 그런 헤아릴 수 없는 문제에 대해서는 결코 양적으로 따질 수가 없겠지만, 전족을 한 처음 몇 해 동안 소녀들이 움직이는 것은 물론이고 자는 데에도 고통을 느꼈다는 점만은 확실하다. 소녀들은 발을 엄마의 몸 밑에 넣거나, 침대 위의 판에 올려놓았다. 어떤 경우든 그것은 혈액순환의 부족으로 발이 감각을 잃는 데에서 오는 고통을 줄이기 위한 방편이었다.

전족의 풍습 뒤에는 많은 사람들이 기록했지만 실제로는 거의 연구되지 않은 남성의 성적인 도취가 자리잡고 있다. 전족이 10세기의 궁정에서 시작된 것은 분명하다. 하워드 레비(1966)는 송초의 정치가이자 시인인 소식(蘇軾〔蘇東波〕, 1036–1101년)의 사(詞)를 소개했다.[3]

> 햣수를 바르고 연꽃 같은 걸음을 옮긴다.
>
> 슬픔은 길어도 날아갈 듯 걷는다.
>
> 바람처럼 춤추며 아무런 종적도 남기지 않는다.
>
> 다른 이도 몰래 기꺼이 궁중의 유행을 흉내내지만,
>
> 걸으려고 하면 너무나 고통스러워!
>
> 이루 말할 수 없이 섬세한 작은 발.

---

3) 이것은 소동파의 「菩薩蠻–(弓)足」이라는 사조(詞調)의 사(詞)이다. 중국의 시가의 역사에서 가장 먼저 전족을 專咏한 첫번째의 것으로 알려져 있다. "塗香莫惜蓮承步, 長愁羅襪凌波去. 只見舞迴風, 都無行處踪. 偸穿宮樣穩. 並立雙趺困. 纖妙說應難, 須從掌上看."

당신의 손바닥 위에 놓고 보아야 할 것이니.

전족의 가장 잔인한 측면은 한족(漢族) 농민대중이 상류계급을 모방했다는 점이다. 몽골족이나 만주족 또는 다른 소수 민족들은 전족을 하지 않았다. 청조 황제들은 낡은 관습 타파를 주장하는 학자들과 마찬가지로 이에 대해서 통렬하게 비난했다. 하지만 전족은 고된 노동으로 일생을 보내야 하는 한족 농민여성에게 널리 퍼져 있었다. 언제 어디서부터 이렇게 되었는지에 대해서 우리는 알지 못한다. 하지만 전족은 19세기에 널리 퍼져 있는 관습이었다. 그 결과는 1930년대에도 여전히 볼 수 있었다.

경제적인 것은 말할 것도 없지만, 전족의 사회적이고 심리적인 대가는 어떤 것이었을까? 농촌여성은 출산의 고통처럼 그것을 받아들였고, 보통 크기의 발을 가진 여자를 모두 비웃었다. 전족이 남편에게 성생활의 즐거움을 늘려주는 근육을 만든다는 남성적 이론을 믿었던 것일까? 스스로를 불구로 만들면서도 그녀들은 어떠한 자존심, 자신감의 상실이라도 참아내려고 했던 것일까? 진정한 유학자들은 신체는 부모에게서 물려받은 것이니 신성하고 훼손시켜서는 안 된다는 격언을 여성에게는 적용시키지 않았던 것일까? 위대한 이학의 주창자 주희가 전족을 지지했는가 하는 점은 논란의 대상이 되었다. 사실 그는 여성해방의 옹호자는 아니었다. 결국 전족을 한 여성이 열등감 말고 무엇을 느낄 수 있었을까? 무자비한 운명의 제물? 관습을 깨뜨리는 공포? 의식적이건 무의식적이건 이 상처는 중국 여성의 개성을 이루게 되었음이 틀림없다.

불행히도 전족은 비교해서 연구할 수 있는 사회적 관습은 아니다. 유행에 따라 허리를 개미처럼 졸라맬 만한 허영심을 지녔던 빅토리아 시대의 여성이나, 구리로 된 고리를 목에 차서 목을 가늘게 만드는 아프리카 여성들도 마찬가지이다. 아프리카 일부지역에서 여성의 손으로 여성에게 가해진 음핵제거의 관습이 아마도 어떤 면에서 비교가 될 수 있을 것이다. 그렇지만 수억이나 되는 여성에게 강요된 사회적 관습으로서 전족은 너무나도 유별나며, 중국 문화의 독특한 측면의 하나이다. 따라서 그것은 사회학의 일반론에서 나열될 수 있는 주제는 아니다. 기묘하게도 중국의 사회사가들은 남녀 모두 전족의 존재를 거의 인정하지 않았다. 전족은 중국 사회에서 가장 연구되지 않은 측면이다. 매혹적인 복잡한 혼인절차나 여성에게 가해진 일반적인 불평등에 대해서는 훌륭한 연구가 많지만, 전족은 그렇지 않다. 이러한 회피는 아마도 중국 연구자들의 직업적인 변덕이나 약삭빠른 학자들로 하여금 연구대상의 나쁜 점에 대해서는 입을 다물게 만드는 제2차적 애국심 또는 중국에 대한 애호심 때문일 것이다.* 그러나 돌이켜보기에 수치스러울지 모르지만 제도화된 사회악은 반드시 정면으로 검토할 필요가 있다. 역사가들은 미국의 흑인노예제에 대해서 다각도로 건전하게 연구를 해왔다. 마찬가지로 중국의 전족도 은폐되어서는 곤란하다. 그것은 지금도 여전히 그 원인과 결과를 이해해야 할 필요가 있는 사실이다.

국내무역과 상업조직

인구 증가가 뒤따른 중국 국내무역의 팽창은 농업과 더불어 시작되었다. 농가 생산물과 판매용 수공업제품의 증대는 대구역(大區域) 내부와 구역간(區域間) 교역의 통로를 점차 확장시켰다. 따라서 화북의 원면(原棉)은 대운하를 타고 내려가 강남의 면직물 생산 중심지로 운반될 수 있었다. 상해지역은 한동안 가장 많은 면사(綿絲)를 광동에 수출하는 곳이기도 했다. 강서성(江西省) 경덕진(景德鎭)의 요(窯)에서 생산되는 자기와 같은 특산품은 당연히 구역의 경계를 넘어서 모든 방향으로 팔려나갔다. 화중지방의 전다(磚茶)는 한수(漢水)를 거슬러올라가 내륙 아시아 변경의 다마무역(茶馬貿易) 시장에서 교환되었다.

윌리엄 T. 로(1984, 1989)의 한구(漢口)에 대한 철저한 연구(1760-1890년)는 이러한 상업화의 기본적인 예를 제시해준다. 장강을 오르내리는 수상교통 외에 한구는 서북에서 내려오는 한수와 호남을 관통하여 멀리 광주에까지 이르는 상강(湘江)의 수로상업이 교차하는 곳이기도 했다. 이 무역로에서는 쌀과 동남 아시아에서 오는 향료를 교환할 수 있었다. 목재와 쌀, 그리고 나중에는 아편이 장강을 따라 사천성(四川省)에서 내려왔으며, 상해 북쪽 강북(江

---

* *Foreign Affairs*, 1972년 10월호에 실린 나의 글에 나와 있지만 감정적인 중국 애호심의 가장 현저한 예는 어떤 맥락에서는 모택동주의 혁명이 수세기 동안 중국 인민에게 일어난 것 가운데 "최선"이었다고 보는 생각이다.

北)의 염장(鹽場)에서 나오는 소금은 장강을 거슬러올라갔다. 최상급의 차는 복건성(福建省)의 산악지대에서 북쪽으로 운반되어왔다. 19세기 무렵 중국에서는 상당한 규모의 구역간 무역이 존재했다. 비단과 차는 광주, 그리고 나중에는 상해와 복주(福州)를 통해서 더욱 많은 양이 해외로 수출되었다.

이러한 국내무역의 성장은 자연스럽게 시장체제의 성장을 동반했다. 농민은 표준시장(標準市場 : standard market)을 방문했으며, 이것은 中間市場을 거쳐 보다 상급단계의 중심시장(中心市場 : central market)에 종속되어 있었다.[4] 행상(行商)들이 지역 내를 돌아다님에 따라 이 시장들은 식량뿐만 아니라 원사(原絲)나 면직물 같은 농가의 수공업 제품이 배출될 수 있는 통로를 제공했다.

상업의 확대는 진(鎭 또는 市鎭)의 성장을 가져왔다. 진은 원래 행정도시가 아니라 상업과 수공업에 종사하는 시장도시로 출발했다. 특히 강남(장강 하류 삼각주) 지역에서는 자본주의적 방식으로 노동력을 이용하는 수공업 작방(作坊)이 새로 성장한 시진에 나타났다. 시진의 엘리트는 상인이었다. 동시에 자유롭게 이동할 수 있는 노동력이 진정한 프롤레타리아트로서 나타나기 시작했고, 이들이 포공두(包工頭)가 관리하는 노동자의 행방(行幫)으로 조직되는 경우도 자주 있었다. 더욱 많은 농민들이 농업에서 수공업으로 초점을 옮기게 되었고, 확장되는 운수업 분야에 투신하는 사람들도 많았다.

중국의 광범위한 수상 교통망은 이미 무역의 확대에 적응할 수 있을 만큼 충분히 갖추어져 있었다. 장강과 그 지류 및 해안에서 아주 다양한 종류의 중국 선박에 의해서 선적되는 화물량의 증대는 그러한 성장의 한 지표였다. 이 선박들은 산두(汕頭)나 하문(廈門)과 같은 동남해안 항구의 설탕을 남만주로 실어 나르고, 돌아올 때에는 화남지역에서 비료로 사용되는 콩깻묵을 싣고 왔다.

18세기부터 시작된 동업행회(또는 동업공소), 그리고 특히 동향행회(또는 동향회관)의 증가 역시 또다른 성장의 지표였다.[5] 동향행회는 같은 고향 출신의 상인이나 여타의 사람들에게 편의를 제공하기 위해서 여러 성의 중심지

---

4) 중국에서의 표준시장 → 중간시장 → 중심시장이라는 여러 단계의 시장 네트워크에 대해서는 G. William Skinner, "Marketing and Social Structure in Rural China," *Journal of Asian Studies*, 1964–1965라는 아주 유명한 3부작 논문(양필승 옮김, 『중국의 전통시장』, 신서원, 2000)에서 논의되고 있다.

마다 설립된 단체였다. 윌리엄 T. 로는 차나 면직물과 같은 특수한 상품을 다루는 동업행회 조직과 한구의 영파방(寧波幇)과 같은 동향행회의 기원을 추적했다. 구역간 무역에 종사하는 원거리 상인들에게 이런 행회들은 회관과 같은 모임 장소뿐만 아니라 상품 보관창고, 숙박시설, 수호신의 사당, 연극무대, 과거시험 응시자를 위한 학교, 그리고 광범위한 교제의 기회를 제공했다.

이런 행회는 입회료로 운영되었고 부동산을 소유할 수 있었다. 막대한 소작료 수입을 가진 지주가 될 수도 있었다. 또한 공채 발행을 통해서 자금을 모을 수도 있었고, 무역에 관한 규정을 제정하여 집행했고, 분쟁의 중개뿐만 아니라 보이콧에 참가하거나 그것을 조직할 수도 있었다. 특산품 무역이 잘 확립되어 있었으므로 행회는 기능과 영향력을 확대시킬 수 있었다. 자신들의 이익뿐만 아니라 공익사업에도 관심을 가져 그들은 쉽게 화재가 번질 수 있는 도시에서 소방탑과 소방대를 운영했다. 지방항구에서는 구조선박도 보유할 수 있었다. 자선기관에 기부하고, 기근 때 죽을 쑤어 공급하는 기구나 혼란에 대비하는 치안기구에 자금을 제공하기도 했다. 도로를 유지하거나 다리를 놓는 일 또는 물의 공급을 개선하는 일도 맡았다. 그들은 그야말로 유가적인 "공익정신"을 과시했다. 간단히 말해서 행회는 자치기구였으며, 단련(團練)이나 보이콧을 조직할 수도 있었고, 무역분쟁을 조정할 수도 있었다. 그러나 지방관의 직접적인 통제 아래 놓이지는 않았다.

당연히 무역의 성장은 금융기술의 향상을 가져왔다. 18세기 말부터 상해 금융계를 지배했던 영파(寧波) 출신의 전업상인(錢業商人)들은 매일의 장부 정리를 위해서 탁표(拆票)라는 것을 발전시켰다. 한편 수, 당 왕조의 중심이었던 산서성 분수(汾水) 유역의 도시에서는 가족의 합작투자에 의해서 산서표호(山西票號)가 건립되었다. 19세기에 들어와 산서표호는 도적에 대비하는 호송대를 고용하고 나라를 가로질러 현은(現銀 : 銀塊)을 수송하는 번거로움을 피하기 위해서 신용장과 증빙서류만으로 다른 지점에 자금을 이체할 수 있는 능력[匯兌]을 발전시켰다.[6] 윌리엄 로는 "환어음[匯票], 예금[存款],

---

5) 중국의 행회는 보통 동업행회(同業行會)와 동향행회(同鄉行會)로 구분되는데, 동업행회는 보통 동업공소(同業公所)로, 동향행회는 보통 동향회관(同鄉會館)이라고 부르지만, 아주 엄격하게 양자가 구분되는 것은 아니다.

6) 환어음 제도를 통해서 송금의 새로운 방법을 창안한 것은 산서성 평요(平遙)에서 顔料業을 경영하던

예금주 사이의 장부이체, 당좌대월(當座貸越)과……양도와 이체가 가능한 신용도구들"을 혁신의 사례로서 들고 있다.

　불행히도 후기 중화제국의 이러한 놀랄 만한 상업적 성장은 상인, 농민들이 장기적으로 확립된 구조에 고착되어 있는 상황에서 발생했다. 이러한 구조는 쉽사리 바뀔 수 있는 것이 아니었다. 후기 중화제국의 상업화는 서구적 모델에 따른 공업화가 수반되지 않았던 것이다. 물론 연구자들은 유럽의 공업화를 가져왔던 그 맹아[原工業化] 같은 것에 대한 풍부한 증거들을 중국에서 발견했다. 따라서 상공업 시진과 전대제(前貸制) 가내수공업을 경영하는 상업자본가의 성장, 그리고 도시의 임금노동자 내지는 프롤레타리아트에 대해서는 강남과 같은 일부 지역에서 많은 기록이 남아 있다. 하지만 유럽과 비슷한 이러한 현상은 장기지속적인 중국 농촌의 현실에 비하면 그야말로 표면적인 것에 지나지 않았다. 즉 농민들은 거의 토지를 가지고 있지 못했다. 따라서 부업과 수공업, 특히 견직물과 면직물의 생산이 그 생존에 필수불가결한 일부가 되어 있었다. 이래서 농가 경영은 확실히 상업화되어 있었다. 하지만 이것이 자본은 최소한으로 투입하고 노동력은 최대한으로 투입함으로써, 즉 한계생산성의 체감이 시작되는 지점을 훨씬 넘어서 이루어졌다는 데에 문제가 있다. 농민가족은 농업과 수공업 양쪽의 수입 모두를 반드시 얻어야만 겨우 생계를 유지할 수 있었다. 황종지(1990)의 설명처럼 그 결과 "농업에서는 임노동에 기초한 경영이 가족화된 농민의 경작과 경쟁할 수 없었다. 도시의 수공업 작방은 아주 싼 임금으로 이루어지는 가내생산과 경쟁할 수 없었다."[7] 농가경제는 과밀화(過密化, 질적 발전이 동반되지 않는 양적 성장), 즉 노동시간당 생산성의 증가가 수반되지 않는 채 생산량만이 증대되는 틀 속에 얽매여 있었다. 이러한 과밀화된 환경 아래서는 애덤 스미스가 의미했던 것과 같은 시장경제가 작동될 수 없었다. 유럽의 경험에서 파생된 스미스나 마르크스와 같은 경제학자들의 예상은 중국에서 축적된 엄연한 사실들을

西裕成의 經理 雷履泰였다. 이것이 성공하자 그는 1823년 송금업을 전문으로 운영하는 日昇昌票號를 개업했고, 이 표호는 "어음이 천하에 통한다(匯通天下)"고 할 정도로 광범위한 영업망을 건설하게 된다. 표호업은 20세기 초까지 번영하다가 청조의 몰락과 함께 쇠퇴했다.

7) 농가경제에서는 노동력에 대한 대가, 즉 임금을 아예 고려하지 않는 것에 반해서, 임노동을 고용하는 농업경영이나 수공업에서는 임금이 가장 큰 원가 가운데 하나였으므로 양자 사이에 경쟁이 이루어질 수 없었다. 다시 말해서 농가경제의 생산원가가 훨씬 저렴할 수밖에 없었다는 의미이다.

적절하게 설명해주지 못한다.

상인계급의 힘과 능력이 증대되었다고는 하지만, 그들은 여전히 관리들의 독단적인 행동에 예속되어 있었다. 관리들은 홍수나 가뭄과 같은 위기에 대처하기 위한 헌금을 요구했고, 면허장이나 독점권 또는 큰 재산을 보유하는 사람들에게서 선물을 받기를 원했다. 공업에 대한 상인의 투자는 토지나 부동산에 대한 투자보다도 항상 부차적인 위치에 놓일 수밖에 없었다. 그것은 여전히 지배적인 위치를 차지하고 있는 지주신사(地主紳士) 계급에 합류함으로써 상인들이 스스로를 보호하려고 했기 때문이었다. 도시화의 시작과 더불어 관리에 대한 상인의 예속은 느슨해졌지만, 그들은 결코 관리들의 —— 지배는 아닐지라도 —— 감독권에서 벗어나지 못했다.

상인과 관료의 공생

관료들에게 상인은 개인적이거나 국가적인 이익을 위해서 이용하거나 아니면 쥐어짤 수 있는 동맹자이자 통제의 대상이었다. 에티엔 발라주가 지적한 대로 상업거래는 언제나 관부의 감독과 과세에서 벗어날 수 없었다. 고대의 소금과 철, 또는 보다 최근의 차, 비단, 담배, 소금, 성냥과 같은 특산품에 대한 전매제도는 무엇보다도 국가의 경제적 특권이 우선한다는 점을 나타내고 있다. 어떤 상인계급도 이러한 특권들을 침식할 만큼 독자적으로 성장할 수 없었다.

이것은 실제적으로는 관리들이 사유재산권을 무시함으로써 가능했다. 아무리 큰 상업회사라도 자신을 보호하기 위해서는 관료의 후원과 지지가 필수적이었다. 그 결과 관리와 상인 사이에는 아주 밀접한 이익공동체가 형성되었다. 양자 모두 혼자만으로는 성공할 수 없었지만 함께 하는 경우에는 서로 이익을 볼 수 있었기 때문이다. 따라서 상인, 은행가, 중개인, 그리고 모든 종류의 장사꾼은 관료제에 예속된 하나의 계급이었다. 상품과 자본을 취급하고 조작하는 그들은 관료들이 상업에서뿐만 아니라 농업에서도 잉여를 수탈하는 것을 도와주었다.

중화제국 후기가 되면 경제성장으로 재부(財富)의 중요성이 커지면서 상인들의 지위도 향상되었다. 그들은 토지의 구입과 과거의 학위, 통혼을 통해서 비교적 용이하게 신사층으로 이동할 수 있었다. 유럽과는 달리 중국은 상인들이 투자할 수 있는 조직적인 해외무역이 거의 없었다. 명조가 200년 동안 민간의 해외무역을 금지시켰음은 앞서 살펴본 대로이다. 토지는 상업보다는 이윤이 적었지만 보다 안전했다. 따라서 여전히 가장 큰 투자의 대상이었다. 상인계급은 독립적인 상업자본가가 되기보다는 지주가 되기 쉬웠다.

중국의 전근대적인 금융제도도 자본주의를 가로막았다. 축적된 자본을 대표하는 저축은 높은 이자를 얻을 수 있다는 이유로 보통 고리대급업(高利貸金業)에 투자되었다. 고리대율은 농민의 계절적인 화폐 수요가 높았기 때문에 가능했다. 세금을 내고, 다음 수확 때까지 살아남기 위해서 농민은 고리대에 의존해야 했기 때문이다. 농민에 대한 단기적 신용대출은 장기적 공업대출보다 훨씬 높은 이자를 가져다주었다. 그러니 공업생산에 대한 투자의 매력은 줄어들 수밖에 없었다.

간단히 말해서 자본주의는 중국에서 번창하는 데에 실패했다. 상인들이 지주신사나 관료제 내에 있는 그 대변인들의 통제에서 벗어나서 확고한 지위를 차지할 수 없었기 때문이다. 봉건 유럽에서 상인계급은 도시에서 발전했다. 토지를 소유한 지배계급은 농촌의 장원에 정착하고 있었으므로, 유럽의 도시는 봉건제에 통합되지 않고 그 외부에서 성장할 수 있었다. 중세 시민들은 이 새로운 도시에 독립적인 주민들과 그들을 보호해주는 새로운 정치적 권위인 민족국가의 군주를 끌어들임으로써 자립을 이룰 수 있었다. 그러나 중국에서는 이러한 환경이 없었다. 봉건제가 일찌감치 폐지되고 황제와 그 관료들이 지방신사에 의존하는 상황은 상인들이 특별한 보호를 요청할 수 있는 기존질서 외부의 어떠한 정치권력도 남겨놓지 않았다. 보통 중국의 도시는 행정중심지로서 성장하는 것이 일반적이었다. 관료와 신사의 근본적인 결합은 문화의 중심이자 도적이나 분노한 농민들에 대비할 수 있는 성벽으로 둘러싸인 피난처인 도시[城市]로 이들을 끌어들였다. 신사가문의 최고 안전책은 토지소유에만 의존하는 것이 아니라, 토지소유와 관료적 특권을 결합시키는 데에 있었다. 가문의 재산 그 자체는 결코 안전하지 못했지만, 가문의 일원인 관료는 그것을 보호해줄 수 있었다. 따라서 농민경제 위에 군림하는 엘리트로서의 신사계층은 상업과 공업이 아니라 토지와 관직에서 자신의 안전판을 확보했다. 신사와 관료들은 여전히 상인들을 통제 아래 두면서 그들이 독립적인

222

경제를 꾸리는 대신 돈을 갖다바치도록 하는 데에 주의를 쏟았다.

정부의 과세범위 안에서 소규모 농업이나 중개업 또는 소규모 장사를 통한 사기업이 자유롭게 발전할 수도 있었다. 하지만 이것은 자본주의적 유형의 것은 아니었다. 농민이 개인적으로 소유한 토지를 더욱 열심히 경작하면 관리들은 여기에 세금을 매겨 보다 많은 잉여를 얻을 수 있었다. 관료들은 마찬가지로 동일한 원칙에 의해서 상인이나 수공업 생산자로부터도 가능한 한 얼마든지 잉여를 끌어낼 수 있는 준비가 되어 있었다. 고대 중국의 기록에는 많은 상인들이 나타나지만, 정치권력을 소유한 계층으로 나타난 경우는 거의 없었다. 지배계급에게는 상업의 성장보다는 지속적인 농업경제의 감독이 훨씬 중요한 일이었다. 명조와 청초에도 상업세보다 토지세에 대한 의존이 훨씬 강했다.

전근대 중국에서 상인들은 고전 경제학자들이 칭송한 서구의 기업가들과는 전혀 다른 마음가짐을 갖추고 있었다. 서구의 기업가가 보기에 경제적인 인간은 상품을 생산하고, 생산을 증대시켜 시장이 가져다줄 수 있는 최대 이윤을 확보함으로써 가장 번창할 수 있었다. 하지만 옛 중국의 경우 경제적인 인간이라면 이미 생산된 것 가운데 자신의 몫을 최대한으로 늘리는 데에 최선을 다할 터였다. 새로운 상품에 대한 시장을 확보하는 것, 즉 혁신적 기업가 정신보다는 관리에게 돈을 지불함으로써 기존 시장을 통제하는 것, 즉 독점이 훨씬 중요한 자극제였던 것이다. 중국의 전통은 보다 나은 쥐덫을 만드는 것이 아니라 관청에서 쥐에 대한 독점권을 얻어내는 것이었다.

후기 중화제국에서 근대적인 정신을 지닌 기업가는 또한 정부관료들의 관료주의와도 경쟁을 해야 했다. 서구적 시각에서 중국의 관료주의를 설명하자면, 우선 미국 중서부의 광대한 오하이오-미시시피-미주리 강 유역에 수백 만의 원주민을 제외하면 거의 정주민이 없었던 1800년 무렵에 중국의 거대한 장강 유역은 적어도 2억이 되는 인구를 부양했다는 점을 돌이켜보아야만 한다. 중국은 2,000년 전에 관료제를 발명했다. 미국의 문관제도에 관한 입법은 그랜트[8] 행정부 이후이고, 로널드 레이건의 행정부보다 겨우 100년 앞서는 1880년대에 시작되었다. 중국에서는 제도의 함정이 아주 낡아빠진

---

8) 1822-1885. 남북전쟁 당시 북군의 총사령관으로 미국의 제18대 대통령.

이야기이지만, 이 짧은 1세기 동안에 경험을 얻은 미국은 이제야 비로소 그것을 맛보고 있을 뿐이다.

전통시대 중국 관료들은 자기관할에 속하는 모든 공무에 대해서 책임을 진다고 생각했지만, 모든 공금(公金)에 대해서도 그런 것은 아니었다. 예산과 회계의 과정은 아주 기초적이었다. 관리들은 오늘날 우리가 제도화된 부정이라고 부르는 것 —— 때로는 강탈이 되기도 했지만 —— 에 의존해서 생활했다. 이것은 또한 관리들이 각자 상관이나 동료, 부하들과 유지해야만 하는 뒤얽힌 인간관계의 체계와 병존했다.

"쥐어짜기"는 비밀스럽기보다는 점잖은 형태로 이루어졌다. 임무를 수행하는 하급관리들은 상관에게 관습적인 "선물"을 바쳐야 했다. 하지만 옛 중국에서의 모든 가격과 마찬가지로 그러한 선물의 많고 적음은 개인적 관계의 작용에 따라 결정되었다. 이러한 수탈체계는 전통 중국사회를 특징지은 여타의 일대일 거래나 마찬가지로 아주 일상적인 것이었다. 관료들 사이에서 흘러다닌 불법적인 자금은 거대한 액수였지만, 임금이 적은 하인이 일상 거래를 하면서 슬쩍하는 소액 수수료와 다를 것이 없었다.

친척편중주의(nepotism)는 공익에 배치되는 개인적인 이익을 배려해줌으로써 수탈 내지는 "횡령〔中飽〕"을 지원했다. 심지어는 경전에서조차도 가족에 대한 의무, 특히 효(孝)를 국가에 대한 어떤 의무보다도 우선하는 것으로 칭송했다.[9] 따라서 지방 각 성에서 올라오는 세입이 필요했던 경사(京師)의 행정부서들은 각기 자신의 장래와 친척들을 돌보아야만 했던 관료들 모두의 다양한 개인적 이해관계와 끊임없이 마찰을 일으키지 않을 수 없었다.

고위관직은 보통 축재(畜財)를 의미했다. 1799년 가경제(嘉慶帝)에 의해서 부정과 여타의 범죄 혐의로 처벌을 받았던 건륭제(乾隆帝)의 총신 화신(和珅)과 같은 경우는 오늘날의 기준으로 평가하면 10억 달러 이상의 —— 아마도

---

9) 이것은 『孟子』「盡心章句 上」에 나오는 이야기를 가리킨다. 여기서는 맹자의 제자가 순(舜)임금이 천자로 있는데 아버지인 고수(瞽瞍)가 사람을 죽였다면 어떻게 해야 하느냐고 질문을 하는데, 맹자는 아들이 아버지를 체포해서 처벌하기는 곤란하므로 "순은 천자의 자리를 버리기를 마치 헌 짚신짝 버리듯 여기고, 남들 몰래 자기 부친을 업고 도망가서, 멀리 바닷가에 숨어살면서, 그곳에서 죽을 때까지 기꺼이 자기 부친을 봉양하면서 즐거운 마음으로 지내되, 천하의 일들은 모두 잊어버려야 한다"고 답변한다. "桃應問曰, 舜爲天子, 皐陶爲士, 瞽瞍殺人, 則如之何? 孟子曰, 執之而已矣. 然則舜不禁與? 曰, 夫舜惡得而禁之? 夫有所受之也. 然則舜如之何? 舜視棄天下猶棄蹠也. 竊負而逃, 遵海濱而處, 終身訴然, 樂而忘天下."

전례가 없었을 —— 재산을 보유하고 있었음이 드러났다. 서구인들이 뇌물수수의 기술에서 뒤떨어졌다거나 덜 숙련되었다고 말하려는 뜻은 아니다. 하지만 중국에서는 이것이 근대에 들어와서도 오랫동안 부끄러워하거나 두려워할 필요가 없는 공인된 관료제의 동반자로서 남아 있었다. 그것이 기업 자본주의에 도움이 되는 환경을 제공하지는 않았다.

법률의 한계

전통시대의 중국은 잘 완비된 법률체계를 가지고 있었다. 하지만 그것이 자본주의를 양성하는 데에 거의 도움이 되지 않았다는 점은 약간 역설적이다. 전근대적인 기준에서 보면 중국의 법전은 기념비적인 것이라고 할 수 있었다. 8세기의 위대한 대당율령(大唐律令)과 송, 원, 명, 청조의 법률체계는 아직도 더 많은 분석을 필요로 한다. 초기 유럽의 관찰자들은 중국의 사법적 정의에 대해서 아주 깊은 인상을 받았다. 18세기와 19세기에 법률과 형벌이 얼마간 개선되고 나서야 서구는 중국의 법률이 "후진적인" 것이라고 볼 수 있었다.

그렇지만 중국의 법개념은 서구의 그것과는 근본적으로 달랐다. 우선 법률은 사회에서 외재적(外在的)이고 절대적인 요소로서 간주되지 않았다. 신의 계시로 인류에게 주어진 "초법률적 규범"이라는 개념은 중국에 존재하지 않았다. 모세는 산상에서 금으로 된 명판(銘板)을 받았다. 그러나 공자는 일상생활 속에서 이치를 찾아냈을 뿐 어떠한 신(神)의 도움도 받지 않았다. 공자의 예법은 어떠한 형이상학적인 인가(認可)도 추구하지 않았다. 단지 그는 이런 것들이 자연적인 우주 자체의 도덕성, 인간의 시야 밖에 있는 다른 세계가 아니라 바로 현세(現世)에서 나오는 것이라고 했을 뿐이다. 따라서 법률이라는 것도 이러한 도덕성의 한 표현, 따라야 할 모델이나 사례, 행정이나 의례를 위해서 지켜야 할 작업규범에 지나지 않았다. 그래서 그러한 규범의 파괴도 종교원칙의 문제가 아니라 실행방편의 문제였다. 법률은 도덕에 종속되어 있었다. 법률의 제재는 이성이나 도덕을 뒷받침하는 공통적 사회경험에 의한 것이었다. 이러한 체제는 상식적 도덕명령과 법률조문 사이에서 싹튼 서구의 불행한 이중성을 피할 수 있게 해주었다.

중화제국의 법전은 주로 형벌을 위한 것이었고, 순화되지 않는 자를 교정하는 수단이었다. 그것은 또한 행정에 관한 것이었고, 자세한 의례를 규정했다. 법률은 부분적으로는 행정적인 결정사례의 축적이었다. 또한 법률은 공무에서는 비교적 큰 몫을 차지하지 못했다. 피고뿐만 아니라 원고까지도 규정된 형태의 고문을 받으면서 심문을 받을 우려가 있었고, 누구든 관청의 아역(衙役)에게 수수료를 지불해야 했기 때문이다. 지방관들은 개인적인 법률비서〔幕友〕를 두어 그들의 조언을 받았다. 뿐만 아니라 아무런 법률 전문직도 없었고, 의뢰인을 대신하는 개인 변호사도 없었다. 법의 정의는 관청이 정했고, 언제나 국가와 사회질서의 편에 무게 중심이 치우쳐 있었다. 정의는 수평적으로 작용하고 개인간의 갈등을 해소하는 것이라기보다는, 수직적으로 작용하고 국가가 아래로 개인에게 덮어씌우는 것이었다.

청조의 법률체계는 제한된 범위 내에서는 세밀하게 구성되어 있었고, 일단 적용이 되면 상당히 정교하게 기능했다. 오형(五刑 : 가볍고 무거운 대나무로 곤장을 때리는 笞刑과 杖刑, 노역형인 徒刑, 유배와 사형인 流刑과 死刑)은 지현의 아문에서 부(府)를 거쳐 성(省)에서 수도로, 그리고 최종적으로는 —— 사형 선고를 위해서는 —— 황제에까지 올라가는 체계를 따라 결정되었다. 모든 사안은 상급으로 보고되고 검토되었다. 상고(上告)도 가능했다. 지방관들이 범법자들을 구금하는 데에는 시한이 정해져 있었고, 잘못된 재판을 한 관리는 중징계를 받았다. 대청률(大淸律)은 436조의 주요 조항과, 각각의 범죄에 대한 형벌을 규정하고 있는 약 1,900조의 부속 조항으로 이루어져 있었다. 지방관의 임무는 각 사안에 대해서 적용할 수 있는 가장 근접한 조례를 발견하는 것이었다. 그럴 경우 그는 선례를 따르거나 유추에 의한 판단을 할 수 있었다. 하지만 이런 법률은 사안별로 분류되어 건립된 것이 아니었다. 수천 가지 사안이 수집되고 지방관을 돕기 위한 개인적인 주석이 덧붙여져 출판되었지만, 일반화된 원리와 원칙은 거의 발전하지 못했다. 법률조항은 때로는 서로 모순되거나 적용하기 곤란한 경우도 많았다. 일반적으로 법률은 국가 내에서 가장 우선적이거나 어디에든 적용되는 것이 아니었다. 법률조문에 호소하는 것은 진정한 도덕성을 무시하거나 아니면 사안의 도덕적인 약점을 인정하는 셈이었다.

이러한 법률체계의 주요한 목적의 하나는 유교적인 윤상관계(倫常關係),

즉 사회질서를 보존하는 것이었다. 따라서 같은 범죄행위에 대해서도 범죄자의 사회적 — 특히 친족 내에서의 — 지위에 따라 처벌이 달랐다. 부모에 대한 불효는 가장 가증스런 죄악이었다. 아버지를 때리기만 해도 아들은 참수당할 수 있었다. 하지만 아들을 때려 죽인 아버지는, 만일 그것이 아들의 반항에서 비롯되었다면, 무거운 곤장으로 100대(관습적으로 "100대"는 보통 40대를 뜻했다)를 맞고 석방될 수 있었다. 아내가 남편을 때리면 100대의 곤장에 해당되는 형벌을 받았다. 남편이 아내를 때렸을 경우에는 아내가 심하게 부상을 당하고 고소를 했을 경우에만 처벌을 받았다. 조카가 삼촌에게 욕하는 것은 7촌당숙(曾叔祖의 孫子)에게 욕하는 것보다 심한 처벌을 받았다. 전혀 고의적인 것이 아니라도 부모를 죽음에 이르게 하는 것은 가장 큰 범죄였다. 구동조(瞿同祖, 1961)는 청조의 한 사례를 인용했다. "등(鄧) 모는 싸우다가 쓰러졌는데 상대편이 위에 올라탔다. 상대는 돌을 집어들었고, 아버지를 내려칠까 두려워한 등의 아들은 칼을 들어서 그를 공격했다. 그런데 상대편이 몸을 움직이자 칼이 아버지의 배에 꽂혀 아버지가 죽었다. 당국은 그가 아버지를 구하려고 했다는 점을 감안했다. 그들은 이 사안을 황제에게 보고하여 그에 대한 선고가 '능지(凌遲)'에서 '참수(斬首)'로 낮추어지도록 요청했다. 황제는 이를 허용했다." 이러한 규정 뒤에는 사회를 지탱하는 한 요소인 예교적(禮敎的) 질서를 유지하려는 관심이 놓여 있었다. 형벌이란 사회적인 질서가 파괴되었을 때 필요한 예교적 심판이었다.

간단히 말해서 법률은 현대 미국의 그것처럼 독립적인 존재가 아니라 일반행정의 한 도구였다. 지배계급을 교육시킨 유가철학의 넓은 시야로 보면 법률은 도덕질서를 유지하기 위한 끊임없는 투쟁에서 사용되는 수단의 하나였다. 토머스 메츠거(1977)가 보기에 대부분의 중국 관료들은 "자신들이 조화와 혼란 사이에서 맴돌고 있다고 느끼고 있었다……유자(儒者)들은 자기 주변 사회가 타락했고, 거의 실현될 수 없는 이상과 긴장관계에 놓여 있다고 생각했다." 하지만 이것은 도덕적인 문제였다. 그들은 단순한 법률조문에서는 아무런 피난처도 발견할 수 없었다.

19세기의 서구인들은 개인을 보호하기 위한 적절한 절차가 결여된 중국의 사법체계에 대해서 큰 관심을 쏟았다. 고발당한 사람은 자의적으로 체포되고 무한정 억류되었다. 유죄로 추정되었고, 자백을 통해서 스스로를 유죄로 만들도록 강요당할 수도 있었다. 변호사의 조언을 받지도 못했고, 자신을 변호할 기회도 많지 않았다. 국가권력 앞에서 개인은 보호받지 못했다.

공법(公法)은 주로 국가의 이익에 봉사했으므로 사법(私法)이나 민법(民法)은 이 법률체계 속에서 비공식적으로만 발전했다. 민간인 사이의 갈등 해소는 다양한 관습적, 비공식적인 통로를 통해서 이루어졌다. 상거래나 계약에서 생겨나는 갈등은 장인이나 상인의 행회 내에서 해결되었다. 이웃 사이의 분쟁은 촌의 장로나 이웃 모임 또는 신사에 의해서 조정되었다. 특히 종족이나 씨족 조직의 우두머리는 제사 유지나 씨족 아동을 위한 학교운영과 혼인준비 외에도, 납세와 내부분쟁의 해결을 보장함으로써 그 성원이 소송에 말려들지 않도록 최선을 다했다. 결국 법률체계라는 것은 행정의 일부에 지나지 않았다. 그것은 촌락의 일상생활의 수준보다는 훨씬 위에 있는 피상적인 것이었다. 따라서 대부분의 분쟁은 법률에 의하지 않고 오랜 관습과 지방여론에 대한 호소나 중재로 해결되었다.

이렇게 중국의 법률이 서구인에게 익숙한 방향으로 발전하지 않았던 것은 과거의 중국에서 자본주의가 발전하지 못한 것, 독립적인 상인계급이 존재하지 않았던 것과 쉽사리 연결될 수 있다. 큰 기업은 가족의 사업이었다. 사업관계라는 것은 가정, 가족과는 별개의 세계에서 법이나 계약의 일반적인 원리가 지배하는 차가운 비인격적인 관계가 아니었다. 사업은 중국인의 생활을 지탱하는 친구관계, 친족의 의무, 개인적 관계라는 것들로 구성된 전체 체계의 일부였다. 전통 중국에서 적절한 법절차, 신성한 계약, 자유로운 사기업은 결코 서구 자본주의에서처럼 신성한 삼위일체를 이룰 수 없었다.

여기서는 19세기의 중국이 공업화의 길로 나가는 것이 매우 완만할 것이라는 점을 시사했다. 그 이유는 경제적일 뿐만 아니라 사회적이고 정치적인 것이다. 다시 말해서 중국의 국가와 사회는 근대화를 방해할 반(反)생산적인 자세, 목표, 관습에 익숙해져 있었다. 유교의 이윤 경시, 항상 통제를 유지하려는 지배자의 관심, 개인투자의 보호에 대한 법의 무관심, 관료들의 관습적인 상인 수탈, 생산성의 감소와 농가여성의 전족 등 이런 모든 것들은 사대부들의 오만한 자부심, 일반 백성의 배외주의와 결합하여 무기력증을 낳았다. 그래서 후기 중화제국은 서구의 상업과 문화의 공격에 대해서 신속하게 반응할 수 없었다.

비관영(非官營) 자본주의 기업과 국가주도 하의 공업 육성은 19세기의 중국에서 중심 무대를 차지하지 못했다. 우리는 공업화되기 이전인 1750년대쯤의 중국과 유럽의 사회는 상당히 공통점이 많았다는 인상을 가지고 있다. 사실 양자는 겉으로 볼 때는 아주 닮아 있었다. 그래서 19세기 공업혁명에 의한 변혁이 이루어지면서 나타나게 될 서구국가를 각기 이 사회와 비교할 때 나타나는 유사성은 이 양자 사이의 유사성에 미치지 못한다. 하지만 우리는 동시에 그러한 외면적인 유사성이 피상적임을 인정해야만 한다. 그러한 표면 밑에는 19세기의 역사가 보여주듯이 사회구조, 문화, 사상 면에서 커다란 차이점들이 존재했다.

제9장

변경의 불안과 문호개방

청조 정부의 약화

중국이 영국 전함에 의해서 개방되었는가 아니면 스스로 개방했는가 하는 점은 더 이상 큰 논쟁거리가 되지 못한다. 인구와 대외무역의 증가 모두 중국이 외부세계와 더 많은 접촉을 하도록 강요했다. 이러한 경향은 국내적 그리고 대외적 변경에서의 반란을 촉발했다. 반면 일본이나 러시아와 같은 후발국가(後發國家)의 공업화에 필수적인 것의 하나는 바로 정부의 지도력이었다. 불행하게도 중국 정부는 그 강력함과 통찰력이 가장 필요한 시기였던 19세기에 더욱 약체화되고 시야가 좁아지고 있었다.

18세기 말이 되면 인구압력은 가뭄이나 홍수, 질병에 대한 주민의 내구력을 더욱 약화시키고 있었다. 이것들은 청조의 통치기구를 더욱 삐걱거리게 만들었다. 홍수통제, 기근구제, 세수증대의 필요성과 그 확보의 곤란함이라는 문제를 제대로 다룰 수 없었던 것이다. 이 문제는 피에르−에티엔 빌(1990)의 기근구제에 대한 연구에서 잘 나타나고 있다. 청조 중기에 관리들은 상평창(常平倉)을 유지하고, 곡가(穀價)상승을 억제하고, 기근상황을 평가하고, 다른 성에서 곡물을 들여왔으며, 그 분배 과정을 주의 깊게 감독했다. 하지만 인구가 두 배로 늘어난 1800년대가 되면 관료체제가 무너지고, 신사(紳董)들이 더욱더 많은 기근구제의 업무를 떠맡게 되었다. 그러한 약점은 관리들의 사기 저하 및 사익 추구와 결합하여 정부를 더욱 비효율적으로 만들고 그 권위를 약화시켰다.

내란과 외환, 그리고 이 양자를 통제하여 체제를 유지하려는 지배 엘리트

국내의 반란	외국의 침략	관료와 엘리트의 반응
백련교의 반란 1796-1804년		
	투르키스탄변경의 반란 1826-1835년 제1차 아편전쟁 1839-1842년	지방 엘리트의 주도에 의한 군사화(軍事化)의 증대
태평천국 1851-1864년		반란의 진압
염군(捻軍) 1853-1868년	제2차 아편전쟁 1856-1860년	
회민(回民)의 반란 서남 1855-1873년 서북 1862-1873년		동치중흥(同治中興) 1861-1876년
		자강운동(自强運動) 1861-1894년
	청불전쟁 1883-1885년	
	청일전쟁 1894-1895년	무술개혁운동 1895-1898년
	제국주의자의 이권쟁탈 강화 1898년	
의화단의 봉기 1898-1901년	의화단 전쟁 1900년	청조의 신정(新政) 1901-1911년

의 노력, 이 세 가지 주제가 중국의 19세기 경험을 지배했다(표 4 참조). 반란과 침략, 그리고 통제를 향한 노력은 20세기에 들어오면 훨씬 규모가 커지기 때문에 19세기는 단지 그러한 재난과 성취의 맛보기를 보여주는 데에 지나지 않았다.

　최근의 연구는 제국주의가 중국에서 수행한 역할에 대한 우리의 기존 관념을 바꾸어놓았다. 20세기 초의 홉슨-레닌 테제[1]는 수입된 외국의 공업제품이 토착 수공업자의 생계를 파괴하고, 외국의 금융자본주의가 토착 정부를 빈궁하게 만든다는 부정적인 경제적 측면을 강조했다. 그러나 최근의 연구는 좀더 유연한 시각을 만들어내고 있다. 즉 외국의 무역, 투자, 기술이 때로는 토착 국가의 성장과 기술진보를 자극했다고 보는 것이다. 또한 오늘날의 역사가들은 외국 제국주의에 의해서 야기된 사회분열과 심리적인 사기저하라는 측면에 대해서 좀더 강조를 할 것이다. 이 경우 중국에 대한 외국의 장기적 침략은 아직까지 우리가 완전히 묘사할 수 없을 만큼 너무도 광범위하고 섬뜩한 재난이었음이 분명하다. 기독교 선교사, 서구적 교육, 외국의 투자와 같은 혁신은 양날을 가진 칼과 같았다. 그것들은 장기적인 대외관계에서 보면 진보의 발걸음이기도 했지만, 당시 중국 사회의 복지를 파괴하는 측면도 자주 있었다. 가장 중요한 것은 제국주의의 경제학 혹은 심리학이 아니라 좀더 큰 차원에서의 전체적인 삶의 방식, 문명이었다.

결국 나는 "제국주의"가 전면적으로 받아들이거나 거부하기에는 너무 광범위하여 "봉건제"처럼 잡동사니 용어가 되어버렸다고 생각한다. 그것은 오히려 형용사적으로 구체적인 상황을 묘사하는 데에 더 유용한 것이라고 믿고 싶다. 여하튼 19세기 중국의 문제는 침입이 아니라 내부반란과 더불어 시작되었다.

청조 정부의 약화는 건륭제 말기에 이러한 내부반란을 초기에 진압하지 못한 무능력에서 아주 생생하게 드러났다. 또다른 소규모의 봉기가 잇달았다. 사천(四川)과 신강(新疆)의 반란을 평정하면서 청조는 상당한 능숙함을 보여주었지만, 광주의 서구인을 다루는 데에 똑같은 공식이 적용되었을 때에는 아주 비참한 결과를 낳았다. 따라서 우리는 우선 내부반란의 문제를 살펴보고, 그 다음에 대외무역에서 반란을 불러일으킨 요소에 대해서 살펴보기로 하자.

---

1) 제국주의(imperialism)에 대한 해석 가운데 경제적 요소를 강조하는 입장을 가리키는 것이다. 영국의 경제학자 홉슨은 1912년에 『제국주의론』을 썼고, 이를 비판하는 입장에 선 러시아의 혁명가 레닌은 1917년에 『제국주의-자본주의의 최고단계』를 썼다. 양자 모두 제국주의를 경제적인 측면에서 해석하는 공통성이 있지만, 홉슨이 제국주의가 폐지될 수 있다고 본 반면 레닌은 제국주의는 독점자본주의이며 자본주의체제에 내재해 있는 필연적인 것이기 때문에 자본주의가 폐지되지 않고는 제국주의는 폐지되지 않는다고 주장했다.

백련교(白蓮教)의 반란, 1796–1804년

농촌에서의 인력과 식량의 공급은 국가를 무너뜨리는 데에 이용될 수 있는 전쟁의 관건이었다. 그래서 몽골 지배기에 기원을 두고 있는 교파인 백련교와 같은 종교집단은 자기방어를 위해서 비밀을 유지해야 하는 경우가 많았다. 백련교는 미륵불이 현신(現身)하고, 명조가 부흥하며, 삶에서 재난과 질병과 개인적인 고통이 사라지고 장래에 행복이 확보될 것이라는 등 다양한 약속으로 가난에 찌든 농민들에게 호소했다. 18세기 말 백련교는 장강 삼협(三峽) 이북과 한수 상류지역에 있는 호북성, 사천성, 섬서성의 경계가 교차하는 교계(交界)지역에서 세력을 확장시켰다. 농업에는 비교적 부적절한 이 산악지대는 청조의 공식적인 후원 아래 아주 늦게서야 정착이 허용된 내부적 변경이었다. 관청에서 가난한 정착민의 이주를 장려하기는 했지만, 그들을 장악하는 행정능력이 마찬가지로 발전한 것은 아니었다. 정착민 사회는 거의 생존의 한계선 위에 놓여 있었으며, 법을 무시하고 제멋대로 하는 경향이 있었다. 백련교파의 우두머리는 곧바로 대중적인 호소의 항목에 반청(反淸)이라는 종족적인 교리를 추가했다.

반란은 1796년 말단 세리(稅吏)의 수탈에 대한 항의로 시작되었다. 청조의 관군(官軍)이 소규모 봉기들을 차례로 진압할 수 있었지만, 통제할 수 없는 너무나 많은 새로운 폭동들이 잇달아 분출되기 시작했다. 이곳 주민들은 이미 남쪽 토착민에 대항하기 위한 단련(團練)을 조직하여 무기와 식량을 끌어모으고 있었다. 이 집단들은 반란을 일으켰을 때 관군이 도착하기 이전에 쉽게 방어할 수 있는 산악지대의 요새로 이동할 수 있었다. 이제는 노쇠한 건륭제 치하에서 만연되고 있던 체계적인 부정은 관군의 행동을 크게 제약했다. 그들은 강력한 지도력뿐 아니라 병참, 사기, 동기조차 결여되어 있었다. 반란군이나 관군은 서로 싸우는 대신 일반 주민을 약탈했다.

백련교의 반란은 1799년에 건륭제가 죽고 가경제(嘉慶帝)가 실질적인 권력을 장악하여 정력적인 만주족 장군들을 후원하게 되어서야 간신히 진압되었다. 한편으로는 집요하게 반란군을 추적하고, 다른 한편으로는 이 지역의 인력과 식량공급을 철저히 통제함으로써 만주족 장군들은 결국 반란을 진압할 수 있었다. 우선 청조는 지방농민들로 하여금 그들을 집결시킬 수 있는 수백 개의 성벽으로 둘러싸인 요새〔保寨〕를 건설하게 했다. 이 보채들은 단련에 의해서 반란군으로부터 보호를 받을 수 있었다. 농촌의 황폐화가 농경과 생존을 심각하게 방해했기 때문에 단련은 전보다 훨씬 쉽게 조직될 수 있었다. 이리하여 주민들은 다시 청조의 통제 아래 들어갔다. 그리고 단련은 반란군을 섬멸하려는 정벌작전에 합류하기 위한 훈련을 받았다. 동시에 반란군들이 강제로 끌어들인 사람들의 항복을 확보하기 위해서 그들에 대한 유화(宥和)정책이 추진되었다. 피난민이 계속해서 반란군에 가담하는 것을 막기 위한 조치도 이루어졌다. 이러한 무력과 관용, 그리고 행정조치의 결합에 의해서 청조 장군들은 점차적으로 반란군에게 새로운 충원과 식량공급이 이루어지는 것을 막을 수 있었다.

이와 같은 "견벽청야(堅壁淸野)"의 정책은 결국 반란군의 원기를 고갈시켜 1804년 그들은 진압되었다. 하지만 봉기의 결과는 청조에 아주 거대한 손상을 끼쳤다. 그 진압에 청조는 거의 5년 동안의 세출에 해당되는 금액(은 2억 냥)을 소모했다. 더욱 나쁜 일은 무적이라던 청조 팔기(八旗)의 명성이 무너졌다는 점이었다. 적절한 훈련을 받기만 한다면 단련의 병사인 향용(鄕勇)이 호전적이고 위험한 직업군인이 될 수 있음을 알게 된 조정은 그들로부터 다시 무기를 빼앗기 위해서 노력했다.

1813년 백련교의 일파인 천리교(天理敎 : 八卦敎)는 화북 농촌에서 봉기를 꾀했다. 그리고 실제적으로 북경의 자금성에 침투하기 위한 무리를 파견하기도 했다. 곧바로 진압되기는 했으나 수잔 내퀸(1976)은 이 과정에서 7만 명이 죽었다고 결론을 내렸다.

이러한 농민반란의 소용돌이가 19세기 전반의 수십 년에 걸쳐서 중국에 어두운 그림자를 드리웠다. 중국의 대외관계에서도 마찬가지로 불길한 상황이 발전했다. 여기서도 또한 나쁜 소식을 가져온 사람은 외국인이 아니라 중국인들 —— 명조와 청초의 금지령을 어기고 해외로 진출한 —— 이었다. 요컨대 우리가 중국연해(Maritime China)라고 부르는, 지금까지 무시당해왔던 일부 중국인이 중국의 역사에서 주요한 세력으로 등장하려고 하고 있었던 것이다.

중국연해 : 화교(華僑)의 기원

'중국연해(中國沿海 : Maritime China)'와 '중국대륙(Continental China)'은 거의 중국 본토와 내륙 아시아만큼 크게 대조적이다. 경전 교육을 받은 역사가는 조정에 집중되어 있었으므로 해외로 나간 사람이 거의 없었다. 중국 항해사들은 회고록을 쓰지 않았다. 초원지대와는 달리 연안지대는 정권을 노리는 경쟁자를 품고 있지도 않았다. 때문에 중국사에서는 이 지역이 거의 중요하게 여겨지지 않았다. 하지만 최초부터 중국인의 삶은 내륙 아시아의 부분과 거의 동등하면서도 정반대가 되는 해양에의 의존이라는 측면을 지니고 있었다.

일단 중국에서 바다로 접근하면 우리는 여름에는 적도지대에서 북쪽으로, 그리고 겨울에는 거꾸로 남쪽으로 부는 계절풍(monsoon)이라는 기본적 지리 현상에 마주치게 된다. 예측이 가능한 이 몬순은 화북 농업이 의존했던 강우(降雨)보다도 훨씬 믿을 만한 것이었다. 따라서 해양항해는 역사가 쓰여지기 훨씬 이전인 신석기시대부터 시작되었다. 이 사실은 대만에서 발견된 신석기시대 형태의 주거지들을 설명해준다. 몬순이 있었으므로 여름의 태풍이 방해하기는 했지만 섬으로 가거나 섬에서 육지로 항해하는 것이 어려운 일이 아니었다.

아주 오랜 세월이 지난 다음 해상운송의 신뢰성은 진한(秦漢) 시대에 광주와 베트남의 북부지역을 진한제국의 일부로 흡수할 수 있게 해주었다. 강 위의 화물선 수로나 그것들을 잇는 연수육로(連水陸路)를 따르는 육로상의 접근만으로는 이 지역을 통제하기에 적절한 힘을 결코 그렇게 멀리까지 뻗칠 수 없었다. 따라서 숙련된, 그리고 대량으로 이루어지는 연안항해가 중국의 최남단까지 초기 제국의 영역을 확장하는 데에 필수적이었다. 그 결정적인 증거는 광주에서 발굴된 한대(漢代)의 장례선 모델이다. 이 배는 선미의 중앙에 자리잡은 방향타(舵柱舵)를 부착했다. 이것은 유럽에서는 1,000년 후에야 나타나게 되는 항해기술의 핵심적 발명이었다. 이것은 초기 중국의 항해기술이 고도로 숙련되어 있었음을 이야기해준다.

중국인이 항해에서 그러한 숙련성을 일찍부터 지니고 있었다면, 중국 동남 해안의 항구에서 최초의 장거리 국제무역에 종사한 사람들이 아랍인들이었다는 점은 기묘하게 보일 것이다. 7세기 아라비아에서 이슬람 제국이 건립된 후 이슬람 교도 항해자와 침략자들은 모든 방향으로 진출했다. 중세의 유럽도 곧 그 힘을 알아차렸다.

이슬람에 대한 세계사 강의를 듣지 않은 사람들은 이 종교가 622년 메디나에서 예언자 무함마드에 의해서 창건되었음을 상기해야 할 것이다. 무슬림이라고 불리는 그의 추종자들은 유일신인 알라와 무함마드의 가르침인 코란, 운명예정설(運命豫定說), 부활의 날에 대한 믿음을 지녔다. 신앙을 입증하는 하루 다섯 차례의 엄격한 예배는 무함마드의 탄생지인 메카에의 순례 등 다른 의무와 더불어 그들로 하여금 이교도들에 대한 성전(聖戰)을 준비하게 했다. 아랍의 무역, 항해기술과 결합하여 그들의 신앙은 아랍인들을 유대인의 이산(離散)처럼 동서로 확산시켰다.

무슬림 세력은 곧바로 시리아, 페르시아(이란), 이라크, 이집트를 정복했다. 반란과 내전에도 불구하고 그들은 북아프리카와 스페인을 점령했고, 732년 패배를 당하기 전까지 프랑스의 남부를 공격했다. 한편 동쪽으로는 무슬림 세력이 그동안 아프가니스탄, 인도 북서부의 인더스 강 하류 지역, 중앙아시아의 무역도시인 부하라와 사마르칸트를 점령했다. 눈이 어지러울 정도로 빈번한 전쟁과 새로운 군주의 출현보다 훨씬 중요한 것은 바그다드에서 부하라에 이르는 이슬람 도시들이 과학과 예술적 성취의 중심 도시가 되었다는 점이다.

10세기 무렵 무슬림의 정복국가들은 지중해의 해상무역을 인도양의 무역과 연결시켰다. 그렇게 함으로써 동인도 제도에서 생산되는 후추나 육두구, 계피와 같은 향료를 알렉산드리아에 위치한 유럽 시장으로 운반하는 해양상업을 가능케 했다. 결과적으로 유럽의 극동 진출을 자극하게 되었던 이 향료무역은 중국에까지 훨씬 일찍, 그리고 훨씬 쉽게 뻗어갈 수 있었다. 중국 역시 냉장고가 없던 시절 음식물 보존에 훌륭한 역할을 하는 것으로 향료를 평가했기 때문이다. 중국이 몽골 지배 아래서 무슬림과 광범위한 접촉을 한 것은 비단길을 통하는 중앙 아시아의 육로와 연안항구를 통한 해로 모두를 통해서였다. 문제는 이슬람 국가와 그들의 경쟁자들의 성분이 바뀌어 무슬림 세계 내에 아랍인뿐 아니라 페르시아인과 터키인, 때로는 인도인들까지 합류하게 되면서 이야기가 좀더 복잡해진다는 것이다. 이런 복잡한 배경 속에서 우리는 잘 확립된 연안항로를 따라 항해하는 대량의 중국 무역선들이 천주(泉州, 아랍에서는 짜이툰[Zayton]이라고 불렀다)와 같은 복건성(福建省)의 큰 항구에서 무슬림의 장거리 무역을 위한 기반을 제공하는 것을 상상할 수 있다.

아랍 상인들이 먼저 중국에 오기는 했지만, 중국 상인의 배들도 늦어도 10세기 무렵이면 동남 아시아 반도와 인도 동부의 연안항구에 이르는 무역을 개시했다. 심지어는 당대 이전부터 시작하여 동남 아시아와의 무역에 관한 언급은 사서(史書)에 기록되는 횟수가 점차 늘어난다. 1405년에서 1433년 사이의 정화(鄭和)의 원정 무렵이 되면 중국의 무역상품은 동남 아시아와 남아시아, 나아가 동아프리카에 걸쳐서까지 시장을 찾고 있었다(지도 18 참조). 1589년 명조에 조공을 보내고 있는 것으로 기록된 10여 개 또는 그 이상의 소국가들은 주로 말레이시아 해안을 타고 내려가 말라카 해협에 이르는 해로와, 필리핀 군도와 섬나라 술루 왕국을 거쳐 동인도에 이르는 해로라는 두 무역로 주변의 항구들이었다. 중국 상인들은 이런 무역항에 자연스럽게 대리인이나 연락 거점을 확보했다. 화교사회 역시 여기에서 성장하기 시작했다. 1818년 무렵 리고르, 숭고라, 파타니, 트렝가누, 파항, 조호르와 같은 말레이 반도의 중개항구들은 중국 정부의 기록에는 좀더 현실적으로 "조공을 하지 않는 무역국가", 즉 북경에 조공을 보내지는 않지만 중국 상인들이 자주 방문하는 곳으로 등록되어 있었다. 이렇게 널리 퍼진 중국의 상인사회는 16세기에 포르투갈과 스페인이 동아시아에 침입했을 때에는 이미 확립된 상태였다.

왕갱무(王賡武, 1991)는 화교사회가 중국 정부의 통제 아래 있지 않았다는 점을 우리에게 상기시키고 있다. 해외 화교사회의 성장은 중화제국의 정부에 의해서 후원은커녕 심지어는 묵인조차도 받지 못하는 상태였다. 중국에서는 신사계층이 16세기의 일본이나 유럽에 비교할 만한 상인의 독자문화를 성장하게 만들어주지 않았지만, 동남 아시아의 화교들은 전혀 다른 지역적, 관료적, 사회적 제한 아래 놓여 있었다. 그들은 자본을 축적하고 자신들의 생활방식을 지닌 모험적 기업가가 되는 경우가 많았다. 영국, 프랑스, 네덜란드의 식민지(당시의 미얀마, 말레이시아, 동인도, 인도차이나)에서 발전한 그들의 가족기업은 유럽 법률의 지배에 의해서 많은 혜택을 받았다. 방콕과 마닐라에서 그들은 결혼을 통해서 지방 문벌 세력과의 유대를 강화시켜나갔다. 해외에서는 자선사업과 재력을 과시하기 위한 낭비가 중국에서보다 덜 효율적이었다. 그렇지만 경제적 발전은 지방 지배자들에게 보다 높은 평가를 받았다.

기묘하게도 중국의 지방 신사를 연상시키는 것이지만, 동남 아시아 화교들은 자신들의 사회적 지위와 기능이 유럽인 지배자와 지방의 촌민 사이에 위치하고 있음을 발견했다. 중국인들은 화물선이나 교량 또는 시장과 같은 지방사업을 유지하거나, 징세를 돕는 중개인이 되었다. 그들은 일반적으로 식민지 사회를 안정화시키는 요소였다. 권력을 잡기에는 수가 너무 적어 지방교역뿐 아니라 서비스 제공으로 이익을 얻는 데에 주된 관심을 쏟았던 것이다.

마닐라에서의 중국인의 역할은 아주 시사적이다. 1560년대에 스페인 사람들이 대거 필리핀에 도착하여 기독교적 가르침에 기초한 식민지와 필리핀식 플랜테이션 농장을 건설하기 시작했다. 이때 그들은 명조의 해외무역 금지령이 붕괴되고 중국의 연안해적과 결탁한 왜구들이 약탈을 일삼는 것이 자신들에게 큰 위협이 된다는 것을 발견했다. 이미 오래 전에 사문화되었던 해외무역에 대한 명조의 금령은 1567년에 해제되었다. 스페인 사람들이 마닐라에 수도를 건설하기 시작할 무렵 중국인은 150여 명 남짓이 있었다. 그런데 1600년이 되면 마닐라에는 특별히 설정된 지역에 중국인이 2만5,000명이나 거주했다(기독교로 개종한 중국인은 그러한 제한을 받지 않았다). 따라서 두 가지 화교사회가 발전하기 시작했다. 하나는 화교도시의 모든 상점과 기능을 관리하는 거류민 상업사회였고, 다른 하나는 부분적으로 중국 혈통을 지닌 필리핀의 지도층이 될 기독교도 혼혈인의 사회였다.

일반적으로 화교들은 상업적인 번영을 위해서 관제(關帝)와 천후(天后)의 사당을 갖춘 행회를 조직했을 뿐만 아니라, 자기 이익을 보호하기 위한 공제회(共濟會)나 비밀결사도 조직했다. 그들의 상업은 투자와 해외거래를 관리하는 근대적 능력을 갖춘 대규모 법인들에 의해서 지배되지는 않았다. 무역을 수행하는 튼튼하고 항해에 적합한 선박들은 개인소유였다. 화물도 일반적으로 개인이나 가족회사의 재산이었다. 많은 중국인들은 당시 유럽의 상업기술을 신속하게 배웠다.

시간이 지남에 따라서 해외의 이러한 화교 상업사회는 토지에 기반을 두고 농업을 중심으로 하는 명청제국의 양식과는 대조되는 중국연해의 활동적인 외익(外翼)이 되었다. 초기부터 소수적 전통이었지만 이 중국연해는 중국 내륙에서 강을 타고 내려오는 수상교통이 해외의 화교거주지에서 오는 선박들과 접촉하는 항구에서 성장했다. 레너드 블루세(1986)는 북경 조정의 해외무역 금지령에도 불구하고 명조와 청조 초기까지 매년 100여 척의 대형 선박이 동남 아시아와 무역을 했다는 점에 주목했다. 이러한 상인들은 기회만 허락한다면 국제적 상업으로 손을 뻗을 준비가 되어 있었다. 중국연해에서 그들의 주요한 중심 항구는 복건의 하문(廈門)이었다. 이 항구에는 부근의 천주나 복주와는 달리 상선을 감독하는 관청, 즉 시박사(施舶司)가 없었다.

유럽 무역회사와 광주무역

유럽과의 해상무역은 중국연해의 성장률을 가속시켰다. 1600년 무렵 영국과 네덜란드에 의해서 건립된 동인도회사는 합작 투자가로부터 자본을 모은 강력한 주식회사 집단이었다. 그들은 국왕에 의해서 무역을 독점하고 해외의 영토를 지배하는 권한을 부여받았다. 이러한 강력한 상업적 팽창의 기구들은 영국령 인도와 네덜란드령 동인도를 창출해냈다. 영국인들은 중국이 차, 비단, 자기를 수출하고 은과 모직물, 그리고 궁극적으로는 인도로부터 아편을 수입하는 특산품 무역을 발전시켰다. 처음에 그들은 통상적인 관행을 따랐고, 중국 무역선의 수로 안내선을 이용했다. 중국인과 외국인은 국제적 상업 활동을 통해서 근대 최초로 중서교류(中西交流)의 장소를 마련한 무역 중심의 공동체를 형성했다.

동남 아시아와의 무역 및 중국 연안무역의 주된 초점은 하문이었다. 그러나 1759년에는 광주(廣州)만이 유일하게 유럽인에게 개방되는 항구가 되었다. 서구에 광주무역(the Canton Trade)으로 알려진 이 무역방식은 전형적인 중국식 방법으로 조직되었다. 즉 중국 정부는 대외무역을 감독하는 중개인으로 활동하도록 일단의 중국 상인들을 지명했다. 이들은 각기 하나씩 서양 선박에 대한 책임을 떠맡아서 그 보증상인〔保商〕으로서 활동했다. 이 보증상인들은 공행(公行, 行은 貿易商社를 의미한다)이라고 불리는 행회를 조직했다. 공행은 황제가 특별히 임명한 월해관 감독(粤海關監督)2)의 지휘를 따랐다.

북경 조정의 내무부 출신 만주인이 보통 임명되었던 이 관직은 외국인에게는 하백(河伯 : Hoppo)으로 알려져 있었다. 공행과 하백은 외국인의 수입, 그리고 특히 차와 비단의 수출에 대해서 세금을 징수하는 역할을 담당했다.

중국과의 특산품 무역에 대해서 왕실이 부여한 특권을 상실하게 되는 1834년까지 영국 동인도회사는 이 특별한 "광주체제(廣州體制)"에 맞추어져 있었다. 런던에 있는 동인도회사의 이사회에서 파견한 화물관리인은 무역 시즌인 10월에서 3월까지 성도(省都)인 광주 밖에 있는 주강(珠江)의 제방에 위치한 영국의 상관(商館 : Factory)에서 멋을 부리면서 살았다. 그는 4월에서 9월까지의 기간에는 강 하류에 있는 포르투갈인의 거류지 마카오로 물러났다.

월해관 감독은 국가의 필요를 위해서 공행의 상인들로부터 일정액을 짜내는 데에 익숙해 있었다. 그래서 공행 상인들은 때로는 계약대로 인도 무역선에 실을 차와 비단을 구입하는 데에 자금이 부족하기도 했다. 그들은 이 때문에 영국상인에게 빚을 지는 경향이 있었다. 관료들의 수탈이 이들 특권 상인들을 부채나 파산에 빠뜨리게 될 경우, 영국인들은 공행의 독점이 미치는 영향에 대해서 불평했다. 영국으로 가는 차와 비단을 위한 투자자금의 부족은 동인도회사의 지속적인 문제가 되었다.

이러한 중외관계에 작용한 또다른 요소는 16세기와 17세기에 특히 일본과 아메리카 대륙에서 생산된 은〔白銀〕이 꾸준하게 중국에 유입되었다는 점이다. 매년 1,000만 달러어치에 해당하는 은이 중국 국내시장에 유입되었다고 평가되는 것이다. 유럽에서와 마찬가지로 이러한 유입은 물가의 상승, 화폐의 증가, 상업의 확대를 가져왔다. 하지만 17세기 중반 일본, 스페인, 중국에서 일어난 사건들이 결합되어 나타난 이른바 "17세기의 위기"는 중국으로의 은 유입을 감소시켰다. 갑작스러운 물가 하락을 포함한 그 결과는 큰 재난을 가져왔다. 이런 식으로 중국은 스스로 그 사실을 깨닫게 되기 훨씬 이전부터 국제적인 무역세계로 끌려들어갔다.

후기 중화제국에서 대외무역은 부차적이었다. 하지만 중국에 수입되는 은의 원천이자 수출생산을 자극하는 시장으로서 그것은 아주 중요한 역할을 수행했다. 1759년 이후 동인도회사의 절정기 동안 중국에서 시장에 나온 차의

---

2) 粵은 廣東 또는 廣東과 廣西 두 省을 가리키는 별칭이다. 海關은 國際税關을 의미한다.

17. 1808년판 "패문재 경직도(佩文齋 耕織圖)"의 삽화는 벼 재배의 기본적인 단계들을 보여주고 있다. 첫 단계는 못자리의 준비이다. 이곳 화남에서는 농부와 그의 물소가 쟁기질을 하고 있다. 장포(長袍)를 입은 학자가 근처 둑에서 보고 있으며, 꼬마가 먹을 것과 마실 것을 어깨에 지고 온다.

18. 볍씨에 싹이 나서 이제 모가 못자리에 **빽빽**하게 들어서 있다. 이것들을 다발로 모아 옮겨서 논에 옮겨 심게 되며, 그렇게 해서 모는 자랄 수 있는 공간을 차지하게 된다. 또 퇴비도 뿌려진다.

19. 물이 가득 찬 논에 가지런하게 줄을 맞추어 모를 옮겨 심는 작업은 허리에 몹시 부담을 주는 작업이다. 농부들은 뜨거운 태양 아래 발목까지 잠기는 물 속에서 허리를 편 나음 뒷설음을 쳐야 한다. 중국과 일본 및 기타 아시아의 농부들은 이런 식으로 벼를 재배한다.

20. 벼의 성장을 위해서는 풍부한 물이 필수적이다. 여기서 우리는 근처의 못에서 둑 위를 거쳐 논으로 물을 끌어올리는 두 가지 발명품을 볼 수 있다. 왼쪽의 세 사람은 네모난 판을 연결하여 이루어진 펌프를 작동시키는 발판을 밟으면서 가로로 걸쳐진 막대에 기대고 있다. 못의 물이 채워진 네모판은 연속적으로 돌아가면서 끊임없이 물을 퍼올린다. 앞에는 한 사람의 노동자가 대나무 돗자리로 둑을 보호하면서 단순한 기구로 물을 퍼올리고 있다. 뒤쪽의 언덕에 있는 계단식 논은 빗물을 가두어서 이용한다.

21. 추수 철이 되면 볏단을 말려야 한다. 펌프를 써서 배수를 할 수도 있다. 조심스럽게 줄을 맞추어 심으면 추수하는 일이 간단해진다. 사람들은 낫을 써서 무거운 이삭이 여문 벼를 벤다. 아이들은 이삭을 줍거나 볏단을 묶는 일에 가담한다. 연못 건너에서 한 여자와 아이가 구경하고 있다.

持穗

霜時天氣佳風勁
木葉脫持穗及此
時年枷聲亂發黃
雞啄遺粒鳥鳥喜
聒々歸家抖塵埃
夜屋燒椔杇

22. 농가에는 거의 콘크리트처럼 단단한 흙바닥의 타작 마당이 있다. 여기에 보이는 것처럼 이 위에 볏단(또는 다른 곡식의 줄기)을 펼쳐놓고 도리깨질을 한다. 이 과정은 벼의 알갱이와 겨를 분리시킨다. 바로 옆의 바닥에는 볏짚을 긁기 위한 나무로 된 갈퀴, 벼를 모으기 위한 나무 삽, 그리고 U자형의 삼태기가 있다. 소년은 차를 준비하고 있다. 화가들이 앞에 그려놓은 닭은 여기서는 환영받지 못했을 것이다.

23. 이제 거의 마무리에 가까워진다. 여기서 겨를 까부르는 삼태기의 기능이 분명해진다. 산들바람이 부는 날 농부는 삼태기에 벼를 채운 나음 그것을 머리 위로 높이 쳐올린다. 겨는 바람에 날려가버리고 좀더 무거운 벼 알갱이는 아래의 대나무 돗자리로 떨어진다. 가운데 있는 여성은 찬탄하는 표정으로 이 작업을 거친 바구니를 살펴보고 있다. 바구니 옆의 상자는 되〔斗〕로 마른 알곡을 재는 것이다.

24. 벼 재배의 마지막 단계는 겨를 까부른 쌀로 가득 찬 바구니를 저장하는 것이다. 사람들이 무거운 바구니를 날라 창고에 쏟고 있다. 옆면의 벽은 판자를 끼워서 필요하면 빼낼 수 있게 되어 있다. 지붕 아래의 되를 주목하라. 멀리서 사람들이 차를 마시면서 잡담을 하고 있다. 물소가 송아지를 코로 어루만지고 있으며, 바로 옆의 여자는 자기 아이를 가볍게 두드리고 있다.

25. 청말판(淸末版) "흠정서경도설(欽定書經圖說)"(1905)은 일하고 있는 장인들을 묘사하고 있다. 목수, 대장장이, 미장이, 벽돌공 등이 장포를 입은 감독관에게 자신들의 솜씨를 보이고 있다.

26. 도시의 성벽. 침입자를 막기 위해서 성벽은 가운데 흙을 단단히 다져 넣은 두 겹의 벽돌로 만들어진다. 아주 연약한 외부 발판〔飛階〕 위에서 건축 노동자들이 40피트 이상으로 성벽을 쌓아 올리고 있다.

27. 주택에 담을 쌓는 것. 도시의 성벽과는 달리 이 벽은 위에 기와 지붕을 얹은 완전한 벽돌담이다. 흙손을 가진 두 사람이 벽을 꾸미기 위해서 회칠을 하고 있다.

28. 건축 장식업자의 작업장. 앞쪽의 사람은 대들보와 작은 기둥을 장식하고 있는 뒤쪽의 숙련된 화가를 위해서 물감을 갈고 뒤섞고 있다.

29. 도살장. 대 위에 올려져 있는 돼지는 이제 목이 잘리고 그 피는 접시에 담겨질 것이다. 왼쪽의 불로 피부를 익혀 털을 벗긴다. 도살이 된 다음에 고기의 일부는 가난한 사람에게 주어진다.

30. 마을의 시장. 붐비는 길 위에서 물고기, 오리, 곡식, 기타 상품들이 팔리고 있다. 오른쪽의 상점주인은 무언가 섬세한 것의 무게를 재고 있는데 아마도 약재일 것이다. 상인 가운데 여자가 없다는 점을 주목하라.

31. 병기 제작장. 활시위를 매고, 화살을 시험하고, 칼을 갈고, 긴 막대 위에 쇠로 된 창날을 달고 있다. 뒤에서는 깃털로 장식된 병사의 모자와 갑옷을 만들고 있다.

32. 사냥 장면. 사냥꾼들은 각기 자신의 말과 사냥개, 그리고 몰이꾼을 거느리고 있다. 말을 탄 한 사람이 달리는 여우에게 창을 겨누고 있으며, 옆의 사슴은 도망치고 있다. 실수한 한 사냥꾼이 총으로 토끼를 겨누었지만 대신 사냥개를 맞추어버렸다. 새들은 화살의 목표가 되고 있다.

거의 7분의 1이 영국 동인도회사에 팔려갔다고 평가된다. 영국에서 징수되는 세금을 낮춘 1784년의 감세법(減世法)[3]으로 영국 시장에 차를 들여온 유럽 밀수업자들이 몰락한 다음에는 특히 그러했다.

중국의 미래를 암시하는 조짐은 1858년까지는 계속 인도를 지배하게 될 영국의 동인도회사가 1793년 중국에 외교사절을 보낸 데에서 잘 나타나고 있었다. 이 사절단의 대표였던 조지 매카트니 경은 영국의 제조기술을 보여주는 물품들을 실은 호위함 두 척과 66명의 포수가 탄 전함에 과학자와 예술가를 포함한 수행원 100명을 동반했다. 청조 당국은 이 물품들을 "영국의 조공품"이라고 간주했다. 공업혁명은 이제 바야흐로 힘차게 진행되고 있었지만 노쇠한 건륭제에게는 전혀 알려지지 않은 상태였다. 영국은 북경에 외교 대표부를 두는 것뿐만 아니라 공개된 관세 아래 보다 광범위한 무역의 기회를 달라고 요구했다. 이것은 이제 막 태어나고 있는 근대 세계에 중국이 합류하도록 초대한 셈이었다. 북경 당국은 정중하고 득의 만만하게 이 모든 것을 거절했다. 23년 후인 1816년 암허스트 경이 이끈 다른 외교사절도 무례한 취급을 받고 돌아올 수밖에 없었다. 이 무렵 영국과 영국 동인도회사는 이미 중국을 국제무역에 개방시키는 데에 중심적인 역할을 하고 있었다. 불행하게도 청조 당국은 중국연해에 대해서 거의 관심을 지니고 있지 않았다. 또한 머지않아 다루는 데 상당히 골치를 썩힐 이 외부세계에 대해서 지식도 전혀 가지고 있지 않았다. 청조의 관심은 국내 그리고 해양 및 육지의 변경에서 그 권위를 보존하는 것이었다. 광주에서 문제가 싹트기 시작하고 있던 19세기 초에 내륙 아시아의 변경에서 비한족(非漢族)의 통제를 둘러싸고 반란이 불타올랐다.

신강에서의 반란, 1826-1835년

투르키스탄(신강[新疆])의 유서 깊은 비단길 주변에 존재하는 오아시스 도시에서 출발하여 무역상인들은 반드시 파미르 고원, 특히 카슈가르(喀十噶爾)와 산맥 서쪽의 코칸드 칸국(浩罕國)을 지나야 했다. 19세기 초에 위기가 발

---

3) 원래 이름은 "Pitt's Act of Commutation"이다.

생한 곳이 바로 이 변경지대였다. 중앙 아시아사 연구자인 조지프 플레처는 예언자 마호메트나 그밖의 초기 이슬람 지도자들로부터 이어 내려온 신성한 가문들이 아주 커다란 대중적인 영향력을 지녔음을 지적했다(『케임브리지 중국사』 제10권). 사실 1750년대에 청조가 이곳을 정복하기 이전 오랫동안 이런 가문들 가운데 하나가 투르키스탄을 지배해왔다. 이후 코칸드의 파미르 고원 서쪽에 망명한 다음에도 그들은 자신들의 권리를 주장해왔다. 그들은 때로는 카슈가리아로 이르는 산악통로를 건너 기마병으로 습격을 가해오기도 했다.

이런 가문의 후예였던 자항기르(張格爾)는 1821년 도광제(道光帝)가 즉위한 직후부터 문제를 일으키기 시작했다. 청조에 대한 자항기르의 성전(聖戰)은 신앙과 상업이라는 두 가지 동기의 역동적 결합에 의해서 촉발된 것이었다. 요컨대 카슈가르 서쪽의 무역은 청조의 황제에게 조공을 바치는 코칸드의 상인들이 지배했다. 이 조공은 외국무역의 통로를 순조롭게 하기 위한 일반적인 관습이었다. 따라서 코칸드는 청조에 조공국으로 등록되어 있었고, 자항기르를 감시할 수밖에 없었다. 그 결과 코칸드의 왕은 이와 같은 칭찬 받을 만한 충성에 대한 보상으로 매년 청조로부터 거액의 선물을 받고 있었다. 하지만 카슈가르의 주요 시장에서 상인들이 더욱더 영향력을 확대해가자, 코칸드는 이 지역에서 특권을 바라게 되었다. 즉 무역세의 경감과 카슈가르에 거주하는 코칸드 상인들을 감독할 주재원의 임명을 요구하게 된 것이다.

1817년 이러한 요구가 거부당하자 코칸드는 사나운 자항기르를 석방해버렸다. 그는 결국 1826년 신강에 침입하여 이 지역을 휩쓸었다. 2만 2,000명으로 구성된 청조의 구원군이 오아시스 도시들을 하나하나씩 통과하면서 1827년에 다시 카슈가르를 정복했다. 자항기르는 배반을 당해 북경으로 사로잡혀 갔다. 도광제는 자금성의 오문(午門) 앞에서 헌부대례(獻俘大禮)를 치른 다음 그를 처형했다.

청조는 이 지역에 대해서 지배권을 재확립했으나, 코칸드의 상업력과 군사적인 방해능력은 충분히 과시되었다. 뒤이은 협상에서 북경 당국의 대표는 점차적으로 1835년에 매듭 지어진 행정협정에 합의하지 않을 수 없었다. 그 내용은 (1) 코칸드는 다섯 도시를 관할하는 상업 관리인과 더불어 정치 대표부를 카슈가르에 주재시킨다, (2) 이 관리들은 이 지역의 외국인(그들 대부분은 코칸드 출신이었다)에 대해서 영사, 사법, 경찰권을 가진다, (3) 그러한 외

242

국인의 상품에 대해서는 관세를 부과할 수 있다는 것이었다. 게다가 청조는 적대행위 기간 중 약탈을 당한 상인들에게도 배상을 해야 했다.

이 장의 나머지 부분에서 보겠지만 이러한 배경 아래 도광제는 광주에서 발전하고 있던 영국문제에 접근하게 될 터였다. 1834-1842년 사이 청조가 영국에 대해서 취한 정책이 1826-1835년 사이 중앙 아시아의 무역변경에서 경험한 것에 기초한다는 점은 그야말로 자연스러운 일이다. 1835년 코칸드와 투르키스탄 문제에 대해서 낙착을 본 것은 오랑캐를 다루는 연습이 되기도 했다. 그것은 바로 지방상업에서 양보를 하고 약간의 돈을 지불함으로써, 안정된 변경을 확보한다는 것이었다.

아편과 광주의 새로운 질서를 위한 투쟁, 1834-1842년

1759년 이후 공행과 하백의 감독 아래 광주에서 이루어지던 유럽인의 무역은 명목상으로는 마치 조공국에 인정된 특권처럼 수행되었다. 하지만 인도로부터의 아편 수입이 이제는 위기를 만들어내게 되었다.

아편은 인도에서 영국 당국의 공식적인 후원 아래 생산되고 경매되었다. 그리고 여전히(1858년까지) 인도를 지배하는 동인도회사로부터 허가를 받은 영국, 인도의 지방무역 상인이 이것을 중국으로 실어 날랐다. 광주에서의 아편 판매는 영국으로 수출되는 차의 대금을 지불하게 해줌으로써 인도-중국-영국 사이의 삼각무역을 번창하게 만들었다. 계속해서 증가하는 수입아편의 값을 지불하기 위한 은의 유출은 청조의 행정당국을 놀라게 만들었다. 그들은 백성들이 납세를 위해서 동전으로 구입해야 하는 은이 더욱더 귀해지고 있음을 깨닫게 되었다. 이것은 정부의 재정수입과 더불어 백성의 생계를 위협하는 것이었다. 임만홍(林滿紅, 1989)의 철저한 연구[4]는 이러한 화폐위기에 대한 청조 관리들의 대응을 분석했다. 아편대금을 지불하기 위한 은의 유출에 주목하기는 했으나 그들은 일반적으로 중국 재정이 세계무역과 연관되어 있음을 알지는 못했다고 그녀는 지적한다. 일본으로부터의 은의 수입, 라

---

4) Lin Man-hong, "Currency and Society : The Monetary Crisis and Political-economic Ideology of Early Nineteenth-century China," Ph.D. thesis. Harvard University, 1989를 가리키는 것 같다. 이 박사논문은 뒷부분의 참고문헌 목록에 나와 있지 않은데 페어뱅크 교수가 이 책을 집필할 당시 未刊이었던 같다.

틴 아메리카에서의 은의 채굴, 중국에서의 동전 주조, 화폐의 변조나 저장, 세계무역의 불황 등 수많은 변수들이 여기에 관련되어 있었다. 하지만 그들은 이런 것들을 내다볼 수 없었던 것이다.

1834년 영국은 동인도회사의 중국 무역 독점권을 폐지했다. 그리고 광주에서의 무역을 감독하기 위한 영국 관리가 파견되었다. 따라서 두 가지가 청조의 긴급한 과제로 떠올랐다. 어떻게 아편무역을 중지시키는가, 그리고 어떻게 영국 관리를 다루는가 하는 것이었다.

광주체제 아래서 독점의 특권을 누리던 동인도회사는 선박마다 무역을 통제하고 월해관 감독을 위해서 관세를 징수하는 공행의 행상(行商)이라는 중개인들만 상대하면 되었다. 하지만 1834년 자유무역이 시작된 이후 아편을 수입하고 있던 이화양행(怡和洋行 : Jardine, Matheson & Co.)과 같은 민간상인이 이제는 동인도회사를 대신해서 차와 비단을 수출했다. 그들을 감독하기 위해서 파견된 영국 관리는 공행의 행상과의 교섭을 거부하고 외교적인 평등의 기초 위에서 청조 관리와 교섭할 것을 요구했다. 그는 조공체제를 우롱했다.

영국의 외교적 평등요구를 받아들이는 것은 다른 모든 지배자에 대한 황제의 우월성을 파괴하는 것이었다. 이 우월성은 중국에서 황제가 그 지위를 유지하도록 도와주었다. 따라서 더 이상 아편무역을 용인하는 것은 은냥(銀兩)과 동전(銅錢)의 교환비율〔銀錢比價〕을 무너뜨릴 뿐 아니라 황제의 도덕적 위엄에도 손상을 가하게 될 터였다. 현대의 마약보다는 중독성이 덜 하기는 하지만 아편의 흡식(吸食)은 흡식자뿐만 아니라 그 가족까지도 파괴하는 사회적인 재앙이었다. 양귀비 재배를 위해서 토지가 낭비되고, 밀수품인 마약의 높은 가격은 밀수업자와 관리들 사이에서 폭력과 타락을 낳았다. 오늘날의 미국 내륙도시들과 거의 유사한 타락된 분위기에서 아편에 대한 중국 사회의 수요는 더욱 늘어났다. 이 거대한 사회악은 영국의 인도식민정부, 아편을 중국으로 밀수하는 외국인, 그리고 이것을 배포하는 타락한 중국인들의 이윤에 대한 탐욕에서 촉발되었다. 유감스럽지만 오늘날의 미국인에게도 이러한 방식은 아주 낯익은 것으로 보일 것이다.

여러 해 동안의 논쟁과 불확실성은 청조 관리들의 의심 때문이었다. 과연 중국인 밀수업자들의 운반망을 파괴하거나, 아니면 기동력 있는 화력으로서

는 최강인 새로운 증기 엔진 전함을 보유한 영국의 무역을 저지할 수 있는가
하는 것에 대해서 그들은 강한 의문을 품었던 것이다. 1836년에 이미 어떤
사람은 저지할 수 없으므로 아편무역을 합법화해야 한다고 주장하기도 했다.
비타협적인 강경파를 주도한 것은 시읽기 모임인 북경의 선남시사(宣南詩社)
에 참여했던 야심 찬 한인관료(漢人官僚)들이었다. 제임스 폴라첵(1992)이 새
롭게 밝혀낸 이 반대파의 기회주의적인 도덕론은 1839년 도광제가 청렴한 흠
차대신(欽差大臣)[5] 임칙서(林則徐)를 파견하여 외국 상인들이 중국에 아편을
들여오는 것을 저지하게 함으로써 일단 승리를 거두었다. 임칙서는 광주의
중국인 아편업자들을 탄압했다. 그리고 상관(商館)을 봉쇄하여 외국인들이
결국 보유하고 있던 아편을 모두 내놓게 만들었다. 하지만 외국인들은 이제
값이 오른 더 많은 분량의 아편이 인도에서 운반되어 오는 중이며, 더구나 영
국 정부가 그들의 손실을 보상해줄 것임을 알고 있었다.

흠차대신 임칙서의 정의로운 몰수는 영국의 상업적 이익이 심각하게 관련
되어 있는 전쟁을 예고했다. 윌리엄 자딘 박사는 영국으로 돌아가 팔머스턴
경이 전쟁의 목표와 전략을 짜내는 것을 도와주었다. 이화양행은 영국 함대
에 선박과 수로 안내인, 통역을 빌려주었다. 그리고 적개심을 고취하고, 정보
를 제공하고, 런던의 영국군 병참부에 자금을 제공했다. 하지만 새로운 증기
윤선(蒸氣輪船)이 선도하는 영국의 정벌군은 특별하게 아편무역의 확장을 지
원하려는 것은 아니었다. 그들은 광주로 향한 다음, 거기서 해안을 따라 올라
가면서 서구적 평등의 기초 위에서 전반적인 상업적, 외교적 교섭의 특권을
확보하는 것이 임무였다. 아편무역은 그 자체로 급속하게 팽창하고 있었으나
중국과 영국의 외교관계에 내재된 전반적 적대감 속에서 나타난 단 하나의
마찰점에 불과했다.

중국 동남해안에서의 수차례 교전을 거쳐 영국 전함은 1839-1842년의 아편
전쟁에서 승리를 거두었고, 1842년 8월 청조와 남경조약(南京條約)을 맺었다.

조지프 플레처는 남경에서의 중영조약과 그 이후 조약들의 체결과정이 모
두 1835년 코칸드와의 사이에 맺어진 협정의 선례를 따른다는 점을 지적했
다. 조약의 항목에는 (1) 치외법권(영사 재판권)과 낡은 중국 관행의 개선, (2)

---

5) 황제가 특별한 경우에 특정한 임무를 주어 임시로 파견한 대신을 가리킨다.

배상금, (3) 적당한 관세와 외국인의 세무관리와의 직접 교섭, (4) 최혜국 대우(중국의 모든 외부인에 대한 "일시동인[一視同仁]"의 표현), (5) 모든 방문자와의 상업의 자유, 독점의 금지(카슈가르에서는 오랫동안 관습이 되어왔다)가 포함되어 있었다. 아울러 과거 중국의 국경세관이 있던 곳에 무역장소들이 지정되었다(이제는 조약항[條約港. 또는 通商港, 開港場이라고도 한다]이라고 불리게 되었다). 중국 본토에서 멀리 떨어진 코칸드와 러시아 국경에서는 '세 번 무릎을 꿇고 아홉 번 머리를 땅에 조아리는' 삼궤구고(三跪九叩)라는 일반적인 예가 폐지되는 대등한 관계가 설정되었다.

청조 집권층은 양쪽 변경지역에서 일관된 입장을 유지했다. 하지만 두 가지 면에서 주된 차이점이 있었다. 첫번째는 영국과 미국, 프랑스가 다른 세계, 즉 법률과 조약의 권리가 지배하는 해양상업과 전쟁의 세계에서 온 해양강국이었으며, 그들이 보기에 1842–1844년에 체결된 최초의 조약들은 단지 침입의 시작이었을 뿐이라는 점이다. 두번째는 청조가 저 멀리 중앙 아시아의 코칸드–카슈가르 관계를 안정시키기 위해서 이용했던 양보정책이 중국 본토에서에는 청조의 위엄을 손상시키는 결과만을 가져왔다는 점이다. 북경에서 권력을 장악했을 때 만주인들은 중국이 천하의 중심으로서의 우월성을 지닌다는 전통을 물려받았다. 따라서 이곳에 군림하는 자는 누구든지 천자로서 주변부 사람들에게 조공에 의한 복종을 강요할 의무가 있었다. 그러므로 불평등조약 체제라는 것은 시간이 지남에 따라서 더욱 상처가 커지는 패배를 의미했다.

영국인들을 달래기 위해서 청조는 그들에게 척박한 홍콩 섬을 영구히 양도하고 5개 항구[6]를 개방했다. 협상에 나선 만주인 고위 관리는 영국 전함을 타고 홍콩을 방문하기까지 했다! 하지만 1842년의 남경조약에서 구체화된 원칙을 중국측이 모두 받아들인 것은 아니었다. 영국으로서도 조약이 가져다준 특권이 충분하지 않은 것으로 생각되었다. 결과적으로 조약체제는 영국과 프랑스가 청조에 대한 두번째의 전쟁을 수행하여 1858년 천진조약(天津條約)을 확보할 때까지는 실제로 확립된 것이 아니었다고 할 수 있다. 사실 영국과 프랑스의 연합군이 1860년 북경을 점령할 때까지도 새로운 질서는 마지

---

6) 이때 개방된 장강 이남의 5항은 廣州, 廈門, 福州, 寧波, 上海이다.

못해 굴복한 청조에게 여전히 인정받지 못했다. 조공관계에서 조약관계로의
이행은 1840년 이전 광주에서의 한 세대 동안의 마찰, 또한 그 이후 20년 동
안의 무역과 협상, 강제력의 행사가 있은 후에야 가능했던 것이다.

1842년에 시작된 조약의 세기

중국이 영국(1842-1843년), 미국과 프랑스(둘 다 1844년), 그리고 영국, 미
국, 프랑스, 러시아(1858년)와 맺은 조약들은 모두가 대등한 주권국가 사이에
서 조인되었지만 실제로는 아주 불평등한 것들이었다. 중국은 자기의사와는
상관없이 열세에 놓였고, 서구의 상업 및 그에 수반되는 문화의 유입에 문을
열지 않을 수 없었다. 20세기가 되면, 3세대 동안 정력적인 서구의 영사들이
교묘하게 발전시킨 결과 조약체제는 아주 정교하게 구성된 포괄적인 도구가
되어 있있다. 그것은 무엇보다도 우선 처음에는 다섯 군데에 지나지 않았지
만 나중에는 80군데가 넘게 된(지도 20 참조) 조약항에 기초를 두고 있었다.

주요 조약항들은 외형적으로나 제도적으로 서로 놀랍게도 비슷한 모습을
보였다. 조약항마다 혼잡하고 시끄러운 부두와 창고가 있었고 거기에는 기계
를 대신하여 노동하는 쿨리(coolie)[7]들이 무리를 짓고 있었다. 이곳의 모든
사무는 외국인 타이판(Taipan, 大班 : 회사 경영인)의 총지휘 아래 일을 처리
하는 중국인 매판(買辦, comprador : 외국인에게 고용된 업무 관리인)이 감독
했다. 또 조약항마다 사람이 득실거리는 중국인 거주지 주변에는 새로 건설
된 외국조계(外國租界)가 중심가를 이루고 있었다. 이곳은 대영제국의 영사
관에 게양된 휘 깃발의 지배를 받았다. 그곳의 이국적인 특징에는 클럽, 경마
장, 교회 등의 시설이 포함되어 있었다. 조계는 정식으로 임명된 영국 영사와
다른 나라들의 동료 영사들이 지배했으며, 부둣가에 정박한 군함의 보호를
받았다. 광주나 하문, 복주의 외국인 사회는 섬에 설치됨으로써 더욱 안전한
보호를 받을 수 있었다. 영파(寧波)와 상해 및 기타의 지역에서는 외국조계가
강이나 운하, 수로나 개울 등에 의해서 중국인 사회로부터 분리되었다.

이러한 연해의 거점들은 유럽 제국들의 전초기지였던 식민지 도시들처럼

---

7) 중국인 노동자를 표현하는 외국인의 용어로 苦力을 가리킨다.

조약항
1842-1844년에 개방된 원래의 조약항
1860년대에 추가된 조약항
1911년에 개방된 아이훈 조약항(일부 생략)
열강의 조차 지역, 1898년
여순(旅順)과 요동반도(關東 : 러시아)
청도(青島:독일), 광주만(廣州灣:프랑스)
구룡신계(九龍新界 : 영국)
위해위(威海衛 : 영국)
중립지대
러시아 제국
瓊琿
滿洲里
哈爾濱
長春
琿春
潘陽
牛莊
安東
北京
天津
旅順
大連
煙台
威海衛
膠州
青島
黃河
鎮江
吳淞
南京
上海
漢口
宜昌
九江
寧波
重慶
長江
沙市
岳州
溫州
長沙
三都澳
福州
騰越
淡水
台中
思茅
蒙自
三水
廣州
廈門
台灣
南寧
佛山
九龍
汕頭
프랑스령
인도차이나
北海
마카오
시암
海口
海南
廣州灣

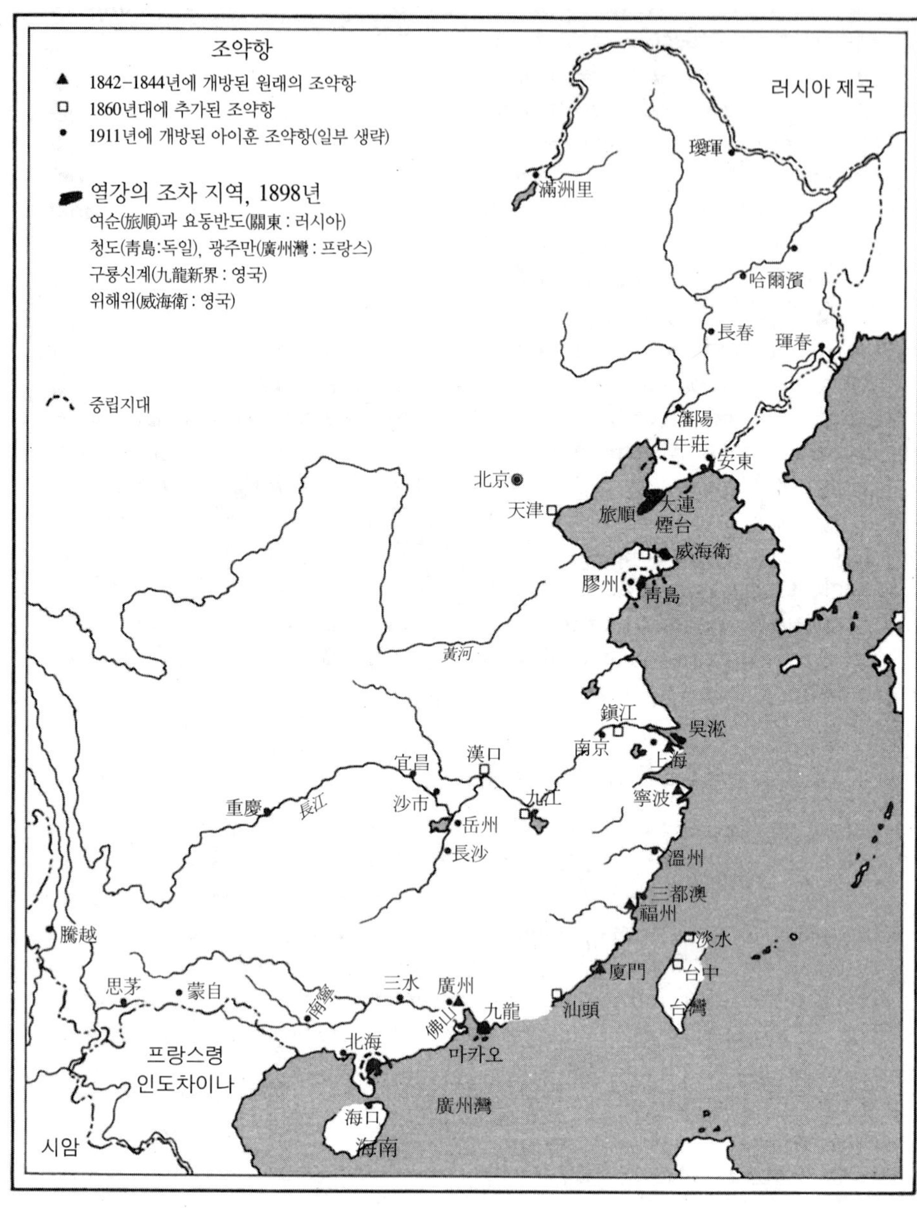

20. 열강의 침략

서구문화의 한 지맥(支脈)으로서 출발했다. 하지만 처음부터 이곳에는 중국인들이 외국인들과 함께 섞여 살았다. 그것은 중국의 상류계급과 마찬가지로 외국인 침입자들도 중국인 하인이나 상점 주인들의 도움을 필요로 했기 때문이다. 조약항은 중국인과 외국인이 공존하는 도시로 신속하게 바뀌어나갔다. 외국인들은 그 도시화에 점점 더 중요한 역할을 수행했다.

중국에 있는 외국인들과 그들의 행위가 중국 법이 아니라 외국 법에 의해서만 제재를 받게 한 치외법권은 근대적인 발명품은 아니었다. 콘스탄티노플에서 투르크인들이 그랬던 것과 비슷하게, 중세의 중국 정부는 해안항구의 외국인 사회가 그들 자신의 대표자와 법에 의해서 다스려지기를 기대했다. 이것은 중국 정부가 백성들이 스스로를 단속하는 최소 정부를 선호했음을 의미한다. 이것은 중국에 진출했던 초기의 아랍 상인들에게도 해당한다. 아편전쟁 이전의 광주에서도 영국인과 미국인들은 치외법권을 주장했다. 왜냐하면 그들은 북아프리카의 이슬람 국가와 오스만 제국과의 관계에서도 모국의 법에 의한 보호를 받는 데에 익숙해져 있었기 때문이다. 또한 서구의 증거주의나 근대 서구의 고문에 대한 혐오에도 아랑곳하지 않고 중국의 형법을 서구인에게 적용하려는 중국측의 시도 때문에 고통을 받았기 때문이었다. 외국 상인들은 대부분 모국의 계약법에 의한 도움을 필요로 했다.

불평등조약에 포함된 좀더 근본적인 요소는 바로 협정관세(協定關稅)였다. 중국이 설사 1890년대 이전에 관세를 통해서 본국의 산업을 보호하는 것이 바람직하다는 점을 깨달았을지라도, 협정관세는 낮은 관세율을 통해서 그런 시도를 방해했을 것이다. 1840년대에 중국 해관의 세무원들은 상인들과 직접 접촉하곤 했고, 외국인들을 강제할 권위나 수단을 가지고 있지도 않았다. 때문에 중국인의 손에 맡겨진 낮은 관세에 의한 해관행정조차도 공정하거나 효율적인 것이 될 수 없었다. 이런 상황 아래 1854년 상해에서 외국인 세무사가 중국의 해관사무를 담당하도록 중국 관리로 임용되었다. 중국이 외국인을 고용한 것은 옛 시대의 선례를 따른 일이었고, 이것은 조약체제에서 가장 건설적인 측면 가운데 하나였다. 총세무사(總稅務士) 로버트 하트 경(Sir Robert Hart)의 감독 아래 중국 해관에서 세무사로서 근무한 서구인들은 기회균등의 수호자로서(외국 무역에 대한 규제를 실행함으로써), 또한 무역액의 약 5퍼센트에 해당하는 최소한의 관세수입을 청조에게 확보해줌으로써 어느 조약항에서든 명사(名士)로 대접을 받았다. 대외무역의 성장은 중앙정부와 연해 각 성에게 근대적 수요에 충당될 수 있는 중요한 새로운 세입을 제공했다.

최혜국 대우의 조항(교묘한 외교적 장치)에 의해서 외국 열강들은 그들 가운데 한 나라가 중국으로부터 짜낸 특권을 모두 공유할 수 있었다. 조약체제는 청조의 불운이 계속되면서 더욱 확장되었다. 중외(中外)의 합작거래로 시작되었던 아편무역은 이제 중국 내에서 토착화되었다. 1880년대가 되면 중국산 아편〔土烟〕의 생산은 1917년에 수입이 중단되는 인도산 아편을 능가하기 시작했다. 인도에서 중국으로 아편을 수출하는 무역은 영국의 후원 아래 100년 이상 계속되었다.

"(불평등)조약의 세기"는 1842년에 시작되어 미국과 영국이 불평등조약의 쐐기 역할을 하던 치외법권을 포기하는 1943년에까지 걸쳐 있다. 치외법권은 외국인을 중국 법률의 통제 밖에 둠으로써 중국의 지배계급이 이민족의 통치 아래 있던 예전 시절을 상기하게 만들었다. 조약의 세기는 연도로 따진다면 화북의 여진 왕조인 금조(金朝, 1115-1234년) 시기와 거의 맞먹을 만큼 길고, 몽골이 지배했던 원조(元朝, 1279-1368년) 시기보다 몇 년 더 길다. 원대나 청조처럼 중국의 주권이 외국인의 지배에 의해서 대체된 것이 아니고 단지 손상을 받았을 뿐이긴 하다. 그렇지만 문화적인 기준에서 보면 이 시기가 미친 영향은 여진이나 몽골 또는 만주인의 그것보다도 훨씬 광범위했다. 이러한 비교는 역사가들이 좀더 다루어야 할 문제이다.

이를테면 19세기 서구 상인들의 침입은 4세기에서 14세기까지 중국의 변경에서 무역을 하고 전쟁을 벌였던 중앙 아시아 부족들의 침입과 얼마나 유사한 것일까? 아니면 린다 쿠크 존슨의 말을 빌리자면, 초기 단계의 상해 공공조계(公共租界)는 동향행회와 얼마만큼 비교할 수 있는 것일까? 양자 모두 그 성원에 대해서 책임을 지고 관허상업(官許商業)의 촉진을 꾀하는 우두머리(영사)를 가졌다. 중국의 오랜 경험에서 보면 19세기가 가져온 과거와의 불연속성은 우리가 생각하는 것보다 훨씬 더 작은 범위라고 암시되는 것이다.

그래도 1842-1943년(또는 1842-1949년)은 다음과 같은 특징들에 의해서 동일한 성격의 시기로 간주될 수 있을 것이다. (1) 외국과의 접촉에 대한 중국의 개방성 증대, (2) 영국과 프랑스의 주변부에 대한 공격에서 일본에 의한 두 차례 침입(1894-1895년, 1931-1945년)에 이르는 외국의 군사적 침략, (3)

일찍이 1830년대의 광주에서부터 시작되어 적어도 1930년대까지 꾸준히 증가하는 추세였던 서구의 상업적·종교적 침투, (4) 첫번째는 국민당, 그리고 다음에는 공산당 치하에서의 중국의 재기(再起).

외국인의 시각에서 보면 조약의 세기는 세 가지 국면으로 구분될 수 있다. 첫번째 국면은 1870년대까지 지속된 것으로 영국의 상업적인 "자유무역 제국주의"가 지배한 시기이다. 1840-1842년, 1858년, 1860년의 전쟁으로 조약체제를 확립시킨 이후 영국은 1860년대와 그 이후의 동치중흥(同治中興) 기간 동안 약화된 청조를 후원해주었다.

두번째의 국면은 대개 1870년대에서 1905년까지이다. 영국뿐만 아니라 러시아, 프랑스, 독일과 일본 등 공업화된 열강이 중국 영토를 침범하여 제국주의적 경쟁을 벌인 시기이다. 중국의 연해를 중국과 영국이 공동으로 지배했던 짧은 기간은 1902년의 영일동맹으로 대체되었다. 그리고 아시아와 아프리카에서 벌인 유럽의 제국주의적 경쟁은 결국 서로를 파괴하는 제1차 세계대전을 불러일으켰다.

반면 좀더 건설적인 세번째 국면(제3부에서 다루어진다)은 1900년대에서 1930년대와 1940년대까지의 시기이다.

100년에 걸친 불평등조약의 시대에 나타난 외국과의 접촉에 대한 개방성은 1842년 이전 청조의 조공체제가 보여주었던 폐쇄적인 모습과 아주 대조적이다. 중국 외부에서 보면 세번째(또는 20세기 전반의) 국면은 중국인의 생활에 외국인의 참여가 아주 뚜렷하게 나타난 시기였다. 이것은 전자시대(電子時代)가 시작되기 이전의 세계사에서는 찾아보기 힘든 문화적 교류의 정점이었다. 중국의 애국자들이 외국인의 참여를 최소화하면서 스스로의 역사를 창조하고 소유할 것을 고집했던 것도 충분히 이해할 수 있다. 하지만 상해의 역사에서 상해 공공조계의 공부국(工部局)을 빼놓고 이야기할 수 없다거나, 홍콩의 역사에서 이화양행을 빼놓을 수 없다는 사실은 조약의 세기가 중국 역사로서뿐만 아니라 국제적 역사로도 이해해야 한다는 점을 우리에게 시사해준다.

제10장
반란과 중흥

태평천국의 대반란, 1851–1864년

1850년 이후 청조 정권은 광범위한 반란에 의해서 거의 무너질 뻔했다. 아편전쟁은 몇 군데 해안에서 치러진 싸움에 지나지 않았지만, 1842년에 영국 오랑캐들을 굴복시키지 못한 무능력은 황제의 존엄을 무너뜨렸다. 게다가 인구규모가 크게 팽창된 중국에 1846–1848년 사이 홍수와 가뭄이 몰아닥쳤다. 마침내 1850년에 대규모의 반란이 시작되었다고 해도 놀라운 일은 아니다.

그것은 광주지역과 그 배후지 사이에 있는 가장 남쪽의 성〔廣西省〕에서 시작되었다. 이 지역은 늘어나는 외국무역과 오랜 연관을 맺고 있었으며, 청조가 마지막으로 정복한 곳이었다. 가장 직접적으로 해외무역의 교란효과가 미치는 영향권에 속한 바로 이 지역에서 청조의 군사적 기반은 상대적 약점을 드러냈다. 프레더릭 웨이크먼 2세(1966)가 분석한 것처럼 정부권력의 침투가 약한 이 지역사회는 대토지를 소유한 가문들이 지배했다. 이들은 스스로 무장을 갖추고 종족촌락이나 촌락집단간의 계투(械鬪)를 이끄는 일도 자주 있었다. 그러한 지역적인 분쟁은 화남지역이 화북으로부터 객가(客家)와 같은 이주민을 받아들였던 데에서 비롯된 종족적인 분열이 양성한 것이었다. 수백 년 전에 (장강) 북쪽에서 옮겨왔지만 방언이나 전족 거부와 같은 다른 성향을 보였던 이주민들인 객가는 나름대로의 풍습을 계속 고집했다. 이 때문에 객가는 그보다 일찍 이주한 한족 토착민〔本地〕이나 산간지대의 부족으로부터 고립되었다. 결국 인구가 늘어나고 상황이 악화됨에 따라 해외의 아편무역은 반체제적인 비밀결사들에게 가장 중요한 기회를 제공했다. 특히 무역로 주변에서, 형제애로 맺어진 이들은 소외된 사람들이나 모험적인 사람들에게 상호 부조의 체계와 또 하나의 작은 사회를 제공해주었다. 전통적인 양상대로라면 반란을 이끌게 될 자연스러운 후보자는 삼합회(三合會 또는 天地會)의 분파나 지류이어야 했다. 이들은 화교나 해외무역에 이미 널리 조직망을 갖추고 있었기 때문이다.

태평천국(太平天國)이 이러한 기존의 반란집단에 합류하지 않았던 것은 그 창립자인 홍수전(洪秀全)의 개성에서 비롯되었다. 홍수전이 전도한 신앙은 구약에 기초하여 개신교 기독교를 나름대로 해석한 것이었다. 그의 태평천국은 1853년 남경에서 수도를 세운 다음 1864년까지 통치했다(하지만 그 신학 이론을 비롯한 많은 것들은 처음부터 그 운명이 예정되어 있었다). 1843년 광주에서의 과거시험에서 네번째 실패를 맛본 다음, 홍수전은 만주족의 중국 지배에 대해서 분노를 품게 되었고, 우연히 얻은 몇 권의 기독교 소책자를 읽게 되었다. 나중에도 여전히 홍수전의 기독교 신앙의 주된 원천으로 남아 있게 된 이 소책자들은 양발(梁發 또는 梁阿發)이 쓴 것이었다. 초기의 광동 출신 기독교 신자인 양발은 구약성서 속에서 신의 도움으로 압제자에 대해서 반란을 일으킨 소수의 선민(選民)에 관한 이야기를 찾아냈다. 그는 예수의 자애로움보다는 여호와의 정의로운 분노를 강조했으나, 홍수전에게 기독교 신학에 대해서 약간의 맛을 보여준 데에 불과했다. 그럼에도 불구하고 이 소책자들은 홍이 이전에 정신적 질병을 앓는 동안 보았던 환상, 즉 아버지 상제(上帝)께서 분명히 그에게 인류를 구제하라는 소명을 내렸으며, 예수는 그의 형이라는 점을 확실히 설명해주는 것처럼 보였다.

홍수전은 진정한 유일신에 봉사하기 위해서 도덕적인 삶을 사는 호전적 복음주의자가 되었다. 1847년 유명한 침례교파 선교사인 제이콕스 로버츠(Issachar Jacox Roberts. 중국명은 羅孝全)는 한 달 동안 그에게 기도하고, 설교하고, 찬송가를 부르고, 문답을 하고, 자신의 죄를 고백하고, 세례를 주고, 그밖에도 근본주의적인 개신교를 실천하는 여러 방법을 가르쳐주었다. 최초의 두 신도와 더불어 그는 우상 타파를 지향하는 유일신교를 창립했다. 이것은 태평천국의 신학을 건립할 수 있을 만큼 충분한 것이었다. 하지만 외국인 선교사의 지지를 받기에는 너무나 불경스러웠고, 삼합회와 같은 비밀결사와의 연합을 허용하기에는 너무나 유일신에 열중했다. 또한 보통 새로운 행정체계를 건립하는 데에 필수적이었던 독서인들의 지지를 확보하기에는 너무나도 기괴하고 비이성적이었다.

자칭 배상제회(拜上帝會)[1]라고 한 이 교파는 요족(瑤族)과 장족(壯族)의 원주민이나, 홍수전의 가문과 같은 한족 객가가 다양하게 분포되어 있는 광주 서쪽의 광서성 산악지대에서 출발했다. 화남의 소수민족들처럼 여기저기 퍼져 있는 객가사회는 적의를 드러내는 일이 많은 이웃으로부터 자신을 방어하는 데 능숙했을 뿐만 아니라, 아주 특이하게 억세고 진취적이었다.

어떻게 홍수전이 중국의 절반을 지배하는 반란군의 왕이 되었는가 하는 이야기는 나폴레옹 보나파르트나 아돌프 히틀러의 일생과 마찬가지로 이제까지 다양하게 논의된 개인적, 사회적 요소들과 우연의 미스터리, 극적인 요소로 가득 차 있다. 그의 신도들은 상제가 청조의 지배체제를 무너뜨리고 상제의 자녀 사이에서 형제애와 자매애에 기초한 새로운 질서를 건립하라는 명령을 내렸다는 믿음을 가졌다. 그리고 배상제회의 지도권은 의형제가 된 여섯 명의 활동가가 장악했다.[2] 홍수전은 단지 동등한 여섯 가운데 첫번째라는 지위를 누렸을 뿐이었다. 가장 중요한 군사지도자는 양수청(楊秀淸)이라는 문맹의 숯구이 노동자였다. 그는 자신이 상제의 계시를 받아 그 목소리로 이야기한다는 방법을 강구해내서[天父下凡] 홍수전의 입을 막을 만한 재치를 지니고 있었다. 다른 지도자들은 낮은 학위를 소유한 하층신사들이었다. 순수한 농민은 아무도 없었다. 그들은 자신들의 정치적, 군사적 체계를 유가경전인 『주례(周禮)』로부터 빌려왔다. 그들의 운동은 대단히 잘 조직되고 동원된 것이었으며, 처음에는 남녀를 분리시킬 정도로 엄격하게 청교도적인 계율을 따랐다.

태평천국의 종교는 기도와 찬송, 의식 등의 모든 절차를 절반은 기독교에서 빌려오고, 절반은 중국식으로 창조해냈다. 또한 진정한 유일신인 상제[天父上主皇上帝] 밑에서 모든 인류가 형제이고 자매라고 설교했다. 도교의 정치적인 수동성이나 불교의 내세주의와는 달리 개신교의 구약은 호전적 백성들이 압제자를 공격할 수 있게 진군 나팔을 불어주었다. 노형제(老兄弟)라는

---

1) 실제 "배상제회"라는 이름이 존재했는지는 불분명하다. 이 배상제회라는 것은 말 그대로 신을 숭배하는 사람들의 모임이란 영어단어를 번역한 것에 지나지 않아, 그것이 단순한 종교조직의 묘사인지 아니면 고유한 조직의 이름인지 확인하기 곤란하기 때문이다. 실제로 남아 있는 태평천국의 중국 문헌에서도 역시 "배상제회"라는 단어를 찾기가 곤란하다.
2) 즉 天王 洪秀全, 東王 楊秀淸, 西王 蕭朝貴, 南王 馮雲山, 北王 韋昌輝, 翼王 石達開이다.

254

객가 출신의 진정한 신도집단은 전투에서 가장 용맹스러웠고 일반 민중에게도 가장 사려 깊은 자세를 보였다. 결코 놀라운 일은 아니었다! 홍수전의 가르침은 전쟁을 위해서 조직된 새로운 중국적 종파를 창조해냈다. 그것은 각 개인에게 충실한 믿음을 설교하고 신앙을 위한 봉사활동을 확신케 만드는, 1,800년 동안의 기독교 역사에서 발전된 숙련되고 진정한 기법들을 이용했기 때문이다. 태평천국의 기독교는 전투적인 행동을 위해서 맞추어진 동-서양의 사상과 실천의 독특한 혼합물이었다. 이러한 종류의 현상은 1세기가 지난 후 중국이 마르크스-레닌주의를 빌려와서 중국화시킬 때 비로소 다시 나타났다.

1850년의 광서성은 북경에서 아주 멀리 떨어져 있었을 뿐 아니라 청조의 군대도 그리 강하지 못했다. 또한 아편 밀수업자나 영국 해군이 연안에서 벌인 해적 소탕 때문에 서강(西江)을 따라 내륙으로 밀려난 해적들의 유입에 의해서도 큰 영향을 받았다. 무질서의 증가는 단련과 도적집단 양자 모두가 자위를 위한 훈련을 강화시키게 만들었다. 이들 모두 백성을 수탈하여 먹고살았으므로 차이점이라고는 거의 없었다. 다른 집단들처럼 배상제회의 소모임도 자위를 위해서 무장을 했지만, 그것은 비밀스럽고 보다 큰 목적을 위해서 이루어졌다. 1850년 말에는 약 2만 명의 진정한 신도들이 홍수전의 부름에 응해서 동원되고, 이들을 해산시키기 위해서 파견된 청조의 군대와 전투를 벌였다. 그리고 1851년 1월 11일 38세의 생일을 맞은 홍수전은 자신이 새로운 왕조인 태평천국의 천왕(天王)임을 선언했다.

호전적인 태평천국의 신앙이 용맹스러운 전사들의 군대에 영감을 불어넣었다. 그렇지만 이들은 초기에는 가장 엄격한 도덕규율을 준수했고, 일반 백성들과 우호적인 관계를 맺었으며, 헌신적인 자세로 지망자들을 끌어들이고, 적들을 공포에 떨게 만들었다. 그들은 부분적으로는 부대의 구별을 위해서 수많은 깃발과 기를 날리고 다녔다. 청조가 충성의 표시로서 강요했던 앞머리를 밀고 댕기를 드리는 변발(辮髮) 대신 태평천국군은 머리가 마음대로 자라게 놓아두었다. 그 결과 1세기 남짓이 지난 다음 서구에 나타난 반문화적(反文化的)인 히피보다도 훨씬 더 기존 체제의 인사들에게 놀라움을 가져다 준 "장발의 반란군〔長髮賊〕"이 되었다.

내전

  1851년에서 1864년까지 불타오른 전쟁은 인명과 재산에 엄청난 파괴적 영향을 미쳤다(지도 21 참조). 약 600개의 성시(城市)가 주인이 바뀌었고, 대학살이 수반되는 경우도 자주 있었다. 1860년대 초반 미국의 남북전쟁은 공업시대 최초의 대규모 경연장으로서, 철도와 증기윤선과 정교한 무기가 핵심요소가 되었다. 그러나 이 무렵 중국에서 벌어진 태평천국과 청조의 전쟁은 전근대적인 전쟁의 마지막이었다고 할 수 있다. 군대는 걸어서 이동했으며, 물자공급은 점령지에 의존했다. 이들을 보살펴줄 의무부대는 아예 없었다. 근대적인 지도나 전보도 없었다. 포위공격 때에는 따로 포병이 이용되기는 했지만, 가장 애용된 전술은 성벽 아래 굴을 뚫고 폭약을 묻어 터트리는 방법이었다. 정크(junk, 밑이 평평한 중국식 범선)와 삼판(舢板, 중국식 소형 경량선박)으로 구성된 해군은 장강과 그 남쪽의 큰 호수에서 전투를 벌였으나, 윤선은 거의 이용되지 않았다. 머스켓 소총이 사용되기는 했으나 대부분의 살육은 칼과 단도, 짧은 창과 긴 창을 쓰는 육박전에 의해서 이루어졌다. 따라서 기술적인 훈련보다는 오히려 사기가 더 중요한 의미를 지녔다.

  진격하는 군대는 현지에서의 충원, 징발 또는 포로의 전향 등으로 손실병력을 보충할 수 있었다. 하지만 사령관의 입장에서 보면 그러한 군대가 적과 싸우는 것은 말할 것도 없고, 언제까지 제 자리라도 지켜줄 것이라고 믿고 의지할 수는 없었다. 청조의 장군들은 세습병사인 만주 팔기와 몽골 팔기를 동원했으나 수로가 많은 강남지역은 자주 그들을 골탕먹였고, 그들의 기마병도 논에서는 아무런 소용이 없었다. 전쟁은 주로 한족 대 한족 사이에서 치러졌다. 때로는 20만이나 30만으로, 보통은 2만이나 3만으로 기록되는 관군의 수를 생각하면 일반적으로 도로가 별로 없는 지역에서 실제적으로 어떻게 그들을 먹이고 어떤 통로로 이동시켰는가 하는 의문을 품지 않을 수 없다. 군대의 수는 항상 대강 어림잡은 것이었기 때문에 아마도 좀 낮추어 잡을 필요가 있을 것이다.

  1851년 태평천국군은 북쪽으로 진군하여 무한(武漢)을 함락시켰고, 1853년 초에는 장강을 타고 내려가 남경을 함락시킨 다음, 그곳을 태평천국의 수도 천경(天京)으로 삼았다. 그들의 전략은 그야말로 문맹인 숯구이 노동자가 지배하는 집단지도체제에 어울리는 것이었다. 즉 외부세계에 대해서는 전혀 무지했으므로 상해를 청조의 손에 그대로 남겨두었고, 어떠한 외국과의 관계도 발전시키지 못했던 것이다. 또한 그들은 북쪽으로는 북경을 점령하고, 서쪽으로는 화중지방을 회복하기 위해서 동시에 군사를 파견했다. 하지만 성공에 눈이 멀어 있었으므로 그 군대의 수는 충분하지 못했다. 두 정벌은 모두 실패했다. 장군들은 신뢰할 만한 정보나 의사소통 또는 협조도 없이 제멋대로 움직였고 단순히 마주치는 상황의 변화에 대처해나갈 뿐이었다. 종교와 전투에 몰두해 있었으므로 태평천국 지도자들은 경제, 정치, 그리고 전반적인 계획의 입안에서 적절한 자세를 보일 수 없었다.

훈련된 행정관료가 없었으므로 그들은 대체로 인력과 식량의 수급을 위한 근거지인 농촌지역을 장악하고 통치하는 데에 성공하지 못했다. 대신 그들은 도시에서 도시로 이동하면서 청조의 군대와 거의 마찬가지로 약탈과 징발에 의존하여 전투를 수행했다. 필립 큔이 지적한 것처럼 지방의 지주들은 농촌에서 여전히 지위를 유지했던 반면, 그들은 사실상 여전히 "도시에서 포위된 채" 있었던 것이다(『케임브리지 중국사』 제10권). 이 모든 것들은 중국의 독서인—신사계층을 적대시한 태평천국의 편협한 종교적 광신에서 비롯되었다. 그들은 대신 정부를 운영해줄 수도 있었던 신사층을 자기 편으로 끌어들이기보다는 오히려 적대시했던 것이다.

한편 원래의 신앙이나 금욕주의도 점차 감퇴하지 않을 수 없었다. 천경에서 지도자들은 곧바로 제각기 독자적인 병력, 궁전, 후궁과 지지자들을 보유하게 되었다. 그들은 귀족제, 명예, 의식의 체계를 정교히 만드는 데에 많은 시간을 쏟았다. 1860년 태평천국의 승상을 방문한 선교사들은 그가 금으로 수를 놓은 관을 쓰고, 부하 관리들처럼 붉은색과 노란색 비단으로 만든 장포(長袍)를 입고 있음을 발견했다. 평등주의는 하층민중에게만 계속 적용되고 있었다.

핵심활동가이자 총사령관이었던 동왕(東王) 양수청이 천왕 홍수전의 자리를 찬탈하려는 음모를 꾸몄을 때 벌어진 1856년의 유혈사태는 최초의 지도부 자체를 파괴해버렸다(天京事變). 이때 홍수전은 북왕(北王) 위창휘(韋昌輝)로 하여금 동왕과 그의 지지자들을 암살하게 했다. 하지만 홍수전은 결국 다시 권력의 맛에 취한 북왕과 그의 지지자들을 익왕(翼王) 석달개(石達開)를 시켜서 암살해야만 하는 상황에 빠지고 말았다. 익왕 석달개 역시 신변의 위협을 느끼자 홍수전에게 무능력한 일가친척뿐인 잔당을 남겨두고, 수많은 군대를 거느린 채 서쪽으로 떠나버렸다.

훗날 중국국민당과 중국공산당 모두는 태평천국운동에서 반만(反滿) 민족주의와 사회개혁의 긍정적인 원형 같은 것을 찾아내려고 시도했다. 태평천국은 도박, 아편, 담배, 우상숭배, 간통, 매음, 전족 등과 같은 일반적인 사회악을 모두 반대했다. 그들은 또한 여자들에게 군대를 후원하거나 때로는 직접 복무하게 하고, 환관을 대신하여 궁정을 운영하게 하는 등 특별한 활동범위를 제공하기도 했다. 하지만 태평천국의 역법(曆法)이나 소책자, 홍수전의 저작을 교재로 한 과거제도 같은 것들은 결코 낡은 것에 대한 개선이 되지 못했다. 또한 공통의 금고(聖庫)를 가진 25가(家)를 하나로 묶는 이상주의적인 공동체[3] 역시 결코 농촌에 보급되지 못했다. 홍수전의 사촌이자 마지막 행정책임자로서 선교사들과도 몇 년을 보낸 적 있는 간왕(干王) 홍인간(洪仁玕)의 서구화 계획[4]도 결코 실행되지 못했다. 반면 태평천국 지도부의 무지와 배타성, 경제계획의 부재, 군사적 용맹성에 기초한 창조적 건설의 결여는 중국 인민의 도살과 궁핍이라는 결과만을 남겨주었다. 대규모 반란은 그 자체가 중국에서 칭송을 받는 일이 거의 없었다. 게다가 태평천국은 기독교에게도 악명을 가져다주었다.

개신교 선교사들은 자신들이 애써 추구하는 신의 말씀에 대한 독점권이 침해당한 데에 분노했다. 좀더 문자 그대로 생각하는 사람들은 홍수전이 스스로를 예수의 동생(天弟)이라고 주장하고, 상제(天父)와 예수(天兄)의 아내들이라는 식으로 중국식 가족제도를 기독교의 천국에 도입한 데에 격노했다. 오늘날 우리는 홍수전에 의한 이러한 개조가 의심할 여지 없이 기독교가 실제 낡은 중국 문화의 일부가 될 수 있었던 최고의 기회였다고 생각할 수 있을지도 모른다. 중국인 예언자가 없이 어떤 외국 종교가 중국을 정복할 수 있다는 말인가? 남경을 방문하는 모험을 했던 소수의 선교사들은 환대를 받았다.

---

3) 1853년 태평천국이 반포한 『천조전무제도(天朝田畝制度)』에 담겨 있는 새로운 사회건설의 청사진에서 가장 기본이 되는 농촌사회의 구도를 가리키는 것이다.
4) 간왕 홍인간이 홍수전에게 제시하여 그 허락을 받은 『자정신편(資政新編)』에 담긴 근대적 기독교 국가의 건설계획을 가리킨다.

그러나 그들은 태평천국의 기독교가 자신들을 기본적인 안내자로 받아들이지 않는다는 분명한 인상을 받았다. 일반적으로 모든 "외국인 형제〔外兄弟〕"들에게 정중했지만, 태평천국의 주도자들 역시 중국이 여전히 중심적이고 우월한 지위에 있는 것으로 보았던 것이다. 십계명 가운데 여섯번째인 "남을 죽이거나 다치게 하지 말라"는 계명도 전통적인 중국적 해석을 이용하여 "세계는 한가족이며, 사람은 모두가 형제이다"라는 것으로 바뀌었다. 아이들에게 암기시키기 위해서 홍수전이 만든 『삼자경(三字經)』도 모세와 이스라엘 민족에 대한 신의 도움, 구세주로서의 예수의 생애와 죽음, 그리고 고대〔商周時代〕 중국인의 천신(天神) 숭배(여기서는 무의식으로 예수회의 노선을 따르고 있었다)에 대해서 자세히 설명했다. 하지만 홍수전이 1837년 하늘로 불려 올라가 만주인 요마(妖魔)를 몰아내고 (한족의) 세계를 구하라는 소명을 받을 때까지 진, 한, 송의 지배자들은 길을 잃고 방황했다고 설명된다. 이것은 진정한 문화적 통혼(通婚)이라고 할 수 있었다. 하지만 그것을 받아들일 수 있는 선교사는 거의 없었다. 한편 가톨릭 국가 프랑스는 마르틴 루터가 풀어놓은 악(惡)의 또다른 수확이라고 보아 태평천국의 기독교를 원칙적으로 반대했다.

태평천국은 고대 카르타고와 같은 길을 걸었다. 단지 이름만 남기게 된 것이다. 청조가 태평천국의 거의 모든 문서를 파괴했기 때문에 주로 외국인에 의해서 보존된 것들을 제외한다면(일부는 20세기에 와서야 프랑스와 영국의 일부 도서관에서 발견되었다) 태평천국에 관한 기록은 대단히 편향적이다. 마지막 시기에는 능력 있는 지도자들이 등장했지만 때가 이미 늦었다. 그렇게 많은 사람들이 목숨을 바친 대의(大義)는 제공해줄 것이 많았음에 틀림없지만, 그러한 평가는 오로지 이미 노쇠해진 청조 지배의 낡은 질서와 비교했을 때에만 가능한 것이었다.

1860년대 청조의 중흥

국내외로부터의 공격에도 불구하고 청조가 가까스로 살아남을 수 있었던 것은 동치중흥(同治中興)으로 알려진 정책과 지도층의 변화에 기인하는 바가 크다. 1861년 무렵 청조의 천명은 이미 기운이 다한 것처럼 보였다. 청조의 정책을 담당했던 완강한 반서구파(反西歐派)는 1860년 영국-프랑스 연합군의 북경 점령으로 패배를 당했다. 이에 의해서 중국은 불평등조약 체제의 최종적인 수용을 강요당했다. 한편 남경을 포위하고 있던 청조의 군영(軍營)은 새로운 태평천국 지도자에 의해서 파괴당했다. 아울러 태평천국군은 강남 델타 지역에 침입했고 1862년 초에는 상해를 위협했다. 이러한 위기는 1861년 북경에서의 쿠데타[辛酉政變 또는 祺祥政變]를 낳았다. 그 결과 서태후(西太后, 慈喜太后)를 섭정으로 하고 두 명의 만주인, 즉 공친왕(恭親王 : 奕訢)5)과 군기대신(軍機大臣) 문상(文祥)이 이끄는 새로운 청조의 지도부가 정국을 장악했다. 그들은 대외적으로는 외국 열강을 유화(宥和)시키기 위해서 조약체제를 승인하고, 국내적으로는 반란군을 진압하기 위해서 한인들에게 보다 많은 실질적인 권력을 부여하는 이중 정책을 충실하게 수행했다. 좀더 유연한 이러한 정책은 청조 권력의 중흥을 가져오기 시작했다("中興"은 왕조가 중간에 다시 한번 활력을 되찾는다는 것을 의미하는 전통적인 용어였다).

태평천국군에 대항한 새로운 사령관은 호남 출신의 한인 유학자 증국번(曾國藩)이었다. 1852년 북경에서 고향으로 돌아가 단련을 조직하게 된 증국번은 유교적 질서 전반에 대한 태평천국의 모독과 폭력적인 공격에 진정 섬뜩함을 느꼈다. 그는 유서 깊은 방법, 즉 도덕의 재건을 통하여 태평천국을 패배시키기로 결심했다. 따라서 그는 스스로 나서서 방어를 위한 단련을 조직했다. 그는 자신에게 충성하는 비슷한 성격의 장령(將領)들을 모으고, 이 장령들이 사병을 한 사람 한 사람씩 직접 충원하는 보다 하급의 장령들을 선발하게 했다. 이런 식으로 하여 전투에서도 서로 돕고 헌신할 수 있으며 개인적으로도 서로 신세를 지는 지도자와 추종자의 인간관계가 형성되었던 것이다. 그것은 가족제도를 모방한 신분에 따른 상호책임제를 군사적으로 적용한 것이었다. 그리고 이것은 제대로 기능했다. 사병들은 건전한 가문으로부터 조심스럽게 선발되었으며, 보수도 좋았고 잘 훈련을 받았다.

증국번은 장강에서 수사(水師)를 훈련시키고, 병기창을 건설하고, 자원을 적절하게 이용했다. 그리고 남쪽에서 온 태평천국의 노형제 객가 병사들이

---

5) 1833-1898. 공친왕 혁흔은 도광제(道光帝)의 아들로 함풍제의 여섯째 동생이다. 서태후의 권력장악 과정에서 협력하여 이후 동치, 광서년간에 국가의 대정과 외교사무를 관장하는 중심 인물로 등장했으며 자강(洋務)운동의 주된 후원자이기도 했다.

고갈됨에 따라 증국번의 상군(湘軍)이 점차 우세를 차지하기 시작했다. 일단 낡은 질서에 충성을 바치는 한인을 믿는 것이 최선의 희망이라는 사실을 청조 조정이 깨닫게 되자, 증국번은 자기 부하들을 지방의 순무로 임명할 수 있었으며, 그렇게 함으로써 전투자원을 보다 효과적으로 동원할 수 있었다. 그가 상류로부터 태평군을 에워싸서 포위하는 방법을 취했기 때문에 호북과 호남의 중심지인 무창(武昌)은 여섯 번이나 주인이 바뀌었다. 강남에서는 영국-프랑스 연합군이 결국 중립을 포기하고 상해-영파 지역을 방어하는 것을 도와주었다.

서구의 조약체계를 받아들이고 이제 군대를 지휘하게 된 지방의 보수적인 사대부 출신 한인 관료들을 지원함으로써 젊은 서태후의 섭정 아래 있었던 북경의 새 지도부는 1864년 태평천국의 진압에 성공하여 왕조에 새로운 활기를 불어넣을 수 있었다. 이 시기에 대한 이상주의적인 묘사는 후한의 건립이나 당 중기의 대반란 이후에 나타난 것과 비슷한 "중흥"을 위한 진정한 보수주의적 노력을 연상시킨다. 동치중흥에 대한 서구의 선구적 연구자였던 메리 라이트(1957)는 1860년대에 전통적인 유교국가의 요소들이 어떻게 다시 기능할 수 있도록 충전되었는지 아주 설득력 있게 묘사했다. 즉 경전시험인 과거를 통해서 선발되고 청조에 대해서 충성을 바치는 청렴한 문관들이 확고하게 반란을 진압하고, 농업경제와 민중의 복지를 자애롭게 돌보기 위해서 노력했다는 것이다. 또한 고관들은 실제 기층사회에서 이루어진 것을 좀 과장하긴 했지만, 중부지역의 여러 성에서 질서가 회복되고 세금이 감면되었으며 토지가 다시 경작될 수 있도록 개간되고, 학교가 건립되었으며, 재능 있는 사람들이 관리로 충원되었다. 이런 식으로 전통질서를 재건하면서 중흥의 지도자들은 동시에 서구화 작업도 시작했다. 그들은 근대 무기를 공급하기 위한 병기창을 건립했고, 윤선을 건조했다. 기술과 국제법에 관한 서구의 서적들을 번역시켰고, 특별한 위원회의 형태[總理各國事務衙門]로 외무부의 원형을 창조했다.[6] 성과 지방에 주둔하면서 근대 무기로 무장한 그들의 새로운 군대는 이제 농민들의 봉기를 불가능한 것으로 만들었다. 이러한 노력을 전개하는

---

6) 외교를 전담하는 청조정부의 정식부서로서 외무부가 설치되는 것은 1901년의 일이다. 그것도 의화단에서의 패배 이후 열강의 요구로 이루어진 것이지만, 이 이전에는 임시편의로 설치된 총리아문이 외교사무를 담당했다.

과정에서 그들은 1870년대까지는 제국주의적 경쟁이 아직 치열하지 않았던 서구 열강의 협조정책의 도움을 받았다.

이 시기에 대한 좀더 최근의 광범위한 평가들은 이보다는 덜 인상적인 모습들을 제공한다. 그것들은 동치중흥이 무식하고 반(反)계몽주의적인 서태후를 권좌에 올려놓았다는 점에 주목한다. 서구화는 대체로 한인의 권력이 지배적인 위치를 차지한 성 당국에만 한정되었으며, 이것은 청조를 방어적인 입장에 놓이게 했다. 하지만 이러한 지방 각 성에서의 노력은 서로 조화를 이루지 못했으며, 중앙정부의 후원을 받지도 못했다. 청조의 통치에 새로운 활력을 불어넣었다고는 하지만 전통적인 중국 정치체제의 무기력증을 극복해주지는 못했다. 그것은 단지 이미 낡아빠진 종래대로의 방식으로만 기능할 수 있었던 것이다. 중흥의 지도자들은 국가재정과 민생의 기반인 농업의 우선성에만 집착하는 보수적인 태도를 취했다. 그들은 근대적 의미의 경제성장이나 발전에 대한 관념을 가지지 못했고, 엄격한 금욕주의적 입장을 선택했다. 즉 그들은 해외무역을 포함하여 상업 자체를 비생산적인 것으로서 경시했던 것이다. 오히려 그들은 농민과 관료 앞에 검약과 청렴이라는 전통적인 이상을 제시하고자 했다. 이렇게 해서 토지의 생산물을 증가시킴으로써 보다 쉽게 인민과 정부를 유지하려고 했던 것이다. 농업을 후원하기 위해서 그들은 강남지역에서 토지세를 줄이고자 시도했지만, 이것은 결코 커다란 성공을 거두지는 못했다(유광경이 『케임브리지 중국사』 제10권에서 밝힌 것처럼). 그들은 소작료를 낮추거나 지주제를 억제하려는 시도는 하지 않았다. 또한 그들은 홍수통제에 필수적인 공공사업의 체계를 부활시키려고 시도했다. 그렇지만 이전 시대보다 황하를 더 잘 통제할 수는 없었다.

여러 이유 때문에 1870년 이후에는 중흥이 생명력을 잃었다. 그 지도층들은 창조적으로 중국의 새로운 미래에 직면하는 대신, 우직하게 과거를 부활시키려고 했다. 그들은 하층 관료에게 적절한 영감을 불어넣지도 못했으며, 서구화에 관련된 전문적인 기술적, 사상적 문제를 제대로 다루지도 못했다. 그들의 보수적이고 복고적인 노력이 지닌 강점 자체가 중국이 서구와의 접촉에서 혁명적으로 대응하는 것을 가로막았던 것이다.

262

다른 반란들의 진압

동치중흥의 의심할 나위 없는 성공사례의 하나는 바로 다른 반란들의 진압이었다. 태평천국이 강남지역을 장악하고 있는 동안 그 북쪽인 회수(淮水)와 황하 사이의 지역에서 염군(捻軍)이라고 불리는 또다른 반란이 일어났다(지도 21 참조). 화북평원 남단의 요새화된 토성(土城) 촌락에 근거를 둔 염군은 팔기병처럼 자체적인 기마부대를 조직하여 외부로의 습격을 감행했으며, 지방의 단련세력을 장악함으로써 근거지를 통제했다. 염군의 운동은 태평천국처럼 왕조 체제를 건립하지는 않았다. 그렇지만 1853년부터 1868년까지 상당한 지역에서 청조 통치를 배제할 수 있었고, 이웃 성에서 공급되는 식량을 약탈하는 습격으로 청조를 괴롭혔다.

요새화된 근거지에서 염군을 몰아내려는 청조의 노력은 실패를 거듭했다. 청조가 평평하게 허물어버린 성벽을 염군은 다시 쌓았다. 태평천국을 진압했던 한인독무(漢人督撫)들은 주민의 안전과 지도자의 처형 및 추종자에 대한 관용을 보장함으로써 염군을 농민들로부터 분리시키려고 했다. 이러는 동안 북부의 여러 지역에서도 잇달아 반란이 일어났다. 이 반란들과 염군은 근대적 무기로 무장한 새로운 성 군대에 의해서 결국 진압되었다. 그들은 반란군의 기마부대로 들어가는 식량과 인력의 공급을 차단하고, 봉쇄선(封鎖線)과 반격용 기병부대를 이용하여 마침내 평원지역에서 그들을 섬멸했던 것이다.

화중과 화북지역을 휩쓸었던 이 반란들에 이어서 1860년대와 1870년대 서남과 서북지역 무슬림의 피비린내 가득 찬 봉기 —— 이제야 연구가 시작된 참혹한 전쟁이다 —— 가 뒤따랐다. 결국 전체적으로 보면 근대 중국에서의 변화를 위한 움직임은 농민에 기반을 둔 반란과 그것을 진압한 중흥이라는 전통적인 양식이 뒤따랐던 것이다. 그 과정에서 수백 만에 이르는 불운한 백성이 살해당했다. 전쟁은 마침내 종결되었다. 그 결과 근대적인 평가에 따르면 1850년대 중국의 인구는 약 4억1,000만이었지만, 태평천국과 염군, 이슬람 교도 및 여타 소규모 반란을 거친 후인 1873년에는 그 인구가 약 3억 5,000만으로 줄어들었다.

따라서 서구의 전함에 의한 강요, 그리고 심지어는 1860년 영국—프랑스 연합군의 북경 점령까지도 거의 대부분의 주요 성을 휩쓴 19세기 중반의 반

平羅
榆林
郜陽
蘭州
西安
北京
天津
保定
渤海
濟南
黃河
開封
淮水
天京
上海
석달개는 1863년
사로잡혀 처형됨
利川
長江
重慶
瀘州
武漢
安慶
杭州
衢州
辰州
長沙
永豊
大理
貴陽
雲南府
郴州
福州
廈門
桂林
嘉陵
思茅
梧州
南寧
廣州
臺灣
南中國海
태평천국의 점령지역, 1854-1863년
苗族의 반란, 1850-1872년
염군, 1853-1868년
回族의 반란, 1855-1874년
태평천국의 북벌 1851-1855년
석달개의 西征 1857-1863년
天地會 등 비밀결사의 봉기
0   400킬로미터
0   300마일

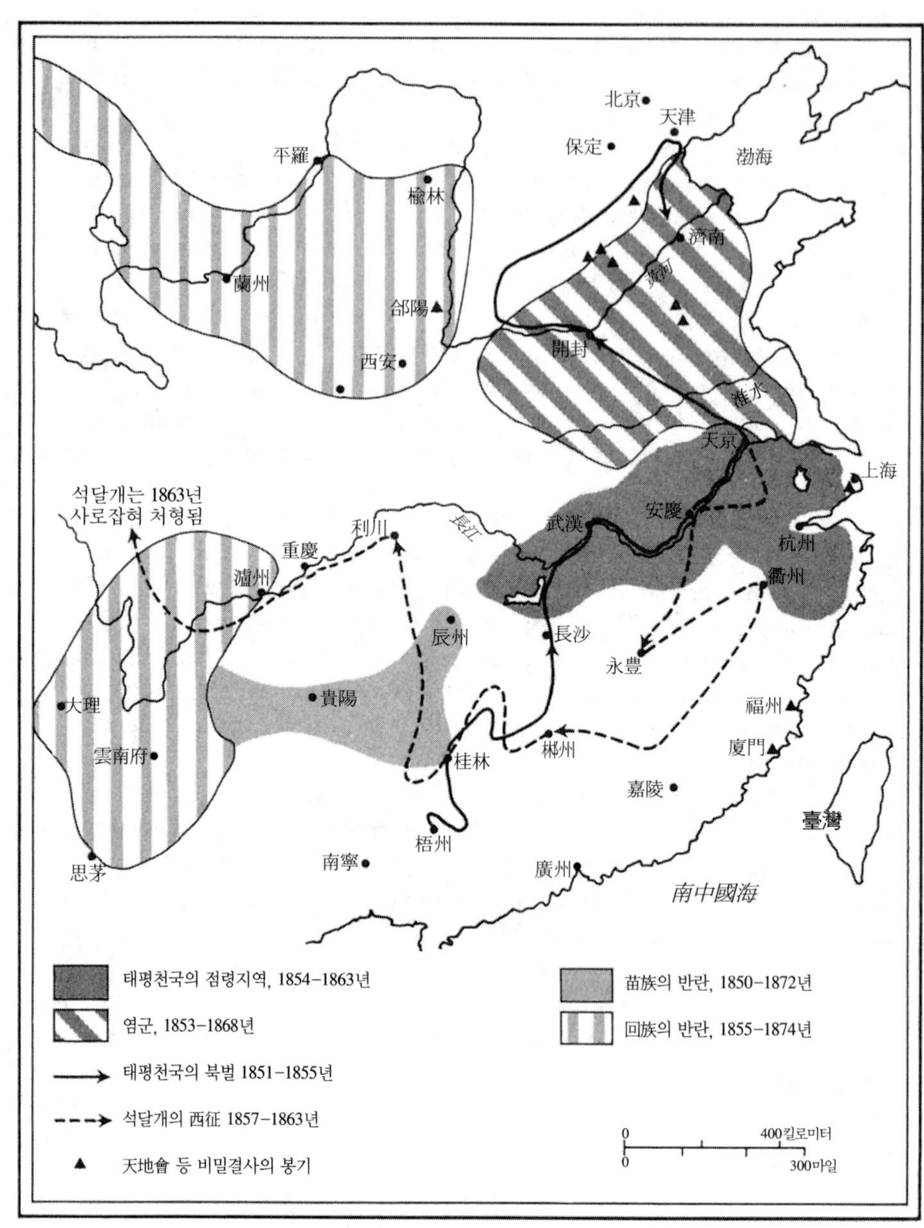

21. 19세기의 반란

란에 비교한다면 짧고, 소규모적이고, 주변적인 재난에 지나지 않을 것이다. 중국의 새로운 조약항에서 특권을 확보한 유럽인과 미국인들도 이러한 거대한 사회적 격변의 창조자가 아니라, 그 가장자리에 있는 존재에 불과했다. 이 시대의 혼란은 일부 중국인들에게 새로운 질서와 기회를 의미했지만, 대다수에게는 그것이 전혀 중요한 의미를 지니지 못했다.

그럼에도 불구하고 1860년대 초반 청조와 영국 사이에 비공식적 협정이 형태를 갖추기 시작했다. 영국은 무역을 위해서 안정을 원했다. 예를 들면 청조가 윤선 전함의 함대를 구입하는 것을 도와주었다. 물론 누가 그것을 지휘하느냐 하는 문제 때문에 거래가 이루어지지 못했다. 청조 정부의 관리로서 일한 로버트 하트와 그의 해관업무는 영국이 권장한 근대적 재정행정과 무역의 장려라는 방안에 제대로 부응했다. 동시에 그들은 청조가 안정을 유지하는 것을 도와줌으로써 —— 나중에 중국인 애국자들에게 공격을 받게 되지만 —— 중국의 국내정치에서 일정한 역할을 수행했다.

제11장

초기 근대화와 청조의 몰락

자강운동과 그 실패

1860년대 동치중흥의 뒤를 이은 수십 년 동안 만한(滿漢) 양측의 지도층은 서구적 장치와 제도를 도입하려고 노력했다. 앨버트 포이어워커와 유광경(劉廣京) 등이 연구한 이 운동은 "중체서용(中體西用)"의 원칙에 기반을 두었다.[1] 매력적이기는 하나 이 원칙은 마치 서구의 무기, 윤선, 과학과 기술 등이 어떻게든 유교적 가치의 보전을 위해서 이용될 수 있다는 오해를 부를 수 있었다. 돌이켜보건대 전함과 제철소를 들여오면, 그것들만이 아니라 그것들이 지니고 있는 철학까지도 아울러 들어오게 된다는 점을 오늘날 우리는 잘 알고 있다. 그러나 1860년에서 1900년 사이에 이르는 세대의 중국인들은 마치 홍수로 불어난 강물에 뛰어들듯이 중국이 근대적인 시대의 중간에 뛰어들 수 있다고 하는 구호에 매달렸던 것이다.

경전에서 나온, 따라서 외국적인 것이 아닌 "자강(自强)"이라는 구호 아래[2] 중국의 지도층들은 서구적 무기와 기계의 도입을 시작했다. 그 결과 그들이 발견하게 된 것은 하나를 빌리면 다른 하나를 빌리지 않을 수 없다는 점

---

1) 중국적인 학문, 가치를 체(體) 또는 본(本)이나 주(主)로 삼고, 실제적인 서구의 과학, 기술, 제도 등을 용(用) 또는 말(末)이나 종(從)으로 삼아 중체를 보완하겠다는 논리이다. 이 시기의 중체서용론은 보수파의 서구적 과학, 기술, 제도 도입에 대한 반대를 누그러뜨리는 데에 오히려 중점을 둔 것이었으나, 나중에는 반대로 범람하는 서구화사조에 대항하여 유교적 가치, 도덕, 학문을 옹호하는 보수적 논리로서 이용되기도 한다. 또한 자강운동의 논리가 중체서용의 원칙에 기초하고 있는 것을 부정할 수는 없지만 자강운동(양무운동)이나 그 사상가에만 적용되는 것은 아니라는 점도 주의해야 할 필요가 있다.
2) 『周易』「乾卦 第一」, "象曰, 天行健, 君子以自强不息"에 나오는 구절이다.

이었다. 결국 그들은 도입의 내용이 기계에서 기술로, 과학에서 모든 학문으로, 새로운 사상에서 제도의 변화로, 그리고 결국에 가서는 입헌개혁에서 공화혁명(共和革命)으로 나아가는 냉정한 진행과정에 휩쓸려들게 되었다. 사실 많은 보수파 학자들에게는 가치가 아닌 도구의 서구화라는, 어정쩡한 서구화가 잘못이라는 것이 너무도 분명하게 보였다. 따라서 그들은 서구적인 모든 것을 반대하는 방안을 선택했다.

자강운동의 지도자들은 증국번과 같은 문인관료나 그의 젊은 협력자로서 총과 포함을 만들기 위해서 상해에 병기공장을 세운 이홍장(李鴻章, 1823-1901년)처럼 태평천국을 진압한 사람들이었다. 일찍이 1864년에 이홍장은 이미 외국인의 중국 지배가 우수한 무기에 기반을 두고 있으며, 그들을 쫓아내려는 것은 가망 없는 일이라는 것, 따라서 중국 사회는 기원전 221년 진시황의 첫 통일 이래 최대 위기를 맞이하고 있다는 점을 북경의 조정에 설명하고 있었다. 자강을 위해서는 중국이 서구의 기계를 배워야 하며, 또한 그것을 다룰 중국인을 훈련해야 한다는 것이 그의 결론이었다. 이러한 단순한 논단은 1853년 페리 제독이 도착한 이후 일본의 사무라이들에게는 곧바로 당연한 일로 받아들여졌다.[3] 하지만 중국의 서구화 운동은 모든 움직임마다 유교적 사대부의 무지와 편견에 의해서 방해를 받았다. 일본이 급속하게 근대화를 이루어가고 있던 수십 년 동안 중국이 보인 무기력한 대응은 가장 큰 역사적인 대조를 이루는 사례가 된다.

중국의 어려움은 이루 다 열거할 수 없을 정도였다. 예를 들면 서구 학문을 이용할 수 있도록 17세기와 18세기에 약 80명의 예수회 선교사들이 400권이 넘는 서구의 서적 —— 절반 이상이 기독교에 관한 것이고 3분의 1이 과학에 관한 것이었다 —— 을 중국어로 번역했다. 19세기 초반의 선교사들도 약 800권의 책을 번역했다. 이것들 역시 거의 전부가 종교책자이거나 성서번역

---

3) 미국의 동인도 함대 사령관 매튜 페리(1794-1858) 제독이 1853년 6월 이른바 "黑船(鐵製 蒸氣輪船이었던 미국 군함을 가리켜 부르는 이름)"을 앞세워 무력시위를 벌인 것을 가리킨다. 페리 제독은 미국 대통령의 국서를 지참하고 와서 일본에 개국을 강력히 요구했다. 페리 함대는 1854년 3월 7척의 군함을 끌고 다시 찾아와서 일본의 막부를 채근했으며, 마침내 미일 양국은 神奈川(가나가와)에서 1854년 3월 미일화친조약을 체결했고 1858년에는 美日修好通商條約을 체결했다. 이와 더불어 다른 국가와의 조약체결이 잇따르면서 일본의 대외개방과 근대화가 본격화된다. 일본이 1875년 9월 雲揚號를 파견해서 강화도 사건을 도발한 것도 사실은 이 "黑船"의 방식을 모방한 것이라고 할 수 있다.

으로서 중국의 사대부가 아니라 주로 일반 민중을 겨냥한 평이한 어투로 쓰여진 것들이었다. 19세기 말 30년 동안 상해의 강남제조국(江南製造局)에서는 재능 있는 한 영국인[John Fryer]이 중국 학자들과 협력하여 과학과 기술에 관한 100여 권 이상의 서적을 번역했다. 이들의 작업이 진전됨에 따라 필수적인 중국 용어도 개발되었다. 하지만 이런 서적들의 보급은 제한적이었다. 아니 오히려 중국의 독서인들에게 거의 읽히지 않았던 것으로 생각된다. 그 출판도 황제의 후원이 아니라 외국인 또는 양무(洋務)에 관심을 가진 소수 관리의 주도에 의존했다.

북경에서는 1862년에 통역학교인 동문관(同文館)이 설립되어 외교협상을 위한 인재를 양성하는 정부기구가 되었다. 동문관은 미국인 선교사 교장과 외국인 교수 아홉 명을 임용했고, 로버트 하트의 권유와 해관의 지원으로 설립되었다. 경사동문관은 곧 외국어를 배우려는 만한(滿漢) 학생을 100명 받아들였다. 하지만 배외적 사대부들은 서구학문을 가르치는 것을 반대했다. 따라서 "서구의 과학은 고대 중국의 수학에서 뿌리를 빌린 것이다……중국이 방법을 발명했으며, 서구인들이 그것을 채택했다"는 잘못된 변명을 해야만 했던 일도 벌어졌다.[4]

중학(中學)과 공동운명체였던 독서인 계층의 반발은 1847년 한 선교사에 의해서 미국으로 보내져 1854년 예일 대학교를 졸업한 중국인 학생 용굉(容閎)의 경우에서 가장 뚜렷하게 드러난다. 8년의 유학생활을 마치고 중국에 돌아온 다음 그는 거의 10년을 기다려서야 기계를 구입하기 위한 대리인 그리고 통역가 겸 번역가로서 증국번에게 임용될 수 있었다. 중국 학생을 외국에 보내자는 용굉의 제안은 그가 돌아온 다음 15년이 지나서야 겨우 채택되었다. 1872년 그는 장포(長袍)를 입은 약 120명의 중국 학생을 코네티컷 주의 하트포드로 이끌고 가는 유학 임무를 통솔했다. 이 일행에는 장차 중국의 서구화에 한몫을 할 이 학생들이 과거시험을 준비할 수 있도록 구식 중국인 교사가 동행했다. 관리가 되려면 과거준비가 필수적이었기 때문이다. 용굉에게

---

4) 19세기 후반 중국에서 특히 유행했던 이 "서학중원설"은 서학(西學)의 상당부분이 중학(中學)에서 비롯되었다는 내용을 강조하는 것이다. 페어뱅크 교수의 지적처럼 "잘못된 변명"일 수도 있지만, 이 것은 중체서용론과 마찬가지로 서학의 수용을 "합리화"하면서 보수파의 공격에 반격을 가하는 역할 을 수행하기도 했다.

는 또한 서구와의 접촉으로 학생들의 유교도덕이 훼손되지 않도록 감시하는 임무를 지닌 보수적 학자가 동료로서 따라왔다. 1881년에는 이 유학생 교육 사업 전체가 폐기되었다.

이와 비슷한 자세들이 초기의 공업화를 저지했다. 보수주의자들은 광산, 철도, 전선이 인간과 자연간의 조화[風水]를 깨뜨리고 모든 종류의 문제들을 불러일으킬 것으로 두려워했다. 조상들의 안식을 어지럽히고, 사나운 광부의 무리를 만들고, 수부와 마부들을 실업자로 만들고, 정부의 재정세입을 빼앗고, 외국의 기계와 기술자에 대한 종속을 낳는 것 등이 바로 그런 문제였다. 그러한 두려움을 극복했을 때에도 근대화주의자들은 여전히 경영기술이나 자본부족과 같은 거대한 실제적 곤란에 직면했다. 대규모 사업은 반드시 고관의 후원을 받아야만 했다. 흔히 "관독상판(官督商辦, 관부의 감독과 상인의 경영)"이라는 이름 아래 그것들이 이루어졌다. 이것은 실제로 기업이 관료주의에 의해서 불구가 되는 것을 의미했다. 상인경영자들은 감독인 관료가 시키는 대로 할 수밖에 없었던 것이다. 관리이든 상인이든 이 새 기업에 이윤을 재투자하는 대신 그것을 빨아내는 데에만 열중했다. 따라서 재투자를 통해서 공업이 자립적으로 성장하는 과정은 결코 진행되지 못했다.

따라서 관부의 후원을 받은 많은 사업들의 초기 전망에도 불구하고 19세기 말 중국의 공업화는 전반적으로 실패할 수밖에 없었다. 예를 들면 1872년 이홍장이 건립한 윤선초상국(輪船招商局)은 강남지역에서 북경으로 공급하는 조량(糟糧)[5]을 운반하는 특권을 얻는 지원을 받았다. 1415년 이래 거의 모든 해마다 대량의 선단이 대운하를 통해서 운반해오던 조량을 이제 윤선초상국이 바다를 통해서 상해에서 천진으로 신속하게 운송할 수 있게 된 것이다. 윤선 선단에 석탄을 공급하기 위해서 1878년 천진 북쪽에 개평(開平) 탄광이 개발되었다. 그리고 이 석탄을 운반하기 위하여 1881년 중국 최초의 영구철로가 건설되었다. 하지만 19세기 말까지 서로를 지원했던 이 기업들은 그다지 진보를 이루지 못했다. 감독관리, 총판(總辦)과 고용인들에 의해서 재

---

5) 장강 중하류 지역(청대의 경우 8성)을 대상으로 주로 미곡을 징수하여 그것을 대운하를 통해 수도(북경)로 운반하는 것을 가리킨다. 이 미곡은 주로 경사에 있는 황제, 왕공귀족이나 관료, 군인의 봉록과 식량 등에 이용되었다. 청대 전성기에는 수십 만 명의 노동자 등이 관련하여 1년에 수백만 석의 미곡을 운반했다.

정적으로 수탈을 당한 윤선초상국은 영국의 윤선기업과의 경쟁에서 패퇴했다. 외국인에게 무거운 부채를 진 개평 탄광은 1900년 허버트 후버 등에게 넘어갔다. 철로 건설은 중국 당국에 의해서 무시당했으며, 1898년 이후 제국주의 열강의 세력권 내에서 건설이 활발하게 추진되었다.

이홍장은 천진에서 30년 동안 직예총독(直隸總督)으로 재임했다. 재임기간의 후반부에 그의 가장 중요한 경쟁자는 무한(武漢)에서 18년 동안 재임했던 장지동(張之洞)이었다. 이곳에서 장지동은 주물공장을 세운 다음 그것을 제강소로 발전시켰으며, 그밖에도 군사학교와 전보, 광산, 철로, 공업기술을 위한 기술학교를 창립했다. 하지만 장지동의 가장 주된 희망은 이런 모든 기술을 고전적인 유교적 틀에 끼워맞추는 것이었다.

따라서 중국의 근대화는 소수의 고관만이 참가한 게임이 되어버렸다. 이들은 근대화의 필요성을 인식했으며, 비우호적인 것은 아니더라도 일반적으로 무기력한 환경 아래서 자금을 모으고, 인재를 발견하고, 기업을 창건하려고 노력했다. 그들이 이러한 활동을 한 것은 물론 개인적 이익과 권력에 대한 희망에 끌려서였다. 하지만 일본의 명치정부와 달리 서태후의 조정은 그들에게 확고하거나 일관된 어떠한 후원도 제공하지 않았다. 오히려 서태후는 보수파들이 이들 혁신파를 견제하게 만들어 권력의 균형을 유지했다. 화남지역, 특히 빠른 속도로 발전하던 조약항 도시는 일반적으로 새로운 기회를 추구하는 밝은 정신으로 가득 차 있었다. 결국 19세기 말에는 많은 개척이 있었지만 근본적인 변화는 거의 나타나지 못했다. 서구화의 과제는 소수의 고위 지방관들에게만 맡겨졌다. 부분적으로는 이것이 중앙과 지방 사이의 권력균형에 적합했기 때문이다. 조정은 비용과 책임부담을 회피할 수 있었다. 또한 부분적으로는 외국인과 접촉하는 조약항의 관리들만 유일하게 기회를 발견하고 외국의 도움을 얻을 수 있었기 때문이었다.

자강운동의 성과는 1894-1895년 사이의 청일전쟁에서 분명하게 판가름났다. 그 크기 때문에 중국은 당연히 이 전쟁에서 승리하리라고 예상되었다. 이와는 다른 견해를 지닌 이홍장은 전쟁을 저지하려고 상당히 노력했다. 중국은 1870년대에 해군 건설을 시작했다. 1880년대에 이홍장은 영국으로부터 철제 순양함을 구입하고 교관과 고문관을 받아들였다. 나중에는 독일의 크루프 사가 영국의 암스트롱 사보다 나은 조건을 제시했으므로 보다 큰 두 척의 독일 군함을 추가했다. 하지만 1880년대 말 대신들의 공모 아래 중국의 해군 경비가 서태후의 여름 궁전[6]을 짓는 비용으로 전용되는 불미스러운 사태가 발생했다. 해군은 "3,600만 냥(미화로 약 5,000만 달러)의 경비를 가지고 있어야 한다. 하지만 보라! 해군에는 한 푼도 없다"고 로버트 하트는 지적했다. 1894년 9월 그는 "크루프 군함에는 **포탄**이 없고, 암스트롱 군함에는 **화약**이 없다"는 것을 발견했다. 일본과의 전쟁에는 이홍장의 북양군(北洋軍)과 북양함대(北洋艦隊)만 참전했으며(중·남부의 군대와 남양함대는 불참), 해군의 포탄 일부에는 화약 대신 모래가 가득 차 있었던 것으로 판명되기도 했다.

일본군은 1894년 반란군[東學軍]을 진압한다는 명목으로 조선의 내조에 개입하여 이홍장의 북양군을 대패시켰다. 또한 최초의 근대적 해전의 하나인 압록강 부근의 황해해전(黃海海戰)에서 북양함대를 참패시키고 여러 척의 군함을 침몰시켰다. 북양함대는 기마부대의 돌격처럼 함대를 횡진(橫陣)으로 포진시킨 기병 출신의 사령관이 지휘했다. 일본의 함대는 2열 종대의 포진으로 이들을 포위하여 공격했다. 오늘날 여행객들은 북경 교외 이화원(頤和園)의 호수[昆明湖]에 놓여 있는 대리석 유람선을 방문할 때마다 다음과 같은 문구가 거기에 쓰여져 있다고 상상해야 하지 않을까? "부고(訃告) : 청말의 해군함정이 되었어야 할 것이 여기에 잠들어 있다."

오늘날의 시각에서 볼 때 놀라운 것은 중국 최초의 근대적 전쟁이 마치 단순히 자기관할의 국경을 방어하는 일처럼 한 사람의 지방관에게만 맡겨졌다는 점이다. 물론 청조는 민족주의적 관점에서 볼 때 드러나는 그 무능력 때문에 비난을 받았다. 하지만 문제는 왕조가 비한족의 손에 있었다는 것 이상으로 깊은 데에 있었다. 분명히 잘못은 황제제도 그 자체, 비효율적인 정부행정, 근대적 중앙정부가 될 수 없는 그 체질적 무능력에 있었다.

청조는 한족의 여러 차례 반란에도 불구하고 살아남았다. 하지만 그 대외관계는 이제는 점차 통제되지 않는 방향으로 움직이기 시작했다. 중국에 대한 일본의 승리는 동아시아 지역을 이후 10여 년 동안의 제국주의적 경쟁시기로 몰아넣었다. 배상금을 지불하기 위해서 중국은 유럽의 공채 소유자들에게 빚을 지게 되었다. 1898년 러시아, 독일, 영국, 일본과 프랑스는 모두 중

---

6) 즉 이화원(頤和園)을 말한다.

국에서 제각기 세력범위를 선언하거나 차지했다. 이런 것들은 보통 해군기지로서의 주요 항구, 내륙으로 연결되는 철로, 그것을 따라 발전된 광산 등으로 구성되어 있었다. 일본을 견제하기 위하여 청조는 러시아를 만주에 끌어들였다. 그러나 1905년의 러일전쟁은 러시아의 세력권을 북만주에 제한시켰고, 일본이 남만주와 조선에서 승리를 얻게 했다.

마침내 중국은 멸망할 것처럼 보였다. 새로운 가르침을 받은 새로운 세대가 중국을 구하러 나타날 것인가? 새로운 가르침이 강력한 지배권력 아래 민족적 갱생이 이루어지도록 영감을 불어넣을 수 있을 것인가?

기독교와 유교의 갈등

대부분의 중국인들은 기독교 선교사가 외국 침략의 이데올로기적 무기라고 생각했다. 17세기에 시작되었고, 19세기에 부활된 갈등은 많은 차원 —— 정치적, 사상적, 사회적 —— 에서 전개되었다.

정치적으로 기독교는 이단이었다. 처음에 그것은 단순히 대부분의 종교에서 공통적으로 나타나는 신앙체계, 구세주, 도덕적 죄악과 그것을 보상하는 방법 등을 지닌 불교적 형태의 또다른 종교처럼 보였다. 중국의 대부분 종파들은 이를테면 백련교처럼 오랫동안 금지되어왔으므로 일반적으로 비밀조직을 가지게 마련이었다. 1600년대에 성황을 이루었던 예수회와의 접촉이 로마 교황과 중국 황제가 충돌하게 된 전례논쟁(典禮論爭)으로 뒤틀어진 다음, 기독교는 1724년 중국에서 금지되었다. 그것은 1846년 프랑스의 고집으로 풀릴 때까지 지속되었다. 이 동안 중국의 로마 가톨릭 공동체는 살아남았으나 외국인 선교사는 비밀리에 일을 해야만 했다.

개신교 선교사들은 원래 진심으로 개혁을 원했지만, 그들의 노력은 일단 자기 나름의 개혁방식을 믿는 유교적 기성질서와 충돌하지 않을 수 없었다. 선교사들과 중국의 신사계층은 천적(天敵)이었다. 양자 모두 특권을 지녔고, 지현(知縣)의 강제로부터 자유로웠다. 양자 모두 우주의 원리를 가르치는 사람이었다. 경쟁은 불가피했다. 폴 코언은 유교적 독서인의 정중하고 세련된 겉모습 뒤에는 "교활함, 무지, 잔혹함, 비속함, 거만한 자세와 외국적인 모든 것에 대한 뿌리 깊은 증오만"이 있다고 본 한 초기 선교사의 말을 대표적 사례로 인용하고 있다. 이러한 견해는 되풀이되면서 재생되었다. 중국 사대부에게 외국 선교사들은 부도덕한 행위와 가르침을 군함으로 뒷받침하는 이방인 침략자로 보였다. 보수주의적인 애국자들은 이런 낯선 외국 침략자들을 증오하고 두려워했다. 그러나 근대라는 시대가 전개되면서 보수파들은 패배할 수밖에 없었다. 따라서 이용할 수 있는 남아 있는 자료의 대부분은 논쟁적인 것이나, 아니면 대부분 승리한 선교사나 중국인 기독교도로부터 나온 것이다. 코언이 아주 요령 있게 정리한 기록들(『케임브리지 중국사』, 제10권 참조)은 개종한 중국인은 아주 적었지만, 선교사의 공격성이 아주 광범위한 영향을 미쳤음을 보여준다.

1860년에서 1900년 사이에는 모든 지역에서 선교사들의 거점이 점차적으로 확산되었다(여기에는 조약에 의한 치외법권, 또한 한 헌신적인 프랑스 번역자가 몰래 조약문에 삽입시킨 내지거주권〔內地居住權〕의 보호가 작용했다). 과거의 토대 위에서 재건을 꾀한 로마 가톨릭은 전체적으로 1894년 무렵 약 750명의 유럽인 신부, 400명의 중국인 사제, 그리고 약 50만이 넘는 신도라는 규모였다. 개신교의 선교사업은 1807년 이후 영국 동인도회사에 고용된 로버트 모리슨이 광주에서 시작했다. 최초의 미국인 선교사는 1830년에 도착했다. 1894년 무렵이면 개신교의 선교사업은 주로 영국인, 미국인, 캐나다인으로 구성된 1,300명이 넘는 선교사와 약 500개소가 넘는 거점이 약 350군데의 서로 다른 도시와 마을에 자리잡고 있었다. 각기 교회, 주거지, 가두 예배당이 있었고, 일반적으로 작은 학교, 그리고 가끔 병원이나 진료소를 보유했다. 하지만 그들이 얻은 중국인 개종자는 6만 명을 넘지 못했다. 쉽게 말해서 중국은 기독교 국가가 될 운명은 아니었던 것이다.

1860년 이후 접촉의 증대는 신사와 선교사 사이의 지속적인 갈등을 가져왔다. 특히 "기독교도"인 태평천국군에 저항했던 호남성 사람들 사이에서 호전적인 반기독교운동〔仇敎運動〕이 일어나 이데올로기적인 방어운동을 조직하고 폭력을 선동했다. 남녀 신도가 함께 예배를 할 때 신사들이 선교사의 부도덕성에 대한 소문을 퍼트리곤 하는 것이 가장 전형적인 경우였다. 17세기의 것을 부활시킨 무시무시한 춘화는 신부와 수녀, 그리고 신도들의 짐승과도 같은 음란한 행동을 묘사했다. 폭동을 일으킬 집회를 원하면 신사들은 주민들이 모일 시간과 장소만을 언급하는 플래카드를 내걸기만 하면 되었다.

수천 건의 사건이 일어났다. 배상과 조약에서 정한 전도권을 청조가 보호하도록 요구하는 선교사들의 외교통로를 통한 항의도 수백 건이 보고되었다.

외국 포함의 협박은 청조 관리들로 하여금 외국인 편에 서서 조약을 집행하고, 나아가서는 왕조의 위엄을 손상시키도록 강요했다. 특히 가톨릭에서는 신도들의 소송에까지 개입하여 그들을 비호했다. 무역거래는 거의 없었지만 프랑스는 가톨릭 선교를 가장 옹호했다. 그 주교들은 일종의 관료적 신분을 요구했고 때로는 그것을 받기도 했다.

반면 열두 개 교파로 조직된 개신교 선교사들은 우선 초기에는 중국어에 익숙해지고 자신들의 메시지를 전달할 용어를 만들어내는 데 바빴다. 중국은 이미 신, 영혼, 죄악, 참회와 구원을 가리키는 완전한 어휘들을 가지고 있었다. 선교사 번역가들은 그런 것들에 반기를 들었다. 대개는 불교에서 나온 기존의 용어를 이용한다면 기독교 신앙이 구분될 수 없었던 것이다. 하지만 새 용어를 이용한다면 이해하기에 좀더 어려워질 터였다. 이 문제는 기독교의 중심에 있는 신을 가리키는 용어에서 가장 첨예했다. 수많은 논쟁 끝에 가톨릭에서는 천주(天主), 개신교에서는 상주(上主), 다른 교파에서는 성령(聖靈)이라는 용어로 결말이 났다. 성경의 중국어 번역은 선교사들조차도 자기종교의 핵심에 대해서 무엇이라고 부를지 합의하지 못하는 교착상태를 낳았던 것이다.

그리 현명한 명칭은 아니지만 "기독교의 중국 점령"으로 선교사들은 주요 도시에 소규모 학교와 기본적 의료시설을 도입할 수 있었다. 여기서는 과거시험의 응시자들도 선교책자를 얻어볼 수 있는 경우가 자주 있었다. 하지만 대부분 농장 출신이었던 미국 선교사들은 농촌생활이 더 쾌적하며, 유교와 경쟁할 수 있는 보다 나은 전망을 제공한다는 것을 발견했다. 개신교 교회의 성장은 완만했지만 꾸준했다. 1900년이 되면 기독교 개종자와 신도의 수는 10만을 넘어섰다. 중국이라는 물통에 비교하면 사실 물 한 방울에 지나지 않는 수였다. 하지만 개신교 선교사들은 조직 건설의 고수였다. 그들은 중국 하인이 운영하는 외국적 양식의 주택을 포함한 관사들을 세웠고, 곧바로 학교와 의료기관이나 공중보건소를 발전시켰다. 그들이 신도로서 획득한 최초의 중국인들은 요리사나 선교책자를 배포하는 사람 등 하인이나 협력자인 경우가 많았다. 하지만 외국의 방식에 감명을 받고 외래종교도 포용하려는 의지를 가진 약간의 이상주의적인 인재들도 거기에는 포함되었다. 19세기 말에 많은 중국 개혁가들은 부분적으로는 공업과 기독교와 민주주의라는 삼위일체가 서구의 힘의 비밀인 동시에 중국을 구하는 최선의 방법으로 보인다는 이유만으로 기독교를 선택했다.

개혁운동

후기 중화제국에서 중국 학문의 추세는 외교관계의 추세를 따라잡는 데에 아주 오랜 시간이 걸렸다. 동시에 광범위한 상업적 성장이 있었던 시기에 중국에서는 벤저민 엘먼(1984)이 "경학(經學)에서 박학(朴學 : 考證學)으로"라고 특징지었던 학문적 변동이 나타났다.[7] 그 핵심은 중국 문인관료들의 관심이 의리(義理)에 기초한 도덕적 판단(經學)에서 정확한 기술적 연구(考證學)로 옮아가게 되었다는 점이었다. 이것은 이학보다 문화적 성향이 덜 했으며, 또한 이후에 직면하게 될 근대의 문제에 대한 훨씬 나은 준비가 될 터였다.

18세기 말 새로운 구역간무역(區域間貿易)이 집중된 강남지역은 같은 시기에 "고증학(考證學)"이라고 일컬어진 신형 학문의 중심이기도 했다. 17세기 초 명조의 멸망에 곤혹을 느낀 중국인들은 그 원인을 불교적, 도교적 추상성을 미묘하게 혼합시킨 이학에서 찾게 되었다. 학자들은 송대와 명대의 유교해석을 "지배했던 경험적으로 입증할 수 없는 사상에 불만을 느꼈던 것이다." 도덕원칙의 강조(송대의 理學은 바로 원리의 학문이라는 의미이다)는 명말 여러 당파들이 도덕을 내세워 상대방을 공격함으로써 정부를 마비시키는 데에만 기여했다고 생각되었다. 따라서 청조의 지배 아래서 일부 정통학자들은 경학에서 고증학이나 수리천문학(數理天文學)으로 방향을 바꾸었다. 특히 중요한 것은 훈고(訓詁 : 문자의 뜻풀이), 교감(校勘 : 校訂), 변위(辨僞 : 위작 판별), 전석(箋釋 : 문장 해석) 등을 포함한 고증학이었다. 그 성과의 하나는 과거 존중되었던 경전에서 내부증거를 통해서 위조의 흔적들을 발견했다는 점이었다. 유교경전이라고 해서 더 이상 신성불가침한 것은 아니었다.

청대 학술의 이러한 새로운 모습은 1829년에 17-18세기 학자 75명의 글

---

7) Benjamin Elman, *From Philosophy to Philology : Intellectual and Social Aspects of Change in Late Imperial China*(Council on East Asian Studies, Harvard University, 1984)를 가리킨다.

180편을 모은 전집의 출판으로 경축되었다.[8] 이들 가운데 절반은 최고 학위인 진사(進士) 출신이었다. 역설적이게도 이러한 위대한 학문적 업적은 저명한 장서가이자 동시에 광동성(廣東省)과 유럽 무역을 책임진 양광총독(兩廣總督) 완원(阮元)이 편찬을 주도한 덕택이었다.

물론 완원이 편찬한 『황청경해』의 필자 가운데 많은 사람들이 상인 가문 출신이었다는 것도 사실이다. 이를테면 양주(揚州) 염상(鹽商)의 전설적인 재산은 그들이 서원(書院)에 자금을 대주고 인재를 후원하는 것을 가능케 했다. 고관의 후원으로 학자들은 『명사(明史』나 『대청일통지(大淸一統志)』 등을 편찬하는 국가적 대사업에 동원될 수 있었다. 이러한 국가적 사업은 150종류가 넘었다. 이런 모든 작업 속에서 고증학적 연구가 관직 보유와는 분리된 하나의 직업이라는 의식이 등장했다.

이러한 연구를 양성하는 서원과 서고(書庫)는 특히 강남의 여러 성에서 번창했다. 처음에는 냉담했지만 1733년 이후 황제는 생원들이 과거시험을 준비하는 서원을 후원하기 시작했다. 하지만 1750년 이후에는 관청의 후원을 받기는 하지만 내부적으로는 상당히 자율적인 서원들이 나타나서 연구와 토론, 고증을 후원하기 시작했다. 한대의 금문경서(今文經書)에 토대를 둔 고증학, 즉 "한학(漢學)"은 기성체제에 속한 청대 학자들의 지적인 역량과 활력을 보여주었다. 그들간의 의사소통의 일부를 담당한 것은 나중에 가서는 결국 출판하게 될 목적으로 쓰여진 서신(書信)이었다. 전통적인 문헌에 대한 비판적인 검토는 결국 그들을 금석학(金石學), 음운학(音韻學)으로 나아가게 만들고, 청동기에 새겨진 금문(金文)과 비석(碑石)에 쓰여진 비문(碑文)에 대한 고고학적인 분석을 시작하도록 이끌었다.

1840년대가 되면 영국 해군력의 갑작스러운 승리는 두 가지 흐름의 중국 개혁사상을 결합시키게 되었다. 유가경전을 재평가하려는 금문파(今文派)의 운동과 정부의 통치에 깊숙이 간여하여 보다 나은 효율성을 찾으려고 하는 문인관료들의 경세치용(經世致用) 운동이 하나로 모이게 된 것이다. 문인관

---

8) 이 『황청경해(皇淸經解)』 正編 1,400권은 양광총독 완원(阮元, 1764-1849)의 주도로 1825-1829년간 출판되었다. 고염무 등 청대학자 70여 명의 경서해석, 주해고증, 문자훈고를 비롯하여 역산연구서까지 포함되었으며, 1888년 강소학정(江蘇學政) 왕선겸(王先謙)이 이후의 209종을 모아 『황청경해속편(皇淸經解續編)』 1,430권을 출판했다. 이 정·속편에는 건륭에서 함풍년간에 걸친 청대 고증학의 정수가 수록되어 있다.

료인 위원(魏源, 1794-1857년)은 양쪽 모두에서 주도적인 위치에 있었다. 1826년 그는 재정과 그밖의 실제적인 행정문제들을 다룬 2,000편이 넘는 모범적인 글들을 모아 편찬했다.[9] 그는 관리들의 봉급으로 지불하기 위해서 북경으로 운반되는 강남의 조량미(糟糧米)를 말썽 많은 대운하 대신 상해 부근의 바다를 통해서 운반하자고 제안을 했다. 그는 염정개혁(鹽政改革)을 도왔으며, 청조의 열 가지 성공적인 군사작전에 대한 해설서〔『聖武記』〕를 저술했다. 또한 광주에서는 해외국가에 대한 영향력 있는 소개서적〔『海國圖志』〕을 편찬하여 흠차대신 임칙서를 돕기도 했다. 이런 것들은 모두 중국의 문제에 대해서 비판적으로 재조명한 것이었고, 제때에 맞추어 나온 것들이었다.

고증학과 근대 중국의 학문 사이의 연속성은 1890년대에 금석문에 몰두했던 학자들이 상대(商代)의 유물인 갑골문(甲骨文)의 중요성을 인식하게 되면서 다시 입증되었다. 말기의 청조가 서구의 침입에 대응하는 데에는 거의 아무런 도움도 되지 않았지만, 이것은 제1장에서 이야기한 것과 같은 중국 근대 고고학의 출발점이 되었다.

1890년대가 되면 대부분 조약항이었던 도시들의 성장은 거대한 물질적, 사회적 변화를 가져왔다. 연해와 강변의 항구에서는 서구양식의 건물, 시가지, 가스등과 수도 등의 도시시설이 윤선의 운항 및 외국무역 등과 더불어 모두 중국 밖의 세계와 연결되어 있었다(또는 그 연장이었다). 이러한 항구에서 상업, 금융과 공업 분야에서 중외기업(中外企業)의 합작품으로서 근대적 중국 경제가 형성되기 시작했다. 동시에 언론인, 신문과 잡지 등 근대적인 대중매체가 출현했으며, 관리로서의 경력을 포기한 작가와 예술가 등 새로운 지식인이 등장했다. 외국의 행정지배 아래 있었지만, 상인들이 외국회사를 도와서 일할 뿐 아니라 독립적으로도 기업을 경영하면서 은행가나 매판으로 번영을 누렸던 근대적인 도시에서 중국의 대중여론은 점차적으로 의사표현의 창구를 찾기 시작했다.

기독교 신자들이 분산적인 공동체를 형성하기 시작하자 선교사들은 국제적인 흐름을 보도하는 중국어 잡지 『만국공보(萬國公報)』를 출간하기 시작했

---

9) 하장령(賀長齡) 輯, 『황조경세문편(皇朝經世文編)』 120권을 가리키는데 그 실질적인 편자는 위원이었다고 한다. 청조에 들어서는 최초로 나온 이 경세문편의 뒤를 이어 상당수의 경세문편이 청말에 출판되었다는 데에서 그 선구적인 역할을 엿볼 수 있다.

다. 1875년에서 1883년까지 매주, 그리고 1889년에서 1907년까지 매월 발간된 이 잡지는 세계의 소식을 중국의 독서인층에게 보급했다. 부분적으로는 중국인 편집자에 의해서 훌륭한 고전 중국어로 쓰여졌다는 점 때문에, 이 분야에서 최초였던 이 잡지는 외부세계의 문제를 파악하느라고 씨름하던 문인 관료들에게 직접 접근할 수 있는 통로를 선교사들에게 제공했다. 1890년대에는 유능한 선교사들(이를테면 웨일스인인 티모시 리처드〔중국명 李提摩太〕와 같은 경우를 들 수 있다)이 독서인층에게 접근하는 계획을 실행함으로써 개혁운동에도 영향력을 미칠 수 있었다.

중국의 관점에서 보면 1895년 일본의 승리는 단순하게 중국이 다른 문명 강국에게 패배를 당한 것일 뿐만 아니라, 서구로 대표되는 암흑세력에게 실질적으로 중국이 굴복한 것이었다. 남녀가 공공장소에서 서로 손을 잡거나 심지어는 키스를 하는 짐승 같은 윤리를 가지고 있는 서구인들을 생각해보라. 강력한 기계를 제조해냄으로써 이 외부세계는 문명과 평화로운 생활을 낳은 인간과 자연의 질서를 무너뜨렸다. 혼란은 눈앞에 다가왔다.

1895년 여러 요소들이 갑자기 한꺼번에 집중되기 시작했다. 첫째, 외국의 위협이었다. 이것은 연해지역에 대한 해군 군함의 공격으로 네 차례의 전쟁에서 중국에게 네 차례 패배를 맛보게 했다. 이러한 외부세력은 이제 믿을 수 없을 정도로 파괴적인 새로운 전쟁무기들을 휘두르고 있었다. 이와 같은 외국의 무력에서의 우위에 덧붙여진 것은 전쟁수행뿐만 아니라 모든 실제적인 삶의 기술과 기능 면에서도 외국이 부인할 수 없는 기술적 숙련성을 지녔다는 점이었다. 둘째, 선박의 증기 엔진과 철로는 비교할 수 없을 정도로 교통을 신속하게 만들었다. 포장도로, 가스등, 수도와 경찰체제는 이제 상해와 같은 항구도시의 특징이 되었다. 셋째, 기술과 기능이 근본적인 도덕적, 사상적 자질의 표현이라고 느꼈던 사람들에게는 외국인들이 과시하는 이런 역량들이 어쩐지 전통 중국에서는 결여되어 있음이 분명해졌다는 점이었다.

이러한 사고들이 가져온 위기의식과 굴욕감은 중국에 커다란 변화가 있어야 한다는 결론에 이르는 것을 피할 수 없게 했다. 일반 민중은 정부에 기여하지 않았고, 대부분의 엘리트는 너무나 관습적 방식에 길들여져서 사상적 지도력을 제공할 수 없었다. 그래서 독서인들만이 이러한 문제에 정면으로 맞부딪칠 수 있었다.

아편전쟁 이래 바람직한 개혁의 항목들은 꾸준히 늘어나고 있었다. 이홍장의 여러 막료나 고문들이 여기에 기여했다. 또한 선교사, 태평천국의 반란자, 외국에 나간 외교관, 그리고 홍콩과 상해의 초기 언론인도 마찬가지였다. 서구 국가, 그리고 이제는 일본이 그런 사람들에게 중국의 필요에 맞게 고칠 수 있는 새로운 방법들을 풍부하게 제공했다. 가장 넓은 차원에서 보면 의회(議會)는 지배자와 인민 사이에 보다 확고한 유대관계를 창조해줄 수 있었다. 정부의 특허권 인정이나 보상은 투자를 장려할 수 있었고, 포장도로는 상업을 도울 수 있었으며, 광산학은 채광(採鑛)을 개선시킬 수 있었다. 농업학교는 생산을 증대시킬 수 있었고, 번역은 교육을 확대시킬 수 있었다. 이러한 목록은 그야말로 끝이 없었다.

하지만 개혁운동이 광범위한 지지를 얻기 전에 중국이 외국으로부터 이러한 것을 빌려와 낡은 방식을 바꾸는 것에 대한 철학적인 승인이 먼저 이루어져야 할 필요가 있었다. 그것도 유교 내에서 발견되어야만 했다. 유교는 여전히 중국 지배계급의 살아 있는 신앙이었기 때문이다. 그것은 천자에게 봉사하는 경세제민(經世濟民)의 수완을 요구했다. 오로지 내부의 사람, 즉 후대의 성인〔後聖〕만이 이러한 유교전통을 갱신하는 사상적 작업을 완수할 수 있었다. 강유위(康有爲)의 중요한 공헌은 바로 여기에 있었다. 그는 광동 출신의 조숙한 학자로서, 상상력이 풍부하고 자기확신이 강한 사람이었다. 그는 중국의 고전적 전통 속에서 그 근대적인 적용을 정당화시킬 수 있는 선례를 찾아내는 데에도 뛰어났다.

강유위의 출발점은 금문운동이었다. 청조의 학자들은 이 운동 속에서 송대이래의 이학이 토대를 두었던 고문경전(古文經典)의 진실성을 공격했다.[10] 이 주제 자체는 삼위일체나 예정조화설과 같은 기독교의 원리처럼 아주 복잡한 차원의 것이었다. 아무리 매끄럽게 요약하더라도 그것을 제대로 다룰 수

---

10) 진시황의 이른바 분서갱유 이후 한제국이 성립되자 몇몇 연로한 학자들이 자신의 기억력에 의거하여 과거의 유교경전을 복원했는데 당시 통용되던 예서체로 쓰여진 것이므로 이것을 "금문경서(今文經書)"라고 한다. 그런데 한대 이전의 문자로 쓰여진 '고문경전(古文經典)'이 이후 차츰 발견되면서 금문과 고문 사이에는 서로간에 진위와 우열의 문제를 놓고 경쟁이 시작된다(이를테면 『左傳(左氏春秋)』은 고문경전만 있다). 이러한 "경금고문"의 논쟁은 후한 말년 정현(鄭玄)이 나와 모든 古今文을 종합하여 독창적인 학설을 세우면서 어느 정도 누그러졌지만, 이후 청말에 이르기까지 논쟁은 계속된다.

는 없을 것이다. 하지만 오늘날 우리에게 중요한 점은 금문경전들은 전한대(前漢代 : 기원전)에 나온 것인 데에 반해서, 고문경전(古文經典)은 후한대(後漢代 : 기원후)에 가서야 표준이 되었고, 우리가 신유학(중국식으로 하자면 理學 또는 宋學이라고 한다)이라고 부르는 종합체계를 완성한 송대의 철학자들 덕분에 계속 그 상태로 남아 있었다는 것이다. 금문경전을 옹호하면서 고문경전을 비난하는 것은 이학의 억압에서 벗어나 전통을 재해석하는 기회를 가져다주었다. 금문파는 시대에 따라 제도가 바뀌어야 한다고 믿었고, 따라서 일반적으로 개혁에 호의적이었다.

벤저민 엘먼(1990)이 지적한 대로 청말의 금문운동은 사실상 전제주의적 황제체제를 배격하려던 명말 강남 학자들(東林書院, 東林派)이 꾀했던 노력의 연장이었다. 1620년대의 사악한 환관들처럼 1790년대 전제주의의 도덕적 타락을 상징한 것은 노쇠한 건륭제의 총신(寵臣) 화신(和珅)이었다. 동림파의 운동처럼 같은 강남지역〔江蘇省 常州府〕에서 출발한 금문파 개혁가들은 19세기 동안 자주 항의를 담은 상주〔淸議〕라는 형식을 빌려서 대중의 요구에 대해서 황제가 보다 큰 관심을 보이도록 요구했다. 의식적이든 무의식적이든 강유위는 신사들의 정부개혁에 대한 관심이 증대되었다는 점을 대표했다.

1891년 그는 『신학위경고(新學僞經考)』를 출간했다.[11] 그는 "송대 학자들에 의해서 존중되고 해설된 경전들은 대부분 위조된 것이며, 공자의 것이 아니다"라고 주장했다. 이 폭탄선언은 박학다식한 논리로 설명되고 상당한 설득력을 갖춘 것이었다(지금이나 그때나 일반적으로는 받아들여지지 않지만). 강유위는 또한 금문경전을 인용하여 (1) 거란(據亂), (2) 승평(升平)과 소강(小康), (3) 대동(大同)으로 나아가는 3단계 이론을 주창했다.[12] 진보의 원리를 의미하는 이 과정 속에서 세계는 현재 두번째 단계로 들어가고 있다는 것이 강유위의 설명이었다. 자신의 사상 대부분을 선배들로부터 빌려오기는 했지만 강유위는 또한 자기 나름의 독창적인 것도 가지고 있었다. 이것이 그가 진화(進化)와 진보(進步)라는 개념을 중국의 고전 전통과 융합시킬 수 있게 해

---

11) 9–23년 사이, 즉 전한과 후한 사이에 단기간 존재했던 신(新)이라는 왕조시대에 위조된 경전의 연구라는 뜻이다. 왕망이 권력을 찬탈하여 세운 신에서는 고문경전이 정통으로 인정을 받았다.

12) 거란은 혼란의 시대이며, 승평은 태평의 시대로 나가는 시기, 소강은 어느 정도의 안정과 평화가 확보된 시기, 대동은 천하의 통일과 안정이 확립된 시기라는 의미이다.

주었다. 이 개념은 바로 당시에 세계를 휩쓸고 있었다.

확실히 강유위와 그의 수제자인 광동 출신의 양계초(梁啓超)는 1890년대의 사회진화론(社會進化論, Social Darwinism)을 신속하게 받아들였다. 그들은 국가들끼리의 적자생존 경쟁에서 표트르 대제의 러시아와 메이지 천황〔明治天皇〕의 일본이 성공한 이야기나 터키나 인도 같은 약소국의 비극적인 운명에 관한 책들을 저술했다. 요컨대 이 급진개혁가들은 진정 열렬한 민족주의자였지만, 여전히 청조의 황제체제가 중국을 구원할 수 있다는 희망을 품고 있었던 것이다. 개신교 선교사들의 선례를 따라 그들은 출판과 집회 양쪽 면에서 국정문제의 토론을 후원하는 언론(言論)과 학회(學會)라는 근대적 장치를 이용하기 시작했다. 심지어 강유위는 유교를 조직화된 국가적 종교〔孔敎〕로 끌어올리는 숭배를 추진해야 한다고 주장하기도 했다. 하지만 그의 주된 희망은 사실 전통적 성격의 것이었다. 바로 황제가 자신의 의견을 받아들여 위에서 아래로 중국을 개혁하는 일이었던 것이다. 제국주의 열강이 세력 범위의 획정(劃定)을 요구하고 중국이 분할〔瓜分〕되려는 것처럼 보였던 1898년에 그의 기회가 찾아왔다. 1889년 이래 이상주의적인 광서제(光緒帝)는 명목상으로나마 친정(親政)이 허용되어 있었다. 그의 숙모인 서태후는 새로 단장된 이화원으로 물러나 그를 지켜보고 있었다. 이제 27세인 광서제는 이름뿐인 황제로서는 바람직한 행동이 아니었지만 독서를 좋아했다. 이홍장의 경쟁자였던 황제의 늙은 스승〔翁同龢〕은 그에게 강유위를 추천했다. 1898년에 위기가 깊어지자 황제는 강유위를 신임했다.

6월 11일에서 9월 21일 사이의 약 100일 동안 광서제는 중국의 정부와 그 행정, 교육, 법률, 경제, 기술, 군대와 경찰체제의 근대화를 꾀하는 40여 가지의 개혁조칙을 발표했다. 이들 개혁조칙들은 과거 수십 년 동안 여러 저술가들이 옹호해왔던 것인데, 이제야 겨우 황제의 명령으로 반포된 것이다. 하지만 1933년 뉴딜 정책을 법안화시켰던 프랭클린 루스벨트 대통령의 취임 초기 100일과는 달리, 1898년의 급진적 개혁은 불행히도 대부분 문서로만 남아 있었다. 관료들은 서태후가 어떻게 나올 것인지만 관망했다. 그녀는 기성체제에 속한 거의 모든 사람들이 이 변화의 예고에 위협을 느낄 때까지 참았다가 군사 쿠데타를 감행했다. 강유위와 양계초는 일본으로 망명했다. 하지만 서태후는 광서제를 자금성의 호수에 있는 섬〔瀛臺〕에 유폐시켰으며, 체포가 가능했던 여섯 명의 급진파를 처형했다.

강유위와 양계초의 자기과시적인 저작에서 주로 정보를 얻은 많은 사람들은 1898년의 백일유신(百日維新)의 실패를 흑백논리로 파악했다. 강유위와 양계초 및 광서제를 사악한 반동파에게 패배한 영웅으로 간주했던 것이다. 대북(臺北)의 고궁박물원(故宮博物院)과 북경의 제일역사당안관(第一歷史檔案館) (자료의) 개방은 루크 쾽(1984)과 같은 수정론자가 1898년의 사태를 재해석하게 하거나, 벤저민 엘먼과 같은 전문가가 그의 일부 견해에 의문을 제기할 수 있게 해주었다. 1898년의 북경 정치는 좀더 연구가 필요한 분야이다.

어쨌든 궁정에서 자란 탓에 세계에 대해서 무지했고, 또 스스로 그것을 자랑스럽게 여겼던 가장 완고한 만주 귀족들은 곧바로 농민의 비밀결사인 의화단(義和團)의 후원자로 나서게 되었다. 이렇게 청조가 광신적인 숭배의 적극적인 후원자로 나서게 된 것은 명백히 지적인 파탄을 보여주는 행동이었다.

의화단의 봉기, 1898-1901년

황하의 범람원(汎濫原)인 산동 북서부는 인구밀도가 다소 조밀한 곳으로 극심한 빈곤의 상태에 놓여 있었다. 신사는 농촌에 거의 살지 않았다. 계절적인(즉 농한기를 이용한) 직업이 된 도적질은 촌락간의 싸움에 불을 질렀다. 청조 정부와 신사는 지방사회의 통제력을 잃고 있었다. 1890년대에 공격적인 독일 선교사들은 부분적으로는 비기독교도와의 소송에서 가톨릭 신도[敎民]를 옹호함으로써 신도를 끌어모았다. 1898년 산동을 세력범위로서 장악한 이후 독일이 보인 오만한 태도는 기독교의 선교사업이 내륙으로 확대되어가면서 오랫동안 축적된 반기독교 감정을 더욱 고양시켰다. 이 무렵 유럽 열강과 일본은 거듭해서 중국 정부를 굴복시키고 있었다. 반(反)선교사 폭동[敎案]은 외국인이 청조에게 아주 무거운 벌칙들을 부과하게 했으므로, 청조는 지방관이 선교사나 교민을 적대시하지 못하게 하지 않을 수 없었다. 이러한 상황 속에서 산동 농민들은 비밀결사를 통해서 자신들의 이익을 방어했다. 예를 들면 산동 남서부에서는 대도회(大刀會)가 토비 진압을 위한 무장세력이 되어 있었다. 1898년 기나긴 가뭄에 뒤이은 황하의 범람이라는 재난은 농촌

사람들을 무서운 곤경으로 몰아넣었다. 화북은 이제 화약통이 되었다.

의화단의 기원에 관한 조지프 에셔릭(1987)의 철저한 연구는 산동 북서부에서의 두 가지 농민 전통의 결합 —— 무술 또는 "권법(拳法 : 경극이나 설화에서 특징적으로 나타나며 오늘날의 쿵푸 영화에서 볼 수 있는)"과 샤머니즘 또는 강신(降神)과의 결합 —— 을 지적하고 있다(제2장에서 지적한 대로 상왕[商王]이 샤먼의 우두머리로 행동했다는 것을 상기해도 좋을 것이다). 나중에 의화단(義和團)이라는 이름을 가지게 되는 의화권(義和拳)은 이 두 요소를 서로 결합시켰다. 적절한 의식을 거친 후 의화권 단원은 입에 거품을 문 일종의 황홀경에 빠져들면 이제 전투하러 나갈 준비를 갖춘 것으로 간주되었다. 칼이나 총알로 상처를 입지 않은 상태[刀槍不入]가 되었기 때문이다. 누구든 이런 상태에 빠져들 수 있었으며, 따라서 그 동안은 지도자가 될 수 있었다. 아무런 계층적 조직도 필요하지 않았다. 목표는 단순한 슬로건 "청조를 도와 양귀신[洋鬼子]을 몰아내자[扶淸滅洋]"는 것이었다. 일단 유리한 시대적 환경 속에서 불이 붙게 되자 의화단 운동은 마치 들불처럼 화북지역 전체로 퍼져나갔다. 청조의 왕공대신(王公大臣)들이나 심지어는 서태후까지도 잠시 동안은 중국 정치체제의 최종 심판자인 일반 백성의 목소리를 듣고 있음이 틀림없다고 느낄 정도였다. 그들은 이 운동을 반대하기보다는 오히려 운동에 협력함으로써 외국 제국주의를 몰아내려는 계획을 내세웠다.

일련의 사태 속에서 상대방은 서로를 자극했다. 1900년 봄 공사관의 호위대는 의화단에 위협사격을 가할 목적으로 출동했다. 6월 13, 14일이 되자 의화단원들은 북경과 천진으로 쳐들어가서 기독교인들을 학살하고 약탈했다. 6월 10일에는 10만2,100명의 외국군이 천진에서 출발하여 북경의 공사관 구역을 방어하기 위해서 나섰지만, 도중에 저지되었다. 6월 17일에는 천진 밖에서 한 외국 함대가 해안포대를 공격했다. 6월 21일에는 서태후와 조정 실권파가 공식적으로 모든 열강에 대한 선전을 포고했다. 서태후가 말했다. "중국은 약하다. 우리가 의지할 수 있는 유일한 것은 민심(民心)뿐이다. 그것을 잃는다면 어찌 나라를 보존할 수 있겠는가?"(나라는 서태후에게는 조정을 의미했다).

1900년의 길고 무더운 여름에 벌어진 의화단의 봉기는 19세기의 가장 유명한 사건 가운데 하나가 되었다. 왜냐하면 북경 공사관 구역에서 수많은 외교관, 선교사와 언론인들이 8주 동안 거의 끊이지 않는 소총사격에 의해서 포위되어 있었기 때문이다. 이 포위 속에는 약 475명의 외국인, 8개국 450명의 군인, 약 3,000명의 중국인 기독교도, 그리고 신선한 고기를 제공한 150마리의 경주용 조랑말이 갇혀 있었다. 그들이 모두 살해되었다는 소문이 나돈 다음, 다툼이 없었던 것은 아니지만 국제적 연합군이 그들을 구해냈다. 서태후는 광서제를 안전하게 손아귀에 장악한 채 마차를 타고 서안(西安)을 향해 도피했다. 연합군은 철저하게 북경을 약탈했다. 독일의 카이저 빌헬름 2세는 야전 사령관을 파견하여 수천 명의 중국인 기독교도가 살해된 북경 주변의 마을들을 공포에 떨게 만들었다. 화북 전역에서 주로 선교사인 250명의 외국인들이 살해되었다. 복수의 분위기가 대기 속에 감돌고 있었다.

하지만 자강운동을 지도한 한인 독무들은 이러한 위기 역시 극복했다. 광주의 이홍장, 무한의 장지동 등은 6월에 이미 즉각 북경 조정의 선전포고를 무시하기로 결정했다. 그들은 모든 것이 단지 "의화단의 반란"에 지나지 않는다고 선언했다. 또한 외국인들이 군대와 전함을 보내지 않는다면 화중과 화남에서는 평화가 유지될 것이라고 보장했다. 이러한 위장(僞裝)은 제대로 먹혀들었다. 제국주의 열강은 중국의 대외부채와 더불어 조약체제가 손상되는 것을 원하지 않았다. 따라서 19세기에 청조가 외국 열강과 벌인 다섯번째의 전쟁이자 가장 큰 전쟁인 1900년의 전쟁조차도 역시 화북에 한정된 지역적인 성격을 벗어나지 못했다.

1901년 9월 경친왕 혁광(慶親王 奕劻)과 이홍장이 11개 열강과 체결한 신축조약(辛丑條約)은 주로 징벌의 의미가 강했다. 즉 열 명의 고위 관료가 처형되고, 100여 명의 관리가 처벌을 받았고, 45개 도시에서 과거시험이 정지되었다. 또한 북경의 공사관 구역이 확대되고 요새화되어 철로와 마찬가지로 군대가 주둔했다. 약 25개소가 되는 청조의 요새도 파괴되었다. 배상금은 약 3억3,300만 달러였다. 이자율까지 포함해서 계산하면 중국 정부는 원금의 두 배나 되는 액수[9억 냥]를 40년에 걸쳐서 지불해야만 했다. 유일하게 건설적인 것에 가까운 조항은 조약에 기초한 수입관세를 실질적인 5퍼센트로 인상한 것이었다.

도덕의 붕괴

유가이념에 기초한 통치체제는 황제, 관료 및 가족과 공동체의 지도자들이 우월한 지위와 특권을 인정받는 대가로 모범적인 행동을 해야 한다고 강조했다. 따라서 중국은 아주 특이할 정도로 위망(威望)에 의해서 지배되었다. 황제는 사실 바보나 악당일 수도 있었다. 하지만 황제의 지위는 절대 모독할 수 없었다. 관부의 포고는 권력 소유자의 이미지를 유지하고 개선하는 데에 목표를 맞추었다. 패배자들은 도덕성이 결여된 것으로 낙인 찍혔으며, 그것이 바로 그들이 패배한 이유였다. 좋은 명예를 유지한다는 것은 남자에게 목숨만큼 중요했다. 이것은 여성에게도 적용되었다. 명예가 더럽혀진 사람은 자살로 존엄을 되찾을 수 있었다. 정부와 마찬가지로 사회에서도 명예는 가장 중요한 것이었다. 도덕적 의견이 법률적 고려를 앞서는 이러한 상황에서 사기의 저하라는 것은 그 크기를 헤아릴 수 없을 정도로 중요한 영향을 미쳤다. 신뢰의 상실, 굴욕감, 개인적인 혹은 집단적인 체면의 손상, 패배의식 등 19세기의 중국은 이런 형태의 재난을 아주 다양하게 맛보았다.

따라서 가장 일반적인 의미에서 청조의 마지막 100년은 각 방면에서 끊임없이 사기 저하라는 무거운 짐을 지게 된 시기라는 인상으로 통일된다. 이 세기는 건륭제의 명성을 더럽힌 총신 화신의 엄청난 부정으로 시작되었다. 동시에 팔기 부대가 백련교의 반란을 진압하지 못한 사실은 청조에게는 사실상의 패배를 의미했다. 결국 청조는 한족으로부터 새로운 군대를 충원하지 않을 수 없었다.

만약 대표적인 최악의 도덕적 재난만을 다루면서 건너뛰게 된다면, 우리는 우선 광주에서 아편무역이 일어나고 그것이 동남연안을 따라 확장되었던 점을 주목해야 할 것이다. 오래 전부터 부도덕한 것으로 비난받아왔던 아편은 은을 지나치게 유출시킴으로써 은과 동전의 교환비율에 혼란을 가져오고, 동전으로 은을 구입하여 세금을 지불해야 했던 백성들에게 손해를 입힘으로써 재정위기를 불러일으켰다. 1842년 영국의 조건을 받아들여야 했던 중국의 굴욕은 협상 참가자들에 의해서 외국의 위협을 효과적으로 속여넘긴 것으로 선전되었다. 하지만 모든 중국인들은 여전히 더욱 많은 양의 아편이 수입되고, 광주의 문제가 다른 네 군데 항구로 확산되는 것을 볼 수 있었다. 이런 것은 변경의 주변적인 문제에 지나지 않았다. 그러나 북경에서는 도덕적 원칙에 따른 탄압정책과 금전 지향적인 유화정책 사이의 투쟁으로 나타났다. 그 도덕적인 자세가 배신을 당하지 않았다면 흠차대신 임칙서가 면직될 리 없었다. 1858년의 조약으로 합법화된 아편무역은 중국 관리들을 매수했으며, 조정은 상당히 체면이 깎이는 것을 견뎌야만 했다. 그리고 곧바로 태평천국의 반란이 일어났다. 이것은 일단 점화가 되자 급속하게 확대되었다. 조정의 위신 실추가 광서성의 서강(西江)에서 남경(南京)으로 태평천국이 진군하는 길을 열어주었다고 생각할 수밖에 없는 것이다.

반란의 진압은 북경 당국이 중앙 정부와 지방 각 성 한인관료 사이의 권력균형에 근본적인 수정을 가한 다음에야 이루어졌다. 북경 조정은 증국번이나 이홍장과 같은 지방독무와 새로운 이금(釐金 : 보통 영어로는 "likin"이라고 불린다)으로 재원을 충당하는 그들의 군대에 의존하는 수밖에 없었다. 그것은 청조의 권력구조에 근본적인 변화를 가져왔다. 예를 들면 이후로 한인들이 북경 부근의 경사(京師)지역을 관할하는 직예총독(直隷總督)[13]이나, 강남지역의 미곡지대를 관할하는 양강총독(兩江總督)[14]의 자리를 계속 차지했다는 사실은 이를 입증한다. 청조는 또한 국내정치에 일정한 정도로 외국인이 간여하는 것을 받아들일 수밖에 없었다.

1860년대의 중흥에 의해서 청조의 몰락과정에 제동이 걸렸다. 하지만 그럼에도 불구하고 청조의 운명은 이미 수명이 다 된 것이나 마찬가지였다. 동치중흥이 응급조치에 불과했다는 것은 1860년 청조가 영국 및 프랑스와의 비공식적인 동맹을 받아들인 데에서 분명하게 드러난다. 이것은 영국, 프랑스 연합군에 의해서 북경이 점령되고 원명원(圓明園)이 불태워지는 굴욕을 겪은 다음이었기 때문이다. 서구 열강과 중국 사이에 벌어진 1850년대와 1860년대의 기나긴 전쟁과 협상에서 한인들은 대체로 원칙을 방어하기 위해서 싸우려는 자세를 갖추었던 반면, 만주족은 대개 왕조의 보존이라는 이익을 위해서 타협하려는 자세를 보였다는 점이 두드러진다. 공친왕(恭親王)과 젊은 서태후를 포함한 그의 후원자들에 의해서 이루어진 유화정책은 대단히 시기 적절한 움직임이었으며, 청조가 한 세대 이상 동안 더 존속할 수 있게 해주었

---

13) 천진과 보정에 주재하는 지방장관으로 총독 가운데 서열 제1위였다.
14) 江寧(南京)에 주재하면서 강서, 강소, 안휘 3성을 관할하는 지방장관이다.

다. 하지만 그것은 실제는 청조가 영국과 공동으로 중국의 해안지역을 지배하는 데에서 얼마간 열세에 놓였음을 의미했다.

만주인 군기대신 문상(文祥)의 후원 아래 로버트 하트가 건립한 청조의 해관업무는 제국주의의 양면성을 잘 드러냈다. 그의 건설적인 재직기간 중 전반 또는 그 이상의 시기 동안 하트는 청조에게 조약항의 호전적인 외국인들을 다루는 장치뿐만 아니라 근대적인 재정기구를 제공할 수 있었다. 이것은 전체적으로 보면 청조에게 하나의 거대한 은혜였다. 하지만 1895년 이후 일본에게, 또는 1901년 이후 신축조약의 당사자들에게 지불할 배상금을 마련하는 책임을 맡게 되자 해관은 청조에게 배상금 지불을 강제하는 제국주의의 확실한 대리인이 되었다.

만한협력체제(滿漢協力體制)는 질서의 유지를 위해서 조약열강들과 협조하는 데에는 비교적 성공적이었다. 그렇지만 청조의 이익과 한족 인민의 이익이 점차 서로 다른 것으로 판명되면서 양자 사이의 균열도 나타났다. 그리고 그 밑에는 군사적, 경제적 문제뿐 아니라 사상적 차원에 이르기까지 중국이 외국의 침입에 대응하는 능력을 얼마나 가지고 있는가 하는 보다 큰 의문이 자리잡고 있었다.

청조 국가의 행동도 부적절했을 뿐만 아니라, 유교적 질서의 기본 원리까지도 의문의 대상이 되었다. 이것은 명조 말기나 그 이전의 왕조(송조를 제외할 수 있겠지만)가 마주쳐야 했던 것보다도 훨씬 커다란 위기였다. 송조는 비록 패배했지만 여전히 문화적 우월성을 과시할 수 있었다. 이와는 달리 서구적 사물에 익숙해진 청말의 중국인들은 사실 여전히 중국 문화가 우월하다는 결론을 내릴 수 없게 되었다. 사회 전체를 통한 아편 중독자의 증가는 자신감의 상실이라는 것을 끊임없이 상기시켜주는 증거였다. 조너선 스펜스는 1900년 무렵 중국에는 약 4,000만 명의 아편 흡식자가 있었으며, 그 가운데 1,500만 명은 중독자라는 상당한 근거가 있는 추정을 하기도 했다. 이것은 기독교도가 된 중국인보다 아편 중독자가 된 중국인이 약 열다섯 배나 되었음을 의미했다.

결국 불운과 재난에 대한 예감은 유교적 질서의 중심적인 수호자인 독서인 계층의 사기를 땅에 떨어뜨렸다. 다음 장에서는 왕조와 이 신사층 사이의 관계에 중점을 두고 살펴보게 될 것이다.

제12장

공화혁명, 1901-1916년

국내의 새로운 세력균형

1900년에 모든 주요 열강들의 연합군에 의해서 패배를 당한 다음 청조가 1912년까지 존속할 수 있었던 것은 단지 그것을 대체할 만한 정권이 나타나지 않았다는 것, 그리고 중국인과 중국에 있던 외국인들이 분열보다는 질서를 원했다는 이유 때문이었다. 1901년에서 1911년에 이르는 10년 동안 중국의 연해와 강안(江岸)에 있는 조약항에서의 신속한 변화는 점차 근대적, 도시적 중국과 내륙에 있는 무수한 농촌 촌락 사이의 격차를 더욱 벌려놓았다. 이러한 격차의 확대는 조약체제와 더불어 시작되었다. 이 체제는 중국의 개혁파들에게 정치적 여론을 조직하고 공표할 수 있는 기회를 가져다주었다. 청조 정권은 이런 것을 허용해오지 않았다. 하지만 그럼에도 불구하고 가장 먼저 반란을 주창한 사람이었던 손문(孫文)[1]은 일본인 팽창주의자〔大陸浪人〕

---

1) 1866-1925. 손일선(孫逸仙), 또는 손중산(孫中山)으로도 불리는 근대중국의 최초의 혁명가. 광동성 향산현(香山縣, 현재의 中山市)에서 농민의 아들로 태어나, 1894년 하와이에서 홍중회(興中會)를 조직한 뒤, 이듬해 10월 광주에서도 홍중회를 조직하고 거병했으나 실패하고 일본으로 망명했다. 1896년 런던으로 옮긴 후 그는 독창적인 혁명이론인 '삼민주의(民族主義, 民權主義, 民生主義)'를 구상하게 되었고, 1905년 일본 도쿄에서 유학생 등 혁명세력을 통합하여 비밀혁명정당인 중국동맹회를 결성하고, 그 총리가 되어 계속해서 반청(反淸)무장봉기를 되풀이했다('10차례의 봉기'). 1911년 10월 미국에서 군자금을 모금하던 중 무창봉기(武昌烽起)의 발발 사실을 알고, 귀국 후 임시대총통에 추대된 그는 1912년 1월 1일 중화민국을 발족시켰으나 얼마 후 청조의 양위(讓位)를 교환대가로 하여 원세개(袁世凱)에게 대총통의 직위를 넘겨주었다. 일관되게 혁명투쟁과 북벌에 의한 통일을 지향했던 그는 1920년대가 되면 결국 러시아의 도움을 받아 중국국민당을 개조한 다음 중국공산당과의 협력 아래 국민혁명을 추진하는 것을 최후의 과업으로 삼게 되었다. 하지만 북벌(北伐)을 통한 국민혁명의 완성을 보지 못한 채 "혁명은 아직 완성되지 못했다"는 유언을 남기고 서거했다.

의 도움을 얻어 1905년 도쿄에서 열린 중국 유학생들의 집회에서 중국동맹회(中國同盟會)의 총리(總理)로 선발될 수 있었다. 중국의 민족주의는 성장하고 있었지만 아직은 잠에서 깨어나지 않은 상태였다.

1911년에 떠오르게 될 사회세력들의 이러한 형성과정에서 가장 중요한 것은 청조 정부와 신사층의 관계였다. 그리고 이 점에서 1850년부터 1911년에 이르는 시기는 크게 세 단계로 나누어볼 수 있다. 첫 단계는 신사층이 청조를 지원하여 태평천국과 여타의 반란을 진압하는 데에 성공한 시기였다. 이것은 농촌 전역에 단련국(團練局)을 건립하고, 개인적인 충성을 바탕으로 병사를 선발하고, 신사의 기부와 새로운 이금(釐金)으로 재정을 충당함으로써 이루어졌다. 두번째 단계는 태평천국 이후의 재건단계였다. 이때에는 신사층이 서원에서의 유교 교육을 재건하고 성장시키는 데에 활약했다. 또한 신사층이 광범위한 도시의 복지사업과 기타 공익사업을 관리하는 신동(紳董)으로 대거 등장한 시기였다. 지주들이 도시로 이동하고, 상인들이 학위를 구입하거나 아니면 관부에서 후원하는 상공업 진흥에 참가하여 신사지위를 얻게 되면서 신사층의 구성에도 변화가 나타났다. 유력자들은 경제발전에 참여할 수 있는 자금과 회계능력을 보유했다. 동시에 도시화는 다양한 외국의 사례, 사상이나 연결 관계가 대규모로 유입되는 것을 가능하게 했다.

1890년대 말에 시작되는 세번째 단계에는 민족주의의 등장과 더불어 성(省)의 발전, 지방자치, 입헌주의의 깃발 아래 결집된 개혁파 도시 엘리트가 나타났다. 이들은 다양한 방면의 근대화 노선을 따라 움직이기 시작했으나, 청조가 너무나 느리고 방해가 되며 중국이라는 국가를 이끌 능력이 없다는 점을 발견했다.

우선 반란을 진압하는 과정에서 나타난 신사의 역할을 살펴보기로 하자.

군사화에 의한 반란 진압

1850년 이후 태평천국의 대반란이 가져온 결과의 하나는 농촌의 군사화(軍事化)였다. 이것은 계속 늘어나면서 점점 더 다루기 어려워져가는 농촌주민에 대한 통제를 유지하기 위해서 이루어졌다. 아울러 이것은 황제독재의 무(武)적 요소, 즉 군대에 대한 중앙집권적인 통제력을 어떻게 유지하는가 하는 제도적인 문제를 불러일으켰다. 진시황 이후로 역대 왕조는 항상 군대의 대규모 징발을 피해왔다. 한대와 이후 왕조들은 죄수, 빈민과 용병이나 직업적인 —— 세습적인 경우도 많았다 —— 병사들을 이용했다. 청대의 경우 전략적인 요충에 자리잡은 주방팔기(駐防八旗)는 한인으로 구성된 녹영(綠營)의 지원을 받았다. 하지만 양자 모두 백련교의 반란을 진압하는 데에 무기력했다. 19세기 전반 지방사회에서의 혼란의 증대는 지방의 단련(團練)세력을 강화시켰다.

단련의 병사는 필립 쿤(1970)이 지적한 것처럼 지방에서 급양(給養)을 책임지는 "순수한 군인도 아니고 순수한 민간인도 아니지만," 두 측면을 조금씩 지닌 비상근(非常勤) 병사였다. 청말 단련의 중요한 특징은 그것이 지방신사에 의해서 관리되었다는 점이다. 예를 들면 프레더릭 웨이크먼 2세(1966)는 광주의 신사들이 1840년대와 1850년대에 지방민들을 조직하여 영국에 대항한 일을 분석했다. 이곳의 청조 관리들은 진퇴양난에 빠져 있었다. 민중의 배외주의를 억압하면 그것이 왕조에 대한 반란으로 흐름이 바뀔 염려가 있었다. 그렇다고 그것을 따르자니 영국의 보복을 가져올 터였다. 민중이나 또는 적어도 지방 신사의 손에 있는 무장력인 단련은 양날을 가진 칼이나 마찬가지였다. 북경 당국은 관료의 감독과 신사의 운영, 즉 "관독신판(官督紳辦)"이라는 체제로 지방관이 엄격하게 통제하는 것이 아니라면, 신사가 이끌고 자금을 대어 단련을 조직하는 것을 꺼려왔다. 이러한 토대 위에서 수천명의 단련을 보유한 수백 군데의 마을들이 널리 조직화될 수 있었다. 이들은 널리 퍼진 신사들의 단체를 통해서 조정의 지시를 전달받았다.

그러한 동원은 여러 기본적인 네트워크를 통해서 지원을 받을 수 있었다. 그 가운데 하나가 장정(壯丁)을 보유한 모든 호구를 등재한 보갑(保甲)이었다. 또 하나는 친족, 족산(族産), 제사 등을 통해서 사람들을 연결시키는 종족(宗族)의 힘이었다. 그리고 또한 같은 시장권에 속하는 촌락의 시장공동체도 있었다. 행정적이고, 사회적이고, 경제적인 이런 모든 연락망들이 뒤얽혀 단련조직은 농촌지역을 통제할 뿐만 아니라, 정부의 농촌 통제력까지도 대신할 수 있는 잠재력을 지니고 있었다. 따라서 1850년대에 청조가 증국번과 같은 신뢰받는 관료를 고향에 보내 단련을 조직하도록 한 것은 단지 물에 빠진 사람이 지푸라기라도 잡는 식의 마지막 선택이었을 뿐이다.

단련 네트워크의 신뢰성은 단련의 병사 모두가 지역적으로 연결되고 서로를 확인할 수 있는가에 달려 있었다. 교통로를 따라 밀수꾼들 사이에서 활동하던 삼합회(三合會)와 같은 비밀결사나 기근, 홍수, 침략이나 여타의 재난이 일어날 경우 길을 가득히 메우게 되는 유민(游民)들은 통제하기 어려운 이질적 분자들이었다. 무엇보다도 위험스러운 것은 결합력을 가진 특수한 종교에 의해서 선동된 태평천국과 같은 종교적 반란집단이었다.

따라서 태평천국 반란군의 광신주의를 막아내기 위해서는 두 가지가 필요했다. 하나는 지휘관과 장령(將領), 장령과 사병 사이의 개인적 관계에서 표현되는 유교적 사회질서 이데올로기의 재건이었다. 간단히 말해서 효율적인 지휘라는 것은 상호간의 충성, 권위에 대한 존중, 모범적인 지도력 등과 같은 개인적 인간관계에 바탕을 둔 것이어야 했다. 특히 호남지역에 대한 사례연구는 증국번과 같은 독서인 출신의 지휘관이 태평천국군을 패배시킨 상군(湘軍)이나 비슷한 지방군대를 창조해낸 사상과 실천이 어떠한 시행착오를 거쳐 발전되었는가를 잘 보여주고 있다. 지방에 기초한 단련에서 출발하여 이 부대의 병사들은 직업군인[勇]으로 변신했다.

성공을 위해서 필요했던 다른 한 가지는 전쟁 수행에 필요한 자금을 제공하는 세금 부과였다. 일단 의식적인 이데올로기적 투쟁이 개시된 이후 부유한 신사로부터 확보된 기부금은 단련의 기본적인 자금원이 되었다. 학위, 심지어는 관직 매매까지도 곤궁에 빠진 왕조의 또다른 수단이 되었다. 그렇지만 1853년 이후 주된 자금원은 상업에 대한 새로운 세금이었다. 운반 중이거나 보관 중인 상품에 부과된 이 세금은 아주 낮은 세율이었기 때문에 이금(釐金)이라고 불렸다.[2] 이 새로운 이금은 사실 본격적으로 성장하고 있던 국내 상업으로부터 돈을 짜내는 것이었다(외국인 소유의 상품은 조약에 의해서 규정된 "통과세"를 내기만 하면 내지[內地]에 자유롭게 유통될 수 있었다).

---

2) 지방 화물세의 일종으로 원래는 1000의 1(釐)세를 징수한다는 명목이었으나 세액은 보통 1000분의 4-5정도였다. 처음에는 상인의 부담도 적고 세액에 의한 군자금의 확보도 용이하여 각지로 확산된 임시세였으나 태평천국의 멸망 이후에도 사라지지 않고 계속 징수되면서 주로 지방정부의 부족한 재원을 충당하는 용도로 많이 쓰이게 되었다. 관세가 중앙정부로 귀속된다면, 釐金은 지방정부로 귀속되는 성격이 강했기 때문에 지방 각 성의 중요한 재원으로 여겨졌고, 폐지도 불가능해졌던 것이다. 이금의 가장 중요한 폐단은 이금을 징수하는 이금세관 즉 釐卡의 남설과, 거기에 기생하는 관리들의 수입확보를 위한 상인, 상품의 억류와 수탈이었다. 이것이 국가나 상인 모두에게 피해를 가져다주어서 외국상품에 대항하는 중국상업의 경쟁력을 크게 떨어뜨렸다는 비난을 자초하게 된다.

이금에서 중요한 것은 그것이 중앙이 아니라 지방, 성의 통제 아래 시작되었다는 점이다. 수잔 만(1987)은 북경 조정의 직접적인 시계 밖에서 모든 성에 걸쳐 정교한 이금세관(釐卡 : 이잡)의 네트워크가 주요한 도로와 도시에 건립되는 과정을 추적한 바 있다. 점차 중앙정부는 이금의 징수와 지출에 대한 형식적인 보고만 받게 되었다. 19세기 말이 되면 이금은 중앙정부의 염세수입(鹽稅收入)과 같아질 정도로 액수가 늘어났다. 요컨대 이금은 중앙정부와 성정부 사이에 새로운 권력균형을 창조했다(이것도 점차적으로 후자에게 유리하게 바뀌어나간다). 그러나 단련체제나 그것이 지탱한 지방군대와 마찬가지로 이금징수의 체제 역시 명목뿐인 국가기구가 되었다.

이렇게 해서 신사들이 주도하고 아울러 이금으로 자금을 조달함으로써 지방의 군대는 태평천국을 소탕할 수 있었다. 이 군대는 세계관과 이데올로기를 공유할 뿐 아니라 결혼을 포함한 친족, 사제관계, 동년급제(同年及第) 따위 등 중국의 지배계급을 통합하는 여러 유대관계로 개인끼리 서로 연결된 사람들에 의해서 조직되었다. 필립 큔의 설명처럼 "호남 엘리트의 긴밀한 통합"은 "청조의 서원체제와 관료기구 내에서 작동했던 보호와 충성의 네트워크" 이 두 가지 덕분이었다. 외국의 침략뿐만 아니라 이단(異端)의 위협 아래서도 그들은 유교적 질서에 충실한 지배계급으로 살아남았다. 하지만 1860년대 이후에는 이러한 사상과 행동의 통일도 점차적으로 흐트러졌다.

그동안 지방의 군대는 점차적으로 정규적인 성의 군대로 바뀌었다. 새로운 해군과 육군의 사관학교가 문인관료와 같은 새로운 위망을 지닌 신식장교들을 훈련시키기 시작했다. 이러한 학교의 가장 훌륭한 졸업생들은 공화제 아래서 1916-1927년의 군벌세대들을 이끌게 된다.

공공영역에서의 신사층의 활동

반란이 진압된 다음 농촌을 군사화시킨 신동(紳董)들의 뒤를 이어 청말 수십 년 동안의 재건기에 지역사회에 봉사하는 업무를 떠맡게 된 것은 도시의 신사층이었다. 이러한 업무들 대부분은 송대 이래로 지방신사와 관련되어 있었다. 하지만 19세기 말 아주 빠른 속도로 도시가 성장하면서 그들은 새로운 사업들을 맡았다. 제한된 정부의 관직 수 때문에 완전히 임용되는 것이 불가능했던 신사들은 여기서 정력을 쏟아낼 수 있는 통로를 발견했다. 청대의 과거제도는 정부가 관직으로 흡수할 수 있는 것보다 훨씬 많은 학위소유자들을 배출했다. 매리 랜킨(1986)이 이름지었듯이 명청시대의 "최소주의 정부 형태(minimalist form of government)"는 관민(官民) 사이에 존재하는 공공영역(public sphere)의 관리를 항상 신사들에게 의존했다

이러한 "공(公)"의 영역에서 신사들은 무엇보다도 우선 제방과 수로를 포함한 수리시설의 관리(관의 허용 아래)를 떠맡았다. 수리자원을 중앙집권적으로 통제할 필요성이 불가피하게 전능(全能)한 중국의 전제국가를 출현시켰다고 본 비트포겔이나 여타 사람들의 낡은 추론은 이제 거꾸로 지방 신사 사이에서 권력이 발전하는 과정에 적용할 수 있게 되었다. 이 핵심적인 공동체의 자원은 각각의 경우 지방적 환경에 따라 관리되어야 하는 것이지, 멀리 떨어진 곳(중앙)으로부터 강요될 수 있는 것은 아니었다. 그리고 관리의 책임과 더불어 일정한 정도의 자치와 권력이 따라왔다. 단일한 원인만을 찾는 이론은 얼마나 빨리 무너져버리는가!

도시의 신사 역시 서원의 증가를 통해서 교육분야에서 자신들의 영향력을 강화시켰다. 서원은 수십 명의 학자들이 격리된 농촌지역에 은거하여 자연과 가까이 지내면서 단순한 생활과 고도의 사고를 추구할 수 있어야 이상적이었다. 하지만 현실적으로 대부분의 서원은 과거시험 응모자를 위한 예비학교가 되어 도시에 자리잡고 있었다. 송대 이래로 서원은 전국에 수천 개가 생길 때까지 꾸준히 늘어났다. 예를 들면 광동성에는 1506년에서 1905년까지 565개소의 서원이 설립되었다. 강서성에서는 960년에서 1905년까지 500개소가 세워졌다. 그리고 절강성에서는 19세기에 289개소의 서원이 세워졌다. 일부는 개인적으로 세워진 것이지만, 대부분은 관부의 후원으로 설립되고 계속 감독을 받았다. 어떤 경우든 토지의 증여나 신탁기금, 소작료, 기부금이나 보조금은 관리가 개인적으로 기부하거나 신사와 상인이 제공한 것이었다. 태평천국이 진압된 이후에는 물밀듯이 서원 설립이 뒤따랐다. 정부가 돈을 내지는 않았지만, 그것들은 반관방기구(半官方機構)였다.

전통적으로 신사의 손 안에 있었던 복지사업도 새로 서둘러 돌볼 필요가 있었다. 병자나 과부, 고아를 돌보고, 사당과 교량과 나룻배를 유지하는 일, 소방업무와 사체의 매장 등은 모두 관습적으로 신사의 지원을 받는 사업이었

다. 이제 많은 지방에서 전권을 쥔 복지기구가 그러한 업무들을 담당했다. 이 기구는 저명한 지방인사가 이끌었고, 동향회관의 후원을 받는 일도 많았다. 이러한 지방 엘리트의 지도층들은 유교적인 도덕적 명령에 순종했다. 동시에 그들은 사회의 안정과 공동체적 강제를 확보하려고 노력했다. 그들의 동기는 지방 엘리트가 지방자치에 보다 큰 책임을 떠맡기를 원했던 유교적 개혁가들의 "봉건(封建)" 이상을 물려받았다.

이러한 신사층의 활동은 모두 관료기구의 손에서 벗어나 있었다. 1878년 화북에서의 대기근〔丁戊奇荒〕은 여러 수준의 도시 및 성 단위의 경계를 뛰어넘어 신사층을 동원하는 계기가 되었다. 사회적 문제의 처리에서 이 신동(紳董)들의 능력은 청조의 관료기구를 앞질렀다. 신사들은 지역사회의 수요에 부응하기 위해서 아주 다양한 형태로 자신들의 공공기능을 확장시켰다. 반면 청조의 관료기구는 더 많은 고문이나 위원을 첨가시키는 등 비공식적으로만 확대되었을 뿐이었다. 교육도 받지 못했고 부패한 아문의 서리보다는 신동이 훨씬 선호의 대상이 되었다. 신사층의 적극활동에 대한 관료기구의 승인은 비록 형식에 불과했지만 점점 불필요해졌다. 공공영역은 정부의 기능보다 훨씬 빠르게 성장했던 것이다.

농촌의 군사화를 주도하여 태평천국을 패배시킨 지주신사와 이후 수십 년 동안 교육과 사회복지사업을 관리한 도시의 신상(紳商)은 얼마간 공통적인 특징을 보유했다. 둘 다 상층계급이었고, 열심히 경세적(經世的) 장치들을 이용하여 사회의 안정을 도모하고자 했다. 그들은 중국의 이원적인 사회구조를 변화시키기 위해서 농민반란을 주도하는 일은 결코 하지 않았다. 근대의 시각에서 보면 그들은 보수주의자였다. 그들이 결국에 가서 무력한 청조로부터 등을 돌리게 된 것은 조국뿐만 아니라 자신들의 사회적 지도력과 지배력까지도 보호하고자 했던 중국 애국자들의 문화적 민족주의에서 그 원인을 찾아야 할 것이다.

일본의 영향

1901년 이후 청조의 개혁〔新政〕이나 1911년의 공화혁명〔辛亥革命〕 모두 일본에서 잉태되었다. 1890년대에 시인이자 외교관이었던 황준헌(黃遵憲)은

294

『일본국지(日本國志)』를 출판하여 중국 독서인들이 중국 문화의 지류에 지나지 않는다고 생각하던 한 나라(이를테면 일본에서는 왕양명이 특히 사무라이에게 광범위한 인기를 끌었다)의 근대화를 중국인에게 소개했다. 1895년(의 전쟁에서) 일본이 예상을 깨뜨리고 중국을 참패시킴으로써, 중국은 일본을 모방하지 않으면 안 되었다. 일본은 중국에 대하여 거만하지만 자비스러운 관심을 보였다. 일본의 성공적인 근대화가 같은 길을 뒤따르는 후진적인 중국인들을 도와줄 의무를 부과했다고 하는 사고방식 때문이다. 일본학자들이 두 나라의 공통된 문화[同文]를 연구하는 동안 팽창주의자들의 비밀결사와 일본 군부는 중국인의 생활과 조건에 대한 철저한 탐색자가 되었다. 1900년 이후에는 중국 유학생들이 도쿄에 몰려들었으며, 그들 가운데 절반은 장지동과 같은 성의 근대화주의자가 보낸 학생들이었다.

그가 1901년 제안한 신정(新政)이라는 청조의 개혁 프로그램은 많은 점에서 일본을 뒤따랐다. 이를테면 공립학교 제도, 중앙정부 행정개혁, 9년 이후의 헌법과 의회의 설립에 대한 약속(1908년에야 그에 대한 약속이 이루어졌다), 이후로 마음대로 제한할 수 있었지만 황제가 인민의 헌법적 권리를 인정해준 것 등이 바로 그런 점이다. 국민을 동원하기 위한 지방자치와 그들을 통제하기 위한 경찰제도도 청조는 일본에서 빌려왔다. 또한 실제로 청조의 신정은 일본인 고문과 일본에서 훈련을 받은 중국인 세대의 도움을 받았다.

이와 같은 선례를 통해서 일본이 중국에 미친 영향력은 1905년 이후 일본이 패배한 러시아로부터 남만주 철도를 포함하여 요동(遼東)반도의 조차지(租借地)를 물려받음으로써 더욱 보강되었다. 이렇게 여전히 청조의 영토였던 지역에 대해서 일본이 거점을 확보한 것은 중국에서 일본의 "비공식적인 제국"이 급속도로 확장되는 것과 궤를 같이했다. 일본은 영국이 발명한 불평등조약 체제의 특권을 이용하면서 서구열강 모두를 합친 것보다도 훨씬 더 깊숙이 중국의 영토와 경제 내부로 침투했다. 1914년 무렵이 되면 일본은 직접무역, 무역회사, 거류민 등에서 영국을 앞질렀다. 1930년이 되면 일본은 중국에서 가장 큰 경제력을 지닌 외국으로서의 지위도 영국으로부터 빼앗게 된다.

불행하게도 이러한 성취는 1915년의 21개조 요구, 그리고 마침내는 1931년의 만주 점령으로 일본이 다른 제국주의 열강을 앞지르려는 노력을 강행함으로써 먹구름이 끼게 되었다.

청조의 개혁 노력

20세기에 접어드는 것과 동시에 중국에서의 상황의 전개, 광범위한 이익집단과 활동가들의 존재는 모두 근대적 복잡성을 띠었다. 이것은 관련된 주요한 운동과 세력들을 분류하는 데에 커다란 부담을 주게 된다. 우리는 여기서 1901년 이후 10년 동안의 개혁기를 다루게 될 것이다. 이 시기는 1911년의 공화혁명〔辛亥革命〕을 촉진했다. 중화민국의 건립과 초대 대총통(大總統)이었던 원세개(袁世凱)의 황제제도〔帝制〕 부활 움직임이 그 뒤에 이어졌다(표 5 참조). 연속적인 이 세 가지 국면 —— 모든 것을 뒤흔들어놓은 개혁, 정치적 혼돈으로 이어지는 반란, 독재를 통한 중앙통제 재확립의 시도 —— 은 크롬웰, 보나파르트, 스탈린의 출현을 이끈 다른 대혁명을 연상시킨다.

1901년 청조는 북경으로 권력을 집중시킴으로써만 근대화가 가능하다는 결론을 얻었다. 하지만 그것을 실행하기에는 이미 때가 너무 늦었다. 주요한 지방 독무들은 성의 산업이나 철로뿐만 아니라 무역이나 차관, 투자와 같은 대외관계를 다루는 기구를 이미 각자 설립한 상태였다. 그밖의 여러 가지 사회적 발전도 낡은 청조체제를 시대에 뒤떨어진 것으로 만들고 있었다. 따라서 청조가 변신을 통해서 재건을 이룬다는 희망은 사실 불가능한 것이나 마찬가지였다. 그럼에도 불구하고 청조는 그러한 노력을 시도했다. 1898년 광서제의 "백일유신(百日維新)"에 대한 조칙에서 나타난 철저한 청사진들을 거부했던 서태후와 완고한 만주인들은 1901년이 되면 개혁이 불가피하다는 점을 인정해야만 했다. 하지만 청조의 입장을 강화하기 위해서 그것을 이용하려는 그들의 목표는 처음부터 개혁 정신을 손상시키지 않을 수 없었다. 공식적으로 개혁의 주도권은 나무랄 데 없는 충신인 장지동(張之洞)과 태평천국에 대한 승리자로서 남아 있는 한인들 가운데 하나인 유곤일(劉坤一)이 떠맡았다. 1901년 그들이 개혁을 주청(奏請)했을 때 가장 특이한 비중을 차지한 것은 교육개혁이었다.

이전의 과목과 새로운 과목들이 뒤섞여 이루어진 일본식 교과과정의 근대적 학당체계가 성과 부, 주, 현에 건립되었다. 수많은 서원들도 학당으로 전환될 예정이었다. 새로운 학당의 졸업생들은 여전히 과거시험에 응시했다. 이 시험도 거기에 적응하기 위해서 얼마간 근대화가 이루어졌다.

표 5. 중요한 전환점들, 1901-1916년

1901년	장지동 등에 의한 신정의 제안
1904년	신식 학교체제 반포
1904-1905년	만주에서 일본이 러시아를 패퇴시킴
1905년	낡은 과거제도의 폐지
1906년	북경의 낡은 육부(六部)제도가 근대적인 10여 개의 행정부서로 대치됨
1908년	입헌계획 선포 10월 14, 15일 : 광서제, 서태후의 사망
1909년	자의국(諮議局) 개설
1910년	자정원(資政院) 개설
1911년	10월 10일 무창봉기(武昌蜂起)
1912년	1월 1일 손문이 남경에서 중화민국 임시 대총통에 취임 2월 청조의 황제 퇴위, 손문 사임. 원세개가 북경에서 임시 대총통에 취임
1913년	의회와 대총통의 충돌 3월 : 원세개가 새로운 국민당의 의회지도자 송교인을 암살
1913년	원세개가 의회를 해산하고 독재를 실행
1916년	원세개의 사망 ; 군벌시대가 뒤를 이음

하지만 슬프게도 대부분의 학생들은 여전히 좀더 권위 있고 값싼 출세길인 낡은 과거시험을 노리면서, 어렵고 비용이 많이 드는 근대적 교과과정과 학교를 외면하고 있다는 사실이 확인되었다. 결국 1905년 과거시험을 완전히 폐지하는 수밖에 없었다. 이 거대한 전환점은 학위를 소유한 엘리트, 즉 신사층의 배출을 완전히 중단시켰다. 낡은 질서는 그 사상적인 토대, 따라서 그 철학적인 토대를 잃게 된 것이다. 반면 그것을 대신할 학생들은 중국과 서양의 사상이 뒤죽박죽 섞인 잡동사니와 악전고투해야만 하는 처지에 빠졌다. 교육은 이 이후로는 완전히 잡동사니가 되어버렸으며, 그 자체로서는 도덕적 질서를 구성하지 않는 전문기술직으로 학생들을 끌어들였다. 이학적인 종합적 지식의 체계는 그 정당성을 잃게 되었지만, 이를 대신할 만한 것은 아직 나타나지 않았다.

외관부터 시작하여 변화의 속도는 이제 아주 불안정해졌다. 군 장교들은 서구식 군복을 입게 되었다(더구나 장식물까지!). 고급관리와 상인들은 신사복을 입기 시작했다. 그리고 급진파 학생들은 청조에 대한 도전으로 변발을 자르기 시작했다. 선교사들은 아편 흡식과 전족에 반대하는 노력에 도움을 주기 시작했다. 신군(新軍)의 훈련은 이미 확정된 방침에 따라 급속도로 진행되었다. 새로운 신문과 출판물은 중국 내의 시사문제뿐 아니라 세계에 대해서도 넓은 시야를 제공하기 시작했다. 식자(識字)능력과 뉴스의 보급은 과거 신사들의 여론〔淸議〕보다 훨씬 넓고 의미가 깊은 대중여론이 형성되는 것을 도와주었다. 도시 주민의 대중적 민족주의는 이미 1880년대에 선전포고 없이 치러진 프랑스와의 전쟁으로 깨어나기 시작했다. 외국물이 든 조약항에서는 새로운 전문직들이 잇달아 출현하기 시작했다. 공업 자본가나 교사, 저널리스트, 기술자, 의사와 과학자들뿐만 아니라 독립적인 작가, 예술가, 그리고 심지어는 손문 같은 혁명 선동가들도 나타났다.

이러한 변화의 소용돌이에 직면하면서 청조는 부분적으로는 외국의 선례에 의해서 자극을 받은 체계적인 정책들을 계속 추구해나갔다. 그 목표는 기업, 은행, 법률, 교육과 농업에서 나타난 새로운 엘리트들의 전문활동을 국가가 규제하고 통제하려는 것이다. 이것은 준(準)행정기능을 수행하는 새로운 엘리트 제도를 구성하게 되는 전문단체(法團, "法定團體")들을 설립함으로써 이루어졌다. 그 첫번째는 1904년에 설립된 상회(商會)였는데, 이것은 기존 행회의 5분의 4를 흡수할 것으로 기대되었다. 그 다음에는 교육회(敎育會, 1906년), 농회(農會, 1907년), 율사회(律士會, 1912년), 은행공회(銀行公會, 1915년) 등이 뒤를 이었다. 어떤 경우든 법단은 정부에 종속되어야 했고, 지방 엘리트를 통제하기 위한 기구로 이용하려는 의도에서 만들어졌다. 가장 광범위한 것은 지방자치의 계획이었다. 이를 위해서 1907년에 자료조사기구들이 설치되었다. 당시의 북경에서 시대상을 반영하는 구호는 이권회수(利權回收), 입헌(立憲)과 자치(自治)에 초점을 맞추고 있었다.

입헌주의와 지방자치

한편 그동안 조약항의 역동적인 도시적 환경 속에서 각 성의 개혁파들은 많은 기회를 발견했다. 청말 엘리트의 세번째 세대인 이들은 더 이상 농촌에 기반을 두고 있지 않았다. 그들의 소작료 징수는 전형적으로 조잔(租棧)이라

298

는 기구에게 맡겨졌으며, 이에 따라 과거에 존재하던 지주라는 후원자와 소작인 사이의 인간적 유대도 사라져버렸다. 조지프 에셰릭(1976)은 이 세대가 신사도 아니고 부르주아지도 아니라고 파악하면서 이들을 "도시의 개혁파 엘리트"라고 부르고 있다. 그들은 외국 제국주의의 침략에 대응하여 이권회수운동에 가담함으로써 외국인들이 중국의 산업, 특히 광산과 철로를 통제하려는 움직임에 맞서 싸웠다. 1901년에서 1911년에 이르는 10년 동안 그들은 관료와의 연줄, 독점권, 정부의 차관, 조세감면 등 관례적인 도움을 받으면서 —— 이런 것들은 모두 자강운동기의 관료자본주의를 연상시킨다 —— 산업에 투자를 했다. 그들의 사업은 자본부족과 시장수요의 결핍으로 외국 차관의 확보가 불가피해졌으며, 이 때문에 이권회수운동의 목표는 아주 축소될 수밖에 없었다. 정치적인 목표를 앞세운 덕분에 중국의 신사 출신 기업경영자들은 재정적 난관에 빠졌던 것이다.

1905년 일본의 입헌군주제가 러시아의 차르 전제주의를 패배시켰다. 이때 입헌주의는 국가적인 노력을 위해서 지배자와 피지배자를 단결시키는 기반으로서 그 효율성을 입증한 것처럼 보였다. 러시아조차도 1905년에는 대의제 정부로 나가는 움직임을 보였다. 만약 이러한 입헌주의가 중앙행정력을 강화하기 위해서 정부기구를 재편한 청조의 노력과 제대로 결합했더라면, 점차 두각을 나타내던 성의 이익집단에게 통치에서의 일정한 몫을 차지하게 해줌으로써 충성을 계속 확보할 수도 있었다. 1906년에서 1911년 사이 북경 조정은 행정근대화와 입헌주의를 결합시키면서 이러한 이중계획을 적극적으로 추진했다. 하지만 그러한 변화는 중앙정부 내에서, 그리고 중앙정부와 성 사이에서의 권력투쟁을 예고했다.

북경에서의 권력투쟁에서 서태후의 지지자들[后黨]은 핵심요직에 대한 장악력을 유지하고, 심지어는 확대시키는 데까지 성공했다. 이러한 친만적(親滿的)인, 따라서 반한적(反漢的)인 북경의 분위기는 각 성과의 사이에 새롭고 좀더 집권적인 관계를 창조하려던 청조의 노력을 방해했다. 또한 이것은 도쿄의 혁명적인 학생들뿐만 아니라 중국 내부에서 성장하고 있던 민족주의자들의 반만(反滿)감정까지 자극했다. 그것은 1905년 미국의 중국인에 대한 차별대우, 특히 노동자에 대한 전면적인 배격에 항의하여 일어난 최초의 근대적 보이콧 운동에서 명백하게 드러났다. 이 보이콧에서 지방 상업행회에 의한 거래 봉쇄라는 오랜 전통이 전국적으로 거의 모든 조약항, 특히 상해와 광주로까지 확산되었다. 또한 학생들은 상인들과 합류하여 대중집회나 근대적인 언론을 통한 선동에 참가했다. 여러 달 동안 미국의 무역은 손실을 입었다. 청조 당국은 그것을 진압하는 데에 상당히 주저할 수밖에 없었다. 이러한 대중적인 반제운동이 동시에 반체제적인 것으로 확대될 수도 있었기 때문이다.

이렇게 새롭게 떠오르는 민족주의적 감정의 압력 아래 청조는 1906년 전반기에 외국의 입헌제를 연구하도록 두 차례 공식사절단을 파견했다. 한 사절단은 주로 미국과 독일을, 다른 사절단은 일본과 영국, 프랑스를 방문했다. 일본의 제일인자 이토 히로부미〔伊藤博文〕는 방문자들에게 황제의 초월적 권력이 인민의 손에 넘어가지 않도록 하는 것이 필수적이라는 점을 가르쳐 주었다. 돌아오자마자 그들은 이러한 일본식 견해를 따르자고 추천했다. 헌법과 "대중적 토론"을 허용하는 시민적 자유를 인정해주더라도 황제는 그런 모든 것들을 초월하여 존재할 터이므로 실제로는 그 지위를 강화시킬 수 있다는 것이 그들의 계산이었다. 1906년 9월 서태후는 적절한 과정을 거쳐 "입헌정체"를 실현하겠다고 약속했다. 또다른 사절단이 1907-1908년 사이 일본과 독일을 방문했다.

근대적 중앙정부를 건설하기 위해서 1906년 6부는 11부로 확장되었다(外務部, 吏部, 民政部, 度支部, 禮部, 學部, 陸軍部, 法部, 農工商部, 郵傳部, 理藩部). 이러한 행정부서의 변경과 더불어 낡은 군대나 어사기구의 구조를 유지하고, 여론을 청취하기 위해서 순수한 자문기구인 "국민회의"를 첨가하자는 것도 제안되었다. 이것은 행정부, 사법부와 동등한 권력을 가지는 입법기구의 창조와는 정말 거리가 멀었다. 권력의 분립이라는 사고는 법의 우월성이 전제되지 않는 상태에서는 뿌리를 내릴 수 없었다.

1908년 8월 서태후는 입헌정체를 준비하기 위한 9개년 계획을 이끌 헌법적 원칙을 선포했다. 이에 따라서 자문기구인 성의회(省議會), 즉 자의국(諮議局)이 1909년 개설되었고, 1910년에는 자문기구인 전국의회, 즉 자정원(資政院)이 개설되었다. 1909년의 자의국 선거에서 유권자는 교육에 의해서(3년 이상 중학교에서 가르치거나 중학교를 졸업한 사람이나 중간 수준의 과거시험 학위를 지닌 자 등) 또는 재산에 의해서(적어도 5,000원 이상을 가진 사

300

람) 자격이 규정된 사람들로 조심스럽게 제한이 가해졌다. 이러한 기준 위에서 약 170만 명, 즉 4억 인구의 약 0.4퍼센트가 투표인 명부에 등록되었다. 각 선거구에는 등록된 투표자의 수에 따라서 자의국 의원의 수가 할당되었다. 존 핀처(1981)는 당선된 사람의 약 9할이 학위 소유자인 신사였음을 지적하고 있다. 이들은 1850년대로부터 계산하면 세번째의 세대였으며, 또한 마지막 세대이기도 했다. 그들은 동일한 집단으로서 서로를 인정하고, 같은 사고방식을 지니고, 비교적 같은 정신자세를 지닌 사회계층으로서의 특성을 지닌 후계자를 더 이상 보지 못하게 될 터였다.

1909년 자의국이 일단 개설되자 새로운 행동양식이 필요해졌다. 소수의 의원은 웅변가가 되었지만, 대다수는 그러한 당혹스러운 과시를 회피했다. 조직원리는 입법계획이나 원칙에 따르기보다는 파벌이나 개인적 집단의 지도자에게 충성을 바치는 것이었다. 이해관계에 대한 명확한 규정과 지지는 이기적으로 보였겠지만, 평범한 발언에 의해서 대개는 모호하게 감추어졌다. 법률초안을 작성할 수 있는 훈련된 법률가는 거의 발견하기 어려웠다.

입헌주의와 더불어 지방자치의 움직임은 청조의 국가개혁을 지원하기 위해서 지방 엘리트의 지도력 아래 국민을 동원하는 것이 목표였다. 지방민에 의한 지방행정이라는 고대의 봉건(封建) 이념뿐만 아니라 근대적 도시에서도 지방자치의 선례는 존재했다. 상해(외국인이 지배하는 구역 밖의)에서는 1905년 자치기구인 상해성상내외총공정국(上海城廂內外總工程局)이 설립되었다. 1907년에는 개혁파 관료 원세개에 의해서 천진에서 시범적인 현의회(縣議會)가 설립되었다. 1908년 청조는 현 이하 정부기구의 재정을 조달하기 위한 과세(課稅) —— 주로 물품세와 토지세였다 —— 를 지정하는 규정을 발표했다. 지방 엘리트들이 추구한 현과 그 아래 수준에서의 지방자치는 거기에서 만성화되어 있는 서리들의 지나친 과세와 부패한 행정을 피하려는 것이었다. 새로운 시민을 교육하고 동원하기 위한 신식 학교들의 개설은 통제를 목적으로 하는 경찰체제의 출범과 결합되어 있었다. 원세개는 이 새로운 경찰국이 새로운 지방의회를 위한 투표인 명부를 작성하게 함으로써 하나의 선례를 만들었다. 자정원의 경우와 마찬가지로 이런 지방기구들은 과거의 신사들에게는 관습적인 업무였을 전기나 수도와 같은 공익사업을 설립하게 함으로써 엘리트들이 개혁에 조언을 주거나 아니면 참가할 수 있도록 허용해주었다. 물론 정치적인 권력은 여전히 관료들에게 남아 있었다. 동원(動員) 대 통제(統制)의 문제는 이렇게 결합되었던 것이다.

개혁파 엘리트는 독립적이고 정직한 재정지원을 통한 개혁을 원했다. 1909년에서 1910년 사이 각기 의사회(議事會)를 가지게 되는 성(城), 진(鎭), 향(鄕) 그리고 부(府), 청(廳), 주(州), 현(縣)의 지방자치를 위한 장정(章程)이 반포되었다. 낡은 관료적 구조와는 별도로 새로운 상업세와 토지세가 부과되었다. 하지만 —— 나중에 판명되었듯이 —— 낡은 유형의 신사층은 점차 그 수가 줄어들고 농촌에서의 지도력을 상실했다. 결국은 새로운 관료제가 그 뒤를 잇게 된다.

해결할 수 없는 체제의 문제들

너무 뒤늦었지만, 청말 개혁가들은 왕조의 중앙권력을 강화시키기 위해서 정력적인 노력을 기울였다. 그것을 위한 기본적인 두 가지 수단은 새로운 철로를 건설하고 신군을 훈련시켜 국가에 대한 장악력을 강화시키는 것이었다. 한편 1906년 이후 개설된 정부 부서들도 전문분야를 장악하기 위해서 여러 시도를 행했다. 하지만 청말 개혁파 관료들은 무엇보다도 우선 국가권력 구조의 재편이라는 불가능한 임무에 부딪칠 수밖에 없었다. 절대주의적 요구를 조금도 줄이지 않는 황제독재는 수도의 중앙정부와 각 성의 지방정부라는 두 가지 관료기구를 통할했다.

북경의 내조(內朝)는 군기처(軍機處)가 중심이었다. 대여섯 명쯤 되는 대신들은 매일 이곳으로 올라오는 상주문을 읽고, 전국 관료들의 분발을 격려하는 황제의 주비(硃批)를 대신 준비했다. 그들은 역참(驛站) 시설을 통하여 직접적으로 성의 고위 관료와 황제 사이를 연결하는 주접(奏摺)과 주비라는 고리를 이용했다. 육부, 도찰원[3]이나 다른 수도의 행정기구로 이루어지는 외조(外朝)는 각 성에 있는 휘하 부서들과의 연락으로 일상적인 업무를 관할했다. 하지만 중요한 사안의 경우는 그들 역시 주접과 주비라는 황제와의 연결고리를 이용했다. 나중에는 전보(電報)가 도입되어 여기에 이용되었다.

---

3) 都察院 : 감찰기구.

모든 행정은 북경에서 지휘했다. 보고를 올리는 상주나 결정을 내리는 조칙은 황제에게 오르내렸지만 이것은 일상적인 것과 긴급한 것 두 차원이 있었다. 일상적인 사무를 위해서라면 그것은 너무 중앙집권화된 체계였다. 인사, 재정 등을 담당하는 성의 아문은 북경에 있는 상급부서에 보고했다. 하지만 긴급한 사안인 경우 독무와 중앙부서의 상주는 황제 앞에서 동등한 발언권을 가지고 있었다. 성의 독무들이 중앙의 각 부서 아래로 배속되도록 권력을 집중시킬 수 있는 방도는 없었다.

황제가 법을 만드는 당사자이자 집행자이기도 한 주접—주비의 과정을 여전히 "자문기구"라는 딱지가 붙은 자정원이나 자의국에서 시도한 입법활동과 결합시키는 것은 더욱 불가능한 일이었다. 자의국과 자정원의 초기 "대의제적" 성격과 다수결 투표는 결코 제대로 신임되지 않았다. 단순하게 머리수만 세는 결정방식은 어떤 유자(儒者)도 신용하지는 않았다.

개혁은 또한 모든 단계마다 청조의 재정적인 약점 때문에 제약을 받았다. 1901년의 의화단 배상금〔庚子賠款〕은 무한정한 자금이 필요해진 바로 이때 중앙정부의 세입에서 너무나 많은 것을 앗아가고 있었다. 이 점에서 외국 제국주의 —— 열강의 징벌의 의미가 담긴 요구 —— 는 분명히 중국을 뒤쪽으로 잡아끌고 있었다. 하지만 동시에 근대화의 수요에 대처하는 청조의 능력은 명조로부터 이어받은 재정체계에 의해서도 상당한 제약을 받고 있었다. 재정개혁이 곤란했던 것은 아주 많은 사람들의 "밥그릇(개인적인 수입)"이 위협되었던 것 때문이기도 했다. 그렇지만 우선 과거로부터 이어받은 재정체계가 무엇보다도 너무나 피상적이고 허약했다는 점이 크게 작용했다.

첫째, 전국에 걸친 실제적인 세금징수액은 알려지지도, 예산으로 편성되지도 회계가 이루어지지도 않았다. 지방의 세무관리들은 자기 위에 있는 성의 세무기구와 마찬가지로 자신들이 징수한 것을 가지고 할당된 만큼의 세금을 위로 올려보내고 그 나머지로 먹고살아야 했다. 그들이 북경에 보고하는 액수는 전통적인 할당량으로 고정된 것이었다. 추측하건대 그것은 아마 실제적인 징수액의 약 3분의 1, 아니 5분의 1 정도에 지나지 않을 것이다.

둘째, 많든 적든 할당량에 따라 공식적으로 징수된 세금이 하나의 "공동금고"로 집중되는 것도 아니었다. 대신 그것들은 아주 다양한 개별 재원에서 징수되어, 아주 다양한 개별 용도로 할당되고 사용되는 고정된 총액들의 집합으로서만 집계되었다. 북경에서 집계된 세액은 북경으로 보내지거나, 아니면 북경에서 지출하는 일이 거의 없었다. 성에서 올라오는 재정수입은 여러 조각으로 나뉘어 그 성이나 아니면 다른 곳의 수요에 따라 할당되었기 때문이다. 18개 성 가운데 13개의 성이 정기적으로 특수한 목적을 위해서 할당된 고정액수를 다른 성으로 보냈다. 이런 과정들은 정부의 재정수입이 무수한 기득권, 특히 주로 관리와 병사의 부양에만 얽매이게 만들었다.

더구나 북경에서조차 단일한 재정기관이 존재하지 않았다. 1905년 무렵 중국 정부의 세입은 서류상으로는 약 1억200만 냥(즉 7,000만 달러 또는 1,450만 파운드)으로서 그렇게 큰 나라로서는 너무 적은 액수였다. 호부(戶部)는 이 세입이 토지세[田賦]와 여전히 약 3,300만 냥이라는 전통적인 액수에 머무르고 있는 조량(糟糧), 1,300만 냥의 염세(鹽稅), 그리고 기타 세금 약 700만 냥으로 이루어진 것이라고 기록했다. 호부는 1869년 이후 명목상의 숫자만이 보고되는 데에 지나지 않는 각 성의 이금도 이 목록에 포함시켰다 (1905년 약 1,400만 냥). 반면 1905년에 약 3,500만 냥으로 신속하게 늘어났던 해관의 관세수입은 분리되어 처리되었다. 어떤 경우든 외국에 대한 배상금과 차관의 상환을 위해서 쓰이도록 지정되었던 것이다. 따라서 새로운 상업세인 관세와 이금은 거의 북경조정의 통제를 받지 않았다. 반면 전통적인 토지세의 정액은 융통성 없이 고정된 상태였다. 관련 직권이 분산되고, 실제 세입도 정확히 알지 못하고, 대부분의 지출이 기득권으로 방어되는 이런 상황 속에서 재정개혁은 청조가 오랫동안 권력을 유지하기 위해서 의존해왔던 균형을 변화시킴으로써만 가능했다. 즉 중앙에서 전례없는 강력한 권세를 사용해야만 그것이 가능할 수 있었던 것이다.

청말의 재정적 발전은 주로 지방의 각 성에서 또는 기존체제에 부가적으로 추가되면서 이루어졌다. 1884년 북경 조정은 군비조달을 위해서 각 성의 다양한 재정수단에서 나오는 세입을 정규화하고 집중시키려고 노력했다. 이때 각 성에서 아주 많은 세세한 항목에 대해서 반대를 표명했기 때문에 결국 그러한 노력은 중단되지 않을 수 없었다. 병기창이나 공장, 윤선 항로, 관은전호(官銀錢號) 같은 새로운 성의 기구들은 독무들에 의해서 임명된 위원(委員)이나 관리에 의해서 운영되었다. 중앙정부로부터 임명을 받은 것도 아니기 때문에 그들은 보통 북경에 보고하지도 않았다. 이런 식이니 오랜 전통을 지닌 중앙의 호부도 —— 1906년에 탁지부(度支部)로 개조되지만 —— 재정 통제력을 자기 손 안에 집중시킬 수 없었다. 중앙의 다른 부서들도 계속해서 나름대로의 전통적인 세입을 계속 수령하여 지출했으며, 심지어는 교통은행(交通銀行, 1907년)과 같은 독자적 은행을 세우기도 했다.

전국예산(全國豫算)을 편성하려는 노력이 1908년 전면적인 재정정리[淸理財政]와 더불어 시작되었다. 1910년에는 예산안 초안이 편성되었다. 중앙정부와 성정부의 세입과 세출이 지방에 따라 구분되어 있는 이 예산은 상당한 적자(7,800만 냥)를 예상케 하는 세입(2억 9,700만 냥)과 세출(성을 포함하여 전국적으로 3억3,800만 냥. 지방은 3,700만 냥)로 구성되었다. 불행하게도 계획과 예산편성, 통계의 수집, 세율의 설정 등은 서로 조율이 되지 않은 채 중앙과 성 양쪽에서 제각기 이루어졌다. 성은 중앙의 부서에 종속되지는 않았지만 그래도 여전히 세입을 제공할 것으로 기대되었다.

행정과 재정분야에서 나타난 구체제의 이러한 결점은 중국의 관습, 정치적 가치관, 사회구조에 깊이 뿌리를 두고 있었다. 청조의 통치가 너무 오랫동안 피상적이고 수동적이며 기생적인 채 유지되어 왔다는 점이 이제 분명해졌다. 그러니 청조가 근대적인 정부가 되는 것은 불가능한 일이었다.

공화혁명과 원세개의 독재

공업 발전과 중국 민족주의로 대표되는 새로운 시대에 청조 중앙권력이 성에 대한 통제권을 유지하는 문제는 1911년 사천성에서의 철로 건설을 둘러싸고 그 위기의 정점을 맞이했다.[4] 이곳에서 철로 건설에 투자한 지방 엘리트들은 중앙정부의 관료들이 외국 차관으로 금융지원을 받으면서 이 새로운 벤처 기업으로 이익을 얻는 것을 허용하지 않겠다는 결의를 굳혔다. 청조의 군사적인 진압은 오히려 역효과를 낳았다. 1911년 10월 10일[“雙十節”] 무창(武昌)[5]에서의 반란[武昌蜂起]은 대다수의 성이 청조로부터 독립을 선언하고

---

4) 청조에 의한 철로 국유화령의 선포와 이에 반대하여 사천성에서 가장 격렬하게 일어난 철로국유화 반대운동, 즉 보로운동(保路運動)을 가리킨다.
5) 한구(漢口) 맞은 편에 있다. 무창(武昌), 한구와 함께 있는 한양(漢陽)을 통합하여 무한(武漢)이라고 한다.

이탈하게 하는 계기가 되었다. 1905년 도쿄에서 손문을 총리로 선출했던 중국동맹회의 직업적 선동가들은 1912년 1월 1일 남경에서 그를 임시 대총통으로 삼아 중화민국(中華民國)을 출범시켰다.

중국이 각 성을 대표하는 의회를 가져야 한다는 것, 외국의 간섭을 막기 위해서 통일이 필요하다는 것, 그리고 이홍장의 계승자이자 신군(新軍)의 주된 훈련자였던 개혁지향적 관료 원세개(袁世凱)가 정부를 이끌 능력을 가진 유일한 사람이라는 데에는 일반적인 합의가 있었다. 일련의 타협과정〔南北和議〕을 통하여 중국은 외국의 간섭뿐만 아니라 장기적 내전과 농민봉기를 피해나갈 수 있었다. 청조의 황제가 퇴위하고, 손문이 사임한 다음 1912년 3월 원세개가 임시 대총통으로 취임했다.

공화혁명〔辛亥革命〕에서 활약한 세력 가운데 각 성에서 가장 강한 힘을 보인 것은 신군을 보유한 도독(都督)과 새로운 성의회(省議會)에 참여한 도시 개혁파 엘리트들의 결합체였다. 이 두 요소는 청조로부터 이탈한 각 성의 정권을 대부분 장악했다. 일반적인 면에서 도독은 태평천국을 패배시킨 군사화 운동의 제3세대적인 산물이고, 성의회는 청말에 공익사업을 담당했던 신동세대를 이어받은 것이었다. 입헌주의는 당시 가장 유행하는 구호였지만, 1908년 11월 서태후가 사망한 다음(개혁파 황제였던 광서제가 서거한 바로 다음날이다. 얼마나 공교로운 일치인가!) 정권을 담당한 만주족 친왕(親王)들의 편협하고 이기적인 자세 때문에 입헌군주제는 실제로 실현할 수 없게 되어버렸다. 서태후는 분명히 개혁가인 어른[6]보다는 세 살 난 어린아이[7]가 뒤를 잇기를 원했다.

중화민국의 역사는 상당한 자유주의적인 색채를 지니고 시작되었다. 통제를 받지 않는 언론, 수많은 부·청·주·현과 성에서 선거로 조직된 지방의회, 새로 창설된 국민당(國民黨)[8]이 다수를 차지한 국회. 하지만 불행하게도 중국의 황제독재체제는 여전히 뿌리 뽑히지 않았고, 이를 대신할 만한 적당한 것은 아직 발견되지 않았다.

---

6) 광서제(光緒帝).

7) 청조의 마지막 황제 선통제(宣統帝) 부의(溥儀).

8) 똑같이 국민당이라고 불리지만 이 정당의 정식명칭은 "국민당(國民黨)"으로 나중에 손문에 의해서 1919년 다시 재건된 "중국국민당(中國國民黨)"과는 다른 정당이다.

　왕조의 창업자들처럼 원세개는 군인이었고, 나중에는 "군벌의 아버지"라고 불리게 되었다. 노련한 청조의 관리로서 원세개는 과거로부터 물려받은 상투적인 법적, 행정적, 재정적, 군사적 장치들에 숙달되어 있었다. 그는 백성의 복종을 확보하기 위해서 그들의 희망과 공포를 이용하면서 무력, 상벌과 법령을 이용하여 위에서 아래로 그들을 조작할 수 있었던 것이다. 800명이나 되는 국회의원들의 조리 없는 제안이나 정치적 파벌주의는 300년 전 명말 관료들의 도덕적 비판이 만력제(萬曆帝)에게 주었던 것과는 정반대 되는 인상을 원세개에게 남겨주었다. 권위는 단일한 원천을 가지고 있어야 한다는 것이 그가 얻은 결론이었다. 따라서 원세개는 오직 독재를 다시 시행하는 데에서만 중국을 다스릴 수 있는 희망을 찾으려고 했다. 그는 동맹회 회원들을 다른 소수의 정치파벌과 결합시켜 새로 국민당을 창설한 혁명파의 지도자 송교인(宋敎仁)을 제거하는 데에서부터 시작했다. 국민당은 4,000만 명의 선거권자가 투표한 1913년의 선거에서 승리를 했고, 그 결과 송교인은 국회의 지도자가 될 수 있는 자격을 확보했다. 1913년 3월 원세개는 송교인을 암살했으며, 나아가 국회를 위협하고 폐지했다.

　새로운 성과 지방의 의회들도 중앙의 통제를 벗어난 다원주의적이고 반(半)대의제적 정치체제를 만들어낼 위험이 있었다. 1914년 무렵 선거권을 가진 엘리트 가운데 선출된 20명으로 구성된 현의사회(縣議事會)는 대체로 현지사(縣知事)와 협력하면서 제 기능을 수행하고 있었다. 양자는 또한 현 아래〔市 · 鄕〕의 의사회와도 공존했다. 원세개는 1914년 이런 모든 의사회를 폐지하고, 뒤이어 현지사로 하여금 지방자치업무를 맡을 대표자를 임명할 수 있게 만들었다. 요컨대 지방 엘리트들은 의사회를 잃었고, 현지사는 통제권을 다시 회복했다. 물론 이런 지방의회는 계속 요구되었고, 1920년대에는 다시 재건될 수 있었다. 그렇지만 현지사들은 집행기구〔參事會〕를 설립함으로써 여전히 정치와 재정을 통제할 수 있었다. R. 키스 쇼파(1982)가 1920년대 절강성(浙江省)의 정치발전을 연구하여 밝힌 것처럼, 핵심지역에서는 근대화를 추진하는 엘리트들이 공공기능을 관리하면서 주도권을 장악했지만, 주변지역에서는 구식 엘리트의 과두정치와 결합한 관료제가 여전히 지배력을 발휘했다.

　불행히도 청조의 중앙집권적인 정치체제는 산산조각이 났다. 어니스트 영

(1977)이 설명하는 것처럼 원세개의 근대화 노력은 성에서 중앙정부로 올라오는 재정수입이 턱없이 부족하여 큰 방해를 받았다. 그 결과 원세개의 개혁(청말의 계획으로부터 이어받은)은 단지 서류상의 것으로만 남아 실행되지 않은 경우가 많았다. 사법부의 독립(외국인의 치외법권 폐지를 용이하게 만들 수 있었던)에 대한 많은 논의는 북경의 임시 최고법원과 성, 부, 현 법원의 설립을 이끌었다. 그러나 현의 법원은 곧바로 비용절감을 위해서 폐지되고 다시 현지사에게 사법권이 넘어갔다. 감옥의 개혁도 추구되었다. 교육에서도 원세개는 4년 동안의 무상 의무교육과 보다 높은 교육을 원하는 엘리트를 위한 특수 예비학교의 설립을 명령했다. 경제발전 역시 준비되었다.

그러나 이런 모든 근대화의 계획들은 반드시 중앙에서 반포되고 통제되어야 한다는 기본적 가정을 안고 있었던 데에 약점이 있었다. 중앙정부가 회복할 수 없을 만큼 약화되지 않도록 하기 위해서 성정부가 독자적으로 새 제도를 발전시키는 것이 허용되지 않았다. 원세개의 철학은 "인민을 믿으라"는 것도, "재능 있는 교육받은 사람들을 믿으라"는 것도 아니고, "오로지 중앙의 권력만 믿으라"는 것이었다. 요컨대 원세개의 사전에 민주주의란 없었던 것이다. 1915년 그는 스스로 황제가 되려고 노력을 했으나 성공하지 못하고, 1916년에 사망했다. 1920년대에 성과 지방의회가 다시 보급되었지만, 중국 정치의 근대화에서 대중적 참여를 동원하는 것은 곧바로 "이당치국(以黨治國)"으로 알려지게 될 새로운 중앙권력(즉 중국국민당)의 특권이 될 터였다. 정치참여란 위에서 아래로 베푸는 것이지 아래에서 위로 올라가는 것이 아니었던 것이다.

명의상 손문이 이끌었던 젊은 혁명가들은 대여섯 번의 실패 이후에야 큰 불을 일으킬 수 있었지만 아무런 행정경험이 없었고, 지배계급 내에서도 추종자가 거의 없었다. 1911-1912년 시기에 그들이 세운 공적은 나중에 국민당 독재의 영웅적 건설신화에 생기를 불어넣었을 뿐이다. 하지만 민국 초기의 도독과 성의회는 상층 신사계급의 지배권력을 계승했으므로 농민폭동을 유발시킬 수 있는 장기적인 무질서에 대한 혐오감을 공유했다. 그들은 안정을 선호했다. 조지프 에셔릭(1976)은 황제의 독재가 "중국 인민의 정치적 자유와 창의성을 제한했을 뿐 아니라, 지방 엘리트들이 지나치게 지방 인민들을 억압하는 것을 막아주기도 했다"는 결론을 내렸다. 황제가 자신들의 권력을 억제하는 상황에 종지부를 찍게 한 공화혁명에 가담한 성(省) 엘리트들은 이제 다시 안정을 추구하게 되었고, 따라서 원세개가 독재권력을 장악하는 데에 "1913년에 결정적인 지원을 했다"고 에셰릭은 이야기하는 것이다. 그들의 본능은 더 이상의 변화가 낳을지도 모르는 혼란으로부터 중국을 구해야 한다고 경고했던 것이다.

이리하여 보수주의는 모든 사회혁명을 저지했다. 새로 늘어난 군대에 권력의 기반을 둔 도독들은 단순한 지방군벌로 바뀌었다. 보수적 신사들이 유교적인 신앙을 부활시켜보았자 중국 민족주의를 지지하는 새로운 도시의 계급들을 동원할 수는 없었다. 오히려 지방 엘리트들은 신사라는 과거의 낡은 틀에서 벗어났다. 이를 대신하여 종족(宗族)이 모든 수단을 강구하여 지방의 지배력을 유지했다. 이러한 수단에 상업, 견직업이나 염업, 군벌의 권력, 법인의 재산, 그리고 전반적인 문화적 헤게모니 등이 포함되어 있음을 최근의 연구는 자세하게 보여준다. 하지만 이러한 지방 엘리트의 지배는 아무런 새로운 철학도 없었다. 새로운 사상으로 새롭게 출발할 수 있는 새로운 지도층이 출현할 시기가 되었다.

제3부

중화민국, 1912-1949년

이 시기는 아주 선명하게 이중적 초점을 가지고 있었다. 문화적 초점에서 보면 이전의 어느 시대보다도 포괄적으로 외국의 상품, 사상과 방식이 유입되었다. 수많은 개별 국가들로부터의 영향에 근대성(modernity)의 영향까지 덧붙여졌다. 하지만 또다른 사회적, 정치적 초점에서 보면 왕조교체기를 특징짓는 많은 성격들이 드러났다. 황제체제를 부활시키려던 노력이 실패한 다음에는 농촌을 어지럽힌 10년 동안의 군벌지배가 뒤를 이었다. 반면 외국인들은 조약항에서 핵심적인 경제적, 행정적 역할을 수행했다. 이것은 외국 제국주의에 대항하는 민족주의 혁명에 영감을 불어넣었다. 이 국민혁명(國民革命)은 농민대중을 동원하는 사회혁명의 거친 출범과 함께 했다.

열강 가운데 영국과 미국 —— 개신교 선교사들의 주된 출신지였다 —— 은 혁명보다는 개혁이 좀더 건설적이라고 보는 앵글로 색슨 방식을 선호했다. 그들 대부분은 비공식적인 개인적인 통로를 거쳐서 개혁을 지원했다. 하지만 그 힘은 너무 작았고 시간도 뒤늦었다. 대조적으로 소련은 중국국민당과 중국공산당 모두에 대한 원조를 통해서 급진적인 사회혁명을 지원했다. 한편 일본이 20세기 초에 보여준 중국에 대한 상당한 경제적, 문화적 영향력은 1931년부터 1945년까지 점차적으로 군사침략으로 바뀌면서 중국 역사를 옆길로 빗나가게 만들었다. 제2차 세계대전으로 연결되는 일본의 침략은 중국 민중을 끝없는 절망 속에 밀어넣었다.

1916년에서 1927년에 이르는 군벌시대는 부분적으로는 국가권력이 가장 허약해졌다는 점 때문에 오히려 문화적, 사회적, 경제적 측면에서 상당한 성취가 이루어질 수 있었다. 상대적인 자유의 분위기를 누렸던 이 새로운 성장기는 1927년 이후 국민당이 다시 강요하게 될 관료적인 통제와 상당히 대조

311

적이다. 이러한 대조는 중국이 일당독재권력에 의해서 통치되는 동안 지속되었던 두 가지 주제를 두드러지게 만들 것이다. 한 가지는 독재적인 중앙권력에 대한 충성과 정치적 통일을 무엇보다 우선시키는 데에서 출발하는 권위주의적 국가주의(authoritarian statism), 국가건설(state-building)의 우선성이라는 것이다. 다른 주제는 시민적 성장과정의 일부인 문화적 창조성과 사회적 개선이다. 이 주제는 근대 세계에 적응하는 과정에서 관료기구의 직접적 통제를 받지 않았던 여러 분야의 자율적 발전에서 아주 뚜렷하게 드러난다. 반면 이러한 발전은 통일된 국가권력이라는 전망을 보증할 수 없었다.

제13장

중국적 시민사회의 모색

중국 자유주의의 한계

시민사회(civil society)라는 것은 서구에서 봉건제에서 독립하여 도시가 성장하면서 출현하고 발전한 민주적 형태의 사회라고 정의할 수 있을 것이다. 그것은 예를 들면 교회가 국가로부터 독립적이고, 종교와 정치가 분리되어 있으며 시민의 자유(최근에는 인권으로 확장되었다)가 법의 우월성 아래 보호되는 다원주의적인 사회이다. 시민사회는 정도(程度)의 문제이지, 결코 산뜻하게 정의되는 것은 아니다. 그것은 한 나라의 국가-사회(state-and-society)의 일부이지만, 자율이라는 수단과 일정한 경계 내에서의 자유를 보유한다. 그것은 이슬람 사회에서도, 파시즘, 나치즘, 공산주의와 같은 근대의 전체주의적 정권 아래서도 나타나지 않는다. 제1부에서 묘사된 전통시대의 중화제국에서도 마찬가지이다.

하지만 후기 중화제국에서는 청조 국가의 직접적인 통제에서 벗어난 제도, 기능과 여러 직업 —— 사회의 전 분야 —— 이 창출되는 경향이 출현했다. 이러한 일반적인 경향은 조약항의 외국인에게 가장 분명하게 드러났다. 그렇지만 그 충동은 아마도 외부세계가 아니라 중국 내부로부터, 특히 신사층의 활동이 사회의 공공영역에서 증대된 데에서 비롯되었을 것이다. 1911년 이후가 되면 이러한 비공식적인 신사층의 활동에 여러 가지 근대적 요소들이 덧붙여졌다. 언론, 교육, 기업의 성장 등이 바로 그것이다. 시민사회는 지식과 노동 분업의 확대 속에 내재되어 있었다. 이것들은 전문가들이 자신의 특수한 전문영역에서 자율을 주장할 수 있게 해주었다. 하지만 이러한 자율은 통일과 질서를 항상 위협하는 것처럼 보였다. 지배자들은 인민의 생활을 광범위하게 국가가 감독함으로써만 통일과 질서를 이룰 수 있다고 생각했기 때문이다. 개인적인 자율 또는 자유주의와 국가가 강요하는 통일과 질서는 항상 대립하는 존재였다. 그리고 이러한 보편적인 사회문제는 중국에서는 대단히 첨예하고 지속적인 긴장을 내포하고 있었다. 그 증거의 하나는 실제적으로 법의 우월성이 인정되지 않고, 따라서 입법부와 행정부 사이의 권력 분립이 용인되지 않는 상황에서 대의제 정부를 건립하려고 할 때 부딪치는 어려움이다. 국회가 소집되고 때로는 시끄러운 소리가 오가는 경우도 있었지만, 위와 같은 상황 아래서 국회는 입법부라기보다는 차라리 행정부의 정통성을 상징해주는 기능을 맡았다.

중국적 사고방식에서 개인주의와 자유주의는 보다 큰 집단성을 위해서 엄격하게 제한을 받아야 하는 것이었다. 개인으로서의 중국인은 집단에 종속되어 있었다. 중국의 법률은 도덕적 주장보다 더 강력한 힘을 발휘하지 못했다. 중국적 사고에서도 서구적 시민사회와 같은 의미 깊은 개념이 있었지만 그것은 상당히 조심스러운 정의를 필요로 한다. 예를 들면 빅토리아 시대 개인주의의 핵심요소인 개인의 의사 표현과 사유재산은 중국에서는 관부의 허락이 있어야만 누릴 수 있었다.

이러한 한계는 청말의 사상에서도 뚜렷했다. "외국의 사물(근대화)"과 새로운 학문은 적어도 경세(經世)의 일부로서 실용성을 가지고 있었으므로 이학적 사고체계는 이것들을 받아들이지 않을 수 없었다. 하지만 청말 세대의 사람들이 유교를 완전히 포기하는 것은 사실 불가능했다. 많은 사람들이 외국의 모델에서 과거의 중국적 가치를 재확인하려고 했던 것〔西學中源說〕도 결코 놀라운 일은 아니다.

일본의 개혁가들은 근대화에 직면하여 "동양의 도덕과 서양의 과학〔東道西器〕"을 결합시키자고 제안했다. 중국에서는 당시의 이데올로기 주재자였던 장지동이 유명한 "중학을 체로 삼고, 서학을 용으로 삼는다〔中學爲體, 西學爲用 : 체는 근본적인 원리, 용은 실제적인 응용을 의미한다〕"는 공식을 제시했다.[1] 이것은 그럴듯한 용어였지만, 사실 조리가 맞지 않았다. 왜냐하면

---

1) 정확히 말한다면 이러한 중체서용론을 대표한다고 일컬어지는 장지동의 『권학편(勸學篇)』에는 이러한 용어가 나오지 않는다. 다만 "내학위체, 외학위용(內學爲體, 外學爲用)"의 용어만 나온다.

중국 철학에서 사용되는 체(體, 實體)와 용(用, 機能)의 개념은 어떤 단일한 실재(實在)의 서로 관련된 측면을 가리키기 때문이다. 따라서 중학과 서학은 각기 체용을 가지고 있었다. 그럼에도 불구하고 이 구절은 아주 널리 사용되었다. 중국적 가치에 우선성을 부여하면서 서구 학문을 단순한 도구라고 헐뜯을 수 있게 해주는 것처럼 보였기 때문이다.

일본의 유가들은 하나의 유용한 개념을 제공했는데, 그것은 서구적 형태의 의회가 지배자와 피지배자 사이에 조화를 가져올 수 있다는 주장이었다. 하지만 그 이론적인 근거는 서구와는 사뭇 다른 것이었다. 서구의 정치사상은 이익 —— 서로 경쟁할 수밖에 없는 개인이나 단체 등의 인간적인 욕망과 목적 —— 이라는 개념에 바탕을 두었다. 서구에는 왕부터 돼지 치는 사람에 이르기까지 이익이 동기를 부여하는 정치적 요소였다. 하지만 중국에서는 그렇지 않았다. 이익은 이기적인 것으로 규정되었으며, 유가도덕은 이기심을 반사회악으로 규정했다. 대신 유교는 조화의 이상을 칭송했다. 개혁파들은 대의제 정부를 통하여 이 조화를 얻기를 희망했다.

서양에서 동양으로 건너오면서 원형이 왜곡된 또다른 자유주의적 개념은 개인주의였다. 벤저민 슈워츠(1964)가 오래 전에 지적한 것처럼, 19세기 말에서 20세기 초에 서구 자유주의의 고전(토머스 헉슬리의 『사회진화론』, 애덤 스미스의 『국부론』, J. S. 밀의 『자유론』 등의 저작)을 번역한 엄복(嚴復)과 같은 개혁가들은 국가에 대항하는 것이 아니라 그것을 지지하는 수단으로서 개인주의 사상의 성장을 옹호했다. 가장 영향력이 큰 개혁파였던 양계초(梁啓超)도 국가를 부유하고 강력하게 만들기 위해서 각 개인이 사심 없이 자신의 능력을 발전시킨다는 개념을 권장했다. 그렇게 함으로써만 개인들은 다른 동료 시민들에게 혜택을 줄 수 있다는 것이다. 양계초는 국가가 인민을 위해서 태어난 것이 아니라, 인민이 국가를 위해서 태어났다는 스위스 법학자 블룬츨리의 견해를 인용했다. 유가교육의 출발점이었던 이와 같은 국가주의적 관점 다음에 이어지는 것은 모든 종류의 권리가 국가에 의해서 허용된 것이라든가, 아니면 국가의 이익을 위해서 그것을 제한할 수 있다는 관점이었다. 중국의 모든 헌법에는 많은 권리들이 명시되었지만 그것들은 단지 실용주의적인 이상에 지나지 않았다. 반드시 실행되어야 할 법률이라는 의미는 아니었던 것이다.

이러한 중국식 "자유주의"의 뒤에는 지배자의 권력은 무제한적이고 여전히 전제적이라는 우선적인 전제가 자리잡고 있었다. 국가의 안정성과 통제력을 향상시키기 위해서 국가운영을 위한 지배자의 장치는 헌법, 의회와 시민의 권리까지(시민의 의무뿐만 아니라) 포함하는 것으로 팽창될 수 있었다. 국민의 권리는 "법률에 의해서", 즉 당국의 명령에 의해서 "제한된 경우 외에는" 보장받을 수 있었다. 중국의 헌법은 미국 헌법처럼 신성한 법전이 되지는 못했다. 오히려 그것은 미국 정당의 강령처럼 이상과 희망을 표현한 것에 가까웠다.

중국 자유주의의 이러한 불완전성은 그것이 기껏해야 원초적 또는 중국적 자유주의라고 불릴 수밖에 없다는 점을 시사해준다. 그것은 중국적 지배의 "문(文)"적인 측면에 뿌리를 가지고 있었다. 문인관료들은 수필이나 상주문으로 갖가지 제안을 했지만, 그것을 실행에 옮길 수 있는 책임이나 권력을 가지지 못했다. 예를 들면 근대 중국의 자유주의자들은 제한된 표현의 자유밖에 누리지 못했다. 만약 지방의 권력소유자를 개인적으로 지명해서 공격한다면 "무(武)"적 지배의 측면에서 비롯된 격렬한 보복의 위협을 피할 수 없었기 때문이다. 좀더 심각한 것은 이러한 신중한 배려가 좀처럼 빠져나오기 어려운 심리상태였다는 것이다. 베라 슈워츠(1986)의 말을 빌리면 이러한 유교적인 "의례화된 존비관계의 숭배……복종윤리"는 어렸을 때부터 가정교육에 의해서 심어진 것이었다.

중국 법률 아래서 서구적 형태의 자유주의는 결국에 가서는 함께 왔던 동료, 즉 불평등조약 체제에 의해서도 방해를 받았다. 1910년대와 1920년대의 군벌시대는 "조약의 세기" 동안 서구의 영향력이 가장 강했던 시기와 일치한다. 조약항 밖의 "내지(內地)"를 휩쓸었던 군벌의 존재는 조약항 부근에서 외국이 군함을 정박시키는 상황을 잠재적으로 합리화해주는 것이나 마찬가지였다. 따라서 중국적인 시민사회의 번영은 부분적으로는 서구적 제도를 모델로 하고 있었지만, 그것은 중국의 새로운 민족주의가 일어날 수 있도록 자극한 제국주의 바로 그 자체에 의해서 보호를 받고 있었다.

사실 우리는 중국과 서구의 역사적 경험의 차이에서 비롯된 가치의 차이를 항상 염두에 두어야 한다. 그렇다고 중국의 권위주의적 집단주의가 장기 지속적인 효율성을 가졌다는 것을 인정하기 위해서 시민사회의 자유주의적 개인주의에 대한 희망을 포기해서는 안 된다. 근대 중국의 지식인들은 이 양자 사이에서 중간점을 찾는 그야말로 고통스러운 과업을 떠맡았다.

기독교 개혁주의의 한계

원세개 사후 10년 동안의 중화민국은 두 지역과 두 정권 —— 군벌의 중국과 조약항의 중국 —— 으로 나뉘어 있었다. 군벌들은 대개 원세개가 훈련시킨 군인들로서, 자신의 구역을 장악하여 군대를 지휘하고 부양했다. 그 가운데 몇 사람은 (공화혁명기의) 도독으로서 출발했다. 그들의 재능은 주로 서로 싸우는 데, 아니면 싸우겠다고 위협하는 데 사용되었다. 한편 조약항 도시들은 대부분 도시화의 중심지들을 포함했다. 여기에는 근대적 중국 은행, 공업, 대학과 전문직 계급들이 자리잡고 있었다. 사실 그것은 중외합작(中外合作)의 사회였다. 군벌 혼전기 동안 조약항에 존재한 중국 정부의 권력계통 가운데 일부는 상당한 안정을 제공할 수 있어 혼란을 일정한 정도 제한했다. 중국 애국자들은 불평등조약이 원칙적으로 굴욕적이기는 하지만, 때로는 실질적인 도움을 주는 경우도 있다는 역설에 직면해야만 했다. 이를테면 두 번씩이나 군벌의 약탈로 괴롭힘을 당한 의창(宜昌)의 상인들은 약탈적인 군벌에 대한 보호막으로 삼기 위해서 1921년 6월 북경의 외국공사들에게 외국조계를 설치해달라고 요청하기도 했다.

1901년의 신축조약 이후 중국과 외국의 두 가지 경향이 하나로 합류되었다. 개혁적인 중국인들은 신학문을 위한 학교들을 세웠다. 반면 중국에서 외국인 선교사들은 근대적 도시생활의 문제점을 알리기 위해서 "사회적 복음"을 더욱 강조했다. 오랫동안 서로 비난해왔지만 만나는 일은 거의 없었던 유교와 기독교의 존경받는 원리주의자들 대신, 이제 중국의 개선을 위해서 우호적인 협력을 꾀하는 사람들이 앞으로 나서게 되었다. 예를 들면 세계 YMCA의 분회인 중국 YMCA는 외국인 고문들의 도움으로 도시의 청년, 학생들 사이에서 일을 할 때 중국 상인과 상류계급의 후원을 얻을 수 있었다. 존 허시의 소설 『소명(*The Call*)』은 1907년에서 1937년 사이 공공교육이나 기타 사업에서 중외협력으로 이루어진 YMCA 활동을 내부로부터 묘사한 것이다. 1905년에서 1925년까지의 20년 동안 중외합작의 기독교 사회는 짧은 황금시기를 누렸다.

이러한 협력시기는 중국 화양의진구재총회(中國華洋義賑救災總會)의 농촌신용기구와 도로 건설, 록펠러의 후원을 받은 북평협화의학원(北平協和醫學院)의 조사와 훈련, 남개대학(南開大學, 天津 소재)의 경제연구소와 같은 사회과학연구에 대한 록펠러 재단의 지원, 연경대학(燕京大學)과 기타 기독교 대학의 성장, 금릉대학(金陵大學)의 농업연구와 안양초(晏陽初)의 평민교육운동(平民敎育運動) 등에서 이룬 업적들로 상징된다.

이러한 제도적 업적은 세 가지 측면을 주목할 필요가 있다. 첫째는 그것들이 외국의 —— 주로 미국의 —— 자금과 지원보다는 중국 YMCA에 의존했다는 점이다. 둘째는 그것들이 중국에 호감을 가진 미국인들에게 중국 사회에 대한 만족스러운 참여감을 제공했다는 점이다. 이것은 나중에 냉전시기 미국의 "중국 상실감"에 실질적인 내용을 부여하게 된다. 셋째는 그들이 중국 민중이 부딪치는 문제의 표면 아래를 파헤쳐본 적이 거의 없다는 점이다. 외국의 지원을 받는 이런 활동 대부분은 중국을 직접 변화시킬 수 있는 규모가 아니라, 선구적 모델로서 다루어진 데에 지나지 않았다.

서구적 감각에 의한, 또는 서구의 도움을 받은 이런 사업들은 부분적으로는 외국인들과 관계를 맺는 중국의 지식계급 자체가 아주 극소수였다는 점 때문에 불가피하게 피상적일 수밖에 없었다. 예를 들면 교육에서 청말 남성의 식자율(識字率)이 30-45퍼센트, 여성은 2-10퍼센트였다는 이블린 로스키(1979)의 평가를 받아들인다고 해도, 중국의 초등학생은 1907년의 100만에서 1922년의 660만으로 늘어나는 데에 지나지 않았다. 같은 기간 동안 중학생의 수는 3만1,000명에서 18만3,000명으로 늘 같았다. 4억이나 되는 인구를 가진 중국으로서는 너무 적은 수였다.

따라서 중국적인 시민사회를 창출하려는 자유주의적 노력은 마치 생물 실험실 세균배양액의 넓은 표면에서 여기저기 생겨나는 포자와 같은 성장점들 같았다. 충분한 시간이 주어졌다면 여러 창조적 개혁가 집단 —— 사회, 과학, 의학, 대중교육 분야 —— 은 자신들의 작업을 대다수 중국 민중에게까지 확장시킬 수 있었을 것이다. 하지만 민중의 문제는 너무도 거대한 것이었으므로 결국 국가만이 그것을 떠맡을 수 있었다.

정치언론의 완만한 성장

대체로 서구보다는 한 세기, 일본보다는 한 세대쯤 뒤에 중국에서 독립적이고 근대적인 언론이 출현했다는 점은 청말의 무기력성에 대한 우리의 인상을 새삼 확인시켜준다. 낡은 질서는 여전히 황제의 영역인 정부정책에 대한 의사표현을 강력하게 방해했다.

송대 초기에 서적인쇄가 보급된 이후 1,000년 동안 근대적 언론의 요소는 꾸준하게 축적되어왔다. 관립·사립 도서관, 문헌감식과 편집기술, 종교서적, 관청의 대규모 출판사업, 북경에서 지방으로의 끊임없는 문서의 전달, 지방지, 통속문학, 개인출판 등 모든 것들이 나타났던 것이다. 1890년대 초에는 주요 항구도시에서 10여 종의 신문이 간행되었다. 1872년 시작된 상해의 『신보(申報)』는 1만5,000의 발행부수를 기록했다. 이 신문의 뉴스는 주로 상업에 관련된 것으로 부분적으로 전보를 통해서 얻은 것이었다. 중국의 근대적 언론이 정치에 뛰어드는 데에 그렇게 오랜 시간이 걸린 것은 사상과 출판에 대한 정부의 통제 때문이었다.

근대 중국의 언론은 왕도(王韜)와 같은 조약항의 중국인으로부터 시작되었다. 왕도는 1860년대에 제임스 레그가 유교경전을 중국어로 번역하는 일을 도왔으며, 그와 함께 스코틀랜드에서 2년을 보냈다. 1874년 왕도는 홍콩에서 중국인만의 후원으로 최초의 신문을 창간하여 상업이나 일반 뉴스 외에도 자신의 개혁적 논설을 실었다. 그의 전기를 쓴 폴 코언(1974)이 지적하는 것처럼 거기에는 왕도가 서구에서 얻은 거의 유일한 "현장경험"이 담겨 있었다. 하지만 1880년대에도 왕도에게는 여전히 소수의 독자밖에 없었다.

중국 언론은 20년은 더 기다려야 했다. 1890년대의 위기가 와서야 상해나 장사(長沙) 같은 도시에서 양계초 등이 설립한 개혁파 언론이 활성화되었던 것이다. 그 원인은 신사층이 정책결정이라는 조정의 특권을 침범하지 않도록 엄중한 경고를 받고 있었기 때문이었다. 그들은 특별하게 허용되었을 때만 황제에게 자신의 주장을 올릴 수 있었다. 1870-80년대의 요란스러웠던 사대부들의 청의(淸議) 역시 문제에 대한 실제적인 조명보다는 도덕적인 열정이 앞선 것에 지나지 않았다. 1900년 일본을 포함한 모든 열강에 패배한 이후에야 청조의 천명은 그 손에서 미끄러져나가기 시작했다. 도시의 개혁파 엘리트들이 성에서 본격적인 활동을 시작하게 되면서 양계초는 이러한 경향을 잘 드러내주는 정치여론용 잡지를 일본에서 간행했다.

일단 제대로 보호를 받는 조약항이라는 환경에서 출발한 다음, 중국의 신문, 잡지와 서적의 간행은 다음 20년 동안 몇 배나 성장을 이룰 수 있었다. 기초교육과 식자능력의 보급뿐만 아니라 1896년 이후 전국적인 우편제도의 시행도 그 보급에 기여했다. 잡지 한 권마다 보통 15명의 독자가 있었다고 추정하는 장붕원(張朋園)의 견해를 받아들여 레오 리와 앤드루 네이선은 청말 독자층은 모두 200만–400만 사이, 즉 중국 인구의 1퍼센트라고 평가했다(존슨 등, 1985). 도시의 새로운 독자층과 1890년대의 위기는 언론의 급속한 성장을 부추겼다(1893년 무렵 도시주민은 약 2,350만 정도로 중국 인구의 약 6퍼센트였다).

하지만 1930년대 중반에도 중국에는 겨우 910종의 신문과 거의 같은 수의 잡지가 있을 뿐이었다. 어떤 신문들은 15만 부의 발행부수를 기록했다. 신문의 독자층만 따지면 2,000만–3,000만 명이었다. 따라서 언론을 접하는 대중의 비율은 여전히 다른 근대 국가에 비해서 적은 편이었다. 그렇다고 할지라도 1896년 이후 상해상무인서관(上海商務印書館)은 교과서와 잡지를 발행하는 대형 출판사가 되었다. 새로운 문학작가들은 도시의 독자들이 주로 오락을 찾는다는 것을 발견했다. 페리 링크(1981)의 연구에 의하면 낭만적이고 감상적인 소설이 특징적인 "원앙호접파(鴛鴦胡蝶派)"는 1910–1930년 사이 약 2,200종의 소설을 발표했다고 한다. 오로지 정치토론만이 공급부족의 상태에 있었다. 이것은 그렇게 큰 나라치고 고등교육제도가 여전히 아주 부족한 상태에 있었다는 사실과 병행하는 것이다.

근대 중국의 정치언론은 일반적으로 논쟁적이었다. 기본적으로 대중에게 사실에 관해서 알리는 것보다는 비판하고 옹호하는 것을 목표로 삼았던 것이다. 리와 네이선은 양계초의 말을 다시 인용한다. "세계를 변화시키기 위해서 자신의 말을 이용하려고 노력해야 한다. 그렇지 않다면 왜 말을 할 필요가 있을까?" 따라서 그 규모는 작았지만 언론은 주요한 정치도구가 될 수 있었다.

학교의 발전

중국의 고등교육이 1898년 개혁조치의 하나로 출범한 경사대학당(京師大
學堂 : 北京大學의 前身)에서 기원한다고 보는 북대[2]의 전통과는 정반대로,
엽문심(葉文心, 1990)은 최근 연구에서 중국의 근대적 공학, 기술, 상업 교육
의 출발점으로서는 상해가 자연스러운 장소였음을 우리에게 상기시키고 있
다. 1879년 미국 성공회 선교단에 의해서 개설된 세인트 존스 칼리지(聖約翰
大學)가 중국에서 선구적 교회학교가 된 것처럼, 남양공학(南洋公學)은 1896
년 청조에 의해서 건립되었다. 남양공학은 학생을 해외로 유학을 보냈으며,
나중에는 공학(工學)에서 선두의 자리를 차지한 교통대학(交通大學)으로 바
뀌었다.

수입된 영어교재로 근대적 과목이 강의되기 시작하면서 유학과 신학문 사
이의 간격은 더욱 넓어졌다. 기술용어를 위한 중국어 어휘도 계속 만들어야
할 필요가 있었다. 외국인 교수가 영어로 강의한 것처럼 대학의 입학, 졸업시
험도 영어로 치르는 경우가 많았다.

1912년 (청조의 붕괴로) 낡은 국가·사회의 결합체가 분해되어버리자, 유
학적 세계관도 같은 길을 걸었다. 대신 그 자리에 본질적으로 다르고, 때로는
서로 충돌하는 문화요소들이 당황스러울 정도로 다양하게 밀려들어왔다. 따
라서 군벌시대에 해당하는 세대는 나름대로 그것들을 정리해야만 했다.

그 문제는 존 사리(1990)의 연구에서 더욱 분명하게 드러난다. 그는 1890
년대에 태어나 경전교육을 받았지만, 거기에 덧붙여 청년시절 영미학교에서
영어회화를 포함한 교육을 받았던 학자들의 인생경험을 연구했다. 이러한 신
사 이후 시대의 엘리트들은 한 가지가 아니라 두 가지로부터의 해방이 필요
했다. 첫번째는 낡은 유교적 가족제도와 가부장 전제의 말라비틀어진 사고방
식에서 해방되는 것이었다. 두번째는 갖가지 문화가 뒤죽박죽 섞인 신학문으
로부터 해방되는 것이었다. 신학문은 이제 방금 기초적인 경전교육을 마친
젊은이들이 가까스로 갖추기 시작한 지적인 환경을 산산조각내는 폭발적 경
험을 맛보게 했다. "중국은 세계이기는커녕 겨우 세계의 일부에 지나지 않았

---

2) 北京大學을 줄여서 北大라고도 한다.

다.” 젊은 지성의 서구와의 만남은 “혼란과 불확실성”이 가득한 “위태로운 경험”이 되는 경우가 많았다. 그것은 “첫번째로부터의 해방보다는 오히려 더 결정적인 두번째로부터의 해방”을 요구했고, “보다 높은 차원에서의 통합이나 종합”을 발견함으로써 혼란에서 벗어날 것을 요구했다. 신뢰성을 상실한 유교의 속박에서 해방되는 것은 바다에 홀로 내던져진 두려움을 느끼게 했으며, 자신의 세계를 바로잡을 새로운 길을 찾게 만들었다. 기독교나 진화론을 포함한 과학에 대한 신앙 또는 한두 가지 새로운 직업이나 애국적인 혁명에 대한 헌신, 이 모든 것들이 새로운 자기의 형상을 확립하는 데에 도움을 줄 수 있었다. 살아남으려면 지적인 용기가 필요했다.

중화민국 첫 세대 지식인들의 상처 치료는 이렇게 어려웠고 그들은 일본에 절망하여 중국을 구할 수 있는 열쇠로서 유럽이나 미국에 눈을 돌렸다. 이러한 상황은 그들이 문화병존론(文化竝存論)의 선구가 되게 만들었다. 도쿄에서의 문화적 충격은 뉴욕, 런던, 파리, 베를린에서의 그것에 비하면 아주 사소한 것이었기 때문이다.

중국 학생을 미국에서 교육시키려는 미국 정부의 프로그램은 1908년 의회가 미국에 할당된 의화단 배상금의 거의 절반(1,200만 달러)을 이 목적으로 지정했을 때 시작되었다. 예비학교로서 북경에 설립된 청화학교(淸華學校)에서 1929년까지 1,268명의 학생이 미국으로 보내졌다. 1924년에는 배상금(여전히 중국 정부가 지불해야만 했던)의 나머지 절반은 중화문화교육기금동사회(中華文化敎育基金董事會)[3]를 지원하기 위해서 할당되었다. 10명의 중국인과 5명의 미국인 이사가 이끈 이 재단은 훈련뿐만 아니라 조사에도 개별적인 보조금을 지불했다. 이 시기에 미국에서 훈련받은 젊은 중국 과학자들은 1914년에 과학사(科學社)를 설립했다. 과학사에서 출간한 잡지는 과학과 과학적 견해가 중국의 문제에 대한 공통의 해결방법을 제공하리라는 근대 학자들 사이에 널리 퍼진 희망을 반영하고 있었다.

한편 1920년대가 되면 중국에서는 수백 개의 기독교계 중학교가 뭉쳐져 10여 개의 기독교 대학으로 성장했다. 이 학교들은 보통 미국과 연결되어 있었다. 중국인, 미국인 교수 가운데 보통 미국인들은 미국의 선교위원회 덕택

---

3) 원문에는 China Foundation이라고 나와 있으나 정확한 원래의 명칭은 China Foundation for the Promotion of Education and Culture이며 중국식 명칭은 중화교육문화기금중사회이다.

에 보다 나은 주택과 보수를 받을 수 있었다. 1920년대와 1930년대 북경의 연경대학과 같은 이러한 미국식 학교는 치외법권의 보호를 받으면서 조약항 도시 신중산계급의 자녀들을 교육시켰다.

순전히 중국인이 세운 영향력 있는 사립학교로는 1904년 이후 장백령(張伯苓)이 천진에 세운 남개(南開)중학과 단과대학, 대학이 있었다. 이것들은 주로 지방의 명문가로부터 후원을 받아 세워졌다. 중국의 자선사업가들은 또한 하문(廈門)의 아모이 대학과 상해의 두 대학 —— 각기 1903년과 1905년에 세워진 가톨릭계 진단(震旦)공학과 복단(復旦)공학 —— 도 지원했다.

하지만 어떠한 사립학교도 전국교육의 중심인 북경대학을 능가할 수 없었다. 북경대학은 두 저명인사 —— 1912년의 엄복과 1917년의 채원배(蔡元培) —— 가 이끌게 될 때까지는 관리의 훈련과 재교육에 주력했다. 채원배는 손문의 중국 동맹회에 가담한 청말 마지막 세대의 한림학사(翰林學士) 출신이었다. 그는 원세개가 해체한 내각에서 최초의 교육총장을 지냈으며 그 다음에는 독일과 프랑스에 5년 동안 유학을 했다. 북경대학의 총장으로 취임한 그는 사상의 다양성을 보장하기 위해서 널리 인재를 모았으며, 교육에 대한 정부의 간섭에 확고한 대항의 자세를 보였다. 채원배는 프랑스에서 프랑스혁명의 정신을 흡수하고 돌아와서 1915년 영향력 있는 토론지 『신청년(新靑年)』을 창간한 진독수(陳獨秀)를 학장으로 맞아들였다. 북경대학에서 진독수는 과학과 민주주의의 이름으로 유교와 그 모든 악에 대한 공격을 지휘했다.

신문화운동

1915년 일본이 들이민 공격적인 21개조 요구는 중국을 일종의 보호국으로 삼으려는 것이었다. 이 시도는 성공하지 못했지만, 더 이상 일본은 중국의 개혁에서 모델이 될 수 없었다. 또한 이것은 중국의 근대적 민족주의를 고양시켰다. 그러나 바로 이 시기에 신학문을 익힌 학자들은 자신들의 새로운 역할을 주장하기 시작했다. 그들은 낡은 유교적 가치와 제도를 상세하게 비판하고, 중국을 후퇴시킨 모든 것들을 거부하고, 중국의 과거에서 새로운 문화의 요소를 찾아내려고 했다. 이것을 위해 그들은 자신의 선배들이 지향했던 관료로서의 봉사나 정치참여를 피하고자 했다.

이러한 신문화운동(新文化運動)에서 가장 첫번째 공격대상이 된 것은 중국의 문자체계였다. 중국에서는 20세기에도 기원전 200년 무렵에 창조된 필체와 어휘가 여전히 사용되었다. 주요한 글자들은 모두 마치 양파와 같은 존재가 되어 있었다. 여러 목적으로 사용되면서 오랜 기간에 걸쳐 다양한 의미를 축적했기 때문이다. 아주 단순한 비교를 위해서 아버지(Pater)라는 로마 글자가 형태를 그대로 유지한 채 우리에게 전해져서 오늘날에는 다른 글자들과 결합하여 아버지(father), 애국심(patriotism), 부계(父系, paternity), 교부(敎父, patristics), 세습재산(patrimony), 후원(patronage) 등을 의미하게 된다고 상상해보라. 그 글자에 어떤 의미를 부여하는가는 문맥에 달려 있으며, 이것은 고전에 대한 지식을 필요로 한다. 문언문(文言文)은 이런 어려움 때문에 학생들이 인생문제를 해결하는 데에 이용할 수 있는 가깝고도 편리한 도구가 될 수 없었다. 오히려 그것 자체가 심각한 인생 문제의 하나였다. 장기적으로 공부를 계속하지 않으면 상류계급에 올라설 수 없었다. 보통 중국인들이 날마다 장사하면서 쓰는 구어(口語)는 과거시험 합격자들이 사용하는 비밀스러운 어휘와 박식한 인용구보다 훨씬 접근하기 쉬웠다.

문학혁명(文學革命)의 첫 단계는 일상적인 언어를 문장으로 이용하는 것이었다. 이러한 단계는 유럽에서는 국민적인 통속어가 라틴어를 대체한 르네상스 시대에 이루어졌다. 개신교 선교사들은 성경을 일반인들이 이용할 수 있도록 하기 위해 이런 작업에서 선구적 역할을 맡았다. 신학문을 익힌 학자들 사이에서도 행동의 기회가 이제 무르익었다. 제1차 세계대전 중 미국의 코넬 대학과 컬럼비아 대학에서 공부한 유학생 호적(胡適)이 그 주도권을 잡았다. 그는 학문적 논술과 모든 의사교환을 위한 필기방식으로서 백화(白話 : 口語)가 이용되어야 한다고 주장했다. 낡은 문어체의 우월성을 거부한 이 혁명적 운동에 많은 사람들이 합류했다. 백화의 사용은 아주 급속하게 확산되었다. 고문(古文)의 전제지배는 붕괴되었다.

존 듀이의 제자이자 실용주의자인 호적은 또한 과학적인 사고와 비판적 방법을 옹호하는 데에서도 지도적인 입장에 섰다. 기술적 연구에서 과학이 지니는 가치는 오랫동안 이론의 여지가 없었다. 하지만 사고방법으로서의 과학을 중국의 문예비평과 역사연구에 적용하는 일은 여기서 한걸음 더 내딛는 것을 의미했다. 새로운 학자들은 정력적으로 중국 고대사의 신화와 전설들을 공격했고, 경전의 기원을 재검토했다. 또한 그들은 중국의 민간전승을 연구했으며, 후기 중화제국 시대의 위대한 통속문학도 재평가했다. 이러한 조숙한 성과들이 나올 수 있었던 것은 청조 고증학의 업적 덕택이었다.

신문화운동의 창조성은 역사적 맥락에서 보아야만 제대로 알 수 있다. 1914-1918년의 제1차 세계대전은 유럽의 자랑스러운 문명에 잠재된 야만성을 거침없이 폭로했다. 오스트리아-헝가리, 러시아 차르, 그리고 마지막으로 독일의 제국이 무너졌다. 우드로 윌슨은 모든 민족의 자결과 개방된 외교라는 대원칙을 선언했다. 다양한 종류의 사회주의, 여성해방, 자본가에 대해서 노동자의 권리를 주장하는 사상이 세계를 휩쓸고 중화민국에 밀어닥쳤다. 중국의 지식인들은 자신이 속한 낡은 사회의 자그마한 상층부 표피에 지나지 않았지만, 본능적으로 중국의 전통문화를 재평가함과 동시에 이러한 혁명적인 외부세계를 이해하고 평가하는 작업을 함께 떠맡았다.

5·4운동

1919년 5월 4일의 사건을 불러일으킨 것은 베르사유 평화회담 참가국들이 과거 산동에서 독일이 보유했던 조차지를 일본에 넘겨주기로 한 결정이었다. 이러한 결정이 전해지자 북경대학 등 약 3,000명의 학생들이 자금성 입구인 천안문(天安門)에서 대중적 시위를 벌였다. 그들은 친일파 각료의 집을 불태웠으며, 주일공사(駐日公使)를 구타했다. 경찰도 학생들을 공격했다. 그러자 학생들은 동맹휴학을 호소하고, 각지의 학생들에게 전보를 보냈으며, 전단을 살포하고 대중에게 연설을 하는 애국단체들을 조직했다. 비슷한 시위가 천진, 상해, 남경, 무한, 복주, 광주 등지에서 벌어졌다. 몇몇 학생들이 죽었으며 많은 수가 부상을 당했다. 감옥은 시위자들로 가득 찼다.

1919년 6월 주요한 중심 도시로 퍼져나간 파업에 동조한 상인들이 가게문을 닫게 되자, 항의의 정신은 더욱 확산되었다. 이것은 일본상품 배척운동과 일본인 거류민과의 충돌을 가져왔다. 1년 이상 애국적인 학생들은 계속 중국에 대한 일본의 시장 침투를 파괴하자고 선동했으며, 상당한 효과를 낳았다. 한편 보다 의미심장한 것은 최근에야 조직된 노동조합들 역시 파업에 참가했다는 점이었다. 이들도 중국이 전에 경험한 적이 없는 광범위한 민족감정의 과시에 동참했던 것이다.

놀라운 것은 이 운동이 지식인에 의해서 주도되었으며, 그들이 과학과 민주주의라는 새로운 문화적 사고와 애국주의를 반제(反帝) 프로그램의 공통적 초점으로 결합시켰다는 점이다. 학생들은 그 어느 때보다도 중국의 운명에 대한 책임을 적극적으로 떠맡았다. 그들은 학생조직을 통해서 민중에게 도달하려는 움직임을 보이기 시작했다.

문학은 새로운 백화문으로 쓰여진 소설과 단편을 통해서 지식인의 동원에서 주도적인 역할을 수행했다. 대부분의 작가들은 높은 교육수준을 지니고 있었고, 성류계급 출신이었나. 유명작가들은 일본에서 공부했지만, 일단 중국에 돌아온 다음에는 도시의 빈곤 속에서 살았으며 경찰의 시달림을 받는 일도 자주 있었다. 독자는 대부분 그들처럼 사회혁명 속에서 자란 도시의 젊은 학생들이었다. 그들은 가족제도의 속박을 반대했으며, 성의 자유를 포함하여 개인의 의사표현을 옹호했다. 1인칭 소설이나 일기형식으로 표현된 몇몇 선구자의 낭만적인 개인주의와 자기과시는 엄격하고 유교적인 다수 대중에게는 대단한 충격이었다.

1920년대의 유명한 작가 노신(魯迅)은 절강성의 몰락한 신사가문 출신이었다. 그는 생원시험을 치렀고, 수사학당(水師學堂)과 무비학당(武備學堂)에서 과학을 공부했으며, 일본에서 의학공부를 시작했다. 그렇지만 결국은 사회개혁의 수단으로 문학에 정착했다. 노신은 1918년 『신청년』에 풍자소설 『광인일기(狂人日記)』를 발표함으로써 순식간에 유명해졌다. 광인일기의 주인공은 역사책의 "자비, 정의, 진실, 미덕"이라는 줄 사이에서 "식인(食人)"이라는 두 글자가 항상 반복되고 있음을 발견한다. 노신은 중국 문화가 "다수의 불행을 대가로 삼아 승리를 거둔 주인에게 봉사하는 문화"라고 지적했다.

부사년(傅斯年)이나 나가륜(羅家倫)과 같은 북경대학의 학생 지도자들은 그들의 잡지 『신조(新潮)』에서 중국의 "계몽운동"을 옹호했다. 그들은 유교적 가족제도의 구속을 노예제도라고 비난하고 개인주의적인 가치를 찬양했다. 1919년 5월 초에 학생들은 이미 대중에게 접근하기 위한 강연단을 조직했다. 여기에 "중국을 구하는 데에" 가장 관심을 기울였던 장국도(張國濤)[4]와 같은 학생활동가들이 합류했다.

이렇게 소수에 지나지 않는 지식인들 —— 교수와 학생, 작가 —— 가운데 일부가 옛 중국의 낡아빠진 해악들을 제거하고 새로운 중국을 위한 새로운 가치를 확립하려는 문화투쟁에 뛰어들었다. 지도자가 되려고 했던 그들은 중국의 이원적 사회구조 —— 지배계급과 대중 —— 라는 실망스러운 현실에 직면했다. 새로운 엘리트들은 대중과 연결될 수 있을 것인가? 아니면 이런 사령관들은 군대보다 너무 앞서 나갔던 것일까?

중국 부르주아지의 성장

새로운 학문공동체의 자율성과 함께 출현한 것은 도시사회의 기능집단들이 보인 새로운 자아의식이었다. 상해와 북경에서 성장한 자치기구에 대한 최근의 연구는 그것들이 낡은 것과 새로운 것, 외국적인 것과 중국적인 것이 혼합된 형태의 조직이었음을 보여준다.

상해에서 초기 부르주아지는 외국무역에 종사하는 상인들로부터 성장했다. 행상(行商)으로 알려졌던 광주무역의 중개상인은 1842년 이후 외국상인들과 계약을 맺어 중국측과 관련된 무역업무를 처리하는 매판(comprador : 이것은 원래 포르투갈어로 "사는 사람"이라는 뜻이었다)으로 대체되었다. 외국인들이 선적과 보험을 다루고 수출입에 투자를 한 반면, 매판의 수입은 외국인 고용주가 지불하는 수수료, 자신들이 다루는 자금의 이자, 자금출납 및 관리자로서의 수수료, 그 자신의 투자와 사업에서 나오는 이익 등으로 이루어졌다. 따라서 중국에 진출한 외국 은행의 매판들은 중국 상업의 수요에 맞추어 성장해온 토착은행, 즉 전장(錢莊)과 거래하면서 상당한 수지를 거둘 수 있었다.

상해의 매판들은 처음에는 차[茶] 무역에 종사한 광주 출신이 다수였으나, 뒤이어 강소나 절강의 영파(寧波) 출신도 많이 진출했다. 그들은 1854년 무렵 대략 250명, 1870년에 700명, 그리고 20세기 초에는 약 2만 명을 헤아리

---

4) 1897-1979. 江西省 萍鄕縣 출신으로 북경대학 재학중 5·4운동에 참가했고 중국공산당의 건립에도 참여했다. 이후에도 주요지도자의 일원으로 활동했으나 1935년 長征 도중 紅軍을 분열시켰고, 1938년 4월 국민당통치구로 도피했다. 1949년 후에는 외국으로 망명하여 캐나다에서 병사했다. 회고록 『我的懷憶』 3冊(香港, 1973)이 유명하다.

게 된다. 매판의 직위는 세습적인 가산처럼 아들이나 조카들이 넘겨받았다. 낡은 방식대로 토지에 투자하는 대신, 매판들은 중국 관리의 침탈로부터 돈을 지켜주는 외국회사에 투자하는 경우도 많았다. "매판 부르주아지"와 이른바 "민족 부르주아지"를 구분하는 것(공산당이 선전목적을 위해서 그렇게 한 것처럼)은 사실 불가능하다. 그들은 모두 하나의 집단에 속했다.

중국의 국민생산에서 농업이 여전히 65퍼센트를 생산했으므로 근대 경제 부문은 여전히 주변적 위치에 있었다. 중국은 외국 열강에 의해서 수탈되는 반식민지의 역할을 피할 수 있었다. 중국은 외국을 위한 거대한 공급원이 되지도 않았으며, 외국 상품을 위한 거대한 시장을 제공하지도 않았다. 아편 다음으로 아주 많이 팔린 유일한 수입품은 공업용 면사와 등유였다. 요컨대 낮은 생활수준과 더불어 전통적인 경제체제가 여전히 잘 기능했으므로, 근대적 경제는 거의 제공할 것이 없었던 것이다. 예를 들면 기선(汽船)과 작은 증기선은 속도를 올리기 위해서 중국의 수상교통망에 도입되었으나 수송체계 자체를 크게 변화시키지는 못했다. 중국 상인들도 그것들을 —— 외국인이 운영하건, 중국인이 운영하건 상관없이 —— 곧바로 이용했다.

청말의 자강운동을 이끌던 고관들은 동료, 고문, 비서, 대리인과 합작자로 이루어진 거대한 연결 네트워크를 보유했다. 이 복합체는 "관독상판"의 형태로 상인들을 일정하게 통제했으나 관료들은 생산을 책임지지 않았다. 마리-클레르 베르제르(1989)는 초기 근대화 운동의 추진자들이 이러한 관료적 복합체에 의존했음을 지적했다. 권력은 여전히 관부에 있었다. 근대화는 관리와 기업가 사이의 개인적 관계나 이익 공유를 통해서만 진전될 수 있었다. 따라서 청말이라는 시기는 국가 자본주의가 아니라 관료 자본주의를 선택했던 셈이다.

청조는 1903년의 조칙으로 상인 신분을 향상시켜줌으로써 도시 엘리트들을 끌어들이려고 했다. 그때부터 1907년까지 새로 설립된 상부(商部)는 투자자, 기술자, 기업가를 장려하기 위하여 포상을 시행했다. 1912년까지 지방 및 성의회와 더불어 전국에 794개 소의 상회(商會)와 723개의 교육회(敎育會)가 설립되었다. 이러한 조직들이 성의 경계를 넘어서 이를테면 중국교육회(中國敎育會)나 자의국연합회(諮議局聯合會) 등 전국단체로 발전하면서 정부의 통제를 벗어난 조직화의 시도가 출현했다. 그러한 단체들은 신상층(紳商層)

328

을 대변했다.

1914년 8월 제1차 세계대전이 유럽에서 발발하자 중국에서는 외국의 선적량과 교역량, 그리고 수입이 감소되었다. 뒤이어 곧 수출용 원자재에 대한 외국의 수요가 증가하는 현상이 나타났다. 동시에 세계시장에서 은가(銀價)가 급속하게 뛰어올라 중국 화폐의 구매력을 향상시켰다. 비록 선적횟수가 줄어들어 유럽에 주문한 장비의 수송이 많이 지체되기는 했지만, 외국과 경쟁이 줄어든 것은 중국 기업가들에게 아주 큰 기회를 제공했다. 1919년이 되면 수입에 유리했던 (금에 대한) 은가의 환율상승뿐만 아니라 유럽과 미국에서 거액의 수출주문이 들어온 것 때문에 중국은 많은 이익을 올렸다.

19세기 말의 자강운동과는 달리 이러한 공업화의 물결은 즉각적인 소비와 이윤을 위한 소비재 생산에 유리하게 작용했다. 1912-1920년 사이 중국 공업은 연평균 13.8퍼센트의 성장률을 기록했다고 베르제르는 말한다. 1922년에만 49개 소의 방적공장이 세워졌다. 상해 주변에서는 제분공업이, 광주 주변에서는 성냥·담배·제지공업이 성장했다. 상해에서는 1912-1924년 사이 약 200개소의 새로운 기계제작소가 설립되어 장비를 유지하고 보수했을 뿐만 아니라 편물기계, 직기(織機), 여타의 공업용 기계를 제조했다. 1920년이 되면 그 가운데 절반은 전력(電力)을 이용했다.

제1차 세계대전은 또한 중국의 근대 은행이 성장할 수 있게 해주었다. 여기에 교통은행과 중국은행 등 북경 정부와 관련을 가진 은행만 포함된 것은 아니었다. 10여 개의 다른 은행들도 성정부와 연결되어 국가의 자금과 차관을 다루었다. 하지만 다른 10여 개 또는 그 이상의 은행들은 순수한 상업은행이었다. 1920년의 상해에는 또한 71개소의 전장이 있었다. 단기적인 대부를 전문으로 하는 이 전장은 아편상인과 염료업의 거래자금을 다루었다. 주식시장이나 전국적 은행은 아직 나타나지 않았다.

공공조계와 프랑스 조계, 주변의 중국인 거주지역까지 포함하여 상해의 인구는 1910년에 130만, 1927년에 260만을 기록했다. 화교들은 1919년 홍콩으로부터 선시공사(先施公司)와 영안공사(永安公司)라는 대형 백화점을 들여와 상해의 남경로(南京路)에 점포를 개설함으로써 중요한 역할을 담당했다. 황포강(黃浦江) 주변에는 회풍은행(匯豊銀行)과 이화양행(怡和洋行)의 거대한 근대적 건물이 들어섰다.

1925년 이후 상해 공공조계 공부국(工部局)은 중국인 이사〔華董〕를 참여시키게 되었다. 그리고 변두리에서는 중국인에 의한 도시행정이 1927년 대상해계획(大上海計劃)으로 통일될 때까지 얼마간 자율적으로 성장했다. 공공조계 내에서는 납세화인회(納稅華人會)가 활동했으며, 여러 상회(商會)도 여기에 자리잡았다. 가장 유명한 것은 상해총상회(上海總商會)였다. 대규모 직물공장이나 방적공장을 발전시킨 중국인들은 지주신사와 연결되기는 하나 그들의 통제를 받지는 않는 새로운 기업가 계급을 형성했다. 이 새로운 지방 엘리트들은 특히 상해에서는 분명하게 정부의 통제에서 벗어나 있었고, 지방의 사대부 가운데서 현지사를 임용할 수 있었다. 현지에서 관료가 충원되었던 것이다.

자율을 주장한다는 점에서 이 새로운 기업가들은 1919년의 5·4운동과 그 이후 시기에 북경에 중심을 두었던 학계(學界)와 평행선을 달렸다. 이 산업자본가들은 실용주의적인 훈련과 개인에 대한 존중을 가르치는 새로운 교육에 호의를 보였다. 예를 들면 채원배의 뒤를 이어 북경대학을 맡은 장몽린(蔣夢麟)이 이끈 신교육운동은 강력한 영향력을 지닌 강소교육총회(江蘇敎育總會)의 후원에 크게 의존했다. 대가족제도를 통해서 1920년대의 학계와 기업가들 사이에는 수많은 연줄 관계가 형성되었다. 예를 들면 태평천국에 대한 승리자인 증국번의 딸은 섭집규(聶緝規)라고 하는 (상해) 강남제조국(江南製造局)의 총판(總辦)과 결혼했다. 그들의 자손은 방적공장의 이사가 되었으며, 그 가운데 섭운대(聶雲臺)는 또한 상해총상회의 총리(總理)가 되기도 했다.

이러한 새로운 상해 부르주아지는 자신들의 조직을 창설했다. 1917년 『은행주보(銀行周報)』의 창간은 1918년 상해은행공회(上海銀行公會)의 설립을 낳았다. 이러한 상해의 사례는 한구, 소주, 항주, 북경, 천진과 장춘(長春) 등 다른 도시에서 은행공회의 설립을 촉진시켰다. 1920년 그것들이 통합되어 중국은행공회(中國銀行公會)가 결성되었다. 방적공장 소유주들의 협회인 화상사창연합회(華商紗廠聯合會)도 결성되었다. 그들은 세계시장을 연구했으며, 전통적인 목표인 독점에서 성장 쪽으로 경영의 방향을 바꾸었다. 그들은 국제적인 시야를 소유한 사람들이었다. 몇몇 지도적인 은행가들은 일본에서 고등교육을 받았다. 외국인에게 가장 잘 알려진 사람의 하나인 진광보(陳光甫)는 미국 펜실베이니아 대학의 워턴 재정학원을 졸업했다.

330

합자회사(合資〔合夥〕會社)나 개인회사라는 조직도 주식회사에 자리를 넘겨주게 되었지만, 이것 역시 여전히 가족관계의 지배를 받았다. 가족제도가 기업가 계급의 대들보로서 어떻게 작용했는가 하는 점은 영(榮)씨 가문의 사례에서 잘 드러난다. 1896년 무렵 창립자는 상해와 무석(無錫)에 전장을 개설했다. 제3대째가 되면 제분공장이나 방적공장에 이사나 감독으로 근무하는 사람은 11명이나 되었다. 1928년 영씨 형제들은 12개의 제분공장과 7개의 방적공장에서 54개의 임원직, 즉 최고 경영진의 절반 이상을 차지했다.

새로운 기업가 계급 사이에서 지연이나 가족제도가 중요한 의미를 지녔다는 점은 그들이 중국 사회로부터 뚜렷하게 벗어나지 않았으며, 따라서 오히려 "유교적 근대화주의자"로 불릴 수도 있음을 시사해준다. 베르제르는 "기업가 정신을 지니고 자유주의적이며 세계시민적인 부르주아지"가 중국적인 낡은 관료와 농민의 문명에 과연 접목될 수 있었을까 하는 점에 대해서 의문을 품고 있다. 한 가지 분명한 것은 새로운 형태의 기업가들이 청조로부터 소외되었으며, 이 때문에 그들은 1911-1912년의 혁명에서 성의 개혁파 엘리트를 지지했다는 점이다.

중국 엘리트들이 행동을 취해야 하며, 전문기술을 발전시켜야 하고, 좋은 정부가 재정적으로 책임을 지고 앞서서 계획할 수 있게 만들어야 한다고 주장했다〔好人政府論〕. 호적(胡適)과 그의 북경대학 동료들의 이런 호소에 대해서 1920년대 초반의 상인(商人)[5]들은 찬성의 뜻을 보였다. 호적은 자유주의적인 북경 지식인들을 대표했으며, 그들은 상해 상계(商界)와 서로 많은 생각을 같이했다. 이를테면 상인들은 미합중국의 초기 연합(부적절한 것으로 판명되었지만)을 상기시키는 것으로서, 당시 유행했던 연성자치(聯省自治)의 개념을 지지했다. 그들은 모두 성자치(省自治)와 연방제에 호의를 보였다. 또 다른 실제적인 수단은 상인의 자위기구인 상단(商團)의 창설이었다. 그들은 경제기능 면에서는 자율과 국가통제로부터의 자유를 추구했지만, 또한 간절히 중앙집권적인 질서를 바라는 모순된 태도를 보였다.

1923년 3월부터 상해에서 정치의 재편, 통일, 군대와 재정의 통제 등을 논

---

5) 여기서 말하는 "상인"은 단순한 중소상인만을 가리키는 것이 아니라 대기업의 자본가, 금융업이나 운수, 교통업자 등까지도 포함하는 상당히 광범위한 범위의 상공업자 전체를 가리키는 개념이다. 따라서 부르주아지라고 해도 별 상관이 없는 개념이다.

의한 국시회의(國是會議)가 개최되었다. 상인들은 상회를 통해서 여기에 참가했다. 1923년 6월 그들의 자치의식이 정점에 달했을 때에는 영토적 또는 군사적 기반이 전혀 없음에도 불구하고 상해총상회가 북경 정부로부터의 독립을 선언하기도 했다. 하지만 상해의 부르주아지는 북경의 학자들과 마찬가지로 문(文)적 지배의 측면을 벗어나서는 제대로 기능하지 못하는 무력함을 보였다. 상인계급은 군사력을 갖출 수 없었다. 또한 상해의 중국 부르주아지는 곧바로 새로운 좌익 노동운동의 도전에 직면하게 되었다. 이런 경우 그들은 외국의 지원을 받을 수 있었다. 진광보는 훨씬 후에 노동운동을 진압하기 위한 자금조달에 대해서 회상하면서 그 목적이 군벌주의와 군벌을 쓰러뜨리고 근대적인 정부를 지원하려는 것이었다고 이야기했다. 호적과 마찬가지로 진광보는 자기 분야에서 지도력을 발휘할 수 있었지만, 국가의 힘을 통제할 수는 없었던 중국적 자유주의자였다. 이런 지도자들은 모두 반제국주의자였고 중국이 외국의 불평등조약에 의한 특권으로부터 자유롭기를 갈망했다. 사실 그들은 자치를 갈망하면서도 우선 독재나 다름없는 강력한 정부를 필요로 한다는 진퇴양난에 빠져 있었다.

성벽으로 둘러싸인 도시 북경의 경우, 주로 황실을 위해서 봉사하던 기인(旗人)과 소상인(小商人)들로 구성된 시민에게는 상공업이 부차적인 위치밖에 차지하지 못했다. 1900년 외국군이 이곳을 점령한 다음 일본의 주도로 일본·서구의 모델을 따라 제복을 입은 경관을 훈련하고 충원하는 경찰학교가 설립되었다. 경찰들은 주로 기인 출신이었으며, 이들은 이제 새로운 형태의 시민의 종복으로서 봉급을 받고 존경을 받게 되었다. 원세개는 이러한 경찰제도를 주요한 도시에 모두 확산시켰다. 데이비드 스트랜드(1989)는 후원자에 대한 충성과 그에 수반하는 관습적인 부패는 물론이고, "아주 희미한 형태이지만 꾸짖고 간섭하고 중개하려는 경향을 지닌 유교적 심리상태가 효율적인 경찰업무를 자극했다"고 지적했다.

1907년에 조직된 북경상무총회(北京商務總會)는 또다른 새로운 기구였다. 회원은 북경 시의 2만5,000 상가(商家)의 17퍼센트만을 포함했으나, 총상회는 은행권 지폐의 통화팽창과 같은 문제에서는 상인들의 공동이익을 대변했다. 그 지도층은 불가피하게 군벌시대의 정치에 휘말려들지 않을 수 없었다. 북경에는 아득한 옛날부터 운영되었던 100여 개 이상의 동업공소나 동향회관이 존재했다. 예를 들면 장님 이야기꾼의 동업공소는 500명의 회원을 거느렸다. 구식 먹물 제조업도 약 200명의 숙련 노동자와 300명의 비숙련 노동자를 보유했다. "급진적인 정치를 위한 프롤레타리아적 기반"을 모색했을 때 5·4운동은 신식 공장의 노동조합보다는 이런 행회에서 보다 큰 힘을 얻을 수 있었다.

도시에서의 인력거 이용은 1870년대부터 1940년대까지 동아시아에서 번창했다. 그것은 값싼 다리 근육과 볼 베어링이 달린 바퀴의 혼합품이었다. 1920년대의 북경에는 6만 명의 인력거꾼이 있었다. 1929년의 폭동에서 그들은 전차회사의 전차 90량을 공격하여 60량을 파괴했다.

대체로 1920년대의 북경에서는 자치, 산아제한, 그밖의 여러 사상을 옹호하는 시민집단이 자라나고 있었다. 군벌전쟁과 농촌의 황폐화에 직면하여 일부 시민지도자들은 전국화평연합회(全國和平聯合會)를 설립했다. 그들은 식품을 수입히고, 히루에 8만 명을 먹일 수 있는 죽 공급식당을 개설히고, 폐비한 군벌 병사들이 조용히 흩어지도록 자금을 지불했다. 그러한 행동은 북경에서는 아주 많은 선례를 찾을 수 있다. 예를 들면 1644년 반란군의 수령 이자성(李自成)이 북경을 장악했다가 만주족에게 쫓겨났을 때와 같은 경우이다. 1920년대에는 시민사회적인 것이라고 할 수 있는, 낡고 새로운 것들이 혼합된 행동양식이 나타났다. 하지만 궁극적인 군사적 권력은 그 안에서 자라나지 못했다. 1928년에 국민당의 군대가 그러했듯이 그것은 밖으로부터 들어올 수밖에 없었다.

한구나 상해, 북경과 같은 도시에 대한 연구는 우리에게 때때로 도덕적 공감에 의해서 활성화되는 자각적 공동체의 이미지를 전달해준다. 이것은 보통 기성체제나 집단에서 활동하는 시민들 사이에서 떠오른 정의(正義)나 민생(民生)에 대한 관심이었다. 물론 이러한 도덕공동체는 유교로부터 이어받은 것이었다. 그것들이 통속적인 정의감을 (군사적) 권위에 대한 지속적인 복종과 혼합시킨 탓에 외부인이 파악하기 힘든 경우도 많이 있었다. 중국적 형태의 시민사회에서 반(半)자치적인 요소는 국가권력에 대면했을 때에는 상당히 연약한 것처럼 보였다. 유교적 문인관료들이 황제를 대할 때와 마찬가지였던 것이다. 그러므로 그들의 도덕적 정의감은 최종 심판자가 될 수는 없었다.

중국공산당의 기원

신문화운동기의 자유주의자들과 마찬가지로 중국 상인들은 정치와 관직 밖에 머무르기를 원했다. 반면 5·4운동 시기의 일부 활동가들은 새로운 국가권력을 찾는 노력에 뛰어들었다. 중국의 초기적 시민사회를 구성하는 학계(學界)에서 성장했지만, 그들은 중국에 통일과 사회질서, 부강함을 가져다줄 수 있는 새로운 정부를 창조하기 위한 노력에 모든 것을 바쳤다. 그 노력은 몇 세대에 걸친 것이었다. 따라서 5·4운동 시기의 지식인들은 두 부류 —— 중국의 역사와 문화에 대한 근대적 재발견과 재평가에 몰두한 호적이나 부사년과 같은 학자들과, 중국 공산주의 운동의 형성에 참여한 진독수나 장국도 같은 정치활동가 —— 로 갈라지기 시작했다.

중국에서는 1900년대 초부터 널리 퍼진 무정부주의에 대한 관심이 마르크스주의를 압도하고 있었다. 1917년 이후 소비에트 혁명이 중국에 레닌주의를 전파할 때까지 주요한 사회주의자들은 모두 무정부주의자였다. 파리나 도쿄의 중국 유학생들은 푸르동, 바쿠닌, 크로포트킨, 그리고 정부, 국가, 군국주의와 가족을 비롯한 모든 권위에 대한 비난에 크게 매혹되었다. 한 무정부주의 작가는 국가가 현대의 신이 되었다는 크로포트킨의 선언을 인용했다. 그들은 나중에 중국 혁명의 용어 가운데 일부를 구성하게 될 가족적 구속으로부터의 여성의 해방, 착취로부터의 농민의 해방 등 평등주의적 이상을 웅변적으로 제시했다. 무정부주의자들은 국가가 아니라 개인에 의존하기를 원했다. 그들은 피 흘리는 일 없이 머나먼 과거의 평등주의적 공동체가 다시 창조될 수 있기를 바랐다. 하지만 중국 무정부주의 문헌에 대한 피터 재로(1990)의 분석은 그들이 단 한 번의 도약으로 유교적 질곡에서 벗어나 완전한 자유 —— 감동적이지만 결함이 있는 이상 —— 를 이룰 수 있다는 유토피아적 희망에 빠져 있었다는 느낌을 전해준다. 암살을 제외한 어떠한 행동도 불가능했다. 실제로 무엇을 할 수 있었을까?

학자들에게는 매력적이었을지 몰라도 신문화운동은 새로운 사회질서를 창조하여 중국의 구원자로서의 새로운 자아를 확립하려던 청년들에게는 아무런 기회도 제공하지 않았다. 북경대학의 채원배에 의해서 장려된 학생의 토론단체는 1919년과 그 이후 다른 대도시 —— 천진, 제남(濟南), 무한, 장사,

광주, 특히 상해 —— 의 졸업생들이나 중학생들에게 선례를 제공해주었다. 대부분의 단체는 잡지를 발행했다. 이런 활동가들은 국가가 아니라 사회에 봉사하는 새로운 역할을 발견했다. 도시의 노동계급도 새롭게 의식하게 되었으므로 그들은 또한 일반 대중에게도 접근하기를 원했다. 사회주의는 위대한 희망처럼 보였다. 일부는 그것이 노동자와 지식인들을 결합시켜 적절한 시기에 계급투쟁을 회피할 수 있게 해줄 것으로 생각했다. 애리프 딜릭(1989)의 지적처럼 이 시기 일부 국민당(國民黨)의 사회주의자들은 자본주의가 아니라 토지소유를 공격대상으로 보았다.

1920년이 되면 대여섯 군데의 대도시에서 급진적인 연구회가 활동했다. 그것들은 서로를 알고 격려하는 자발적인 지식인들로 구성되어 있었다. 이대조(李大釗) 교수가 1920년 3월 북경대학에서 특별히 마르크스주의 연구회를 설립하자, 그것은 하나의 모범이 되었다. 일반적으로 역사가들에 의해서 중국공산당의 두 창건자[6] 가운데 한 사람으로 지목되었지만, 사실 이대조가 당의 창건에 열심이었던 것은 아니라고 딜릭은 결론을 내렸다. 그는 마르크스주의 이론을 열성적으로 선전했지만, 실제로 행동에 옮길 때에는 이념적 차이에 상관없이 모든 사회주의자들이 단합하기를 희망했던 것이다.

중국공산당의 창당은 주로 진독수와 코민테른[7]에 힘입은 바가 큰 것처럼 보인다. 신문화운동과 5·4운동을 지도한 진독수는 그 때문에 1919년 여름 3개월 동안 옥살이를 해야 했다. 낙담했지만 분노한 진독수는 출옥 후 상해로 가서 행동방안을 모색했다. 1920년 가을 중국공산당의 핵심이 실제적으로 조직되는 데에는 코민테른의 대표인 보이틴스키[吳廷康]의 역할이 컸다. 코민테른의 대표로서 보이틴스키의 후임이 네덜란드인 스니블리트("馬林, Maring"으로도 알려져 있다)가 1921년 중국을 방문했을 때, 중국공산당의 창당 모임이 상해에서 7월에 개최될 수 있었다. 잡지를 통한 선전, 서점 운영,

---

6) '남진북리(南陳北李)'라고 하여 남쪽의 진독수(陳獨秀)와 북쪽의 이대조(李大釗)가 공산당의 초기를 대표하는 두 지도자로 잘 알려져 있다.

7) 1919–1941년 사이에 존재했던 '제3공산국제', 즉 Communist International의 줄임말이다. 마르크스, 엥겔스 등이 조직한 것이 제1인터내셔널이고, 독일의 사회민주주의자들이 주도한 것이 제2인터내셔널인데, 수정주의라 불리는 이 제2인터내셔널에 대항하여 1919년 모스크바에서 레닌의 주도로 결성된 것이 바로 코민테른이다. 성립 이후 코민테른은 소련과 세계의 사회주의혁명운동을 지도하는 총본부로서의 역할을 자처하게 되었다.

번역과 연구회, 노동단체를 통해서 중국 공산주의는 곧바로 "행동의 이데올로기"로 그 조직의 의식을 확립시켰다. 중국공산당은 무정부주의자나 길드 사회주의자와 결별하고, 계급투쟁의 우선성을 강조했다. 비밀스럽고, 배타적이며, 권력을 추구하는 중앙집권적인 볼셰비키(즉 레닌주의적) 정당이 되었던 것이다. 그것은 5·4의 계몽을 저 멀리 뒤로 제쳐두었다. 두 "창건자" 이대조와 진독수는 러시아 코민테른 대표들이 주도한 1921년 7월의 창당 모임에 참가하지 않았다. 당규율(黨規律)의 원칙이 받아들여지기까지는 1년의 세월이 더 걸렸다. 그 무렵 창당 멤버인 12명 가운데 절반은 운동에서 이탈했다.

초기 당원들이 마르크스, 레닌주의를 제대로 이해했는가에 대해서는 의문의 여지가 많다. 창당에 참가한 사람 가운데 하나인 모택동(毛澤東)은 5·4 운동의 신도로서 출발했으며, 개혁을 신뢰하는 점진주의자였다. 심각한 좌절을 겪은 후에야 그는 폭력혁명이 유일하게 가능한 길이라는 결론을 내렸다.

모택동은 다른 많은 사람들처럼 상호부조와 협력을 강조한 크로포트킨식 무정부주의에 빠져 있었다. 1914년 18세에 그는 채원배가 번역한 독일의 철학자 프리드리히 파울젠의 『윤리학 원리(*System der Ethik*)』에 대한 논평을 쓴 적이 있었다. 이 대중적인 철학자는 "의지는 지성에 기본적인 것이며", 윤리는 본성의 일부라고 주장했다. 우주의 행동은 윤리적인 것이고, 따라서 개인의 그것도 마찬가지였다. 그러므로 주관적이고 객관적인 태도들은 서로 대립되는 것이 아니었다. 이렇게 발전에 대해서 윤리적 성격을 부여한 것은 역사와 의지, 강상명교(綱常名敎)라는 윤리적인 유산과 과학적 세계의 근대적 지식을 조화시켜야만 했던 중국인 세대에게는 특히 쓸모가 있었다.

5·4 운동 직전 북경대학에서 호남으로 돌아온 모택동은 토론을 위한 잡지〔『湘江評論』〕를 창간하여 민중이 억압당하는 국면 다음에는 민중에 의한 변혁의 국면이 뒤따르며, 중국의 굴욕과 연약함 다음에는 중국이 지도적인 국가로 떠오르는 날이 온다는 변증법적인 견해를 표명했다. 이것은 저 멀리 도가철학으로까지 거슬러올라가는 대립물의 통일이라는 주제를 보여준다. "민중의 대연합"을 주창하면서 모택동은 단합된 집단은 오랫동안 항상 그 단결력을 바탕으로 사회를 지배해왔으며, 따라서 이제는 대중들이 그렇게 할 때가 왔다고 주장했다.

　모택동의 사상은 용어 면에서 세계주의적이고 보편적인 것이었다. 그렇지만 그의 첫번째 행동 가운데 하나는 호남성의 자치운동이었다. 이 운동은 중국에 근대적 정부를 세우기 위한 수단으로서 당시 상당한 인기를 누렸던 연성자치(聯省自治)의 사조를 반영하여 호남성 헌법을 제정하려는 움직임이었다. 자치는 대중적인 기반과 참여, 모든 인민의 동원이 필요한 것이었다. 1919년 말 잡지가 탄압을 받자 모택동은 다시 북경과 상해로 여행을 떠났으며, 거기에서 자신과 비슷한 생각을 가진 사람들을 만났다. 1920년 러시아 연구회[俄羅斯硏究會]와 사회주의청년단(社會主義靑年團) 호남지부를 결성했지만, 그는 아직 음모가나 마르크스주의자는 아니었다. 심지어는 1921년 7월 상해에서 중국공산당 창당 모임에 참가한 뒤에도 그는 계급투쟁에 전념하지 않았다. 1923년 그는 호남자수대학(湖南自修大學)을 설립했는데, 그 목적의 하나는 낡은 서원(書院)을 이용하여 새로운 내용의 근대적 학문을 익히게 하는 것이었다. 호남에서의 마지막 행동은 노동운동에 종사한 것이었지만, 1923년 4월 그는 상해로 도피하지 않을 수 없었다.

　이렇게 중국공산당의 창건자들이 마르크스 · 레닌주의를 수용하는 데에 걸린 시간을 보면, 권력을 장악하기 위해 중국에서 비밀스럽고 음모적인 운동을 조직하는 것은 그것을 이끄는 데에 필요한 이론을 다듬는 것보다는 형식상 훨씬 쉽게 이룰 수 있는 일이었음을 알 수 있다. 수천 년에 걸쳐서 수많은 반란가들이 비밀조직을 결성했다. 손문 자신도 이런 낡은 행동양식에서 벗어나는 데에 정말 많은 어려움을 겪었다. 토니 사이치(1996)[8]가 편집한 공산당 중앙과 지부 사이의 통신문을 검토해보면 "민주집중제(民主集中制)"라는 일방통행의 원칙을 집행하는 데에 초기에는 많은 어려움이 있었음을 알 수 있다. 중국에서 공산주의가 토착화하는 데에는 행동양식과 사상 둘 다에서 문제가 발생했던 것이다. 무엇보다도 당권력을 강조하는 볼셰비즘은 민주주의적인 열망을 내포하고 있는 마르크스주의의 한 분파에 지나지 않았다. 중국공산당 내부에 남아 있던 상호부조와 "반공반독(半工半讀 : 지식인을 노동자로, 노동자를 지식인으로)"이라는 무정부주의적 사고는 이러한 데에 저항하

---

8) 이 책은 1판에는 근간 예정으로 되어 있었지만 Tony Saich and Benjamin Yang ed., *The Rise to Power of the Chinese Communist Party: Documents and Analysis*, M. E. Sharpe, 1996라는 제목으로 출판되었다.

는 흐름으로 남았지만, 중국적 형태의 시민사회에는 거의 아무런 도움도 되지 못했다.

1910년대와 1920년대에 신문화운동의 세례를 받은 학계와 상계는 모두 자기 힘만으로 국가권력을 건립할 수 있는 능력이 없음을 드러내게 되었다. 새로운 정치질서를 원하면서도 그들은 역사가 자신들에게 무엇을 가져다줄 것인지 그냥 기다리면서 지켜보고 있어야 했던 것이다.

제14장

국민혁명과 남경정부

손문과 국공합작

예전에 이루어졌던 수많은 통일처럼 군벌혼전으로 분열된 중국이 다시 통일되는 데에는 대략 1920년에서 1950년까지 약 30년의 시간이 걸렸다. 앞서의 모든 시대와 마찬가지로 이 시기에도 다양한 과정들이 평행선을 이루면서 동시에 나타났으므로 혼란은 그야말로 끝이 없는 것처럼 보였다. 대외관계 면에서는 불평등조약 체제를 폐지하기 위한 1920년대의 주권회복운동이 있었다. 하지만 1931년 이후 이 운동은 중국을 점령하려는 일본 군국주의자들에 대한 애국적 저항으로 대체되지 않을 수 없었다. 1945년에 가서야 일본은 패퇴했다. 국내정치 면에서는 함께 러시아 레닌주의의 영향을 받은 두 독재정당의 합작에 의해서 통일이 추구되었다. 1920년대에 중국공산당(中國共産黨, the Chinese Communist Party, 약칭 CCP. 앞으로는 중공으로 약칭)과 중국국민당(中國國民黨, the Nationalist Party, 약칭 GMD. 앞으로는 국민당으로 약칭)은 군벌을 무너뜨리고 제국주의를 물리치기 위해서 협력하고 경쟁했다. 1927년 결별한 다음 양당은 1937년에 다시 일본에 대항하는 제2차 국공합작으로 명목상의 협력관계에 들어가기는 하나, 사실 불구대천의 원수가 되어 있었다. 한편 1928년 국민당이 표면적으로나마 전국의 재통일을 이루고 남경에서 남경정부를 수립하고 난 다음에는, 국민당 내부에서도 제3의 노선투쟁이 나타났다. 이 국민당 내부의 투쟁은 국민당 집권 후에도 여전히 발전하고 있던 시민사회적 요소와 일본의 침략으로 양해를 얻게 된 군사독재 사이에서 진행되었다.

이러한 세 가지 흐름의 갈등은 참가자뿐만 아니라 관찰자에게도 혼란스럽게 보였다. 중화민국시대의 중국을 불가사의와 오해로 가득 찬 수수께끼로 만들어버린 것은 바로 이런 것들이었다. 우리의 분석은 애국자 손문에게서 시작해야만 할 것이다. 손문은 환경이 요구할 때면 놀랍게도 비이데올로기적이고 기회주의적인 자세를 취했지만 그 자신이 워낙 성실했기 때문에 그리 큰 문제가 되지 않았다.

손문은 포르투갈령 마카오 부근의 광동성에서 태어난 평민 출신이었다. 하지만 그는 얼마 동안은 하와이에서 자랐으며(영어를 잘해서 학교에서 상을 받기도 했다!), 홍콩에서 의학교육을 받았다("Dr. Sun"이라는 명칭은 이 때문이다). 그는 1896년 런던의 청국공사관(淸國公使館)에 사로잡혔다가 다시 풀려남으로써 중국의 선구적 혁명가로서 명성을 얻었다. 1905년 일본 팽창주의자들은 그가 도쿄에서 중국동맹회를 결성하는 것을 도와주었다. 상징적인 혁명원로로서 그는 또한 원세개에게 자리를 넘겨줄 때까지 1912년의 몇 주 동안 중화민국의 임시 대총통으로 재직하기도 했다.

손문이 내세운 모호한 민족주의의 종지 —— 중국 사회의 재건으로만 제한된 목표 —— 는 1920년대에 아주 명확하게 드러났다. 그 기회는 손문이 1922년 소비에트 러시아로부터 배우기로, 그리고 그의 후계자인 장개석(蔣介石)이 1927년 소비에트 러시아와 결별하기로 결심함으로써 제공되었다.

레닌주의 이론은 반제국주의를 국가적 범위를 뛰어넘는 기반 위에 올려놓아 그것이 세계적 운동의 일부가 되게 했다. 중국에서 정치적 사고란 항상 보편적인 원칙에 기초했고 중화제국은 전통적으로 문명세계를 포용했으므로, 중국 혁명가들은 기꺼이 자신들의 대의를 보편적인 정당성의 원칙 위에 건립하고자 했다. 손문은 계급투쟁에 동조하지는 않았지만 공산주의적 방법의 유용성을 제대로 인식했으며, 자신의 민족주의를 위해서 공산주의자들과의 협력을 받아들였다.

러시아 볼셰비키는 다양한 국가에 흩어져 있는 집단을 모아 코민테른을 조직했다. 1919년 처음 열린 코민테른 대회는 유럽의 많은 지역에서 혁명을 고무했다. 하지만 레닌이 신경제정책(新經濟政策, New Economic Policy : 약칭 NEP)으로 돌아선 1921년 이후 코민테른은 재건된 유럽의 사회당들과 계속 경쟁했지만, 중국의 경우를 제외하고는 혁명의 퇴조를 경험했다.

레닌은 서구 자본주의가 자본주의 체제를 뒷받침하는 이윤의 원천으로 아시아의 후진국을 이용하고 있다고 생각했다. 서구 노동자들에게 계속 높은 임금을 보장해주는 것은 아시아에 대한 제국주의적 착취였다. 따라서 이것이 사라진다면 자본주의는 훨씬 빨리 몰락하게 될 터였다. 그러므로 아시아에서 민족주의 혁명이 일어난다면 이윤을 확보하는 시장과 원료의 공급 원천을 제국주의 국가로부터 박탈하게 되고, 이것은 서구 자본주의의 약점에 대한 "측면공격"이 될 수 있었다. 제국주의 국가들이 아시아 경제에서 노동계급을 가장 무자비하게 착취하는 데에 이 약점은 존재하고 있었다.

소비에트 정부는 자신들의 무능력에 편승하여 차르 시대 불평등조약에 의해 얻은 중국에서의 특권을 포기한다는 거창한 선언을 발표했다. 하지만 만주에서의 특권을 그대로 유지하려고 했던 소비에트 러시아는 중국에게 아주 곤란한 협상의 상대였다. 코민테른이 파괴적인 혁명활동을 꾀하는 동안에도 소비에트 외무성은 북경정부 및 화북의 군벌들과 계속해서 외교적인 협상을 벌였다.

한편 30년간 선동가로서의 생애를 보내왔던 1922년의 손문은 자신의 운명에서 가장 참담한 밑바닥에 빠져 있었다. 1912년에 그는 중화민국의 임시 대총통이 되었지만 결국 조국이 군벌주의로 분열되는 것을 지켜볼 수밖에 없었다. 군벌의 무력을 이용해서 중국을 통일하려던 노력은 그가 광주의 기회주의적인 군벌들과 거래하도록 만들었다. 하지만 1922년 6월 그는 그들에게 쫓겨나 상해로 도피했다. 자신이 중국 민족주의의 탁월한 지도자라는 점을 과시할 수 있지만 동시에 혁명을 완수할 능력은 없다는 약점을 내보일 수밖에 없었던 바로 그 시점에 손문은 코민테른과 손을 잡았다. 1922년 9월 그는 소비에트의 노선을 따라 국민당의 재편을 시작했다.

1923년 1월 손문과 소비에트 대리인의 공동성명〔손문·요페 선언〕으로 발표된 이러한 정략결혼은 아주 제한적인 협정이었다. 그것은 중국의 상황이 들어 맞지 않아 공산주의가 부적절하다는 손문의 의견을 받아들였지만 소비에트가 중국이 통일과 단결을 필요로 하고 있음을 인정하고, 중국의 민족혁명을 도울 준비가 되어 있다는 점을 언급했다. 그 무렵 장개석에게 털어놓았던 것처럼 손문은 어떤 도움이든 받을 준비가 되어 있었다. 서구열강은 아무런 원조도 주지 않았다. 그러나 소비에트의 도움을 받아들이기는 했지만 손문의 마음 속에서 중국 혁명을 위한 계획으로서 그 자신의 삼민주의(三民主義) —— 민족주의(民族主義), 민권주의(民權主義), 민생주의(民生主義) —— 가 공산주의로 대체될 수는 없었다. 물론 손문은 공산주의자들이 강조하는 반제국주의적 대중운동을 자신의 사상 속에 통합시키는 것이 유용하다는 점을 발견했다.

이러한 불편한 동맹을 바탕으로 하여 소련의 원조가 곧바로 도착했다. 1923년 초 광주에서 다시 지배권을 확립한 다음 손문은 장개석을 러시아로 보내 거기서 3개월을 머무르게 했다. 그는 1924년 귀국하여 광주의 새로운 황포군관학교(黃埔軍官學校)를 이끌게 되었다. 또한 미국에도 거주한 적이 있는 능력 있는 조직가이자 소비에트의 고문이었던 보로딘은 전문가로서 국민당에게 혁명의 수행방식을 가르쳐주었다. 그는 선전가들을 훈련시키기 위한 정치시설 설립을 도와주었고, 국민당 정치가들에게 대중의 지지를 확보하는 방법을 가르쳤다. 소비에트 모델을 따라 국민당은 지방 세포를 발전시켰고, 이들은 대표자를 선출하여 당대회에 파견했다. 국민당의 제1차 전국대표대회는 1924년 1월에 개최되었다. 당의 가장 주요한 권력기구로서 소비에트를 본뜬 중앙집행위원회가 설립되었다. 보로딘은 그 새로운 강령의 초안을 작성했다.

민족혁명을 돕는 것 외에도 코민테른의 숨겨진 목표는 중공을 발전시켜 국민당 내에서 전략적인 위치를 차지하고, 나아가 궁극적으로는 국민당에 대한 통제권을 장악케 하는 것이었다. 국민당과의 합의에 의해서 중공 당원들은 개인 자격으로 국민당에 입당했다. 공산당은 별도로 존속되었다. 이러한 공산주의자들의 "당내합작(黨內合作)" 전략은 코민테른 대표의 강제가 있고서야 비로소 초기의 중공에게 받아들여졌다. 중공은 아직 당원 수가 적고, 두 정당이 반제국주의를 기반으로 단결되어 있으며, 국민당은 계급투쟁을 피하면서 광범위하고 국민적이며 다계급적인 운동을 이끄는 것을 목표로 하고 있으므로 이러한 합작이 적당하다고 손문은 생각했다. 그는 또한 민생주의와 공산주의(적어도 레닌의 신경제정책을 보는 한)는 거의 차이가 없으며, 중국 공산주의자들은 러시아의 원조를 독점하기를 바라는 "젊은이"들의 집단에 지나지 않고, 만약 국민당과 협력하는 데에 필요하다면 러시아가 그들을 거부할 것이라고 보았다.

반면 중공 당원들은 도시 노동자, 빈농과 학생들 사이에서 명확한 계급적 지원을 모색했다. 하지만 이러한 계급적 기반이 아직은 약하다는 점을 인식한 그들은 국민당 내부의 비공산주의적 분자들을 자극하지 않으면서 국민당의 운동에 협력하고 그것을 이용하려고 했다. 중국의 공산주의 정당이 이 시점에서는 여전히 유아기에서 벗어나지 못했음을 잊어서는 안 된다. 1922년에 중공 당원의 수는 300명 정도였고, 1925년에 가서야 1,500명 정도가 되었다. 반면 1923년의 국민당은 약 5만 명의 당원을 보유했다. 초기 중공 문건을 검토한 토니 사이치(1996)는 "당내합작" 전략 아래서 중공이 당원을 부풀려서 이야기하는 허위적 과장의식을 지니고 있었음을 발견했다. 중공 당원이 국민당 고위직에 진출한 것은 사실상 그들에게 권력뿐만 아니라 영향력까지도 행사할 수 있는 기회를 제공했다. 1926년 5월 중공은 자신들이 지배하는 제3차 전국노동대회에 대표들이 파견되었다는 이유만으로 125만 노동자를 이끌고 있다고 주장했다. 그렇지만 이때 그들은 "거대한 석상이 아니라" 실은 진흙 발을 가진 "부처상"을 세우고 있었을 뿐이었다. 1920년대의 제1차 국공합작에서 중공은 장기적 지원을 받는 도시적 또는 농촌적 기반을 확립하는 데에 실패했다.

따라서 처음부터 국민당과 공산당의 합작은 대단히 변덕스러운 것이었다. 각자가 서로에게 쓸모가 있어서 결합했기 때문이다. 그것은 제국주의라는 공통의 적 때문에, 그리고 손문이 살아 있는 동안 국민당 내의 반공파벌을 억누름으로써 가까스로 유지될 수 있었다.

1925년 중국은 상해 및 광주에서의 학생시위(5월 30일)와 제국주의자들의 총격(6월 23일)으로 야기된 전국적인 반제(反帝)운동의 거대한 물결을 경험했다. 불평등조약과 외국인의 특권이 여전히 존속되고 있음을 극적으로 보여준 이 증거들은 전국적으로 파급된 5·30 운동을 불러일으켰다. 그것은 홍콩의 영국 당국에 대한 장기적인 보이콧과 파업을 동반했다.

장개석의 권력 장악

1925년 3월 손문이 불시에 사망한 이후 그의 추종자들은 1926-1927년 사이 광주에서 장강 중류 지역으로 진출하는 북벌(北伐)을 성공적으로 완수했다. 새로 훈련을 받은 국민혁명의 선전가들은 러시아의 무기와 고문들의 도움을 받은 장개석의 군대를 선도해나갔다. 북벌에 나선 여섯 부대는 선전과 대중적 선동, 그리고 "순은 총알", 즉 뇌물에 의해서 화남지구의 약 34개 군벌세력을 패배시키거나 흡수했다.

이리하여 1925년에서 1927년 사이 중국 민족주의는 새로운 절정에 도달했다. 그 저항의 초점은 가장 중요한 제국주의 열강인 영국에 집중되었다. 영국은 자기보호를 위해서 중국에게 장강 유역의 한구와 구강(九江)의 조계를 넘겨주었다. 다른 한편으로는 열강의 도움을 받아 상해를 지키기 위한 4만 명의 다국적군을 조직했다. 배외주의를 두려워한 수천 명의 선교사들 대부분은 내륙에 있던 자신들의 거점에서 피신했다. 국민혁명군이 남경에 도착한 1927년 3월 외국인 거류민이 공격을 당해서 여섯 명이 살해되었고, 나머지는 미국과 영국 군함의 포화가 엄호하는 가운데 피신했다.

1927년 봄 바로 이 시점에서 혁명의 좌파와 우파 사이에 잠재되어 있던 균열이 마침내 완전히 표면화되었다. 2년 동안 운동 내부의 좌파와 우파는 전반적으로 협력해왔었다. 물론 장개석은 1926년 3월 자신을 납치하려는 음모를 막는다고 주장하면서 광주의 좌파들을 체포한 적이 있었다[中山艦事件]. 1923년 3개월 동안의 러시아 시찰을 통해서 그는 소비에트의 방법을 알고 있었으며, 중공의 목표를 의심했다. 북벌의 성공은 마침내 상황의 전개를 분명하게 만들었다.

국민당좌파[1]는 중공과 더불어 1927년 3월까지 광주에서 무한(武漢)으로 옮겨온 혁명정부를 지배했다. 다른 많은 지도자 외에도 여기에는 손문의 부인이었던 송경령(宋慶齡)과 가장 중요한 손문 추종자의 한 사람인 왕정위(汪精衛), 그리고 가장 중요한 고문인 보로딘이 있었다. 무한은 새로운 수도로 선포되었다. 이곳이 대규모 공업중심지였으므로, 이것은 중공의 전략에도 들어맞았다. 중공 당원 두 명이 실제 국민정부의 부장(部長 : 장관)이 되었다. 하지만 이 정부는 군사적인 힘에서는 약점이 있었다.

좀더 보수적인 국민당 지도자들의 후원을 받은 장개석은 강남지역이라는

---

1) 제1차 국공합작 이후 출현한 국민당내의 우파와 좌파는 중공과의 합작에 찬성하느냐 아니면 반대하느냐에 따라 갈라지는 정치파벌이다. 좌파는 중공과의 합작에 찬성했으며, 우파는 이를테면 서산회의파(西山會議派)가 대표적인데 반공(反共)의 입장에서 합작을 거부했다.

부유한 전략적 중심을 목표로 삼았다. 그는 절강성 영파(寧波) 내지의 상인-신사가문 출신으로 화북과 도쿄에서 군사훈련을 받았고, 중국-일본의 관습적인 유교적 견해(비자유주의적인)를 보유했다. 1927년 상해-남경 지역이 손안에 들어오자 그는 군사력으로 중공을 탄압하고 자신의 위치를 강화시켰다. 상해에서는 1927년 4월 이미 지방의 통제권을 장악한 중공이 이끄는 노동조합이 외국의 군대, 군함과 대립하고 있었다. 코민테른의 지령 아래 그들은 동료로서 장개석을 기다리고 있었다. 하지만 그들은 장개석의 군대에 의해서 피비린내 나는 배신 속에서 무참하게 공격, 학살당했다. 이때 장개석은 상해 지하세계를 장악한 청방(靑幇)의 도움을 받았다.

장개석은 남경에 수도를 정했으며, 뒤이어 곧바로 무한의 지방군벌이 좌파정부를 무너뜨리고 권력을 장악했다. 무한정부의 지도자 가운데 일부는 모스크바로 도피했다. 새로운 남경정부는 중공 당원을 모두 공직에서 추방했으며, 그들을 탄압하기 위한 전국적인 테러를 감행했다. 얼마 동안 이러한 노력은 대체로 성공적이었다. 중공이 이끄는 일부 군대가 반란을 일으켰고, 1927년 12월에 중공은 광주에서 쿠데타를 시도했다〔廣東 코뮌〕. 이러한 권력 장악의 시도가 실패한 다음 그들은 농촌의 산악지역, 특히 화중지방의 강서성(江西省)으로 후퇴했다.

혁명적 노동운동의 경험을 지닌 코민테른이 중국에서 수치스러운 패배를 당한 것은 부분적으로는 모스크바의 권력투쟁에 영향을 받았기 때문이었다. 트로츠키와 그의 추종자들은 국민당을 통해서 혁명을 수행하려는 코민테른의 노력을 비판했다. 그들은 장개석의 배반을 예견했으며, 순수한 공산주의자들의 지도 아래 노동자, 농민의 소비에트를 발전시키는 계획을 주장했다. 하지만 스탈린과 그의 추종자들은 중국 같은 후진국에서 독자적인 공산주의운동은 탄압을 앞당길 뿐이라고 주장했다. 그들은 혁명의 마지막 국면이 도래하기를 기다려야 했다. 스탈린의 표현을 빌리자면 그때 가서 중공은 국민당을 "다 쥐어짜버린 레몬"처럼 이용하고 내버릴 수 있게 될 터였다.

코민테른이 무능력했던 원인의 상당한 부분은 의심할 나위 없이 실제현장에서 멀리 떨어져 있었다는 점에서 비롯된다. 스탈린은 마르크스주의 변증법의 도움을 받으면서 상해 같은 장소에서 벌어지는 혼란스러운 혁명의 상황을 조종하려고 했지만, 거의 성공하지 못했다. 이곳의 프롤레타리아트는 거의 조직화되어 있지 않았다. 중국에서 코민테른의 계획이 좌절당한 또 하나의 이유는 코민테른 자신이 앞서 국민당에게 중앙집권적인 소비에트식 정당기구를 제공했다는 점이었다. 이것은 공개적이고 서구적인 의회제 정당보다 훨씬 무너뜨리기 어려웠다.

장개석의 중공과의 결별은 혁명과정의 일정한 단계에서 계급투쟁이나 사회혁명, 농촌에서의 농민생활의 개선과 같은 것을 포기하면서 국민혁명의 성과를 굳히겠다는 의지를 보여주었다. 반란을 진압한 군사작전과 결합된 남경정부의 이러한 체제정비는 장개석과 국민당 지도자들이 표면적이지만 전국통일을 이루고, 열강의 승인을 확보하고, 불평등조약 폐지의 전제조건이 되는 행정적 발전의 과정을 시작할 수 있게 했다. 1928년 봄 장개석은 다시 장강 유역에서 북경에 이르는 북벌을 재개하여 6월에 그곳을 점령하고 북평(北平)으로 이름을 바꾸었다. 11월에는 만주의 젊은 군벌〔張學良〕이 남경정부의 관할권을 인정함으로써〔易幟〕 형식적인 중국의 통일이 완성되었다. 그동안 열강은 한 나라씩 남경정부와 조약을 체결했고, 그렇게 함으로써 국제적으로 국민혁명을 승인했다.

바로 이 지점에서 여러 가지 결론이 떠오른다. 권력을 장악하기는 했지만 국민당은 너무 많은 이질적 인사로 구성되어 있어서 일당독재, 즉 이당치국(以黨治國)의 기능을 제대로 실행할 수 없었다. 대신 그것은 곧바로 장개석의 독재로 바뀌어버렸다. 국민당의 초기 역사에서 원동력은 민족주의였다. 처음에는 1905년 이후 이민족 만주족의 지배에 대한, 그 다음은 1923년 이후 조약 열강의 제국주의에 대한 민족주의였다. 학생활동가들을 자극하기 위해서 필요했던 국민당의 이데올로기는 명목상으로 손문의 삼민주의였다. 그렇지만 이것은 이데올로기(역사의 이론)라기보다는 실제로는 당의 강령(실행목표)이었다. 국민당은 광주의 지방군벌이라는 수준에서 벗어나지 못했으나, 1923년 소련과 동맹을 맺게 된 이후 레닌주의의 원칙에 따라 조직을 재정비하고, 당의 사상으로 무장된 당군(黨軍)을 조직했으며, 중공과 통일전선을 결성했다. 국내 군벌의 "봉건주의"와 외국열강의 "제국주의"에 대한 애국적이고 마르크스·레닌주의적인 적개심을 공유했던 4년 동안 소비에트의 원조와 중공의 협력으로 국민당은 권력을 장악할 수 있었던 것이다.

이런 뒤얽힌 이야기들의 밑바닥을 보면 20세기 중국에는 오직 하나의 혁명운동만이 있었음을 알 수 있다. 그것은 바로 주로 중공이 지도한 사회주의 혁명 운동이었다. 아마 이렇게 보는 것이 끝없는 계급투쟁의 폭력성보다는 국가건설과 개혁에 몰두했던 국민당의 모습을 보다 잘 이해하게 해줄 것이다. 1927년 4월 상해에서 장개석이 속임수를 써서 벌인 중공에 대한 대학살은 열강이 1928년 이후 그의 남경정부를 승인하게 만들어주었다. 하지만 이것은 동시에 국민당의 혁명정신을 흐트러뜨리는 작용을 했다. 국민당은 머지 않아 곧 자신이 중공과 일본에 대해서 방어적 입장에 놓이게 되었음을 발견하게 된다.

남경정부의 성격

1928년 남경에서 성립한 국민당 정부는 1912년 이후의 정부 가운데 가장 장래성 있는 것으로 보였다. 관료들 가운데 다수는 외국에서 교육받은 애국자로서 근대적 국민국가를 운영할 능력을 갖추고 있었다. 근대적 생활의 쾌적함 —— 대학교수들뿐만 아니라 영화, 자동차, 극장, 예술과 공예, 책과 잡지 등 —— 이 곧바로 도시의 풍경을 채웠다. 정부제도는 국립중앙연구원(國立中央研究院)의 10여 개 연구소, 국민정부의 위생부(衛生部), 중앙농업실험소(中央農業實驗所), 중국 해관의 다양한 업무, 중국은행(中國銀行)과 여타의 조사국, 수많은 유사한 기구들을 포함했다. 이러한 성장은 앞장에서 주목한 시민사회를 건설하는 노력에 상당한 도움이 되었다.

하지만 중국의 민중에게 무언가를 가져다주었을 국민당 정부의 잠재력은 곧바로 일본 군국주의에 의해서 거의 파괴당해버렸다. 일본은 1931년 동북지역[滿洲]을 점령했고, 1932년에는 상해 그리고 나아가 북경-천진 지역을 공격했다. 그리고 1937년부터 1945년까지는 중국에 대한 전면침략을 감행했다. 독일이 비슷한 능력으로 유럽에서 저질렀던 것과 마찬가지로 1930-1940년대에 일본의 공업기술과 국수주의 정신은 중국에서 문명의 원칙을 짓밟고 있었다. 남경의 국민당 독재에 내재되었던 약점은 전쟁을 대비하고, 전쟁을 치러야 한다는 압박감 때문에 더욱 악화되었다.

첫번째 약점은 혁명의 목표 상실이었다. 손문의 3단계 혁명이론(군사적인 통일, 정치적 훈련, 입헌민주제를 나타내는 軍政, 訓政, 憲政의 단계)에 따라서 1929년은 국민당의 독재 아래 훈정기(訓政期)가 시작되는 첫 해라고 선포되었다.

1924년 1월 제1차 전국대표대회가 개최되어 소비에트식 조직을 채택한 이래 중앙집행위원회(中央執行委員會)는 국민당의 주요한 정치적 권위의 원천이었다. 중앙집행위원회는 정부고관을 선발했으며, 그들은 보통 여기 출신이었다. 헌정은 연기되었다. 당내의 정보신문부(情報新聞部), 사회사무부(社會事務部), 해외사무부(海外事務部) 또는 조직공작부(組織工作部) 등은 중앙정부의 일환으로 기능했지만, 형식적으로는 정부가 아니라 국민당에 속했다. 따라서 당과 정부는 구별되지 않았다.

하지만 이런 식으로 해서 국민당은 관료주의의 소굴이 되었고, 그 혁명적 임무를 상실했다. 초기에 시도된 당의 지방행정 감독, 군대 내부의 정치공작, 반혁명분자 처벌을 위한 특별법정 등 모든 것들이 축소되거나 포기되었다. 노동자, 농민, 청년, 상인, 여성의 대중조직 역시 마찬가지였다. 이러한 대중조직들은 국민혁명을 위한 대중의 지지를 동원해주었다. 하지만 이제 남경의 권력소유자들은 행진, 시위와 대중집회를 곁눈질로 흘겨보게 되었다. 그들은 학생운동을 반대했다. 1920년대 중반의 이런 모든 행동들은 군벌을 때려부수기에는 유용한 도구였지만, 이제는 더 이상 가치가 없다고 그들은 생각했다. 통제를 위한 권력이 이제는 자기 손 안에 있었기 때문이다. 이런 자세 때문에 국민당은 실제로 당원의 수도 줄어들었다. 1929년 말 당원은 겨우 55만 명이었으며, 그 가운데 28만 명은 군인이었다. 상해의 당원은 주로 장교나 정치가들이었다.

부르주아적 지향을 보이기는커녕 국민당은 상해 상인들의 반자치(半自治)까지 파괴했다. 국민당은 유괴와 납치라는 갱들의 수단까지 써서 상인들에게 거액을 군대에 기부하도록 협박했다. 또한 국민당은 행회들을 재편하고 인원을 교체하면서 총상회에 버금가는 조직을 설립하여 상해총상회를 해체하고 상인 엘리트들을 협박했다. 새로운 사회국(社會局)이 이제 전문조직들을 감독하고, 마찰을 조정하고, 통계를 수집하고, 자선사업을 추진하고, 위생과 안전시설을 유지하고, 도시계획을 조직했다. 관리들은 모든 것을 상인계급으로부터 넘겨받았다.

국민당은 또한 보이콧의 운영까지 떠맡았다. 대일무역(對日貿易)에 대한 보이콧은 정부가 조직하고 자금을 지원하는 것이 되어버렸다. 통제를 받는 이름뿐인 자발적 대중운동으로 바뀌면서 보이콧은 테러의 방법으로 상인지도층을 위협하는 무기가 될 수도 있었다. 베르제르는 상해특별시정부(上海特別市政府)가 "조계 관리에 대한 감독권이나 다름없는 것"까지 요구했다고 지적했다. 2만, 심지어는 10만이 될 수도 있는 청방의 단원들은 국민당의 앞잡이가 되어 정부에 자금을 기부하지 않는 부유한 상인들에 대한 협박을 계속했다. 그들은 또한 노동조합 지도자들과 공산당원들을 색출하는 일도 계속했다. 상해 조계는 더 이상 중국 국민에게 피난처를 제공해줄 수 없었다.

북경, 천진의 은행가들과 마찬가지로 상해의 은행가들도 이제는 정부에 많은 자금을 기부함으로써 재산을 모았다. 1927년에서 1931년 사이 그들은 총액이 거의 10억 달러에 달하는 대부분의 국내공채를 인수했다. 정부 공채는 명목가치 이하로 은행에게 팔려서 실질적으로 20퍼센트나 그 이상이 되는 이자수입을 가져다주었다.

남경정부 치하에서 개선된 점에는 1931년의 이금 폐지와 관세자주권 회복이 포함되어 있었다. 1933년 3월에는 근대적인 은원(銀元)제도가 도입되고 전통적 은냥(銀兩)제도가 폐지되었다〔廢兩改元〕. 외국의 원조자금을 취급하기 위하여 전국경제위원회(全國經濟委員會)가 설립되었다. 그리고 마지막으로 1935년의 폐제개혁(幣制改革)을 통해서 4대 주요 은행이 중앙은행으로 정해졌다. 아울러 지폐인 법폐(法幣)가 통화팽창의 영향을 받는 관리통화로 정해졌다. 정부는 은행분야의 3분의 2 이상을 장악했으며, 상공업에 더욱 많은 세금을 부과했고, 화물에 대해서 새로운 통세(統稅)를 부과하고, 관세를 인상했다.

일반적으로 그것은 에티엔 발라주가 지적한 대로 "의기양양한 관료기구가 다시 한번 기업가 정신을 질식시키려는 것"처럼 보였다. 생산적 기업에 투자하여 경제를 강화시키는 대신 근대적 기업을 이용하여 정부가 그 권위를 강화하는 동안 고관들은 개인적 이익을 추구했다. 토지세 수입을 포기하고 성정부(省政府)에 넘겨주었으므로 남경정권은 갖가지 상업에 대한 세금수입에 기생적으로 의존할 수밖에 없었다. 이것은 남경정권이 모든 수단을 강구하여 보호했어야 할 공업분야를 오히려 방해하는 존재가 되었음을 의미한다. 발전에 저해가 되는 이러한 정책들 때문에 국내의 생산투자나 외국자본의 유치는 크게 장애에 부딪쳤다. (항일 전쟁 이전) 남경정부의 통치시기 10년에 대해서는 다음과 같은 하나의 가설이 존재한다. 즉 이 시기에는 1인당 생산성에서 아무런 눈에 띄는 향상 없이 농업경제가 지속적 침체에 빠져 있었다는 것이다. 게다가 여기에는 정부의 전매제도, 금융, 발전계획과 기구 등을 조정하여 개인적 치부를 꾀하는 관료와 정치가 집단이 공업과 재정을 지배하는 "관료자본주의(官僚資本主義)"가 성장하는 바람직하지 못한 현상이 수반되었다. 그 결과 남경정부는 자기유지적 재투자와 공업화라는 정상적 궤도로 비약하기는커녕 건전하고 융통성 있는 재정제도조차 확립시킬 수 없었다. 저축은 정부의 현금지출이나 개인투기로 흘러들어갔으며, 국가의 자금자원(資金資源)은 심지어는 군사적 목적을 위해서도 동원되지 못했다.

이러한 부정적인 견해를 수정하는 입장으로는 윌리엄 커비(1984)와 같은 경제사가의 주장이 있다. 그는 항일전쟁기의 결점에도 불구하고 국민당 정권은 상당한 정도의 국가건설을 성취했다고 본다. 이것은 특히 국가자원위원회(國家資源委員會) 휘하의 군사공업 분야에서 입증되었다. 어떤 경우든 대부분의 연구자들은 남경정부가 부르주아지의 이익을 위해서 존재한 것이 아니라, 오히려 전통시대 왕조들처럼 그 자신의 권력을 영구화하기 위해서 존재했다고 보는 데에 동의한다.

만약 남경정부가 "부르주아적인" 것이 아니라면, 적어도 "봉건적"이라고 할 수 있을까? 다른 말로 하자면 지주계급의 이익을 대변했던 것일까? 그에 대한 대답은 복합적이다. 남경정부는 토지세를 성정부가 거두도록 넘겨주었고, 재정수입에 묶인 성정부는 일반적으로 지주를 건드리지 않았다. 중앙정부의 군장교는 특히 대지주가 될 수 있었다. 남경정부는 농민의 동원에 반대했지만, 그것은 권력의 분산이 아니라 집중을 위해서였다. "봉건적"이라는 용어는 정확한 의미가 결여되어 있다. 오히려 남경정부가 이중성 —— 도시 중심지나 외국과의 접촉에서는 비교적 근대적이었지만, 지방군벌과의 낡은 경쟁에서는 반동적이었다 —— 을 가지고 있었다고 보는 것이 적절할 것이다. 대외적 측면에서 남경정부는 적어도 정부의 면모를 근대화하려는 노력을 계속할 수 있었으나, 국내의 군벌에 대한 측면에서는 계속해서 사회적 변화를 억압했던 것이다. 중국에서 가능한 유일한 진보의 길은 점진적 개혁뿐이라는 영미식 사고방식을 따르는 외국인들은 그러한 전망을 좀더 잘 알고 있었다.

350

체제의 약점

남경정부가 외국의 승인을 요구한 배경 뒤에는 무엇보다도 그 근대성이 자리잡고 있었다. 행정원(行政院)에 속한 외교부, 재정부, 경제부, 교육부, 사법행정부, 교통부, 국방부 등은 남경에 당당한 관청건물을 세웠다. 한편 입법원(立法院)과 사법원(司法院) 외에도 감사와 회계를 맡는 감찰원(監察院)과 문관고시를 담당하는 고시원(考試院)이 세워졌다. 이러한 새로운 정부 부처에 충원된 교육받은 인재들은 중국이 세계에서 차지하는 부끄러운 위치를 잘 인식하고 있었다. 그들은 중국의 낡은 문제에 과학적인 방법들을 적용하기 시작했다. 초기에는 희망의 분위기가 감돌고 있었다.

하지만 이것은 두번째 약점으로 이어졌다. 그것은 바로 4억 명이나 되는 중국 민중의 수와 대비되는 남경정부의 제한된 능력이었다. 국민당이 지배하던 중국은 그 장비나 시설 면에서 정말 볼품 없었다. 공업 생산액은 벨기에보다 적었다. 공군력과 해군력은 무시해도 좋을 정도였다. 미국식 생활 장비나 시설은 미국 중서부의 주에도 미치지 못했다. 이렇게 조그맣고 상대적으로 별볼일 없는 근대적 정부가 상대해야 했던 것은 그야말로 다채로운 집단이었다. 이들은 광활하고 유서 깊은 대지 위에서 사는 활기에 찬 사람들로 구성되어 있었다. 전체적으로 보아 중국 민중은 무거운 세금부담을 안고 있지는 않았다. 토머스 로스키(1989)는 1930년대 초반 중앙, 성, 지방의 세입이 모두 합해서 겨우 중국 총생산의 5-7퍼센트에 지나지 않는다는 것을 발견했다. 하지만 남경정부의 근대화주의자들은 근대적 농업생물학, 철로와 버스길, 전국적 언론과 교통체제, 그리고 청년 남녀들을 위한 기회라는 근대적인 관념을 양성하려고 했다. 서구화의 영향으로 남경정부는 조약항 도시에서 가장 강력한 지지를 받았고 외국무역에 대한 해관의 관세에서 가장 큰 수입을 얻었다. 그렇지만 농민대중에게 도달하는 데에는 가장 큰 어려움을 겪었다. 사실 남경정부는 처음에는 강남지역밖에 통제하지 못했다. 또 남경정부는 언제나 다른 성의 군벌정권을 지배하기 위한 정치적인, 그리고 때로는 군사적인 투쟁에 말려들었다.

마지막으로 남경정부는 처음부터 그 인원구성에서 비롯된 체제의 약점에 노출되어 있었다. 1926년의 북벌 이전에 광주의 국민당은 손문 세대의 중국

동맹회 생존자들과 국민당과 공산당의 당적을 함께 지니는 일이 많았던 젊고 이상주의적인 활동가들이 함께 섞여 있었다. 보로딘으로 대표되는 소련의 영향은 장개석의 군사적 지도력 확대와 결합되어 있었다. 하지만 활동적이었던 광주의 지킬 박사는 5년도 안 되어 남경의 야비한 하이드 씨로 변신해버렸다. 그렇게 짧은 기간 동안 무엇이 이렇게 국민당 운동의 성격을 바꾸어놓았던 것일까?

물론 원인의 한 가지는 중공 당원의 학살과 살아남은 중공 당원에 대한 거부 내지는 탄압이었다. 청년 공산주의자들의 이상주의는 말소되었다. 두번째 요소는 과거의 관료기구와 군벌정권에서 옮겨온 국민당원들의 막대한 영향이었다. 국민당의 당규율이 제대로 지켜지지 않았던 것처럼 당원의 선발 역시 조심스럽게 이루어지지 않았다. 국민당은 중앙에서 통제하지 못하는 경쟁적 파벌들의 혼성집단이었으며, 자원한 사람은 누구나 관례적으로 당원으로 받아들였다. 일부 군벌은 부대원 전체를 입당시키기도 했다. 일단 남경에서 권력을 장악하게 되자 부패하고 시류에 편승하는 관료들이 영입되고 대체로 원칙성과는 거리가 먼 기회주의자들이 몰려들면서 국민당의 혁명적 이상주의는 급속도로 사라지기 시작했다. 로이드 이스트먼(1974)이 지적한 것처럼 지도의 책임을 의식했던 장개석은 이미 1928년에 "당원들은 더 이상 원칙이나 대중을 위해서 일하지 않는다……혁명가들은 타락했으며, 혁명적 정신과 용기를 잃어버렸다"고 언급한 적이 있었다. 그들은 단지 권력과 이익을 위해서 싸웠을 뿐, 더 이상 희생을 치르려고 하지 않았다. 1932년 장개석은 "중국혁명은 실패했다"고 노골적으로 선언했다.

간단히 말해서 권력을 장악함으로써 국민당은 그 성격이 바뀌었던 것이다. 결국 국민당은 중공에 대항하여 상해 지하세계의 청방을 이용함으로써 권력을 장악했다. 처음에는 많은 중국인들이 남경정부를 지지했다. 그러나 낡은 관료제의 폐해는 그들을 곧바로 실망시켰다. 중공을 파괴하기 위해서 백색테러를 사용했을 뿐 아니라 국민당 경찰은 다른 정당이나 직업을 가진 다양한 사람들을 공격하고, 탄압하고, 때로는 처형했다. 언론은 존속되었지만 아주 심한 검열을 받았다. 출판업자들은 시달림을 받았고 암살당하는 경우도 있었다. 전문학교와 대학들은 통제되었고, 삼민주의를 가르치도록 강요를 받았다. 비정통적인 경향은 끊임없는 감시를 받았다. 대중에 대해서 관심을 가진 사람은 누구든지 친(親)공산주의자로 몰렸다. 방해했다고까지는 할 수 없지만 반공이라는 입장은 적어도 민중생활의 개선을 위한 모든 종류의 사업에 찬물을 끼얹었다. 따라서 국민당은 스스로를 혁명적 열정으로부터 차단시켜 버린 셈이 되었다. 탄압과 검열에는 타락한 기회주의 및 비효율적인 행정이 뒤따랐다. "관리가 되어 부자가 되자(升官發財)"는 낡은 슬로건이 맹렬하게 부활했다.

이러한 재난은 엄격하고 헌신적인 조국의 통일자가 되려고 했던 장개석에게 무거운 짐을 지웠다. 1932년 그는 강력한 지도력을 보장할 수 없는 서구식 민주주의뿐 아니라 국민당에 대해서도 철저히 환멸을 느꼈다. 그는 남의사(藍衣社)로 널리 알려진 파시스트 집단의 조직을 시작했다. 남의사는 무솔리니나 히틀러처럼 비밀리에 장개석을 지도자로 옹립하고 봉사하는 데에 헌신할 열광적인 군 장교 수천 명을 조심스럽게 골라 조직되었다. 1934년 낡은 도덕의 주입과 개인행동의 개선을 위한 신생활운동(新生活運動)이 전개되었을 때, 그 대부분은 배후에서 남의사가 추진했다. 남경정부 아래의 이러한 파시스트 운동은 만약 유럽 파시스트 독재의 영향력이 (제2차 세계대전으로) 차단되지 않았다면 더욱 강력해졌을 것이다.

꼭대기에 있던 장개석이 균형을 유지할 수 있었던 핵심은 그가 아무런 파벌에도 가담하지 않았던 데에 있었다. 그는 경건한 감리교도가 되겠다고 선언하여 외국 선교사들로부터 재건을 위한 도움을 받았다. 가끔 남의사에 반대하여 국민당 조직기구를 지지할 때도 있었지만, 그는 일반적으로는 국민당을 억누르고 그 행정참여를 가로막았다. 그는 또한 제자들인 황포군관학교 출신 집단과 군대의 다른 집단이 서로 견제하게 되거나, 아니면 당조직 계통인 CC계(陳果夫, 陳立夫 형제의 파벌)에 대해서 행정관료집단인 정학계(政學系)를 이용하여 견제하기도 했다. 그의 역할은 결국 자신 외에는 다른 어떤 최종적인 결정의 원천도 있어서는 안 된다는 것이었다. 대중의 참여에 의한 결정이라는 것은 아예 문제도 되지 않았다. 20년 전의 원세개처럼 그는 중국의 정치가 독재자를 요구하고 있는 것으로 생각했다. 시기에 따라 여러 직위를 누렸지만 그는 분명히 가장 위에 있는 유일한 사람이었다. 그의 정치전술은 서태후의 그것과 아주 분명하게 닮았다. 장개석이 모범으로 삼은 사람 가운데 하나는 바로 태평천국을 진압한 증국번이었다. 그는 파괴적인 혁명으로부터 중국 인민을 구했다는 점에서 장개석의 선배였던 것이다.

예컨대 장개석은 중국 지배계급의 전통을 이어받고 있었다. 그의 도덕적 지도력은 유교적 용어로 표현되었지만, 그의 행정은 낡은 비효율성의 폐해를 그대로 드러냈던 것이다. 1932년 장개석이 말한 대로 "관청의 사무실에 도착하면 무엇이든지 아문화(衙門化)되어버렸다. 모든 개혁사업은 느릿느릿하게, 게으르게, 비효율적으로 처리되었다." 그 결과의 하나는 농촌개량을 위한 서류상의 계획이 거의 실천에 옮겨지지 않았으며, 경제발전 역시 비슷하게 처리되었다는 점이다.

손문의 오권헌법(五權憲法)은 남경정부 아래서 거의 제대로 대접받지 못했다. 입법원은 행정원에 압도당했다. 행정원은 그 관리들과 마찬가지로 국민당의 부서와 경쟁관계에 있었다. 고시원은 거의 기능하지 못했다. 이스트먼은 "예를 들면 1935년까지 1,585명의 응시자가 고시에 합격했다"고 기록하고 있다. 하지만 많은 합격자들은 아예 관직을 받지 못했다. 감찰원 역시 과거 도찰원(都察院)의 기능 일부를 이어받았지만 마찬가지로 거의 전적으로 비효율적이었다. 1931년에서 1937년까지 "6만9,500명의 관리가 관련된 부패 혐의 사건이 적발되었다. 이 가운데 감찰원에 기소된 사람은 겨우 1,800명이었다." 더욱 심한 것은 부패혐의로 기소된 1,800명 가운데 268명만이 실제로 사법제도에 의해서 유죄판정을 받았다는 점이다. 이 가운데 214명은 아무런 처벌도 받지 않았고, 41명은 가벼운 처벌을 받았다. 13명만이 실제로 관직에서 해임되었다.

또한 오원제(五院制) 국민정부의 모든 기능은 장개석이 이끈 군사위원회(軍事委員會)가 거의 도맡았다. 군사위원회는 남경정부 세입의 대부분을 썼으며, 사실상 그 자체가 하나의 군사정권이었다. 자연스럽게 러시아의 군사고문들을 제거한 다음 장개석은 곧 이를 독일인으로 대체했으며, 민간정부와는 아예 분리된 군사적 편제를 확립시켰다. 참모부와 다양한 부서를 지닌 군사위원회의 전신(前身)들은 장개석을 총사령관으로 했다. 그는 동시에 오원제 국민정부의 주석직(主席職)도 겸했다. 독일 군사고문단은 거대한 군사조직을 훈련시키기 시작했으며, 그것을 위해서 독일의 공업적 원조를 받는 것을 계획하기도 했다. 1930년 독일의 중국연구위원회가 3개월 동안 중국을 방문했으며 보다 밀접한 관계를 위해서 여러 문화기구도 설립했다. 중국과 독일 사이의 민간항공노선도 개설되었다.

1931년 일본의 만주 점령에 자극을 받아 북경의 지식인들은 누구보다도 국방을 위한 전국적 공업건설을 옹호했다. 과학자들이 동원되었으며, 독일에서 훈련받은 지질학자가 교육부 부장이 되었다. 1932년에는 나중에 국가자원 위원회라고 불리게 될 기구의 조직이 시작되었다. 그것을 이끈 사람은 벨기에의 루뱅에서 지질학과 물리학 박사학위를 받은 생원(生員) 출신의 지질학자 옹문호(翁文灝)였다. 더할 나위 없이 정직하고 지성적이었던 옹문호는 남경정부에서 경제발전을 담당하는 고위직으로까지 승진했다. 국가자원위원회는 장개석과 군대의 직접적인 통제 아래 있었다. 그 목표는 강철, 전기, 기계, 군비 제조를 위한 국영 기초 공업들을 창조하는 것으로, 계획의 일부는 외국, 특히 독일로부터의 투자를 확보하는 것이었다. 1933년에는 군-산 협력을 목표로 독일의 군사고문 사절단이 중국에서 활동했다. 중국의 텅스텐은 독일 공업에 아주 중요했던 것이다. 현대적 독일 군대의 조직자 한스 폰 제크트 장군이 중국을 두 번 방문했으며, 새로운 장교단을 갖춘 새로운 정예군대의 설립을 권장했다.

이렇게 1937년 일본의 공격이 있기까지 국민정부는 나치 독일과 장래성 있는 관계를 꾸려나가고 있었다. 하지만 나치 독일과 일본의 관계도 역시 평행적으로 발전하고 있었다. 1939년 8월 나치 독일이 소비에트와 불가침조약을 맺자 중국은 독일 대신 여전히 최소량에 지나지 않는 미국의 원조에 의존할 수밖에 없었다.

제15장

중국공산당의 재기

농촌사회의 문제

혁명운동의 기원 가운데 문맹인 농부들의 대중적 심리는 파악하기가 결코 쉬운 것이 아니다. 반면 물질적인 생활은 경제적인 상황 속에서 또는 운이 좋으면 통계 속에서 엿볼 수 있다. 1912년부터 1937년 일본의 침략에 이를 때까지 민국시대 중국의 경제성장에 대해서는 여전히 논란이 진행 중이다. 낙관주의적 견해는 대체로 생산이나 무역, 투자의 전반적 통계에 기초한 것이다. 이 견해는 1930년대 중반에는 영국과 독일을 합한 것보다 많은 면화를 사용했던 면직물의 생산량과 소비량처럼 중국의 거대한 진보를 보이는 인상적 수치들을 인용한다. 토머스 로스키는 지속적인 인구증가와 병행하여 진행된 은행업무, 화폐공급, 임금률, 교통과 선적, 소비 등의 성장을 보여주는 통계를 소개한다. 그는 이 시대를 꾸준히 공업화가 진행되는 사회로 이해하는 것이다. 하지만 중국과 같이 거대한 나라에서는 이러한 전체 풍경에 도시의 대규모 빈민가나 수많은 빈궁한 농촌 마을이 포함되어 있음에 틀림없다.

중국 농촌의 빈곤에 대해서는 종래 두 학파가 존재해왔다. 한 학파는 소득의 불평등한 분배를 초래하는 소작료, 고리대 및 기타의 징발을 통한 지배계급에 의한 농민 착취를 강조했다. 지주계급의 착취라는 이런 사고방식은 마르크스주의 이론에 들어맞았고, 많은 사람들에게 신앙처럼 생각되었다. 레이몬 마이어스(1970)가 지적하는 것처럼 또다른 학파는 좀더 "절충적"이었다. 그들은 낡은 농업경제가 낮은 생산성을 보이는 수많은 이유들을 다음과 같이 강조했다. 가족당 2에이커의 토지는 너무 작다. 이런 작은 토지조차도 부적절하게 이용된다. 농민은 자본이 불충분하고 새로운 기술에 대한 접근도 제한되어 있다. 자연에 대한 통제가 거의 이루어지지 않는다. 원시적인 교통수단이 시장비용을 증가시킨다. 이러한 해석의 지지자들은 대부분의 중국 농민이 자신의 토지를 소유했고, 일부는 자작농 겸 소작농이며, 4분의 1이나 5분의 1 정도만이 완전한 소작농이므로 지주에 의한 소작농 착취라는 것은 일반법칙과는 거리가 멀다고 지적한다. 오히려 풍부한 노동력 공급과 대비되는 전반적인 자본과 기술 부족이 더 큰 문제라는 것이다. 노동력 공급은 부모가 늙었을 때 돌보아줄 수 있는 아이를 낳아야 한다는 사회적 강제에 의해서 보장되었다. 부모를 돌본다는 것은 가업을 계승하고, 세상을 떠난 부모들의 영혼이 집 없는 귀신들처럼 방황하지 않도록 제사 상에 음식을 차려줄 아들의 존재라는 것을 의미했다.

생산의 비효율성을 강조하건 아니면 생산물의 불공정한 분배를 강조하건 밑바닥 농촌의 사회구조가 중요하다는 점은 분명하다. 상대적으로 무시되어 왔던 현 아래 지역에서의 행정은 누구보다도 프라젠지트 두아라(1988)가 잘 분석하고 있다. 그는 우선 "청말의 개혁 아래서 농촌사회는 근대적인 학교, 행정단위와 자위조직에 돈을 댈 수 있는 재정체계를 발전시키도록 강요당했다"는 사실에서 출발한다. 이러한 전례 없는 국가권력의 농촌사회로의 침투는 새로운 세금이 이전처럼 개인이나 사유재산이 아니라 새로운 재정적 실체가 된 촌락에 부과되었다는 점이 특징적이었다. 그 결과는 낡은 농촌사회에 재난을 가져온 것이나 마찬가지였다.

그것은 두아라가 "권력의 문화적 연계(cultural nexus of power)"라고 부르는 것에 의해서 조직되었다. 그가 이 용어를 사용한 것은 보호와 피보호의 관계, 통혼, 종족, 시장, 종교, 수리(水利) 통제 등의 층위체계를 설명하기 위해서였다. 이것들이 "권력과 권위가 행사되는 틀"을 형성하는 요소라고 본 것이다. 다른 말로 하자면 촌락의 지도자가 권위를 끌어내는 원천은 가족관계, 상업거래, 종교적 행사, 자발적 모임, 개인간의 관계와 법적인 관계 등 촌락사회의 문화적 연계를 구성하는 모든 요소들이 교차하면서 서로 작용하는 데에 있다는 것이다.

20세기 초에 시작된 개혁기에 농촌의 변화를 가져온 주된 원천은 새로운 징세조치였다. 지현에 의해서 임명된 서리들은 기록 유지를 담당했으며, 지보(地保 또는 地方)라고 불리는 농촌의 대리인들은 봉급을 받는 일 없이 촌장에서 한 사람당 각기 열 명에서 스무 명들에게 세금을 독촉하고 징수하라는 임무를 부여받았다. 두아라는 이것을 "중개"기능이라고 부른다. 그다지 연구되지 않은 이러한 현 아래 지역에서 그는 일반적으로 세 가지 수준의 징세활동을 발견한다. 지방에 따라 용어가 다르기는 하지만 현(縣)은 일반적으로 여러 개의 구(區)로 구분되었으며, 구는 다시 그 아래에 여러 촌락집단이 존재하는 향(鄕)으로 나뉘어졌다. 보통 지보는 징세청부업자처럼 행동하는 사업가였다. 그는 할당된 액수를 채우기 위해서 징수한 세금의 총액에서 지출이나 자신의 생계비용도 덜어 쓰지 않으면 안 되었다. 반면 촌민들은 서로 협력하여 돈을 추렴함으로써 지보를 선출했다. 이 지보에게 수고료를 지불함으로써 자신들의 이익을 대변해주고 아무래도 약탈을 삼갈 것이라고 기대했던 것이다. 그럴 경우 지보는 단련이나 농작물 감시반을 조직함으로써, 아니면 무고한 촌락 사람이 서리에게 체포되는 것을 막아줌으로써 촌락에 봉사했다. 따라서 이러한 종류의 "보호성 중개(protective brokerage)"는 지금까지 지방 신사층이 할 일이라고 여겨졌던 기능을 수행했다. 앞의 제4장에서 묘사했던 신사의 사회도 결국 크게 바뀌지 않을 수 없었다. 신사층의 활동은 지현의 관할영역 수준에서 가장 빈번했다. 인구가 늘어남에 따라서 학위를 소유한 하층신사(生員과 監生)들이 구, 향이나 촌락 수준 등 현 이하의 행정에 참여하는 일은 점차 줄었다. 이것은 그들의 질적인 수준이 떨어지는 것과 궤를 같이했다.

국가의 농촌촌락에의 침투는 일반적으로 이미 불안정한 상태에 있던 촌민의 상황을 더욱 악화시켰다. 안정된 시대에는 돈을 빌려주는 지주와 돈을 빌리는 소작인의 관계처럼 보호자와 피보호자의 인간적인 관계를 바탕으로 도덕경제(道德經濟, moral economy)[1]가 제대로 작동되었다. 선물을 준다든가

---

1) 여기서는 농민의 경제행위를 단순한 이윤동기로서만 파악하지 않고 경제활동에서 도덕관념의 역할을 보다 강조하는 개념으로 사용한 것 같다. 이러한 개념은 보통 J. C. 스콧이 1976년 발표한 *The Moral Economy of the Peasant : Rebellion and Subsistence in Southeast Asia*(Yale University Press, 1976)에서 사용했다고 알려져 있다. 스콧은 소농(小農)의 경제행위를 주도하는 동기가 "위험을 회피하고" "안전을 제일로" 삼는 것이라고 지적하면서, 동일한 공동체 내에서 생계를 유지하는 기본권리를 존중하는 도덕관념과 주객(主客) 사이의 호혜관계(互惠關係)가 중요한 의미를 지닌다고 지적했다. 따라서 소농의 집단행위는 기본적으로 방위적(防衛的)이며 생계를 위협하는 외래의 압력에 대항하고, 자본주의의 시장관계나 국가정권의 침입에 대항한다는 것이다.

잔치에 초대한다든가 하는 서로간에 오가는 정중함이 이러한 인간관계에 윤기를 불어넣었을 것이다. 각자 자신에게 적절한 역할이 있었다.

하지만 자연재해나 전쟁이나 관리의 착취 등 곤란한 상황이 닥치면 이러한 사회적 관계가 산산이 부서진다. 아울러 촌락사회는 지도자를 잃고 떠돌게 된다. 세금에 대한 국가의 새로운 압력 아래 부유한 보호자들은 촌락 지도자 자리에서 물러난다. 대신 여기에는 이 자리에 급급하거나 다른 촌락 출신인 경우도 많은 "토호형(土豪型)" 징세청부업자가 들어선다. 마찬가지로 관습법 아래서 계약을 중개하고 보증하는 역할을 맡던 존경받는 농민들도 점차 그 일을 회피하게 된다. 그러는 동안 큰 재산을 소유한 사람들은 도시로 옮겨가 버린다. 정치권력이 더 이상 문화적 연계에 묶여 있지 않게 되자, 촌락들은 "정치적 약탈자들의 사냥터"가 되어버린다. 간단히 말해서 정부에 의한 국가 건설은 징세의 부담을 강제함으로써 촌락 지도자들이 자신들의 지반에서 소외당하게 만드는 것이다. 거리낌없는 청부업자들이 징세를 넘겨받게 됨에 따라 부패가 증가했다. 앞서 우리가 주목했듯이 강남지역에서는 이러한 문화적인 구조의 붕괴가 부재지주제(不在地主制)가 성장하고 조잔(租棧)2) —— 과거처럼 지주와 소작인 또는 보호자와 피보호자 사이의 인간적인 관계를 유지시켜주지는 못하는 —— 이 지주·소작관계를 관리하는 일이 늘어나면서 찾아왔다.

군벌시기에 지방행정은 더욱 악화되었다. 토지를 소유한 지배계급은 더 이상 농촌의 최고 엘리트가 아니었다. 농촌사회의 지도자라는 유가적 이상을 내세우지도 않았으며, 점점 개인적인 이익만을 추구하게 되었다. 산동의 홍창회(紅槍會)나 사천의 가로회(哥老會)와 같은 비밀결사는 지방 대가문의 도구가 되어 대중폭동이나 관청의 강탈로부터 그들을 보호해주었다. 그물망 같은 지부로 연결되어 있고, 각기 비밀결사의 형제들을 동원할 수 있는 책임자〔堂主〕, 자금, 간부회의 등으로 이루어진 이 기구들은 사천성의 성도평원(成都平原)과 같은 부유한 지역에서 대가문의 촌락 지배를 도와줄 수 있었다.

---

2) 특히 강남에서 발전한 소작료 징수대행기구이다. 지주나 소작인의 토지가 분산되고 또한 소작인의 저항이 커져서 소작료 징수가 부담스러운 일이 되자 이런 일을 중간에서 떠맡아 대신해주는 기구가 발전하게 되는데 이것이 바로 조잔이다. 조잔은 심한 경우에는 사설 감옥 등을 동원하여 소작인에게 소작료를 거두어내고 그 대가로 지주로부터 수수료를 받게 된다.

도박장, 사창가, 아편굴이나 정부의 과세를 회피하는 암시장 등 불법활동을 보호해주는 대가로 얻는 수입뿐만 아니라 그들에게는 직업적인 살수(殺手)라는 집행무기가 있었기 때문이다. 일부 부유한 지주와 관료는 비밀리에 이러한 조직을 지도했고 존경받는 회원은 이들에 의해서 일상적인 경호를 받을 수 있었다.

1927년 국민당이 권력을 잡게 된 이후에는 지방과 도시들을 연결시켜주는 전화와 전보, 자동차 도로와 버스길 등이 남경정부, 그리고 나중에는 중경(重慶)정부로 하여금 가장 작은 마을까지 단숨에 명령을 전달시킬 수 있게 해주었다. 정부는 향촌의 관료기구를 계속 건설했다. 전통시대의 지현과 신사 대신 남경에서 임명된 새로운 현장(縣長)이 어떻게 개혁을 추진했는가, 그리고 경찰은 어떻게 그들의 반공보안망을 건설했는가 하는 점은 필립 큐(『케임브리지 중국사』 제13권)이 분석했다. 이 양자는 전통시대의 수준보다 훨씬 더 깊숙하게 농촌에 손을 뻗쳤다. 황제는 지현을 임명하기는 했지만 그를 성정부의 관할에 맡겨두었다. 반면 남경정부는 현장과의 직접적 접촉관계를 발전시킬 수 있었다. 장개석의 중앙훈련단(中央訓練團)에서 교육을 받기 위해서 수도로 불려오는 훈련생 가운데 현장은 가장 중요한 비중을 차지했다. 한편으로 중앙정부는 정규적인 현정부의 구조와는 독립적으로 군사, 관세, 교통 등의 업무를 책임지는 지방기구를 설립했다. 국민당 역시 중앙당의 감독 아래 관료기구와 평행하게 지방 당기구를 설치했다. 현 아래의 지역은 새로 구(區), 진·향(鎭·鄕)과 촌·리(村·里)[3]로 구분되었고, 그 밑은 부활된 보갑제[4]를 구성하는 호구단위인 여·린(閭·隣)[5]으로 구성되었다.

국민당의 이론은 훈정기 동안 이러한 하부단위의 계층구조를 통해서 정부가 지방자치를 대비하도록 인민을 훈련시킬 수 있다는 것이었다. 1939년 국민정부는 지방정부를 재편하기 위한 새로운 법령을 공포했다. 각 호(戶)는 촌락에 따라 좀더 유연하게 보와 갑을 구성했다. 향진(鄕鎭)들은 이제 스스로 지방행정기능을 수행할 수 있는 법인(法人)이 되었다. 각 보마다 의사기관을 조직하고 두 사람의 대표를 선출해야 했으며, 이들은 향(진)민 대표회에서 역

---

3) 향촌의 100호 정도는 촌(村), 진(鎭)의 100호는 리(里).
4) 보갑제에서는 10호(戶)가 갑(甲), 10갑이 보(保)를 이룬다.
5) 25호가 여(閭), 5호가 린(隣).

시 선거로 뽑힌 향(진) 정부의 향(진)장을 보좌하는 역할을 맡았다. 서류로 보면 1939년의 이 법령은 당시 국민당이 지배하던 백구(白區)의 모든 현에서 실행에 옮겨졌다. 하지만 여기서도 동시에 군대와 경찰 당국이 모든 국면을 지배했다. 선거과정이 진행되었다는 기록은 거의 찾아볼 수 없다.

서구 민주주의의 옹호자들이 떠올리는 유쾌한 이미지와는 달리 "지방자치"는 중국의 일반 민중에게는 좀더 다른 의미를 지녔다. 사실 그 용어는 보통 지방 엘리트에 의한 관리기구를 의미했다. 이것을 이용하여 지방 엘리트들은 근대적 개선을 위해서 필요한 세금을 촌민으로부터 징수했다. 도로의 건설, 근대적 학교의 설립, 경찰비용의 지불 등은 근대화를 추진하는 엘리트들이 바란 개선사항이었지만, 그것을 얻기 위해서 좀더 많은 세금을 낸다는 것은 촌민들에게 혜택 이전에 부담을 늘려줄 뿐이었다. "개혁"에 대해서는 수많은 농민들의 항의가 있었다.

더군다나 지방자치라는 것은 일반적으로 누구에게나 차별이 없는 투표(1인 1표)가 아니라 마을회의의 관습처럼 합의로 이루어지는 의사결정에 토대를 두고 있었다. 엄격하게 제한된 유권자로 이루어진 1909년의 자의국 선거에서조차 선거권자들은 동의를 확보하는 것이나 마찬가지인 투표과정을 통해서 그들 가운데서 의원들을 선발했다. 만약 사대부와 농민이라는 두 계층으로 이루어진 중국과 같은 사회에서 "민주주의"라는 것이 단순하게 다수결로 기능한다는 것을 의미한다면, 그것은 엄격한 자기수양이 남보다 나은 성격과 가치를 지닌 사람을 낳는다는 이학적인 신념을 정면으로 부정하는 것이나 마찬가지였다. 하지만 개인적인 관계들이 점차 무너지게 됨에 따라 근대성이 요구하게 된 것은 바로 이러한 것이었다.

남경시대 10년을 돌이켜본다면 새로운 정부가 농업기술 개선 프로그램을 가지고 농업생산의 핵심문제를 공략하는 것이 바람직했다는 점을 우리는 알 수 있다. 남경정부는 초기에 공중보건사업을 위해서 국제연맹에 기술적 원조를 요청했다. 1930년대와 1940년대에는 중국의 경제적 재건을 위한 수많은 청사진들이 제시되었다. 토지개간, 삼림조성, 저수사업, 수력발전, 작물과 가축사육, 농기구 개선, 토지이용의 향상, 페스트 통제, 작물저장시설, 토지 재분배, 소작료 인하, 경공업과 중공업 발전, 농촌공업과 합작사, 농가에 대한 저금리 신용대부, 대중교육, 공중보건, 교통, 법률과 질서 등 모든 것들이 후원자를 얻고 있었다. 또한 모든 것들이 나름대로의 분명한 합리성을 가지고 있었다. 그러한 모든 노력들의 첫번째, 그리고 최고의 목표는 농민의 생산성 향상이었다. 이것이 중국 문제의 핵심이었다. 하지만 국민당 정부는 그것을 이룰 수 없었다. 실행에 옮기기는커녕 포괄적인 계획조차 입안한 적이 없었다.

남경시대 10년은 중국의 활발한 경제성장을 서구가 도와줄 수 있었던 시기였다. 하지만 유럽은 나치 독일에 전념하고 있었고, 미국은 대공황과 뉴딜에 골몰해 있었다. 이 시기 국민당 정부는 많은 방면에서 들쑥날쑥한 진보를 이루었다. 하지만 그것들이 어떤 특수한 목적지를 향하지는 않았다. 사회인류학자인 비효통(費孝通)은 낡은 중국 농업의 조건과 관습이 처한 곤경을 "궁핍의 경제"라고 묘사했다. 장기적으로 정착된 저차원의 인력경제(人力經濟)는 욕망을 억제하고 분수라는 미덕을 강조하는 것 때문에 영구화될 수 있었다. 다른 어떤 대안도 없었다. 그래서 농민은 이러한 제도화된 빈궁한 생활을 오랜 옛날부터 받아들일 수밖에 없었다. 이러한 용인의 태도는 한 개인이 자신을 친족집단에 적응시키고, 자신에게 주어진 몫을 유지하고, 실제적으로 아주 긴밀하게 자신을 공동체에 "사회적으로 통합시킬" 수 있는 수단이 되었다. 근대 중국을 방문한 사람들의 눈을 끌었던 중국 농민들의 좁은 시야, 낮은 효율성, 형편없는 음식과 주기적인 재난들은 항상 낡은 중국 사회의 빼놓을 수 없는 한 부분을 이루었다. 그것들은 유럽 전근대 사회에서도 마찬가지였다.

향촌건설

남경정부의 10년 동안 정부는 농촌에 대한 대규모 지원을 한 적이 없었다. 이 점은 "향촌건설(鄕村建設)"에 개인적 관심을 가진 사람들이 광범위하게 존재했고, 또 그 수가 점차 늘어났기 때문에 더욱 두드러졌다. 여러 곳의 선택된 지역에서 농민생활의 문제점들이 연구되었으며, 식자율 향상과 생활수준 개선을 위한 방법들이 개발되었다. 이런 노력 가운데 일부는 기독교 선교사들이 주도했다. 서구인에게 가장 잘 알려진 것은 정력적인 기독교도 안양초(晏陽初)의 지도 아래 부분적으로는 록펠러 재단의 지원을 받으면서 이루

362

어진 화북 정현(定縣)에서의 실험이었다. 정부에 의해서 남경 부근에도 모범 현(江寧自治縣)이 계획되었고, 산동에서는 가이 알리토(1979)가 "마지막 유 가(儒家)"라고 부른 학자 양수명(梁漱溟)에 의해서 흥미로운 선구적 노력이 이루어졌다. 근본적으로 이런 개혁은 농민들에게 약간의 시민교육, 보건진 료, 작물과 가축사육의 과학적인 개선을 제공하려는 의도였다.

가장 많이 연구된 것은 정현의 평민교육운동이었다. 안양초가 이끈 이 운 동은 가장 많은 민중에게, 그리고 가장 널리 영향력을 미쳤다. 예일 대학에 진학한 안양초는 제1차 세계대전 중 프랑스에 가서 **YMCA**와 더불어 그곳의 중국 노동자들을 위해서 집에 편지를 써주는 일을 했던 40명의 학생 가운데 한 사람이었다. 타고난 복음주의자였던 안양초는 문맹의 문제에 덤벼들었고, 새로운 신문을 창간했다. 중국으로 돌아온 다음 그는 다른 사람들과 함께 **YMCA**의 선전과 동원 방법을 식자운동(識字運動)에 적용했다. 이것은 결국 그를 향촌문제로 이끌었다. 그것은 식자문제뿐만 아니라 공중보건, 농업 개 선, 수공업, 신용과 시장합작사 등의 근대적인 기술문제, 그리고 다양한 공익 사업에 촌락의 지도자와 지주, 심지어는 관리들까지도 끌어들여서 가치 있는 사업의 조직을 돕게 만드는 일까지 포함했다. 예를 들면 평민학교는 교사들 을 훈련시켰으며, 그 졸업생들은 동문회를 조직했다.

안양초는 전문요원을 위해서 미국과 영국에서 자금을 모금했다. 이들은 각 자 적은 비용으로 아니면 아예 비용 없이 이상과 조직으로 무엇을 이룰 수 있 는가를 모색해야 했다. 이를테면 공중보건사업은 농민을 선발하여 촌락의 건 강진료 담당자로 만들었다. 10일간의 훈련을 거친 다음 그는 생명에 관계된 것을 기록하기 시작하고, 대부분의 명백한 질병들을 구분하여 보고하며, 응 급상자로 안약, 염화제일수은, 아주까리 기름과 아스피린을 지급하게 될 터 였다. 그는 또한 예방접종을 하고 주변을 소독할 수도 있었다. 하지만 찰스 헤이퍼드(1990)의 연구가 밝히듯이 관습의 껍질은 쉽사리 깨지지 않았다. 이 를테면 조산원은 보통 위생상태에 주의를 하지 않았다. 소똥의 치료효과를 존중하는 관습도 있어서 이와 다르게 가르치면 아예 배우려고 하지 않았다.

1932년 이후 정현 외에도 정부의 통제 밖에서 많은 지역과 사업들이 향촌 건설운동이라는 공통의 울타리 안으로 들어왔다. 1933년 정현은 자체 추천한 사람을 현장으로 임명시키는 마지막 단계로 들어섰다. 이 정현실험은 농촌공업, 합작사(合作社), 정직한 세금 이용 등 농민들의 요구에 부응할 수 있는 다양한 방법들을 고안했다. 이것이 너무 공산주의와 가깝다고 생각한 보수주의자들은 현장을 전출시켜버렸다.

향촌건설운동은 경제적 생계의 문제가 사회적이고 정치적인 제도에 깊숙하게 관련된 것임을 곧바로 발견하게 되었다. 보다 높은 생활수준은 서구형 민주주의적 과정에 반드시 필요한 전제조건이었다. 생활수준의 개선은 이제 사회적 변화에 의존할 필요가 있었다. 이를테면 정현에서 채택된 과학적 개혁은 농민들이 제공할 수 있는 것보다 훨씬 큰 재정지원을 필요로 했다. 농촌 개선을 위한 농민조직은 또한 관청의 허가를 필요로 했다. 소작물의 개선은 소작료와 소작제의 문제를 불러일으켰다. 식자율의 증대는 대중들이 불만을 표현하는 목소리를 높일 가능성도 있었다.

요컨대 농촌의 낡은 질서의 어느 한 측면을 실질적으로 변화시키는 것은 사실 전체체계를 근본으로 변화시킨다는 것을 의미했다. 중국 농촌의 문제는 아주 광범위했고, 변화에 대한 압력도 아주 컸다. 그래서 개혁이라는 것은 곧바로 반란을 낳는 연쇄반응으로 연결되는 것처럼 보였다.

지방자치를 위한 남경정부의 실험도 이와 비슷한 증후군에 의해서 좌절을 맛보았다. 정부는 피상적으로 위에서 아래로 침투하는 것 외에는 촌락 차원에까지 파고들 수 없었다. 중앙정부를 대표하는 지방행정요소를 건립하려고 한 계획과 법률은 결국 성장(省長)인 군벌이나 도시 상회가 대변하는 성의 이익과 상충된다는 것이 분명해졌다. 농촌에 덧붙여진 근대적 개혁과 개선은 전화와 전보를 보충하는 도로와 버스 노선의 확장으로 시작되었다. 지리조사, 작물통계, 농업생물학적 개선, 지방질서의 개선 등을 위한 계획이나 심지어는 제도까지도 농촌에서 보다 많은 세금을 거두는 것을 전제로 했다. 중국 농민들은 여전히 도시민이나 중앙정부가 추진하는 이런 근대적 개선으로 혜택을 받는 일이 거의 없다고 느꼈다. 자체적인 개선을 위해서 촌락을 조직화한다는 생각 전체가 관료들에게는 아주 낯선 것이었다. 따라서 결과적으로 특히 토지소유의 확대나 부재지주제의 감소와 같은 사회적 혁명의 원칙은 남경정부 아래서는 도저히 추구될 수 없는 일이었다. 이러한 실패는 1930년대의 중공에 기회를 가져다주었다.

모택동의 흥기

국민당 정부가 항일전력을 건설하려고 힘쓰는 동안 중공은 농촌에서 살아남기 위해서 힘쓰고 있었다. 1927년 중공은 6만의 당원을 보유했다. 장개석의 백색 테러는 그야말로 문자 그대로 그 수를 10분의 1로 줄여놓았다. 많은 사람들이 몸을 감추고 활동을 중지했다. 가장 헌신적인 사람들은 농촌의 궁벽한 근거지를 지원하기 위해서 이동했다. 그리하여 조그만 고립지역인 근거지들이 10여 개 이상 발전했다. 여기서는 소수의 홍군(紅軍) 부대가 반란군 정치지도자들을 지원했다.

모택동은 호남성과 강서성의 경계 남부지역에서 군벌장교 출신인 주덕(朱德)과 함께 가장 중요한 근거지를 출범시켰다가, 곧바로 동북쪽의 강서성 산악지대로 이동하여 서금(瑞金)을 수도로 삼았다. 무한 북동쪽의 대별산맥(大別山脈)이나 황하의 옛날 하구가 있는 강소성 북부의 홍택호(洪澤湖) 소택지 부근에도 근거지가 만들어졌다.

물론 이데올로기와 조직은 대부분의 혁명에서 승리하기 위한 필수적인 결합이었다. 모택동의 조직원칙은 다른 성공한 토비(土匪)의 그것과 같았다. 즉 힘과 지혜(새로운 가르침을 포함하여)를 통해서 그 지역 사람들의 호의를 끌어내는 것이었다. 반면 코민테른을 통해서 중국에 들어온 소비에트 러시아의 이데올로기는 중국 상황에 적응하기 위해서 상당한 시간이 필요했다. 예를 들면 마르크스·레닌주의적인 역사해석은 도시의 프롤레타리아트, 공업 노동자 계급, 공산당의 도시 지도자들에게 핵심적인 역할을 부여했다. 하지만 중공은 프롤레타리아트를 농민으로 대체할 때까지는 아무것도 이룰 수 없었다. 이것은 사실 이론을 거꾸로 뒤집는 일이었다.

진독수가 중공을 거의 붕괴시켰다는 이유로 추방된 1927년 이후, 중공 지도권은 코민테른이 모스크바에서 지명한 일련의 청년들에게 넘어갔다. 상해나 다른 대도시에서 지하의 도피자로서 살아가야만 했기 때문에, 그들은 성공적인 혁명을 치르기 위한 역량에 큰 제한을 받았다. 그들의 교조적인 행동은 문서상의 주장에만 기여했을 뿐이며, 대중적 운동을 위한 결집력을 가져다주지는 못했다. 그들은 여전히 모스크바로부터 받은 지령을 근거지에 전달했다.

1931년 초반 유명한 28인의 볼셰비키가 귀국하여 중공을 이끌게 되면서 모스크바의 영향력은 얼마 동안 더욱 강화되는 것처럼 보였다. 중국의 상황에 제대로 적응하지 못한 그들의 이념과 행동은 대단히 교조주의적이었다. 그들은 계속해서 프롤레타리아트 혁명을 이야기했으며, 성(省)의 독립을 확보하기 위해서 도시를 장악하려고 시도했다. 하지만 그들은 국민당의 손에 놀아났고, 결국 모든 것이 분쇄되어버렸다. 중국에는 (그들이 주장했던) 반란의 "고조(高潮)"가 존재하지 않았다. 1933년이 되면 중앙위원회는 상해를 빠져나와 모택동이 이끌고 있던 강서성의 중앙 근거지로 이동하지 않을 수 없었다. 거기서 그들은 모택동을 몰아냈지만, 그들 역시 모택동과 마찬가지로 농민생활과 그 문제점에 빠져들었다. 바로 이때부터 모택동의 개성과 심리는 중공의 혁명에서 중심적인 요소가 되었다.

　모택동은 유가철학에서 중요한 주제의 하나인 이론과 실천의 통일이라는 점에서 동료들을 능가했다. 1923년 이후 그가 국민당과의 국공합작 아래 일하면서 어떻게 사상을 발전시켰는지 여기서 잠깐 살펴보기로 하자. 얼마 동안 그는 광주에서 국민당 중앙위원회의 후보위원이었다. 그러다가 그는 5개월의 교육과정을 제공하는 농민운동강습소(農民運動講習所)의 소장이 되었다. 1926년 5월부터 10월까지 그는 직접 중국의 모든 성에서 온 약 320명의 학생을 가르쳤다. 강습소의 교육과정은 농촌 계급구조의 분석과 농민문제의 분석에 강조점을 두었다. 1925년 6개월 동안 호남으로 돌아가 농민협회를 조직하면서 얻은 경험을 토대로 모택동은 1926년의 논문에서 자작농에서 농업노동자[雇農]에 이르는 농민에 대한 구조적인 착취를 묘사했다. 그는 (1) 수확물의 절반이나 그 이상이 되는 무거운 소작료, (2) 1년에 36-84퍼센트에 이르는 높은 이자율, (3) 무거운 지방세, (4) 농업노동력의 수탈, (5) 군벌이나 부패한 관리와 결탁한 지주들의 모든 수단을 동원한 농민 수탈 등에 의해서 농민들이 억압당하고 있다고 주장했다. 이러한 전체적인 체계 뒤에는 무역이익을 위해서 중국의 안정을 바라는 제국주의 국가들의 협력이 있었다.

　이 무렵이면 모택동은 계급투쟁을 기초로 자본주의적 제국주의에 대항하는 세계적 운동이라는 레닌의 개념을 완전하게 받아들였다. 하지만 이렇게 일반적으로 받아들인 틀 속에서 모택동은 중국 혁명의 성공을 위한 열쇠는 첫째 농촌의 다양한 계급에 대한 조심스럽고 지적인 분석에, 그리고 둘째 주어진 혁명의 단계마다 어떤 계급이 적이고 친구인가를 구분하는 대단히 실제적인 전술을 이용하는 데에 있다고 주장했다. 셋째는 농촌에서의 당조직가의 역할은, 무엇이든 아는 사람이 되기보다는 안내자이자 촉매의 역할을 맡아야 한다는 것이었다. 그는 농민의 요구와 불만, 희망과 공포를 자세하게 검토해야 하며, 그래야만 농민의 요구를 분명히 파악하여 혁명과정의 한 단계로서 될 수 있는 한 많은 수와 단결하여 될 수 있는 한 가장 적은 수를 공격하는 전술을 따를 수 있다고 주장했다.

불행하게도 1926년 모택동이 이런 생각을 하고 있을 무렵 중공은 통일전선전술에 몰두해 있었다. 중공 당원들은 여전히 1920년대의 국민혁명은 부르주아(민주주의) 혁명이라는 가정을 따르고 있었다. 뒷날의 역사가 보여주듯이 이것은 대단히 의문스러운 견해였다. 이런 잘못된 믿음 속에서 중공은 코민테른의 지시를 따라 모든 희생을 치르면서 국공합작을 유지했다. 아울러 새로운 국민적 정부에 의해서 모든 제국주의가 중국에서 추방되는 날이 올 때까지 농민들의 비참함을 근거로 그들을 동원한다는 생각은 머리에서 지워버리고 있었다. 농촌의 사회혁명을 포기하는 것은 국공합작을 유지하기 위한 불가피한 전제조건처럼 보였다. 북벌기간 동안 화남 각성에서 농민협회는 비약적인 발전을 이루었다. 이것은 결국 여전히 권력을 장악하고 있던 지주·군벌세력에 의한 야만적인 탄압을 낳았다. 때문에 중공은 이런 "농민의 지나친 행동〔過火〕"에 대해서 상당히 비판적인 태도를 보였다. 더구나 중공은 스스로 아무런 무장세력도 가지고 있지 못했다. 그 결과 농민운동은 1927년 중반 국공합작이 붕괴된 직후 곧바로 소멸되었다. 중공은 스스로 재난을 불러들인 셈이었다.

이 시기에 모택동은 의무적으로 모스크바에서 전달된 노선을 따르려고 했다. 결코 나타나지 않았던 "고조"를 틈타려고 헛된 시도를 하기도 했다. 그는 농민을 동원할 수 있고, 심지어는 도시를 장악할 수도 있지만 국민당과 싸워 이길 수는 없다는 점을 발견했다. 따라서 그는 전투를 위해서 인력과 식량공급이 결합될 수 있는 근거지 영역에서 스스로의 군대를 발전시킴으로써만 중공이 살아남고 세력을 확대시킬 수 있다는 결론을 얻었다. 모택동이 주석이었던 "강서 소비에트공화국(江西蘇維埃共和國)"은 1931년 이후 이러한 노력을 위한 도구가 되었다.

이 무렵 중공은 토지의 재분배, 대지주 —— 만약 존재했다면 —— 의 재산

몰수, 특히 빈농에 대한 희망과 기회의 제공을 통해서 농민들의 지지를 확보하려고 했다. 모택동과 28인의 볼셰비키 사이의 논쟁점 가운데 하나는 부농(富農)의 처리문제였다. 모택동은 지방경제에 필수적인 것으로 보아 그들을 다시 끌어들이려고 노력했다. 그렇지만 모스크바에서 훈련받은 교조주의자들은 부농이 운동의 프롤레타리아트적 성격에 위협이 된다고 생각했다. 토니 사이치는 모택동이 계급투쟁을 위한 준비로서 치밀한 분석에 기초한 새로운 사회질서에 의해서 기존의 사회적 안정성(물론 사회적인 문제들도)을 가져다준 농촌의 보호-피보호 관계를 대체하려고 노력하였음을 지적한다. 이것은 결코 쉬운 일이 아니었다.

강서성에서 공산주의의 "암"을 제거하려던 장개석의 작전은 중공이 유격전투(遊擊戰鬪)의 원칙을 발전시키게 만들었다. 첫번째 원칙은 적의 선발대가 포위되고 차단될 때까지 적군을 그 공급선을 따라 끌어들이는 것이었다. 두번째 원칙은 우월한 인원수와 성공의 보장 없이는 결코 공격을 하지 않는다는 것이었다. 울퉁불퉁한 산악과 좁은 계곡을 지닌 강서성 동부지역은 그런 전술에 딱 맞는 곳이었다. 장개석의 군대는 앞으로 나아가면 나아갈수록 더욱더 상처받기 쉬워졌다. 그들은 1934년의 다섯번째 작전에서만 성공했을 뿐이다. 이때는 독일인 고문들의 도움으로 진격로의 구릉지대에 토치카를 설치하는 방법을 고안할 수 있었다. 이것들은 서로를 포화로써 방어해줄 수 있는 간격에 따라 설치되었다. 홍군은 트럭에 의해서 보급이 이루어지는 이러한 요새들을 격퇴시킬 수 없었다. 결국 장개석의 군대가 우세를 차지했다. 이 때문에 유격전의 세번째 원칙이 효과를 발휘할 수 없었다. 그것은 인력과 식량뿐만 아니라 정보를 제공할 수 있도록 농민을 동원해야 한다는 것이었다.

장정, 1934-1935년

1934년 말 중공은 장정(長征)을 시작했다(지도 22 참조). 그것은 약 10만 명의 인원으로 시작되었지만, 1년 후에는 약 4,000-8,000명만이 살아남는 상처를 남기고 마무리되었다. 명조를 대신한 만주족이 원래 명제국의 주변부에 있었던 것처럼, 장정의 핵심은 국민당 권력의 주변부에 새로운 영토적 근거지를 발견하는 일이었다. 중공은 스스로 통제하고 조직할 수 있는 영역을 원했던 것이다. 운남성이 가능했다면 그것이 이용될 수도 있었다. 그러나 성정부를 차지한 지방군벌은 자리를 내줄 생각이 전혀 없었다. 대신 이들에게는 꾸준히 장개석의 추격부대가 따라붙었다. 장개석에게는 이것이 중공을 추적한다는 명목으로 중앙정부의 군대를 변경지대의 성으로 보낼 수 있는 현명한 전략이었다.

장정은 모세가 자신의 선택받은 민족을 이끌고 홍해를 건넌 것보다 훨씬 잘 기록되어 있는 기적처럼 보여왔다(1년에 6,000마일은 하루에 매일 17마일을 이동한다는 것을 의미한다). 어떻게 그렇게 많은 군대와 당원들이 도보로 그렇게 멀리 신속하게 이동할 수 있었던 것일까? 물론 그 답은 그 모든 길을 지난 것은 당지도부와 군대의 아주 적은 일부뿐이었다는 것이 된다.

우리는 지세를 상상해볼 필요가 있다. 중국의 남서부는 산맥 내에 크고 작은 계곡들이 널려 있는 장기판과 같다. 인구가 밀집한 평원은 황량한 산악지대에서 내려오는 강을 통해서 물을 공급받는다. 남서부 중국을 관통하기 위해서 장정부대는 평원과 얼마 안 되는 자동차도로를 피하면서 강을 건너고 산을 통과해야만 했다. 따라서 대부분의 길은 올라가는 언덕이나 내려가는 골짜기였으며, 평지는 거의 없었다. 바퀴 달린 운반수단 대신 장대를 이용해야 했고, 기차의 침대 칸 대신 두 사람이 드는 들것이 이용되었다. 장정 도중 홍군과 중공의 고위 지휘관들은 부대가 산악지대의 돌길이나 논이 널린 들을 지나는 동안 대부분 두 사람이 드는 들것에 실려 (자면서) 이동했다. 보통 지도자들은 한밤중까지 적의 정보, 병참, 인원과 다음날의 행군이나 전투를 준비하기 위한 전략적인 문제에 매달리곤 했기 때문이다.

중공 지도자들은 또한 일반 군대처럼 전령과 비서, 경호원을 거느리고 있었다. 일본군과 싸울 때의 미군처럼 그들 역시 비밀정보원을 가지고 있었다. 그들의 무선수신기는 단순하게 암호화된 국민당군의 무전을 도청했다. 그들은 적들이 자신에 대해서 아는 것보다 적에 대해서 훨씬 더 많은 것을 알고 있었다.

장정이 진행되면서 중요한 문제의 하나로 부각된 것은 다음에 어디로 가느냐 하는 것과 누가 그것을 지도하느냐 하는 문제였다. 홍군이 강서성을 떠나기 전에 모택동은 소비에트에서 훈련받은 28인의 볼세비키 분파와 코민테른이 파견한 공산주의자인 독일인 군사고문〔오토 브라운〕에 의해서 강등을 당

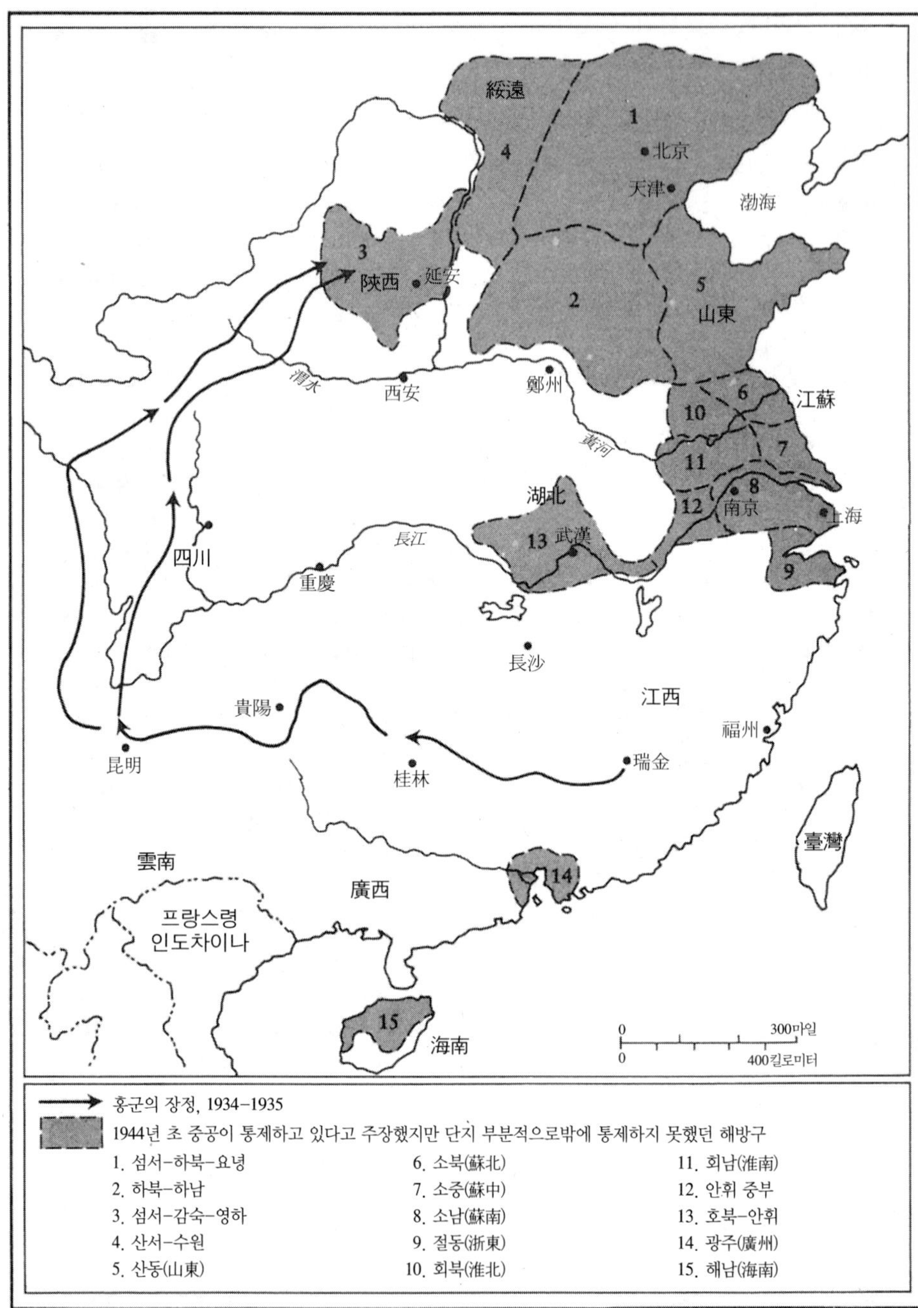

1. 섬서-하북-요녕	6. 소북(蘇北)	11. 회남(淮南)
2. 하북-하남	7. 소중(蘇中)	12. 안휘 중부
3. 섬서-감숙-영하	8. 소남(蘇南)	13. 호북-안휘
4. 산서-수원	9. 절동(浙東)	14. 광주(廣州)
5. 산동(山東)	10. 회북(淮北)	15. 해남(海南)

22. 장정

했다. 붙임성 있는 주은래(周恩來)는 군사지휘권에서 모택동보다 높은 지위에 있었다. 하지만 누구도 장개석의 목조르기 작전을 돌파하지는 못했다. 코민테른 이데올로기로 무장한 지도부의 진지전(陣地戰)은 확실한 패배만을 이끌 뿐이었다. 장정 도중의 전투는 초기에 특히 도강작전(渡江作戰)에서 커다란 손실을 가져왔다. 결국 기동전(機動戰)에 대한 모택동의 비정통적인 신념이 받아들여졌다. 1935년 초 서쪽과 서북쪽으로 이동하는 도중에 모택동은 다시 중공의 지도권을 차지했으며, 그 이후로는 결코 그것을 내놓지 않았다. 예전에 상관이었던 주은래는 이때부터 그의 가장 중요한 지지자가 되었다.

행군의 속도가 아주 중요했다. 때문에 무거운 장비, 서류, 보급품 등과 치료약 상자 등을 나르던 수마일에 걸친 처음의 수송대열도 포기할 수밖에 없었다. 출발 당시 군사인원은 8만6,000명이었다. 장정 도중 많은 충원자들이 홍군에 합류하기는 했지만 1년 후 섬서성(陝西省)에 도착했을 때에는 겨우 수천 명에 지나지 않았다. 이때부터 장정의 베테랑들은 혁명의 귀족이 되었다.

장정은 또한 새로운 중공 지도자가 부각되는 것을 도와주었다. 장정 도중 모택동은 이미 자신과 동료들 사이의 거리를 벌려놓았다. 일단 최상층의 제일인자가 되자 그는 나머지 지도자들과 분리된 숙소에서 거주하기를 원했다. 황제나 마찬가지로 이때부터 그는 더 이상 대등한 상대, 심지어는 친구조차 얻을 수 없었다. 그는 이미 중국의 통일자들을 붙들어 맺던 족쇄에 묶여버린 것이다. 앞뒤로 잠시만 살펴본다면 우리는 모택동이 권좌에 오르는 과정이 한(漢), 당(唐), 명(明)의 창업자들을 상기시킨다는 점을 깨닫게 된다. 이 경우 모두 우선 일군의 지도자들이 뭉치고, 그들은 최고 지도자 한 사람 아래 함께 협력했다. 일단 형성이 된 다음 이 지도자들은 자기 영역 내의 민중을 동원하여 전쟁을 수행하거나 폭군을 쓰러뜨리거나 아니면 이민족을 국토에서 몰아냈다. 어떤 경우든 그것은 민심을 끌어모으는 대의(大義)였다. 어떤 왕조의 창업자도 이 일을 혼자서 해낼 수는 없었다. 따라서 일단 권력의 정상에 오르면 그는 지도층에 있는 동료들을 처리하는 문제에 부딪칠 수밖에 없었다.

주은래의 역할

장정 도중에서의 또다른 발전의 하나는 모택동이 가장 친밀한 동료이자 미래의 총리인 주은래를 발견했다는 점이다. 위대한 재능을 지닌 매력적인 인물로서 주은래는 본능적으로 항상 중립적 위치를 고수했으며, 언제나 조직의 단합을 추구했다. 동시에 그는 결코 최고의 자리를 노리는 경쟁자가 되려고 하지 않는 훌륭한 분별력을 지녔다. 그가 48년 동안이나 공산당의 중앙정치국에 몸담았다는 것은 세계 신기록의 하나이다. 따라서 주은래는 중국의 위대한 재상(宰相) 가운데 한 사람이 되었다. 과거의 재상들이 황제와 황실에게 봉사했던 것처럼 당과 그 지도자에 대한 봉사에 자신을 바쳤다.

이러한 역할은 주은래가 물려받은 것 가운데 하나였다. 그의 가문은 영파와 항주 사이에 있는 상해 남쪽의 절강성 소흥(紹興) 부근이었다. 소흥은 청대에 고관으로 출세한 수많은 유능한 막우(幕友)와 서기(書記)들을 배출한 곳으로 유명했다. 주은래의 삼촌 세 사람은 옛날의 과거제 아래서 거인(擧人)이 되었으며, 한 사람은 순무(巡撫)로 출세했다. 열 살 때부터 주은래는 만주의 심양(瀋陽)에서 소학교에 다녔으며, 1913년에는 천진의 남개(南開)중학에 들어갔다. 이곳에서 그는 비범한 자유주의 교육가인 장백령(張伯苓) 박사의 영향 아래 들어가게 되었다. 주은래는 아주 열심히 공부했지만, 처음부터 그는 타고난 학생지도자였다. 그는 1917-1919년 사이 일본에서 지내면서 사회주의를 알게 되었다. 5·4 운동이 일어났을 때 그는 이미 대학으로 바뀌어 있던 남개로 돌아와, 학생신문을 편집하는 데에 몰두했다. 그때부터 그는 조직가와 선전가로서의 인생을 보내게 되었다. 그는 급속하게 좌파로 기울었고, 여러 달 동안의 감옥생활로 혁명적 입장은 확고해졌다. 1920년 여름에 그는 프랑스로 갔다.

전쟁수행을 돕기 위해서 온 10만 명이 넘는 중국인 노동자 외에도 당시 프랑스에는 수백 명의 학생들이 있었다. 대부분 학생들은 일하면서 공부하는 근공검학운동(勤工儉學運動)의 일환으로 유학을 왔다. 하지만 그들 가운데 많은 수는 기본적으로 중국의 구원이라는 큰 문제에 전념했다. 주은래는 그들 가운데 가장 인상적이고, 설득력이 있으며, 외교적인 젊은 지도자로서 즉각 최고의 지위에 올랐다. 그의 재능은 최고의 인물이 되는 것이 아니라, 경쟁하는 인물들끼리 서로 협력하게 만드는 것이었다. 따라서 처음부터 그는 지배가 아니라 설득으로 지도층을 단합시키는 지도자의 역할을 맡았다. 1924년 광주로 돌아올 무렵 그는 가장 성공적인 혁명적 통일전선 정치의 실천자가 되어 있었다.

광주에서 그는 새로 설립된 황포군관학교에 참여하여 정치훈련부의 부주임이 되었다. 다시 말해서 지도적인 정치위원인 동시에 젊은 장군 장개석의 부하, 따라서 그의 제자가 되었던 것이다. 중공이 이끄는 반란이 국민혁명군을 위한 사전 정지작업을 하고 있을 때인 1927년 3월 그는 상해를 떠맡고 있었다. 하지만 장개석과의 분열로 이것은 허사가 되어버렸다. 주은래는 또한 1927년의 남창봉기에서도 주도자였다. 이 봉기가 일어난 날은 중국 홍군의 건군일(建軍日)이다. 나중에 그는 28인의 볼셰비키와 협력했으며, 자신이 그 자리에 앉는 것을 피하면서 몇 명의 당서기들을 보좌했다. 강서에서 그는 결국 파국을 맞을 때까지 진지전을 옹호하는 입장에 서 있었다.

주은래의 궁극적인 성공비밀은 그가 중국에 대한 모스크바의 교조적 접근은 쓸데없는 짓이며, 자신에게는 공산당의 정책을 중국적 상황에 적응시킬 수 있는 창조적인 능력이 없다는 점을 알 만한 지혜를 갖추고 있었다는 점이다. 그는 자신의 한계를 알고 있었으므로 과거의 상관이었으면서도 저 극적인 1935년의 준의(遵義) 회의에서 모택동의 추종자가 될 수 있었다. 장정 도중의 이 회의에서 모택동은 중공에 대한 지도권을 넘겨받기 시작했다.

주은래는 중공 지도층의 지속성을 대표했다. 프랑스에서 그는 진의(陳毅), 섭영진(聶榮臻)과 같이 있었으며, 이 두 사람은 모두 중공군의 원수(元帥)가 되었다. 나중에 인민공화국에서 진의는 외교부장이 되었고, 섭영진은 핵무기 개발을 맡았다. 등소평(鄧小平)은 파리에서 주은래를 위해서 등사기를 돌렸다. 장정에서 살아남은 지도층들은 진정으로 친밀하게 맺어졌다.

대장정의 끝 무렵 모택동과 강서성의 근거지에서 출발한 홍군은 중공 창건자의 한 사람인 장국도(張國燾)가 이끄는 다른 홍군부대와 만났다. 장국도는 무한 북동쪽의 대별산에 근거지를 세웠지만 1933년 사천 북부를 향해서 서쪽으로 이동했었다. 두 부대가 만났을 때 장국도의 부대는 모택동의 부대보다 훨씬 수가 많았다. 그들은 군대를 두 집단으로 조직했지만, 강서에서 온 모택동과 그의 동료들은 벤저민 양(1990)이 자세하게 설명하는 것처럼 장국도의 다소 모호한 계획과 지도권에 대한 요구를 받아들이지 않았다. 대별산에서 출발한 소규모 홍군부대가 만리장성에서 그리 멀지 않은 섬서성 북부에 근거지를 마련했다는 소식을 듣자마자 모택동과 그의 강서 동료들은 그곳을 목적지로 정했다. 장국도는 이탈했으며, 나중에 국민당으로 넘어갔다.

1935년 말 북서부의 섬서성에 도착한 다음 중공은 자신들 외에 서부의 사막과 북부, 동부의 황하를 제외하고는 거의 아무것도 가지고 있지 못했다. 섬서성은 아득한 세월 동안 황토평원의 침식으로 새겨진 지형을 가지고 있었다. 이곳은 자동차 도로가 없어 방어하기가 쉬웠지만 식량과 인구는 부족했다. 만약 1937년 일본군의 침입이 없었다면 국민당군의 진압작전이 그들을 쓸어냈을지도 모른다. 이들에 대한 저항을 준비하는 동안 중공과 싸우기 위해서 서안(西安)에 주둔했던 동북〔만주〕 출신의 동북군은 차라리 고향을 침략한 일본군과 싸우기를 원했다. 1936년 12월 동북군은 마침내 반란을 일으켜 장개석을 사로잡았다〔西安事變〕. 장개석을 석방하기 전에 그들은 중국인끼리 싸우는 대신 중국인이 단합한다는 통일전선의 사상을 그에게 제시했다.

제2차 국공합작

1928년 제6차 전국대표대회가 모스크바에서 개최되었을 때 중공은 최악의 상태에 몰려 있었다. 그 이후에도 코민테른이 그들의 운명을 조종했지만 1935년 무렵이 되면 러시아에서 훈련받은 사람들은 점차 모택동의 추종자들로 대체되기 시작했다. 그것은 어떤 음모에 의해서라기보다는 모택동이 중국 농촌에서 권력을 장악할 수 있는 핵심적인 열쇠를 발견했기 때문이었다. 일반 대중의 정신, 요구와 이익을 모택동은 잘 느끼고 있었다. 그가 옹호한 "대중노선(群衆路線)"은 일반 대중이 진정으로 혁명을 이끌고 지지하게 만드는 데에 관심을 두고 있었다. 수입된 교조주의 사상은 부차적인 것이 될 수밖에 없었다. 대중에게 조심스럽게 귀를 기울여야 그들을 좀더 잘 충원하고, 동원하고, 통제할 수 있었다.

이와는 대조적으로 국민당 통제 아래의 백구에서 코민테른의 지령은 파탄을 거듭했다. 도시 프롤레타리아트로 노동조합을 조직하고 도시를 장악하기 위해서 파업을 이용하려는 거듭된 시도는 결코 성공하지 못했다. 가능한 것만을 추구할 줄 아는 또다른 인물 유소기(劉少奇)가 주된 조직가로 부상했다. 그는 화북의 도시에서 중공의 활동을 이끌었다. 여기서 그는 좌익 문예운동과 예술의 이용, 학생의 충원을 장려했다. 프롤레타리아트 혁명에 대한 코민테른의 지령을 포기함으로써 유소기는 (모택동에) 버금가는 중공식 방법의 토착화를 이룩했다.

1937년 유소기가 연안(延安)에서 모택동과 합류했을 때 제2차 국공합작은 이미 형성되고 있었다. 일본에 대항하는 모든 중국인의 통일전선은 유럽 파시즘의 흥기와 동아시아에서의 일본의 침략에 맞서기 위해서 1935년 여름 코민테른이 채택한 노선이었다. 모택동은 일본에 대항하는 중국의 통일전선에 찬성했지만 장개석은 배제했다. 핵심적인 것은 일본으로부터 중국을 구하기 위한 민족혁명이 이제 농촌에서의 사회혁명보다 우선하게 되었지만, 모택동이 전자에 집중하기 위해서 후자를 포기하지는 않았다는 점이다. 대신 그는 저항전쟁 속에서 소비에트 근거지를 발전시킴으로써 일본군과 장개석 양자 모두와 싸우는 두 개의 전선을 유지하자고 고집을 부렸다. 그 진실성을 입증하기 위해서 연안의 중공은 훨씬 동쪽에 있는 일본군에게 접근하려고 산서성(山西省)에 원정군을 파견했다. 바로 이 무렵인 1936년 봄 모택동에게 통일선선에 참여하라는 코민테른의 지시가 진달되었디. 주은래는 상해로 가서 조건을 협상했다.

1937년 4월 중공과 국민당이 마침내 국공합작에 동의했을 때, 모택동은 중공 내부에 남아 있는 28인의 볼셰비키에 대한 싸움에서 승리를 거두었다. 국민당과 결합하기는커녕, 모택동은 민족적 대의를 위해서 일본군과 싸우는 근거지인 소비에트 지역에서 사회혁명을 수행할 계획을 세우고 있었다. 만약 이 전략이 들어맞는다면 침략자에 대한 민족적 저항의 물결에 올라타는 동시에 각기 분산된 중공의 부대들이 스스로의 근거지와 대중적 지지를 발전시킬 수 있게 될 터였다. 모택동의 민족공산주의(民族共産主義)를 위한 기반이 여기서 마련되었다.

경쟁적인 두 독재정당에 대한 소비에트 고문들의 도움으로 1920년대 초반에 중국 민족주의의 힘이 동원된 적이 있었다. 하지만 이 가운데 선배였던 국민당은 이미 서구에 유학했거나 기독교 대학 출신인 도시의 자유주의적 전문 직업인들에게 희망과 출세의 통로가 되어 있었다. 따라서 국민당이 지배하는 중국은 두 갈래의 길 —— 즉 도시에서의 개혁적이고 서구지향적인 길과 농촌에서의 보수주의를 향한 길 —— 에 마주치고 있었다. 이 두 가지 철학은 같은 집에 동거할 수도 있었다.

처참한 파괴를 가져온 일본의 침략이 없었다면 남경정부는 점진적으로 중국을 근대화의 길로 이끌었을지도 모른다. 하지만 나중에 알게 된 것처럼 일본에 대한 저항은 국민당 지배 아래서 여전히 발전하고 있던 초기적인 도시적 시민사회의 요소를 배제하고 모택동과 중공에게 농촌에서 새로운 독재적 권력을 확립시킬 기회를 가져다주었다. 전쟁이라는 상황 속에서 중공은 계급투쟁을 수행할 새로운 형태의 중국적 국가를 건설했다. 중국의 혁명가들은 20세기에 적어도 3,000년은 거슬러올라가는 낡은 계급구조를 공격하고 재편하려는 준비를 하고 있었던 것이다.

제16장

항일전쟁, 1937-1945년

국민당의 어려움

중국을 점령하려는 군국주의 일본의 시도는 1931년 만주를 장악함으로써 시작되었고, 1937년에서 1945년까지는 전면적 침략으로 이어졌다(지도 23 참조). 일본 역사가들은 1644년 만주인 정복자들이 걸었던 길을 일본이 되밟는 것으로 생각했지만, 도쿄의 근대화주의자들은 일본이 중국 인민을 근대 세계로 이끌고 있는 것으로 보았다. 하지만 시대는 변했다. 일본의 침략은 중국의 새로운 민족주의를 강화시켰을 뿐이었다.

8년 항전 중 중국인 상당수는 일본이 점령한 지역 내에 있었다. 그것은 주로 해안도시와 철로가 지나는 지역이었다. 또다른 상당수는 국민당이 지배하는 지역〔白區〕에 있었다. 그리고 가장 적은 부분은 연안에 수도를 가진 중공의 근거지였다. 역사학자들은 발생학적인 사고방식을 가지고 있으며, 따라서 사물의 기원을 추적하려는 경향이 있다. 그런 점에서 보면 중국의 미래는 연안에서 나왔다. 따라서 일본의 패배, 그리고 국민당의 패배는 중공의 성장보다는 연구가 덜 된 편이다. 성공은 창조적이고 흥미로운 것이지만, 패배는 우울하고 지루하다. 누가 그것을 원하겠는가? 더군다나 연안은 크기나 기록 면에서 훨씬 소규모이기 때문에 일본군 점령지역이나 국민당 지역의 매우 다양한 경험보다는 훨씬 다루기가 쉽다. 연안의 통제 아래 있던 지역보다 훨씬 크지만 이 두 지역은 연구가 덜 된 편이다.

국민당이나 공산당은 형태 면에서 보면 둘 다 일당독재를 지향한다. 하지만 사실 그것은 전혀 다른 정치적 산물이었다. 국민당은 두 가지의 화신이었

일본과 일본이 영토로 주장하던 지역
1937년의 점령범위
1938년의 점령범위
1939년의 점령범위
일본의 중국점령 최대범위, 1942년
소련
사할린
몽골
嗶嗶哈爾
滿洲國
哈爾濱
吉林
블라디보스톡
熱河
瀋陽
包頭
北京
天津
安東
旅順
동해
일본
西寧
延安
太原
唐沽
조선
도쿄
西安
開封
靑島
成都
重慶
長江
宣昌
武漢
江蘇
南京
上海
寧波
長沙
南昌
東中國海
琉球
昆明
미얀마 롱로
桂林
廣州
臺灣
라시오
南寧
汕頭
미얀마
하노이
홍콩(영국)
海南
태국
프랑스령
인도차이나
마닐라
필리핀 군도
(미국)
南中國海
태평양
사이공
말레이지아
브루네이
북
브루네이
수마트라
싱가포르
사라와크
셀레베스
네덜란드령 동인도
0   200   400   600마일
0   200   400   600   800킬로미터

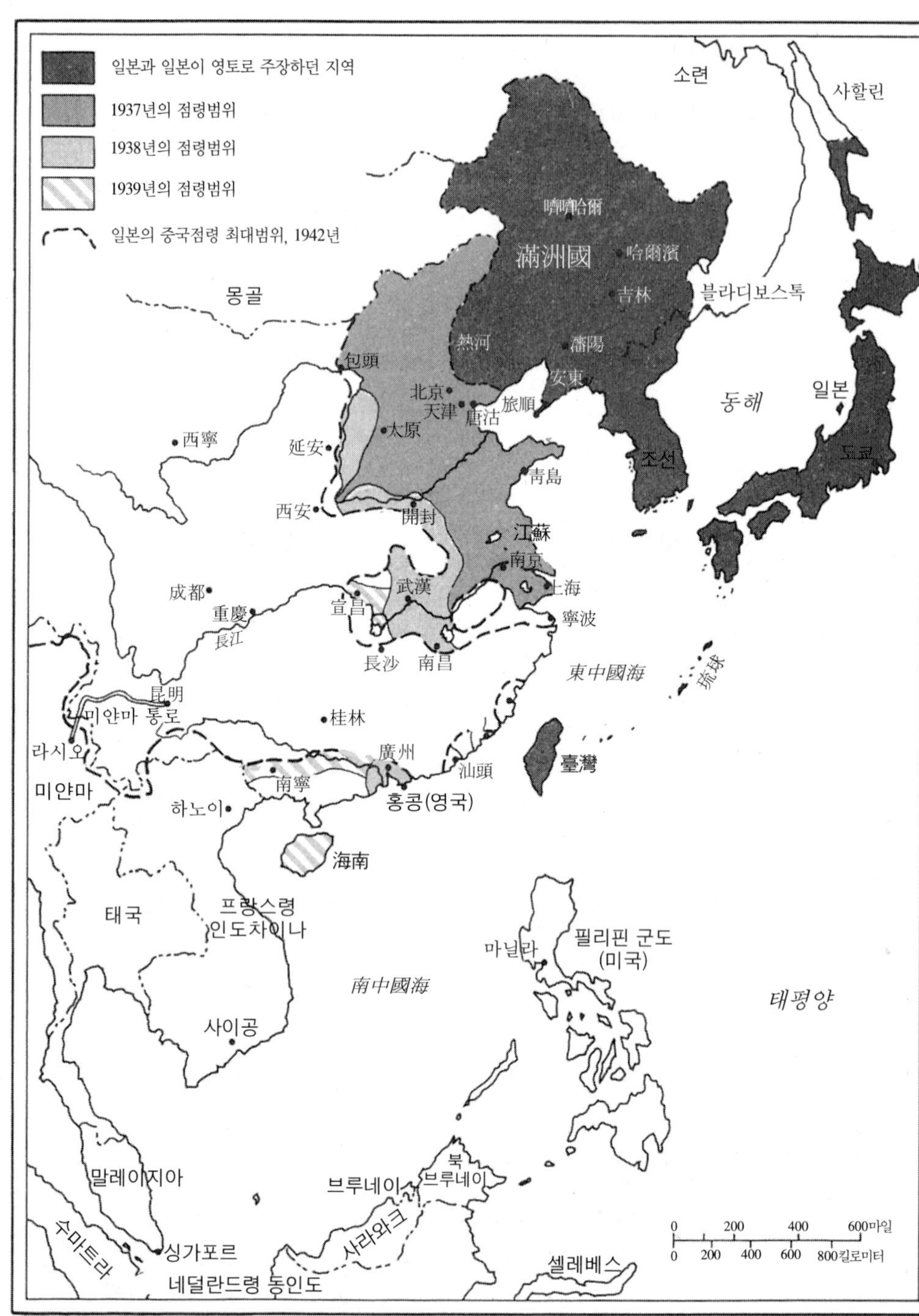

23. 일본의 중국침략

다. 첫번째는 신해혁명에 참여했던 손문의 동료들이었고, 두번째는 1927년 이후 장개석 남경정부의 추종자들이었다. 1938년 남경정부는 남경에서 무한으로, 그리고 다시 장강을 거슬러 올라가 중경으로 수도를 옮기지 않을 수 없었다.[1] 국민당 정부는 그 뿌리가 잘린 셈이 되었다. 해관이나 상해의 아편무역에서 나오던 세입은 봉쇄되었다. 힘들여 얻은 근대적 훈련을 받은 행정관료들은 피난민이 되었다. 중국의 중앙정부이면서도 중경정부는 이제 산으로 둘러싸인 보루와 같은 곳에서 지내는 피난민 신세가 되었다. 따라서 반동적인 성의 군벌과 지주들에게 협력하지 않을 수 없었다. 중국의 서부에서 중경정부는 지방군벌들을 통제하려고 노력했으며, 농촌의 사회질서가 뒤집히는 것을 피하려고 했다.

초창기였던 중국의 자유주의적 교육체계는 교지와 시설 면에서 엄중한 파괴를 피할 수 없었다. 기독교 계통 대학들은 일본군 점령 아래서도 계속 운영되었으나, 순수한 중국 대학의 교수와 학생들은 대부분 1937-1938년 사이 장강을 거슬러서, 아니면 서남쪽으로 이동했다. 운남성(雲南省) 곤명(昆明)의 국립서남연합대학(國立西南聯合大學)은 북경의 청화대학과 북경대학 및 천진의 남개대학에 의해서 설립되었다. 한편 연경대학과 다른 기독교 학교들은 일본군이 1941년 12월 미국을 공격한 뒤 성도(成都)에서 화서협합대학(華西協合大學)을 세웠다. 모든 공업시설은 해체되어 장강 상류 지역으로 운반되었다. 자원위원회는 이미 여기서 광산과 공업을 발전시키고 있었다. 지식인들과 정부의 행정관리들은 아주 커다란 애국적 열정을 가지고 고향에서 옮겨오는 고통을 참아내고, 내륙에서 원시적으로 사는 방법을 배우게 되었다. 중국의 근대적 전문인력의 대부분을 이루고 있었지만 불행히도 그들의 희망은 보답을 받지 못했다. 부분적으로는 중경정부가 무능했기 때문이었다.

놀랄 만한 용기는 있지만 통찰력은 거의 없는 것이 중경정부였다. 중경정부는 미래에 대해서는 아무런 도움도 되지 않았던 단기적인 임기응변책으로 문제에 대처했다. 중경정부는 그 행정인원을 먹여살리기 위한 수단으로 1928년 이후 성정부에게 넘겨주었던 토지세를 다시 회수하게 되었으며, 그것도 현물로 징수했다. 정부의 공업발전 담당자들은 전쟁을 지원할 병기창들을 운

---

1) 앞으로는 중경정부로 칭하겠다.

영했다. 일본의 중경 폭격으로 항전정신은 자극을 받았지만, 그러는 동안 국공합작의 정신은 점차 시들해졌다. 국민당 지역에서 완강한 자유주의자로서 활동하라는 임무를 부여받은 중공의 "외부간부들"을 제외하면 급진적 지식인들은 공산주의의 수도인 연안을 향해 북쪽으로 옮겨가기 시작했다. 국민당과 정부의 비밀경찰들은 점점 더 자유주의자들을 잠재적인 파괴행위자로 간주했다. 학생, 출판업자, 그리고 적으로 간주되는 다른 모든 사람에 대한 강경한 대처는 지식인과 장래에 그들에게 의존하기를 바랐던 정부 사이의 간격을 꾸준히 벌려놓았다.

장개석의 권력은 남경에서와 마찬가지로 중경에서도 무척 보수적이었다. 농민들은 징집을 당하고 세금을 내야 했으나, 그밖의 경우에는 아예 내버려졌다. 특별히 식자교육이 권장되지도 않았고, 공중보건사업이 많은 촌락에까지 미친 것도 아니었다. 중국의 낡은 지배계급들은 농촌지역에서 여전히 대중과는 전혀 다르게 살아가고 있었다. 수도인 성도(成都) 부근의 관개시설이 잘된 쌀 지대를 제외하면, 사천성은 대개 들쑥날쑥한 산과 물살이 빠른 강으로 이루어져 있었다. 기후는 불쾌할 정도로 습기가 많았다. 겨울에는 춥고 여름에는 무더위로 마치 찌는 듯했다. 근대적 생활의 쾌적함이 아예 없는 데다가 통화팽창의 만연이라는 고난이 덧붙여졌다. 중공처럼 농촌에 근거를 두고 사는 법을 배우는 대신 국민당은 (화폐)인쇄기를 먹고살았다. 통화팽창은 꾸준히 상류계급의 사기를 떨어뜨렸다.

국민정부가 초기부터 지녔던 약점은 제2차 세계대전 기간 동안에도 여지없이 폭로되었다. 권력을 소유한 사천, 운남, 광서의 지방군벌들은 중경정부의 지방 통제가 확대되는 것을 매우 어렵게 만들었다. 곤명은 국민당이 지배하는 지역으로 날아갈 수 있는 유일한 항공출구가 되어 있었다. 하지만 곤명이 자리잡고 있는 운남의 성장[2]은 1945년 전쟁이 끝날 때까지 장개석의 군대와 비밀경찰 대부분이 운남에 발을 들여놓지 못하게 할 수 있었다. 국민당 경찰은 1945년 말까지는 곤명의 서남연합대학에서 벌어지는 연합정부와 내전 반대를 위한 학생, 교수들의 운동을 탄압할 수 없었다.

농민을 다루는 일도 더 나을 것이 없었다. 통화팽창은 처음에는 곡물가격

---

2) 省長 : 龍雲.

을 올림으로써 농업생산자들을 도와주었다. 하지만 이것은 곧바로 무거운 과세에 의해서 상쇄되었다. 수백 가지나 되는 잡세나 수수료의 증설은 악명을 떨쳤다. 그것들 대부분은 자신의 행정기구나 개인적 필요를 충족시키기 위해서 지방정부의 우두머리들이 고안한 것이었다. 로이드 이스트먼(1984)이 헤아려본 바에 의하면 "'지원자에게 짚신을 기부하기 위한' 세금, '지원자 가족을 위로하기 위한' 세금, '방공(防共) 간부를 훈련시키기 위한' 세금, '주둔군에 연료를 공급하기 위한' 세금이 있었다."

이러한 부담 외에도 중경정부에 의한 인력과 곡식의 징발이 있었다. 군대는 마음대로 인력을 징발해 요역노동을 시킬 수 있는 것으로 생각했다. 중경정부 역시 군사령관들이 강제적으로 곡물을 징발함으로써 농촌을 뜯어먹고 사는 것을 인정해주었다. 1942-1943년 동안 하남성을 덮친 기근은 군대가 아사하든지 아니면 주민이 아사하든지 양자택일을 강요했다. 징발은 줄지 않았으며, 군대는 결국 굶주린 농민들에게 공격당했다. 기근은 또한 투기꾼들의 매점매석을 통한 이윤확보와 거대한 부패의 증가를 낳았다. 불행한 결과는 중경정부가 자원 획득이라는 점에서 얻는 것이 거의 없었던 반면, 말단관리와 지주들은 물가상승 속에서 이익을 올리는 방법을 발견하게 되었다는 것이었다. 전쟁이 끝날 무렵 국민당이 지배하던 여러 성에서는 농민반란이 초기 단계에 도달해 있었다.

그동안 중경정부와 연안의 중공은, 일본과 서로에 대한 양면의 전쟁을 치르고 있었다. 1937년 7월 7일 북경 교외에서 시작된 전면 항일전쟁은 그 해 8월과 9월 중공과 국민당 사이의 합작에 대한 합의 성명을 이끌어냈다. 중공은 중국 사회를 변화시키기 위한 무장혁명을 중지하고 지주의 토지에 대한 강제몰수를 포기했다. 홍군은 국민정부의 지휘 아래 들어갔다. 한편 국민당은 중공이 여러 도시에 사무소를 설치하도록 허용했고, 중경에서 『신화일보(新華日報)』를 발행하도록 허용했다. 국민당의 자문기구[國民參政會]에도 중공이 대표를 파견할 수 있게 했다. 이후로도 국공합작의 형식은 유지되었다. 홍군은 이제 팔로군(八路軍)이라고 불렸으며, 그것을 대표하기 위해서 주은래가 중경에 주재했다. 1938년 임시수도였던 무한에서 보냈기 때문에 그는 이미 중공의 외교부장, 그리고 세계 언론에 대한 중공의 대변인이 되어 있었다.

국공합작에 대한 합의조건은 문서상으로는 변함이 없었다. 그러나 실제적인 사태 전개는 그것을 무효로 만들어놓았다. 연안은 자기 지역에 국민당 사무소가 설치되는 것을 거부했다. 국민당이 약간 보조를 했으나 사실 팔로군은 여전히 독립적인 부대였다. 한편 중공은 근거지를 건설하면서 치안을 유지하고, 호조대(互助隊)와 같은 장치를 통해서 경제적 생산을 장려했으며, 결국에는 부농을 억누르게 될 빈농 출신의 활동가들을 계속 충원했다. 당원은 1937년에 4만 명으로 주장되었던 것이 1945년에는 120만 명 정도로 추정되었다. 반면 군대는 1937년의 9만2,000명에서 1945년에는 91만 명 정도로 늘어났다.

모택동에 의한 마르크스주의의 중국화

화북의 넓은 지역에 광범위하게 퍼져 있는 중공의 조직을 통제하고 지령을 내리는 데에는 헌신적이고 규율을 지키는 당원, 농촌의 숙련된 간부(활동가), 각 근거지의 자급자족, 그리고 지시를 전달하기 위한 무선전신이 필요했다. 지방분산적인 상황에 대한 중앙의 통제라는 원칙은 정부조직에서 잘 나타났다. 당의 중앙위원회는 군사, 조직, 통일전선, 적 점령구, 노동, 여성 등 모두 열두 가지나 되는 부서를 가지고 있었다. 한편 구역조직은 북방국(北方局), 서북국(西北局), 중원국(中原局) 등 대여섯 개의 지방국으로 나누어졌다. 이 지방국에는 연안 중앙위원회의 그것에 대응하는 부서들이 설치되었다. "일원화(一元化)"의 원칙에 따라서 수도인 연안에서 지방국의 전문부서로 내려오는 모든 지시는 반드시 지방의 조정자인 지방국의 서기(書記)를 통하거나 아니면 적어도 그에게 완전히 알려져야 했다.

제2차 세계대전 동안 연안은 소수의 외국인 관찰자들에게는 햇볕과 쾌활함이 가득한 상상의 나라였다. 에드가 스노나 다른 언론인들이 세계에 알린 것처럼 혁명적 열성은 전염성이 강했다. 중공의 지도자들 사이에서 분명하게 존재했던 소박한 민주주의는 놀라울 정도로 중경과는 대조적이었다. 미국의 원조는 실제적으로 연안에 도달하지 못했으나, 피상적인 접촉은 해외의 자유주의자들을 매혹시키는 신화를 발전시켰다.

연안에서 모택동이 성공을 거둔 비결은 그가 단기적인 목표와 장기적인 목표를 결합시키는 데 아주 유연했다는 점에 있었다. 단기적으로 그는 1940년 중공의 지도력을 받아들일 모든 중국인을 포용하는 통일전선 원칙으로 신민주주의(新民主主義)를 선택했다. 장기적으로 그는 지식인에 대한 당의 통제를 포함하여 당조직을 꾸준히 발전시켰다. 1942-1944년의 연안 정풍운동(整風運動 : 나중에 보다 자세히 설명한다)은 개인적 고립, 테러, 투쟁, 자백, 굴욕과 비굴함 등을 포함하는 동원을 위한 운동방식을 확립시켰다. 당원들은 그것을 주지하게 되고, 나중에는 대중도 그렇게 될 터였다. 그것은 모택동의 업적으로 레닌주의, 스탈린주의와 전통적인 국가유학 모두에 뿌리를 가진 것이었다.

한편 진정한 권력의 원천은 중공이 화북의 농민을 동원한 데에서 자라나고 있었다. 일본군은 반대운동을 조직하기에 아주 좋은 공격목표였다. 철로선을 따라 중국을 침입하면서 일본군은 이 선 사이의 지역을 봉쇄하려고 시도했다. 하지만 철로 요새는 철로선을 넘나드는 교역과 접촉을 통제할 수 없었다. 전체적으로 보아 그들의 침입은 중공의 동원을 위한 기반을 닦아놓은 셈이 되었다. 이런 상황에서 중공이 성공한 것이 단순한 민족주의 때문인가 아니면 중공의 이념 때문인가 하고 따지는 것은 본질적으로 큰 문제가 되지 않는다. 왜냐하면 중공은 이미 코민테른의 공산주의가 아니라 민족공산주의를 대표했기 때문이다. 중공의 이념은 농촌에서의 실천 속에서 성장한 것이었다. 중공은 또한 세계의 해방이라는 장대한 계획 속으로 지식인들을 끌어들였다.

화북 여러 지역에서 중공이 발전시킨 변구(邊區)와 해방구(解放區)의 정부에서 첫번째 원칙은 간부의 이념교육과 규율의 집행에 바탕을 둔 당의 통제였다. 이념교육은 모택동의 장기적 원칙들을 그의 전술적인 유연성과 결합시키는 것이어야만 했다. 중공이 조직한 정권들은 연안에서 아주 멀리 떨어져 있었으며, 믿을 수 없는 라디오 교신을 제외하면 거의 스스로의 경험에 의존해야만 했기 때문이다.

두번째 원칙은 농민들이 원하는 것을 발견해서 그것을 제공하는 일이었다. 무엇보다 지방의 평화와 질서가 우선했다. 다음은 농민생활을 돕고, 필요할 때면 추수를 하고, 농촌 사람들과 형제로서 사귈 수 있는 우호적인 군대였다. 세번째 원칙은 활동가들을 충원하는 일이었다. 그들은 빈농의 상층, 주변 환경 때문에 좌절한 유능한 사람들 속에서 가장 잘 발견될 수 있었다. 네번째 원칙은 부분적으로는 작물의 개선을 통해서 이루어졌지만 주로 상호부조나 조직적 수송, 소비재의 협업생산 등을 통해서 수행된 경제개선의 계획이었다.

이런 노력들이 진전됨에 따라서 그것들은 세번째 원칙, 즉 계급투쟁을 위한 기반이 되었다. 이 문제는 아주 조심스럽게 접근할 필요가 있었다. 왜냐하면 화북의 지주들은 대부분 부농에 지나지 않았지만, 비밀결사나 용병에서 끌어모은 지방세력을 동원할 수 있었기 때문이다. 초기에는 국민당도 화북에 그런 세력들을 보유했고, 따라서 국민당과의 결합이라는 대안을 제공할 수도 있었다. 중공은 이 문제를 다루기 위해서 상당히 포괄적인 삼삼제(三三制)를 실행했다. 그것은 중공이 지방정부를 승인해주는 소규모 의회의 3분의 1을 통제할 수 있게 하고, 나머지 3분의 2는 국민당이나 독립적인 정파에게 남겨주는 것을 의미했다. 물론 이런 토대 위에서 중공은 뛰어난 규율과 헌신이라는 장점을 통해서 지도적 위치를 차지할 수 있었다. 그들의 좋은 명성이 대중적인 존경으로 정당화되었기 때문에, 중공은 경제적 생산계획 외에도 토지개혁을 위한 준비를 시작할 수 있었다.

토지개혁은 세 가지 요소가 갖추어진 다음에만 실행될 수 있었다. 그것은 군사적 통제, 경제적 개선, 농촌 활동가들의 충원이었다. 토지개혁 과정 그 자체에서 중요한 요령은 폭군 지주 —— 사실 그 정도로 대단한 것은 아니었지만 —— 에 대한 반대여론을 동원하여 그들을 비난하거나 제거함으로써 농민들을 혁명적 과정에 몸담게 하는 것이었다. 모든 토지소유가 재평가되었으며, 각 개인에게 부여된 부농, 중농, 빈농 또는 농업노동자라는 범주에 따라 좀더 평등한 기반에서 토지가 재분배되었다. 만약 이런 재분배가 제대로 시행될 수 있다면 농촌 활동가들은 당 지도부의 정신을 받아들이기 시작하게 될 터였다. 중공이 전달하려는 의사는 간단했다. 그것은 농민이 새로운 단결 속에서 조직적인 노력을 한다면 좀더 나은 미래를 가질 수 있다는 것이다. 그리고 이러한 새로운 단결의 지도력은 바로 중공에서 찾을 수 있었다. 혼자서는 아무것도 성취할 수 없지만, 개인적인 이익을 희생시킴으로써 개인은 공동의 대의에 헌신할 수 있었다. 모든 사람들이 이야기를 할 수 있고 의견을 내놓을 수 있는 수단으로서 민주집중제(民主集中制)의 원칙이 칭송되었지만, 일단 당의 결정이 이루어지면 모두가 복종해야 했다. 이것은 뉴잉글랜드의 마을 집회에서는 결코 받아들여지지 않았을 것이다. 하지만 대안이라고는 변구 밖에 있는 지주와 관료의 정부밖에 없었던 화북 농촌에서는 대단한 설득력이 있었다.

요컨대 "대중노선"이라는 사고방식이 여기서 어렴풋하게 모습을 드러내고 있었다. 즉 그것은 당이 대중 속으로 들어가 그들의 불만과 요구를 발견해야 하며, 당은 그것들을 공식화하여 대중에게 그것이 최선의 이익이라고 설명하게 된다는 것을 의미했다. 대중으로부터 나오고 대중에게로 돌아간다는 이러한 개념은 중국적 전통에 정말 어울리는 민주주의의 일종이라고 할 수 있다. 전통시대 중국에서 상층계급에 속한 관료는 진심으로 지방민들의 진정한 이익을 느끼고, 그것을 위하여 통치를 할 때 최고의 선정을 베풀 수 있었다.

이런 식으로 항일전쟁은 중공이 농촌에서의 민중동원을 승인받을 수 있는 기회를 제공했다. 그리고 일단 성공하자 이것은 도시가 아니라 농촌에 근거를 둔 중공에게 새로운 권력을 가져다주었다. 화북과 장강 유역에까지 퍼진 중공의 팽창과 근거지 건설은 1940년 새로운 정점에 도달했다.

일본군은 철로를 따라 1–3마일마다 요새를 건설함으로써 통제력을 확장시켰다. 그리고 나서 그들은 이 요새 밖으로 나와 향촌을 습격했다. 하지만 일본군은 베트남의 미군이나 훗날 아프가니스탄의 소련군과 똑같은 문제에 부딪쳤다. 즉 그것은 괴뢰군대를 이용하는 한편 자신들의 우월한 화력을 이용하여 어떻게 농촌주민에 대한 통제권을 확보하는가 하는 문제였다. 일본군을 패배시키려면 정규 진지전이 아니라 게릴라전을 통한 자원 소모가 꼭 필요한 것이었다. 이에 대항하기 위해서 일본군은 게릴라들이 굶주리도록 공급선을 차단하는 요새망과 봉쇄선을 확장시켰다.

일본규의 이러한 압력에 대해서 중공군의 최고 사령관이었던 팽덕회(彭德懷)는 백단대전(百團大戰)이라고 알려진 1940년 8월에 시작된 광범위한 공세를 준비했다. 화북 전역에 걸쳐서 일본군의 철로는 거듭해서 차단되었으며, 요새가 파괴되었다. 그것은 연안에는 그다지 자세하게 알려지지 않은 채 팽덕회에 의해서 계획된 것으로 보인다. 이 작전은 전체 항전기간 가운데 중공이 최초로 벌인 공세였다. 몇 주 후에 이 공격은 중공에게 커다란 승리였음이 분명해졌다. 하지만 일본은 이에 대해서 강력하게 보복했다. 그들은 더 많은 군대를 투입하여 "삼광(三光)"작전을 벌였다. 그것은 "모두 죽이고, 모두 불태우고, 모두 약탈하라"는 것이었다. 그들은 일반 농민과 팔로군 병사를 구분하던 관행을 포기하고 손이 닿는 모든 것을 파괴했다. 일단 파괴한 촌락에는 일본군이 주둔했다. 요새의 수는 수천 개로 늘어났다. 이러한 분노와 파괴의 결과는 화북 전역에서 중공의 지위를 위협했다. 일본군은 많은 지역을 고립시켰고, 중공이 획득했던 농촌 대부분에 대한 통제권을 빼앗을 수 있었다. 그것은 제1급의 재난이었다. 중공은 다시는 그런 공격을 시도하지 않았다.

또한 장강 유역, 특히 신사군(新四軍)[3]을 통한 중공의 세력 확장은 국민당군의 보복을 가져왔다. 양당간의 협상을 통해서 대부분의 신사군은 남쪽에서 장강의 북쪽으로 철수했다. 그 철수 도중 1941년 1월 수천 명이나 되는 신사군의 지휘부가 "환남사변(皖南事變 또는 新四軍事變)"이라고 알려진 사건으로 국민당군의 매복공격을 만나 실질적으로 섬멸되었다. 형식적으로는 각자에게 유리했기 때문에 어느 당도 국공합작의 종말을 인정하지 않았다. 그럼에도 불구하고 국공합작의 종말은 사실이 되었다.

이러한 역전은 연안을 심각한 위기에 빠뜨렸다. 국민당과 일본군의 봉쇄는 거의 모든 교역을 차단해버렸다. 물가상승이 급속도로 퍼져나갔고, 정권 전체가 생존하기 위해서 웅크려야만 했다. 연안은 경작농민의 수확에서 아주 작은 부분만 세금으로 거두고 있었지만, 1941년에 기후가 좋지 않아 물자부족이 나타나자 정부는 생산된 곡물의 약 10퍼센트를 농민에게 요구했다. 지주로부터 더 이상 징발할 수도 없었다. 유일한 탈출구는 무명옷 같은 소비재의 지역적 생산처럼 자급자족을 이루는 것이었다. 경작지와 관개시설이 크게 증가했으며, 곡물의 생산성이 향상되고 가축 역시 늘어났다. 간단히 말해서 경제적인 위기는 모든 수단을 통해서 생산을 증대시키려는 노력을 가져왔다.

이러한 경제회복과 더불어 1940년대 초반 연안에서는 모택동이 마침내 공산당에 대한 지배권을 확립시켰다. 1936년 연안에서 얼마간 여유를 가질 때까지 모택동의 마르크스주의 문헌에 대한 독서는 그리 광범위하지 못했다. 하지만 그는 곧 변증법적 유물론에 대해서 강의하게 되었으며, 「모순론(矛盾論)」과 「실천론(實踐論)」을 발표했다. 아직 28인의 볼셰비키를 제거하지는 못

---

3) '국민혁명군 육군 신편제4군(國民革命軍 陸軍 新編第四軍)'의 약칭으로 항일전쟁기 중공이 조직한 부대로 1937년 10월 국공양당의 담판합의 결과 홍군유격대로 조직된 것이다. 섭정(葉挺)이 군장(軍長), 항영(項英)이 부군장(副軍長)이었다.

했으므로 다소 거칠기는 했지만 그의 강의는 사상적 지도력을 과시하도록 계획된 것이었다. 그럼에도 불구하고 모택동은 아주 오랜 중국 역사를 그 뒤에 담고 있는 "대립물의 통일"이라는 개념 속에 존재하는 모순들을 강조하는 독창성을 보여주었다.

연안에서 그의 철학적 목표는 중국 민족에 관심을 가진 민족주의 정당을 확립하고 나아가 마르크스주의를 중국의 수요에 적응시키는 것까지 포함했다. 정치적으로 긴급한 과제는 당노선에 대한 복종으로 특징지을 수 있는 훈련된 조직을 만드는 것이었다. 그래야만 당원들이 먼 곳에서도 지시에 따라 활동할 것이라고 믿을 수 있었다. 국민당은 치열한 파벌주의 때문에 곤란을 겪었다. 연안의 중공은 좀더 작은 조직으로서 그것을 불식시키는 데에 어느 정도 성공했다.

당 활동가들 사이의 의견일치는 중공 노선의 현명함을 확신하는가에 달려 있었다. 당노선은 실제적인 행동을 용인해주는 이론적 원칙의 문제를 불러일으키기 마련이었다. 서구에서는 널리 모택동주의(毛澤東主義, Maoism)로 알려졌지만, 중국에서는 오히려 좀더 겸손하게 모택동사상으로 알려진 이념이 점차적으로 창조됨으로써 이 문제는 해결되었다. 그것은 마르크스·레닌주의의 중국화, 그 보편적 원리의 중국적인 특수한 상황에의 적용을 의미했다. 따라서 모택동이 어떻게 그것을 하나하나씩 쌓아올렸는가 하는 점은 검토해볼 만한 가치가 있는 흥미로운 질문이다.

모택동사상

불교와 기독교 모두 중국에 들어왔을 때 용어의 문제에 부딪치지 않을 수 없었다. 그것은 새로운 개념을 표현할 글자를 고르면서도, 그 글자들이 표현하고 있는 기존의 관념과는 어떻게 구분되게 하는가 하는 문제였다. 일본 사회주의자들은 이런 노력에서 선구적 역할을 했다. 마르크스주의의 중국적 적용은 핵심용어의 번역 차원에서 모택동보다 훨씬 이전에 시작되었던 것이다. 마르크스의 "프롤레타리아트"는 그의 세계관에서 핵심적인 용어이다. 서구적 사고 속에서 그것은 확실히 도시의 생활, 특히 서유럽의 공업화 과정에서 차마 형언할 수 없을 정도로 비참한 경우가 많았던 19세기 초기의 공장노동자들과 결합되어 있었다. 하지만 그것이 중국어로 번역되었을 때에는 "아무것도 가진 것이 없는 계급"이라는 뜻의 무산계급(無産階級)이 되어버렸다. 다른 말로 하자면 도시에 있건 농촌에 있건 아주 가난한 사람을 의미하게 되었던 것이다. 중국에서는 대부분 그들이 농촌에 존재했다. 결과적으로 중국에서는 유럽의 "프롤레타리아트"를 자동적으로 농민과 농업노동자 속의 가난한 "농민"에서 발견하게 되었다. 중국 마르크스주의자들이 사용한 용어가 모스크바의 그것과 일치된 것이라고 볼 수도 있다. 하지만 그럼에도 불구하고 그들이 중국의 학생과 일반 대중 사이에 마르크스주의를 보급했을 때에는 미묘한 차이가 존재했다.

"feudal"이라는 단어를 가리키는 한자인 봉건(封建)은 고전적인 중국적 사고에서는 기원전 221년 진시황이 통일을 이루기 이전인 선진(先秦)시대의 권력 분산을 뜻했다. 그것은 단순히 지방분권적인 행정을 뜻했으며, 토지제도나 경작자의 신분과는 관련이 없었다. 하지만 중국 공산주의자들은 이것을 지주의 착취와 동일한 것으로 간주했다. 이렇게 되면 봉건주의는 중국에서 2,000년 동안이나 지속된 것이 되어버린다. 따라서 마르크스가 유럽사에서 정의했던 시기들은 쉽사리 중국에 적용할 수 없게 된다. 만약 기원전 221년 이후 2,000년 동안 모든 중국의 역사가 "봉건적"이었다고 한다면, 이 용어는 의미를 상실하거나 아니면 모욕적인 의미가 되어버린다. "프롤레타리아트" 와 "봉건"은 마르크스주의의 핵심용어 두 가지에 지나지 않지만, 실제적으로 원래의 의미를 왜곡하지 않고서는 중국적 상황에 끼워맞출 수 없다는 점이 분명해졌다.

이러한 용어의 중국화 문제는 아예 제쳐두더라도 중국 사회의 경제적 토대가 주로 농촌에 있었다는 사실은 중국 혁명이 소련보다 훨씬 뚜렷한 농촌적 성격을 띠게 만들었다. 농민들이 혁명의 주력군이 되어야 했기 때문이다. 중국화를 특징지은 마지막 요소는 문화적이고 역사적인 자부심에 바탕을 둔 압도적인 중국 민족주의의 감정이었다. 이것은 중국이 남의 개의 꼬리가 될 수 없음을 의미했다. 사실 중국인은 오로지 중국적 마르크스주의만 받아들일 수 있었다.

시간이 지나면 중국인의 역사의식 또한 중국 마르크스주의의 핍진성(逼眞性)을 훼손시키게 될 터였다. 하지만 모택동의 목적을 위해서는 지주계급의 지배("봉건주의")가 해외의 "제국주의" 착취자들의 후원을 받고 있으며, 반면 도시에 집중된 중국 상인계급의 성장은 자본가 "민족부르주아지"를 낳았다고 주장될 수 있었다. 부르주아지 가운데 오로지 "매판"들만이 "제국주의" 착취자에게 몸을 팔았으며, "부르주아민주주의혁명"의 임무를 완수할 중앙집권적 국가기구가 확립되어야만 이런 상황이 개선될 수 있었다. 그 다음에 혁명은 마지막 단계인 사회주의의 단계에 이르게 될 예정이었다. 요컨대 마르크스주의가 새로운 세계관, 역사관의 체계를 선전하면서 혁명의 과업을 계속하는 데에 충분한 소재가 존재하고 있었던 것이다.

하지만 중국화는 여전히 양면성을 지닌 기업과 같았다. 왜냐하면 중공은 정통적 유럽적 언어를 사용함으로써 국제적인 마르크스·레닌주의의 일부로서 계속 인정받을 필요가 있었기 때문이다. 따라서 광주 시절의 초기 국민당은 단순하게 부르주아민주주의혁명의 국면을 수행하려는 부르주아지만 대표하는 것으로 규정될 수 없었다. 오히려 국민당 정부는 부르주아 자본가 계급을 대표하는 대신, 그 안에 프롤레타리아트(중공)가 참여할 수 있는 다계급적 정권 또는 "네 계급의 동맹"이었던 것으로 간주되었다. 나중에 모택동은 "중국의 부르주아지와 프롤레타리아트는 새로 태어난 것으로, 중국 역사에서는 존재한 적이 없었다……그들은 동시에 서로 연결되어 있으며, 또한 서로에게 적대적인 낡은(봉건) 중국사회에서 태어난 쌍둥이이다"라고 주장했다. 이런 토대 위에서는 프롤레타리아트가 중국의 부르주아민주주의혁명을 지도하는 것이 적절했다. 이 이론〔新民主主義革命論〕은 중공의 권력을 위한 투쟁을 정당화해주었다. 유럽에서는 어떻든 간에 중국에서는 이런 것이 통했다.[4]

---

4) 모택동의 「신민주주의론(新民主主義論)」에서 본격적으로 전개된 신민주주의혁명론은 5·4 운동 이후의 시기를 새로운 부르주아민주주의혁명기, 즉 신민주주의혁명기로 파악하고, 그 이전의 혁명투쟁(이를테면 共和革命)은 구민주주의혁명(舊民主主義革命)에 속한다고 보는 것이다. 이것은 중국의 부르주아지가 너무 작고 연약하여 제국주의와 봉건주의에 타협함으로써 혁명의 임무를 완수할 수 없는 데다가, 5·4운동을 통해 프롤레타리아트의 정치적 참여가 본격화되면서 그들이 그 대신 중국 혁명을 지도하게 되었다는 인식에 기초한다. 다시 말해서 신민주주의혁명이란 프롤레타리아트가 지도하는 부르주아민주혁명이며, 동시에 여기에는 러시아혁명 이후 전세계적 사회주의운동의 일부를 이루게 되었다는 성격도 덧붙여졌다. 그래서 이것은 사회주의혁명이 아니라 부르주아민주혁명을 의미하며, 신민주주의혁명이 성공하면 그 다음 단계의 사회주의혁명으로 전환하는 것이 그 다음의 과제로 설정된다.

예를 들면 모택동은 신민주주의(新民主主義)라는 사고를 발전시키면서 봉건주의에서 자본주의로의 전환을 가져오는 부르주아 민주주의혁명이라는 마르크스의 전제에서 출발했다. 여기에는 자본주의에서 사회주의로의 전환이라는 또다른 혁명이 뒤따르게 될 터였다. 유럽에서는 1790년대의 프랑스 혁명이 전형적인 부르주아민주주의혁명이었다. 사회주의혁명은 일반적으로 1917년의 러시아에서만 성공한 것으로 생각되었다. 다른 말로 하자면 19세기의 시끌벅적한 역사는 사회발전의 부르주아민주주의적 국면을 대표하는 것이었다. 중국에서는 이에 버금가는 것이 무엇이었을까?

중국의 마르크스주의자들은 레닌주의자들이 민족자본주의의 한 성취라고 평가한 1919년의 5·4운동으로 새로운 부르주아민주주의혁명이 시작되었다는 결론을 내릴 수밖에 없었다. 사회주의혁명은 미래의 어느 시점에서 중공이 달성할 터였다. 이러한 마르크스·레닌주의의 적용은 중국이 2,000년 동안의 봉건주의와 단 40년 동안의 자본주의를 거친 것이라는 결과를 낳았다. 유럽 마르크스주의자들의 기준으로 보면 중국의 상황은 너무 엉망이었다.

1942-1944년의 정풍운동

권력을 장악하게 된 모택동은 자신의 입지 강화뿐만 아니라 당의 단합과 규율의 확보까지 추진했다. 1942-1944년의 정풍운동(整風運動)은 수는 늘어났지만 장정세대(長征世代)와 같은 결집력은 없었던 당원들에게만 한정되었다. 운동의 공격목표는 "주관주의(主觀主義)", "종파주의(宗派主義)"와 "당팔고주의(黨八股主義)"였다. "주관주의"는 이론과 실천을 결합시키지 못한 교조주의를 목표로 삼았다. "종파주의"는 최근의 파벌주의 및 군인과 민간인, 당원과 비당원, 고참당원과 신참당원 등 사이의 피할 수 없는 간격을 가리켰다. "당팔고주의"[5]는 실제적인 문제의 해결 대신 상투적인 어구만을 사용하는 것을 의미했다. 그밖에는 느릿한 관료주의와 행정의 일상화가 가져오는 폐해가 있었다. 이것들은 부분적으로는 분권화, 즉 실제적인 문제에 좀더

---

5) 팔고(八股)라는 것은 전통시대 과거(科擧)에 쓰이던 답안인 팔고문을 말한다. 과거시험의 답안지는 반드시 여덟 단계의 논리적 전개과정인 팔고를 거쳐서 제시되어야 했고, 따라서 이것은 아주 상투화된 진부한 문제를 가리키게 되었다.

가까이 가도록 관료들을 농촌에 내려보내 일하게 하는 것으로 해결될 수 있었다. 연해도시에서 연안으로 온 많은 지식인들의 개인주의 역시 공격의 대상이 되었다.

한 가지 중요한 요소가 지식인들과 중공의 관계에 마찰을 가져왔다. 황제 지배 아래서 독서인들은 관직에서의 봉사, 즉 사환(仕宦)을 지향했다. 그러나 20세기 혁명시대의 지식인들은 관직 보유와는 분리된 계급으로서 성장했기 때문에 정부의 폐해와 범죄에 관심의 초점을 맞추었다. 요컨대 전통적인 독서인들은 두 집단 —— 관직에 있는 집단과 그것을 비판하는 집단 —— 으로 나뉘어 있었다. 하지만 근대의 지식인들은 대부분 당국의 부적절한 행위를 지적하는 항의의 전통에 몸을 담게 되었다. 1936년 국민당에 대한 위대한 비판자인 노신(魯迅)이 사망한 다음, 그의 이름은 쉽게 머리에 떠올릴 수 있는 뛰어난 인물의 전형으로 여겨지게 되었다.

1940년대 초반의 연안에서 중공의 새로운 국가권력에 의한 문예(文藝)의 통제가 중심적인 문제의 하나로 떠올랐다. 모든 종류의 애국적 자유주의자들이 혁명에 합류했으며, 국민당 정부의 결점을 공격하던 그들의 관심이 점차 두드러지는 중공의 결점에 돌려지는 것도 자연스러운 일이었다. 노신의 가장 가까운 추종자들은 공산당 아래서도 계속해서 비판적 자세를 유지했다. 1942년 초 문예에 관한 두 차례의 강연에서 모택동은 문예는 국가에 봉사해야 하며, 따라서 중공이 지도하는 혁명의 대의에 봉사해야 한다는 규칙을 정해버렸다.[6] 그러므로 문예는 소련의 사회주의 리얼리즘과 마찬가지로 낙관적이어야 하며, 국민당기 좌익의 특성이었던 단점이나 결점의 폭로 같은 것은 회피해야 할 필요가 있었다.

1942-1944년 동안 모택동이 사상개조 운동을 수행한 방법은 이후 중공의 역사에서 아주 낯익은 것이 되었다. 사상이 개조되어야 할 개인은 우선 조사를 받고, 집단이 그를 비판할 수 있도록 자신과 자신의 인생경험에 대해서 서술하라는 설득을 받았다. 연구 모임의 비판에서 개인은 일단 고립되어 다른

---

6) 1942년 5월 연안에서 열린 문예좌담회는 모택동 등이 발기했는데 참석한 작가, 예술가는 약 100명 정도였다. 좌담회의 중심의제는 "문예란 어떤 사람을 위한 것인가"하는 문제였는데 모택동은 두 차례 발언을 했으며, 이것은 「연안문예좌담회에서의 강연」으로 나중에 『모택동선집(毛澤東選集)』 제3권에 실리게 되었다. 이후 중공이 지도하는 문예운동은 이 강연이 제출한 방침을 따르게 되었다.

모든 사람의 비난이나 충고를 받았다. 이것은 그의 자신감을 깨부수었다. 그 다음 단계로서 개인은 공동체를 대표하는 대규모의 청중 앞에서 공공연하게 비난을 당하고 굴욕을 당했다. 보통 청중은 그를 조롱했다. 이 시점에서는 또 다른 요소가 작용하게 되는데, 그것은 바로 개인으로서의 중국인은 당국의 인정뿐만 아니라 집단의 존경에도 의존했다는 특성이다.

압력이 증가하고 과거의 자아에 의한 오염으로부터의 탈출구를 발견하지 못할 때, 그는 자신의 사악한 행동과 변신의 욕망을 분석하는 자백을 쓰게 되었다. 만약 그가 감옥에 고립되어 있거나 하면 압력은 더욱 증가되었다. 이때에는 제한된 구역에 홀로 고립되거나 아니면 다른 사람들과 함께 감방에 들어가 종이 수갑을 차지 않을 수 없었다. 종이 수갑이 망가질 경우 그는 무서운 결과를 감당해야만 했다. 따라서 이러한 결과 나타나는 인격의 말살은 그가 새로운 탄생과 재화합이라는 마지막 단계를 대비할 수 있게 해주었다. 고백이 마침내 받아들여지고, 과거의 자리로 돌아오는 것을 당이 환영한다면 그는 정말 크게 고무될 것이고, 당의 지도에 따를 의지를 갖추게 될 것이다. 이러한 심리적인 경험이 과연 개성을 바꾸어놓을 수 있었는지는 불확실하다. 하지만 그것이 다시는 나중에 경험하고 싶지 않은 대단히 불쾌한 경험이었음이 분명하다. 여하튼 간에 결과는 당노선에 대한 복종이었다.

절대권력이나 절대적 복종을 믿기 시작했다고 하더라도 우리는 중국인의 박력 있는 개성을 제대로 평가해주어야 한다. 비판자로서 앞에 나섰던 사람들은 완고하고 본질적으로 비타협적인 개인인 경우가 많았다. 그들은 원칙에 충실하고 악을 비판해야 한다는 의무감에 사로잡혀 있었다. 따라서 중공이 광범위하게 사상개조의 방법을 이용했다는 것이 중국의 지식인들이 타고난 노예였음을 의미하는 것으로 받아들여져서는 안 된다. 오히려 그들의 독립적 판단력은 당이 극복하기 어려운 것이었다고 해야 한다.

모택동에 의한 마르크스주의의 중국화는 태평천국 기독교의 실패와 아주 흥미있는 대조를 이룬다. 1850년대에 예수의 동생임을 선언했던 홍수전의 주장은 자신의 환상의 원천이었던 서구 선교사들로부터 곧바로 이단으로 배척받는 원인이 되었다. 사실 그는 거만한 자부심 때문에 선교사들과 교제조차 하려고 하지 않았다. 아주 짧은 기간에 그는 스스로를 (서구인들에게는) 이단적인 기독교도인 동시에 중국 내에서는 외국 냄새를 풍기는 위험스러운 인물로 바꾸어놓았다. 이것은 두 세계에서 모두 최악에 해당되는 경우였다. 대조적으로 모택동은 결국 모스크바에 의해서 파문당하지만 얼마 동안은 코민테른과 협조하는 데에 성공했고, 마르크스주의를 중국화했을 때에는 그것을 정통적인 용어로 치장했다. 홍수전이나 모택동 모두 외국의 이념을 초보적으로 파악한 데에서 출발했고, 둘 다 외국인의 지배에서 —— 홍수전은 선교사로부터, 모택동은 코민테른으로부터 —— 벗어날 수 있었다. 물론 양자간의 차이는 이러한 유사성을 훨씬 뛰어넘는다.

1943년 모택동은 "대중노선"의 원칙을 공표했다. 모택동의 수많은 사상적 공식처럼 이것은 양면적이고 모호한 것이어서 어떤 방식으로든 적용될 수 있었다. 그것은 대중과 협의하는 것이 필요하고 정부에 일정한 종류의 대중적 참여가 필요하다고 주장할 수 있었지만, 동시에 중앙의 통제와 지도력을 강조할 수도 있었다. 신민주주의론이 제2차 국공합작에서 국민당과 협력하는 이론적인 토대를 제공하면서도 국민당을 반동으로 공격하는 데에도 이용되었던 것처럼, 시기에 따라 얼마든지 강조점을 달리 할 수도 있었다. 또한 어떤 사람의 계급적인 지위는 그의 부모나 경제적인 생활상태에 따라서 정의될 수도 있었지만, 이념과 열정에 따라 정의될 수도 있었다. 마찬가지로 인민은 최종적인 심판자이자 혁명의 수혜자로 모셔질 수 있었지만, 일부는 인민의 적으로 낙인 찍힐 수도 있었다. 이런 것들은 상부의 행정명령으로 이루어졌다.

이러한 발전의 방향에서 가장 전형적인 것은 모택동이 '모순의 일부는 적대적이지만 일부는 비적대적인 —— 즉 논의의 여지가 있는 —— 것'이라고 정의한 점이었다. 따라서 어떤 모순은 한 사람을 인민의 적으로 만들 수 있었지만 다른 모순들은 그렇지 않았다. 이것은 그가 어떻게 인식되느냐에 달렸다. 결국 그것은 마치 마르크스와 엥겔스가 음양(陰陽) 사상에 미혹되어버린 것처럼 대단히 유연한 사상구조였다. 일단 이에 대한 통제권을 장악하자 모택동은 진정한 지도자의 지위에 올랐다. 모택동에 대항해서 버텼던 사람들을 비난하고, 처벌하고, 투옥하고, 심지어는 처형했기 때문에 중공의 단결은 유지될 수 있었다.

미국의 연합정부 지지

1943년 소련은 성공적으로 스탈린그라드를 방어했고, 서구 연합군은 북아프리카에서 승리했다. 미군은 태평양에서 우세를 차지했고, 도쿄로 향하는 과정에서 솔로몬 군도를 공격하기 시작했다. 일본군은 중국의 해방구와 변구에 대한 압력을 누그러뜨리지 않을 수 없었다. 1944년 오랫동안 계획되어왔던 1호 작전으로 일본군이 국민당의 수많은 정예부대를 패주시키면서 하남성에서 장강 남쪽으로까지 밀고 내려갔을 때 중공은 점차 전쟁의 부담을 벗어던질 수 있었다.

이런 상황에서 1943-1945년 동안 중공의 확장이 재개되었다. 그렇지만 그 정책은 신중했으며, 성급함과 천박함을 경계했다. 미군 군사관찰단(美軍觀察組 또는 Dixie Mission)이 1944년 중반 연안을 방문했을 때 중공은 다시 약진하면서, 전후 국민당과의 대결을 준비하고 있었다. 이러한 소생의 기운은 1945년 4월 말에서 5월 중순까지 연안에서 열린 중공의 제7차 전국대표대회에 그대로 반영되었다. 중요한 의미를 지닌 이 대회는 모택동에게 중앙위원회와 정치국의 주석(主席)을 겸직시켜 좀더 집중적인 권력을 부여하는 새로운 당의 장정(章程)을 통과시켰다. "모택동사상"이 당의 지도원칙으로 높이 찬양되었다.

이 무렵 미국은 싫든 좋든 중국 정치에서 중요한 요소가 되어 있었다. 미국인 같은 멀리서 온 이방인에게 국민당의 백구는 근대 문명이 낡은 관습과 사악한 세력의 바다 속에서 생존하기 위해서 투쟁하는 전초기지를 의미했다. 거기에는 더 이상 혁명적인 것이 없었다. 하지만 미국인들은 상당히 고무적인 것으로 생각했고, 1941년에는 중국을 미국의 동맹국으로 삼았다. 프랭클린 루스벨트 대통령이 일본의 몰락으로 생길 동아시아 권력의 진공상태에 국민정부가 들어설 것이라고 묘사했을 때, 미국인의 무지와 감상주의는 그 정점에 이르고 있었다. 휴가 중의 용병으로 충원된 미국의 비밀 공군부대가 진주만 사건이 벌어지기도 전에 중경을 구하려고 날아왔다. 은퇴한 미국인 비행사 클레어 셰놀트가 이끈 이 비호대(飛虎隊)는 이후 곧 제14공군이 되었다. 이들은 곤명의 기지에서 활동하면서 일본군의 통신선을 교란시켰다. 미국의 중국 선교운동도 미국원화구제연합회(美國援華救濟聯合會)를 지원했다. 미국의 동정과 선물은 중국에 새로운 생기를 불어넣었으며, 중국-미얀마-인도 지역사령관이었던 조셉 스틸웰 장군은 인도로 데려가서 제대로 먹이고 훈련만 시킨다면 징병된 중국인들도 일류전사가 될 수 있음을 입증했다.

종래 상해의 지하세계와 결탁하여 거기에 의존했듯이, 이제 장개석은 미국인의 기독교적 충동과 병참 공급에 매달리게 되었다. 하지만 중국-인도-미얀마 전선에서의 히말라야를 통한 공중 보급은 미국의 전략적인 고려와 공급의 최대한도였다. 이 점이 국민당에게 크게 유리한 것은 아니었다. 미국이 군사관찰단을 연안에 보낸 1944년 무렵이 되면, 워싱턴과 중경의 동맹을 이용하여 앞으로 분명히 일어날 내전에서 국민당의 승리를 준비하기에는 너무 때가 늦어 있었다.

그럼에도 불구하고 미국은 노력했다. 육군과 보조를 맞추기 위해서 미해군은 1942년 중국의 비밀경찰과 협력하기 위한 사절단을 보내어 반공 십자군운동에 끼어들었다. 하지만 스틸웰 장군은 국민당군을 훈련시키고 보급품을 주어 일본과 효과적으로 싸울 수 있도록 유도할 수 없었다. 일본에 대한 저항기지로서 중국을 이용한다는 생각은 미국인들의 주의를 끌었지만, 동시에 그들의 관심을 중국 혁명으로부터 멀어지게 만들었다. 1920년대 소련의 계획처럼 미국의 중국원조 계획 역시 궁극적인 재난으로 이어졌다. 외국인이 중국 혁명에 협력한다는 것은 결코 쉬운 일이 아니었다.

미국의 개입은 심각한 시대착오라는 결점을 안고 있었다. 군벌시대의 중국을 보았고 기독교 대학을 지지했던 모든 미국인들은 남경정부가 미국적 이상을 대표하는 것으로 생각하여 희망을 걸었다. 군벌주의에 대항하는 통일의 완성과 중국의 세계 각국과의 평등은 매력적인 주제였다. 좀더 나중의 세대는 가까이서 중공의 성장하는 힘을 훨씬 분명하게 보았지만 단지 소수에 지나지 않았다. 미국에서의 영향력도 이전에 미국인 선교사들이 여러 세대 동안 행사해왔던 것에는 훨씬 미치지 못했다.

이런 요소들이 미국의 정책 형성에 혼란스런 조언을 주었다. 현장의 국무성 관리들이나 조지프 스틸웰 같은 지휘관들은 공산주의 운동의 놀라운 결의와 힘을 볼 수 있었다. 하지만 미국의 중국 지지자들은 중국의 진보를 위해서는 남경정부만이 유일한 결론으로 보였던 좀더 이전의 이미지를 그대로 유지하고 있었다. 중국에서 태어난 『타임』지와 『라이프』지의 발행인 헨리 루스가 이들을 주도했다.

1941년 국공합작의 종말과 더불어 미국인 관찰자들은 국민당과 공산당의 지도부 사이에 균열이 더욱 커지는 것을 목격할 수 있었다. 하지만 전체적인 미국의 전쟁수행, 히말라야 위를 넘나드는 병참공급, 중국 군대에 대한 스틸웰의 근대적 훈련과 보급의 시도, 그리고 병참보급에서 손해를 본다고 느끼는 장개석에 대해서 뻣뻣한 태도를 보인 부하 스틸웰의 관계 등에 비하면 국무성의 정책은 그야말로 항아리 속의 물 한 방울처럼 별 볼일 없는 것에 불과했다. 워싱턴의 어떤 미국인도 화북의 공산당 지역에 대해서 제대로 알지 못했다. 그들은 외교적으로나 법률적으로 국민당 정권을 동맹국으로서 지원할 수밖에 없었다.

한편 미국 대사관이나 군사령부 아래서 현장을 관찰한 사람들은 소련이 화북을 차지하게 만들지도 모르는 전후의 중국 내전을 예측하고 있었다. 모택동과 스탈린과의 섬뜩한 관계를 자세히 알지 못하는 국외자들은 모택동에 의한 마르크스주의 중국화의 범위나 민족공산주의 창조를 적절하게 평가할 수도 없었다. 따라서 내전을 가로막는 것이 미국의 정책이 되었으며, 그래서 고안된 것이 "연합정부(聯合政府)"였다. 이것은 사실상 국공합작을 그 이상적인, 그리고 실천되지 않은 형태로 연장시키는 것이고, 군대와 양당의 대표부를 국민대회에서 결합시키는 것이었다. 이러한 미국의 희망을 알고 있는 상태에서 국공 양당은 표면적으로는 "연합정부"를 전후의 목표로 채택했다. 그러면서도 물론 각기 비밀리에 내전을 치를 준비를 했다.

미국의 정책에 나타난 어리석은 비현실성은 루스벨트 대통령이 특별히 파견한 사자 패트릭 헐리 장군의 경우에서 잘 드러난다. 오클라호마 출신의 열정적이고 단순한 미국인인 그는 시대를 앞서 태어난 레이건 대통령 같은 사람이었다. 내전을 중지시키고자 볼품 없는 중재 노력을 시도해본 헐리는 완전히 장개석 쪽으로 넘어가버렸다. 헐리는 대사관 직원 전체의 의견과는 반대로 무슨 일이 벌어지더라도 장개석을 지원해야 한다는 쪽을 선택했다. 물론 그 무슨 일이 실제로 일어났을 때는 헐리가 이미 무대에서 사라진 다음이었다. 하지만 워싱턴에서는 그의 정책을 계속 따랐고, 결국 미국이 중국에서 밀려나는 결과가 초래된 것은 그야말로 당연한 일이었다.

1945년 8월 일본이 항복한 뒤 장개석과 모택동은 헐리의 중재 아래 중경에

서 만났으며, 10월에는 세계의 어떤 자유주의자도 만족을 느꼈을 이상주의적
인 원칙에 합의했다. 그에 따르면 국민당과 공산당은 정치협상회의(政治協商
會議) 속에서 서로 협력하게 될 것이며, 군대를 서로 재편하여 뒤섞고, 그동
안 모든 시민적 자유와 세상 어느 곳의 남녀에게도 소중한 좋은 것들을 보장
하겠다는 것이었다. 이러한 가장은 어느 쪽이든 평화와 협력의 이상에 반대
할 수 없다는 인식에서 파생된 것이었다.

하지만 1945년 가을의 냉혹한 현실은 전혀 달랐다. 일본과의 전쟁이 끝나
자마자 중공의 군대는 화북 전역에 걸쳐 움직이면서 일본군의 항복을 강제하
기 시작했다. 국민당은 이에 대해서 일본군에게 중공과 싸우고 중공이 획득
한 영토도 되찾으라는 명령을 내림으로써 반격을 가했다. 국민당 정부가 과
거의 제국주의 침략자들을 이용하여 사회혁명과 대결함에 따라서 홍군과 일
본군 사이에 수많은 전투가 벌어졌다. 한편 국민당군과 중공군은 모두 만주
를 장악하기 위해서 움직였다(이때부터 이곳은 동북〔東北〕이라고 불리게 되
었다). 물론 국민당군이 도시를 장악하고, 홍군이 농촌을 동원한 것이 전형적
인 모습이었다.

미국 정부는 소련의 개입에 대비하여 북경과 천진을 장악하려고 약 5만
3,000명의 해군을 화북에 투입함으로써 국민당의 뒤를 따랐다. 미군은 배와
비행기를 동원하여 국민당부대를 동북의 여러 도시와 화북지역으로 수송했
다. 더구나 루스벨트 대통령은 1945년 2월의 얄타 협정의 일부로서 국민당
정부와 소련간의 중소조약을 주선하기로 스탈린과 협의함으로써 중국의 운
명을 결정하려고 했다. 그 조건은 소련이 국민정부만을 승인하고 오로지 국
민정부와 거래한다는 것, 그 대가로 국민정부는 동북의 철로에 대한 과거 러
시아의 제국주의적 이권을 회복시켜준다는 것이었다. 스탈린은 일본군의 항
복 후 3개월 내에 소련군을 철수시키겠다고 제안했다. 나중에 밝혀지듯이 이
것은 1945년 11월이 되었고, 따라서 미군에 의해서 수송되는 국민당군과 경
쟁하기 위해서 중공이 동북으로 침투할 시간은 기껏해야 3개월밖에 되지 않
았다. 중공군이 심지어는 도보를 통해서도 동북으로 몰려들고 있음을 알게
된 국민당은 소련에게 좀더 오래 머무르라고 요청했다. 소련군은 일본이 괴
뢰국에 새로 설치한 산업시설 가운데 움직일 수 있는 것 대부분을 옮겨가면
서 1946년 5월까지 주둔했다. 장개석은 미국의 지원을 받으면서 중공과 대결

하기 위해서 남만주로 진출했다.

따라서 조지 마셜 장군이 워싱턴을 위해서 떠맡은 중재노력은 이미 실패의 무대가 마련되어 있었던 셈이다. 제2차 세계대전의 최고 지휘관으로서, 또한 헌신적이지만 해박한 관리자로서 마셜 장군은 연합정부의 성립을 위해서 최선을 다했다. 1946년 1월 북경에서 정치협상회의가 개최되었으며, 국민당군과 공산당군을 통합시키는 방안도 논의되었다. 하지만 내전의 중심은 이제 불행히도 중경의 담판에서는 빠져 있었던 동북으로 옮겨가 있었다. 미국은 거액의 경제차관으로 장개석의 호감을 샀다. 마셜은 의회 로비를 위해서 미국에 돌아와 이러한 협상내용을 확보하려고 했다. 이동안 그는 협상에 대한 통제권을 놓쳤다. 중국에 돌아올 무렵에는 그가 북경에 세운 "군사조처집행부(北京軍事調處執行部)"에 의해서 화북지역에서는 전투가 진정되었다. 집행부는 전투를 중단시키기 위해서 미군 대령을 홍군 및 국민당군의 장군과 더불어 충돌지역에 파견하는 방법을 고안했던 것이다. 하지만 그동안 동북은 아예 통제할 수 없게 되어 있었다.

양측 모두 한편으로는 전쟁 수행을 준비하면서도, 다른 한편으로는 광범위한 중국의 평화운동에 대응하기 위해서 협상을 이용했다. 마찬가지로 미국은 연합을 요구하고 남경과 연안의 개혁을 요구했지만, 동시에 국민당군에 대한 지원을 계속했다. 그들은 모두 말과 행동이 달랐던 것이다.

제17장

내전과 대만의 국민당

국민당은 왜 실패했는가

1945년 8월에 평화가 깨졌을 때 국민당의 군대는 중공보다 최소한 두 배가 넘었다. 더군다나 부대 이동에서 미해군의 도움을 받았으며, 천진과 북경지구 미국 해병대의 지원을 받았고, 미국의 장비와 보급품까지 지원을 받는 이점을 누렸다. 국민당은 모든 주요 도시와 그 대부분의 지역을 차지했다. 냉전이라는 시대정신은 중국뿐만 아니라 미국에서도 나타나고 있었으므로, 미국의 지원을 계속 받는다는 것도 확실했다. 이런 상황에서 장개석과 국민당이 내전(內戰)에서 패배한 것은 정말 눈에 띄는 결과였다. 그들이 패한 데에는 전장에서의 어리석음과 전선 후방에서의 무능력 두 가지 모두가 작용했다.

군대를 전개시키는 과정에서 장개석은 자신의 낡아빠진 내전 지휘방식을 고집했다. 그는 일단 성도(省都)를 장악하면 그것을 유지하는 데에 큰 비중을 두었다. 장개석은 화남의 풍요로운 장강 유역을 기반으로 삼아 화북의 중공과 전쟁을 치르는 길을 선택하지 않았다. 그는 오히려 성도의 통제라는 이러한 상징을 통해서 자신의 통일적 권력을 과시했다. 이 도시들 대부분은 곧바로 포위를 당했다. 장개석은 사실 자원을 너무 과도하게 확산시켰던 것이다. 때문에 그가 중국을 통제하는 방법은 시대착오적인 가정에 영향을 받았다는 점이 분명해졌다. 장개석은 중간에 있는 화북지역에 대한 강력한 통제를 확립하지도 않고, 미군이 훈련시킨 정예부대를 직접 동북으로 이동시킴으로써 군사적인 재난을 불러들였다.

국민당의 전장에서의 무능력은 후방에서의 실정(失政)과 맞물려 있었다.

그것은 경제에서 가장 먼저 시작되었다. 지폐가 늘어남에 따라 물가상승은 폭등세를 보였다. 일본으로부터 넘겨받은 중국의 연해도시에서는 그 자산을 산업적인 용도로 이용하려는 시도가 거의 이루어지지 않았다. 그것들은 부패한 관리들의 약탈대상이 되었다. 소비재는 제대로 공급되지 않았다. 원래 국민당이 통치하던 지역에서는 공업생산이 중단되었다. 하지만 그것은 일본으로부터 회복된 도시에서 보충될 수 있었으므로 과다한 실업을 피할 수 있었다. 반면에 부유한 국민당원들은 가치가 과대평가된 법폐를 이용하여 불평등한 교환비율로 일본점령지 화폐를 사들임으로써 큰돈을 벌었다. 농촌지역 대부분에서는 여전히 기근과 고리대가 지속되고 있었으나, 일본으로부터 해방된 성에 국민당군이 돌아온 것은 —— "해방"이라는 말이 이 상황에 적용될 수 있다면 —— 세금과 징발의 부담만 늘어나는 것을 의미했다.

잘못된 경제운영 외에도 국민당 정부는 도시민들을 제대로 다루지 못했고, 그 결과 중국 민중의 주요한 구성요소인 이들로부터 소외당했다. 일본이 항복한 뒤 국민당이 중공과 싸우는데 일본군과 그 괴뢰정권의 부대를 이용함으로써 이런 과정이 시작되었다. 모두가 평화를 이야기하고 희망하는 시점에서 이렇게 중국인끼리 맞붙어 싸우게 하는 것은 아주 불리한 여론을 가져왔다. 국민당은 또한 일본의 지배 아래서 일하면서 해방을 고대했던 중국인들을 다루면서 그들 대부분을 보상받을 만한 자격이 없는 적이라고 간주했다. 마찬가지로 다시 수복된 지역의 학생과 교수들 역시 일본군에게 협력했다는 의심을 받고, 손문의 삼민주의에 의한 사상개조를 받아야만 했다. 살아남은 학생들에게 일본의 지배 아래 있었다고 비난하는 셈이었으므로, 이것은 학생들의 지지를 끌어내는 데에 전혀 도움이 되지 못했다. 정부는 투기꾼과 사리사욕만을 추구하는 관리들이 탈세하는 것을 방관하면서도 일반인에게만 세금을 거두어들이는 일을 계속했다. 사실상 대중을 희생으로 삼아 관리들이 사리사욕을 채우는 가장 열악한 형태의 "관료자본주의"가 나타난 것이다.

국민당측의 또다른 정책의 실패는 민중의 평화운동에 대한 묵살과 탄압이었다. 그것은 광범위한 지지와 성실성을 지닌 것이었고, 단순한 공산주의자의 음모라는 국민당의 주장은 근거가 없었다. 학계는 이제 전쟁에서 민간사회의 발전으로 전환할 것과, 국민당이 내전을 조장하는 미국의 원조에 의존하지 않기를 바랐다. 어리석은 경제정책이 도시의 중산계급이나 공업자본가

33. 전국통일의 문제를 놓고 군벌들과 협상하기 위해서 1924년 말 광주에서 배를 타고 북경으로 향하던 도중의 손문과 그의 젊은 아내 송경령. 손문은 이 여행 도중 병석에 누웠으며, 1925년 3월 12일 간암으로 사망했다.

34. 일본군은 1931년 만주를 점령하면서 거의 아무런 저항도 받지 않았다.

35. 위쪽 : 만주 점령 후 중국의 일본 상품 배척운동은 1932년 초 상해에서의 격렬한 전투를 가져왔다. 여기 보이는 것은 상해에서 중국인 포로를 감시하고 있는 일본군의 모습이다. 아래쪽 : 약탈정벌을 마친 일본군.

36. 장정을 마친 후 서북의 공산당 본부 앞에 서 있는 모택동(오른쪽)과 장국도(왼쪽). 장국도는 모택동처럼 1921년의 중공1전대회에 참여한 초기 공산주의 운동의 주요 지도자였다. 그는 장정 도중 모택동의 중공에 대한 지도력에 도전했으며, 결국 중공과 결별하게 되었다. 1938년 4월 그는 연안을 빠져나와 국민당으로 넘어갔다.

37. 가장 다채롭고 강력한 개혁파 군벌 두 사람과 함께 있는 장개석. "기독교 장군" 풍옥상(왼쪽)과 산서의 "모범독군(模範督軍)" 염석산(오른쪽)이 양 옆에 서 있다. 이 사진은 북벌이 끝난 1927–1928년 사이에 찍은 것이다. 장개석의 권위를 받아들일 수 없었기 때문에 풍옥상과 염석산은 1929–1930년 장개석에 반대하는 유혈 전쟁에 가담했다. 장개석의 승리와 더불어 풍옥상의 군벌로서의 경력은 끝장이 났지만, 염석산은 잠깐 동안 물러났다가 다시 산서성의 권력을 장악하여 1949년까지 그것을 유지했다.

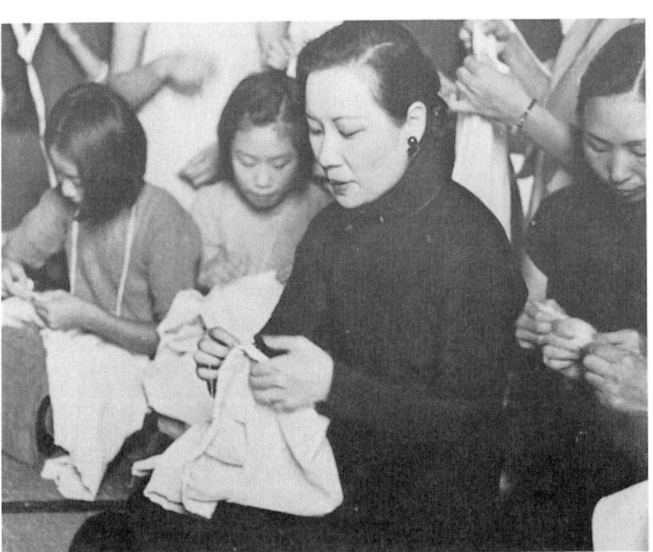

38. 왼쪽 : 항일전쟁기의 중국. 위쪽 : 장개석(오른쪽)이 1937년 12월 일본군에게 남경(南京)이 함락된 다음 국민정부의 임시수도가 된 한구(무한)에서 고위 장군들과 전쟁계획을 논의하고 있다. 아래쪽 : 웰슬리 대학에서 교육을 받았고, 손문의 아내 송경령의 동생이자 장개석의 아내인 송미령이 항전기의 병원에서 붕대에 바느질을 하고 있다. 1943년 송미령의 성공적인 미국 방문은 중국에서 국민당이 항전 노력을 축소시키는 것에 대한 주의력을 분산시켰다.

39. 위쪽 : 1940년대 화북(華北)의 어린이들이 장개석의 부하들이 공격해오는 것을 감시하면서 서 있는 모습. 마을 위의 벽에 쓰여 있는 것은 "모택동은 중국 인민의 위대한 해방자〔大救星〕"라는 내용이다.

40. 위쪽 : 1945년 8월 일본군의 항복에 뒤이어 미국 대사 패트릭 헐리(바로 뒤쪽)는 장개석과의 회담을 위해서 연안에서 중경으로 오는 모택동을 호송했다.

41. 오른쪽 : 위 : 1945년 말 중경에서의 공식 연회에서 서로 건배하고 있는 모택동과 장개석. 여기서 보이는 표면적인 친밀함은 양쪽 사이의 깊은 거리를 메워주지는 못했다. 중경회담 이후 개시된 내전은 중공의 결정적인 승리로 끝났다. 아래의 사진은 1949년 인민해방군이 점령하기 직전의 상해에서 경찰이 공산당원을 총살하고 있는 모습이다.

42. 위쪽 : 대체로 화북에서는 1949년 이전부터 실행되었고 1950년대 초반에는 새로 점령된 지역으로 확대된 토지개혁운동. 이때 공산주의자들에 의해서 지주들에 대한 약식 재판이 이루어졌으며 피살된 사람의 수는 수백만 명으로 평가되기도 한다. 아래쪽 : 1960년 1월 광주에서 열린 군사회의에서 중공의 지도자들이 경쾌한 시간을 즐기는 순간. 오른쪽으로부터 등소평, 모택동, 팽진, 나서경, 주은래, 하룡, 임표, 섭영진이다. 팽진을 제외한 모든 사람은 장정을 거친 베테랑이었다. 등소평, 팽진, 나서경, 하룡과 섭영진은 문화대혁명 기간 동안 박해를 받았다. 임표는 1971년 모택동을 제거하려는 쿠데타를 시도했다가 사망했다고 한다.

43. 문화대혁명 기간 동안 모택동은 많은 중국 청년들에게 신(神)과 같은 존재가 되었다. 위쪽은 1966년 9월 북경에서의 대중행진에서 위대한 지도자의 교시를 담고 있는 작고 붉은 소책자(『毛主席語錄』)를 흔들고 있는 모습이다. 아래쪽은 추수의 질을 개선하기를 바라는 강소성(江蘇省)의 한 생산대에서 젊은 대원들이 일을 하다 잠깐 쉬는 사이 성실함("認眞")의 중요성을 지적한 모택동의 어록을 공부하고 있다.

44. 위쪽 : 모택동의 충실한 추종자이자, 오랫동안 중화인민공화국 국무원 총리를 지냈으며, 1976년 1월 사망할 때까지 48년 동안 중공의 정치국원이었던 주은래. 주은래의 마지막 공식 행동 가운데 하나는 1980년대 개혁파를 결집하는 구호가 되었던 4개 현대화의 요구(1975년 전국인민대표대회에서)였다.

오른쪽 : 1980년대의 경제개혁은 맹렬한 소비풍조를 불러일으켰다. 얼마 전이었다면 이런 풍조에 휩쓸린 사람들은 적어도 "탐욕스러운 주자파(走資派)"라는 딱지가 붙었을 것이다. 위쪽은 세탁기와 20인치 컬러 텔레비전을 구입한 한 부부가 시골의 고향으로 돌아가기 위해서 북경역 앞에서 앉아 기다리고 있는 모습이다. 아래쪽은 성도(成都) 외부에서 온 한 농부가 도시의 시장으로 오리를 팔러 가는 모습이다.

TWIN TUB WASHER
PS-62 CH
200-240V
National
Quintrix 20"
TC-217D

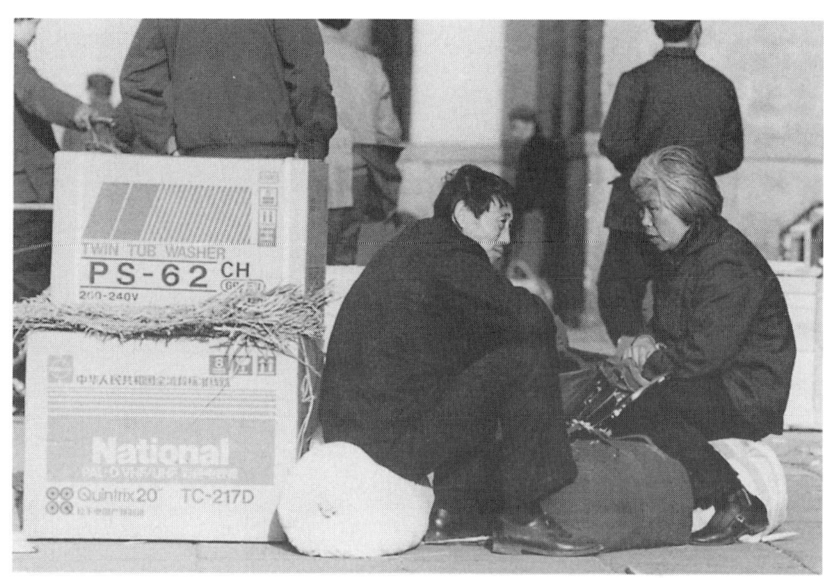

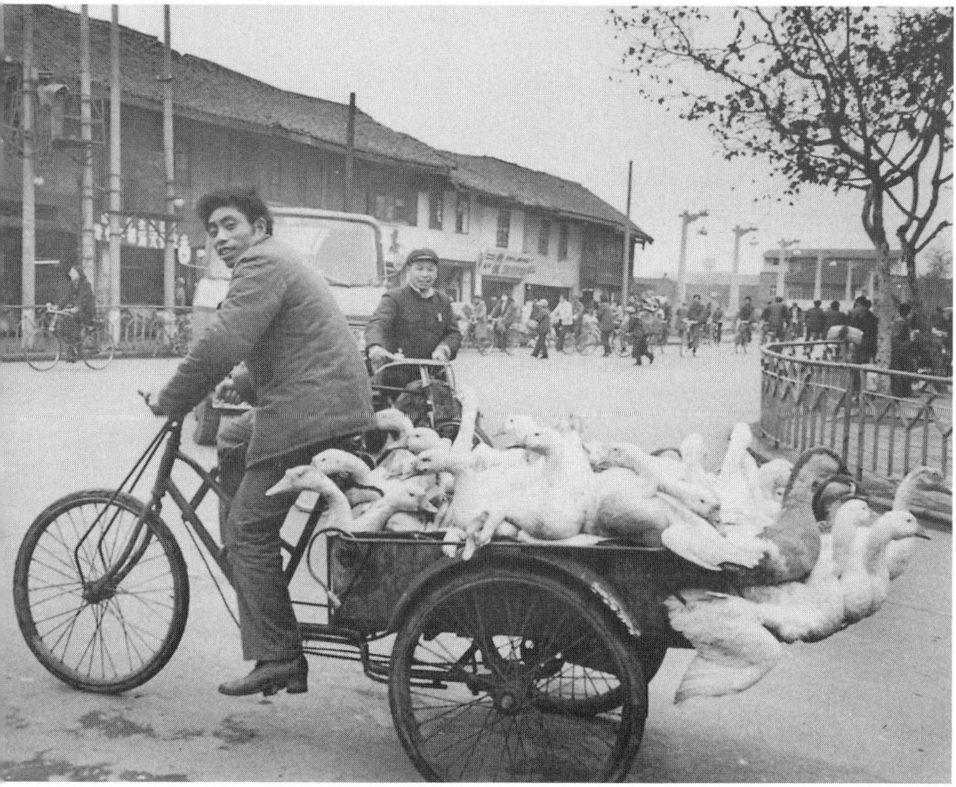

46. 위쪽 : 등소평. 그는 공산주의 운동 초기부터 당원이었고, 주은래의 친밀한 동료 가운데 한 사람이었으며, 두 번 추방되고, 두 번 복권된 다음 1978년 이후 중국의 최고 지도자로 떠올랐다. 등소평은 중국의 경제 개혁과 대외적인 개방을 추진했다. 그는 민주화에 대해서는 이보다 소극적이었다.

47. 오른쪽 : 1989년 봄의 민주주의를 옹호하는 시위. 위쪽은 북경대학교의 학생들이 1989년 5월 고르바초프가 중국의 수도를 방문하기 직전 그의 글라스노스트를 지지하는 글을 붙이는 모습이다. 이 방문을 취재하기 위해서 세계 각지에서 몰려든 TV 카메라맨들은 대신 천안문 광장에서의 단식투쟁에 주목하여 거기에 초점을 맞추었다. 아래쪽은 1980년대 중국의 가장 솔직한 신문이었던 상해의 『세계경제도보(世界經濟導報)』 편집장의 해임(4월 말)에 항의하는 언론인들을 지지하는 북경대학교 학생들의 시위이다.

GLASNOST
公开

48. 1989년 봄의 항의와 진압. 석고로 이루어진 거대한 민주주의의 여신상이 정치적 요구와 시위자들의 세계주의적인 정신에 대한 상징으로서 미술대 학생들에 의해서 천안문 광장에 세워졌다. 아래쪽은 6월 4일의 진압 이후 수도의 중심부로 진입하려는 기갑부대의 진입을 홀로 가로막고 있는 한 비무장 시민.

들을 소외시킨 것처럼, 정부의 폭력적인 탄압은 학생들이 국민당에 등을 돌리게 하는 결과를 낳았다.

이런 식으로 국민당 정부는 민중의 지지를 잃었고, 중공보다 더 내전을 선동하는 것으로 보였다. 국민당 정부는 너무 군사화가 진행되어 대중에 봉사하는 정부로서의 기능은 무시한 채 오로지 내전에 의한 군사 해결만을 생각하고 있음이 분명해졌다. 국민당 정권에 대해서 비판적이었던 자유주의자들은 국민당이 중공을 더욱 인기 있는 권력으로 성장시킨다고 비난했다. 그래도 유산계급 사이에 남아 있던 국민당 정권에 대한 지지는 1948년의 "화폐개혁"으로 완전히 무너져버렸다. 이 금원권(金元卷) 통화개혁은 모든 법폐(法幣)와 외화를 강제적으로 새로운 "금원(金元)"으로 바꾸도록 하여, 물가를 고정시키고 통화팽창을 법령으로 저지하려는 것이었다. 그러나 물가는 여섯 달만에 곧 8만5,000배가 올랐다. 유산계급은 다시 한번 속임수에 넘어간 셈이되었다. 국민당은 중국을 통치할 수 있는 모든 기회를 내던져버렸다. 중국의역사에서 으레 왕조의 "마지막 폭군"에게 맡겨지는 역할을 국민당 정부는 철저하게 본받게 되는 것이다. 국민당 지구의 근대적 교육을 받은 자유주의 지도자들이 중공에게 넘어갔다기보다는 오히려 국민당에 대한 희망을 포기했다고 해야 할 것이다.

1946년 이후 중공이 권력을 굳히게 된 것은 우선 화북농촌의 주민들 사이에서였다. 여기서 중공 정권의 계획은 1937년의 통일전선 이래 일반적으로중지해온 토지개혁으로의 복귀였다. 토지개혁은 지주나 다른 토호(土豪)들의경제적, 사회적 영향력의 박탈과 중립화 또는 파괴를 의미했다. 반면 중공의지도 아래 농촌을 지배하게 된 빈농 출신 활동가들의 영향력은 이와 대응하여 크게 확장되었다. 부농이 중립화되거나 약화됨으로써 중공은 계속해서 다른 개혁을 추진해나갈 수 있었다. 이러한 광범위한 노력의 결과 화북 전역의농촌은 홍군을 계속 지지했다.

국민당의 공격과 중공의 반격

역설적이지만 국민당군은 과거 일본이 중국에서 했던 것과 상당히 유사한방식으로 전쟁을 치르려고 했다. 3년의 내전기 동안 첫째 해의 마지막 무렵

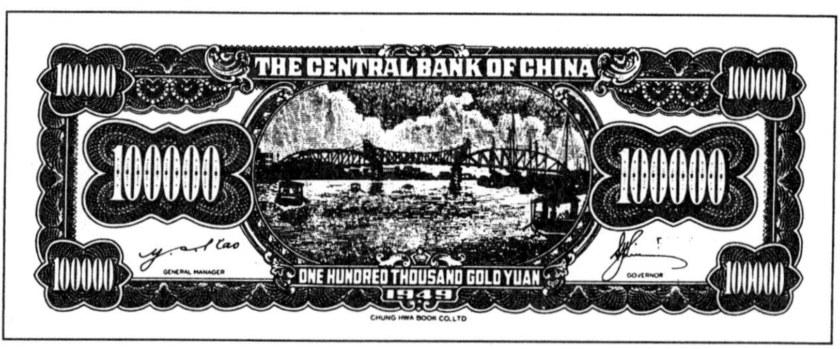

제2차 세계대전 말기의 인플레이션. 위 : 재치 있는 만화가 예 첸유가 손님으로부터 받은 돈을 세고 있는 인력거꾼을 그려놓았다. 손님의 무릎 사이에는 하루를 보내기 위해서 필요한 한아름의 지폐가 들어 있는 가방이 있다. 아래 : 통화를 안정시키기 위해서 1948년 국민당은 금원권(金元卷) 통화개혁을 단행하여 금원권 4원(元)을 미국 달러 1달러에 해당하는 값으로 그 가치를 결정했다. 정부는 금원권 1원 대 법폐 300만 원의 비율로 교환해줌으로써 이전에 통용되는 법폐를 모두 거두어들였다. (그러나 인플레이션 때문에) 1949년 무렵 중앙은행은 일상적인 용도에 사용하도록 금원권 10만 원짜리 지폐를 발행하였다.

국민당은 모든 주요한 도시들과 철도를 장악했고, 화력에서도 월등하게 앞서 있었다. 그러나 중공의 군대는 단순히 물러서기만 할 뿐 맞서서 싸우는 것을 포기했고, 그렇게 함으로써 재난을 피할 수 있었다. 이런 고전적인 게릴라 전술로 그들은 국민당이 지나치게 멀리까지 세력을 확산시키게 만들었던 것이다. 그들은 압도적인 힘의 우세를 누릴 수 있는 소규모 국민당군하고만 싸울 뿐이었다.

국민당은 연안과 중공의 임시수도가 있었던 장가구(張家口)를 장악했다. 중공 지도부는 승리한 국민당군에게 쫓기면서 섬서 북부지역으로 피신했다. 국민당은 동북과 소북(蘇北 : 강소성의 북부)이라는 주무대에서 대부분의 농촌지역을 재탈환했다. 근거지 몇 군데가 파괴되었다. 이런 식으로 농촌이 국민당에게 넘어간 것은 중공이 예상하지 못한 일이었다. 소북 근거지가 파괴되었고, 보호를 받던 대중은 국민당 지주들이 되돌아오면서 피살을 당하거나 핍박을 당했다.

동북을 둘러싼 전투는 홍군의 장군으로 기동전의 전문가인 임표(林彪)가 지휘했다. 자신의 부대를 송화강(松花江)을 건너 동북부 만주로 퇴각시킨 다음, 1947년 임표는 대여섯 번이나 강을 건너 국민당군을 기습하고 차단하는 습격을 감행했다. 국민당의 야전군은 곧바로 도시 내에서 고립되었다.

스티븐 레빈(1987)의 연구는 중공이 화북에서처럼 농촌을 최대한 동원함으로써 동북을 차지했다는 점을 지적하고 있다. 동북으로 침투한 화북 간부들이 열정적인 노력으로 지방적 생산의 조직화, 농촌에 대한 사상교육, 토지개혁, 새로운 간부의 양성, 애국적인 전쟁에서 단결하기 위한 대중과 군대의 충원작업 등을 수행했다. 이것은 강제징발 외에 사회공학(社會工學)의 기술까지 적용하여 이루어낸 강한 침투력의 성과였다. 그리고 그것은 제대로 효과를 발휘했다. 일본의 지배로 오랫동안 침체되었던 동북지역은 홍군의 전쟁수행을 지원함으로써 민족주의와 사회혁명의 요구에 부응했다.

국민당도 여전히 이러한 과정을 도와주었다. 남쪽에서 온 그들은 동북의 지도층을 불신했다. 이 지역은 군벌 장작림(張作霖)과 그의 아들〔張學良〕의 지배 아래, 그 다음에는 15년간 일본의 지배 아래 있었다. 따라서 국민당은 동북정권에 임용하기 위해서 자기 사람들을 외지에서 불러들었다. 반면 중공은 토착지도층에 영합하고 그들을 동원하여 남쪽에서 온 침입자에게 대항하

게 했다. 토착지도층에 대한 국민당의 불신은 뜨내기 같은 강탈, 약탈적 접수
행위와 더불어 강력한 반감을 불러일으켰다. 국민당의 오만, 욕망과 부패는
재난을 낳았다. 결국 국민당군은 일본을 괴롭혔던 모든 어려움을 그대로 물
려받았다. 즉 공산당에 기울어진 대중으로부터 지방의 정보를 얻어내지 못했
으며, 무거운 장비 때문에 움직일 수도 없었다. 행군속도가 너무 늦어 매복이
나 간헐적인 측면공격도 피할 수 없었다. 국민당군은 대중을 돌보거나 야간
전투의 훈련을 받지 않았으며, 빠르게 움직일 수도 없었다.

1947년 중반 반격에 나서자 홍군은 곧바로 산동을 지배하게 되었고, 서쪽
으로는 경한선(京漢線),[1] 동쪽으로는 진포선(津浦線)[2]을 끼고 있는 황하와
장강 사이의 근거지를 되찾았다. 이것은 그들에게 장강 유역 전체를 위협할
수 있는 전략적 위치를 제공했다. 전략적 균형이 뒤바뀌면서 중공은 훨씬 쉽
게 국민당의 미군 장비를 탈취하거나 투항한 국민당군을 새로운 홍군 전사로
충원할 수 있었다.

여전히 그렇게 할 수 있는 기회가 있었지만, 국민당의 장개석은 주요 도시
에서 부대를 철수시키는 것을 거부했다. 결과적으로 그의 정예부대들은 포위
되어 고립된 다음, 모든 장비를 지닌 채 투항했다. 이런 뛰어난 전략과 전술
로 홍군은 국민당의 방어를 압도했으며, 그들의 사기를 떨어뜨렸다. 마침내
1949년 1월 홍군이 북경을 포위하자 이곳의 국민당 사령관은 모든 부대를 이
끌고 항복하기로 결정했다. 그는 나중에 새 정권에서 신뢰받는 지위를 확보
할 수 있었다.

모택동이 북경에 들어왔을 때 그의 군대는 미제 탱크가 선도하는 미제 트
럭을 타고 있었다. 미국은 장개석에게 군수물자뿐 아니라 군사고문단도 지원
했다. 그러나 장개석은 군수물자만 받았을 뿐 군사고문단은 이용하지 않았
다. 미국인들은 지나치게 세력을 확산시키지 말라고 충고했지만, 그는 충고
를 듣지 않았다. 그들은 또 비행기와 탱크를 사용하고 무기를 화력의 상징으
로 저장해놓지 말라고 충고했지만, 그는 그렇게 하는 데에 성공하지 못했다.
그들은 또한 지역사령관이 전술적 결정을 내리게 하라고 충고했지만, 총통
(總統)은 총통답게 행동하면서 여전히 사단급까지 명령을 내려보냈다.

---

1) 北京-漢口를 잇는 철로.
2) 天津- 浦口, 즉 북경과 남경을 잇는 철로.

　내전은 필연적으로 농촌에서 진행될 수밖에 없었다. 여기서는 대중동원이 중공에게 정보와 병참의 우월성을 제공했다. 따라서 전쟁의 승패를 가늠할 최후의 예비전력으로 남겨진 국민당의 기갑부대는 1949년 남경 북쪽의 회해(淮海) 지역에서 벌어진 결정적 전투에서 자신들이 대전차호(對戰車壕)로 포위되어 있음을 발견했다. 이것들은 등소평(鄧小平)과 같은 중공 지도자들이 수백만 농민을 동원하여 파놓은 것이었다.

　막대한 군사훈련과 장비의 공급에도 불구하고 결과가 신통치 못하자 미국인들은 신물을 냈다. 다행히도 마셜 장군은 일본의 항복 후 남경과 중경에서 내전을 막으려고 노력하는 중재자로서 한 해를 보냈다. 그는 상황이 어떻게 돌아가는지 알고 있었다. 1947년 미국에 돌아가 국무장관이 된 그는 혁명을 진압하기 위해서 거대한 베트남과 같은 이 나라에 미국이 계속 개입하는 것을 막고자 했다. 미국의 지원은 계속되었지만 소련군을 저지하기 위해서 화북에 파견된 군함은 모두 철수했다. 중공은 결국 투항한 장개석의 군대로부터 노획한 미제 무기와 동북에서 소련의 용인 아래 확보한 일제 무기를 이용하여 전쟁에서 승리했다. 1949년에는 모택동이 지도하는 중공이 당당하게 중국을 정복했음을 누구도 부인할 수 없게 되었다.

　국민당의 성패에 대한 역사가의 평가는 중국적 자유주의자들, 그리고 이들의 지원을 얻기 위해서 국민당의 모든 부패와 인권 침해를 신속하게 비난했던 중공의 선전가들이 내놓은 광범위한 비판을 토대로 이루어져왔다. 사실 국민당은 불행히도 서로 다른 방향으로 나가려는 두 다리 —— 하나는 근대화였고 다른 하나는 반동이었다 —— 로 걷고 있었다. 따라서 국민당의 실정(失政)은 부분적으로 독립적이었던 언론이나 검열을 받지 않는 경우가 많았던 외국 언론인에 의해서 공개될 수 있었다. 반면 전권을 가지고 있지는 못했기 때문에, 비밀경찰은 자신들의 추악한 공작기록을 늘리는 데에만 성공하는 경우가 잦았다. 장개석 아래 전체주의를 적극적으로 지지하는 활동가들이 있었던 것은 사실이다. 하지만 그들은 나중에 권력을 잡은 중공의 전체주의처럼 중국을 지배하지는 못했다. 결과적으로 중국 정부로서 국민당과 중공에 대한 이미지는 전혀 다른 자료에서 나왔다. 실제로 이것들은 서로 비교될 수 없는 것이었다. 이를테면 중공이 처형한 사람의 숫자는 당시의 외부세계에는 전혀 알려지지 않았다.

오늘날의 입장에서 보면 장개석은 확고한 외교적인 성과를 거두었다는 점에서 후한 점수를 받는다. 1930년대 초에 그는 협상을 통해서, 그리고 영토를 내줌으로써 일본의 침략을 지연시켰다. 반면 군사력과 공업을 건설하는데 나치 독일의 도움을 얻어내기도 했다. 1937-1939년에는 일본에 대항하기 위한 소련의 군사원조를 확보했다. 1940년대에는 신강성을 소련의 영향력에서 벗어나게 만들었다. 동시에 윌리엄 커비의 지적처럼 중국을 "강대국"으로 인정하도록 모스크바에 압력을 넣으면서, 미국의 차관공여와 원조를 얻어냈다. 장개석에 대한 역사적 평가는 또한 대만의 중화민국에 대한 평가와 더불어 함께 높아질 것이다.

대만 : 일본의 식민지

중국의 성 가운데 대만은 50년(1895-1945년) 동안 일본의 지배 아래 있었다는 점이 특징적이다. 동북[滿洲]은 단지 14년(1931-1945년) 동안 만주국 괴뢰정부를 통해서 일본의 간접지배를 받았을 뿐이었다. 게다가 대만에는 원래 말레이-폴리네시안 계통의 원주민(1985년에는 모두 12만 명)이 살고 있었다. 한족의 이민은 주로 16세기 후반에 시작되었고, 1685년에야 비로소 복건성의 한 부(府)로서 청조의 지배가 확립되었다. 300만의 적은 인구를 가졌던 대만은 1885년에야 성(省)이 되었다. 자강운동 덕택에 대북(臺北)에 성도(省都)가 정해지기는 했지만, 1895년에는 일본이 —— 전리품의 하나로서 —— 거의 근대화가 시작되지 않았던 이 아열대지역을 차지했다.

대만은 일본이 근대의 열강으로 등장하면서 획득한 첫번째 식민지였다. 때문에 유능한 일본인 행정가들은 이 섬을 경제성장의 모델로 만들어나가려고 했다. 동남 아시아에 식민지를 건설한 유럽 열강과는 대조적으로 일본은 유교와 불교, 쌀 문화, 내조(內政), 독재정부에 토대를 둔 공통적인 생활양식뿐만 아니라 대만과 같은 문자체계인 한자를 공유했다. 더구나 근대 중국의 민족주의는 아직 발전하지 않고 있었다.

원주민들은 대만 서부지역의 광범위한 평원에서 쫓겨나 보다 접근하기 어려운 동부해안을 따라 달리는 산맥으로 밀려들어갔다. 서부지역에 정착한 한족은 대가족제 아래서 쌀 문화를 발전시켰다. 이곳은 경쟁과 구역다툼으로 지속적인 계투(械鬪)와 무질서를 일으키는 토호들이 지배했다. 청조의 행정력이 미약했기 때문에 1895년에 일본은 도적을 진압하고, 이런 새로운 일을 위해서 훈련되고 모집된 경찰을 설치하는 데에서부터 시작해야만 했다. 거의 대만인으로 구성된 이 경찰들은 지방정부의 주된 무기가 되었다. 즉 그들은 모든 주민과 재산의 기록, 연좌제에 기초한 촌락주민의 감시, 공중보건, 징세와 일상적인 분쟁의 중재를 맡았다.

전면권(田面權)의 이용, 전저권(田底權)의 소유, 소작권의 양도 등을 포함한 다양한 토지소유 형태는 징세와 토지의 이용에서 다루기 힘든 복잡함을 만들어냈다. 일본인들은 지형을 조사하여 지도를 만드는 토지조사를 실시했고, 1904년에는 도시기업에 투자될 수 있는 공채로 부재지주들에게서 토지를 매입했다. 이것은 농촌에 토지를 소유한 자영농을 창출함으로써 토지세 수입을 세 배로 늘려주었다.

일본은 유교와 과학, 일본어에 대한 기본교육을 장려했고 농업기술을 개선하기 위한 농민조직을 양성했다. 하지만 그들은 지식인이 배출되는 것은 꺼렸다. 중등학교는 1915년에야, 대학은 1928년에야 비로소 개설되었다.

한편 남북을 잇는 철로가 1903년에 완성되었고, 약 6,000마일에 이르는 도로가 결국 농촌을 이리저리 연결했다. 면세로 사탕수수를 일본에 수출하는 일본인 소유의 사탕사업은 주요한 산업이 되었다. 과학적 영농과 평화스러운 성장은 숙련된 시민을 만들어냈고, 그들 가운데 일부는 정치참여를 선동했지만, 일본은 1945년에 물러날 때까지 이들을 효과적으로 진압할 수 있었다. 결국 일본의 지배 아래 이루어진 대만의 근대화는 국민당이나 군벌이 지배하던 대부분의 성에 비해서 훨씬 실속이 있었다. 전기가 들어오고, 벽돌로 지어진 대만의 농가는 이미 본토의 표준농가보다 훨씬 앞서 있었다.

중화민국으로서의 대만

본토의 연해도시에서와 마찬가지로 1945년 이후 국민당이 대만을 장악한 것은 제1급의 재난으로 판명되었다. "해방"이 이루어지는 대신 대만의 중국인들은 적에게 협력한 사람들로 간주되었다. 개인적 약탈을 자행하는 국민당군과 정치인들에 의해서 물자가 몰수되고 경제는 엉망이 되어버렸다. 1947년 2월 비무장 시위대가 국민당 점령군의 부패에 항의했을 때, 군사정부는 그들 가운데 수많은 사람들을 사살했다. 그들은 본토의 증원군을 요청했을 뿐만 아니라 며칠 동안 대만 시민을 살육하는 대학살을 추진했다. 냉정한 판단에 의하면 사회의 잠재적인 지도자 대부분을 포함하여 8,000-1만에 이르는 사람이 죽었다고 한다.[3] 이것은 중국적 정치질서의 기본 법칙, 즉 정치적 반대파는 불충한 자들이므로 죽여야 한다는 무절제한 독재정치의 가정에 바탕을 둔 중국적 후진성의 승리였다. 1949년 장개석이 이 섬으로 피난했을 때 그는 경제적, 정치적 붕괴의 모습을 발견했다. 이러한 밑바닥 상황에서 출발하여 그 다음 40년 동안 중화민국(자유중국)의 뚜렷한 성공담이 펼쳐지게 된다.

이러한 성공의 원인 가운데 첫번째 요소는 본토로부터 피신한 중국적 자유주의자들이었다. 국민당과 정부를 되살리고 깨끗하게 만들려고 노력하던 장개석은 이들을 환영했다. 대만에서 국민당은 본토에서 자원위원회가 했던 것처럼 중공업 분야에 대한 국가의 사회주의적인 통제를 추구했다. 1942년 주요한 미국의 공업회사에서 연수를 받기 위해서 파견된 31명의 자원위원회 기술자 가운데 대부분(21명)은 새로운 국가건설을 위해서 본토를 선택했던 반면, 7명만이 대만으로 향했다. 그 결과가 어떠했는가는 상당히 시사적이다. 고도로 훈련된 21명의 기술자들이 본토로 돌아갔지만 아무도 내각이나 중요한 책임자의 지위를 얻지 못했고, 모두 정치적 박해를 받았다. 그러나 대만에 간 7명 가운데 3명은 국영기업들을 이끌었고, 2명은 경제담당 장관이 되었다. 이 가운데 한 사람은 모든 경제계획과 발전을 지휘하게 되었으며, 다른 한 사람은 총리가 되었다.

또다른 노력은 교육분야에서 이루어졌다. 북경 등지에서 온 부사년(傅斯年)과 같은 교수는 대북에 대만국립대학을 설립하는 것을 도왔다. 중앙연구

---

3) 이것이 유명한 "2·28사건"이다. 이것은 대만전매국(臺灣專賣局)이 불법담배 단속을 이유로 거리에서 담배를 팔던 여성을 구타하여 부상시키고, 주변에서 이것을 보던 시민을 총살한 것이 공분을 일으켜 발생한 시민의 항의시위에서 비롯되었다. 책임자처벌을 요구하는 시위에 대해서 국민당정부는 계엄령과 강경책으로 맞서 시민을 다시 총살했고, 마침내 국민당의 폭정에 대한 항의시위와 폭동은 대만 전역으로 확산되어 시위군중이 대만 전체를 장악하기에 이르렀다. 결국 본토에서 증원부대로 온 백숭희(白崇禧)의 부대는 15일 이상에 걸친 잔혹한 도살과 탄압으로 이 항의를 진압했다. 이 사건은 이후 대만의 정치에서 하나의 기념비적인 이정표가 된다.

원의 연구기관들이 다시 업무를 개시했고, 미국 선교사들은 주요한 기독교 학교를 세웠다. 대학졸업생들은 학업을 계속하기 위해서 미국으로 유학했다. 처음에는 아주 소수만이 돌아왔으나 점차 되돌아오는 비율이 늘어났다.

1세기 동안 중국인에 대한 선교에 관심을 가졌고, 또 1940년대에 공산주의에 의한 "중국의 상실"이라는 외상을 입은 다음이었으므로 냉전 시기의 미국에서는 중화인민공화국에 대항하는 대만(중화민국)을 지원하는 것이 주요한 과제가 되었다. 미국의 원조와 보호는 대만의 발전을 도왔다. 본토로부터 쫓겨났지만 국민당의 중화민국(대만)은 1971년까지 유엔 안전보장이사회의 상임이사국 지위를 가지고 있었고, 대부분 유엔 회원국으로부터 "중국"으로 인정받았다. 북한이 남한을 공격한 한국전쟁(1950-1953년)은 미해군이 대만해협을 방어하여 대만에 대한 중화인민공화국의 침공을 막게 했다. 1954년에는 중화인민공화국에 대한 "봉쇄"정책의 일부분으로 대만과 미국 사이에 상호방위조약이 체결되어 이 지역을 안정시켰다. 미국의 원조계획은 1968년까지 지속되었고, 군사원조는 그 이후에도 이어졌다.

1948년 미국 의회의 재정지원을 받은 중미농촌부흥위원회(中美農村復興委員會)는 부재지주를 제거한 일본의 정책에 의거하면서 소작제를 완전히 없애기 위한 계획을 실행하게 했다. 정부공채로 남아 있던 지주의 토지를 모두 사들여서 중화민국은 안정적인 자작농의 농촌을 만들어냈다.

1945년 일본으로부터 몰수한 사업들을 민영화로 전환시키면서 1950년대에는 공업발전이 장려되었다. 처음의 목적은 수입대체를 위해서 경공업에서 소비재를 생산하는 것이었지만, 1960년대에는 수출을 위한 생산으로 바뀌었다. 숙련되었지만 값싼 노동력이 소비재 전자제품을 만들 수 있게 해주었다. 미국인과 일본인의 투자도 환영을 받았다. 베트남 전쟁 역시 경제를 자극했다. 농촌 노동자들이 새로운 도시로 몰려들었지만 그래도 노동력의 공급이 부족했다. 이것은 철강이나 석유화학과 같은 자본집약적인 산업으로의 전환을 촉진했고, 1980년대에는 컴퓨터, 자동차, 군수산업이 그 뒤를 이었다. 1988년 대만의 국민총생산은 약 950억 달러 정도였고, 막대한 외화를 보유하게 되었으며, 1인당 국민소득은 본토의 10배가 넘는 4,800달러에 이르렀다. 이것은 1971년 유엔에서 축출되고, 또 미국이 1979년 중화인민공화국을 승인했음에도 불구하고 이루어진 것이었다. 미국과 대만의 관계는 일본과 대만의 관계처럼 비공식적 외교관계로 유지되었다.

대만의 번영은 정치적인 발전을 피하기 어렵게 만들었다. 비록 일시적으로는 대만성, 복건성의 몇 군데 섬에 한정되어 있지만 국민당 독재정권은 여전히 중국 전체의 합법정부임을 주장했다. 남경에서 쫓겨난 장개석 정권은 대북(臺北)에 자리를 잡고 대중(臺中)에 있는 대만성 정부보다 우월한 중앙정부의 지위에서 통치했다. 200만 정도가 되는 "대륙인(大陸人)" 점령자들에 대한 대만인의 증오가 사라지는 데에는 아주 많은 시간이 걸렸다. 그러나 그 사이 대만에서 태어난 중국인들은 군대와 당에서 다수파를 차지했다. 무당파의 대만인 정치가들이 주요 도시의 시장으로 선출되는 것이 허용되었다. 처음에 탄압을 받았지만 소수당도 마침내 선거에서의 경쟁이 허용되었다. 1975년 장개석의 사후 그의 아들인 장경국(蔣經國)이 당과 정부의 통수권을 이어받았다. 1988년에 죽기 전에 장경국은 계엄령(44년 동안 실행)을 폐지하고, 본토로의 여행을 허용하고, 국내정치를 민주화했다. 그의 계승자들은 일본과 미국에서 교육받은 대만인이었다. 일정한 정도의 다원주의가 성취된 것이다.

대만과 대륙의 중국을 비교하는 것은 크기라는 요소 때문에 사실 무의미하다. 일본, 미국과 다른 외국의 집중적인 투자, 높은 수준의 보건위생, 공중교육과 기술·교통·은행·통신 등의 근대적인 상부구조가 주어진다면 —— 단 한 가지의 지리적인 사실, 즉 대만이 영국, 일본, 미국의 해군력에 의해서 성공적으로 방어된 섬이라는 점을 제외하고는 —— 중화인민공화국의 어떤 성이라도 비슷한 성공을 거둘 수 있었을 것이다(이 경우 광동성이 가장 가능성이 많다). 대만은 1947년 이후에 침공을 당하지 않았으며, 다른 성의 수요를 충족시키기 위해서 부담을 지지도 않았다. 장개석은 혁명이 아니라 발전을 책임지고, 지지했다. 반면 이와는 대조적으로 —— 다음 장에서 살펴보겠지만 —— 대륙에서는 한 사람의 행동주의자와 그가 요구하는 이념으로 고무된 대중운동에 의해서 혁명화가 이루어지면서 모든 희생을 무릅쓰고 중앙의 통제가 유지되었다. 그리 크지 않은 섬에서 2,000-3,000만의 인구를 통치하는 것보다 아대륙(亞大陸)에 흩어져 있는 5억에서 12억으로 늘어난 인구를 통치하는 것은 훨씬 큰 부담이 된다. 대만과 본토를 비교하려는 사람들은 이런 요소, 즉 사실상의 차이가 너무나 커서 비교라는 것이 거의 무의미하다는 점을 기억해야 할 것이다.

410

제4부
중화인민공화국 1949-1991년

중국 인민이 아니라 중국공산당[1]의 관점에서 보면 1949년 10월부터 1957년 말까지의 8년은 재건과 성장, 혁신의 창조적 시대였다. 이 전도유망한 시작에 뒤이어 인민에게 재난과 엄청난 무질서를 가져온 두 시기가 이어졌다. 첫번째 시기는 1958-1960년 사이에 전개된 대약진운동(大躍進運動)의 시기이다. 이 운동 직후인 1961-1965년 사이에는 경제회복이 이루어졌다. 두번째 시기는 1966년부터 모택동이 죽은 1976년까지 전개된 문화대혁명(文化大革命)[2]의 시기이다. 이러한 일련의 국면 속에서 첫번째와 세번째 단계에서는 중공의 조직가, 행정가의 지도력 아래 경제적 진보가 이룩되었다. 그러나 두번째와 네번째 단계에서는 모택동이 주도권을 잡았다.

여기서는 우선 1949년부터 1953년까지 중공이 정치적 통제력을 안정시키고, 뒤이어 1954년부터 1957년까지 "사회주의적"(집단화된) 농업과 소련식 공업화로 경제적 전환을 이룬 점에 대해서 설명하게 될 것이다. 1958년부터 농업에 종사하는 노동자들은 20년 동안 모택동의 사후까지 지속될 생산체제[3]로 조직되었다. 모택동이 주도한 문혁의 지나친 폭력이 중국 사회의 주요 부문에 대해서 너무나 심각한 해악을 미쳤기 때문에 1966년부터 1976년까지는 "잃어버린 10년"으로 비판을 받게 된다.

1970년대에는 대학이 점차 정상화되었으며, 모택동 사후 당내 권력투쟁의 결과 1978년 말 등소평이 실권을 장악하면서 4대 부문(농업, 공업, 과학기술, 국방)의 현대화라는 구호 아래 안정과 발전의 시대가 시작되었다. 1978년부

---

1) 이하 중공으로 약칭.

2) 원래 명칭은 無産階級文化革命 : 이하 문혁으로 약칭.

3) 인민공사(人民公社)를 가리킨다.

터 1988년까지의 10년 동안 전성기를 누린 개혁은 의견의 분열, 격렬한 논쟁, 그리고 경제성장을 유도하고 통제하기 위해서 가끔 시도된 헛된 노력으로 특징지어진다. 결국 서로 협력하는 당과 중앙정부가 중국 인민의 물질적 진보를 더 이상 억제할 수 없게 되었다는 점이 분명해졌다. 통치기구는 억압에는 적절했을지 몰라도 현대세계에서 필요한 지도력으로서는 유용성이 떨어졌다. 중국의 운명은 정치의 조직자들이 근대적 훈련을 받은 지식인의 협력 —— 전문분야의 과학자들과 사회적, 문화적 문제를 파악하는 작가와 예술가들의 창조적인 대응 —— 을 얼마나 이끌어낼 수 있느냐에 달리게 될 터였다. 따라서 정치체제는 관심의 초점이 되었다. "민주주의"는 중공 독재의 네 가지 기본원칙〔四項基本原則〕⁴⁾에 반대하는 구호가 되었다. 인민의 요구를 해결하기에 충분할 만큼 생산하지 못했던 통제경제의 실패는 이것을 시장경제의 요소로 대체하려는 시도를 이끌어냈지만 그 결과는 복합적인 것이었다.

1978년부터 1988년까지 10년 동안의 개혁 이후 중공은 1989년에 과거로 돌아가려는 시도가 아무런 도움이 되지 못함을 발견했다. 1991년부터는 성 단위의 개발이 급속히 진행되어 성 정부는 중앙의 지시에 대해서 그저 형식적으로만 대응하게 되었다.

---

4) 1979년 3월 등소평이 제시한 것으로 4개 부문의 현대화를 위해서 정치적으로 견지해야 할 사회주의의 길, 프롤레타리아트 독재, 공산당의 지도, 마르크스·레닌주의와 모택동사상을 가리킨다.

제18장

정부와 농촌 통제의 확립

새로운 국가의 건립, 1949–1953년

정부 지배자와 관료에 의한 인민의 통제는 언제나 중국의 국가에서 평화와 질서, 번영, 그리고 권력을 위한 기초였다. 중국공산당의 지배 아래서도 역시 효과적인 통제는 이데올로기의 주입, 그리고 인민 내부에 교차하는 희망과 공포라는 자립적 동기에 의해서 이루어질 터였다(살인이라는 수단은 항상 테러의 분위기가 맴돌고 있음을 느끼게 하는 정도면 충분했다).

남만주에서 왕조를 건설하고 1644년 이후 중국 대륙을 차지하기 전에 만주족은 한인 관료들의 협력을 확보했다. 마찬가지로 중공도 내전에서 승리를 거두는 동안 동북과 화북지역에 정부를 건립했다. 전략과 이론 모두에서 이제 이론의 여지가 없는 지도자가 된 모택동의 지휘 아래 중공 지도층은 정치국(政治局)에서 정책논쟁을 벌이거나 중앙의 지시를 지역조건에 맞추어 조절하면서 집단적으로 움직였다. 팽덕회(彭德懷), 임표(林彪), 섭영진(聶榮臻) 등의 야전사령관들은 여러 해 동안 모택동, 주은래와 함께 일해왔다. 유소기, 등소평과 같은 당 조직가들은 연안 조직의 일부였다. 그들은 시련을 견뎌내고 서로 굳게 뭉친 집단이었다.

우선 인민해방군(人民解放軍)[1]은 신해방구(新解放區)인 남부와 서남부로 확산, 배치되었다(지도 24 참조). 중국 전체는 여섯 개의 대군구(大軍區)로 분할되었으며 1954년에 폐지될 때까지 각 군구를 군사위원회가 통치했다. 중공

---

[1] 1946년 10월부터 홍군은 팔로군, 신사군 등 국공합작기에 사용하던 명칭을 중국인민해방군으로 바꾸었다.

413

우루무치
카슈가르
新疆
아프가니스탄
파키스탄
롭 노르
악사이친
(분쟁중인 경계)
몽골
青海湖
青海
西寧
티베트
라사
四川
네팔
부탄
갠지스 강
브라마푸트라
방글라데시
인도
昆
雲南
미얀마
벵골 만
라오스
태국

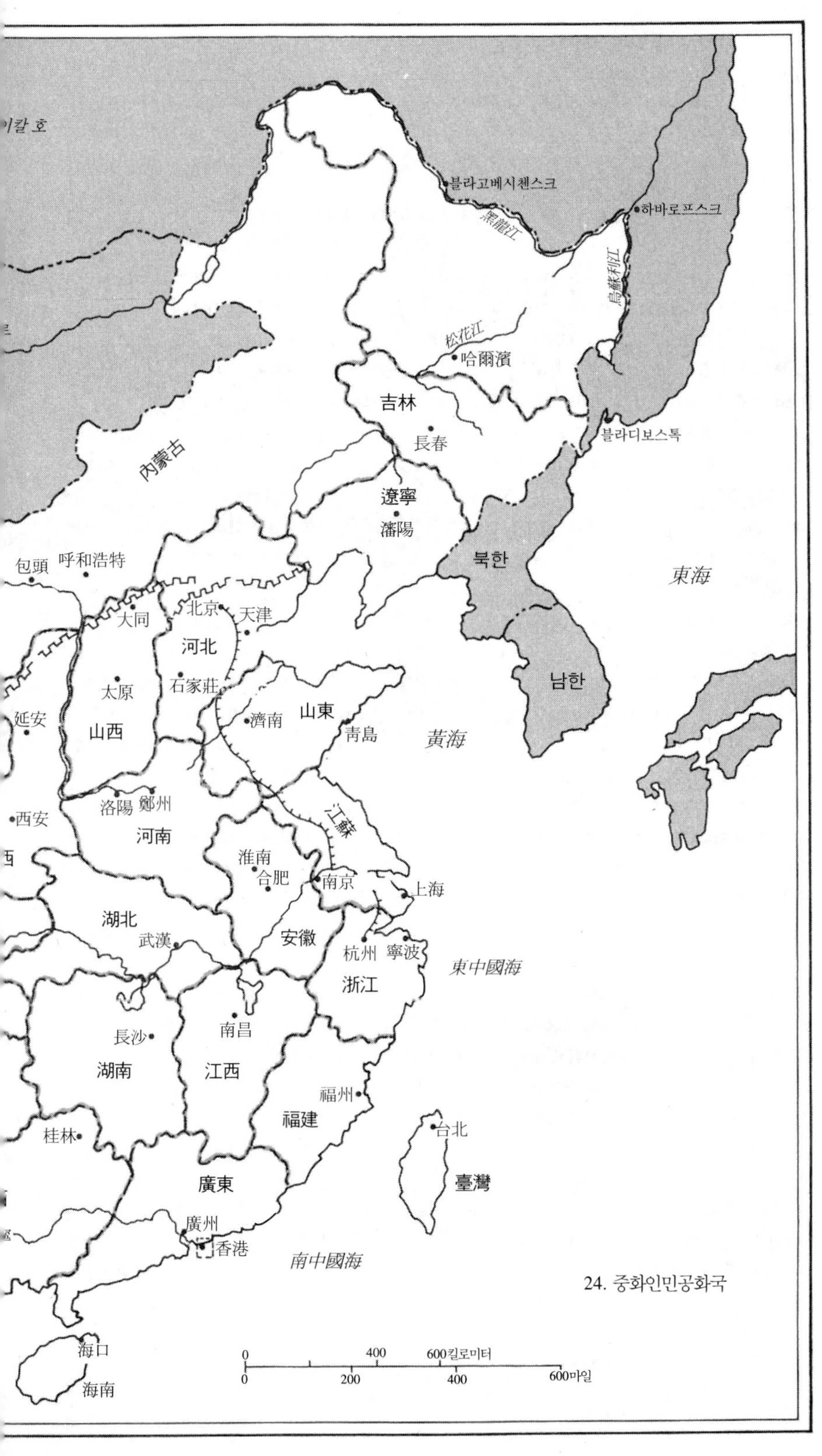
이칼 호
블라고베시첸스크
하바로프스크
黑龍江
烏蘇利江
松花江
哈爾濱
吉林
長春
블라디보스톡
內蒙古
遼寧
瀋陽
북한
東海
包頭
呼和浩特
大同
北京
天津
河北
太原
石家莊
山西
延安
濟南
山東
靑島
黃海
남한
洛陽
鄭州
河南
西安
江蘇
淮南
合肥
南京
上海
湖北
武漢
安徽
杭州
寧波
東中國海
浙江
長沙
南昌
湖南
江西
福州
桂林
福建
廣東
台北
臺灣
廣州
香港
南中國海
24. 중화인민공화국
海口
海南
0   200   400   600마일
0   400   600킬로미터

은 대체로 사회변혁을 시작하기 전에 경제회복과 인민 동원을 위해서 3년이
필요할 것이라고 판단했다.

　중공의 첫번째 결정은 지방의 국민당 관료를 대부분 잔류시킨 것이었다.
이 잔류된 인원들은 계속 봉급을 받으면서 임무를 수행했다. 이들은 약 200
만 명에 이르렀다. 당시 중공은 일을 넘겨받을 간부를 75만 명 정도밖에 보
유하고 있지 않았다.

　두번째 조치는 몇 가지 장치의 일관된 사용을 통해서 통화팽창을 억제하려
는 것이었다. 즉 (1) 모든 은행 업무를 접수함으로써 모든 신용을 통제했다.
(2) 주요 상품마다 전국적인 교역협회를 세워서 상품에 대한 통제를 획득했
다. (3) 봉급을 돈이 아니라 물품, 즉 생필품 —— 그 많은 곡식, 기름, 의복 등
—— 으로 지급하여 대중을 안심하게 만들었다. 이렇게 개인의 봉급이 통화팽
창의 영향을 받지 않게 하여 상업활동의 안정적 기반을 만들어냄으로써 상품
과 화폐의 유통에 균형이 잡혔다. 통화팽창 역시 연간 약 15퍼센트 정도로
줄어들었다. 이것은 글자 그대로 봉급생활자층에게 활로를 제공했다.

　철로 재건, 기선항로의 부활로 심각한 공급의 문제가 나타나지는 않았다.
그러나 정권을 잡은 지 겨우 1년 후에 한국 전쟁에 참전하게 된 것은 당시에
는 아주 위험한 도박으로 보였다. 1950년 10월 "의용군(義勇軍)"은 중국과의
국경인 압록강까지 밀어붙이고 있었던 미군을 기습하여 그 진로를 바꾸어놓
았다. 중화인민공화국[2]에서는 야전군, 포병, 공군 및 탱크를 포함하여 전체
병력의 약 3분의 2에 해당하는 230만 명 이상의 군대를 한국 전쟁에 파견했
다. 그들은 1953년 7월 휴전 때까지 엄청난 사상자를 내게 한 미군의 화력에
시달렸다. 소련으로부터 약간의 원조가 있었지만 전쟁은 심각한 자원의 유출
을 의미했다. 반면 그것은 사회의 재편(再編)에는 큰 도움이 되었다. 이 "항
미원조운동(抗美援朝運動)"은 항일전쟁이나 내전 초기와 마찬가지로 전시라
는 점을 이용하여 대중을 급속도로 조직화시킬 수 있게 해준 것이다.

　1949년 이후 도시에서 대중의 초기적 정서를 특징지은 것은 중공에 대한
신뢰의 증가에 기초한 일종의 도취감이었다. 약탈과 강간을 저지르는 군벌
군대나 퇴각하는 국민당군과 정반대로 인민해방군은 엄격하게 규율을 지키

---

2) 앞으로는 중국 또는 신중국이라고 약칭하겠다.

고, 예절바르며, 도움을 베풀어주는 농촌 소년들로 구성된 점령군이었다. 헌신적인 정부는 하수도와 시가지뿐 아니라 개조를 위해서 단속되어야 할 거지, 창녀, 잡범 등을 실제로 깨끗이 쓸어내버렸다. 이제 자랑스럽게 여길 수 있는 신중국(新中國)을 가지게 된 것이다. 신중국은 통화팽창을 억제하고, 제국주의의 특권을 폐지하고, 아편 흡연과 부패를 일소했다. 또한 공공시설을 개선하고, 식자운동(識字運動)을 전개하고, 질병을 억제하고, 하층계급을 돌보고, 신민주주의와 모택동사상을 학습하기 위한 수많은 사회활동에 국민을 끌어들였다. 이 모든 활동은 이상주의적이고 야심만만한 청년들에게 새로운 가능성의 문을 열어주었다. 나중이 되어서야 그들은 약속의 땅이라는 것이 체계적 통제와 조작에 바탕을 둔 것임을 알게 되었다. 점차적으로 중공의 조직은 사회로 침투하여 도덕적 행위기준으로 자리잡았으며, 사상을 통제하고, 개인적 다양성을 억누르게 되었다.

비슷한 형태로 여성들도 적어도 이론적으로는 남성과 가정의 지배에서 해방되었다. 새로운 혼인법(婚姻法)으로 부인들은 남편과 동등한 권리를 가지게 되었고, 이혼도 가능해졌다. 여성들에게는 새로운 시대가 다가온 것처럼 보였다. 그러나 여성해방은 여성들을 주로 저임금 직종의 완전고용 임금노동자로 만들었다는 것도 나중에 판명되었다. 그럼에도 불구하고 여성은 여전히 가사를 책임져야 했다. 또한 피임도 하지 못하고, 예전처럼 남성의 학대에 노출되어 있었다. 냉장고가 거의 없었으므로 그녀들은 생필품을 사기 위해서 매일 끝없이 긴 줄을 서야 했다.

중국 인민의 사회적, 경제적 생활을 바꾸려고 시도하기 훨씬 이전부터, 중공은 혁명추진을 위해서 의지할 수 있는 새로운 행정기구를 만드는 문제에 부딪쳤다. 중공의 새로운 간부들이 정부 행정조직에 투입되었지만 국민당 관료나 기업가들이 여전히 남아 있었으므로 가장 시급한 과제는 정부기구 그 자체를 합리적으로 운영하기 위해서 불필요한 인원을 제거하는 일이었다. 1951-1952년에 걸친 삼반운동(三反運動) —— 반부패, 반낭비, 반관료주의 —— 은 정부와 기업, 당의 관료들을 겨냥한 것이었다. 동시에 진행된 오반운동(五反運動)은 여전히 지위를 유지하던 자본가계급을 공격했다. 수뢰, 세금 포탈, 국유재산 횡령, 노동 및 자재의 사취, 그리고 국가경제에 관한 정보누출의 혐의로 거의 모든 고용주들이 재판에 넘겨졌다. 이 운동의 목적은 공장을 장악하고, 자본가의 수중으로부터 자본을 걷어내는 데에 있었다. 많은 사람들이 공포 분위기 아래서 제거되었으며, 일부는 정부 고용인으로 전락했다.

두 가지 구조가 이러한 운동을 가능하게 했다. 첫째는 새로운 통일전선이 었다. 이 통일전선은 바로 1949년에 만들어진 중국인민정치협상회의(中國人民政治協商會議)[3]였다. 중국인민정치협상회의는 자문기관이었지만 중공 당원과 비공산계 지도자들을 포함하는 최고의 공식조직이었다. 1949년에 채택된 공동강령[中國人民政治協商會議共同綱領]은 점진주의를 채택했다. 정부가 처음 세워졌을 때 대부분의 중앙부서는 비공산계 인원이 주도했다. 이렇게 동원된 인재는 나중에 점차 유능한 공산당원으로 대체되었다.

또다른 장치는 대중조직의 구조를 이용한 대중운동[4]이었다. 노동자, 청년, 여성, 전문인의 단체는 모두 이러한 조직에 등록되었다. 운동이 개시되면 그 전국적인 행정구조를 통해서 개별 성원에게까지 영향력을 미칠 수 있었다. 따라서 건국 초기의 반혁명분자 숙청, 항미원조 운동, 삼반오반 운동은 도시에 사는 모든 중국인에게 손을 뻗칠 수 있는 확장된 구조를 제공해주었다. 운동은 충성심이나 유용성이 의심스러운 희생자를 적발하여 숙청했고, 당원으로 충원될 수 있는 유능한 활동가들을 발굴하기도 했다. 중공 당원은 1947년에는 270만이었으나 1953년 무렵에는 610만이었다.

갑작스럽고 가끔 섬뜩한 경우도 있었으나 점진적이고 단편적인 안정화의 과정이 도시와 근대 경제분야에서 진행되는 동안, 농촌에서는 토지개혁이라는 이와 병행하는 과정이 진행되었다. 모든 농촌주민에게 계급적인 지위를 부여하고, 지주를 끌어내리고, 토지를 가지지 못한 농업노동자의 지위를 끌어올린 이 토지개혁은 공산당 지배 아래 있었던 화북과 동북에서는 대체로 1949년 이전부터 실행되었다. 그러나 광범위한 화남지역으로 토지개혁을 확대한다는 것은 선뜻 나서기 쉽지 않은 일이었다. 군사적 점령으로 평화가 이루어진 후 공작대가 농촌에 들어가 지주를 공격하고 파괴하도록 농민들을 조직했다. 이 단계에서는 부농이 직접적인 공격의 대상이 되어서는 안 되었으며, 임시적으로 그들에게 영합하는 조치가 취해졌다. 하지만 위아래의 지주

---

3) 新政治協商會議라고도 한다.
4) 줄여서 그냥 "운동"이라고도 한다.

418

나 빈농으로 편입되어버리면서 그들의 지위는 점차 모호해졌다. 인민재판, 대중의 고발과 처형은 공포의 분위기를 자아냈다. 평가는 다양하지만 수백만이 살해된 것은 분명하다.

1954년부터 시작된 다음 단계는 "공동강령"을 대신하고 신민주주의 단계를 예상외로 신속하게 종결시킨 헌법의 제정이었다. 이것은 기본적으로 1936년 스탈린이 제정한 소비에트 헌법에 기초를 두고 있었다. 이러한 헌법제정은 국무원(國務院)과 50여 명이 되는 그 장관[部長]들의 권한을 강화시키는 결과를 가져왔다. 행정부는 당의 집행기구가 되었다. 양쪽 모두에 직위를 가진 사람들 덕분에 양자 사이의 조정이 쉽게 이루어질 수 있었다. 따라서 주은래는 (국무원) 총리 겸 정치국원 —— 모택동과 유소기 다음의 서열 제3위 —— 이었다. 소비에트적 특징이 아닌 것 가운데 하나는 낡은 황제권력의 유산이라고 할 수 있는 국가주석(國家主席)의 설치였다. 모택동이 주석직을 차지했다. 유일한 권위자를 요구하는 중국인의 필요에 부응하기 위해서 모택동에 대한 국가적 숭배가 이미 시작되었다.

소련과는 대조적으로 군대와 공안세력은 일반적으로 당의 통제 아래 두어졌다. 군대는 모택동이 이끄는 중앙군사위원회(中央軍事委員會) 휘하에 있었다. 공안부(公安部)는 공안부장뿐 아니라 당의 통제도 받았다. 다시 말해서 비밀경찰은 스탈린 체제에서처럼 인민이나 정부기구에 위협을 가할 수 있는 독자기구나 독립왕국이 될 수 없었다. 군대 역시 국민당의 군사위원회(軍事委員會)가 당정기구와 경쟁하는 부서들을 발전시켰던 장개석 치하와는 달리 독립체제를 갖추지 못했다.

그러나 군대는 그 특성상 독자적인 조직이었다. 많은 군인들이 당원이었지만, 장교단과 지휘권을 공유하는 정치위원(政治委員)은 시간이 지나 군대의 전문성이 증대됨에 따라 점차 영향력이 줄어들었다. 군대는 중앙군사위원회를 통해서 자체의 독자적 인사체계(즉 nomenklatura)를 운영했다. 군사위원회는 당중앙위원회의 세부적 감독을 받지 않았다. 또 군사위원회 정치부는 중앙위원회 선전부의 엄밀한 감독을 받지도 않았다. 군사위원회는 몇 가지 조직건설 부서, 자체적인 통신과 수송수단, 공항, 항구 및 공장과 연구소 등을 통제했다. 또한 국무원의 심사를 받지 않는 사실상 독자예산을 확보했다.

따라서 장개석 치하에서처럼 당과 정부, 군대 모두를 한 사람이 지도함으로써 중국의 통일이 유지되었다. 나중에 밝혀진 것처럼 직접 모택동에게 도전할 수 있었던 사람은 군사위원회 부주석 팽덕회와 임표뿐이었다고 앤드루 네이선은 지적했다. 그러나 1954년에는 당중앙위원회 정치국상무위원회(黨中央委員會 政治局常務委員會)에 권력이 집중되어 있었다.

수직적인 지배의 원칙상 국무원의 각 부는 각기 자기지역에서 수평적 협력을 할 것으로 기대되었던 하급정부의 예속기구를 통제했다. 그럼에도 불구하고 소비에트 모델에 따라 각급 인민대표회의(人民代表會議)가 성 및 하급 행정단위에 설립되었다. 각급 인민대표회의는 바로 위의 상급 인민대표대회에서 추천하는 단일한 후보자 명부에서 선출하여 구성되었다. 이러한 체제의 최상층은 매년 보고를 듣고, 정책을 승인하기 위해서 소집되는 전국인민대표대회(全國人民代表大會)였다. 비공산당원은 여기서도 여전히 중요한 비중을 차지했으나, 이 대회는 토론기구라는 점을 제외하면 아무 권력도 없었다. 모든 차원의 정부는 사실상 주로 당위원회가 통제했다.

농업의 집단화

정부기구를 안정시킨 중공의 다음 목표는 농업의 집단화였다. 1930년대 초 소련에서는 도시의 공산당 간부들이 부농(kulaks)을 공격하고 파괴하기 위해서 농촌에 진입했다. 이에 대응하여 부농들은 가축을 몰살시키고, 반항을 선동했으며, 전반적으로 순응을 거부했다. 소련의 집단화는 엄청나게 파괴적이었다. 하지만 중국의 경우 일찍부터 농민과 밀접한 관계를 지녔고 또 그들에게 의존한 농촌조직이었으므로 중공은 궁극적인 목적을 달성하려면 어떤 점진적 단계를 거쳐야 하는지 잘 알고 있었다.

첫번째 단계는 농민들을 호조조(互助組)로 편성한 것이었다. 두번째 단계에서는 농민들이 자신들의 토지와 농기구를 공동으로 투자하고, 투자비율에 따라 대가를 받는 농업합작사(農業合作社)의 설립이 추진되었다. 두번째 단계에서는 부농의 지위가 파괴되지 않고 오히려 처음에는 개선되었기 때문에 이들의 저항을 피할 수 있었다. 이러한 토지개혁으로 2.6퍼센트에 불과한 지주의 토지소유권이 대다수 농민들에게 옮겨졌지만, 상황은 안정되지 못했다. 지주의 토지가 이전의 소작인이나 무토지 농업노동자에게 분배되어 사유권은 도리어 강화되었다. 1950년대 초에는 여전히 사적으로 토지가 매매될 수 있었다. 따라서 부농도 계속 존속할 수 있었다. 중공 승리 직후의 이 시기는 상업, 부업생산, 교육, 소규모 호조조와 합작사 등의 성장이 유망한 것처럼 보인 밀월기라고 할 수 있을 것이다. 아무리 보잘것없더라도 농민들은 자기 사유재산을 포기하기를 대단히 꺼렸다.

그러나 곧 초급 합작사가 고급 합작사로 전환되는 협업화(協業化)의 세번째 단계가 도래했다. 고급 합작사는 재산, 농기구, 가축과 토지를 얼마나 내놓았는가에 상관없이 모든 농민이 임금을 위해서 공동노동을 하는 진정한 집단화였다. 이렇게 한 걸음 더 나아가도록 모택동이 충동적인 요구를 한 것에 대해서는 중공 내부에서도 많은 사람들이 논란을 벌였고, 저항하는 사람도 있었다. 하지만 토지소유권이 재분배되고 일부 농민들이 공포 분위기 아래서 격렬한 공동행동을 취했던 두번째 단계의 시기에 중공은 지방 활동가들을 지명하여 충원했다. 이들의 조직화된 열정은 세번째 단계의 농업집단화 운동에 추진력을 부여했다. 1954년부터 1956년까지 고급 합작사는 많은 사람들이 기대했던 것보다 신속하게 확대되었으며, 명목상으로는 이러한 전환이 완성되었다. 고급 합작사는 통상 한 촌락의 일부이거나 전체였다. 1958년부터 1978년까지 이러한 단위는 생산대(生産隊)로 불렸다. 생산대는 그 위의 생산대대(生産大隊)와 1958년에 설립된 인민공사(人民公社)로 이루어진 3층 구조의 최하급 단위였다. 신중국은 국민당 정부가 상상조차 하지 못했던 농촌기구를 창조한 것이다.

신중국에서 국가는 이제는 합작사나 (나중의) 생산대의 한 부분이 된 가족차원으로까지 국민에게 침투했다. 이러한 농촌조직은 중국의 역사에서 시도된 그 어떤 것보다도 훨씬 완전했다. 사실 농민은 이제는 더 이상 토지를 빌리거나 소유하지 못하게 되었고, 자신의 노동력이나 그 생산물을 마음대로 할 수도 없었다. 농민들은 각기 특정한 계급이라는 신분이 붙었으며, 노동과 집회, 그리고 자신의 생계가 달린 기타의 집단행동에 참가하지 않을 수 없었다. 생존을 위해서는 아부와 거짓말, 배신, 예전의 희망과 성실성의 포기, 그리고 경찰국가의 또다른 관습들이 필요했다.

이러한 공식적인 농업 집단화의 성공담 뒤에는 과연 무엇이 자리잡고 있을까? 에드워드 프리드먼, 폴 피코비츠, 마크 셀던, 케이 앤 존슨은 북경에서 남쪽으로 약 120마일 떨어진 무공(武功)촌을 10년 동안 조사한 다음에야 비로소 지방 주요 인사들로부터 신뢰를 확보하고 자료를 얻을 수 있었다(1991). 그들은 공산당이 통제하는 현대판 농노제에서 벗어나기 위한 길고 소모적이며, 점점 더 견디기 어려워지다가 결국에는 파멸적인 것이 된 이곳에서의 투쟁을 기록할 수 있었다.

여기서 중요한 현상은 중공 조직의 활동가(간부)라는 새로운 엘리트가 농촌사회에 출현했다는 점이다. 야심적이고 활동적인 젊은이들은 새로운 권력구조 아래서 출세의 기회를 발견할 수 있었으므로 이 농민 지도자들은 자발적으로 나선 사람들이었다. 다양한 기회와 민주적 평등주의라는 미국적인 경험과는 달리 이 새로운 권력자들은 "관계(연줄이나 인맥)"의 형성과 윗사람에 대한 아부, 아랫사람에 대한 권위주의적인 착취라는 전통적인 중국적 방식에 능숙했다. 벼락출세한 이 간부들은 매사에 극히 정치적이었고, 본능적으로 지위와 권력, 부수입을 추구했으므로 대중으로부터 유리된 새로운 지방 엘리트로 행세했다. 입으로는 이데올로기를 떠들고, 후원자를 떠받들고, 공직에 따라오는 당연한 이권으로서 공공자금을 횡령하면서도 그들은 유가적 사대부들이 지녔던 대중에 대한 관심이나, 또는 공익이나 국가적 요구에 대한 지식인다운 식견 같은 것에는 전혀 구애받지 않았다.

이러한 이름뿐인 집단화의 성공은 농촌에 경제적 혜택을 돌리는 위대한 발걸음으로 찬양되었다. 하지만 사실 그것은 농가(農家)에 대한 국가의 최종적인 침투, 통제의 목적을 위한 농가생활의 정치화에 지나지 않았다.

집단농업의 실천

1958년부터 1978년까지 20년 동안 인구의 75-80퍼센트를 차지하는 농촌주민들은 새로운 국가와 매우 긴밀한 관계 속에 얽매이게 되었다. 진 오이(1989)의 지적처럼 공산혁명이 권력구조를 재편했지만 "그들은 수확을 어떻게 분배할 것인가라는 농민정치의 근본문제를 바꾸어놓지는 못했다." 이 문제는 농민과 국가의 관계에서 항상 초점이 되었다. 늘어나는 도시민에게 공급할 식량을 확보하고, 산업의 팽창에 따른 재정을 충당하는 문제는 모택동 시대 중국의 가장 기본적인 과제였다.

표 6. 농촌 행정기구와 평균수치, 1974년과 1986년

집단농업, 1974년	개별농업, 1986년
인민공사(7만 개)	향, 진(7만1,521개)[*]
2,033헥타르	1,317헥타르
15생산대	12촌
3,346가구	2,737가구
1만4,702명	1만1,886명
100생산대	
생산대대(75만 대)	촌(84만7,894개)
133헥타르	111헥타르
220가구	231가구
980명	1,002명
7생산대	
생산대(500만 개)	촌소조(村小組)
33가구	불규칙적인 조직
145명	
20헥타르	

출전 : Jean Oi, *State and Peasant in Contemporary China : The Political Economy of Village Government*(University of California, 1989), p. 5의 표.

[*] 이 숫자는 국가 소속 농민이 경작하는 2,063만 헥타르는 포함하고 있지 않다.

　농업집단화의 구조는 1958년 인민공사의 설립으로 본격화되었다. 대부분의 국외자가 상상하는 것보다 훨씬 큰 이 계획의 규모는 그야말로 중국 특유의 역량을 보여준다. 1958년 농업집단화가 완성되자 개별 농민들은 6단계의 행정기구 —— 성, 구, 현, 인민공사, 생산대대, 생산대 —— 아래 놓이게 되었다. 중국의 2,000여 현에는 7만 개의 인민공사가 있었다. 각 인민공사는 보통 과거의 표준시장과 맞먹는 규모였다. 7만 개의 인민공사 아래에는 75만 개의 생산대대가 있었다. 그 규모는 대체로 한 마을 단위로 약 220가구, 1,000명 정도였다. 생산대대 밑에는 500만 개의 생산대가 있었다. 생산대는 보통 약 33가구 145명의 인구로 구성되었다(표 6 참조).

　이러한 전체적인 구조 위에서 국가는 이제 전국의 기본적 식량을 조달하고 분배하는 곡물의 독점을 확립했다. 국가는 곡가를 통제하고 농민들에게 무엇을 얼마만큼 생산할 것인가를 지시했다. 역사적인 안목으로 볼 때 이것은 경

세제민(經世濟民)의 정점 —— 즉 국가가 지방관을 이용하여 농민을 조직하고 조작하는 전통적인 중국적 통치기술의 훌륭한 적용 —— 에 도달했다.

농민들은 호구등록증을 제시하여 자신들에게 배당된 곡물을 배급받았다. 이 때문에 거주지도 지정되었다. 주거지가 아닌 다른 지역으로 여행한다면, 그곳에서 배급을 보장받을 수 없었다. 따라서 자유로운 곡물시장이 폐쇄되자 농민들은 보통 자신이 노동하는 생산대에 식량을 의존해야 하므로 여행도 할 수 없어서 토지에 속박되지 않을 수 없었다. 지주제와 기타의 속박으로부터 농민을 해방시켜 자신의 정당성을 확보한 혁명적 국가가 이제는 역설적이지만 예전보다 훨씬 더 강력하게 농민을 속박했다. 국가는 최종적인 지주가 되었으며, 경세치용의 방책을 실험하는 그러한 역할 속에서 정당성을 유지해나갔다.

중공은 매우 현명한 2단계의 계략을 실행함으로써 문제에 대응했다. 첫째는 농업세를 최소한으로 제한한 것이었다. 처음에는 이 세금이 수확의 약 10퍼센트였으나, 점차 약 4.5퍼센트까지 감소되었다. 아무도 농민들이 무거운 세금을 "부담"한다고 말할 수 없었다. 둘째 단계는 일정 수준이 넘는 수확을 "잉여"라고 정하고, 그 경우 각 생산대에 "잉여"곡물 —— 주로 쌀과 밀 —— 을 낮은 고정가격으로 국가에 파는 기여를 하도록 요구했다. 어떤 생산대가 모택동 주석에게 가장 많은 잉여를 제공할 수 있을 것인가? 거의 없었다고 해야 하겠지만, 아주 단순한 머리를 지닌 농부였다면 자신을 농노가 아닌 수혜자로 느꼈을지도 모른다!

특히 수확물은 다음과 같이 분류되었다. 첫번째는 반드시 지불되어야 하는 국가의 지분인 농업세였다. 두번째는 "세 가지 보류저축〔三項保留儲備〕", 즉 다음해의 씨앗, 가축을 위한 사료, 곡물의 집단소유자인 생산대에 의해서 분배되는 농민의 몫으로 분류되는 부분이었다. 농민의 몫 일부는 개인당 기본 배급량이고, 일부는 작업량에 따른 곡물배급량〔工分穀 : 주로 현금으로 지불〕이었다(기본 배급량과 작업량에 따른 배급량의 비율은 통상 7 대 3이었다). 작업량〔工分〕의 평가는 사람들에게 더 많은 노동을 유도하기 위한 자극제였다. 각 개인에게 배당되는 곡물의 전체 배급량은 생계유지의 수준에서 설정되었으나, 진 오이를 비롯한 연구자들이 지적한 것처럼 중국이 정한 수준은 구호기관이 정한 국제적인 표준에 훨씬 미치지 못했다. 즉 국제적으로 규정

424

한 하루에 "충분한" 식량은 1,700-1,900칼로리이고, "과잉"이라는 것은 1,900-2,100칼로리에서 시작된다. 중국에서는 이러한 수치가 훨씬 낮게 책정되었으므로 "국제적으로 최저 생계라고 생각되는 수준이 중국에서는 과잉이라고 여겨졌다."

나머지 수확물을 "잉여"라고 공언한 후 모택동 시대의 국가는 그 잉여분을 생산자로부터 구입할 준비를 갖추었다. 그렇게 하여 국가의 구매로 조달될 총량은 생산대 위의 5단계 각급 조직에 의해서 정해졌다. 이러한 과업의 최종 수용을 감독하는 인민공사와 생산대대의 간부들에게까지 각기 할당량이 정해졌다.

다소 엄격한 이러한 과정에서 결정적인 역할을 한 사람은 보통 당원으로서 몇 년의 임기가 정해진 지역주민인 생산대의 지도자였다. 생산대에 관한 모든 권한이 주어졌기 때문에 그는 생산대의 생산을 독려하고, 잉여분을 시장 가격 이하의 가격으로 국가에 판매하는 교섭과 정치 속에서 다른 생산대의 지도자와 경쟁해야 했다. 따라서 생산대의 지도자는 휘하의 생산대원과 상급 생산대대의 간부 사이에서 매개 역할을 담당하는 곡물조달체계의 궁극적인 중개인이었다. 이러한 기능은 중국의 역사만큼 오래된 것이며, 촌락의 정치와 촌락내부 인간관계의 주된 초점이었다. 따라서 생산대의 지도자는 당연히 자기 지위의 위아래에 있는 사람들과 보호자, 피보호자라는 관계를 맺지 않을 수 없었다. 여기에서 바로 "관계(關係)"가 작용했고, 여기서 바로 부패의 발생과 만연이 필연적이었다.

농민과 세금징수인 사이의 투쟁은 남녀간의 투쟁보다 더 오래된 것임이 틀림없다. 적어도 그것은 남녀간의 투쟁만큼 미묘하고 복잡하다. 생산대와 상급자에 대한 양면작전 속에서 생산대의 지도자는 생산대 단위의 협력을 얻어 국가의 수급목표에 저항할 수 있었다. 보고서를 날조하거나 심지어는 이중장부를 작성하고, 보고에서 빠뜨리거나 비용을 부풀려 작성하고, 기록에 올리지 않기 위해서 어두워진 다음 곡물을 빼돌리고, 이삭을 줍지 않고 놓아둬 곡물의 양을 숨기거나 좋은 것을 가축에게 사료로 먹이고, 새로운 논밭이 생산대대 감시인의 눈에 띄지 않게 하는 등 생산대대의 간부를 속이려는 수많은 계략은 그들과 우호적 관계를 맺기 위한 적극적 노력과 함께 이루어질 수도 있었다. 향응, 선물, 호의를 제공하여 얼마간 심리적 부담을 주는 방법도 있었다. 하지만 생산대대 간부를 속여넘긴 생산대의 일화들은 탈옥에 성공한 죄수의 전설처럼 감동적이었다. 농민에 대한 간부들의 체계적 착취에는 거의 예외가 없었다.

생산대의 지도자는 또한 생산대원들이 더욱 열심히 일하도록 만드는 방법들을 알고 있었다. 그러나 농민들 사이에서 고도의 자극을 계속 유지한다는 것은 쉽지 않은 일이었다. 1976년 모택동이 사망한 다음, 농민들로부터 더 많은 곡물을 짜내려고 했던 국가의 전략은 그리 효과적인 것이 아니었음이 분명해졌다. 1978년 이후 스스로의 힘으로 이윤을 얻을 수 있는 기회가 늘어나자 농민들은 훨씬 많은 양을 생산해내기 시작했다. 하지만 그런 날이 올 때까지 농민들은 여전히 당과 국가의 통제 아래 남아 있어야만 했다.

공업화의 개시

1949년 중공의 승리는 농촌주민의 도시 유입을 촉진했다. 도시인구는 1949년 약 5,700만에서 1957년에는 거의 1억으로 빠르게 늘어났다. 1960년 무렵에는 약 1억3,100만에 이르렀다. 농촌으로부터의 계속적 인구이동으로 농업, 공업분야의 노동자들이 제도적 통제 아래 편입되기 전까지는 도시에서 높은 실업률이 기록되었다. 민국시대에는 노동조합을 반대하는 공장 경영자에게 협력한 노동청부업자들이 농촌에서 비숙련 노동자들을 충원해주었으므로 중국의 "프롤레타리아트"인 공업노동자는 파악하기가 쉽지 않았다. 1949년에는 제조업 생산에서 노동력의 5분의 3이 여전히 자영 수공업자였다. 1957년 무렵이 되면 대부분은 도시의 수공업 합작사에 흡수되었다. 반면 노동력은 두 배로 늘어났고, 그 절반 이상이 공장에서 일했다.

농업을 희생시키는 대신 중공업을 우선하는 스탈린식 공업화는 농촌이 경제에서 차지하는 비중이 압도적이었던 중국에서는 적절한 것이 아니었다. 그럼에도 불구하고 초기의 공업화 목표가 달성되자, 공업사회주의화의 방향 속에 "대약진"의 정신이 이미 퍼지고 있었다.

국민당의 자원위원회가 이미 공업투자의 3분의 2를 통제한 적이 있다는 사실은 국가의 공업독점에 도움을 주었다. 1949년 자원위원회의 고급 인원과 20만 명의 고용인들이 그대로 대륙에 잔류했다. 그들은 소비에트 노선에 따

426

르는 국가통제식 경제건설을 원했으며, 국영과 사영이 혼합된 미국식 발전 모델에 반대했다. 자원위원회의 기술자들은 1958년 대약진운동이 그들을 몰아낼 때까지 —— 이 과정은 1966년 이후 문혁에 의해서 완료되었다 —— 인민공화국의 공업발전을 이끌었다.

자본가와 국가가 합작하여 공업을 경영하는 데에 몇 년을 투자하는 대신, 중공은 농업에서 이미 확립한 집단화의 사례를 따랐다. 집단화 운동은 명목상으로는 곧바로 경영권을 양도받았지만 실질적으로는 얼마간 자본주의적 요소가 기능하도록 남겨두지 않을 수 없었다. 사실 전국의 당간부들은 공업에 대해서는 농업보다 훨씬 아는 것이 적었다. 애국심과 개인적 야망은 그들이 건전하고 점진적인 발전을 무시하고 공업계획에 높은 목표를 설정하고, 목표를 초과하여 완수된 것으로 보고하게 만들었다. 따라서 정부와 당원의 행동방식은 비현실적인 것이 되어버렸다.

통화팽창이 다스러진 이후 과세대상이 확대되고 1950년에 65억 원이던 정부의 세입이 1951년에는 133억 원으로 늘어났다. 계속된 재정적자의 약 40퍼센트는 공채발행으로 충당되었다. 공채는 통화가 아니라 상품에 상응하는 단위였다. 그것은 은행공탁금이 될 수도 있었다. 국민정부의 세입이 국내총생산의 5-7퍼센트였던 것에 비해서 신중국의 그것은 1952년에 24퍼센트, 1957년에 30퍼센트로 평가되었다.

사영 자본주의산업과 국영산업을 결합시키는 과정에서는 차별적인 조세 및 금융정책이 이용되었다. 1949년에 절반 이상을 차지하던 사영부문이 5분의 1 이하로 떨어졌다. 그러나 지방의 수공업은 대부분 사영으로 남아 있었다.

1953년부터 1957년에 걸친 제1차 5개년 계획은 전체적으로 볼 때 커다란 성공으로 느껴졌다. 국민소득은 평균 8.9퍼센트의 비율로 증가했다. 또한 인구가 약 2.4퍼센트 늘어난 반면, 농업생산량은 약 3.8퍼센트 늘어난 것으로 일컬어졌다. 당시 다른 개발도상국의 평균 경제성장률은 2.5퍼센트에 지나지 않았다. 인도는 1950년대 내내 2퍼센트 미만이었다. 서류만 보면 중국의 통계는 인상적이었다. 그러한 통계에 따르면 소학교에 등록한 어린이의 비율은 25퍼센트에서 50퍼센트로 늘어났다. 일반적으로 도시의 임금은 거의 3분의 1이 올랐고, 농민의 소득이 약 5분이 1이 늘었다고 이야기되었다.

1950년대 중국의 1인당 국민소득은 1928년 소련의 그것에 비해서 4분의 1에서 2분의 1에 지나지 않았다. 그렇지만 이 시기 공업투자에 관한 중국의 기록은 1928년부터 강행된 공업화 기간 동안에 나타난 소련의 그것과 비슷했다. 소련에서는 자원에 대한 인구의 비율이 훨씬 더 양호했고, 혁명 이전에 산업화도 훨씬 진전되어 있었다. 따라서 중공이 공업화를 위해서 소련식 모델 —— 농업을 희생으로 하여 중공업을 우선시키는 —— 을 도입한 것은 상당한 잘못이었다. 중국의 전체 공업투자 가운데 약 절반 정도가 자본집중적이고 대규모이며, 소련의 지원을 받는 156개의 사업에 투자되었다. 156개의 공장 거의 모두가 중공업이었다. 그것들은 연해에 위치한 상해와 천진에 대한 의존에서 벗어나기 위해서 무한(武漢)이나 내몽골의 포두(包頭)와 같은 내륙 중심지에 자리를 잡았다.

소련 원조에 대한 의존은 값비싼 대가를 치렀다. 중국은 제1차 5개년 계획에서 250억 원을 투자했으나 소련의 원조는 보조금의 형태가 아닌 매년 6,000만 원의 이자를 지불하는 차관 형식이었다. 약 1만 명의 소련 전문가들이 중국에 왔으며, 2만8,000명의 중국인이 소련에서 기술훈련을 받았다. 소련 원조의 총액은 중국 총공업투자액의 약 4퍼센트에 지나지 않았다. 소련의 기술은 확실히 중국에 비해서 진보되어 있었다. 전체적으로 볼 때 소련과의 관계는 결정적인 가치가 있음이 입증되었다.

이 모든 요소들은 1956년 제2차 5개년 계획의 입안자들에게 매우 현명한 결론을 이끌어내게 했다. 그들은 중공업이 중시되어야 하지만, 농촌에서의 진보가 도시의 장기적 발전에 핵심이 될 것이라는 점에 동의했다. 정책입안자들은 또한 대규모 공장은 내륙의 소규모 공장들보다 비효율적일 것이라고 생각했다. 기술은 뒤떨어져도 소규모 농촌공장은 현지의 노동력과 원료를 이용하고, 수송비용을 줄이고, 농촌 공업화를 촉진할 수 있었다. 반면 정책입안자들은 소련 원조에 대한 의존을 줄이고자 했다. 최종적 자극요인은 농업 집단화가 곡물이나 다른 농가생산물의 생산을 현저하게 증가시키지 못했다는 사실에서 비롯되었다. 거대한 국가 관료기구의 성장이 경제성장을 방해할 정도에까지 이른 것으로 보였으며, 또한 여기에는 집중화를 완화시켜야 한다는 강한 의지가 작용했다. 그러나 1956년에 토의된 제2차 5개년 계획은 1958년 봄 대약진운동으로 대신되는 바람에 결코 공개의 단계에 이르지 못했다.

교육과 지식인

지식인들이 여전히 간언(諫言)하는 유교적 어사(御使)의 모델을 따르고 학생들이 여전히 학교에서 고전적인 인문교양의 교육을 받는다면 어떻게 혁명이 성공할 수 있겠는가? 모택동은 인문교양의 교육을 그리 많이 받지는 않았지만, 자신이 원하는 것 —— 즉 정권을 지지하는 지식인과 농민대중에게까지 미치고 그들을 개조할 수 있는 교육 —— 이 무엇인지를 잘 알고 있었다. 이 분야는 결국 그가 실패를 맛본 분야 가운데 하나이다. 우선 잠깐 과거 중국의 교육이 어떠했는가를 살펴보자.

전통시대에 지식인들 대부분은 과거응시자였고, 따라서 그들은 대체로 전통주의자이자 보수주의자였다. 중국 문예의 위대한 작품 대부분은 사회질서와 중앙의 권위에 대한 인정이라는 틀을 벗어나지 않았다. 다양성을 낳을 수 있는 수도원과 같은 성역이나 종파적인 신념, 그리고 종교와 국가의 분리 등은 전혀 허용되지 않았다. 학자들은 대개 관계(官界)와 밀접한 관련을 가졌다. 주희나 왕양명 같은 사상가 역시 관료 출신이었다.

근대에 들어와 이러한 전통에서 두 가지 결과가 파생되었다. 첫째, 19세기의 중국 학자들은 외국의 사상을 받아들여 개혁과정을 시작하는 데에 매우 느린 움직임을 보였다. 둘째, 구질서가 무너질 때 민족주의 정신이 너무도 강렬했기 때문에 지식인 가운데 개혁파든 반혁명파든 모두 주로 "구국(救國)"에 충성을 바쳤다. 그들은 여전히 국가를 지향했다.

이러한 지향은 자체적인 모순을 안고 있었다. 왜냐하면 문인관료의 역할은 항상 이중적인 것이었기 때문이다. 즉 행정을 담당하는 것뿐만 아니라 이에 관해서 황제에게 충고하거나 필요하다면 황제의 정책에 대해서 간언을 하는 것이 그들의 임무였다. 독서인들이 이러한 시비를 가리고, 또 이것으로 간언을 해야 할 의무를 지닌다는 사상은 예를 들면 지행합일(知行合一)의 원칙 —— 독서인의 지식은 행동으로 실천되어야 하며, 행동은 지식에 영향을 미쳐야 한다는 —— 속에 깃들게 되었다. 1912년 이후 신문화운동에 참여한 지식인들이 정치로부터의 이탈을 촉구한 것은 그야말로 진정 혁명적인 일이었다. 그러나 1931년 일본의 침략이 개시되자 그들조차도 결국은 관료나 공식 고문으로서 국가에 기여하는 길을 선택했다. 중국의 부패현상에 대한 위대한 비판자인 노신(魯迅)은 좌익작가연맹을 건립하기 위한 노력에 나섰다. 그가 비판과 공개를 권장했던 것은 사회질서의 개선, 국가권력의 보다 나은 운용을 지향한 것이었지, 결코 정치로부터의 이탈은 아니었다.

1949년 공산당이 권력을 장악하자 신중하게 사고해야 할 필요성이 훨씬 늘어났다. 이제는 혁명전쟁이 아니라 새로운 정부를 운영하는 방향으로 전환해야 했다. 이것은 이론적으로는 혁명목표를 달성하는 방법이 이전처럼 호전적 행동이나 폭력이 아닌 설득이라는 수단으로 바뀌어야 함을 의미했다. 1949년 이후 근대적 국가건설은 기술과 경제분야뿐만 아니라 사회과학, 역사, 문학분야에서의 지적 자원을 필요로 했다. 후기공업사회의 단계에 도달한 성숙한 사회에서는 이런 종류의 근대적 지식이 높은 평가를 받지만, 모택동과 공산당은 중국의 가장 시급한 문제가 통일국가의 강력한 중앙권력을 재확립하고 마르크스주의·레닌주의, 모택동사상이라는 새로운 원칙에 따라 사회구조와 가치를 재창조하는 것이라고 생각했다. 이러한 목적을 위해서는 우선 인민의 사상과 행동에 대한 통제를 확립시킬 필요가 있었다. 중공의 비극은 그들이 통제의 유지라고 하는 기본적인 과제를 이루는 데에만 급급했다는 데에 있다.

1950년대 초반 교육계의 교수들은 수백 명씩 사상개조를 받았다. 그들은 각자 과거의 제국주의에 대한 추종, 중국 민중을 배반한 데에 대한 깊은 죄의식, 그리고 새로운 시각을 가지도록 이끌어준 모주석(毛主席)에 대한 감사 등을 표현하도록 요구받았다. 유명인사의 자식들은 아버지를 반동(反動)이라고 비난해야 했다. 이들의 고백이 공개될 때에는 구질서의 죄악으로 더럽혀진 범죄자들이 더 이상 청년들의 귀감이 될 수 없다는 교묘한 이유가 함께 덧붙여지는 경우도 종종 있었다. 이리하여 교수들은 비참한 굴욕감을 맛보았으며, 공개적으로 완전히 체면을 잃게 되었다.

1950년대 초반의 지식인은 점차 주요한 비중을 차지하게 되는 사상개조운동의 한 대상에 지나지 않았다. 일부 악덕행위는 전국적인 운동과정에서 추상적인 공격의 대상이 되었으며, 정규적 절차로 희생자가 된 사람들에게서 그런 행위가 발견되었다. 모든 운동은 전국적으로 조직되었으며, 일정한 수의 희생자를 찾도록 지시를 받는 경우도 자주 있었던 지방의 활동가들은 이 운동을 부추겼다. 대중집회와 인민재판이 대규모로 이루어졌다. 거기에 참가한 수천 명의 청중들은 자신들이 해서는 안 되는 것, 되어서는 안 되는 것이 무엇인지 실례를 목격했다.

교육개혁의 다음 문제는 당의 노선에 충실한 학생을 배출하는 일이었다. 지식인은 대부분 교사였으므로, 교육체제 전체가 혁명적 개조의 대상이 되었다. 세 시기로 크게 구분될 수 있는 근대 중국의 교육정책 가운데 그 첫번째 시기 —— 1905년까지의 전통적인 고전교육 —— 에는 옥스퍼드나 케임브리지 대학교 졸업생과 같은 폭넓은 교양인, 즉 기술전문가가 아닌 인문교양을 갖춘 관료를 훈련시켰다. 두번째 시기 —— 1940년대까지 —— 에는 서구식 교양과 과학이 근대적 엘리트를 양성하는 데에 이용되었다. 이러한 교육의 영향은 일반 대중에게는 아주 초보적인 것에 지나지 않았다. 세번째 시기, 즉 1949년 이후에 모택동은 인민이 교육정책의 주요한 초점이 되기를 원했다. 초등교육의 확대와 간단한 보건진료의 수단은 신중국의 주요한 성과 가운데 하나였다. 모택동은 초등교육의 기초 위에서 소비에트 방식을 사용하여 이데올로기적으로 건전한 기술관료들을 양성하고자 했다. 그러나 실제 제도는 여전히 두 가지 방향으로 나아가고 있었다. 즉 대중에게 근대적 교육과 기술적 숙련성을 제공하는 것과 전통적인 문인관료를 대체할 수 있는 폭넓은 인문교양인을 양성하는 것이었다. 그러나 중국의 제한된 자원을 고려한다면, 이 두 가지 목적이 어떻게 동시에 달성될 수 있었을까?

1949년 이후 중공은 소비에트적 교육 모델을 정력적으로 모방하기 시작했다. 이 모델은 실제적 분야, 특히 자연과학에서 과학자들을 전문적으로 훈련시키는 데에 중점을 두었다. 따라서 중공은 기독교계 대학과 국립대학교에서 이어받은 인문교양교육 프로그램을 폐지하고, 대신 20개의 공과대학과 26개의 기술교육기관을 신설했다. 약 200개의 고등교육기관 가운데 13개만이 교양과 인문사회과학을 포함하는 종합대학교로 남았다. 신중국 초기의 이러한 재편은 대부분의 학생들이 (과거에 특히 정치학과 경제학 분야에서 많은 졸업생을 배출했던) 인문교양과목보다는 기술과목에 치중하게 만들었다. 다시 말해서 주요한 변화는 정부고위직을 위한 광범위한 인문교양인을 양성하는 프로그램에서 기술자를 양성하는 실제적인 프로그램으로 바뀐 데에 있었다. 중공은 독자적 통로를 통해서 관료를 충원할 수 있었기 때문이다. 이것은 인문교양교육과 공공정책 사이의 연결을 끊으려는 시도로 보이기도 한다.

　이러한 소비에트 방식은 또한 교수계획, 자료, 교과서를 규격화시켜서 모든 전문분야의 교육계획을 중앙에서 규제할 수 있게 했다. 소비에트식 고등교육부가 1952년 11월에 설립되었고, 대규모 번역을 통해서 소련 전문서적의 중국판이 보급되었는데, 이는 발행된 도서의 3분의 1 이상을 차지할 정도였다. 제1외국어는 러시아어가 영어를 대신하게 되었고, 성적평가와 구두시험도 소련의 방식을 따랐다. 특히 유전학 분야는 소련의 엉터리 과학자 리센코의 비과학적 사고에 의해서 철저하게 억압당하고 버림받았다.

　국민당 통치시기와 중공의 변구에서의 경험도 소비에트의 영향과 함께 미해결 문제가 산적된 교육체제에 뒤섞였다. 예를 들면 서구에서 교육받고 돌아와 교수가 된 사람들은 공산정권 아래서 교수직을 수행할 수 있도록 재교육을 받았다. 1950년대 사상개조의 주된 후보자가 바로 이 교수들이었다. 교수들이 대체로 공산주의적 방법과 관점을 채용하지 않았던 것도 사실이었다. 그들은 전체주의적 공산주의자라기보다는 민주주의적 사회주의자였다.

　사상개조의 경험과 새로운 혁명이념에 동화하려는 의식적인 노력에도 불구하고 대학교수들은 자기분야의 기준에 대한 문제에 대해서는 반대입장에 설 수밖에 없었다. 즉 중공은 지체 없이 노동자와 농민으로부터 지식인을 배출하려고 했다. 그러나 교수들은 가장 훌륭한 학생은 좋은 교육배경을 가진 집안에서 배출되며, 몇 년 동안의 교육밖에 받지 못한 농민이나 노동자들이 대학교육을 따라갈 수 없다는 점을 발견했다. 정부는 마을 단위의 민영〔民辦〕학교의 운영을 장려했지만, 이것들이 근대적 고등교육으로 이어지는 통로가 될 수는 없었다. 왜냐하면 교육받지 못한 당원들이 대중교육을 지도했으므로 대학수준의 교육에 도달할 기회가 거의 없었기 때문이다.

　중국의 고등교육체제 대부분은 수적으로 크게 제한되어 있었다. 1949년 이전 4억의 인구 가운데 대학졸업자는 매년 18만5,000명에 불과했다. 1949년 이후 인구가 급격히 늘어나면서 그 비율은 증가되지 않았다. 대학졸업자가 전체 인구의 1퍼센트를 차지하는 정도였다. 이 정도의 훈련된 인원으로 어떻게 근대적 국가를 창조하기를 바랄 수 있겠는가? 1950년대를 거치면서 모든 마을마다 민영학교를 하나씩 세우려는 목표는 포기되었다. 자존심에 어울리는 직업을 얻지 못한 지식인을 양산하지 않으려면, 대학 진학을 위해서 경쟁하는 중등학교 졸업생이 너무 늘어서는 곤란했다.

또한 중국은 간단히 말해서 육체노동을 하는 대중과 정신노동자인 지배계급을 분리하는 전통 때문에 애를 먹었다. 중등학교 졸업자들은 화이트 칼라의 직업을 얻지 못하면 체면이 손상된다고 생각했다. 1956년에는 대학 재학생의 약 3분의 1만이 노동자나 농민 출신이었다. 교육분야의 혁명은 시작되었지만 결코 완전하거나 성공적인 것은 아니었다. 이것은 소비에트식 발전모델의 부적절함과 결합하여 지식인들의 보다 적극적인 지지를 확보하려는 새로운 혁명적 노력이 개시되는 국면을 낳았다.

모택동은 지식인들의 역할이 혁명에 필수적이라는 전제에서 출발했다. "우리는 그들 없이는 잘해나갈 수 없다." 1956년 초 모택동의 입장은 농민이 공업노동자와 결합되면서 양자 모두 당원이 되는 것과 마찬가지의 과정이 지식인들에게도 적용되어야 한다는 것이었다. 노동인민으로서 농민, 공업노동자, 학자는 모두 같은 프롤레타리아트의 성원이었다. 계급투쟁은 사라지고 있었다. 이것이 바로 모택동의 가장 충실한 추종자이자 당시 공산당 총서기였던 등소평의 관점이었다. 1956년에 모택동이 지식인들은 분명한 전문가[專]이면서도 여전히 사상적으로 공산주의에 충실할 수 있다[紅]고 생각했다는 증거도 있다.

바로 이때 중공지도층은 지식인의 당에 대한 가치를 둘러싸고 두 가지 견해로 갈라졌다. 일부는 통일전선을 통하여 비당원인 지식인과 함께 애국적인 공통의 기반을 추구함으로써 중공의 영향력이 확대되었음을 알고 있었다. 중공은 많은 지식인들과 협력했으며, 그들 가운데 일부는 결국 입당하기도 했다. 비록 소수였지만 지식인들은 저작과 기술적 시설, 공공봉사, 행정업무의 건립을 통해서 중공이 대중에게 성공적으로 접근하는 데에 필수불가결한 존재였다. 모택동이나 등소평, 주은래 등은 비당원인 지식인 인재들이 협력하도록 계속 설득해야 하며, 그들의 요구에 부응해야 한다고 느끼고 있었던 것이다. 그러나 강경노선을 따른 조직가 유소기나 북경 시장이었던 팽진(彭眞)은 무엇보다도 당의 단결과 정통성을 고집하고자 했다.

지식-교육계에서 이 문제는 "수많은 꽃들이 함께 피도록 하고, 수많은 학파가 서로 경쟁하게 하자〔百花齊放, 百家爭鳴〕"라는 구호로 잘 알려진 1956-1957년의 쌍백운동(雙百運動)[5] 속에서 제기되었다. 전반적인 작업환경 개선(외국출판물의 보다 자유로운 이용, 창조성 발휘를 위한 더 많은 자유

시간과 범위)의 일환으로서 지식인들은 1956년 5월부터 이제까지 그들 위에 군림했던 당원들에 대해서 비판의 소리를 내도록 촉구를 받았다. (중등학교 졸업 이상의) 많아야 500만 명의 지식인 가운데 3퍼센트 이하만이 마르크스주의에 적대적일 것이라고 모택동은 추산했다. 따라서 백화제방에 의한 당의 관료주의적 작풍·방법에 대한 비판은 건설적이고, 인민 사이의 "비적대적 모순"을 대표하며, 공산체제에 대한 완전한 충성이란 맥락에서 진행될 것으로 예상되었다.

중국의 지식인들은 목을 내밀면 머리를 잃게 될지도 모른다는 점을 잘 알고 있었다. 1년 동안 그들은 침묵했다. 그러나 1957년 5월부터 그들은 정권을 점점 강도 높은 용어로 비판하기 시작했다. 당의 기본전제, 작풍, 원칙, 실제적 행동 등이 갑작스럽게 공격받기 시작했다. 5주도 되지 않아 백화제방운동은 마침표가 찍혔다.

반우파투쟁, 1957-1958년

1957년 중반의 백화제방운동은 정권에 대한 지식인들의 적지 않은 환멸을 보여주었다. 그러자 모택동은 불만에 찬 지식인들을 1957년 6월에 시작된 반우파투쟁(反右派鬪爭)의 공격대상으로 삼음으로써 계급투쟁의 원칙으로 돌아섰다. 당원 사이의 정풍운동(整風運動)도 이 시기에 재개되었다. 많은 당 관료들이 느슨해지고 사익을 추구하게 되었기 때문이다. 일부는 신뢰할 수 없는 지식인들과 연대관계를 발전시키고 있었다. 반면 지식인들은 진심으로 홍(紅), 즉 공산주의사상을 받아들이기를 거부했다. 따라서 이 두 집단은 함께 투쟁의 대상이 될 수 있었다.

중국의 황제들은 때로 비판의 통로(言路)를 열어놓기도 했지만, 예상했던 것보다 더 많은 이야기를 듣는 경우가 자주 있었다. 1957년 모택동과 그의 동료들은 비판의 분출에 놀라고 실망했고, 그에 따라서 일부 당원뿐 아니라 지식인들까지 반우파투쟁의 목표로 삼음으로써 반격했다. 30만-70만에 이르는 전문가들이 해직되고, "우파" 즉 인민의 적이라는 치욕적인 낙인이 찍혔

---

5) 백화제방운동이라고도 한다.

다. 그 결과 아주 부족했던 고급인력들이 활동하지 못하게 됨으로써 신중국 자체의 앞날이 어두워졌다. 중공 총서기로서 등소평은 반우파투쟁에서 적극적인 역할을 맡았다.

1957년까지 두 집단의 행정관료들이 중국을 이끌어왔다. 하나의 집단은 국내에 남아 있거나 심지어는 본분을 다하기 위해서 외국에서 돌아온 애국적인 비당원 자유주의자들이었고, 다른 집단은 1949년 이전 중공의 지시로 국민당 통치구역에서 전문적인 경력을 쌓으라는 임무를 받았던 "외부간부" 출신 당원이었다. 이들 두 집단은 신정권을 수립하는 데에 필요한 경험, 세계관, 재능을 가지고 있었다. 이들 가운데 국민당 통치구역에서 자유주의적 개인주의자로서 가장하면서 활동해 달라는 요청을 받았던 후자에 속하는 집단이 약간의 자유주의적 감정을 발전시키게 된 것도 놀라운 일은 아니다. 그들의 이상은 인민을 통제하는 것이 아니라 인민을 해방하는 것이었다. 이러한 이상주의자들은 혁명이 성공한 다음에 고난을 당했다. 이 두 집단에서 수만 명이나 되는 사람이 반우파투쟁의 희생자가 되었다는 점에서 우리는 혁명이 혁명가들을 집어삼키기 시작했다는 점을 볼 수 있다.

농촌뿐 아니라 도시에서도 1957년부터 노동자나 농민 출신의 새로운 집단이 권좌에 오르게 된다. 이들은 제대로 교육받지도 못했고, 외부세계에 대해서 무지했으며, 배외주의와 반지성주의적 성향을 띠고 있었다. 이 우울한 사태를 이해하는 방법의 하나는 이것을 지위를 얻는 데에 급급한 신참들 —— 에드워드 프리드먼이 말하는 "근본주의자" —— 과 근대화된 지배 엘리트의 잔존세력(이들이 신국가건설에 제공한 고도의 헌신에도 불구하고 신참들이 파괴하거나 대신하려고 했던) 사이의 투쟁의 표현으로 보는 것이다. 당 내에서 새로 권력을 잡게 된 이 집단은 중국의 근대화 문제나 그에 대한 대처방법을 거의 이해하지 못하면서도 일단 기회를 잡았기 때문에 복수심에 불탔으며, 또 잔인하고 열광적인 파괴를 자행할 수 있었다.

이 새로운 지배계급의 등장은 중공 지도층의 근대적 필요에 대한 심각한 무지를 드러내주었다. 국가건설이나 경제발전은 훈련된 두뇌를 필요로 한다. "근본주의자"를 옹호하여 대부분의 지식인들을 팽개친 것은 정말 어리석고 재난을 부르는 일이었다. 구조적인 관점에서 볼 때 이것은 권력과 학문 사이의 통상적 균형을 파괴한 것이었다. 예컨대 17세기에 강희제는 중국을 통치하는 데에 문과 무가 함께 작용해야 한다는 것을 분명하게 보여주었다. 모택동과 그의 동료들은 만약 잘 훈련되고 경험 있는 지식인들을 참모나 협조자로서 이용했다면 피할 수도 있었던 실수들을 잇달아 저지르게 되었다고 할 수도 있을 것이다. 1957년은 중국의 "잃어버린 —— 애국적 인재들이 무시되고 국가발전에 참여하는 것을 거부당했다는 의미에서 —— 20년"의 첫해인 셈이다. 나중에 모택동의 문혁을 가리키게 되는 "잃어버린 10년"은 1957년에 시작된 역사의 연장에 지나지 않았다.

일단 백화제방운동으로 지식인들이 이중적 충성심을 가지고 있음을 알게 되자 모택동은 훌륭한 프롤레타리아 계급의 배경을 가지고 있는 새로운 지식계급의 세대가 당에 진정으로 충성하도록 교육시켜야 한다고 생각했다. 능력과 계급적 지위 사이의 모순 속에서 그는 후자를 강조해야 할 필요성을 느꼈던 것이다. 그는 지식인들에게 그들은 자식교육을 위해서 프롤레타리아트와 노동인민이 고용한 교사에 지나지 않으며, 당과 유리된 자신의 생각을 가져서는 안 된다고 경고했다.

중국의 지배자들은 예로부터 추종자들에게서 자식의 부모에 대한 효도처럼 의심할 나위 없는 충성을 받기를 기대해왔다. 모택동이 지식인들의 사상을 믿었다가 체면을 잃었다고 말하는 것은 결코 그의 동기를 설명해주는 단서가 되지 못한다. 1957년 이후로 그는 앙갚음이나 하듯이 지식인들과 대립했다. 그는 지식인들이 단지 말만 할 줄 아는 자들이라고 경멸했으며, (약간의 두려움을 가지고) 자신이 통제할 수 없는 사람들이라고 여기게 되었다. 이 때문에 그는 아주 거친 말들을 내뱉게 되었다. 지식인들은 인민 가운데 가장 무식한 자들이다. 가장 위대한 지적 성취는 상대적으로 교육을 덜 받은 젊은 이에게서 나왔다. 기술숭배는 물신숭배이다. 이리하여 그는 자신을 원래 부상(浮上)하게 해주었던 원초적 배경, 즉 지혜의 샘이자 미래의 희망인 인민대중에게 다시 돌아갔다.

제19장
대약진운동, 1958-1960년

배경

1958-1960년에 대략 2,000-3,000만 명이 중공에 의해서 강행된 정책 때문에 영양실조와 기아로 목숨을 잃었다. 사망률이 증가를 보여주는 통계 숫자만 보더라도 이것은 인류가 경험한 대재앙의 하나였음이 틀림없다. 직접적으로는 모택동 주석 때문이었지만 대약진운동은 또한 수천만 농촌주민의 열정을 표현한 것이기도 했다. 그렇다면 무엇이 잘못되었던 것일까?

대약진운동 속에서 그 궁극적인 영향력이 각기 어떠했는지 결론을 내릴 수 없지만 몇 가지 요소들이 작용했음을 알 수 있다. 우선 아직도 남아 있는 중국적 유산의 측면에 대해서 주목해보자. 그 첫째는 정부당국이 농촌인민에 대해서 의문의 여지가 없는 통제력을 보유했다는 점이다. 지배자와 피지배자, 경영자와 생산자라는 사회적 분화는 이제 그 어느 때보다도 더 철저하게 활용될 수 있었다. 연안에서 개발한 설득의 방식과 더불어 일단 스탈린식 통제경제가 가동되자 그들은 실제로 농민들을 마음대로 부릴 수 있었다.

그러나 모든 중앙의 지시는 지방당국에 의해서 실행되어야만 했다. 중국적 유산의 일부는 이들의 사기와 중앙에 대한 충성도가 바로 성과를 얻는 데에 결정적인 요소였다는 점이다. 중공의 활동가들은 전통시대에 하층신사들이 장악했던 지방에서의 지도적 지위를 이제 전반적으로 계승했다. 그들은 아래로 인민에게 봉사하기보다는 위로 상급자의 승인을 추구하는 과거의 관료주의적 관행을 다시 따르게 되었다. 사기가 높을 경우에는 중앙의 지시를 얼마나 잘 수행했는가를 보고하기 위해서 열심히 경쟁할 수도 있었다. 지나치게 낙관적인 허위보고에 덧붙여 그들은 인민에게 성과를 거두도록 다그칠 수도 있었다. 1955-1956년의 농업집단화가 예상보다 훨씬 빠르게 진척되었지만, 많은 농업합작사들은 사실 너무 빨리 성립되어 실질적으로는 주장만큼 기능하지 못했음이 훗날 밝혀졌다.

이러한 상황의 토대가 된 또다른 유산의 요소로서는 중국 농민의 유순함을 들 수 있다. 그들은 아주 분명하게 당국의 명령에 순종하는 경향을 보였다. 그것은 자신의 삶이 달려 있는 평화와 질서를 의미했기 때문이다. 1950년대 초기에는 중공과 인민이 아직 중국의 건설이라는 공통목표에 대한 일체감을 대체적으로 공유하고 있어 지도층의 전망 또한 인민에게 전달될 수 있었다. 인민들은 모택동 주석을 신뢰했다. 이것은 곧바로 유토피아주의와 환상으로 나아가는 문을 열어주었다. 왜냐하면 당 간부들은 계속해서 열광적으로 전진하고, 지도자를 따르고, 인민들을 이끌 준비가 되어 있었기 때문이다. 이들은 보다 많은 수가 상층농민으로부터 충원되고 있었다. 이렇게 당에 대한 지방의 충성에다가 모택동 개인숭배가 덧붙여짐으로써 인민들이 쉬지 않고 일하며 기존방식을 포기하는 대중적인 흥분상태가 창출될 수 있었다.

대약진운동의 추진동기는 1957년 말 스탈린식 공업성장의 모델이 중국적 여건에는 맞지 않는다는 충격적인 사실을 인식한 데에서 나왔다. 1950년의 중국 인구는 1920년대 소련의 인구보다 네 배나 많았다. 하지만 생활수준은 소련의 반밖에 되지 않았다. 보편적인 집단화에도 불구하고 농업생산량은 크게 늘어나지 않았다. 1952년부터 1957년까지 농촌인구는 약 9퍼센트 늘어났고 도시인구는 약 30퍼센트 늘어났다. 그러나 정부의 곡물수매는 전혀 개선되지 않았다. 그러는 동안에도 중국은 농업생산물로 소련에게 진 빚을 갚기 시작해야 했다. 공업건설을 위해서 농업에 세금을 부과하는 방식은 막다른 골목에 빠졌다. 게다가 공업화를 능가한 도시화가 도시의 실업을 낳았고, 여기에 인구가 조밀한 농촌의 불완전고용마저 덧붙여졌다. 제1차 5개년 계획은 기대한 결과를 얻었지만, 같은 방법으로 더 많은 것을 얻으려는 제2차 5개년 계획을 진행시키는 것은 결국 재앙을 부를 수도 있었다.

경제학자라면 이런 문제에 대해서는 대약진운동 대신 처음에는 48퍼센트에 육박했던 중공업 분야에 대한 투자를 낮추고, 그 가운데 일부를 소비재 생산용 경공업 분야로 돌려야 한다고 처방했을 것이다. 그리고 소비재의 증가는 농민의 생산활동에 대한 물질적 자극을 제공했을 것이다. 이러한 방식을 따랐다면 중앙정부의 관리들도 보다 큰 역할을 담당했을 것이고, 열정보다는 전문기술이 우위를 차지했을 것이다. 그 결과 경제성장에 성공한 대부분의 경우처럼 공업화에 앞선 농업혁명의 성취가 나타났을 것이다.

이러한 완만한 접근은 모택동의 정신구조에 맞지 않았다. 그는 농촌노동력을 대규모로 조직화함으로써 농촌을 변화시킬 수 있고, 또한 농업생산도 증대시킬 수 있다고 동료들을 설득했다. 중공 지도층을 성공으로 이끈 것과 같은 혁명적인 결의가 그러한 동기를 부여할 것으로 설정되었다. 경제적 개선이 약속될 수 있지만, 개인노동에 대한 물질적인 자극은 줄어드는 반면 이데올로기적 열정과 자기희생이 그 자리를 대신할 예정이었다. 이러한 전략은 농민심리에 대한 거창하면서도 불확실한 억측을 낳았다.

그것은 유격전의 게릴라 전사들이나 조립할 수 있는 것이었다. 그들은 —— 전투에서 진지를 장악하는 것과 거의 비슷하게 —— 특별한 사회적 목표를 달성하기 위해서 운동을 수행하고 인민을 동원하는 조직화의 방법을 익혔다. 사실상 군대식 용어가 일상적으로 사용되었다. 이제는 전체 대중운동의 기구가 농업과 공업의 동시발전이라는 한 가지 경제변혁을 목표로 삼게 되었다. 이것이 바로 이중전략이었으며, 모택동의 표현에 의하면 "두 다리로 걷는〔兩條腿走路〕" 전략이었다. 대중의 동원은 이제까지 완전고용이 이루어진 적이 없는 농촌의 노동력을 이용할 수 있게 했다. 첫번째는 관개, 홍수통제와 토지개간을 하는 데에, 두번째로는 씨를 뿌리고 김을 매고 수확하는 데에 더 많은 일손을 투여하여 단위면적당 농업생산성을 끌어올리기 위해서 이런 노동력이 투입되었다. 그리고 세번째로는 소비재와 농기구를 생산하기 위해서 근처에 재료와 장비를 갖춘 지방의 소규모 공장을 확충하는 데에 사용되었다. 반면 근대적 공업경제는 외국의 자본재나 공장시설의 확충에 이용될 투자를 얻기 위한 수출상품을 생산하는 임무를 부여받았다.

다른 지식인들처럼 경제학자들도 반우파투쟁으로 좌천당했으므로 대중노선의 광신도들은 단순히 대중동원만으로 생산력의 해방이 이루어질 수 있다고 예상했다. 이런 목적을 위해서 1957년 말에는 경제관리의 전반적 분권화가 이루어졌다. 많은 기업, 심지어는 금융통제마저도 지방수준으로 분산되었다. 중앙의 통계기구는 해체되었고, 경제계획의 기능과 더불어 지방으로 권한이 넘어갔다. 이것이 각 지역마다 대약진에 대한 지나치게 의욕적인 목표가 설정된 배경이다. 이것은 경제학자들이 아니라, 대의(大義)에 대한 맹렬한 충성을 보이지만 전문기술을 경멸하는 당 간부들의 경쟁에서 비롯되었다.

1958년의 결과는 쉬지 않고 일하는 노동력의 강력한 격발(激發)이었다. 새로운 도로, 공장, 도시, 수로, 댐, 호수, 조림과 개간 등으로 농촌의 겉모습이 바뀌었다. 이를 위해서 전례 없는 규모와 강도로 수행된 전국적 노력으로 6억5,000만의 인민이 동원되었다. 외국에 가장 잘 알려진 성과는 1958년 7월 특별한 지도나 장비 없이 시작된 작은 "토법(土法)", 즉 전통적 방법의 용광로로 철강을 생산하는 운동이었다. 7월 말까지 대략 3만-5만, 8월까지는 19만, 9월까지는 70만, 10월까지는 100만 개의 용광로가 건설되었다고 보고되었다. 1억의 인민이 이러한 "철강전쟁"에 참여했다. 사실 많은 사람들이 실제적 야금술의 문제에 직면하게 되었는데, 불행하게도 이 모든 노력을 들여 생산한 철강은 대부분 이용가치가 없었다. 이처럼 대약진운동은 전례 없는 기술 적용과 노동력 동원을 통해서 소규모 공장을 농촌에 도입했지만 그 직접적인 결과는 혼란스럽고 또한 비경제적인 것이었다.

국가통계국(國家統計局)은 1958년 곡물과 면화의 생산이 거의 두 배가 되었다고 선언했다. 이를 기초로 중앙위원회는 1959년 다시 50퍼센트를 증가시킨다는 야심에 찬 목표를 설정했다. 지도층은 스스로의 선언에 얽매이는 신세가 되었다.

1958년 말 인민공사와 모든 단위의 농민들은 거친 자연과 맞서 싸우기 위해서 괭이와 광주리를 들고 북과 깃발에 맞추어 군대식 대형을 이루면서 들판으로 행진했다. 제방과 수로의 건설에, 댐을 건설하여 수력을 이용하는 일에, 토지의 개간에 인력을 투입하여 일정한 성과를 얻은 것은 사실이다. 중국 농촌에는 아직도 1958-1959년의 힘든 노동에 의해서 건설된 호수와 수로가 흩어져 있다. 대약진운동에서 대량의 근육노동력을 투입하여 얻은 성과를 알기 위해서는, 새로운 경지의 표면 아래에 만들어진 0.25마일의 돌로 된 터널(토지를 침식시키는 물을 빼내기 위한 방법)을 걸어보면 된다. 돌은 모두 손으로 다듬은 것이었다. 그러나 이 모든 것은 1인당 생산성을 증대시켰을 기술의 개선, 자원의 이용, 자본장비에 대해서는 그다지 보탬이 되지 못했다.

인민공사의 창출을 이끈 것은 분권화된 동원의 논리였다. 인민공사는 힘의 집중과 전반적인 계획을 통해서 공중보건, 교육, 대규모의 생산과 편의시설이라는 근대화의 혜택이 평등하게 분배될 수 있을 것이라는 기대를 받았다. 하나의 이상에 대한 고집스런 추구가 이토록 처참한 결과를 낳은 일은 좀처럼 없을 것이다.

1959-1960년의 대재앙

1958년에는 풍년이 들었지만 1959년에는 기후가 훨씬 나빴다. 대지 위의 혁명을 성공시키기 위해서 분주히 행진했던 농민들은 곡물을 제대로 수확할 수 없었다. 하지만 각 성과 지방에서 올려 보낸 통계숫자는 놀랄 만한 생산의 증가, 두 배 이상의 증가를 덧붙이고 있었다. 그 결과 생산이 실질적으로 감소했음에도 정부의 요구는 여전히 높은 수준으로 유지되었다. 이로 말미암아 제1급의 인재(人災)로 인한 기아가 초래되었다.

1959년 초 대약진운동은 다소 후퇴했다. 그렇지만 이러한 후퇴는 대약진의 성과에 대한 의문들이 제기되자 중단되었다. 1959년 7월 중공 지도자들은 강서성(江西省)에 있는 산악휴양지인 여산(廬山)에서 중대한 회의를 개최했다.[1] 연안과 한국전쟁에서 최고 사령관 중의 한 사람이었고, 당시 인민해방군의 10명의 원수(元帥) 가운데 한 사람이자 국방부 부장이었던 팽덕회(彭德懷, 호남에서 시작하여 30년간 모택동과 함께 해왔다)[2]는 모택동에게 농민의 생활이 실제로는 파탄했다는 사실을 보고하려고 했다. 하지만, 모택동은 그것을 자신에 대한 인신공격으로 받아들였고 팽덕회를 권력으로부터 축출했다.

그에 대한 반발로 대약진의 옹호자들과 그 지도자인 모택동은 대약진운동

---

1) 여산회의는 1959년 7월 2일에서 8월 16일 사이에 열린 중공중앙의 정치국확대회의를 가리킨다. 이 회의에서 팽덕회는 여러 차례 인민공사의 성급함과 모택동의 권위 남용의 위험성을 지적했으며, 7월 14일에는 모택동에게 서신을 보내어 1958년 이래의 착오와 교훈에 대한 의견을 제시했다. 모택동은 이 서신을 공개했고, 이것이 "부르주아적 동요성"을 보이는 것으로 중공에 대한 공격이라고 지목하여 회의 후기에는 이른바 팽덕회 반당집단에 대한 투쟁이 전개되었다.
2) 1898-1974. 호남(湖南) 상담(湘潭) 출신의 저명한 혁명가. 1928년 중국공산당에 입당하여 평강(平江)봉기를 주도했다. 이후 모택동과 합류하며 홍군의 주요지도자로서 활약했으며 한국전쟁 시에는 총지휘를 맡기도 했다.

을 계속 추진할 것을 고집했다. 여산회의 이후 대약진에 대한 비판에 대항하여 또다른 반우파투쟁이 벌어졌다. 이것은 1959년에 다시 대약진운동의 재추진을 불러와 결국 재앙을 더욱 악화시켰다. 이 시기의 가장 큰 죄악은 농촌에 대한 곡물 징발의 요구가 늘어나고 또 그대로 집행된 것이었다. 이것은 공공사업 때문에 노동력이 분산되고 또 기후도 나빠 농민들이 수확에 커다란 곤란을 겪었던 바로 그런 시점에서 이루어졌다. 그 직접적인 결과로 몇몇 지역에서는 곡식이 일상적인 생계유지를 위해서 필요한 공급량의 절반 또는 심지어 5분의 1밖에 남지 않았다.

농촌의 대약진운동 지도원들의 열광은 계속해서 도시의 중앙부처와 행정부의 기술적, 경제적 관점에 저항하게 만들었다. 이러한 대약진운동의 장기화는 다른 한편으로 중공업과 경공업 소비재에서 모두 생산이 감소되는 결과를 가져왔다. 철로가 연결되지 않았던 1870년대의 화북에서는 3년 동안 비가 오지 않은 대기근이 덮쳐서 시체들이 길가에 즐비한 적이 있었다. 1959-1960년의 중국은 훨씬 잘 조직되어 있어서, 아사한 시체들이 가득 찬 기근지역은 나타나지 않았다. 하지만 빈약한 배급으로 영양실조에 걸린 수백만 명은 그야말로 질병에 속수무책이었다. 통계가 작성될 때까지 평상시보다 훨씬 높았던 사망률은 알려지지 않았다. 1960년이 되어서야 마침내 많은 농민들이 굶주리고 있으며 경제 전체가 비틀거린다는 사실이 인식되었다. 중국은 경제적 혼란에 빠져들었고, 모택동 주석은 기반이 흔들리는 것처럼 보였다. 심지어 그는 자신이 경제에 대해서는 아무것도 모른다는 점을 시인해야만 했다. 대약진운동은 모택동이 스스로 일으킨 파국으로서 끝장이 났다.

경제적 재앙과 더불어 불길한 정치적 전환의 조짐이 나타났다. 이제까지 중공의 최고 수뇌부는 정책을 결정하기 위하여 전국 여러 곳에서 몇 주 또는 몇 달마다 토론을 벌이곤 했다. 이러한 체계의 장점은 항상 대안이 활발하게 제시될 수 있었다는 점이었다. 하지만 일단 결론이 내려지고 나면 모든 사람이 따라야만 했다. 그런데 모택동은 처음으로 팽덕회가 제시한 정책논쟁을 자신에 대한 불법적 인신공격으로 바꿔치기해버렸다. 당시에는 모택동이 승리를 거두었지만, 그것은 진솔한 정책토론이 아닌 분파주의로 나가는 문을 열게 된 상처뿐인 승리였다. 모택동의 팽덕회에 대한 강경한 비난은 중공 지도층을 분열시켰다. 처음에는 거의 모든 사람들이 대약진운동의 전략을 따랐지만, 그 실패는 모택동의 오류를 보여주었고 지도층의 단합을 무너뜨렸다.

모택동과 팽덕회 원수 사이의 긴장 가운데 가장 중요한 것의 하나는 팽덕회 원수가 인민해방군을 소련의 적군(赤軍)처럼 기술적으로 유능한 군대로 만들려고 했다는 점이었다. 반면 모택동은 러시아처럼 전문적 군대를 건설하기보다는 유격전쟁의 동반자로서 핵폭탄을 이용한다는 생각을 키워나가고 있었다.

지도자로서의 모택동 주석에만 관심을 집중시킨다면 대약진을 특징지은 열렬한 자기희생과 열광적 행동이라는 당시의 국민적인 분위기를 제대로 이해할 수 없을 것이다. 농민들은 노동기록을 깨기 위해서 쉬지 않고 일했으며, 지방의 기층간부(基層幹部)들은 계속해서 전혀 현실적이지 않은 생산통계를 보고했다. 경제전문가 진운(陳雲)이나 총리 주은래와 같은 모택동의 동료들도 그러한 열정을 중단시킬 수 없었다.

도시주민들이 계속 농촌에서 식량을 공급받았고 공업건설이 확장되었으므로 재앙의 범위는 외부의 관찰자들이 알아차릴 수 없었다. 하지만 결국은 엄연한 사실을 계속 외면만 할 수는 없었다. 북과 꽹과리를 치면서 깃발을 날리고 목표를 향해서 돌진하는 모든 행진, 생산단위를 위한 공동식당이라는 유토피아적인 생각, 가정 밖으로 여성노동력을 투입하는 것, 이 모든 것이 중국을 벼랑 끝으로 몰아갔다. 1957년의 생활수준으로 돌아가려면 1960년대의 초반 몇 년 동안은 건전한 경제정책이 실행되어야 할 필요가 있었다.

지방분권화는 대약진운동 기간 중 나타난 몇 가지 혼란스러운 특징 가운데 하나였다. 중앙의 지시에 의존했던 기층간부들은 중앙정부의 간섭을 받지 않고 새 사업으로 대중을 관리할 수 있게 된 기회를 환영했다. 대약진운동은 사회의 지도세력으로서 당의 중요성을 크게 부각시켰다. 그 정치적 결과는 이데올로기적으로 열렬한 대중조직가, 즉 훈련된 전문가라기보다는 부흥운동가 같은 사람에게 기회를 제공한 것이었다. 경제발전을 위하여 대중을 동원한다는 대약진운동의 전략은 중앙정부가 기층간부의 고삐를 틀어쥐기 어렵게 만들었다. 따라서 중앙의 지시에 따르는 질서 있는 계획은 경제관리에 필수적이었지만, 이들을 이쪽으로 다시 복귀시키는 것 역시 쉬운 일이 아니었다.

게다가 대약진운동에 작용했던 여러 요소 뒤에는 모택동 주석의 개성과 자아가 자리잡고 있었다. 1920년대 이래 그는 말과 행동으로 기존질서에 대한 반란을 조직하는 데에 일생을 바쳐왔다. 1949년 이후에도 그는 계속해서 중국 사회 내부의 기득권 집단을 공격목표로 삼았다. 마침내는 타락한 기성체제인 소련과도 결별했다. 모택동식 반란의 기본적인 특징은 대중을 동원하는 것, 그리고 예전에 그들을 관리하는 데에 도움을 주었던 지식인들을 억압하는 것이었다. 이 점에서 보면 모택동은 여전히 5·4 운동 기간에 타도의 대상이 되었던 유교에 대한 반란자였다.

부흥 : 공업노동력의 통제

대약진운동 이후 유소기와 등소평과 같은 지도자들은 실제적 부흥계획의 기초, 특히 공업경제에 대한 통제력을 확보하기 위한 기초로서 인민공사, 공업, 과학, 수공업, 재정, 금융, 문학과 예술에 대한 적절하고 사실적인 보고서를 작성했다. 대약진운동 중 농촌주민의 도시이주가 이루어져서 1960년에 도시인구는 1억3,000만에 달했다. 공장건설과 원자재의 주문은 통제할 수 없을 정도로 늘어났다. 1960-1964년 동안 긴축정책으로 공장이 폐쇄되고 고용의 50퍼센트가 줄어들었다. 이 때문에 수백만의 실업인구를 다시 농촌으로 되돌려 보내는 체계적 작업이 이루어졌다. 도시인구는 실제 1,400만이 줄어들었다. 완전한 호구등록, 식량과 생필품의 배급, 주민감시 제도는 도시주민에 대한 통제를 확립시켰다. 불법이주는 금지되었고, 도시의 청년층은 정규관례로서 농촌지역에 재배치되었다.

이러한 통제구조의 일부로서 도시노동력 내부에서 신분의 차별이 발전하기 시작했다. 공업제품 대부분은 숙련되고 특권을 가진 노동자들의 작업장, 즉 단위(單位)가 된 거대하고 자본집중적인 국영기업에서 생산되었다. 1980년대까지 국영공업에서 근무한 이러한 종신직 노동자들은 총 2,700만 명이었다. 앤드루 월더(1986)의 표현에 따르면 그들은 "완전히 복지국가의 일원이 된" 유일한 "노동력"이었다. 그들은 주택과 보조식량, 임금, 보조급여, 정부보조금, 평생연금, 복지제도와 국가보험제도와 같은 특별한 혜택을 받았다. 전체 노동자의 5분의 2에 해당하며 약 8만5,000개소 기업에 종사하면서 우대를 받은 이 노동자들은 중국 공업생산의 4분의 3을 생산했다. 또다른 5분의 2

의 노동력은 도시, 농촌의 집단기업에 종사하는 2급 노동자들이었다. 이들은 전체의 3분의 1을 생산했다. 규모는 작지만 훨씬 수가 많은 도시의 집단기업들은 국영기업보다 불리한 조건으로 기술자, 여성, 청년들을 고용했다. 그보다 낮은 범주는 건설과 수송 분야에서 계약을 맺어 하급 육체노동을 하는 "임시노동자"였다.

국영기업의 특권층 노동자들에게는 소속단위에서 주택, 배급표, 보조식량, 주요 상품이 제공되었다. 또한 사회적 서비스, 의료혜택, 여가, 정치생활도 제공되었다. 하지만 이러한 모든 혜택을 받은 다음에도 노동자들은 여전히 봉급의 절반 이상을 식생활에 소비해야 했다. 그 결과 국영기업의 노동자들은 유교적 가정처럼 모든 면에서 자신을 규제하는 단위에 완전히 종속되었다. 이런 노동자들은 아들이 이 직업을 계승하기를 바랐을 것이다. 승진은 숙련도의 향상보다는 얼마나 더 오래 근무했는가에 따라 좌우되었을 것이다. 반면 의견 차이나 비판은 추방의 원인이 될 수도 있었다. 요컨대 1960년대 초기에는 정권을 불안하게 하는 노동운동이 존재하지 않았고, 국영기업 노동자들은 단위에 대한 의존 때문에 쉽게 통제될 수 있었다. 이렇게 중공업과 여타 국영기업에서 일하는 중요 노동자들은 농업 분야의 농민처럼 국가와 당에 순종했다.

한편 진운과 같은 경제정책 입안자들은 다시 개인적인 소규모 토지의 경작과 지방시장에서의 판매를 허가하고, 전반적으로 "개인책임제"를 권장함으로써 농업에서의 동기부여를 부활시키자고 주장했다. 이렇게 물질적 이해관계에 호소하자는 주장은 오히려 모택동이 계급투쟁을 통한 이데올로기 공작을 부활시키도록 자극했다. 깊어만 가는 중국의 문제를 해결하는 방법에 관하여 나중에 "두 노선의 투쟁"으로 알려지게 된 입장들이 모습을 갖추기 시작했다. 한편에는 유소기, 등소평, 전문가의 관리를 옹호하는 사람들이, 맞은편에는 낭만적이고 농촌을 기반으로 한 동원을 옹호하는 모택동과 그의 지지자들이 서 있게 되었던 것이다.

당 정풍운동과 교육

모택동은 국가주석 유소기, 당 총서기 등소평과의 노선투쟁에 나섰다. 그렇지만 양쪽 모두 당이 인민 사이에서 크게 위신이 추락했으며, 부패가 늘어나고 사기가 떨어졌다는 점에 동의했다. 그러나 그들은 정풍운동을 밑바닥의 농촌 수준에서 새로운 대중운동으로 수행할 것인가, 아니면 중공조직 내부에 국한시킬 것인가 하는 점에서 의견의 차이를 보였다. 모택동은 먼저 1963년에 농촌에서 사회주의교육운동이라고 일컬어진 기층간부의 숙청을 지도하고자 시도했다. 이것은 모택동이 대중운동방식으로 임시적인 조직망을 만들 수 있게 했다. 그래서 사회주의교육운동은 두 노선 사이의 전쟁터가 되었다. 당 조직은 여기 말려드는 것을 망설였고, 그 결과 1964년 중공은 다시 기층간부를 숙청하기 위한 계급투쟁으로서 이른바 "사청운동(四淸運動)"이라는 또다른 대중운동을 벌였다. 실제로 새로운 위원회의 주석, 비서, 회계, 창고감독관, 여타의 촌락수준의 관리자들은 얼마 전까지만 해도 바로 자신들이 속했던 농민들 위에서 군림하기 시작했다. 그들은 소규모 횡령, 좋아하는 사람 편들기에 빠져들었고, 육체노동을 멀리했으며, 독단적 명령을 내리고 치부를 함으로써 권위를 과시했다. 따라서 사청운동은 출신계급보다는 태도 면에서 착취자로 군림하는 기층간부들을 목표로 삼았다.

이러한 해악과 맞서기 위해서 중공은 외부의 간부로 이루어진 공작대(工作隊)를 파견하는 방법을 선택했다. 그 과정은 지주와 토호열신에 대해서 벌인 원래의 토지개혁운동을 연상시켰다. 공작대의 대원들은 수주일 동안 촌락에 머무르면서 불만을 가진 가난한 사람들과 관계를 맺어 기층간부에 대한 비난과 증거를 수집했다. 그리고 투쟁집회를 위한 기초로 끝없는 심문과 육체적 고문, 강제자백을 이용했다. 이것은 지식인과 관료들에 대한 투쟁집회와 똑같은 형식이었다. 중공에 의해서 대규모로 조작된 이러한 집회들은 농민 정치참여의 주요한 형태가 되었다. 단지 수동적인 관찰자로서 처형을 구경하기만 했던 과거의 방식과는 달리 농민들은 이제 당국이 지목하는 희생자를 요란하게 비난하는 고발자의 입장에 서게 되었다.

대중운동을 통한 정풍이라는 접근에 당 관료들이 따르기를 꺼리는 것을 보고 실망한 모택동은 1965년 당 외부에서 정풍을 위한 수단을 찾기 시작했다.

한편 농민을 해방하고 교육을 통해서 그들을 현명한 시민 —— 서구의 자유주의적 개혁가들이 쉽게 받아들일 만한 이상 —— 으로 만들고자 했던 모택동의 희망 역시 좌절을 맛보고 있었다. 교육은 항상 인민의 주요 관심사였다.

대약진운동은 이중의 문제에 직면하게 되었는데, 그것은 어떻게 하면 중등학교와 대학교라는 기성체제 속에서 필요한 엘리트를 훈련시키는가 그리고 다른 한편으로 어떻게 새로운 제도를 통해서 일반 인민을 교육시킬 수 있는가 하는 문제였다. 연안시기에 이용되었던 "민영학교"와 같은 노동과 학업을 병행시키는 반공반독학교(半工半讀學校)의 창설에 새로운 노력이 집중되었다. 수천 개의 중등학교가 이러한 기초 위에 설립되었다고 공표되었다. 반면 정규교육과정은 미국처럼 12년이었던 것이 소련과 같은 10년으로 단축되었다. 일반인들을 가르치려면 교육내용을 단순화하는 것이 필수적이었으므로 교과서도 다시 만들어졌다. 하지만 문제는 특수한 과목에 대해서 적절한 훈련을 받은 인원의 수가 너무 적었다는 점이었다. 농민들을 "과학자"라고 부르고 그들을 교사로 임용하는 임시방편은 비효율적인 것으로 판명되었다. 반공반독학교가 정규학교보다 수준이 낮다는 점은 피할 수 없는 사실이었다.

이러한 분명한 사실은 반공반독학교가 출세를 위한 통로로서는 형편없다는 나쁜 평판을 낳았다. 농민들은 정규학교를 통해야만 상급학교로 아이들이 진학할 수 있다는 점을 곧바로 알아차렸다. 대부분의 농민들은 겨우 교육받은 농민이라는 신분에 머무르게 할 뿐인 반공반독학교에 보내느니 차라리 아이를 가정에 내버려두거나 농사일을 시키는 쪽을 선택했다.

상대적으로 덜 훈련된 노동자-농민 학생에 적응하기 위해서 수준을 다소 낮출 필요가 있었던 정규 교육체계의 교육자들은 일정한 수준을 유지하고 훈련된 엘리트를 배출하기 위해서 한 가지 특별한 장치에 의존했다. 연안에서도 이용되었던 이 방안은 바로 최상의 학생과 교사진, 시설이 집중된 이른바 중점학교(重點學校)라는 것이었다. 국가시험제도가 다시 운영되기 시작한 이래로 이 시험을 통과해서 중등학교에서 대학에 진학할 수 있었던 졸업생의 비율은 학교의 우수성을 판단하는 척도가 되었다. 그리하여 생겨난 서열에서는 중점학교가 상층을, 그리고 반공반독학교는 하층을 차지했다. 게다가 반공반독학교는 노동자, 농민의 자녀가 가장 많은 비율을 차지했으나, 정치활동가나 관료구조 속의 "혁명간부" 자녀는 중점학교에서 압도적 비중을 차지했다. 하지만 중점학교의 최우수 학생들은 가문의 전통 때문에 교육면에서 남보다 앞선 구지식인(舊知識人)의 아이들인 경우가 많았다.

하나의 사회적 프로그램으로 본다면 대약진 운동기의 교육개혁과 혁신은 상층계급과 일반 인민 사이의 낡은 균열을 직접 공격한 것이었다. "결코 계급투쟁을 잊지 말라"라는 모택동의 경구는 지식인의 자녀들에게 불이익을 안겨주었다. 그 결과 "나쁜" 계급적 배경을 지닌 학생들은 처벌을 받거나 심지어는 학교에서 쫓겨나는 경우도 자주 있었다. 그럼에도 불구하고 신중국 초기처럼 시험등급을 기초로 대학에 진학하는 경쟁체제가 수립되었다. 결과적으로 1960년대 중반 무렵이 되면 중국의 새로운 교육제도는 두 개의 궤도로 나누어졌다. 위쪽의 궤도는 여전히 엘리트를 배출했다. 교육을 통해서 중국의 계급구조를 변화시킨다는 것은 불가능했던 것이다.

거꾸로 엘리트의 출현은 밀려난 대다수의 인민이 불만을 품게 만들었다. 1960년대에 국가의 비용부담과 졸업생 과잉배출에 대한 우려로 고등교육 진학이 제한되자 많은 젊은이들이 도시의 실업자로 남았다. 대다수 노동자는 분명히 소모적으로 이용되었던 반면, 숙련 노동자들에게는 상대적으로 높은 임금과 훨씬 안전한 작업이 제공되었기 때문에 노동계에서도 역시 비슷한 불만이 생겨났다. 중공 내부에서뿐만 아니라 중국 사회의 여러 주요 분야에서도 긴장상태가 강화되었다.

중소분쟁

1960년을 되돌아보면 우리는 이제 중국과 소련이 분열을 향해서 치닫고 있었음을 분명히 느낄 수 있을 것이다. 사실 태평양을 사이에 두고 이루어진 중국과 미국의 접촉은 시베리아와 몽골을 통해서 이루어진 러시아의 영향보다 훨씬 광범위하고 장기적인 것이었다. 러시아에는 (미국처럼) 중국의 젊은이들을 교육시켰던 러시아 정교의 대학이 없었다. 영어는 러시아어와는 달리 중국의 상류계급에게 제2의 언어였다. 반면 중국과 러시아와의 연계는 공산주의운동, 그리고 모스크바에 보내진 수천 명의 학생을 통해서 이루어졌다. 이러한 영향은 1920년대 이후에야 시작되었고, 그 이후 중국과 러시아의 공산주의자들이 서로를 더 잘 알게 되었지만 아주 가까운 친구가 된 것은 아니었다. 중공 지도층은 스탈린이 1920년대에 잘못된 전략을 지원했으며, 1945년에는 만주의 권익을 노려 국민당과 조약을 맺었던 사실을 결코 잊을 수 없었다. 요컨대 중소간의 연대는 매우 빈약했고, 중공이 독자적 민족공산주의를 발전시키기 시작하자마자 곧바로 무너져버릴 정도의 것이었다. 경제발전에는 외부의 원조가 필요하다는 점을 다시금 깨닫게 되었을 때 미국과 그 동맹국들이 소련보다 훨씬 더 많은 것을 제공할 수 있었다는 사실도 중소분열의 한 요소로 들 수 있을 것이다.

중소분열은 1950년대 후반 일련의 단계로 진행되었다. 1957년 겨울 소련 건국 40주년 기념식에 맞춰 모스크바를 두번째로 방문했을 때, 모택동 주석은 소련의 국제공산주의에서의 주도성을 매우 강조했다. 심지어는 소련이 최초의 인공위성 스푸트니크 호 발사에 성공한 것을 가리켜서 "동풍(東風)이 서풍(西風)을 제압하는" 것이며, 자본주의적 제국주의는 운명이 다했음을 보여주는 것이라고 하는 등 러시아인들이 기대했던 것 이상으로 성급한 표현마저 사용했다. 이때 중소간에는 핵무기 제조의 지원을 포함한 기술이전에 대한 다양한 협정이 체결되었다. 중국은 공업발전에서 약 1만 명에 달하는 소련 전문가들의 도움을 계속 받을 수 있었다.

이런 긴밀한 관계는 니키타 흐루시초프가 대약진에 대해서 거리낌없는 비판을 시작하자 점차 사이가 벌어지기 시작했다. 1958년과 1959년 흐루시초프가 두 차례 북경을 방문했지만, 모택동과 그는 서로 의기투합할 수 없었다. 러시아 지도층은 모택동이 판단력이 의심스러운 낭만적 이탈자라고 생각했다. 흐루시초프는 모택동이 대약진운동 중 인민공사를 통해서 소련보다 일찍 공산주의에 도달할 것이라고 주장한 것에 대해서 분노했다. 또 그는 1958년 모택동이 국민당군이 주둔하고 있는 하문(廈門) 항 바로 옆의 금문도(金門島)를 폭격하면서도 순전히 국내문제라는 이유만으로 자신에게 전혀 알리지 않은 것에도 마찬가지 반응을 보였다. 이른바 내전이라고 모택동이 주장한 이런 움직임은 소련이 초강대국, 즉 미국, 따라서 핵무기와의 대결로 내몰릴 수도 있다는 사실을 간과하고 있었다. 중국과 소련처럼 미국은 대만과 동맹을 맺고 있었기 때문이다. 더구나 흐루시초프는 바로 그 무렵 미국 대통령의 전용 별장인 캠프 데이비드에서 아이젠하워 대통령과 잠정적인 타협을 성사시키려는 중이었다. 1958년 중국과 미국 사이의 충돌이 벌어질 가능성도 있었던 이 대만 해협 위기에서 소련은 중국을 펀드는 것을 거절했다. 또한 중국에 원자폭탄을 제공하겠다던 약속을 취소했다. 이러한 불화는 1960년 중반 흐루시초프가 갑자기 중국으로부터 모든 소련의 기술자들과 설계도를 철수시키는 것으로 이어졌다. 이에 중공은 곧바로 소련 공산당에 대해서 그 수정주의를 비난하는 이데올로기 공세를 퍼붓게 되었고, 소련도 이에 반격을 가했다. 1963년에 양 당의 분쟁은 전 세계에 알려졌다. 중국공산당과 소련공산당의 수뇌가 과거에는 공통된 신념을 지녔다가 이제 상대편이 그것을 배신했다고 서로 비방하게 되었으므로 이 분쟁은 더욱 민망스럽게 되었다.

사회운동으로서의 대약진운동

중국 농업의 집단화는 수년 동안 그 과정을 담당한 기층간부들의 결의와 헌신으로 가능했다. 이들 남녀 수백만 명은 당원과 후보자를 막론하고 모두 정치활동가이자 관리자였으며, 혁명을 완수하고 그것을 통해서 입신(立身)하려는 야심에 차 있었다. 그들은 스스로 혁명의 기회에 부응하여 농촌의 일반대중 사이에서 떠오른 사람들이었다. 사회구조적 측면에서 보자면 그들은 대체로 청말과 민국 초기의 하층신사와 같은 지위 —— 즉 보다 상급의 보호를 받는 피보호자, 부재지주의 소작료와 기타 업무를 관리해주는 사람, 지방관리, 폭력조직과 농민협회 및 군대의 우두머리 등 농민들로부터 세금을 거두고, 그들을 징발하거나 조직하며 그들 위에 군림하는 지위 —— 에 있었다. 청말이 되면 하층신사들은 도시에 거주하는 상층신사와 더 이상 관련을 맺지 않은 채 지방의 폭군으로 군림했다.

중공이 주도한 토지개혁의 과정 전체는 기층간부가 이러한 하층신사를 대신하는 과정이었다. 활기에 찬 그들은 새로운 정권을 대표했지만, 구조적 관점에서 보면 그들은 중공의 권위에 힘입어 농촌생활에 훨씬 더 깊숙이 침투할 수 있었다. 어느 정도 자발적이고 자율적으로 하층신사가 출현했던 곳에서 기층간부들은 보다 상급의 권위를 대표함으로써 지배력을 확보했다.

이렇게 출현한 농촌의 새로운 활동가 계층은 또한 농업집단화를 통해서 출세할 수 있는 방법을 발견하게 되자 무언가 할 일을 찾아 더욱 앞으로 나아갈 자세가 되어 있었다. 일단 농촌의 재편을 시작한 이 활동가들이 여하튼 이것을 계속 진행시켜나가고자 하는 경향을 보였기 때문에 대약진운동은 억제하기 힘든 것이 되어버렸다. "해방"은 결과적으로 해방을 계속 해나가려는 새로운 계급을 낳은 것이다.

450

1950년대 후반에서 1960년대 초반까지 중국은 과거로부터 완전히 단절되고, 열심히 승진경쟁을 벌이는 젊은이들의 나라였다. 반드시 이기적이거나 물질적인 것이 아닌 다른 동기를 떠올릴 수도 있을 것이다. 농민생활에 대한 낡은 속박의 제거, 식자율과 조직의 보급, 모든 사람에 대한 평등과 기회균등의 원칙은 많은 젊은 농민들에게 감동을 주어, 숭고한 목적에 가담하고 그것을 위해서 기꺼이 자신을 희생하게 만들었다.

중국사의 관점에서 보면 대약진운동은 또한 훨씬 이전의 시절에 진행되었던 대규모 공공사업의 개정판(改訂版)이라고 할 수 있었다. 명대의 만리장성은 제2차 세계대전 때 미국의 B-29 폭격기를 위해서 성도(成都)에 건설된 비행장처럼 농촌에서 징발된 노동력으로 만들어졌다. 전형적인 요역노동의 경우 우선 촌장(村長)은 이를테면 10일 정도라는 일정한 기간 동안 많은 노동자들을 작업장에 보내라는 지시를 받았다. 촌락 주민들은 먹을 음식을 가지고 갔고, 잠 잘 천막도 스스로 세웠다. 그들은 한 집단을 이루어 작업을 했으며, 일이 끝나면 집으로 돌아갔다. 이러한 요역노동 제도에는 수많은 변형이 있었다. 그것들은 모두 어깨 위의 장대로 균형을 맞춘 바구니에 흙을 실어 나르고, 석공에게 보내기 위해서 바위를 쪼개는 일 등 매우 힘든 작업을 포함했다. 대약진운동으로 댐과 수로, 관개시설의 수축 면에서 거둔 성과는 예를 들면 오늘날에도 여전히 확인할 수 있을 정도로 (옮길 수 있는 틀 안에 넣은 흙을 다져서 만든)[3] 튼튼한 토성(土城)으로 둘러싸인 선사시대의 수도 안양(安陽)과 정주(鄭州)를 세운 고대적 관행(慣行)의 최신판(最新版)이었다. 그런 노동력을 지휘하는 것은 곧 지배자의 특권이었다. 모택동이 이를 이용한 것도 당연한 일이었다.

심지어는 땅을 너무 깊이 갈게 한다든가(소금기가 지표로 올라오게 된다) 또는 곡식을 엇갈려 심게 한다든가(수확하기 곤란해진다) 하는 기층간부들의 잘못된 지시에서도 우리는 농부에게 농사 짓는 방법을 설명했던 전통시대 상층계급 경세이론가(經世理論家)들의 면모를 발견할 수 있다.

생산대나 인민공사로 농민생활을 조직하는 것이 전적으로 모택동주의자의 발명이었던 것만은 아니다. 대약진운동은 특히 농촌으로의 침투라는 점에서

---

3) 즉 판축법(板築法)을 말한다.

는 이를테면 과거 북위와 송, 그리고 명대 초기의 농업개혁과 비교할 만하다. 중국의 오랜 역사에서 우리는 여전히 현대 중국에 관한 많은 것들을 배울 수 있다.

1960년대 초반 경제가 다소 회복되었지만, 혁명의 그 다음 국면은 다시 중국이 내부지향적으로 전환하는 모습을 보여주었다. 물론 1962년 인도와의 국경분쟁에서 오랫동안 자극을 받은 인민해방군이 신속하고도 극적인 군사적 승리를 거둔 것은 사실이다. 하지만 중소분쟁이 점차 심각해지면서 소련에 대항하여 아프리카, 아시아의 제3세계 후진국들을 조직하려던 중국의 시도는 좌절을 맛보았다. 주은래의 아프리카 순방은 아무 성과도 없었다. 한편 미국은 1965년 베트남에 대대적으로 개입하면서 일단 북베트남에 침입하지 않겠다고 약속하여, 한국 전쟁에서와 같은 충돌을 피할 수 있었다. 대외관계 면에서는 좌절을 겪었지만, 모택동은 중국 인민을 새롭게 창조할 또다른 거대한 작업을 수행하기에 적절한 시대가 왔음을 느낄 수 있었다.

제20장

문화대혁명, 1966-1976년

기초적 사실

모택동 통치의 마지막 10년간 —— 즉 1966년부터 그가 사망한 1976년까지 —— 중국 전체를 진동시킨 국내적 정치투쟁이 진행되었다. 이것은 끊임없이 외부세계를 경악하게 만들었으며, 또한 끔찍한 파괴를 가져왔다. 그것은 수많은 지식인들을 소외시킨 1957년의 반우파투쟁에서 시작된 중국의 잃어버린 20년의 종말로서는 그야말로 적절한 것이었다. 이 대재앙의 범위가 너무나 광범위했기 때문에 직접적으로 대략 1억 명이 거기에 휘말렸다. 그 완전한 역사는 여전히 제대로 알려지거나 쓰여지지 못하고 있을 정도이다.

문화대혁명〔無産階級文化大革命〕을 이해하고자 하는 미국인들은 우선 중국과 미국의 정치문화의 차이를 이해하는 일부터 시작해야 한다. 워싱턴의 대통령이 미국 전역의 고등학생들에게 완장을 두르고 길거리와 가정의 모든 시민들에게 정치적 질문을 퍼부으면서 비난하고 괴롭히라고 선동한다고 가정해보라. 나아가서는 시청과 지방의 기업체, 각종 정부기관과 시설을 모두 접수하게 한다고 상상해보라. 그런 일을 한다면 아마 저녁이 되기도 전에 학생들은 모두 체포될 것이다. 미국에서는 전문직이나 기업체, 노동계, 교회나 대중매체 등과 같은 시민사회의 반(半)자율적인 분야들이 있어 그리 쉽사리 무력에 굴복하지는 않을 것이다.

따라서 중국의 문혁을 살펴보려면 우리는 먼저 시민들이 정치에 수동적이고 권위에 순종적이라는 이유만으로 "위대한 지도자"와 독재정당이 이끌어가는 사회를 상상해야 한다. 인권(人權) —— 이를테면 정당한 법 절차 —— 을 주장한다는 것은 이기적이고 반사회적인 것이며, 따라서 몹쓸 짓이라는 식으로 교육을 받아왔기 때문에 그들은 아무런 인권도 누리지 못했다. 또 인권을 주장하면 혹독한 처벌을 받게 될 것이다. 문제는 중국 농촌의 가족생활이라는 토대 위에서 시작된다. 여기서는 의무적 복종을 통해서만 사회질서가 유지될 수 있다는 유가적 교훈이 오늘날에도 여전히 힘을 발휘하고 있다.

문혁을 이해하기 위한 첫걸음으로서 필요한 것은 모택동이 당시까지도 황제와 같은 특권을 누려왔다는 사실을 인식하는 것이다. 실제로 모택동 스스로가 자신이 만들었던 당을 붕괴시키고 혁명 자체를 그토록 위험하게 만들었던 이유는 무엇일까? 이 질문은 몇 가지 계통적인 분석을 필요로 하는 매우 복잡한 것이다.

우선 모택동은 농촌사회가 중국 혁명의 주된 수혜자여야 한다는 신념을 통해서 도시의 관료사회에 대한 반감을 표현했다. 그는 농촌에서의 오랜 경험을 통해서 중국 농민의 행복한 삶을 가로막는 장애를 잘 이해할 수 있었다. 그러나 농민의 해방이라는 이상은 일단 모택동 자신이 권력을 장악하자 당의 지도와 통제 아래 중국을 건설하기 위해서 농민들을 이용해야 한다는 실제적 필요 때문에 뒷전으로 밀려났다.

그러나 이러한 노력이 지속됨에 따라서 모택동은 정부기관의 건립과 더불어 전통시대의 지방 엘리트를 대신하는 다양한 차원의 수많은 관료와 간부가 나타나는 것이 불가피하다는 점을 인식했다. 때문에 그는 농촌사회에서 지배계급의 횡포가 다시 부활되는 것을 우려했다. 전문가의 관리에 대한 현대 사회의 요구, 중국의 새로운 지배계급 사이에서 발생한 억제하기 어려운 개인적 특권과 부패의 경향을 고려한다면 그가 틀렸다고만은 할 수 없을 것이다.

1960년대 초 모택동의 관심이 쏠린 보다 시급한 목표는 지속적으로 당내의 실권파〔當權派〕들이 퍼트리는 자신의 업적과 정책에 대한 모독이었다. 조화와 단결의 이상에 기초하여 세워진 나라에서 각 분파의 지도자들은 훼방꾼이나 말썽꾸러기로 보이지 않기 위해서 서로 직접 이름을 들면서 공격할 수 없었다. 대신 그들이 의존한 고전적 방식은 분파의 외곽에서 대변인 역할을 하는 기득권층 지식인들을 이용하는 것이었다. 지식인들 가운데 중국 자유주의의 잔존세력은 대체로 우파로 추방되었지만, 편집자, 작가, 신문기자, 지식인 조직자의 지위는 이들의 전통을 계승한 보다 젊은 세대에게 넘어가 있었다. 정치지도자들과 연합하여 이들 당내 지식인들은 편집과 기사, 논평과 연극과 문학작품 속에서 자신들의 입장을 표명했다. 1960년 초기에는 중공체제를 대표하는 일단의 재능 있는 지식인들이 이솝 우화와 같은 언급과 암시, 역사적 사례 등을 이용하는 간접적 방법으로 대약진운동의 오류와 모택동의 대중동원 전술 전체에 대해서 맹렬한 비판을 가했다. 어떤 사람은 나아가 모든 문학은 직접적으로 혁명에 봉사해야 한다고 했던 모택동의 주장(1942년)을 문제 삼기도 했다. 비판 여론은 주로 팽진(彭眞)[1]이 당 위원회를 이끌던 북경에서 형성되었다.

결국 중국의 인민혁명이 길을 잃고 있다는 모택동의 우려는 소련 때문에 더욱 깊어졌다. 그는 흐루시초프의 강압적 방식에 분개했으며, 소련에 수정주의가 판을 치고 있다고 생각했다. 이것은 곧 인민과 그 집단조직에 대한 평등주의적 관심에서 이탈하고, 강력한 비밀경찰에 의해서 일반 인민과 차단된 채 많은 특권을 누리며, 도시에 집중되고 기술적으로 교육을 받는 새로운 지배계급이 성장하는 것을 의미했다. 소련의 당 독재에 대한 서구의 일반적 평가를 고려한다면 모택동의 불신은 그다지 잘못된 것이라고 할 수 없을 것이다. 어찌 되었든 그의 개인적 동기는 자신과 같은 생각을 가진 사람을 권좌에 앉힘으로써 중공의 통제권을 다시 회복하려는 것이었다.

팽덕회 원수에 대한 모택동의 공격으로 임표(林彪)[2] 원수가 국방부장직을 계승했다. 뛰어난 전술가였던 그는 이제 권력의 핵심으로 부상하여 군대의 정치화에 주력했다. 임표는 이념공작의 일환으로 모택동 주석의 어록〔『毛主席語錄』〕을 출간하여 노선 투쟁 속에서 모택동을 지지할 준비가 되어 있음을 입증했다. 곧이어 그는 군 장교의 식별표지〔軍銜制〕를 폐지하고 정치위원제를 부활시킴으로써 팽덕회가 대표했던 군사전문주의를 퇴보시켰다. 군대의 정치화가 사회 전체의 모범이 될 수 있다고 하여 "인민해방군에게 배우자"라

---

1) 1902- . 山西 曲沃 출신으로 1923년 공산주의청년단에 가입했고 곧바로 중국공산당원이 되었다. 건국 이후 북경시위 제1서기, 북경시장 등을 지냈으며, 문화대혁명의 개시와 더불어 가장 먼저 숙청을 당한 사람 가운데 하나였다.

2) 1901-1971. 湖北 黃岡 출신으로 1925년 중국공산당에 가입하여 북벌전쟁과 남창봉기에 참가했다. 이후에도 주로 군사지도자로 활동하였으며, 1955년 원수가 되었다. 문화대혁명 중 공식후계자로까지 지목될 정도였으나 국가주석직을 위해서 모택동의 암살을 꾀하다 실패하자, 1971년 9월 13일 비행기로 소련으로 도피하다가 추락하여 사망했다고 한다. 임표의 사망은 문화대혁명의 실패와 종말을 알리는 신호탄이 된다.

는 운동도 추진되었다. 이는 군사주의가 반드시 종속적이어야 한다는 중공의 선례를 깨는 일이었다.

문혁은 명목상 1966년 초부터 1969년 4월까지 3년 동안 계속되었다. 하지만 많은 사람들은 이러한 행동양식이 실제로는 1976년에 이르기까지 10년 동안 지속되었다고 지적한다. 우선 모택동에 대해서 살펴보자.

모택동의 목표와 수단

외부세계 사람으로서 모택동을 이해하려면 우선 그의 절대적인 지위를 느끼는 데에도 상당한 상상력이 필요할 것이다. 모택동은 두 가지 경력, 즉 반란의 지도자로서의 경력과 부활된 황제와 같은 존재로서의 경력을 지녔다. 그는 황제로서의 권력을 획득했지만, 분명히 전자로서의 이미지도 보유했다. 중국의 권위라는 것은 위에서 아래로 내려오는 것이었고, 대중노선조차도 마찬가지로 인식되었다. 때문에 일단 중공이 권력을 장악하자 그 지도자는 다른 어떤 사람보다도 뛰어나고, 숭배의 대상으로서뿐만 아니라 또한 모든 조직에게 공인을 받는 상급자로서 신성 불가침한 존재가 되었다. 많은 것들이 모택동에 의해서 이루어졌으므로 중공은 모택동이 창조한 것으로 간주되었다. 따라서 만일 중공을 개혁하려고 한다면 그것은 당연히 그의 고유한 권한이었다. 우리는 그를 수많은 황제들을 계승한 한 사람의 군주로서 생각할 때만, 충성을 바치도록 훈련을 받은 중공 지도자들이 모택동에 의해서 차례로 공격을 받고 마침내 파멸되면서도 왜 그냥 순응했는가 하는 점을 이해할 수 있을 것이다.

이처럼 인민의 마음속에서 독특한 지위를 차지했으므로 스스로 도취되기도 했던 모택동은 엘리트의 출현은 혁명의 실패이며, 그 치료책은 평등주의의 복원이어야 한다고 생각했다. 사실 이것도 모택동이 그토록 평등하지 못한 지위에 있었기 때문에 가능한 일이었다. 이와 같은 자비로운 전제정치의 양상은 권력 소유자가 명목상 비판의 주된 초점이 되는 서구사회에 익숙한 정치와는 정반대의 것이었다. 요컨대 모택동은 원하는 것은 실제로 무엇이든 할 수 있는 공인된 권력을 보유한 독특한 지위에 앉아 있었다.

그렇다면 모택동은 자신이 무엇을 하고 있다고 생각했을까? 아마도 그것은 "민주집중제"를 보다 민주적이고 보다 덜 집중적인 것으로 만들려는 노력이었다고 요약할 수 있을 것이다. 그는 새로운 관료제가 위에서 아래로 하달하는 낡은 독재정부의 방식을 그대로 쫓고 있음을 목격했다. 이것은 과거 언제나 그랬던 것처럼 농민대중은 새로운 엘리트에 의해서 착취당하면서 사회의 최하층에 머무르게 될 것이 틀림없었다. 이러한 경향을 극복하기 위해서 모택동은 대중노선을 이용하여 당이 농민의 관심을 끌어내고, 또 거기에 부응할 수 있게 만들고자 했다. 이러한 새로운 하층지향적 통치방식은 행정의 지방분권화에 의해서 도움을 받을 수 있었다. 지방의 결정을 반드시 북경의 관료들에게 의존할 필요는 없었다. 정부의 목표는 지방 농민대중의 복지와 이념화였지, "부국강병"이라는 구태의연한 자강운동의 구호는 아니었다.

이러한 접근은 중국 정치의 전통적인 기본 원칙의 하나 —— 즉 각료와 그의 하급관리, 군대의 지휘관, 특권을 가진 당 조직가 등 조심스럽게 훈련된 춘성스런 엘리트가 대중을 다스려야 한다는 것 —— 를 단호하게 부인했다. "수정주의(修正主義)"는 혁명의 목표를 포기하는 것이며, 자본주의의 부활을 용인하는 특별한 신분과 세속적 재물의 축적이라는 해악을 받아들이는 것이라고 모택동은 정의했다.

이러한 사회적 격변을 촉진하고 조작하면서 모택동은 이제까지 틀을 잡도록 자신을 도와준 기성체제를 본능적으로 공격하기 시작했다. 그의 이론적 근거는 사회주의체제 아래서도 여전히 진행된다고 느끼던 계급투쟁에 대한 자신의 분석에 집중되었다. 그는 타락한 관료주의가 사회주의 정부의 이상을 파괴한 것으로 여겨지는 소련의 예를 들어 중국 "수정주의"에 대한 투쟁이 전개되어야 한다고 주장했다.

모택동은 또한 기성체제에 도사린 죄악을 공격하고 수정주의를 중국에서 추방하는 데에 청년학생들을 동원할 수 있다고 생각했던 것 같다. 그것은 곧 조작된 대중운동의 형태를 띨 터이지만, 경험상 그는 이것이 바로 사회변화의 원동력이라고 느꼈다. 분명한 것은 도시의 젊은이들을 깨우치고 이끌고 지도함으로써 그가 당내 정풍운동의 원칙을 무시했다는 점이다. 사실상 그는 연안에서부터 자신과 함께 일해온 지도자들에게 선전포고한 셈이었다. 중앙위원회와 기타의 지시들이 자신이 원하는 대로 승인되도록 조정함으로써 모택동은 모든 당지도자들이 당의 지휘에 대한 철저한 복종이라는 전통에 구속을 받도록 만들었다. 이것은 일부의 핵심적 부분에서는 주은래의 지원을 확보하는 것을 포함했다. 주은래는 모택동이 당의 동료들을 축출하려는 시도 속에서 자행한 불법적이거나 실제적이지 못한 점들을 개선해보려는 통상적 역할을 수행했다. 결국 당에 대단히 충성스러웠던 중공 지도자들은 자신에게 어떠한 일이 닥칠지 예견할 수 없었다.

전체적인 상황이 통제를 벗어나 난동으로 치닫는 가운데 모택동이 그것을 억제하기 위해서 여러 노력을 기울였지만 좀처럼 성공하지 못했다는 것도 분명한 사실이다. 그는 문혁이 백화제방운동이나 대약진운동과 마찬가지로 기대하지 않던 양상으로 치닫게 되었음을 느끼게 되었다. 많은 편차가 있기는 하지만 축출된 당 간부의 비율은 거의 60퍼센트에 이르렀다. 가학행위의 결과로 숨진 사람은 40만 명으로 추산되어왔다. 1977년의 최종 재판에서 모택동의 아내 강청(江淸)과 중앙문혁소조(中央文革小組)의 다른 세 동료로 구성된 4인방(四人幫)은 70만 명 이상을 비방하고 박해했으며, 그 가운데 3만 5,000명을 박해하여 죽게 만들었다는 고발을 당했다. 이보다 훨씬 많은 사람들이 육체적으로, 정신적으로 불구가 되었고 많은 사람들은 자살을 했다.

인민해방군의 역할

모택동이 문혁을 선동할 수 있었던 것은 우선 군대의 지원에 의존할 수 있었기 때문이다. 이전부터 쭉 인민해방군 내의 군사전문주의자들과 이데올로기적 정치세력은 경쟁해왔다. 돌이켜보면 우리는 소련의 적군이 어떻게 "정치 우선", 즉 군사 전문가들이 정치위원에 종속되어야 한다는 점을 규정함으로써 당-군관계를 설정했는가에 주목할 수 있을 것이다. 그러나 총참모부의 발전에 따라 소련에서는 점차적으로 군사전문주의가 우위를 차지했다.

중국에서는 좀더 진보된 양상이 나타났다. 장개석의 지휘 아래 있던 광주의 황포군관학교에서 북벌의 선봉을 맡기 위한 당군(黨軍)이 창설되었다. 그러나 1927년의 국공분열 이후 장개석은 게릴라 전이나 "인민전쟁"을 위해서 대중의 지원에 의존하는 것과는 전혀 다른 전문적 군대를 건설했다. 한편 산간벽지에 몰린 중공은 전통적인 농민-토비의 방식으로 되돌아가 소단위의 기동성, 기만, 그 지역의 농촌주민과 연합하는 기술을 발휘해야만 했다. 하지만 강서성에서도 열 명 남짓한 중공의 지휘관들로 이루어진 통제집단은 전문주의에 대한 확고한 신념을 보였다. 이들 가운데 몇몇은 모스크바에서 군사문제를 공부했고 나머지도 소련식 방안을 받아들였다. 그들에 대한 주된 대항자는 "총력전(總力戰)"에서의 농촌대중 동원에 대해서 열성적인 ── 그때도 마찬가지로 ── 신념을 지녔던 모택동뿐이었다.

요컨대 중공은 처음부터 진정한 전문군대의 특수화, 조직화와 훈련을 꾀하였던 능숙하고 경험 많은 중앙의 지휘관 집단을 거느리고 있었던 것이다. 그들은 정치적, 군사적 요직에 포진했다. 중공이 권력을 장악해나가는 동안 그들 가운데 몇몇은 결국 다섯 집단으로 늘어난 야전군을 이끌기도 했다. 이 야전군은 일정한 정도로 지역적 기반과 지휘의 연속성, 공통된 경험 등을 함께했다. 따라서 이런 모든 것들은 지방주의나 경쟁을 낳을 수도 있었다. 그러나 중앙의 지도층(모택동, 주은래, 팽덕회 등)은 분파를 막기 위해서 조심스럽게 인원을 옮겨서 배치시켰다. 정치지도지들 자신이 사령관 출신이었으므로 단결을 유지하는 법을 알고 있었다.

근본적으로 외국 열강에 대한 방어적 성격을 띠었던 1960년대까지 인민해방군은 국내의 정치체제에 대한 지지자로서의 기본적 역할을 맡고 있었다. 대략 38개의 "주력"부대 또는 "군"이 전국의 11개 대군구(大軍區)에 배치되었다. 이 주력부대들은 28개의 성군구(省軍區)로 나뉘어 배치된 지방군과 대조를 이루었다. 지방군은 이들보다 무장이 부족했고 지방 방위업무(예를 들면 시간제 사병으로서 수천만 명에 달한 민병과 생산건설대의 동원을 포함해서)를 위해서 훈련된 부대였다. 이 지방군은 각지에 널리 소규모의 부대로 흩어져 있었고, 통합된 야전군으로서 훈련을 받지는 않았다. 이것은 팔기(八旗)가 주력군을 형성한 반면 녹영(綠營)은 지방질서를 유지하기 위해서 소단위로 흩어져 있으면서 경찰과도 같은 역할을 맡았던 청대의 군사체제를 연상시킨다.

군대의 통수권이 황제에 귀속되었던 것과 마찬가지로 신중국에서는 중공 주석이 총사령관이었다. 그는 통상 군사위원회의 주석이기도 했다. 군사위원회 아래에는 각기 군대를 통제하고, 군대 내의 정치기구를 지휘하고, 행정 및 군수기능을 담당하는 세 가지 기본 지휘체계가 있었다.[3] 전통시대의 체제를 반영하는 또 다른 한가지는 과거 반(半)자급자족적인 변경의 전초부대에서 이루어진 둔전처럼 군부대가 어느 정도 자급이 가능하도록 곡식을 재배하고 소규모 지역공장을 소유하도록 한 조치였다.

당이 모든 수준의 군대에 침투해 있었으므로 다수의 군인이 당원이었다. 성에 소속된 지방군의 경우 지방 당 서기나 다른 당 기구로부터 지시를 받았다. 성의 제1서기는 보통 동시에 성 군구 서열 1위의 정치위원을 겸임했다. 이러한 정치적, 군사적 통제조직이 매년 수백만의 지원자 가운데 병사를 선발했으므로 인민해방군은 농촌 청년이 출세할 수 있는 주요한 통로가 되었다.

따라서 인민해방군의 각 지방군은 지방정부와 공안기관에 깊숙하게 침투해 있었고, 임표의 지휘 아래서는 홍(紅)과 전(專)을 겸비하도록 요구받았다. 이것이 모택동의 권력기반을 제공했다. 전문적인 주력부대는 처음에는 여기에 관련되지 않았다.

문혁의 전개과정

1965년 후반부터 1966년 여름까지 모택동 집단과 중공의 실권파 사이에 긴장이 고조되었다. 임표의 지휘 아래 다시 정치화된 인민해방군의 지원 외에도 모택동은 아내인 강청을 통해서 훗날 중앙문혁소조를 구성하게 되는 상해의 급진파 지식인 집단을 얻었다. 그들의 팀은 약간 정체가 모호했다. 임표는 유능한 야전 사령관이기는 했지만, 마르고 약간 약삭빠르면서도 카리스마가 부족했고 항상 모자를 쓰고 다녔다(그는 대머리였다). 의심할 나위 없이 그는 접근전에 능한 투사였고 여우처럼 교활한 사람이었다. 하지만 모택동의 비대한 모습이 그의 위엄을 더해주었던 반면(중국에서는 마른 것이 높이 평가받지 못한다), 그의 옆에 서 있는 임표는 왜소하고, 깊은 인상을 남길 수 없었다. 모택동의 아내 강청은 연안에 가서 모주석을 사로잡기 전까지는 성공한 영화배우가 아니었다. 하지만 그녀는 나중에 정치가로서 자신이 매우 유능한 존재임을 입증했다. 그녀는 기본 원칙으로 돌아가자는 구실로 급진개혁을 수행하기 위해서 기존의 문화 분야를 장악하고자 했다. 그녀가 권력의 자리에 들어선 것은 부분적으로는 임표의 인민해방군 문화부 책임자로 임명되

---

3) 중국인민해방군의 총참모부, 총정치부, 총후근부를 가리킨다.

었기 때문이었다. 또 그녀는 상해 출신의 급진파 지식인들과도 협력했는데, 이들은 북경을 공격하기 위한 문화세력의 대본영이 되었다.

군대와의 결합을 다지기 위한 모택동의 최종적인 움직임은 임표에 반대하는 인민해방군의 고위장교[4]인 나서경(羅瑞卿)이 1965년 말 체포·기소·심문된 끝에 1966년 4월 모든 직책에서 물러난 일이었다. 이것은 군대 내부의 반대의견을 억압하려는 것이었다. 지식인들 사이에서도 북경의 부시장 오함(吳晗)에 대한 비슷한 공격이 시작되었다. 황제가 관리를 해임하는 커다란 잘못을 저질러 비난을 받는다는 내용을 담은 역사극을 그가 발표하여 모택동을 풍자했다는 이유에서였다.[5] 모택동은 이를 두고 자신이 1959년 여산에서 팽덕회를 해임한 것에 대한 공격이라고 확신하게 되었다고 한다. 북경시 당 위원회 제1서기였던 팽진(팽덕회와 아무 관련이 없다)은 당연히 부시장 오함에 대한 공격은 곧 자신에 대한 공격임을 직감했다. 북경의 5인소조(五人小組)에 의한 조사는 누가 나쁜 의도를 가진 인물인지 밝혀냈지만, 모택동은 이후 상해에서의 공개토론을 꾸며 팽진을 통렬히 탄핵했다. 1966년 4월 팽진은 중앙당국에 의해서 권력을 박탈당했다. 이 사건은 모든 사람에게 바람이 어느 방향으로 부는지 여실히 보여주었다.

이러한 예비적 움직임 속에서 모택동은 자신의 계획에 반응을 보이지 않는 몇몇 관료들을 제거했으며, 주은래, 유소기, 등소평 등으로 대표되는 당내 실권파의 승인을 받았다. 그들은 모두 위인을 따르는 데는 익숙해져 있었다. 그들은 모택동이 자신들을 화산에 내던지기 위해서 산꼭대기로 이끌고 가고 있음을 알아차리지 못했다. 정치국은 이제 정치국 상무위원회에 직접 보고를 하게 될 중앙문혁영도소조(中央文革領導小組)를 설치했다. 이 조직은 모택동의 추종자들로 채워졌다. 한편 다양한 부서의 재편으로 모택동의 추종자들이 요직에 침투할 수 있었다.

1966년 6월부터 8월에 이르는 이른바 "50일"이라는 시기 동안 수정주의와 "자본주의적 길로 나아가는〔走資派〕" 이름이 거론되지 않은 당원들에 대한 공격이 고조되었다. 이 기간 동안 동원된 급진적인 학생들은 대자보를 이용

---

4) 당시 총참모장이었다.
5) 중공당원이지만 역사학자로 유명한 명대사전공자 오함이 지은 『新編歷史劇 海瑞罷官』을 가리킨다. 해단은 가정제(嘉靖帝)에 의해서 파면당한 명대의 청렴한 관리이다.

하여 대학당국을 공격했다. 그러나 모택동은 자신의 대리인이자 국가주석인 유소기 —— 중공의 도시조직을 담당했었다 —— 에게 북경을 맡겨둔 채, 화중지방에서 은둔하고 있었다. 언제나 당의 조직자였던 유소기로서는 대중조직을 당보다 우선시할 수 없었다. 그는 대학과 공장 등 주요 기관의 하급당부를 자세히 조사하기 위해서 공작조(工作組)를 파견하는 방식으로 선동을 진정시키려고 했다. 한 소조당 25명씩, 총 1만 명에 달하는 약 400개 소조가 당 조직 내에서의 공작을 위해서 파견되었다. 이것은 대중조직을 통해서 움직이려는 모택동의 의도를 방해했다.

급진파와 보수파의 대립이 더욱 심각해지자 주은래는 여느 때나 다름없이 그들을 화해시키고자 했다. 1967년 2월이 되어서야 주은래는 급진적인 중앙문혁소조, 세 명의 군 원수, 다섯 명의 부총리를 포함하는 군대, 국무원의 보수파가 함께 모인 회합을 주재할 수 있었다. 이 회합은 나중에 급진파들로부터 "2월역류(二月逆流)"라고 비난을 받았다. 하지만 이것은 문혁에서 나타난 최악의 경향에 대해서 누차 표현된 반발 가운데 가장 대표적인 것이었다.

문혁의 두번째 국면은 1966년 8월부터 1967년 1월에 걸쳐 나타났다. 여기서는 모택동 주석이 위대한 흥행사의 역할을 맡았다. 의무감이 투철한 유소기는 이미 파멸의 운명에 처해 있었지만, 당의 방침에 따라 반수정주의(反修正主義) 운동을 충실하게 꾸려가고 있었다. 1966년 7월 중국의 대중은 모택동이 장강을 헤엄쳐 건넌 다음 북경으로 돌아왔다는 놀라운 소식을 듣게 되었다. 농촌주민들은 대개 수영을 할 줄 몰랐고 장강에서 수영을 시도했던 모험가도 거의 없었으므로, 이것은 영국 여왕 엘리자베스 2세가 영국해협을 헤엄쳐 건넜다는 것만큼 충격적인 소식이었다. 그는 확실히 초인적인 업적을 보일 수 있는 전형적인 운동가였다(물 위에 머리가 나와 있는 그 사진을 보면 자유영이나 평영, 배영이나 접영을 했던 것은 아니고, 물 위가 아니라 물 속에서 똑바로 서는 독특한 수영법을 구사했던 것 같다. 그는 대단히 빠른 기록을 세웠다).

모택동은 상해에서 1966년 8월 소위 11중전회[八届 十一中全會][6]를 소집

---

6) 여기서 八届라는 것은 제8차 中國共産黨全國代表大會 이후라는 것을 의미하며(앞으로는 8계가 아닌 8기라는 방식으로 표현하겠다) 11中全會는 중공의 최고기관인 全國代表大會 —— 때에 따라 다르지만 지금은 5년에 한 번씩으로 정해져 있다 —— 가 폐회된 다음 그 다음 대회가 열릴 때까지 권한을

했는데, 이 회의는 실제로는 그의 추종자들로 가득 찬 중앙위원회나 마찬가지였다.[7] 여기서 유소기는 중공의 서열 2위에서 8위로 강등되었고, 임표는 모택동의 후계자로 추정될 수 있는 2위의 서열로 뛰어올랐다. 11중전회에서는 또한 수정주의에 대항하는 운동에 대한 모택동의 전반적인 시각이 제시되었다. 여기에는 모든 중국인의 정신적 면모를 철저하게 변화시키려는 의도가 담겨 있었다. 그가 설명한 대로 경제발전보다 정신적 면모의 쇄신에 우선권이 주어졌다. "자본주의적 길을 걷는 실권파들"을 제거하기 위해서 모든 지식인과 관료, 당원들에게 계급투쟁의 원칙이 적용되었다. 하지만 정확하게 공격의 대상이 된 악당이 누구인지를 아는 사람은 아무도 없었다.

이러한 조작에 의해서 모택동은 당내 실권파의 수정주의에 맞서 대중운동을 선동할 수 있는 명목적 합법성을 가지게 되었다. 이것은 곧 홍위병운동의 형태로 나타났다.

홍위병

문혁기간 동안 모택동의 대중운동은 주로 젊은 10대 학생들에 의해서 이루어졌다. 이것은 1950년대 중반이나 1958-1960년의 대약진운동기에 이루어진 농업집단화로 활성화된 농민대중의 운동과는 전혀 다른 북새통의 소동이었다. 문혁은 처음에는 도시 주변의 인민공사를 제외하면 농민에게 그리 큰 영향을 미치지 못했다. 본질적으로 도시의 운동이었던 문혁은 1966년 중반부터 1968년 중반까지 활약한 홍위병(紅衛兵)으로 특징지어졌다. 경험이 없는 이 젊은이들은 "혁명을 수행함으로써 혁명을 배우는" 가운데 거대한 파괴력을 발휘했다.

도시의 조직화된 집단 사이의 공개적 투쟁을 낳게 된 홍위병의 분파주의는 앞서 우리가 살펴본 대로 1960년대의 교육제도 속에서 두 부류의 학생들이 상위권 성적과 대학진학을 두고 경쟁했던 데에서 비롯되었다. 한 집단은 지

대행하는 中國共産黨中央委員會의 會期를 의미한다. 따라서 이 회의는 1956년에 열린 八全大會 이후 11번째 소집되는 중앙위원회의 회의라는 의미이다. 이 회의에는 중앙위원과 후보위원이 참가할 수 있으며 매년 적어도 한 차례씩 거행된다.

7) 회의에 참석한 중앙위원과 후보 중앙위원의 수는 간신히 과반수를 넘겼으며, 중앙위원이 아닌 당간부나 학생대표까지 참가했다.

식인 가문 출신의 학생들로서, 이들은 남보다 앞선 가정교육 때문에 높은 학업성적을 보였으며, 피할 수 없는 시험에서도 우수한 성적을 거두었다. 또다른 집단은 당원, 관료, 간부 등 새로운 지배계급의 자녀들로서 이들은 혁명적이고, 1급으로 간주되는 계급적 배경을 지녔다. 그들은 새롭게 떠오르는 세대였으며, 관료로서의 출세도 순조로웠을 것이다. 하지만 그들의 학업수준은 계급적 지위가 보다 낮은 것으로 평가된 지식인의 자녀만큼 높지는 않았다. 이러한 계급적 배경의 차이가 바로 홍위병이 적대적인 분파투쟁을 일으키는 데에 작용했던 것 같다.

모택동은 "사령부를 포격하라"라거나 "혁명을 수행함으로써 혁명을 배우자"라는 구호로 급진적 학생들에게 활기를 불어넣었다. 1966년 8월 18일에서 11월 26일 사이 북경에서는 여섯 차례의 대규모 집회에 청년들이 동원되었다. 인민해방군과 문혁소조가 조직한 이 집회에는 중국 전역에서 홍위병으로 지원한 약 1,000만 명의 젊은이들이 공짜로 기차를 타고 몰려와서 북경에 머물렀다. 그들은 임표가 군대의 이념공작을 위해서 편찬한 『모주석 어록』[8]이라는 붉은 소책자를 높이 치켜들고 흔들었다. 그동안 수업은 중단되었고 대학도 곧 문을 닫았다.

모택동의 낭만적 의도가 무엇이었든 간에 홍위병은 곧 파괴적인 행동에 나섰다. 그들은 부유한 사람이나 관리, 지식인의 집에 침입하여 책과 원고를 파괴하고, 거기 사는 사람들을 모욕하고 두들겨 팼으며, 심지어는 죽이기도 했다. 또한 그들은 이 과정에서 항상 "사구(四舊)" —— 낡은 사상, 문화, 풍속, 습관 —— 에 대한 혁명적 공격을 지원하고 있다고 주장했다. 아홉 살에서 열여덟 살까지의 소년, 소녀로 구성된 이 청년학생들은 붉은 완장을 두른 채 거리를 휩쓸고 돌아다니면서 약간이라도 외국이나 지성의 냄새를 풍기는 사람은 누구든지 심문하여 자신들의 도덕적 정의감을 적용시켰다.

1966년 말 모택동의 중앙문혁소조는 홍위병의 약탈행위가 "부르주아적" 경향을 지닌 것으로 추정된 모든 사람에 대한 단순한 공격에서, 당과 정부의 관리를 심문하고 처벌하기 위해서 "끌어내는" 좀더 고양된 측면으로 나가도록 상황을 조정했다. 그들은 곧바로 전(前) 국가 주석 유소기와 당 총서기 등

---

8) 1964년 임표가 모택동 개인숭배에 이용하기 위해서 모택동의 글에서 간추려 편집한 것으로 문화대혁명 시기 홍위병들이 손에 높이 쳐들고 다녔던 이 소책자는 바로 문혁의 상징이 되었다.

소평을 "자본주의의 길을 걷는" 일급 반역자라고 단정했다. 그밖의 수천 명의 사람들도 탄핵을 당하고 감금되고 공개적으로 모욕을 당했다. 국가와 당의 중앙기구에 대한 도시청년층의 대량공격을 선동함으로써 모택동과 그의 추종자들은 이렇게 조성된 혼란상황이 혁명의 발전에 유리할 것이라고 기대했다. 1966년 여름 느슨한 홍위병 조직의 공격에 직면하자 중공 지도자들은 맞불 작전으로 나가 적위대(赤衛隊)를 조직함으로써 이에 대항했다. 당의 실권파는 강력한 구조를 갖추고 있어서 쉽사리 붕괴되지는 않았다. 그렇지만 그것은 성공할 가능성이 없는 행동이었다. 모택동은 권력의 지렛대를 보유하고 있었으며, 결국 분명하게 당의 파괴와 재건을 의도하고 있음을 드러냈다.

탈권

문혁의 세번째 단계는 1967년 1월의 "탈권(奪權)투쟁"으로 시작되었다. 탈권투쟁은 북경으로부터 공인을 받아 홍위병과 기타 세력에 의해서 중국의 모든 도시에서 수행되었다. 관리들은 직책에서 쫓겨났고 서류는 조사를 받거나 파손되는 경우도 많았다. 그들의 직위는 행정이나 지도의 경험이 없는 청년층으로 대체되었다. 이미 이러한 청년층은 여러 분파로 갈려서 서로 충돌하기 시작했다.

이 시기 내내 인민해방군은 방관자로 머물러 있으면서, 파괴가 수행되도록 방관했다. 하지만 1967년 1월 모택동은 보수파 반(反)혁명세력에 맞서 반(反)수정주의 혁명을 지원하라고 해방군에 명령했다. 상황은 이미 모택동의 통제를 벗어나 있었고, 인민해방군만이 사회에 남아 있는 유일한 통일적 힘으로서 이제는 지방에서 점차 권력을 장악해가고 있었다. 하지만 지금까지 문혁과 관련을 맺어온 것은 주력군이 아니라 지방군뿐이었다. 그들은 중공의 지방조직과 너무 깊이 뒤얽혀 있어 새로운 성 정부를 창설할 혁명위원회(革命委員會)에 가담하기는 힘든 것으로 판명되었다. 인민해방군의 지방군은 의존하기에는 너무 미약한 힘이었던 것이다. 그들은 "군사조정위원회"를 통해서 질서를 유지하고 공공기관을 보호할 것으로 기대되었다. 그러나 우파에 대항하는 좌파를 지원하라는 명령을 받은 각 성의 지방군과 군구(軍區)는 그들이 상황을 통제할 수 없다는 것을 발견했다. 단지 네 성에서만 혁명위원회의 수립이 효과적으로 수행되었다.

그 결과 중앙문혁영도소조는 저항하는 각 군구의 인민해방군 지휘관을 추방하려고 시도했다. 그렇지만 1967년 7월의 무한사건(武漢事件)은 지방군이 문혁의 도구로서는 매우 비효율적인 것이었음을 보여주었다. 이것은 독립적인 무한 군구의 사령관이 북경에서 온 중앙문혁영도소조의 두 사람을 납치하는 데에 협조한 사건이었다. 북경으로서는 사태를 조정하고 혁명위원회를 수립하기 위해서 주력군을 끌어들일 수밖에 없었다.

모택동이 홍위병에게 군대 내부의 "주자파(走資派)"를 끌어내는 임무를 명령한 다음 상황은 더욱 폭력적으로 전개되었다. 중국은 내전으로 빠져들었고, 홍위병 분파 사이에 전투가 벌어지고 지방군도 한쪽에 가담하여 편을 들었다. 1967년 9월 이후 지방군 사령관에 대한 공격이 느슨해지는 한편 분파주의는 더욱 확산되었고, 지방군과 주력군 사이의 마찰이 심화되었다. 북경은 이러한 위기에 대처하여 인민해방군이 어느 한쪽을 지원하는 것을 중지시키고 정치훈련을 받도록 명령했다. 상태가 더욱 진전되었다면 최후의 수단을 써버린 모택동으로서는 완전히 상황에 대한 통제력을 잃었을지도 모른다.

이러한 압력 아래 1968년 7월 모택동은 마침내 임무에 실패했다고 지적하면서 홍위병을 해산시키고, 인민해방군이 모든 성에서 혁명위원회 수립을 완수하라고 명령했다. 홍위병의 해산은 그들 대부분을 농촌으로 내려보내는 대규모의 하방(下放)으로 이어졌다. 이것은 그 정치적 지위가 정점에 이르렀던 홍위병들을 갑자기 끌어내려 골짜기로 내던진 것이나 마찬가지였다. 이제 홍위병을 대신한 활동가들은 이른바 혁명조반파(革命造反派)라고 불리게 되었지만, 그들의 약탈행위 역시 마찬가지로 잔인하고 무시무시했다. 동시에 대중조직의 해산으로 한쪽 편에 가담하도록 압력을 받았던 상황이 느슨해지는 동안 주력군은 각지로 이동배치되었다. 결국 혁명위원회는 모두 군인의 손에 장악되었다. 당의 1급서기 대부분이 인민해방군 장교였다. 주은래 총리는 200만 정도가 되는 인민해방군의 지방군이 "수십 만"의 사상자를 냈다고 이야기한 것으로 전해진다.

문혁의 네번째 단계는 1968년 7월부터 1969년 4월까지로, 이때는 모택동이 새로운 정권을 건설하려고 한 시기였다. 전체 지도층은 5분의 2 이상이 군인이었고, 또 5분의 2가 신참, 고참이 섞인 당정(黨政)관료였으며, 대중조직을 대표하는 자는 소수에 불과했다. 1969년에 군대세력이 우세를 차지한 것은 권력에 새로 참여한 당정 관리들의 자질이 낮았던 탓도 있었다. 이들은 대체로 능력 면에서 전임자들과 비교될 수 없는 사람들이었다.

문혁의 정점은 1969년 4월 중공의 9전대회(九全大會)였다. 이 대회에서는 임표가 정치보고를 했다. 1956년의 당 규약을 대신하여 새로 채택된 당 규약은 모택동사상과 계급투쟁을 강조했다. 당원 자격은 출신 계급에 따라 제한되었다. 새로운 당 규약은 과거의 것보다 훨씬 간단했지만, 당 조직을 모호하게 만들었고, 임표는 모택동 주석 다음의 부주석으로서 "모택동 동지의 친밀한 전우이자 후계자[接班人]"라고 명시되었다. 1,500명의 대표 가운데 3분의 2가 군복을 입고 있었고, 새로운 중앙위원회는 45퍼센트가 군인이었다(1956년에는 19퍼센트였다). 반면 대중과 대중조직을 대표하는 집단에는 급진적 학생들이 그리 많이 포함되어 있지 않았다. 그들 가운데 3분의 2가 성급(省級) 직위를 가진 사람들이었다. 중앙위원 대다수가 신참자였고 평균 나이는 대략 60세였다. 중앙위원회는 더욱 군사적 성격을 띠게 되었을 뿐 아니라 교육수준도 떨어졌고 외교문제를 다루기에는 더욱 부적절한 상태가 되었다.

외교

문혁기간 중 중국의 외교도 국내정치만큼 분별없는 열정으로 곤란을 겪었다. 왜냐하면 당시의 분위기는 낡은 것뿐만 아니라 외국적인 것에 대해서도 반감을 드러냈기 때문이었다. 반(反)지성주의는 배외주의를 동반했다. 1965년 주은래가 중국의 친선대사로 아프리카와 아시아 각지를 순방했을 때 아프리카의 탄잠철로 건설과 같은 중국의 원조확대정책은 혁명적 열정과 탐색이 혼합되어 있었다. 소련을 제외한 채 알제에서 제3세계 동맹회의를 건립하려던 중국의 의도는 대실패로 끝났다. 그러는 동안 인도네시아 공산당이 쿠데타를 시도했다가 미수에 그쳐 정부에 의해서 철저히 파괴되었다. 이러한 실패들이 문혁기간 동안 중국을 안으로 움츠러들게 만들었다.

그렇지만 홍위병의 열광적인 공격양식은 특히 그들이 1967년 6월 외교부를 점령한 이후 중국의 대외관계에도 심각한 손상을 끼쳤다. 그들의 공작조는 체계적으로 문서를 파괴하여, 외교의 지속성을 철저하게 방해했다. 외교부장 진의(陳毅)는 주은래가 사회를 보는 가운데 야유하는 수천의 학생들 앞에서 자아비판을 하도록 수차례에 걸쳐 강요당했다. 외교정책의 추구는 주은래의 사무실에서나 가능했다.

모든 영역에서 혁명을 수행해야 한다는 홍위병의 정신이 외교방면에도 확산되었다. 외국에 있는 중국의 대사관은 혁명사상을 고취하고 외교관례를 벗어나 그 나라에서의 공산주의 운동을 선동하는 중심부가 되었다. 1966년 9월부터 1967년 8월까지 이러한 주관적이고 감정적인 대외접촉 때문에 몇몇 국가들과의 관계가 단절되고, 중국의 대사는 한 사람을 제외하고는 모두 중국으로 소환되었으며, 대외무역도 감소했다. 중국의 국내적 무질서의 일환으로 홍위병 무리가 소련과 영국의 대사관에 침입했다. 실제로 영국 대사관[9]은 전소되었으며, 나중에는 인도네시아 대사관도 마찬가지의 일을 당했다. 외교관계는 거대한 대중집회에서의 비난으로 대체되었다.

문혁은 또한 미국 및 소련과의 관계에 중요한 전환을 가져왔다. 1965년 이후 베트남에서 미국의 지상전 및 공중전이 고조됨에 따라, 중국과 미국 모두가 직접적인 대결을 피할 방법을 모색했다. 앞에서 이야기한 대로 미국 군부는 중국과의 전쟁이 시작되지 않도록 자제했다. 미국측은 비행기가 중국의 영공을 침범하지 않도록 하겠다고 명확히 약속했다. 중국 국경과 아주 가까운 곳에서 전쟁을 수행하던 미국과의 충돌 가능성은 줄어들었고, 모택동은 자신의 국내혁명을 계속 진행시킬 수 있다는 결론을 내렸다.

소련과의 관계는 정반대였다. 1960년에 시작되어 논쟁과 비난을 주고받던 양 당 사이의 분쟁은 여전히 중국과 소련의 적대관계를 강화시켰다. 4,000마일에 걸친 국경선을 따라 분쟁이 발생하기 시작했고, 이에 따라서 소련군이 증강되었다. 소비에트의 적군이 1968년 8월 체코슬로바키아를 점령했을 때, 곧 브레즈네프 독트린이 발표되었다. 이것은 공산정권이 수립된 모든 지역에서는 이를 전복하려는 움직임을 용납할 수 없다는 내용이었다. 중국에게는 이것이 다소 공격적인 것으로 보였다. 1967년 중반 홍위병의 공격이 홍콩 위기를 불러일으켰지만, 1968년 인민해방군이 권력을 장악하여 홍위병을 억제하자 이러한 양상이 누그러들었다. 미얀마와 캄보디아에서는 대사관을 통한

---

9) 정확히는 영국주화대변처(英國駐華代辦處)이다.

혁명활동으로 폭력사태가 야기되어 관계가 단절되었다. 북경의 혁명정책은
또한 시킴-티베트 국경에서 인도의 경비대와 충돌을 빚었다. 이번에는 인도
측이 준비가 보다 잘 되어 있어 1주일간 전투가 벌어졌지만 아무런 성과도
없었다. 북한은 전적으로 소련과의 협력에 기울어져 있어서 북한의 관계도
악화되었다.

외부세계에 대한 문혁의 야만적인 대응은 1969년 3월 2일에 정점에 이르
렀다. 중국은 이때 중국의 동북국경지역을 흐르는 아무르 강〔黑龍江〕의 주류
인 우수리 강〔烏蘇里江〕에 있는 분쟁대상이었던 한 섬에 군대를 파견했다.
하얀 군복을 입은 중국 군대는 소련의 국경수비대를 압도했다. 소련은 즉각
강력하게 반격했고, 그 다음해와 이후에도 중소 국경선을 따라 여러 지점에
서 충돌이 일어나, 중국은 압박을 받지 않을 수 없었다. 1969년 말이 되면서
소련과의 관계는 더욱 악화되었다. 중국은 미국과의 관계 개선을 모색하기
시작했다.

미국이 받은 문혁에 대한 초기의 인상은 선전된 내용 그대로였다. 중국 경
제발전의 과정에서 평등주의적인 인민주의의 가치관을 유지하고 관료주의와
국가주의를 회피하려는 모택동의 노력으로 비쳤던 것이다. 그러나 홍위병의
과잉행위와 지식인에 대한 학대의 소식이 점차로 알려지게 되자, 문혁은 오
히려 독재자의 지도 아래 저질러지는 전체주의적인 열광으로 보이게 되었다.
이 때문에 공화당 우파가 이끌고 있었지만 중국과의 국교 정상화를 꾀하던
닉슨-키신저의 정책은 속도를 늦추어야만 했다.

지빙분권과 삼선건실(三線建設)

문혁은 공식적으로는 1969년 4월에 종결되었다. 하지만 그 다양한 폭력의
행태는 여전히 지속되었다. 1970-1971년에 군의 보안요원들은 아마도 날조
되었을 조직인 "5·16병단"의 구성원들을 무자비하게 색출했다. 죄 없는 사
람들이 고문을 받고 자신이 단원이라고 고백하고 다른 사람을 지목했다. 수
천 명이 처형되었지만 과연 비난받은 대로 "5·16병단"이 실제로 존재했는
지는 여전히 분명하지 않다.

더구나 1970년대에는 문혁이 농촌으로 그 강압적인 힘을 확산시켰다. 예

를 들면 "자본주의의 꼬리를 잘라내기" 위해서 농민들은 돼지나 닭, 오리 등을 사육하는 모든 부업을 폐기하라는 강요를 받았다. 많은 농민들에게는 이것이 바로 굶주림을 의미했다.

칼 리스킨은 모택동의 경제정책이 시장경제와 소비에트형 중앙통제라는 두 기둥 사이의 중간을 모색한 것이라고 분석했다(조지프 등, 1991). 한 예를 들면 중국의 거대한 크기 자체가 중앙 행정부서가 전국에 걸쳐 지방의 발전을 관장하려고 노력하는 것을 가로막았다. 모택동이 원한 것은 중앙의 통제였지 중앙의 관리는 아니었다. 그는 인민공사가 이 관리의 기능을 어느 정도 발휘할 수 있을 것으로 기대했다. 그러한 문제는 너무 복잡하여 여기서 자세히 살펴볼 필요는 없을 것이다. 여하튼 정책을 둘러싼 논쟁과 실제적인 작업의 어려움은 리스킨에 따르면 결국 하나의 "불구가 된 잡종"을 낳는 데에 그치고 말았다.

처음에는 문혁의 거창한 정치적 격변만이 외국인의 주목을 끌었지만 최근 공개된 통계자료들은 미군이 베트남에 개입된 1964년에서 1971년까지의 7년 동안 모택동이 서북·서남지역의 외딴 내륙에 군사—공업의 발전을 위해서 대량의 자금을 쏟아넣었다는 것을 보여주고 있다. 소련과 미국의 의도를 두려워한 모택동은 접근하기 힘든 산악지역에 자급자족적인 국방 기지를 창조하려고 했던 것이다. 오늘날의 성장한 공군력(空軍力)의 시점에서 보면 이 "삼선(三線)"전략은 확실히 시대에 뒤떨어진 것이다. 그러나 모택동 지배하의 중국은 맹목적으로 부족한 재원을 거기에 쏟아부었다.

그들은 새로운 기계공장과 군수공장, 철광과 제철소, 수력 댐 등을 연결하기 위해서 막대한 비용을 들여 산맥을 관통하는 철로를 부설했다. 전형적인 새로운 공장들은 인구밀집지역에서 아주 멀리 떨어진 곳에 자리를 잡았다. 배리 노턴은 많은 돈이 들어간 이 낭비적인 계획으로 삼선에 속한 10개의 성에 국가의 자본투자 총액 가운데 절반이 들어갔지만, 1965년 중국의 공업생산 전체에서 이 지역은 겨우 19퍼센트만을 생산했을 뿐이었다고 지적했다(조지프 등, 1991). 처음부터 경제적으로 불건전했던 (1957–1958년 우파로서 축출된 경제학자들은 당연히 이 점을 간파할 수 있었을 것이다) 문혁시기의 이 거대한 공작은 계획 자체가 아주 부적절했고, 목표도 달성되기 어려웠으며, 운영 자체도 기본적으로 대단히 비효율적이어서 그 가운데 상당 부분은 완성전에 폐기되었다. 1972년에 1,600개의 삼선사업 가운데 150개가 중지되었다. 하지만 이미 투자한 것 때문에 오직 81개만이 실제로 취소되었을 뿐이다.

이러한 전략적인 삼선건설과 더불어 공업관리의 광범위한 지방분권화가 추진되었다. 지방정부에게는 중앙의 계획에서 벗어난 소규모 농촌공장을 세울 수 있는 자율권이 주어졌다. 1965년에는 중앙정부의 통제 아래 총 1만533개의 민간기업이 전국 공업생산의 47퍼센트를 생산했다. 그러나 1971년에는 그것이 단지 8퍼센트만을 생산하는 142개의 공장으로 줄어들었다.

중국 농촌의 공업화는 농가수입의 증대를 위해서 여성과 아동의 노동력을 이용하여 수공업적으로 차, 생사, 면직물, 벽돌, 바구니 등을 생산했던 송대나 그 이전에 이미 시작되었다. 크리스틴 웡(1991)의 지적처럼 소규모의 농촌공업은 현대에 와서도 "모택동의 발전전략의 중심 기둥"이었다(조지프 등, 1991). 1979년에는 거의 80만 개의 기업과 약 9만 개의 소규모 수력발전소가 2,400만 노동자를 고용하면서 중국 공업생산의 15퍼센트를 생산했다. 여기에는 모든 농기구와 중소 규모 농업기계 대부분, 화학비료의 절반 이상, 시멘트의 3분의 2, 석탄 45퍼센트가 포함되어 있었다.

이러한 성과들이 선전대로 모두 지방의 자금에서 나왔다면 사실상 하나의 모범이 되었을 것이다. 그러나 최근의 통계연구는 국가의 투자가 매우 광범위했음을 지적한다. "자력갱생(自力更生)"은 신화에 지나지 않았다. 비료공장 같은 대공장과 비교하면 지방의 소공장은 비효율적이고 비싼 대가를 필요로 했다. 많은 것들이 너무 성급히 시작되었고, 또 지방에서 감당하기에는 너무 커져버렸다. 이익은 지방에 귀속되고 손실은 국가에 책임을 전가할 수 있었으므로 동기유발의 체제도 잘못되어 있었다. 회계과정 역시 마찬가지였다. 예를 들면 추정된 생산의 "손실"에서 파생된 자금으로 필요 이상의 새로운 공장들이 건립될 수 있었다. 아무도 그 수익성에 대해서는 관심을 가지지 않았으므로 이런 것도 받아들여질 수 있었다. 지방의 자원과 주도권에 바탕을 둔 바람직한 자력갱생 대신 농촌의 공업은 "다양한 모택동주의적 무절제의 희생물이 되어버렸다"고 크리스틴 웡은 지적했다(조지프 등, 1991). 너무 많은 관리자들이 국가를 희생으로 삼아 무책임한 확장론자가 되었다.

따라서 1970년대 초반 중국에는 투자가 필요한 세 부문이 있었다. 그것은 완성되지 않은 삼선건설 계획, 성과 지방정부의 분산되고 비효율적인 경우가 많았던 소규모 사업, 그리고 동해안의 항구와 사회간접자본 확장에 필요한 공장 전체를 포함하는 새로운 외국기술의 도입이었다. 문혁 중의 이 모든 경제성장은 중국이 감당하기에는 너무 벅찬 것이었다. 1976년 모택동이 사망하자, 노턴의 지적처럼, 여전히 4인방과 그 대항세력으로 나뉘어 있었던 중국의 지도자들은 실제적으로 경제통제력을 상실했다. 그러나 동시에 중국의 경제성장과 인구증가는 계속되었다. 집중적인 투자로 1969–1976년에 전국적으로 평균 13.5퍼센트의 공업성장이 이루어졌다. 인구도 1965년 7억2,500만 명에서 1975년 약 9억1,900만 명으로 늘어났다. 반면 농촌의 생산성과 생활수준은 정체되었다. 그 결과 공업의 지방분산화로 인한 주된 수혜자는 이제 새로운 지방 엘리트 —— 모택동은 조금도 이런 것을 원하지 않았을 것이다 —— 를 구성하게 된 중공의 간부와 관리자들이었다.

후계투쟁

1969년 이후 중공 당내에서는 모택동의 잠재적 후계자로 인정받게 해줄 제2인자의 자리를 차지하기 위한 권력투쟁이 줄곧 진행되었다. 1969년 문혁의 공식적인 결론으로서 임표는 자기 부하군인들이 당과 정부의 요직을 독차지하게 만들었다. 제2인자로서의 그의 지위는 확고한 것처럼 보였다.

그러나 1969년부터 1971년까지 임표의 지도적 위치는 점차 약화되기 시작했다. 그 이유 가운데 하나는 모택동이 정치구조에서 군부의 역할이 줄어들기를 바랐기 때문이었다. 결과적으로 임표에 대한 공격은 더 이상 그를 필요로 하지 않게 된 모택동에 의해서 이루어졌다. 분명히 그것은 여느 때처럼 주은래가 감독했다. 중국 정치의 특징인 비밀스럽고 이솝 우화와 같은 단어와 상징을 통해서 임표는 다양한 측면으로부터 공격을 받았다. 예를 들어 반대파 한 사람이 임표의 지휘 아래 있는 중앙 군사령부에 보직을 받는다면, 그것은 그가 분명히 주은래 총리와 두 명의 저명한 고참장성의 후원을 받고 있음을 의미했다. 널리 뿌려지는 선전용 사진에서는 모택동과 임표가 나란히 서 있는 대신 이제 임표가 배경으로 물러나게 되었다. 또 한때 모택동의 부관이었고 임표와도 가까운 사이를 유지했던 사람이 기소되어 일반적인 방식대로 자아비판을 요구받았다. 이 모든 것은 초월적 권력의 소유자가 바람이 어느

472

쪽으로 불고 있는가를 보여주는 신호나 상징이었다. 다시 말해서 임표는 매우 쓸모 있었지만 이제는 필요가 없어진 것이다. 반면 서열 제3위였던 주은래는 특히 외교에서, 그리고 정부의 재건이라는 측면에서 모택동과 긴밀하게 협력했다.

모택동의 최종 계략은 지방을 순시하면서 군구 사령관들에게 임표를 비판하는 이야기를 하는 것이었다. 이러한 소식이 풍문을 통해서 전해지자 임표는 자신의 시대가 지나버렸음을 알게 되었고, 중앙 사령부에 있던 아들이 꾸민 모의에 가담했다. 개인적 재난에 대한 유일한 대안으로서 그는 아마 모택동을 암살하고 군사 쿠데타로 그 자리를 대신하려고 했을 것이다. 그의 아들은 비밀리에 광범위한 준비를 했지만, 분명히 누군가가 이것을 모택동과 주은래에게 알렸음이 틀림없다. 절망한 그와 그의 아내는 비행기로 도피했으나 소련으로 향했음이 틀림없는 비행기는 1976년 9월 13일 저 멀리 몽골의 외곽 지역에서 추락했다.

전체주의 국가의 방식 그대로 이러한 최고의 소식은 사건의 전모가 상황증거 및 기록과 함께 발표될 때까지 1년 이상 공식언론에 공개되지 않았다. 임표에게 어떤 일이 있었는지에 대해서는 아직까지도 정확하게 알려져 있지 않다.

임표의 공개적인 이미지는 오랫동안 모택동에게 가장 가까운 측근으로서 굳어져왔으므로 그의 갑작스러운 음모는 마침내 인민들의 모택동에 대한 신뢰를 실추시켰다. 사람들은 그 노인이 임표를 믿을 만큼 바보였거나, 아니면 지금 거짓말을 하고 있는 악당이라고 생각하게 되었던 것이다.

문화혁명의 회고

간단히 요약된 통계숫자는 혁명의 경험 —— 권력을 지닌 홍위병들의 무모하지만 일시적이나마 짜릿했던 흥분이라든가, 그들의 희생자가 된 사람들의 고통 —— 을 제대로 전달해주지 못한다. "상흔문학(傷痕文學)"이 곧 개인들이 겪었던 재난을 보여주기 시작했다. 일생의 작업으로 만든 자신의 미발간 원고가 바로 눈앞에서 불타고 있는 순간의 학자, 자녀의 계급신분을 보호하기 위해서 우파로 분류된 아내와 이혼하지만 헛수고만 한 남편, 맞아 죽은 작가, 변소를 청소하게 된 늙은 교장선생 등.

오줌과 배설물(비문학적인 표현으로 하자면 똥)이 퇴비의 주성분이었으므로 중국에서는 상류계급의 사람들에게 대중의 삶이 어떤 것인지를 약간 맛보게 하는 일이 미국에서보다는 훨씬 쉬웠을 것이다. 지식인들에게 화장실 청소는 자루걸레와 세제로 타일이 깔린 실험실을 청소하는 것만큼 단순한 일은 아니었을 것이고, 냄새 나는 공중변소라면 더 말할 것도 없었다. 급속히 발전하던 중국 도시들은 근대적인 것과 근대 초기적인 화장실 시설을 갖추어가고 있던 반면, 광대한 농촌과 마찬가지로 그 주변지역은 여전히 중력(重力)에 의존하는 낡은 변소를 이용했다. 생태학자들이 대단히 경탄해마지 않는 이 관습은 다른 유기물과 섞어 들판을 기름지게 할 퇴비를 만들기 위해서 마치 밀물과 썰물이 움직이는 것처럼 매일매일 퇴적물을 모으는 방식이었다. 사실 중국 농촌의 어느 곳에서나 볼 수 있는 진풍경의 하나가 바로 이 야외화장실이다. 여기서는 낮 동안 가운데의 벽으로 분리된 남녀들이 액체와 고체가 섞이지 않도록 주의해가며 일을 보는 것이다. 따라서 화장실 청소는 단순히 원치 않는 것을 치우는 위생작업일 뿐 아니라 자원을 보존하는 기본적 공급의 문제이기도 했다. 1968년 해산된 다음 1,000만 명 정도 되는 홍위병들도 "하방되어" 이 똥거름을 다루었다. 그들은 검은 돼지똥이 보다 영양분이 많다는 것도 알게 되었다.

하지만 이러한 노동은 "투쟁집회"에서의 공공연한 모독보다는 훨씬 덜 고통스러웠다. 공격대상이 된 사람들은 자신의 이데올로기적인 죄악이 반복해서 낭독되는 가운데 대중을 향해서 공손히 고개를 숙인 채 단상 위에 서 있어야만 했다. 사실 팔을 제트기의 날개처럼 등 뒤로 뻗은 채 "비행기를 타는" 것이 전형적인 경우였다. 특히 그 희생자가 한두 시간 후 육체적으로 탈진하여 쓰러지기라도 하면, 친구라도 되는 사람의 눈에는 동정 어린 눈물이 맺혔을지 모르지만 다른 사람의 입에서는 욕설과 야유만이 쏟아져나왔다. 1920-1930년대에 노신은 잡문(雜文)을 통해서 남의 불행에 대한 중국인의 가학적 웃음을 맹렬히 비난했다. 이제 모택동의 혁명이 그러한 것을 대규모로 공공연하게 조직했다. 자살을 택하는 사람들도 있었다.

문혁의 희생자들을 추산하면 100만 명쯤 될 것으로 생각되지만, 그 가운데 아주 많은 사람들이 살아남지 못했다. 동류집단의 존경에 대해서 아주 민감한 중국인에게 동료와 오랜 친구들이 포함된 조롱하는 대중 앞에서 공공연히 두들겨 맞거나 모욕을 당하는 일은 피부를 벗겨내는 것과 마찬가지의 큰 고통이었다. 누군가가 공격을 해오면 희생자들은 대부분 죄의식을 느꼈다. 이것은 특히 그들이 모택동과 당에 대해서 매우 충성스러웠고, 대단한 존경심을 지녔기 때문이기도 했다. 하지만 자신에 대한 비난의 물결이 휩쓸고 지나가버리면, 그들의 경험은 무의미해졌다. 특히 처음에 고문을 집행했던 사람이 갑작스러운 상황 변화로 고문을 받게 되는 일이 잦아지면서부터는 더욱 그럴 수밖에 없었다. 도대체 무엇 때문에 그들은 고통을 당했던 것일까? 투쟁집회의 구조적 잔인성은 중국의 대중이 이러한 잔인성과 고위당국의 권위 —— 심지어는 철모르는 10대가 대표하는 경우에도 —— 를 그냥 따르고 있었다는 점이다. 문혁은 이처럼 대중이 권위에 대한 의존과 맹목적 복종을 보여줌으로써 지속될 수 있었다. 도덕은 법 아래 있다는 관념은 존재하지 않았다.

대중은 자신들에게 이해되지 않는 불합리한 요소들을 골라내어 "지나친 것"이라고 평가하는 경향이 있다는 앤드루 월더(조지프 등, 1991)의 지적은 상당히 설득력 있다. 하지만 증거가 축적됨에 따라 이제 문혁은 추상적인 이상의 추구가 아니라, "국가가 부추긴 박해, 고문과 패싸움, 무자비한 폭력사태로 이루어진 전례 없는 대소동"으로 이해되고 있다. 그 모든 과정에서 핵심 역할을 한 것은 지식인들 사이에, 그리고 당 내에 음모가 있다는 —— "숨어 있는 적과 배반자들" —— 가정이었다. 이것은 전시용 재판과 대량 학살이라는 스탈린주의에서 "직접 빌려온" 주제였다.

전통시대의 국가유교를 되돌아본다면 이러한 문혁의 시대적 이미지는 더욱 화대될 수 있다. 앞서 살펴본 대로 역사적으로 볼 때 음모는 주요한 활동 방식이자 두려움의 기본 원천이었다. 예를 들면 명조의 창업자 홍무제는 1380년 4만 명을 처형함으로써 승상의 음모를 뿌리 뽑았다.[10] 1760년대의 건륭제는 음모에 두려움을 느꼈으며,[11] 동치중흥(同治中興)은 1861년의 한 음모에서 시작되었다.[12] 손문은 사실상 거의 전 생애에 걸쳐서 음모를 추구했다. 서구처럼 국가권력과 그 정책을 명확하게 구분하는 데 기초한 "충성스러

---

10) 제1부의 제6장을 참조.
11) 제1부의 제7장을 참조.
12) 제2부의 제10장을 참조.

운 반대"가 결여된 점이 중국의 특성을 이루어왔던 것이다.

지배자의 적절한 행동이 지배자와 피지배자 간의 조화를 가져왔을 때만 그 정통성이 보장되었기 때문에, 음모라는 것은 언제나 국가유교의 일부를 차지해왔다. 찬성하지 않는 것은 조화를 거부하는 것으로 간주되었다. 따라서 찬성하지 않는 사람은 자신을 보호하기 위해서 충성을 가장했다. 이러한 기만을 알아차리게 되면 지배자는 과대망상은 아닐지라도 쉽사리 의심 많은 존재가 되어버린다. 정책은 곧 통치자의 도덕적 행위, 따라서 그의 정통성의 일부였으므로 자유로운 반대의사를 표현할 수 있는 여지는 없었다. 그러므로 반대는 반드시 비밀스러운 것이어야만 했다. 이것은 비밀결사의 발전을 재촉했다. 비밀결사는 은연중에 권력을 목표로 삼았다. 충성스러운 반대는 있을 수 없었다. 이러한 점에서 1989년 6월 4일 천안문 광장에서 민주주의를 촉구한 시위자들의 경우를 예로 들 수 있다. 그들은 변화를 원했기 때문에 중공의 원로 지도자들에게는 자신들의 적으로 비치게 되었던 것이다. 음모를 예기하는 사람은 결국은 언제든지 그것을 찾아낼 수 있었다.

스탈린주의자의 음모에 대한 공포나 중국 국내에서 자라난 그러한 음모의 중국판(中國版)과는 전혀 상관 없이, 린 화이트 3세(1989)는 문혁의 폭력성을 조장한 다음 세 가지 행정관행을 지적한다. (1) 모든 사람에 대해서 신분의 낙인을 찍는 것으로서 "우파"나 "흑오류(黑五流)"[13]로 지목된 가족은 영구적으로 무력화되었다. (2) 모든 사람들이 자신의 단위(單位)에 종속되기 때문에 그 우두머리는 성원의 생활을 전면적으로 통제할 수 있었다. (3) 한두 가지 운동으로 모든 사람들을 협박함으로써 지목된 희생자들은 조만간 다른 누군가에게도 재앙이 내릴지도 모른다는 것을 보여주었다. 이러한 것들은 인민을 통제하기 위한 값싼 방법이었다. 그렇지만 이렇게 해서 오랫동안 쌓인 억압된 분노는 문혁의 폭력 속에서 분출의 계기를 찾게 되었다.

다른 많은 사람들이 모택동주의의 정치에 대한 뛰어난 분석을 해왔다. 내 개인적인 생각은 뚜렷하게 문치(文治)를 지향하는 유가적 문인관료에 의해서 이루어진 것은 중국 정치사의 절반에 지나지 않으리라는 것이다. 나머지 절반을 차지하는 음모나 그것이 항상 수반하는 폭력은 본질적으로 무(武)의 성

---

13) 지주, 부농, 반혁명분자, 악질분자 그리고 우파를 가리킨다.

격을 지니고 있었다. 중국의 역사기록은 이러한 측면을 배경에만 남겨두는 경우가 많았고, 현대의 역사가들도 이런 측면에 대해서는 그리 깊이 들어가지 못했다. 따라서 정치학자들은 자신들의 비교연구에서 문의 측면 못지 않게 중요한 이러한 무의 측면을 첨가시키는 데에 어려움을 겪었다. 이 새로운 영역은 앞으로 많은 사람들의 관심을 끌게 될 것이 틀림없다.

여파

1970년대 초반 4인방이 이끄는 상해 집단은 언론매체와 문화 분야를 장악했다. 하지만 모택동의 지지에도 불구하고 그들은 정부의 행정과 경제를 장악할 수 없었다. 모택동이 여전히 제1인자의 지위를 지키고 있었지만, 경제발전을 꾀하는 행정기구는 점차 주은래를 중심으로 결집을 이루고 있었다. 1973년 이후 암으로 눕게 되자 주은래는 자신의 뒤를 이어 등소평이 총리 직을 맡게 하려고 움직였다. 문혁 당시 공격의 목표가 되었지만 등소평은 유소기처럼 버려지기에는 너무도 유능하고 정력적이었으며, 특히 군대와도 관계가 돈독한 경험 있는 고참이었다. 1975년 1월 제4차 전국인민대표대회(全國人民代表大會)가 열리기 직전 등소평은 당의 부주석이 되었으며, 권력의 핵심인 정치국 상무위원회의 위원이 되었다. 이 인민대표대회에서 그는 부총리로 선출되었고, 모택동과 주은래에 이어서 서열 제3위에 올랐다. 등소평은 또한 인민해방군의 총참모장이 되었다. 주은래는 이 대회에서 자신의 마지막 공식활동의 하나인 4개 현대화의 요구를 제시했다.

1976년 1월 주은래가 사망한 다음 4인방은 어떤 조문(弔問)도 허용하지 않았다. 그러나 4월 5일 청명절(清明節)이 되자 그들은 죽은 총리에 대한 존경을 표시하기 위해서 천안문 광장의 인민영웅기념비 주변에 모여드는 수십 만의 인파를 도저히 막아낼 수 없었다. 이것은 역사적으로는 5·4운동과 병행하는 4·5운동[14]이 되었다. 4인방의 탄압으로 이루어진 이 사건은 광범위하게 퍼져 있는 대중적 환멸을 드러냈다. 시위는 억압되었고 문혁의 분위기 속에서 등소평은 다시 잠시 동안 권좌에서 물러났다.

---

14) '천안문사건'이라고도 한다.

　그러나 4인방은 7월에 북경 동쪽의 당산(唐山)에서 갑자기 발생하여 50만 명 정도의 사망자를 내고, 생존자들을 길거리에 나앉게 한 대지진을 막을 수는 없었다. 거의 모든 농부들은 인간과 자연, 따라서 천재(天災)와 인재(人災)에는 긴밀한 관계가 있다고 믿고 있었다. 따라서 그런 엄청난 재난 이후 모택동이 할 수 있는 것은 죽는 일밖에 없었다. 1976년 9월 9일의 일이었다. 그는 자신과 외모가 비슷한 호남에서 올라온 공안부장인 화국봉(華國鋒)[15]을 후계자로 선택했지만, 그는 나중에 철저하게 잊혀진 인물이 되었다. 10월에는 4인방이 체포되어 재판에 넘겨졌다. 복잡하게 뒤얽힌 권력투쟁을 거쳐 등소평은 마침내 1978년 말 승리를 거머쥐었다.

　대부분이 농촌 사람인 중국인에게 문혁의 최종적인 결과는 사회주의 정부에 대한 환멸과 가족에 대한 새로운 의존이었다. 다음과 같은 부작용들을 생각해보라. 1950년대에 규정된 계급적 지위는 다음 세대에도 그대로 계승되었고 이제 거의 카스트 제도나 마찬가지가 되어버렸다. "네 가지 악질분자(악질지주, 부농, 반혁명분자, 악질분자)"로 분류된 6퍼센트에 해당하는 사람들의 자손은 영원히 그늘 속에 살 수밖에 없었다. 또한 도시에서 농촌으로의 이동은 계속 중단된 상태였다. 농민의 삶은 열등하고 문명화되지 못한, 따라서 기피해야 할 것으로 경멸되었다. 시골로 "하방된" 1,400만 명의 도시청년들도 이런 이미지를 바꾸지는 못했다. 집단화된 농촌경제는 생산성을 향상시키는 데에 분명히 실패했으며, 고압적이고 무식한 간부들의 개입은 파멸만을 가져왔다.

　1960년대에 모택동에 대한 숭배는 농민종교의 토속신과 여타 신들을 대신했다. 그러나 1970년대 중반 문혁의 폭력성과 임표의 몰락은 모택동의 이미지를 더럽혔다. 공중보건의 향상과 농업에서의 녹색혁명(화학비료의 사용, 살충제, 다수확 품종 등)은 인구가 두 배로 늘어나는 것을 도와주었다. 초등교육, 도로수송, 신문과 라디오에 의한 통신 등의 확대와 같은 위대한 혁명의 성과조차도 부분적으로는 오히려 중국이 얼마나 더 나아가야 하는가를 보여

---

15) 1921- . 山西省 交城 출신으로 1938년 중공에 가입했으며, 1949년 이후 호남성에서 활동하면서 호남성 당위 제1서기에까지 올랐으며 1971년 중앙에 진출했다. 1976년 10월 4인방 체포에 협조하여 당중앙위 주석에 오르는 등 한때 중국의 최고 지도자로 군림했다. 등소평의 권력 장악 이후 철저히 소외되었던 그가 2001년 말에는 중공을 탈당했다는 소식이 외신으로 전해지기도 했다.

주는 역할밖에 하지 못했다. 외국 제국주의는 끝장이 났지만 외국의 자극은 여전했다. 낡은 "봉건적" 가치와 부패한 관행은 여전히 중국 사회에 깊숙이 뿌리 박고 있었다.

미래의 역사학자는 모택동의 역할이 소수의 교육받은 지배계급과 방대한 수에 달하는 일반 대중 사이의 해묵은 장벽을 없애려는 것이었다고 결론을 내릴지도 모른다. 그러나 그가 얼마만큼이나 성공을 거두었는지 지금 우리는 알지 못한다. 경제는 발전하고 있었지만 결국 새로운 정치구조를 창조하는 과제는 그의 후계자에게 넘겨졌다.

제21장

모택동 이후의 개혁기

멀 골드만[1]

모택동 이후 시기의 중국은 고립되고 가난하고 농촌적이며 정치적으로 혼란스러웠던 나라에서 상대적으로 개방되고 안정되고 도시화와 근대화가 진행되는 나라로 바뀌었다. 20세기 말의 20년 동안 연평균 9퍼센트의 경제성장률로 중국 경제는 세계에서 가장 빠르게 성장했다. 1997년 9월 19일 발표된 중국에 관한 세계은행 보고서는 중국 경제가 역사 속의 거의 대부분의 국가보다 더 빠르게 성장했다고 지적하고 있다. 단 20년 만에 중국은 1인당 소득이 실질적으로 네 배 늘어났다. 그 전에는 하루에 1달러 소득이라는 국제적인 빈곤기준을 밑도는 삶을 살았던 사람이 대체로 열 명 가운데 여섯이었다. 19세기의 미국이 1인당 소득을 두 배로 하는 데에는 거의 50년이 걸렸다. 하지만 중국에서는 이것이 단 10년 만에 이루어졌다.

---

1) 이 글은 이번 개정판에서 새롭게 추가된 부분이다. 기존의 제1판에서도 제21장은 등소평의 개혁기를 다루었으나 이 개정판에서는 멀 골드만에 의해서 완전히 새롭게 쓰여진 제21장으로 대체되었다. 멀 골드만은 1972년부터 2001년까지 보스턴 대학 역사학부의 교수로 재직했고 2003년 현재 존 킹 페어뱅크 동아시아 연구소에서 일하고 있다. 그녀의 저서로는 *Literary Dissent in Communist China*, Harvard University Press, 1967 ; *China's Intellectuals: Advise and Dissent*, Harvard University Press, 1981 ; *Sowing the Seeds of Democracy in China : Political Reform in the Deng Xiaoping Decade*, Harvard University Press, 1994 등이 있으며 공동편집한 책으로는 *Modern Chinese Literature in the May Fourth Era*, Harvard University Press, 1977 ; *Science and Technology in Post-Mao China*, Council on East Asian Studies, Harvard University, 1989 ; *Ideas Across Cultures, Essays on Chinese Thought in Honor of Benjamin Schwartz*, co-edited with Paul Cohen and Introduction written with Paul Cohen, Harvard University Press, 1990 ; *Fairbank Remembered*, co-edited with Paul Cohen, Fairbank Center for East Asian Research, 1992 ; *The Paradox of China's Reforms*, co-edited with Roderick MacFarquhar, Harvard University Press, 1999 ; *Historical Perspectives on Contemporary East Asia*, co-edited, Harvard University Press, 2000 ; *Intellectual History of Modern China*, co-edited, Cambridge University Press, 2002 ; *Changing Meanings of Citizenship in Modern China*, co-edited, Harvard University Press, 2002 등이 있다.

장정(長征)에서 살아남은 중공 지도자, 특히 등소평은 1976년 9월 모택동이 사망하자 곧바로 권좌에 복귀했다. 그는 이와 같은 특이한 변혁을 가능하게 만든 개혁을 도입하고 그 틀을 짰다. 1989년 11월까지 공식적으로는 단지 부총리이자 중앙군사위원회의 주석에 지나지 않았지만, 1997년 2월 사망할 때까지 그는 실질적으로 최고 지도자로서의 지위를 유지했다.[2] 그의 권위는 최초 혁명세대의 일원이라는 위상, 그리고 당과 국가의 모든 분야와 맺고 있는 깊은 유대관계에서 나왔다. 1949년까지 중국을 떠나본 적이 없고 그 다음에 소련을 짧은 기간 방문했을 뿐인 모택동과는 달리 그는 열여섯 살이었던 1920년 노동과 학업을 병행하는 근공검학생(勤工儉學生)으로 프랑스에 유학했다. 거기에서 주은래의 알선으로 1924년 입당했고, 뒤이어 약 아홉 달 동안 소련에 머물렀다.

하지만 30년에 걸친 모택동의 정책을 그가 뒤바꿔놓도록 만든 것은 이러한 외부세계에 대한 경험이 아니라 그와 가족 및 살아남은 다른 당원로(黨元老)들이 문혁기에 당했던 박해의 경험이었다. 등소평과, 군사지도자를 포함한 그의 동료들은 우선 모택동이 지명한 후계자로 호남성에서 올라온 공안부장 출신이며 종래 거의 알려지지 않았던 화국봉을 제거할 필요가 있었다. 등소평이 1976년 4월 5일 과거의 홍위병들과 노동자들이 천안문 광장에서 벌인 시위[4·5운동]를 촉발했다는 비난을 받게 된 다음 모택동은 그를 대신하는 자리에 화국봉을 임명했다. 문혁의 종말과 4인방의 타도를 요구한 이 시위는 사실상 모택동을 공격한 것이나 마찬가지였다. 1978년 12월 인민해방군의 후원을 받으면서 등소평과 당의 원로들은 화국봉을 밀어내고 11기 3중전회에서 공식적으로 권력을 장악했다. 1979년 등소평은 미국을 공식 방문했다. 미국에서 등소평은 개방과 시장경제로의 이행정책을 통해서 중국을 현대세계로 밀어넣은 최고의 지도자로 칭송되었다. 1980년 등소평의 후계자로 공산주의청년단의 제1서기였고 장정의 생존자 중 가장 나이가 어렸던 호요방

---

2) 중국공산당은 중앙에서 가장 말단의 촌에 이르기까지 방대한 수직적인 조직체계를 가지고 있는데 그 권력이 집중되어 있는 핵심적 기구는 중앙위원회, 중앙정치국과 정치국상무위원회, 중앙군사위원회, 그리고 중앙서기처이다. 당헌에 따르면 전국대표대회가 전체 당원의 의사를 대표하지만, 실제로는 5년마다 소집되는 전국대표대회에서 선출된 중앙위원회가 모든 권한을 위임받아 행사하며, 매년 한번 개최되는 이 중앙위원회 전체회의로부터 권한을 위임받아 행사하는 것은 중앙정치국과 중앙군사위원회 및 중앙서기처이다.

(胡耀邦)[3]이 화국봉을 대신하여 당 총서기로 임명되었다. 사천성의 개혁파 당위서기(黨委書記)였던 등소평의 또다른 후계자 조자양(趙紫陽)[4]은 국무원 총리가 되었다.

문혁이 너무 파괴적이었고 수많은 당원을 죽음으로 몰아넣었으므로 등소평과 동료들은 모택동의 정책을 포기할 때 당원들 거의 대부분의 지지를 확보할 수 있었다. 그들 대부분은 모택동과 더불어 대약진운동에서 추진했던 유토피아적인 평등주의사회와 문혁에서 모택동이 추구했던 중단 없는 계급투쟁을 거부했다. 뿐만 아니라 1950년대 소련과의 10년 동맹기간 동안 베껴 왔던 국가의 경제통제, 농업집단화, 중공업에 대한 스탈린주의적 강조도 마찬가지로 거부했다. 1970년대 말이 되면 이러한 모델은 중국뿐만 아니라 나머지 공산세계에서도 실패한 경제를 낳았을 뿐이라는 점이 분명해졌다.

1978년의 3중전회는 개혁기의 공식적인 출범을 알렸다. 하지만 모택동의 정책을 뒤엎는 작업은 사실 1976년 모택동의 사망 직후부터 시작되었다. 추방당한 당 지도자들의 권좌로의 완만한 복귀는 점차적으로 당의 강조점을 이데올로기적인 것에서 실용적 정책으로 옮기게 만들었다. 1977년 고위 당 관료 훈련기관인 중앙당교(中央黨校)의 교장과 중앙조직부 부장에 취임했고 1979년에는 중앙선전부 부장으로 지명된 호요방이 이러한 움직임을 주도했다. 그 직후부터는 계급투쟁보다 의견일치가 강조되고, 이데올로기 투쟁보다는 경제발전이 훨씬 중시되는 상황이 출현했다. 이러한 변화는 1970년대 말의 "해방사상(解放思想)"이나 "실사구시(實事求是)"[5] 그리고 "실천은 진리를

---

3) 1915-1989. 湖南 瀏陽人으로 1930년 중국공산주의에 가입했으며 1933년부터 강서성(江西省)의 중앙혁명근거지에서 일하면서 중국공산당원이 되었다. 1949년 이후에는 중국공산주의청년단 중앙제1서기, 중공중앙비서장, 중공중앙정치국당무위원, 중앙당위회주석, 중국공산당중앙위원회 총서기를 지냈으며 1987년 1월 중앙정치국확대회의에서 중공중앙총서기의 직무를 사퇴했다. 1989년 초 그의 사망이 이른바 천안문사건(6·4)의 도화선이 되었다는 것은 잘 알려진 사실이다.

4) 1918- . 18세부터 豫北의 家鄉에서 혁명투쟁에 참여하고 1938년 중공에 가입했다. 문혁기간에는 박해를 받고 공장에서 노동을 하기도 했으나 1971년부터 복귀했고 1973년 10전대회부터 중앙위원으로 선출되었다. 1981년 당중앙 부주석, 1982년 중앙정치국위원, 상위에 선출되었고, 1987년 1월에 대리총서기가 되었다. 또한 1980년부터 국무원총리를 맡아왔다. 조자양은 1989년 천안문에서의 학생, 시민의 시위에 대한 진압을 반대하여 모든 권력을 박탈당하고 현재까지 연금을 당하고 있는 것으로 유명하다.

5) 이것은 등소평이 1978년 12월 13일 곧바로 열릴 11기 3중전회를 위한 준비 모임이었던 중앙공작회의의 개막회에서 한 연설의 제목("解放思想, 實事求是, 團結一致向前看")에 나타난다. 『등소평문선(1975-1982)』 제2권(人民出版社, 1983), pp. 130-143을 참조.

482

검증하는 유일한 표준수단이다〔實踐是檢證眞理的唯一標準〕"[6]라는 구호로
대변되었다.

3중전회가 모택동 시기의 정치적 혼란과 경제적 정체에 종지부를 찍은 직
후 대담한 개혁이 시작되었으며, 중국의 전례 없는 경제성장에 방아쇠가 당
겨졌다. 등소평은 인민대중 다수의 생활수준을 향상시키는 것에 의해서만
당-국가(黨國家)[7]가 약화된 천명(天命)을 되살릴 수 있다고 믿었다. 따라서
개혁은 대다수가 거주하는 농촌에서 먼저 시작되었다. 등소평은 대다수 당
원로들에게서 농촌개혁에 대한 지지를 얻어낼 수 있었다. 그들과 가족은 문
혁기에 농촌으로 보내져서 농민들의 거칠고 한계상황에 도달한 생활조건을
체험했을 뿐만 아니라, 1949년 이래로 농촌은 나아진 것이 거의 없다는 점을
발견했기 때문이다. 1970년대 말 이래로 또한 중국 지도자들은 같은 유교문
화권이거나 아니면 화교(華僑)가 거주하는 대만, 한국, 홍콩, 싱가포르와 일
본의 경제적 역동성을 점점 더 의식하게 되었다. 스탈린주의 모델로부터 떨
어져나옴에 따라 중국은 점점 더 이러한 동아시아의 선례로 방향을 돌렸다.
등소평 지도체제는 가족농업, 시장경제, 소비재 공업과 국제무역에의 참가라
는 동아시아의 이웃 국가들의 특성을 모방함으로써 공산당의 천명을 되찾고
자 노력했다. 이러한 접근은 또한 토지개혁, 활발한 지역시장, 역동적인 서비
스 분야, 지방정부에 의한 지방기업의 지도라는 중국 역사의 장기적 동향 위
에 바탕을 둔 것이었다.

"중국적 특색을 지닌 사회주의〔有中國特色的社會主義〕"[8]로 불린 등소평
의 개혁정책은 시장경제로의 지향을 기존의 레닌주의적 당-국가와 결합시켰
다. 이러한 결합은 전통적인 유교적 국가와 가치〔中體〕를 유지하면서도 서구

---

6) 원래는 1977년 초 화국봉 등에 의해서 제기된 '兩個凡是'를 비판, 반대하는 목적에서 제시된 논쟁으
   로 문혁의 종결과 사인방의 축출 이후에도 남아 있던 '左'傾思想을 척결하고 화국봉의 권력기반을 무
   너뜨리는 데에 그 기본적인 목적이 있었다. 등소평도 5월 24일 "兩個凡是는 마르크스주의에 부합되
   지 않는다"고 발언했다. 『鄧小平文選(1975-1982)』 제2권(人民出版社, 1983), pp. 35-36을 참조.
7) 여기서의 멀 골드만이 자주 사용하고 있는 "당-국가"라는 개념은 이데올로기-헌법을 비롯한 모든
   법률, 정치행정제도의 차원에서 당의 지도권이 보장되고 있으며 외형적으로는 삼권분립이라는 형식
   을 갖추고 있으나 실질적인 모든 권력은 당에 집중되어 있는 국가체제, 즉 당이 국가를 지배하는 제
   도라는 의미로 보통 社會主義國家의 一黨支配體制를 가리키는 것으로 생각된다.
8) 1984년 6월 30일 「建設有中國特色的社會主義」라는 대담 내용에서 처음 언급되었는데, 등소평이
   1970년대 후반 이후의 개혁정책을 총괄하는 의미에서 사용한 것이다.

의 기술과 경제적 방법[西用]을 받아들이고자 했던 19세기 후반의 자강운동(自強運動)과도 비슷한 것이다. 마찬가지로 1970년대 말 등소평과 당 원로들은 여전히 레닌주의적 정치체제를 유지하면서도 서구의 과학, 기술과 경제적 관행의 일부를 수입할 수 있을 것이라고 믿었다. 하지만 서용(西用)은 19세기 말에 중체(中體)의 기반을 무너뜨린 것처럼 20세기 말에도 똑같은 역할을 수행했다. 서구의 과학, 기술과 경제적 관행뿐만 아니라 계속 확장 중인 국제무역까지도 중국이 받아들이게 되자 서구적 정치사상과 가치의 유입은 불가피한 것이 되지 않을 수 없었다. 이러한 유입은 또한 1980년대 후반이 되면 하나의 파도와 같은 거대한 흐름으로 바뀌면서 서적, 여행, 전화, 영화, 라디오, 텔레비전, 팩스, 이메일, 인터넷, 여행자 그리고 홍콩과 대만의 광고와 대중문화를 통해서 퍼부어지게 되었다. 더욱이 등소평이 정교하게 추진한 이데올로기의 역할 축소 작업은 문화를 정치로부터 이탈하게 만들었고 5·4시기를 제외하면 근대 중국의 역사상 어느 시기보다도 폭넓은 사상적, 문화적, 개인적 표현의 공간이 허용되었다.

등소평의 개혁에 의해서 고삐에서 풀려난 힘들은 중국의 통제경제뿐만 아니라 이미 문혁에 의해서 난타당했던 당-국가 및 그 공식적 가치에 대해서도 도전하게 되었다. 개혁에 의한 경제성장과 소득향상이 중앙의 권위를 끌어올릴 것으로 기대되었지만, 실제적으로 그것은 정반대의 작용을 했다. 1980년대에 경제개혁이 비약을 시작하자 당-국가의 권위는 농촌과 성에서 점차 쇠퇴하기 시작했다. 중앙의 역할 축소는 자발적인 경제력의 작용에서뿐만 아니라 경제분야에 대한 중앙정부의 직접 개입을 간접적 지렛대, 시장, 그리고 지방의 정책결정 확대로 대체하려고 한 개혁파의 의도적 결정에서 비롯되기도 했다.

등소평과 그의 동료들은 그밖의 수많은 다른 분야에서도 교묘하게 몸을 뺐다. 모택동 시기와는 대조적으로 당은 일상생활의 많은 부분에 대한 독점권을 양보했다. 정치와 출산통제라는 중요한 부분을 제외하고 등소평과 동료 개혁파는 개인적, 사회적, 문화적 생활에 대한 당의 통제를 완화시켰다. 시장경제로의 이행 때문만이 아니라 모택동 시기에 강요되었던 일상생활 전반의 정치화에 의해서 야기된 상처의 치료를 원했기 때문이다. 다른 분야보다 중앙정부가 훨씬 단단하게 통제했던 정치영역 내에서조차 당-국가 내부나 당과 사회의 여러 관계들이 시장경제로의 이행, 외부세계에 대한 개방 그리고 등소평과 동료들이 추진한 제한된 정치적 개혁에 의해서 변화가 이루어지기 시작했다.

당-국가의 후퇴와 더불어 이러한 개혁들은 사회 속의 여러 과정들과 정치구조, 문화영역 및 북경에서 완전히 통제할 수는 없었던 경제분야를 움직이기 시작했다. 중국의 경제적 역동성에 불을 붙인 시장개혁에는 그 개혁 전반을 규제하는 틀이나 근본적 정치개혁이 수반되지 않았다. 때문에 빈번한 통화팽창, 부패의 만연, 불평등의 확산, 지역격차의 확대가 나타났다. 마찬가지로 중국의 국제무역에의 참여는 경제관행뿐만 아니라 관료적 이데올로기와 가치에 도전하는 서구적 영향력이 정치와 문화 분화에 유입될 수 있게 했다. 더구나 외국의 영향력이 북경이나 대규모 연해도시에만 한정되었던 5·4시기와는 달리 이러한 영향력은 농촌으로, 실제적으로는 전국의 모든 지역으로 스며들었다.

레닌주의적 당-국가의 구조는 어떠한 예상되는 정치적 위협도 억누를 수 있었고, 또 그렇게 해왔다. 하지만 명령에의 복종을 이끌어내는 지도층의 능력은 잠식당했다. 마르크스·레닌주의와 모택동사상은 끊임없이 환기되었지만 그것을 믿는 사람은 거의 없었고 그것에 기초해서 행동하는 사람은 더욱 적었다. 중국 사회는 다양해지고 문화도 다원화되었다. 1949년 이래 처음으로 다양한 개인과 집단이 당-국가의 지시에 호응하고 순응하는 대신 자신의 견해를 제시하고 이익을 추구하게 되었다. 등소평의 개혁은 19세기 말에서 20세기 초의 발전과 비슷하기는 했지만 새로운 중국의 혁명을 탄생시킬 수 있었다.

1949년의 혁명(100-200만의 지주가 목숨을 잃었다고 추측된다), 1957-1958년의 반우파투쟁(50만 이상의 지식인이 사회로부터 추방되었다), 대약진운동과 그 여파(3,000만 명 이상의 농민이 기근과 영양실조로 목숨을 잃었다), 그리고 문혁(50만 명 이상이 살해되거나 자살했으며, 1억 명이 박해를 받았다고 추측된다)과 비교한다면 이 두번째 혁명은 대규모의 폭력이 동반되지 않았다.* 800명에서 1300명 사이의 사람들이 목숨을 잃었고, 1만에서 3만

---

* 보다 최근의 연구에서 나온 이러한 숫자들은 페어뱅크가 전에 제시한 것과 약간 다르다. 지주들의 사망 숫자는 Frederick C. Teiwes, "The Establishment and Consolidation of the New Regime, 1949-1957,"

에 이르는 참가자들이 투옥된* 1989년 6월 4일 천안문 광장에서의 시위진압이라는 눈에 띄는 예외, 그리고 재야정치활동가나 당이 인정한 종교건물에서 기도하지 않는 기독교도, 이슬람 교도 및 티베트인에 대한 지속적 박해를 제외한다면, 모택동 이후의 혁명은 모택동 시기 중국의 경험을 특징지었던 대규모 억압이나 일시적 혼란 같은 것 없이 이루어졌다.

경제개혁으로 고삐가 풀린 힘

모택동 이후 시기에 압도적으로 농촌적이며 비교적 빈곤했던 중국의 경제는 통제경제에서 시장경제로, 그리고 압도적으로 농업에 기초한 경제에서 점점 더 도시화되는 경제로 커다란 변동을 경험했다. 이 변동은 큰 전환을 가져왔지만, 상대적으로 신속하고 한꺼번에 모든 것이 이루어졌던 소련의 전례와는 달리 중국은 그 개혁을 점차 그리고 단계적으로 수행했다. 나아가 더 비교하자면 초기에 생산, 고용과 생활수준의 하강을 경험한 러시아와는 달리 중국의 생산은 늘어났고, 인구 대다수의 생활수준은 큰 폭으로 개선되었다.

중국의 보다 큰 경제적 성공은 부분적으로는 거의 70년 동안 마르크스·레닌주의 체제가 자리잡고 있던 러시아와는 달리 중국의 그것은 단지 30년밖에 되지 않았다는 점에 돌릴 수 있을지도 모른다. 인구의 다수는 여전히 1949년 이전의 시장경제, 서비스 경제를 기억했다. 더구나 러시아의 경제개혁은 위로부터 강요된 것이었으나, 중국의 가장 중요한 개혁 가운데 몇 가지는 아래로부터 시작되었다. 등소평과 동료들은 문혁의 영향으로 변화를 원했지만, 경제개혁에 대한 청사진은 가지고 있지 못했다. 결과적으로 그들은 민초(民草)로부터의 요구에 부응한 셈이 되었다. 그들은 처음에는 모택동 시기에 짧게 시도된 적이 있었던 여러 가지 개혁정책을 실험했다. 이를테면 대약진운

---

in Roderick MacFarquhar, ed., *The Politics of China : The Eras of Mao and Deng*, 2nd ed. (New York : Cambridge University Press, 1997), p. 36을 참조. 대약진운동기의 사망자 수는 조자양의 고문이었던 Chen Yizi로부터 나온 것이다. 문혁기 희생자의 숫자는 Roderick MacFarquhar, "The Chinese State in Crisis," Roderick MacFarquhar, ed., *The Politics of China*, p. 244를 참조. 문혁기에 박해를 당한 사람의 숫자는 1980년 6월 21일 호요방이 유고슬라비아 기자 Tanjug와 행한 인터뷰(*FBIS Daily Report : China*, June 23, 1980, p. L1)를 참조.

* Asia Watch, *Punishment Season : Human Rights in China after Martial Law*(New York, March 1990), p. 3.

동의 경제적 재앙에 뒤이어 가족농업으로의 복귀인 "호별 농업생산책임제〔農家契約生産責任制(家庭聯産承包責任制)〕"[9]가 여러 지역에 나타난 적이 있었다. 이러한 체제가 일부 인민공사의 해체와 시장 및 물질적 동기로의 복귀라는 조짐을 보이자 모택동은 1962년 9월 그것을 중단시켰다. 하지만 모택동의 사망 이후 특히 등소평의 동지였던 만리(萬里)[10]가 지도했던 안휘성(安徽省)과 조자양이 당위서기였던 사천성(四川省)에서는 농업생산책임제로의 복귀가 시도되었다. 이 두 지역에서 생산성이 향상되자 등소평과 개혁파 동료들은 농업생산책임제를 전국적 정책으로 추진했다.

집단화의 해체를 반대할 만한 모택동과 같은 위상을 지닌 지도자가 없었으므로 수백만 농민이 가족경영으로 돌아가자 인민공사는 겨우 몇 년 만에 해체되어버렸다. 이러한 형태의 토지개혁은 국가가 지시한 곡물가격의 상승과 더불어 등소평 시기 초기에 농업경제의 붐이 일어나도록 자극하는 물질적 유인을 제공했다. 국가는 여전히 다른 곳에서의 판매와 분배를 위한 곡물의 납부를 강제적으로 명령했지만, 동시에 농민들에게 과일이나 채소재배, 가금과 물고기 양식, 그리고 상대적으로 자유로운 시장을 위한 지방 서비스 공업과 같은 이윤을 노리는 부업활동을 허용했다. 1980년대 전반 농촌지역의 생산은 두 배 반 늘어나서 인구증가나 도시경제의 성장을 훨씬 앞질렀다.* 1980년대에 여전히 70퍼센트를 차지했던 농촌인구의 소득증대는 농민의 가처분소득을 흡수하기 위한 소비재공업을 자극했으며, 아울러 스탈린주의적 군사공업과 중공업을 강조하던 과거의 관행에서 좀더 멀어지도록 했다. 경공업으로의 이동과 더불어 중국은 곧 동아시아의 이웃 국가들과 비슷한 양식으로 상대적으로 값싼 소비재를 외국에 팔기 시작했다. 모택동 시기에는 기초 교육과 공

---

9) 중국공산당이 11기 3중전회 이후 농촌에서 보편적으로 추진한 농업생산관리체제는 '農業生産責任制'라고 불린다. 이것은 토지 등 기본생산자료의 공유제라는 기초 위에서 農戶나 小組가 集體와 承包관계를 떠맡는 체제를 말한다. 농업(계약)생산책임제는 크게 둘로 나뉘며 하나는 부분계약을 통해 정해진 액수의 임금을 받는 小段包工·定額計酬이고 다른 하나는 생산성에 따라 보수가 달라지는 包工包産聯産計酬의 종류이다. 專業承包聯産計酬, 聯産到組, 統一領導聯産到勞, 包産到戶, 包幹到戶, 包工到組 등이 있는데 이러한 책임생산제도는 聯産包戶承包制, 家庭聯産承包責任制 등으로도 불린다.
10) 1916- . 山東 東平 출신으로 1936년 중공에 가입했으며 건국 이후 안휘성위 제1서기, 국가총위 주임, 국무원 부총리 등을 지냈다.
* 앞의 책, p. 412.

중보건을 농촌으로 확산시켰지만, 등소평 시기는 수백만의 농민이 생활수준 향상의 가능성을 노려 서비스나 경공업에 종사하는 자영업자가 될 수 있게 했다.

이러한 농촌과 소도시, 즉 향진(鄕鎭)에서의 기업의 발전은 상당한 정도로 농업생산책임제의 그것과 유사하다. 이것들 역시 민초 수준에서 시작되었으며, 그리고 나서 등소평 지도체제에 의해서 전국적인 정책으로 확인을 받았다. 향진기업의 설립은 원래 대약진운동 기간 중에 시작되었고, 모택동 이후 시기에 가속화되었다. 향진기업은 원래 향진 당 지도자들의 도움을 받으면서 집단소유(集體所有)로 설립되었다. 대부분 농촌에 있었던 이 집단기업들은 국가계획의 지도를 받지 않았으며, 또한 정부보조도 받지 않는 공유경제(公有經濟)의 일부를 대표했다. 보다 유연성이 있었고, 또한 국영기업의 보다 높은 노동비용이나 보다 많은 경상비용 —— 주택, 의료, 연금 및 교육 등 —— 을 부담하지 않았기 때문에 경제개혁이 시작되었을 때 이 분야는 시장의 압력에 보다 잘 적응할 수 있었다. 모택동 이후 시기에 상대적으로 보다 적은 세금을 부담한 이 향진의 집단기업들은 또한 수리공장이나 교통, 농기구, 소규모 경공업으로 출발했으나 점차 보다 큰 공장으로 확대되면서 국내시장뿐만 아니라 국제시장을 위한 소비재를 생산했다.

"부자가 되는 것은 영광스런 일이다"라는 등소평의 구호는 사영기업〔個體戶〕의 성장을 자극했다. 개체호는 원래 가족이 운영하는 소규모였으며, 소매나 서비스 교역에 종사했다. 이러한 사영기업들이 팽창을 꾀하고 기술적으로 좀더 진보를 이루게 되면 보통 집단기업을 설립했다. 일부는 사영으로 남아 있었지만, "집단소유"인 경우 토지나 건물, 시장기회의 획득이나 자원과 대출에의 접근에서 지방정부의 도움을 받는 데 보다 유리한 자리에 설 수 있었다. 지방관료들과 향진기업의 우두머리들은 이런 집단기업을 운영하기 위한 동맹을 맺는 것이다. 이런 동맹은 비국영(非國營) 기업과 노동자들의 수입을 늘리기도 했지만, 그것은 특히 지방관들의 배를 불렸다. 궁극적인 통제권은 그들의 손에 달려 있었기 때문이다. 어떤 점에서 이러한 동맹은 또한 관료의 감독과 상인의 운영, 즉 관독상판(官督商辦)으로 불렸던 청말의 기업구조와 상당히 유사하다. 이런 기업들 다수가 실패했다는 사실에도 불구하고 비국영 집단·사영기업들은 곧바로 중국의 개혁경제에서 가장 역동적인 부분으로 자리잡았다. 1980년대에 이런 집단기업들은 1년에 20-30퍼센트의 성장률을 보였다. 등소평 자신이 언급한 대로 이것은 예기하지 못한 발전이었다.[*] 1990년대에는 집단기업의 성장률이 둔화되는 대신 개인·사영기업(8명 이상을 고용하고 있는) 경제가 매년 20-30퍼센트의 비율로 성장했다. 개혁파는 이러한 전략을 "강을 건너면서 돌다리도 두들겨 보는 식[走一步 看一步]"이라고 묘사했다.[**]

1984년 10월 12기 3중전회에서 등소평의 후계자인 호요방과 조자양은 시장경제로의 이행을 농촌에서 도시지역으로 확대시켰다. 계획경제는 여전히 주요 산업에서 자기역할을 수행했지만, 시장의 힘(시장경제)은 농촌경제와 마찬가지로 도시경제를 이끌어나가기 시작했다. 그리고 이 직후부터 도시에서의 개혁은 새로운 경제적 파도를 불러일으켰다. 1980년대 후반부에 들어가면 도시경제는 경제성장의 기준에서 농촌경제를 앞질렀다. 향진기업들은 계속 번창했지만, 새로운 개혁조치의 부재로 농업경제는 1980년대 후반부터 정체하기 시작했다.

1980년대에 도입된 또다른 경제적 변화 역시 19세기 말의 사태전개와 유사한 점이 많다. 경제특구(經濟特區)와 동남부 연안, 장강 유역에서의 중외(中外)합작회사의 설립은 과거의 조약항(條約港)을 연상시킨다. 하지만 중요한 차이점은 20세기 말의 경우에는 특구와 합작회사를 통제하는 것이 외국인이 아니라 중국 정부라는 점이다. 외국투자를 유치하기 위해서 정부는 중국의 다른 지역과 비교하여 특별한 세제의 혜택 및 규제의 완화를 제공하고 관료적 형식주의를 배제했다. 그 대가로 특구와 합작회사는 새로운 기술을 들여오고 수출을 증진시켜야 할 필요가 있었다. 경제특구는 처음에는 약간 주춤거렸지만, 등소평과 개혁파 동료들의 지원을 받자 주변의 동아시아 이웃 국가, 특히 홍콩이 저임금 효과를 이용하기 위해서 공장들을 중국으로 옮기기 시작한 1980년대 말에 비약을 이루었다.

서구국가가 지배했던 조약항과의 또다른 차이는 모택동 이후 시기 중국의

---

[*] Deng Xiaoping(鄧小平), "We Shall Speed Up Reform〔改革的步子要加快〕"(1987년 6월 12일), *Selected Works of Deng Xiaoping(1982–1992)*(Beijing : Foreign Language Press, 1994), p. 236.

[**] Deng Xiaoping, "Our Magnificent Goal and Basic Policies〔我們的宏偉目標與根本方針〕"(1984년 10월 6일), *Selected Works of Deng Xiaoping(1982–1992)* (Beijing : Foreign Language Press, 1994), p. 86.

거의 80퍼센트에 이르는 외국투자가 해외화교로부터 나왔다는 점이다. 이들은 지난 수세기 동안 때로는 한 푼도 없이 보다 나은 삶을 찾아 중국의 연해지역을 떠난 사람들이었다. 그들은 동남아시아로 그리고 19세기 중반부터는 아메리카 대륙으로 향했으며, 거기에서 상인이나 전문직업인으로 성공했다. 1950년대에 중국을 돕겠다고 했던 이들의 제안을 거부한 모택동과는 달리, 등소평은 초기부터 홍콩, 타이, 말레이시아, 인도네시아, 싱가포르의 화교들 그리고 1990년대에는 대만의 기업가들이 중국에 투자를 하거나 중국과 무역을 하는 것을 장려했다. 그들의 자본, 기업경험, 경영기술과 중국 문화에 대한 친숙성은 중국의 동남연해지역이 중국뿐만 아니라 아시아에서 가장 역동적인 지대가 될 수 있도록 도와주었다. 1980년대 말 서구·일본 기업의 진출과 더불어 이 기업들은 중국의 시장경제로의 이행, 국제무역에의 참여 및 경제적 근대화를 가속시켰고, 그렇게 함으로써 당-국가의 경제적 통제력을 약화시켰다.

1990년대 초가 되면 이 외국기업들은 중국의 나머지 지역으로 퍼져나갔다. 거기서 그들은 집단·사영기업들과 함께 비국영 경제활동을 위한 보다 넓은 공간을 창조했다. 계획경제와 시장경제 사이의 전반적 균형은 시장 쪽으로 기울어지기 시작했다.* 하지만 이러한 움직임은 1989년 6월 4일의 군사적 진압 이후 방해를 받았다. 보수적인 당 원로와 모택동주의자들이 권력을 잡고 경제에 대한 보다 직접적이고 중앙화된 통제를 다시 시도했기 때문이다. 그러나 1991년 소련의 붕괴 이후 등소평은 1992년 초 아주 잘 알려지게 된 남부지역의 방문여행〔南巡〕을 시작하여 경제개혁에 다시 활기를 불어넣고, 소련식 붕괴를 피하고자 했다. 그는 상해뿐만 아니라 광주와 홍콩 사이에 있는 심수(深圳) 경제특구를 방문하여 경제개혁과 외부세계에 대한 개방을 계속할 필요성을 강조했다. 등소평에 의한 개혁의 활성화는 나아가 중앙의 계획구조를 더욱 해체시키고 좀더 통일된 시장가격을 활성화시켰다.

1990년대의 또다른 변화는 모택동 시기에 유지되어왔던, 농노처럼 촌락에 얽매인 농민의 지위에 종지부가 찍힌 것이다. 노동력의 이동성이 크게 활성

---

* Barry Naughton, "China's Transition in Economic Perspective," in Merle Goldman and Roderick MacFarquhar, eds., *The Paradox of China's Post-Mao Reforms*(Cambridge, Mass. : Harvard University Press, forthcoming〔이 책의 개정판 원저가 나온 다음인 1999년에 정식으로 출간되었다〕).

화되자 1억이 넘는 농민이 농촌에서 중소도시나 대도시로, 그리고 특히 경제
특구로 이동했다고 추정되고 있다. 물론 이러한 이동은 자신들을 위한 보다
나은 삶을 추구하기 위한 것이자 아울러 고향에 남아 송금을 받는 가족을 위
한 것이기도 했다.* 그러나 1990년대에 들어오면 대중이 자신의 지위와 직업
을 바꿀 수 있게 되었지만, 도시지역에 영구히 거주하기 위해서는 허가를 받
아야 할 필요가 있었다. 이것은 여전히 아주 어려운 일이었다(1997년 중반에
일부 이주민들에게 도시거주의 허가가 주어지기는 했지만).** 모택동 시기의
관행이 이렇게 남아 있었지만 새로운 경제적 기회는 개인적, 경제적 생활을
위한 보다 많은 유연성, 대안 및 선택가능성을 제공할 수 있었다. 배리 노턴
은 가족성원 가운데 한 사람은 국영분야에 남아서 주택, 의료, 연금 및 교육
의 혜택을 받아내고, 다른 한 명의 배우자는 시장경제에 뛰어드는 "1가구 2
체제" 모델을 지적하기도 한다.*** 개인의 생활수준을 향상시키는 것 외에도
이 방안은 은행체제로 유입되어, 결국은 보다 많은 투자를 필요로 하는 경제
분야에 이용될 개별 가구의 저축액수를 크게 증가시켰다.

　러시아처럼 개혁 초기에 국영기업을 사유화하는 작업을 시작하는 대신, 중
국 지도부는 그러한 작업을 뒤로 늦추었다. 부분적으로는 좀더 보수적인 원
로들이 이데올로기적 이유에서 반대했기 때문이고, 또한 부분적으로는 사유
화가 국영기업에서 불필요해진 노동자 수백만의 해고를 초래하게 되면 광범
위한 소란을 야기할 것임을 알고 있었기 때문이다. 대신 지도자들은 경쟁이
국영 분야의 자발적 개혁을 강요할 것이라는 기대 아래 비국영 분야 —— 외
국과의 합작기업, 경제특구, 그리고 집단·사영·지방기업들 —— 의 팽창을
장려했다. 하지만 비국영 기업들의 경쟁력이 급등하자 국영기업의 겨우 절
반만이 도전에 대응할 수 있었다. 상대적으로 비효율적이고 낡은 나머지 절

---

* 농민 숫자의 평가에 대해서는 Patrick Tyler, "China's Migrants : Economic Engine, Social Burden,"
  New York Times, June 29, 1994를 참조.

** AFP, August 16, 1997(*China News Digest* [CND], Global, GL97-116, August 18, 1997을 참조).

*** Naughton, "China's Transition in Economic Perspective."(이 노턴의 용어는 '一國兩制'라는 유명한 용
　어를 연상시킨다. 하나의 국가, 두 가지 체제라는 이 용어는 중국공산당과 중국정부가 홍콩, 마카오
　및 대만의 문제를 해결하여 평화적 조국통일을 이룬다는 목표 아래 제시한 것이다. 대륙에서의 사
　회주의와 나머지 지역에서의 자본주의를 인정한 조건 위에서 문제를 처리하겠다는 이 시각은 1978
　년 말 등소평이 처음 제기한 구상에서 비롯된 것으로 1981년 「대만동포에게 고하는 글」에서 선포
　되었다.)

반의 국영산업은 1996년에는 절반이 순손실(純損失)을 경험하게 된다. 이것은 1995년의 3분의 1에서 좀더 늘어난 것이었다.[*] 집단기업, 특히 소도시 집단기업은 국영기업 하도급업체로 출발한 경우가 상당히 많았지만, 순식간에 가장 효율적인 경쟁자가 되어서 원래의 청부기업으로부터 사업을 거두어들였다.

따라서 공업활동에서 국영분야가 차지하던 비중은 1978년의 78퍼센트에서 1996년의 42퍼센트, 그리고 1997년의 3분의 1 이하로 급속하게 줄어들었다.[**] 1990년대의 이러한 가파른 몰락은 국영기업에 자금을 지원하도록 지시를 받았던 은행들을 거의 파산에 가까운 상태로 몰아넣었다. 결국 1997년 9월에 열린 15전대회에서 중공은 국영기업의 단계적 폐쇄를 선언했다. 국가에서는 여전히 핵심산업 —— 자연자원이나 군사, 화학, 에너지와 곡물분배와 같은 전략분야 —— 분야를 계속 소유했지만, 국영기업 대다수는 공장관리자나 피고용자뿐만 아니라 개인투자자도 구매할 수 있게 된 주식보유제도를 통해서 팔려나갔다. 이 제도는 완고하게 "공유제(公有制)"라는 이름이 붙여졌지만 사실은 사유화를 의미했다. 국영기업에서 사유화로 곧장 나아감으로써 커다란 혼란과 고난을 겪었던 러시아와는 대조적으로, 중국에서 사유화로의 움직임은 거의 20년에 걸친 비국영 분야의 발전을 겪은 다음에 시작되었다. 이러한 경험이 전환을 용이하게 했음은 물론이다.

하지만 이러한 장점에도 불구하고 중국 국영기업의 개혁은 경제뿐만 아니라 사회나 정부에게도 심각한 의미를 지녔다. 국영기업은 도시 산업노동력의 3분의 2,[***] 즉 1억이 넘는 노동자를 고용했다. 비국영 분야에 약간의 여유가 있었지만, 직업을 찾아 농촌을 떠나는 농민 수백만 명뿐 아니라 직업을 잃을지도 모르는 국영기업 노동자 수백만 명을 흡수하기에 충분할 정도로 그것이 팽창했는지는 분명하지 않았다. 1997년 9월 이 정책이 공식화되기 전에 이미 노동자들은 임금체불, 휴직이나 임시해고에 항의했다. 이러한 임시해고는 동북(과거 만주로 불리던 지역)의 사양산업지대를 강타했고, 산서성, 호북성과 사천성에서도 특히 심했다. 1990년대에 동북의 국영기업 가운데 70퍼센트가

---

[*] James Harding, "China's Future Dragons," *Financial Times*, August 14, 1997, p. 11.
[**] *Wall Street Journal*, April 7, 1997, p. A11.
[***] Harding, "China's Future Dragons".

폐쇄되거나 부분적으로 조업을 중단한 것으로 평가된다.[*] 러시아의 노동자들과는 달리 중국 국영기업 노동자들은 수동적으로 자신들의 운명을 받아들이려고 하지 않았다. 아마도 정부가 그들의 요구에 대응할 보다 많은 자원을 가지고 있었기 때문일 것이다. 중국은 1997년 전반기에 1,400건이 넘는 노동자 항의를 기록했다. 1996년에 벌어진 노동쟁의 가운데 400건은 1,000명 이상의 참가자가 있었다. 그들 가운데 일부는 더 이상 연금을 받을 수 없게 된 사람들이었다.[**] 하지만 1989년 학생시위를 다루었던 것과는 대조적으로 정부는 폭력을 쓰기보다는 노동자 시위대를 달래려고 했다. 노동자의 숫자와 항의 건수만 보아도 구금이나 체포, 군사적 억압은 실제적인 방안이 될 수 없었고, 더 큰 혼란을 불러일으킬 가능성이 있었다.

국영기업의 몰락은 레닌주의적 당-국가에 더욱 큰 충격을 주었다. 중앙정부는 국영기업으로부터 60퍼센트의 세입을 거두었기 때문에,[***] 이러한 몰락은 실질세입이 큰 폭으로 줄어드는 것을 의미했다. 경제는 계속 성장하는데 중앙정부의 세입기반은 더욱더 빈곤해졌다. 동시에 성과 지방의 정부들은 상부로부터의 재정지원이 줄어들자 조세수입 가운데 보다 많은 부분을 지방사업에 투자하기 위해서 보류시켰다. 나아가 집단·사영기업의 자금획득 능력은 지방관료와 기업가 양쪽에게 혜택을 주었으므로, 중앙정부의 지시가 지방의 이해와 어긋날 때 관료나 기업가들은 그것들을 무시하거나 거기에 저항하기 위해서 연합했다. 이러한 지방관료와 기업가의 동맹은 정치와 경제의 지방분권화를 더욱 가속시켰다. 중앙정부가 부패, 중복생산, 과다징수, 약식차용증(IOU)에 의한 곡물징발비의 지불, 그리고 노동착취를 금지시켜도 자기이익을 위해서 그것들을 무시하게 되는 것이다. 결과적으로 경제력은 물론이고 정치적 권위를 휘두르는 중앙정부의 권위조차 약화될 수밖에 없었다.

따라서 비국영 분야의 성장은 다수 대중의 생활수준을 향상시키는 데에 기

---

[*] 손해를 보고 운영하는 기업도 생산을 멈출 뿐만 아니라 이익을 내는 기업도 엄청난 현금 흐름의 문제를 겪게 되어 생산을 중지하지 않을 수 없게 된다고 한다. 이것은 시장지향적인 행위에 대해서는 훨씬 더 깊은 제도적인 장애가 있음을 시사해준다. Edward Steinfeld, *Forging Reform in China : Understanding the Problem of State Enterprise Restructuring* (New York : Cambridge University Press, 1998)을 참조.

[**] *Wall Street Journal*, July 22, 1997. p. A9.

[***] "China's Lost Savings," *Asian Wall Street Journal*, editorial, March 21-27, 1997, p. 10.

여했으나, 동시에 정치적 · 경제적 권력을 지방의 관료에게 옮겨놓았다. 비비엔 슈는 이러한 상황전개를 지방권력의 비대화로 균형이 맞추어지는 중앙권력의 경박화(輕薄化)라고 불렀다.* 등소평과 그 동료들은 시장을 움직이기 위해서는 지방분권화를 추진하고, 중앙정부에 지나치게 집중된 경제권력뿐 아니라 정치권력까지도 줄여야 한다는 점을 인식했다. 하지만 그들은 이러한 경제적 · 정치적 지방분권화가 중앙으로 흘러드는 조세수입을 감소시킴으로써 어느 정도까지 당-국가의 권위영역을 축소시키고 비공식적인 연방주의(聯邦主義)를 부추길 것인가 하는 점에 대해서는 예측할 수 없었다.

단기적으로 보면 지방분권화는 좀더 많은 세입이 지방영역에 머무르게 함으로써 성장을 자극하여 경제발전을 도와준다. 하지만 장기적으로 보면 그것은 중앙정부 세입의 실질적 감소와 결국에는 경제성장을 가로막게 될 교육, 의료 및 사회간접자본에의 지출감소를 가져온다. 순국민생산(GDP)의 일부로서의 예산수입은 1978년의 35퍼센트에서 1995년의 12퍼센트로 줄어들었으며, 축소의 경향은 계속된다. 지출 역시 비슷한 경향을 보인다.** 1980년대를 통하여 중앙정부의 지출은 GDP의 약 10퍼센트 정도였으나, 1995년에는 8.4퍼센트로 떨어졌다. 세입이 줄어들자 정부는 투자책임의 상당 부분을 지방정부와 기업으로 넘겼다. 하지만 이들은 경제적 사업에 투자할 준비는 되어 있었지만, 교육이나 의료분야에 투자할 준비는 되어 있지 않았다.*** 마찬가지로 의료, 교육과 사회간접자본, 특히 공동관개시설을 위한 자금을 제공했던 인민공사의 해체와 더불어 농촌사회는 더 이상 이러한 공공사업자금을 확보할 수 없었다. 자료가 분명하지는 않지만 관련된 일화(逸話)에서 보이는 증거는 농촌의 의료, 교육과 공익사업이 1990년대에 점차 악화되었음을 보여주고 있다. 도시는 영향을 덜 받았으나, 정부세입의 감소는 결국 도시의 공중 서비스에 대해서도 마찬가지로 심각한 영향을 미치게 된다.

모택동 이후 시기 인민생활에 대한 국가통제의 약화는 또한 인구 면에서의 변화를 초래했다. 대약진운동과 더불어 모택동은 중국을 좀더 강력하게 만들

---

* Vivienne Shue, *The Reach of the State : Sketches of the Chinese Body Politic*(Stanford : Stanford University Press, 1988).
** Naughton, "China's Transition in Economic Perspective."
*** 위의 글, p. 10.

것이라는 믿음으로 인구 증가를 장려했다. 그 결과 모택동 이후의 지도자들은 1년에 1,500만 명의 비율로 늘어나며, 세계 전체의 거의 5분의 1에 해당하는 인구와 마주쳤다. 인구 증가를 완화시키고 2000년 무렵 중국의 인구가 13억을 초과하지 않도록 하기 위해서, 당-국가는 1980년대 초반에 가구당 한 자녀만을 낳도록 하는 가혹한 출생통제 정책을 강행했다. 1990년대 중반에 인구 성장률은 1년에 1,300만 명으로 줄어들었다. 하지만 인구정책은 너무나 많은 불행을 가져왔고, 특히 대를 잇기 위해서 사내아이를 필요로 하는 농촌의 반발을 불러일으켰다. 따라서 일부 농민들은 첫째 아이가 딸이거나, 아니면 아이를 낳는 대가로 벌금을 지불하면 두번째 아이를 가질 수 있었다.[*] 더구나 가족농업으로의 복귀는 들에서 일할 일손의 필요성 때문에 가족 규모를 늘리려는 동기를 자극했다. 1997년 지도부는 거의 20년 동안 노력했음에도 불구하고 이제 출생통제 정책이 그 효과를 잃고 있다고 경고했다. 1980년대 내내 노동연령에 있는 인구는 매년 2.5퍼센트 늘어났으나, 21세기 초에 12억의 인구라는 목표를 지키기 위해서는 1990년대 내내 매년 1퍼센트의 증가율을 지킬 필요가 있었다.[**]

통제력의 약화로 정권은 이러한 목표를 지킬 수 없었다. 그러나 궁극적으로는 다른 요소들이 인구 증가율의 하락에 기여할 것이다. 소도시와 도시로의 사회적 이동과 이민이 훨씬 늘어났으므로[***] 겨우 20년 만에 중국의 노동력에서 차지하는 농업의 몫은 71퍼센트에서 약 50퍼센트로 떨어졌다. 일본이 비슷한 변화를 이루는 데에는 60년이 걸렸다.[****] 이러한 농업에서 공업과 서비스로의 이동은 1990년대가 되면 중국 사회에 광범위한 구조적 변화를 낳았다. 농촌이 점점 더 도시화되고 가족소득이 실질적으로 상승하자 그 주민들은 여가활용과 소비재에 더 많은 돈을 쓰게 되었다. 1990년대 말의 중국은 사회주의로부터 전환하는 사회라기보다는 농촌적 사회에서 도시적 사회로 전환하는 것처럼 보였다. 만약 이런 추세가 지속된다면 당의 출생통제

---

[*] 106.6명의 남아당 100명의 여아라는 현재의 비율은 108.5명의 남아가 있었던 1930년이나 107.6명의 남아가 있었던 1953년보다 그래도 낮은 것이다. Seth Faison, "Chinese Happily Break the 'One Child' Rule," *New York Times*, August 10, 1997, pp. 1, 10.

[**] Naughton, "China's Transition in Economic Perspective".

[***] 위와 같음.

[****] World Bank Report on China, *New York Times*, September 19, 1997, p. A6.

정책보다는 세계의 다른 지역에서 그랬던 것처럼 도시사회의 경제적 · 사회적 · 문화적 압력이 결국은 중국의 거대한 인구를 줄일 수 있는 힘으로 작용할 것이다.

그렇지만 이러한 새로운 현실에 어울리는 정치제도를 중국이 건설하지 못한다면, 지속적 성장과 농업사회에서 도시사회로의 전환은 장애에 부딪칠 것이다. 문혁 이후 권력을 잡은 지도층은 모택동의 정책에서 벗어나서 농촌개혁을 실행한다는 점에 대해서 상대적으로 의견이 일치되어 있었다. 하지만 개혁의 방향과 속도를 둘러싸고 지도층 내부의 차이가 점차 부각되기 시작했다. 등소평은 혁명동료 가운데 몇 사람, 특히 계획경제의 전문가였던 진운(陳雲)[11]과 모택동 시기의 선동가 등력군(鄧力群)[12]의 반대에 부딪쳤다. 하지만 경제특구의 설치와 비국영 분야의 확대에 대한 저항에도 불구하고 등소평은 경제개혁과 대외개방정책을 밀고 나갔다. 점차 늘어나는 반대의 움직임에 대해서 타협하고, 설교하고, 고집하면서도 그는 기본적으로 경제개혁을 지속시키는 데에 성공했다. 그러나 그는 중국이 다시는 정치적 무질서에 의해서 혼란을 겪어서는 곤란하다고 생각했다. 따라서 그는 문혁 이후 초기 시절에 장려했던 제한적 정치개혁을 계속하는 데에는 훨씬 더 일관성이 결여되어 있었다.

제한된 정치개혁의 충격

등소평의 정치개혁

모택동 이후 시기의 중국은 보통 정치개혁을 도입하지 않고 경제개혁을 시작한 예전의 소련과 동유럽과 비교되곤 한다. 하지만 그러한 묘사는 완전히 정확한 것은 아니다. 1978년 말 권좌에 복귀한 바로 뒤 등소평과 지도부의

---

11) 1905-1995. 江蘇省 靑浦縣(현재의 上海) 출신으로 1919년 소학을 졸업한 다음 상무인서관에 취업하여 점원으로 일했고 1925년 中共에 가입하여 노동운동에 종사했다. 신중국 성립 후에는 부총리 겸 재경위원회주임 등직을 맡아 재정전문가로서의 역할을 맡게 된다. 1957년 비판을 받기도 했으나 1959년 모택동에 의해서 經濟를 주관하도록 권한을 이양받았다가 문혁으로 다시 배척을 받게 된다. "鳥籠經濟"論이라는 용어에서 보이듯 그는 주로 '계획경제'쪽을 선호하는 보수적인 경제 전문가로서 잘 알려지게 되었으며 보수파 이론가 鄧力群의 후원자이기도 했다.

12) 1915- . 호남성 출신으로 북경대학을 거친 뒤 1936년 중공에 가입했다. 건국 후 당리논집 『홍기』의 부편집장이 되었고 중앙서기처 연구실주임, 중앙선전부장 등을 지냈다. 1983년 호요방과 대립하여 선전부장에서 해임되기도 했으나 이후 줄곧 보수파의 대표적 이론가로서 활동하게 된다.

동료들은 비록 레닌주의적 당-국가의 민주집중제에는 손대지 않았지만, 잠
재적인 정치적 변화를 위한 기반을 닦게 될 여러 가지 제한된 정치개혁을 도
입했다. 등소평 시기의 초기에 개혁파 후계자인 호요방과 조자양은 원로인
팽진, 박일파(博一波)와 더불어 경제개혁의 범위를 뛰어넘어 일련의 정치개
혁을 추진함으로써 또다른 문혁의 출현을 막으려고 했다. 보다 보수적인 원
로들은 처음에는 이런 개혁에 반대하지 않았다. 그들 역시 비슷한 목표를 가
지고 있었기 때문이다. 정치개혁은 모택동 시기에 그렇게 많은 희생을 치르
게 했던 통제되지 않는, 특히 독재적인 개인적 지배체제로부터 벗어나서 규
범을 확립하고 여러 과정을 제도화하고 집단적 정책결정을 통해서 지배하려
는 것이었다.

등소평의 압도적인 관심은 경제에 쏠려 있었지만, 그와 후계자들과 소수의
원로들은 1980년대 초기 정치개혁의 추진에서 결정적 역할을 했다. 경제적
수단을 통해서 당의 정통성을 되살리려고 노력했지만, 등소평은 경제적 요소
보다는 결국 문혁의 폭력과 혼란을 이끌게 된 모택동의 전횡과 개인적 정치
권력의 집중 때문에 공산당이 권위를 잃게 된 점을 강력하게 비판했다. 그래
서 자신이 최고의 정치적 역할을 떠맡았음에도 불구하고 등소평은 최고의 직
함이나 전임자와 같은 개인숭배를 피하고자 했다. 그는 단지 중앙군사위원회
의 주석 직만을 맡았을 뿐이다. 이 자리도 1989년 강택민(江澤民)[13]에게 넘
겨졌다.

모택동 이후 시기의 초반에 등소평은 레닌주의적 당-국가를 개혁함으로
써 당의 권위를 재확립하려고 했다. 그 목적을 위해서 그와 동료들은 "사회
주의적 민주주의(社會主義的民主主義)"와 "사회주의적 법제(社會主義的法

---

13) 1926-. 江蘇省 揚州 출신으로 1946년 중공에 입당했다. 1985년 이후 상해시 시장, 중앙상해시위
   원회 부서기, 서기를 거쳤다. 1989년 6월 중앙정치국 상임위원, 중공중앙위원회 총서기, 1989년 11
   월 중앙군사위원회 주석에 당선되었으며, 1990년 3월 중화인민공화국 중앙군사위원회 주석, 1993
   년 3월 중화인민공화국 주석에 당선되었다. 강택민이 1989년 이후 급부상하게 되는 것은 천안문 사
   태의 불길이 상해로 확산되는 것을 성공적으로 막았고 상해 시의 경영 성과를 인정받아 등소평에게
   발탁되었기 때문이다. 이후 강택민은 1990년대의 경제성장을 주도하면서 점차 그 권력을 강화시켰
   다. 1993년 중화인민공화국주석에 선출되었던 강택민은 2002년 11월 13년간 유지해온 총서기직을
   호금도 부주석에게 이양하면서 국가주석에서도 물러났지만 중앙군사위원회 주석직은 그대로 유지
   하고 있다. 그가 중앙으로 진출하면서 발탁한 이른바 '상해방(上海幇)'이라고 불리는 주용기, 오방
   국, 증경홍, 정관근 등은 모두 중앙정계에서 핵심인물로 등장하게 되었다.

制)"를 요구했다. 하지만 이 용어에 대한 그들의 정의는 상당히 모호했다. 그 것은 분명히 1980년대 중반 중국의 일부 지식인들이 옹호했던 견제와 균형의 체제를 의미하지는 않았다. 또한 대중적 항의를 인정한다는 것을 의미하지도 않았다. 등소평은 1978년 말에서 1979년 초에 걸쳐서 예전의 홍위병들이 민주주의의 벽(民主之壁) 운동을 할 수 있도록 허용해주었다. 공개적으로 정치적, 경제적 변화를 요구한 운동이 몇 주 동안 지속될 수 있었던 것은 항의자들의 요구가 화국봉의 권력을 제거하는 데에 도움이 되었기 때문이다. 하지만 이것이 달성되고, 위경생(魏京生)[14]과 같은 몇몇 시위자들이 레닌주의적 체제가 지도자들을 독재자 —— 등소평도 포함된다 —— 로 만든다고 주장하면서* 비판하자, 등소평은 이 운동을 금지하고 위경생과 몇몇 추종자들을 투옥했다. 위경생은 형식적인 재판을 받고 15년형이 언도되었다. 역설적이게도 위경생과 민주주의 벽 운동을 진압한 직후 등소평은 통제되지 않는 정치권력의 팽창을 허용한 레닌주의 체제에 개혁이 필요하다는 점을 인정했다. 1980년의 연설에서 등소평은 문혁에서 넘쳤던 것은 지도자의 잘못이지만, 그에게 너무 많은 권력을 준 당 구조의 잘못도 마찬가지라고 설명했다. "모주석처럼 위대한 분도 당과 국가, 그리고 그 자신에게 아주 무거운 불행을 가져다준 불건전한 체제와 제도에 상당한 정도로 영향을 받았다."**

　따라서 등소평 지도체제는 초기부터 한 사람이나 소수의 손에 권력이 집중되는 것을 제한하는 규정을 도입했다. 그것들은 당 지도자의 경우에는 해당되지 않았지만, 정부 지도자의 종신임기를 고정임기로 대체시켰다. 또한 당

---

14) 1950 -. 북경 시에서 태어난 노동자 출신의 가장 대표적인 반체제인사이자 민주화운동가이다. 1978-1979년 민주주의의 벽 운동 당시 「다섯번째의 현대화」라는 대자보를 붙인 것으로 유명하다. 여기서 그는 프롤레타리아 독재의 기초 위에서는 진정한 민주주의를 기대할 수 없으므로 서구적 민주주의의 건설이야말로 4개 현대화보다 더 중요한 과제라고 주장했는데 1979년 체포되어 복역하던 중 1993년 초에 석방되었다. 하지만 다시 인권문제로 중국 정부를 계속 비판하여 1994년 재구속되었다. 1995년 다시 14년형을 언도받았으나, 1997년 10월 강택민 주석이 미국을 공식 방문한 직후 석방되고 국외로 추방당해 현재 미국 뉴욕에서 단체 "중국인권"과 잡지 「북경지춘」을 발행하고 있다.

* Wei Jingsheng, "The Fifth Modernization," in James Seymour, ed., *The Fifth Modernization : China's Human Right Movement, 1978-1989* (Stanfordville, N. Y. : Human Rights Publishing Group, 1980), pp. 47-69.

** Deng Xiaoping, "On the Reform of the System of Party and State Leadership〔黨和國家領導制度的改革〕," August 18, 1980, *Selected Works of Deng Xiaoping(1975-1982)*(Beijing : Foreign Language Press, 1984), p. 316.

498

과 국가기구의 중복된 권한을 분리시키는 작업도 이루어졌다. 당은 전반적인 국가적 목표와 우선순위를 결정하고, 정부는 당의 목표를 실행하는 정책을 만들어 시행한다는 것이었다. 등소평은 당의 압도적인 역할과 그 지도성을 결코 의심한 적이 없다. 하지만 1987년 10월 제13차 전당대회에서 조자양이 보고한 정치개혁의 계획은 당 기능 일부를 정부행정과 비국영 경제주체에게 점차적으로 옮김으로써 당의 권력을 약화시킬 잠재력을 내포하고 있었다. 호요방의 지도 아래 당의 지식인 이론가들 역시 처음에는 마르크스·레닌주의 이데올로기를 개정하여 좀더 개혁에 적절한 것으로 만들고, 교조적인 면을 덜어내고, 동유럽의 개혁가들에게 영감을 불어넣었던 마르크스주의 휴머니즘과 좀더 일치시키려고 노력했다.

마찬가지로 중요한 것은 모택동 시기의 고무도장과 같은 입법기구였던 전국인민대표대회(全國人民代表大會, 全人大) 역시 상대적인 독립을 주장하기 시작했다는 점이다. 등소평은 끊임없이 헌법 제57조에 대한 주의를 환기시켰다. 이 조항은 전인대가 "최고 국가권력기관"이라고 언급하고 있다.[15] 여러 이유 때문에 그 권위를 향상시키기를 바랐던 강력한 당 지도자들은 전인대를 성공적으로 이끌었다. 전 북경시위 제1서기였던 팽진, 전임 안휘성 당위서기였던 만리, 종전에 공안업무의 책임자였고 1997년 9월까지 당 정치국 상무위원회 위원이었던 교석(喬石)[16] 등이 바로 그들이다. 이들이 자신의 권위를 강화시키기 위해서 전인대의 권력을 강화시키고자 했던 것은 사실이다. 하지만 이들이 또한 문혁의 영향으로 당 지도부의 권력을 제한하기 위해 서구적 견제와 균형의 제도를 받아들일 수는 없으나 입법부의 권력을 증대시키는 것이 필요하다고 진정으로 믿었던 것도 사실이다. 이 목적을 위해서 그들은 전인대의 기구를 확대시키고 위원회 제도를 설립했으며, 기술관료들을 상임위원회에 참여시켰다.

전인대는 당 지도부에서 결정하기 때문에 자체적으로 일정계획을 작성할 수는 없었다. 그렇지만 당의 계획을 수정하고 개정하고 돌려보냈으며, 일부

---

15) 이 헌법은 1982년 12월 4일 중화인민공화국 제5계 전국인민대표대회 제5차 회의에서 통과되어 공포시행된 것이다.

16) 1924- . 浙江 定海 출신으로 1940년 중국공산당에 가입했다. 건국 이후 중공중앙조직부장, 중앙서기처 서기, 국무원부총리 등을 지냈다.

문제의 경우에는 보류시킬 수도 있었다. 또한 전인대에서 통과시킨 법을 실행하지 않는다고 정부를 비판하기도 했다. 1990년대에 들어오면 당 정책에 대한 투표도 더 이상 자동적으로 만창일치를 얻지는 못했다. 장강 중류 지역에 건설될 거대한 공정인 삼협(三峽) 댐과 같은 논쟁적인 문제의 경우가 바로 그런 예이다. 이 지역의 주민, 환경, 고고학적인 보물에 대한 잠재적으로 파괴적인 충격을 우려해서 일부 지식인들은 이 계획에 반대했다. 1992년 전인대 대표단의 3분의 1은 이 계획에 대해서 반대하거나 기권했다. 1995년에는 대표단의 약 3분의 1이 강택민이 부총리로 지명한 후보에 대해서 기권하거나 반대표를 던졌다. 그리고 1996년에는 점점 늘어나는 불법사태를 막지 못하는 지도층의 무능력에 대한 항의의 표시로, 대표단의 30퍼센트가 법의 집행과 부패에 대한 최고 지도자의 보고를 지지하는 데에 반대하거나 기권표를 던졌다.* 전인대는 정책을 폐기시키지는 못했지만 상당한 수의 문제에 대해서 영향을 미쳤고, 때로는 재의(再議)를 강요하기도 했다.**

점차적인 입법 분야의 강화는 지방차원에서도 마찬가지로 이루어졌다. 1980년부터 지방인민대표대회의 대표들도 이전처럼 상급에 의한 지명의 방법이 아니라 복수 후보에 대한 직접투표로 선출되었다. 모든 후보자들이 당의 심사를 받아야 했지만 중화인민공화국의 역사에서 처음으로 지방주민은 자신의 대표를 선택할 수 있는 기회를 얻었다. 이러한 관행은 1980년 가을 선거 이후 당이 인정하지 않는 재야(在野) 정치활동가가 선출되었기 때문에 도시지역에서는 중단되었다.*** 하지만 농촌지역에서는 1990년대에도 지속되었고, 가속화되기도 했다. 대약진운동 기간부터 무너지기 시작하고, 문혁 기간 동안 산산조각이 났으며, 모택동 이후 시기 인민공사의 해체와 더불어 실질적으로 사라져버린 농촌에서의 정치적 권위를 재건하려는 노력으로 중공은 당 원로인 팽진과 박일파의 권장 아래 농촌 지방선거라는 실험을 시작했다. 나아가 급속한 변화의 시기에는 투표권이 불만을 잠재울 수 있을 것이

---

* Pei Minxin, "Racing against Time," in William A. Joseph, ed., *China Briefing : The Contradictions of Change* (Armonk, N. Y. : M. E. Sharpe, 1997), p. 39.

** 유일한 예외는 1989년 도시의 거민위원회에 대한 법률의 폐기였다. 전인대의 적극적인 자기주장으로 기업파산법(1986), 중앙은행법(1995), 교육법(1995) 등이 통과되었다. 앞의 책, p. 38을 참조.

*** Merle Goldman, *Sowing the Seeds of Democracy in China : Political Reform in the Deng Xiaoping Era* (Cambridge, Mass. : Harvard University Press, 1994), pp. 75-79.

라는 일반적인 양해가 있었다. 지방 지도자를 선출하는 기회는 특히 경제적으로 뒤처진 촌락에서는 매력적인 것이었다. 이를테면 광동(廣東)처럼 번영하는 성에서는 대중에 의해서 선출된 지방지도자가 거의 없었지만, 성장의 속도가 느린 성에서는 주민생활을 개선시키겠다고 제안하는 지도자를 선출할 수 있는 기회를 놓치지 않았다.

1987년 촌민위원회조직법(村民委員會組織法)은 이미 진행되고 있던 것을 공식화시켰다.[17] 즉 촌의 주민들이 자기 촌의 지도자와 촌민위원회를 다수 후보 가운데 선출할 수 있는 권리가 확보된 것이다. 후보자는 지방선거를 책임진 민정부(民政部)에서 파견한 관리의 승인을 받아야 했다. 그러나 이 경쟁선거는 중앙으로부터 지역으로의 권력 이전을 더욱 촉진시키는 결과를 낳았다. 많은 경우 선거는 엉망이 되거나 부정이 개입되었지만, 다른 경우에는 촌민들이 약탈적이고 타락한 촌의 지도자를 자리에서 몰아낼 수 있었을 뿐 아니라, 지방관리들이 선거구민에게 좀더 책임감을 지도록 만들 수 있었다. 동시에 민주선거로 뽑힌 이들은 자신의 지위를 위해서 상급자에게 의존하지 않아도 되었으므로 진이나 향 등 상급관료의 불법적인 약탈적 징발로부터 촌민을 보호할 수 있었다. 그 대가로 이들은 혐오의 대상인 한 자녀 정책이나 국가의 몫으로 지정된 곡물징발과 같은 국가정책의 실행에서 촌민의 순종을 끌어내는 데에 좀더 성공적이었다.[*]

지방선거에 참여한 촌락의 수에 대해서는 논란이 있다. 1990년대 말의 추정은 상당히 저명한 고위 당관료가 주장한[**] 10퍼센트에서, 전인대의 관료와 촌민들에게 민주적 관행에 대해서 도움을 제공했던[***] IRI(International Republican Institute)[18]가 주장한 3분의 1, 그리고 민정부(民政部)가 제시한 80

---

17) 1982년 12월 제5계 전인대 5차회의에서 통과된 새 헌법에서는 촌민위원회의 법적 지위를 확인하여 촌민위원회가 농촌기층사회의 대중자치조직임을 명확하게 규정했다. 이에 의거하여 1985년까지 전국적으로 촌민위원회의 건립(94만8,628개)이 기본적으로 완성되었으며, 1987년 11월의 제6계 전인대 상무위원회 제23차회의에서 "중화인민공화국 촌민위원회 조직법(시행)"이 통과되어 촌민위원회의 법적 지위를 완전히 확립했다.

 [*] Kevin J. O'Brien, "Implementing Political Reform in China's Villages," *Australian Journal of Chinese Affairs*, no. 32(July 1994) : pp. 33–59.

[**] Li Lianjing, Presentation at the Conference on Elections on Both Sides of the Straits, Fairbank Center, Harvard University, May 8, 1997.

[***] *Wall Street Journal*, July 21, 1997, p. A23.

퍼센트까지 다양하게 나온다.[*] 하지만 그 비율이 어떻든 간에 이러한 경쟁선거는 1949년 혁명 이래 처음으로 지방주민들이 스스로 결정을 내리고 이익을 추구할 수 있는 권한을 얻었음을 의미했다.

풀뿌리 수준의 선거는 처음에는 촌의 범위를 벗어나지 않았다. 그러나 1990년대 말에는 시험적으로 진과 도시의 거민위원회(居民委員會)로 확대되었다. 이러한 정치권력의 점진적 이전은 19세기 말에서 20세기 초의 상당히 비슷한 과정을 연상시킨다. 당시 제한된 유권자에 의해서 선출된 지방과 성의 의회는 상당한 권력을 장악하고 중앙정부의 약화를 대가로 삼아 지방사회를 지배했다. 현과 성에서는 새로운 정치지도자들이 배출되었으며, 그들은 점차 전국적인 수준으로 상승했다. 비록 기본적으로는 경제적인 이유에서이지만, 비슷한 과정이 20세기 말의 중국에서도 진행되었다. 경제적으로 보다 강력한 연해 각 성의 지도자들은 자기지역뿐만 아니라 중앙에서도 중요한 인물이 되었다. 일부는 정치국에 들어갔지만, 그들은 여전히 자기지역의 이익을 대변할 가능성이 컸다. 1990년대에 당-국가를 지배했던 강택민과 그의 상해집단(上海幇)은 출신 지역인 상해의 이익에 호의를 보이는 것으로 간주되었다. 비록 지역지도자들의 권력증대가 중앙의 권력을 좀더 약화시키기는 했지만, 중앙은 성장(省長)이나 다른 중요한 성 관료를 임명하는 권한을 계속 유지함으로써 여전히 지렛대를 장악할 수 있었다.[**]

1985-1986년 사이 호요방에 의해서 복권되어 고위 정부직이나 언론계, 학계 등에 자리를 잡은 상당수의 지식인과 기술관료들은 보다 급진적 마르크스·레닌주의 이데올로기뿐 아니라 등소평의 "사회주의적 민주주의"보다 훨씬 서구적인 민주주의를 향한 움직임을 요구했다. 하지만 특히 진운이 이끄는 좀더 보수적인 당 원로들은 더 이상의 정치개혁을 받아들이려고 하지 않았다. 그들은 개혁이 자신과 당의 권력을 갉아 먹고 있다고 염려했다. 그들이

---

18) 미국 대통령 로널드 레이건이 세계 각국에서의 민주주의 건설을 호소한 데에서 비롯된 기구로 전 세계의 민주주의에 헌신한다는 것을 내걸고 1983년 비당파적, 비영리 기구로 설립되었다. 워싱턴에 본부가 있다.

[*] Li Lianjing, Presentation at the Conference on Elections on Both Sides of the Straits, Fairbank Center, Harvard University, May 8, 1997.

[**] Huang Yasheng, *Inflation and Investment Controls in China : The Political Economy of Central-Local Relations during the Reform Era* (New York : Cambridge University Press, 1996).

502

특히 두려워한 것은 아예 당 자체를 무너뜨릴 체코의 민주적인 77헌장 그룹[19]
이나 폴란드의 연대자유노조(連帶自由勞組)[20]와 같은 조직이었다. 따라서 그
들은 등소평을 설득하여 "사회주의적 민주주의"는 정치권력을 통제하기 위
한 제도건설이라기보다는 관료기구의 기능개선을 의미하는 것이라고 다시
정의를 내리게 하고자 했다. 1986년 말 안휘성의 성도인 합비(合肥)에 있는
과학기술대학교에서 학생시위가 시작되었다.[21] 이것이 연해도시와 1987년 1
월 초에는 천안문 광장으로까지 확산되자 이들 당 원로들은 등소평을 설득하
여 그의 후계자 호요방을 해임하고, 이데올로기와 제도개선에 대한 관심으로
학생시위를 선동했다고 그들이 비난한 몇몇 저명한 지식인을 처벌하게 했다.
하지만 모택동 시기와는 달리 그러한 해임은 사회로부터의 추방이나 투옥 또
는 그 이상을 의미하지는 않았다. 호요방은 비록 실제적으로 모든 정치권력
을 잃었으나 중앙위원회에 그대로 남았다. 처벌받은 지식인들도 당적(黨籍)
을 박딜딩했지민 전문직으로 계속 활동할 수 있었다. 호요방과 지식인 반대
파에 대한 등소평의 처리는 당내 논쟁과 지식인의 저항운동을 다루는 보다
새롭고 온건한 방식을 확립시켰다.

　　조자양은 호요방을 대신하여 당 총서기로서 취임했다. 주은래의 양자였던
이붕(李鵬)[22]은 조자양의 국무원 총리 자리를 물려받았다. 이붕은 중국과 소

---

19) 1977년 1월에 체코슬로바키아에서는 극작가 하벨 등이 중심이 된 반체제 지식인들이 인권 억압에
　　저항하여 "77헌장"을 선언했는데 이 집단을 가리켜 77헌장 집단이라고 한다. 1976년 말 초안된 이
　　헌장에 약 300명의 지식인이 참여했다. 1988년 가을 고르바초프에 의한 소련의 개혁 바람이 동구권
　　에 불어닥치자 체코슬로바키아에서도 같은 해 11월 민주세력 "시민 포럼"이 중심이 된 시민들의 민
　　주화 개혁 요구 시위가 대규모로 발생함에 따라서 12월에 공산정권이 퇴진하고 "시민 포럼"의 지도
　　자 하벨이 대통령으로 취임했다.
20) 1980년 8월 4일 레닌 조선소 파업을 계기로 결성된 공장연합파업위원회가 일정한 승리를 확보안 나
　　음 "연대(자유노조)"로 바뀌었다. 1981년 12월 13일 폴란드 정부는 계엄령을 발표하고, 연대를 불법
　　화했으며, 바웬사를 포함한 대부분의 지도자들을 체포했다. 이후에도 계속된 연대를 중심으로 한 저
　　항운동은 결국 1988-1989년 폴란드 정부와의 협상에서 연대와 다른 노조들의 법적 지위 회복, 새로
　　부활된 폴란드 의회 구성을 위한 자유로운 의원선거, 대통령직의 설치, 일정한 경제적 변화조치의
　　발표 등을 얻어냈다. 1990년에는 바웬사가 압도적인 득표로 초대 대통령에 선출되었다.
21) 당시 이 대학의 부학장은 유명한 민주인사 방여지(1936-)였다. 북경대학교 물리학과를 졸업한 방
　　여지는 문혁 이후 1972년부터 중국과학기술대학에 복직하고 1984년부터 제1부학장을 맡고 있었다.
　　1986년 말 합비의 학생운동에 간여, 당적을 박탈당한 다음 그는 북경 천문대연구소 연구원으로 강
　　등되었고, 1989년 천안문 사건 직후 미국 대사관에 피신했다가 1년 후 영국으로 출국, 망명하여
　　1999년 이후 미국 애리조나 대학교 교수로 일하고 있다.
22) 1928- . 사천성 성도 출신으로 혁명열사의 아들로 주은래에게 양자로 입양되었다. 1945년 중공에

런이 친밀한 동맹국이었던 1950년대에 모스크바에서 교육을 받았다. 혁명이나 당내 활동을 통해서 그 자리에 오른 선배들과는 달리 이붕은 기술관료로서의 길을 걸어왔다. 그의 배경은 1990년대에 중앙정부를 지배한 새로운 세대들의 그것과 비슷했다. 호요방의 해임 이전 조자양은 주로 경제개혁에 간여했지만, 당 총서기가 되자 정치개혁의 방향으로 돌아섰다. 호요방과 연결된 지식인들이 구상하고 조자양이 후원한 정치이론 가운데 하나는 중국은 아직 사회주의초급단계(社會主義初級段階)에 있기 때문에 그 경제발전을 위해서 자본주의적 방법을 이용할 수 있다는 것이었다.[23] 당과 정부(국가)의 분리를 추진하는 것 외에도 조자양은 또한 관료제를 개선하는 방안으로 고시제도(考試制度)를 도입했다. 이 시험제도는 중국적 전통으로의 복귀를 의미했지만, 일반적으로 능력보다는 정치적 충성도에 의해서 임명이 이루어져왔던 중화인민공화국에서는 새로운 의미를 지닌 정치적 제도였다.

1989년 전인대에서 승인을 받아 1990년 10월부터 실행에 옮겨진 또다른 개혁은 행정소송법(行政訴訟法)이었다. 이것은 관료제의 기능을 특히 지방차원에서 좀더 공정하게 만들려는 것이었다. 이 법은 일반 인민에게 욕심 많고 독단적인 관료에게 소송을 걸 수 있는 권한을 부여했다. 그 결과 이를테면 촌민들은 촌의 공장이나 도로를 위해서 자기토지를 징발한 지방관료를 고발하기도 했다. 1995년 한 해에만 7만 명의 시민이 정부대리인이나 지방관에게 소송을 건 것으로 보고되었다.* 중국은 또한 서구 법률가의 도움을 받으면서 개인과 개인뿐 아니라 개인과 국가 사이의 분쟁을 다루기 위해서 재산법과

입당했고 1948년 소련에 유학했다가 1955년 귀국하여 기술관료로 근무했으며 1987년 11월 중앙정치국 상무위원에 당선되고, 국무원 총리서리에 임명되었다가 1988년 4월 제7기 전인대 제1차회의에서 국무원 총리에 임명되었다. 1989년 천안문 사건 처리에서 강경한 입장으로 유혈 진압을 주도한 것으로 잘 알려져 있다.

23) 중국사회주의는 아직 초급단계에 있으므로 이러한 실제에서 출발해야지 이 단계를 초월할 수는 없으며, 생산력이 낙후되고 상품경제가 발달하지 않은 조건 아래서 사회주의를 건설하기 위해서는 반드시 거쳐야 하는 특정 단계라는 것이다. 1950년대에 생산수단의 사회화라는 사회주의적 개조가 기본적으로 완성되었지만 여기에서 사회주의현대화의 기본 완성까지는 적어도 100년 이상의 시간이 필요하며 그때까지는 모두 사회주의 초급단계에 속한다는 것이 이 이론의 내용이다. 사회주의초급단계론은 1981년 6월 27일 통과된 「中國共産黨中央委員會關於建國以來黨的若干歷史問題的決議」에서 처음 언급되었고, 이후 점차 보다 구체적인 내용을 가진 것으로 발전하게 된다.

* Tony Saich, "Most Chinese Enjoy More Personal Freedom than Ever Before," *International Herald Tribune*, February 1–2, 1997, p. 6.

504

상업법을 마련하기 시작했다. 지도부의 이러한 법률에 대한 장려와 수많은 정풍활동은 부분적으로는 시장경제로의 이행에 수반되는 부패의 만연을 제거하는 것을 목표로 삼았다.

하지만 이러한 법률이나 운동 어느 것도 아주 큰 효과를 보지는 못했다. 그것은 전반적 규제의 틀뿐만 아니라 독립적 사법기구도 결여된 체제 내에서 실행되었기 때문이다. 부패를 청소하는 임무를 부여받은 관료 자신이 부패에 관련된 경우도 아주 많았다. 강력한 중앙정부나 법 집행을 강제하는 제도가 없었으므로 뇌물, 부패, 국영분야에서의 자산의 횡령 등은 광범위하게 나타났고, 당-국가의 정통성과 권위를 훼손시켰다. 약간의 부패는 성장하는 시장경제의 기능을 원활하게 할지도 모르지만, 부패의 만연은 정치체제 전체의 기반을 무너뜨린다. 부패의 만연은 전통적으로 왕조의 종말로 이해되어왔다는 것이 중국에서의 일반적인 인식이다. 20세기 전반기 중국국민당의 통치에 종말이 온 것도 그 때문이었다. 말로는 부패에 반대한다고 하지만 실제로는 그것을 억제하지 못하는 지도층의 무능력은 지도층과 중앙정부의 권력을 더욱 잠식당하게 만들었다.

1989년 4월 15일 예기치 않은 죽음을 맞이한 호요방에 대해서 학생들이 주도적으로 나서서 바쳤던 헌사(獻辭)는 6주 이상이나 지속된 대중적 시위로 바뀌었다. 여기에는 부분적으로 1980년대 말의 가격개혁(價格改革)에 의해서 야기된 물가 폭등 외에 부패문제가 크게 작용했다. 이 시위는 북경에서 수백만 노동자와 일반시민을 끌어들였으며, 실제적으로 전국의 거의 모든 도시로 파급되었다. 학생과 엘리트 지식인들은 호요방의 사망을 이용하여 정치개혁, 특히 보다 많은 언론의 자유와 표현의 자유를 요구했다. 반면 노동자와 시민들은 경제개혁에 수반되는 부패와 물가상승, 그리고 혼란에 종지부를 찍을 것을 요구했다. 지식인들도 또한 관심을 가졌던 이 문제들은 시위의 주된 초점이 되었다. 지도부의 원로들은 이러한 시위, 특히 공식적 정부권력의 소재지인 천안문 광장에서의 시위를 그들 자신과 당-국가에 대한 위협으로 간주했다. 모택동 이후 시기에 그들은 제한된 운동으로, 그리고 모택동의 운동을 특징지었던 폭력이나 대중동원과 열정을 이용하지 않고도 줄곧 학생시위나 지식인의 불만까지도 비교적 쉽게 진압해왔다. 하지만 1989년의 시위는 중국의 도시주민 대다수를 끌어들였다. 그러므로 지도부의 일부는 그것을 1919년

북경정부의 몰락을 이끈 5 · 4운동의 재현이라고 이해했다. 그들의 개혁요구
에 대한 지도부의 무대응에 좌절한 일부 시위자들은 지도부의 타도를 요구하
기 시작했다. 원로들은 20년 전 홍위병이 자신들에게 저지른 만행의 기억을
되살리지 않을 수 없었다. 그들은 보다 끔찍한 악몽, 즉 또다른 문혁이나 또
다른 중국판 "연대"운동의 출현을 두려워했다.

5월 중순 무렵 등소평은 시위자들이 자신과 당의 권력에 대해서 근본적으
로 도전하고 있으며, 군사력으로 진압되어야 한다는 결론을 내렸다. 5월 20
일 계엄령의 선포에 따르기를 거부한 조자양은 당을 분열시켰다는 비난을 받
고 총서기직에서 해임되었다. 폭력의 위험에도 불구하고 시위자들이 천안문
광장에 계속 머무르자 등소평은 이붕에게 1989년 6월 4일 군대를 보내도록
지시했다. 천안문 광장에 진입하면서 군인들이 총을 난사했으므로 사상자들
이 발생했다. 이후 강택민(江澤民)이 조자양을 대신하여 총서기 직에 임명되
었다. 강택민은 상해 시장으로서 천안문 광장의 유혈진압에 참가하지 않았
다. 더구나 그는 수십 명의 노동자가 피살되었다고는 하지만 거의 폭력사태
없이 상해의 시위를 진압했다.

군사적 진압과 뒤이은 시위주도자에 대한 박해와 투옥은 지도부와 정치구
조가 얼마나 바뀐 것이 없는가 하는 점을 드러내주었다. 하지만 이러한 진압
을 이끈 시위는 또한 중국 사회가 얼마나 변화했는가를 잘 보여주었다. 정치
적 통제의 완화, 외부세계에의 개방, 보다 많은 사상과 표현의 자유 그리고 국
민 대다수의 생활수준 향상에 주어진 우선성은 지식인들뿐만 아니라 노동자,
기업가, 일반 도시주민들까지도 순종적 당원이나 수동적 객체로서보다는 시
민으로서 다루어지기를 요구하게 만들었다. 더구나 중화인민공화국의 역사상
처음으로 학생들이 —— 비록 처음에는 그들을 배제하려고 하기도 했었지만
—— 일반 시민과의 연합항의에 참여했다. 그럼에도 불구하고 1989년 6월 4일
은 공공연한 정치적 불만의 표현에 종지부를 찍었다. 약화되기는 했지만 레닌
주의적 구조는 여전히 기능했으며, 당지도자들은 정치적 위협이라고 간주되
는 어떠한 직접적 도전도 진압할 수 있었다. 1980년대에는 여러 운동이 벌어
질 때마다 약간의 짧은 침묵기가 지나면 정치적 반대파들은 심지어는 종전보
다 더 강력하게 공개적으로 자신들의 견해를 표명할 수 있었다. 중공은 권력
의 사용을 억제했고 희생자들은 더 이상 말하는 것을 두려워하지 않았기 때문

이다. 그러나 6·4 이후에는 정치활동가들뿐만 아니라 기성체제 내의 솔직한 반대파들까지도 구금되고 침묵을 강요당하거나, 아니면 해외로 망명했다.

1997년 2월 등소평의 사망은 당-국가를 더욱 약화시켰다. 등소평과 그의 후계자들이 도입했던 절차와 규범은 등소평 자신이 죽는 날까지 결코 추방시키지 못한 개인적 지배를 대신할 만큼 충분히 제도화되지 못했다. 등소평의 사망 이전 강택민과 그의 동료들은 이미 당-국가를 8년이나 지배해왔으므로 등의 사망이 공식적인 기준에서는 아무런 진공상태도 남기지 않았다. 하지만 그의 사망은 자신의 역사적 역할, 군대와의 연계, 당조직과 정치적 수완을 통해서 개혁을 실행할 수 있었던 강력한 지도자가 더 이상 존재하지 않음을 뜻했다. 등소평의 일생을 요약하면서, 로더릭 맥파쿼는 경제적 현대화뿐만 아니라 정치적 현대화까지 이루어야만 했던 중국의 고통스러운 모색의 역사가 쓰여진다면 그는 비록 끝까지 가는 것을 주저하기는 했지만 여하튼 올바른 길을 발견했던 사람으로 기록될 것이라고 결론지었다.* 등소평은 과거와는 확연히 다른 경제체제를 남겼다. 그러나 촌민위원회 선거나 전인대 권한 강화와 같은 제한된 개혁에도 불구하고 레닌주의적 당-국가는 약화되기는 했지만 여전히 본래의 모습을 유지했다. 등소평은 정치체제의 약점을 인식했지만 어떠한 변화이든지 레닌주의적 구조, 당, 그리고 그 자신의 권력을 와해시킬지도 모른다는 두려움 때문에 그것을 밖으로 내비치려고 하지 않았다. 그의 후계자인 강택민 또한 지금까지 정치개혁의 문제에 대해서는 자기의사를 거의 표현하지 않는 경향을 보였다.

등소평 이후의 지도체제

강택민은 당과 군대에서 강력한 지위를 확보했다. 이붕은 국무원 총리로서 두 번의 임기를 마친 다음 중국의 통화팽창을 효과적으로 억제한 관료이자 강택민처럼 상해 시장을 지낸 바 있는 주용기(朱鎔基)[24]에게 자리를 넘겨주었다. 하지만 등의 후계자 가운데 누구도 최고 지도자로서의 지위를 넘겨받

---

* Roderick MacFarquhar, "Demolition Man," *New York Review of Books*(March 27, 1997), p. 17.

24) 1928-. 湖南省 長沙 출신으로 1949년 중공에 입당했으며 1985년 이후가 되면 국가경제위원회 부주임, 부서기, 상해시위 부서기, 시장, 시위서기를 지냈으며 1991년 이후 국무원 부총리, 중공중앙정치국 상무위원, 중국인민은행 행장 등을 지내고 1998년 3월 이후 중공중앙정치국 상무위원, 국무원총리 등을 맡다가 2003년 3월 퇴임했다.

지는 못했다. 누구도 등소평과 같은 역사적 역할을 수행할 수 없었다. 뿐만 아니라 심지어는 그들의 지배권조차도 오로지 등소평의 축복에서만 나올 수 있었다. 등소평은 모든 일을 처리할 수 있는 개인적 권력을 보유했다. 반면 강택민과 그의 상해파 동료는 이붕처럼 기술관료에 지나지 않았다. 그들은 국가기업이나 관료제를 통해서 정치적 사다리를 올라왔던 것이다. 마르크스 · 레닌주의에 대해서 입으로는 충성을 했지만, 관료인 그들은 이데올로기적 동기로 움직이지는 않았다. 더구나 혁명에 참가하지 않았던 신중국 지도층의 첫 세대로서, 그들은 선배들보다도 지배의 정당성이 부족했으며, 따라서 보다 더 타협할 준비가 되어 있었다.* 처음에는 6 · 4 이후 전면에 등장한 신(新)모택동주의자들을 포용했지만, 강택민은 1990년대 중반부터 점차 그리고 꾸준하게 좌우 양쪽 극단 사이의 가운데로 움직였다.

등소평과는 달리 강택민과 동료들은 여전히 권력의 유지에 결정적인 지지를 보낼 수 있는 인민해방군에 깊은 뿌리가 없었다. 강택민은 인사에서의 승진을 통해서, 그리고 군 예산을 두 배 이상으로 늘려줌으로써 군대와의 개인적 유대를 강화시키려고 했다. 정책결정권을 가진 15전대회의 상임위원회에서 군 원로 가운데 한 사람을 제거하고, 그는 대신 자기에게 가까운 보다 젊은 두 명의 고급 군관을 정치국에 끌어들일 수 있었다. 이러한 노력들이 반드시 그에게 군대의 지지를 확보해준 것이라고 보기는 어렵다. 등소평이 1984년 군대의 규모와 예산을 4분의 1로 삭감했으므로, 인민해방군 부대는 일찍부터 시장경제를 위한 생산을 시작하여 군 예산과 자기부대를 위한 자금을 확보해야만 했기 때문이다. 그들은 군대의 공장을 개조하고 국내외의 민간시장을 위한 다수의 새 기업을 설립했다. 인민해방군은 모택동 이후 시기의 중국에서 아마 진정으로 가장 큰 기업복합체일 것이다. 그 기업제국(企業帝國)의 팽창 외에도, 군 출신 당의 원로들의 서거와 군대의 전문화라는 추세는 얼마간 군대의 정치적 역할을 축소시켰다. 320만이나 되는 중국 강군(强軍)의 규모는 1990년대 말에는 더욱 줄어들었다. 하지만 당-국가의 고위층에 자리잡은 군 지도자들은 지난 20세기 내내 그랬던 것처럼 어떠한 파벌투쟁에서도 여전히 결정적 역할을 할 수 있다. 20세기 말에도 중공을 제외하면 인민해방

---

* Joseph Fewsmith, "Reaction, Resurgence, and Succession : Chinese Politics since Tiananmen," in MacFarquhar, *The Politics of China : The Eras of Mao and Deng*, 2nd ed., p. 525.

군은 주요한 정치적 역할을 할 수 있는 잠재력을 지닌 유일한 조직이었다.

민족주의적 표현의 증가, 재야 정치활동가에 대한 억압에도 불구하고 강택민은 외부세계에 대한 개방을 늦추지는 않았다. 동시에 다른 국가들과의 관계 역시 문제가 없지는 않았다. 6·4의 여파로 인권(人權)은 중국과 미국 사이에 가장 감정적으로 대립하는 문제가 되었다. 1994년 미국 대통령 클린턴이 최혜국대우와 인권의 문제를 분리시킴으로써 미국에 의한 경제제재 위협은 희박해졌지만, 미국과 다른 서구국가들은 인권문제를 둘러싸고 계속 중국을 비판했다. 특히 그들은 민주활동가, 독립적 노조의 조직자, 그리고 관부의 공식적 승인 없이 활동하는 종교지도자들에 대한 투옥이나 노동개조를 비난했다. 로마 교황의 권위를 받아들인 천주교도[25]나 달라이 라마에게 충성을 맹세한 티베트인 남녀 승려들의 경우가 그것이다. 중국 지도자들이나 사상적 대변인들은 이러한 비판을 완강하게 거부했다. 말레이시아, 싱가포르, 인도네시아 지도자들의 견해에 동조하면서 이들은 서구의 비판이 서구적 인권관념을 전통과 역사가 다른 나라에 강요하는 것이라고 비난했다. 다른 아시아의 지도자들처럼 강택민 지도부도 "아시아적" 가치를 서구적 가치보다 뛰어난 것이라고 칭찬했다. 자기중심적인 데다가 서구사회의 도덕적 몰락에도 책임이 있는 개인적 권리보다도 "아시아적 가치"는 집단적 권리에 기초하고 있었기 때문이다.

미국과 중국이 소비에트 러시아에 대한 무언의 동맹에 참여했던 1980년대와는 대조적으로 1990년대 초반 냉전의 종말로 그러한 동맹은 더 이상 필요가 없어졌다. 1990년대 말에는 중국과 러시아의 관계가 점차적으로 개선되었고, 러시아는 중국의 군사현대화를 위한 가장 중요한 무기공급자가 되었다. 동시에 인권문제에 덧붙여 이전에는 잠복해 있던 수많은 갈등이 중국과 미국 사이에서 표면화되면서 양자관계를 더욱 악화시켰다. 미국의 대중국 무역적자가 1997년에 440억 달러로 늘어나고 20세기 말에는 대일본 무역적자를 능가할 것이라고 예상됨에 따라 미국의 중국 시장에 대한 개방압력도 더욱 강

---

25) 중화인민공화국의 성립 후 주교 임명을 둘러싸고 교황청의 선교단을 추방하면서 바티칸과의 분쟁이 본격화되어 1957년 중국 정부는 바티칸 당국과 국교를 단절하고 중국 내 주교를 독자적으로 임명하는 등 바티칸의 존재를 전면 부정해왔다. 중국 정부는 "종교문제는 중국 내부의 문제"라며 "바티칸을 포함한 어느 나라도 중국 내부 문제에 간섭할 수 없다"고 못박고 있어 로마 교황청의 중국 천주교에 대한 지도권을 부정하고 있는 것이다.

해졌다. 중국은 국내시장에 대한 제한적 접근만을 허용했으므로 미국은 중국이 시장을 더욱 개방할 때까지 세계무역기구(WTO)에의 가입을 막았다.[26] 또 다른 마찰 증대의 원인은 중국이 핵무기 기술을 해외, 특히 이란과 파키스탄에 판매하는 것이었다. 이에 대한 반응으로 중국은 미국이 세계에서 가장 큰 무기수출상이라는 사실을 지적했다. 1997년 7월 1일 홍콩의 중국으로의 반환은 순조롭게 이루어졌으나, 홍콩은 또다른 잠재적인 충돌의 원천이었다. 영국 지배의 종말과 더불어 미국은 홍콩이 1984년 중영공동선언에서 약속한 것과 같은 그러한 종전대로의 사법·정치체제를 유지하도록 돕는 책임을 떠맡았다.

대만은 1990년대에는 중국과 미국 사이에서 갈등을 일으키는 가장 폭발성이 강한 원천이었다. 미국은 대만이 중국의 일부라는 것을 인정하면서도 군사적 수단을 통한 통일을 받아들이려고 하지 않았다. 대만이 좀더 독립적 역할을 추구하자 중국과 대만 사이의 갈등이 고조되었다. 중국은 1996년 3월 대만의 첫번째 총통선거 결과에 영향을 주기 위하여 대만해협에서 군사훈련을 실시하고 미사일 실험을 강행했다. 하지만 이 군사시위는 대만의 유권자들이 이등휘(李登輝)[27]를 총통으로 뽑는 것을 막지 못했다. 이등휘는 대만 출신으로서는 처음 대중적 선거에 의해서 선출된 총통이었다. 이러한 갈등 고조에도 불구하고 미국과 중국은 더 이상 관계가 악화되는 것을 바라지 않았다. 중국과 미국 사이의 최고 지도자 상호방문은 1997년 10월 미국에서 이루어졌고, 1998년에는 북경에서 이루어지기로 계획되었다. 이전 시대의 등소평처럼 강택민도 중국이 늘어나는 국제무역과 세계공동체에 참여하게 되면서 모택동 시기의 고립으로 돌아갈 수 없다는 것을 인정했다. 보다 중요한 것은 중국이 국제조직에 참여함에 따라 점점 더 그러한 조직들의 규칙을 지키고, 날카로운 의견대립을 가진 국가들과 협상을 해야 할 필요도 늘어났다는 점이다.

---

26) 중국은 2001년 11월 정식으로 WTO에 가입했다.

27) 1923- . 臺灣 臺北 출신으로 경도제대 농업경제학과, 대만대학 농업경제학과, 미국 아이오와 대학교 등에서 공부한 뒤 1953년 귀국하여 행정원 정무위원, 1978년 대북시장, 1981년 대만성정부 주석, 1984년 대만 7대 부총통을 지냈고 1988년 장경국의 천거로 대만총통직을 계승하고 뒤이어 국민당 13기 주석, 행정원장을 지냈다. 1990년 3월 8대 총통에 선출되고, 1996년 최초의 민선총통으로 9대 총통에 선출되어 2000년까지 직무를 수행했다.

마찬가지로 레닌주의적 구조에 대한 새삼스러운 강조를 요구했지만, 강택민 지도부는 중앙집권적 경제로 회복할 수는 없다는 점을 인정했다. 강택민은 정치와 언론의 통제를 강화했으나 경제적 통제를 강화시키지는 않았다. 지도권을 장악한 초기에 그는 지방분권적 경향을 억제하고 비효율적 국영기업들을 보존하려고 시도했다. 그러나 15전대회부터 그는 다양한 수단 —— 파산, 합병, 주식판매, 외국과의 합작기업화, 사유화 —— 에 의한 국영공업의 개혁을 시작함으로써 경제정책에 자신만의 색깔을 칠했다. 경제개혁을 시작한 지 20년이 지나서, 그리고 사회적 불만의 증대와 해고노동자에 의한 쟁의 및 신모택동주의자들의 비판에 직면하여 강택민 지도부는 마침내 이미 진행되고 있던 사태를 공식적으로 인정하기로 결정했다. 그것은 바로 국가가 경제의 대부분의 분야에서 철수하고, 막대한 부채를 진 데다가 노동력이 남아돌고 이미 낡아버린 국영공업을 해체하는 일이었다.

그렇지만 등소평처럼 강택민도 대담한 정치개혁을 시작하지는 않았다. 호요방의 "해방사상"이라는 구호를 채택하고 15전대회에서 정치개혁에 대해서 논의하기는 했으나, 그것을 실행하는 강택민의 움직임은 아주 완만했다. 그가 15전대회에서 정치적, 법률적 개혁의 필요성을 가장 강력하게 주장했던 교석을 전인대 주석 직에서 물러나도록 한 것은 분명한 사실이다. 정통 이데올로기나 레닌주의적인 민주집중제를 의미하는 모호한 용어인 "정신문명(精神文明)"의 강화에 대한 강조와는 대조적으로, 교석은 1990년대 중반 정치적, 법률적 제도의 건설과 공정한 법 집행을 끊임없이 강조했던 정치국 상임위원회 위원이었다. 교석이 물러남으로써 중국의 역동적 경제와 그 낡아빠진 레닌주의적 정치구조 사이의 대비는 더욱 불균형이 심해졌다.

6·4의 비극은 1980년대에 가능한 것처럼 보였던 기존 틀에서의 점진적 정치민주화의 좌절이었다. 군사적 진압, 조자양과 그 지지자의 숙청, 그리고 1980년대에 정치문제에 관심을 지녔던 지식인들과 홍위병 출신자들의 상대적으로 독립적인 조직에 대한 탄압은 중공이나 인민해방군에 대한 대안이란 없다는 점을 확인해주었다. 1989년의 시위 기간 동안 조직되었던 독립적 시민조직, 직업집단, 노동조합은 분쇄되었다. "비정부적(非政府的)"인 것으로 추정되는 수십 개의 조직이 1990년대에 출현하여 다양한 사회적, 직업적, 환경적, 학술적 문제를 다루게 되었으나 그것들은 정치문제로부터 격리되어 있

는 한에서만 살아남을 수 있었다.* 1990년대의 중국인들은 직업을 바꾸고, 해외여행을 하고, 포장도로에 팬 웅덩이에 대해서 불평하고, 촌의 지도자를 선거로 쫓아낼 수도 있었지만, 당-국가나 그 지도자들을 공개적으로 비판할 수는 없었다. 감히 그렇게 한 사람들은 즉각 침묵을 강요당했다.

하지만 1990년대에 정치개혁에 호의를 보인 사람들도 사회적 무질서에 대한 공포를 공산당이나 기업계와 공유했다. 급격한 정치적 변화는 구 소련에서 일어났던 것과 비슷한 광범위한 불안정을 가져올 것이고, 따라서 최근 확보한 생활수준의 향상이라는 소득을 위태롭게 할 것이라는 점에 대해서 대다수가 생각을 같이 했던 것이다. 그렇지만 완만한, 민초 차원의 제한된 정치적 변화에 대한 접근은 존속이 허용되었다. 전인대와 지방인민대표대회는 계속 더 많은 자율을 요구했고, 경쟁적인 촌 선거를 치르는 지역도 크게 늘어났다. 정규적 당 모임의 개최나 민법과 형법의 공포와 같은 이미 확립된 관행도 지속되었다. 하지만 안전한 자리에 있는 아주 소수의 지식인들은 너무나도 느린 정치적 변화 역시 불안정을 초래할 수 있다는 우려를 공개적으로 표명할 수 있었다. 중국의 노쇠하고 연약해진 정부로는 새로운 경제적, 사회적 현실을 제대로 다룰 수 없다는 이유에서였다. 등소평과 같은 최고 지도자나 강력한 정치제도가 없다면, 당-국가의 능력이 약화되고 중앙에서 지역, 지방으로의 정치권력이 이전되는 것은 중앙의 권위를 계속해서 잠식하고 나아가 1980년대에 떠오른 비공식적인 연방주의를 더욱 발전시키게 될 터였다. 지방을 중앙에 묶어두는 새로운 정치적, 행정적 제도의 확립 없이는 이러한 지방분권적 경향이 더욱 가속화될 수밖에 없었다.

모택동 이후 시기의 역설은 팽창하는 역동적 경제가 경제개혁을 가능하게 했던 정치지도자들과 정치구조의 권위를 도리어 훼손시켰다는 데에 있다. 제한된 정치와 사법의 개혁만으로는 중국의 경제적 성장과 당-국가 사이의 커지는 균열을 막을 수 없다. 당-국가는 낡은 제도인 데다가 중앙집중적인 통제의 효력이 떨어지면서 더욱 약해지고 있다. 그러한 모순이 지속되는 한 중국은 정치적 불안정이라는 유령에게 끊임없이 쫓길 수밖에 없을 것이다.

---

* Tony Saich, "Changing Party/State-Society Relations," manuscript, p. 12.

512

유동적이고 분열되는 사회

모택동 이후 시기에는 시장경제로의 이행, 새로운 부의 원천에 대한 접근, 지방 차원으로의 권력이양, 그리고 일상생활에 대한 통제의 완화가 또한 아주 광범위한 사회적 변화를 가져왔다. 경제적·정치적 변화와 마찬가지로 모택동 이후의 사회변화는 청조 말기 공공영역의 창출이나[*] 20세기 초의 수십 년 동안에 나타난 초기적 시민사회(市民社會, civil society)의 발전과 아주 유사한 측면을 보인다.[**] 이러한 공공영역의 재개방은 국가주의적 경향의 증대에 종지부를 찍는 것이었다. 이러한 경향은 중국국민당이 다양한 직업적·사회단체들을 국가구조로 느슨하게 조직화시켰던 민국시대(1927-1945년)에 시작되었다. 그리고 이러한 과정이 정점에 이른 것은 1950년대였다. 이때 중공은 모든 집단과 개인을 공식적인 당-국가의 연합과 단체로 조직함으로써 그들에 대한 실질적으로 완벽한 통제를 실행했다. 모택동이 지배하는 동안 중국 사회는 상대적으로 동질적이고, 평등주의적이며, 고정되고, 수직적으로 조직화된 사회였다.

그러나 경제개혁이 시작된 지 10년도 되지 않은 1987년 10월의 13전대회의 보고에서 조자양은 세대, 지역, 직업과 경제노선을 넘어선 각기 다른 사회집단의 출현을 공식적으로 인정했다. 그는 이러한 다양한 집단이 조직적 방법으로 자기이익을 표현할 수 있는 공식 통로를 확립하는 것이 필요하다고 강조했다. 모택동 시기의 공식적인 직업적, 사회적 연맹에 덧붙여서, 중공은 이 새롭게 떠오르는 이익집단들로 구성된 중간조직들을 설립했다. 분리된 영역 내부에서 자율을 누리는 대가로 이 중간조직들은 일정한 제한과 의무를 받아들였다. 중공은 급부상하는 경제세력들 —— 자영업, 집단기업, 친족기업과 소규모·대규모 사영기업 등 —— 을 당이 지배하는 조직 속으로 끌어들이는 데 특별한 주의를 쏟았다.[***] 이러한 조직들은 그 구성원의 활동에 대해서

---

[*] Mary Backus Rankin, "Some Observations on a Chinese Public Sphere," *Modern China* 19, no. 2(April 1993), pp.158-182.

[**] David Strand, *Rickshaw Beijing : City People and Politics in the 1920s* (Berkeley : University of California Press, 1989).

[***] Jonathan Unger and Anita Chan, "Corporatism in China : A Developmental State in an East Asian Context," in Barrett L. McCormick and Jonathan Unger, eds., *China after Socialism*(Armonk N. Y. : M. E. Sharpe, 1996). pp. 95-129.

얼마간 통제하겠다는 의도뿐 아니라, 새롭게 부상하는 중산계급의 어떠한 정치적 도전도 가로막겠다는 의도를 지닌 것이었다. 이를테면 신흥 부유층은 관료층에서 나왔거나 아니면 자신의 재부를 증대시키는 데 관료들에 의존했다. 그러므로 그들의 조직은 일반적으로 정치적인 현상유지를 지지했다. 중국의 늘어나는 집단기업, 사영기업 공동체의 성원들도 1989년 시위에 참가했다. 그렇지만 6·4의 진압 이후 그들은 겉으로는 정치개혁이나 자신의 종속적 지위를 바꾸어보려는 희망에 대해서 거의 관심을 보이지 않았다. 기본적으로 그들의 이익은 관료와 밀접한 관계를 유지해야 추구될 수 있었기 때문이다.

자체적으로 재정을 조달하는 것으로 간주되는 비정부적 또는 "민간(民間)" 조직들은 관청으로부터 얼마간 감시를 받으면서 등록을 하고 활동해야만 했다. 법률가나 의사, 과학자, 엔지니어, 경제학자들과 같은 전문인이나 학계인사들 —— 그들 가운데 일부는 개인사무소나 상담기구를 설립했다 —— 은 자신의 주요 조직의 원천으로서 보다 작고 보다 유연한 집단을 꾸리게 되었다. 하지만 그들의 자율성 역시 관료에 의해서 한계가 설정되고 감독을 받았다. 중국의 회사원, 전문직 계급은 점점 더 수가 늘어나고 부유해졌지만, 20세기 말에도 여전히 자기권리를 적극적으로 주장할 수 있는 독립적 자본가나 중산계급으로 발전하지는 못했다. 그럼에도 불구하고 이러한 조직과 단체는 사회속에서 새로운 공간을 창출했다. 거기서 그들은 공식적 후원자의 견해보다는 점점 더 자기 성원들의 이익을 대변하게 되었다.* 이런 점에서 그들은 19세기 말에 형성된 다양한 조직과 비슷한 점이 많다. 그것들은 공식적인 청조의 견해를 대변하는 것에서 점차로 그들 단체 자신의 견해를 표방하는 쪽으로 옮겨갔고, 시간이 지나면서 보다 큰 정치적 영향력을 획득했다.

1990년대에 중공은 이렇게 새롭게 떠오르는 중간 영역을 감독하려고 노력했다. 그렇지만 일부지역에서는 당의 힘이 미치지 않는 곳에서 맺어진 비공식적 동맹에 선수를 빼앗기기도 했다. 천진(天津)에 대한 연구에 의하면 소상인의 단체는 여전히 관청에 종속적이었지만, 대기업 단체는 좀더 많은 부를 획득하고 국가자원에 대한 의존성이 줄어들자 더욱더 자기이익을 주장하게

---

* Gordon White, Jude Howell, and Shang Xiaoyuan, *In Search of Civil Socoety*(Oxford : Clarendon Press, 1996).

되었음을 보여준다.* 이를테면 중국의 번영하는 동남연해지역에 자리잡은 온주(溫州)와 같은 특별한 지역의 민간기업인에 대한 또다른 연구들은 이들이 공공분야에서 민간분야로 힘의 균형을 옮기는 데에 영향력을 발휘했음을 보여준다. 새로운 경제동맹이 발전함에 따라 개인이나 집단은 자기이익의 주장에 더욱 대담해졌다. 관료와 비국영 기업의 비공식적 동맹은 부패와 연고주의(緣故主義)에 연루되었지만, 다른 동맹들은 자기와 더불어 노동자의 이익까지도 증진시키는 교육이나 사회사업의 개선과 같은 좀더 건설적 방면에 힘을 쏟았다.** 정부는 정치적 대안집단을 억누를 결의를 갖추고 있었지만 비정치적인 집단이나 단체에 대해서는 훨씬 너그러웠다. 그 결과 1990년대에 비정치적 조직은 계속해서 설립되고 번창했다.

청말의 시기와 얼마간 비슷하지만, 도시공간은 새로운 시장, 교역방식뿐 아니라 초기적인 공공영역을 창조하는 새로운 사상적, 문화적, 사회적 상호관계의 중심지가 되었다. 하지만 19세기 말과 마찬가지로 20세기 말의 공공영역은 정치적 담론과 연관된 시민사회로 발전하지는 못했다. 주기적인 정부의 억압, 법치의 부재, 광범위한 부패가 시민사회의 독립성을 유지하는 데 필요한 제도를 확립할 수 없게 했기 때문이다. 데이비드 스트랜드는 개인이나 집단의 자율은 전체주의적인 사회에서는 살아남을 수 없으며, 그것을 보호하는 강력한 제도와 법률 없이 번창하는 것 역시 불가능하다고 지적했다.*** 비슷한 발전이 국가와 사회 사이에 선명한 선을 긋게 만든 서구에서와는 달리, 오늘날에 이르는 중국 역사의 대부분을 통해서 국가와 사회라는 명확한 이분법은 존재하지 않았다. 있었다면 그것은 공(公)과 사(私), 그리고 국가 사이의 상호작용이 뒤섞인 것이었다.

모택동 이후의 사회가 유동적이고 이동성이 강한 사회가 됨과 동시에 그것은 또한 고든 화이트의 표현을 빌리면 "분열되고 또한 분열이 계속 진행 중

---

* Christopher Nevitt, "Private Business Associations in China : Evidence of Civil Society or Local State Power," *China Journal*, no. 36 (July 1996) : 25–43.

** Kristen Parris, "Private Interest and the Public Good : The Rise of Private Business Interests," in Goldman and MacFarquhar, *The Paradox of China's Post-Mao Reforms*.

*** David Strand, "Conclusion : Historical Perspectives," in Deborah S. Davis et al., eds., *Urban Spaces in Contemporary China : The Potential for Autonomy and Community in Post-Mao China*(New York : Cambridge University Press, 1995), pp. 394–426.

인" 사회가 되었다.[*] 시장경제로의 이행이 낳은 사회적 분열의 표현 가운데 하나는 빈부격차의 심화이다. 모택동 시기에 국영기업 노동자들은 존중받고 보수도 좋았다. 그렇지만 모택동 이후 시기에 그들의 상대적 지위와 임금은 급속하게 하락했다. 그들의 임금은 동결되거나 삭감되거나 아예 지불되지 않기도 했지만, 비국영 또는 합작기업에서 일하는 사람들의 봉급은 상승했다. 통제의 완화와 맞물려 경제변화의 이러한 불안정화 효과는 1990년대에 가속화된 노동자들의 파업과 태업, 가두시위라는 형태로 집단적 저항의 폭발을 점화시켰다. 사천이나 호북과 같은 몇몇 성에서는 항의가 대규모 폭동으로 확산되기도 했다. 농촌지역에서도 번창하는 집단공업의 경영자, 노동자와 여전히 들에서 일하는 농민 사이의 소득격차가 마찬가지로 확대되었다. 도시의 성장률이 높아져 1980년대 중반부터 정체하기 시작한 농촌의 성장률을 곧바로 뛰어넘게 되면서 도시와 농촌 사이의 경제적·사회적 차이도 더욱 커졌다. 이러한 경제적·사회적 격차는 국제무역과 관련을 맺은 연해지역과 보다 가난한 내륙지역의 성 사이에서 지역적 격차가 커지면서 더욱 확산되었다.

공산화 이전 시기에 존재했던 도시와 농촌의 격차는 신중국 성립 이후 특히 의료, 교육, 성(性) 및 소득에서의 불평등이라는 분야에서 어느 정도 완화되었다. 그러나 시장개혁은 다시 한번 이러한 격차를 벌려놓았다. 모택동 시기에 교육, 의료비용을 부담한 인민공사가 해체된 다음 도시지역에서는 교육에 대한 지출이 약간 늘어났으나, 농촌지역에서는 그것이 오히려 줄어들었다. 더구나 대학과 연구기관 등 교육계의 최상층에서는 교육관계 지출이 다소 늘어났으나, 특히 농촌과 같은 기초수준에서는 그것이 줄어들면서 사회적 격차, 특히 농촌과 도시 사이의 불균형을 더욱 악화시켰다. 마찬가지로 시장경제로의 이행은 성(性)에서의 격차를 강화시켰다. 일반적으로 딸은 결혼하면 남편의 가족으로 들어가버리기 때문에, 딸을 학교에 보내기보다는 집에서 농사를 돕게 하는 편이었다. 그 결과 모택동 이후시기에는 여성의 식자율이 떨어졌다. 1990년에 문맹 수는 인구의 22퍼센트였고, 그 가운데 70퍼센트가 여성이었다. 45세 이상의 여성은 68퍼센트의 문맹률을 보였는데

---

[*] White, Howell, and Shang, *In Search of Civil Society*, p. 213.

15-24세 집단의 경우는 그것이 73퍼센트로 올라갔던 것이다.[*] 모택동 시기 당-국가의 주된 세입원이었던 국영기업 파산의 증가, 그리고 성이나 지방의 수입에서 올라오는 중앙 조세수입의 점차적 감소는 이렇게 날로 악화되고 있는 잠재적으로 위험스러운 경향에 대처할 수 있는 자원의 확보를 더욱 어렵게 했다.

농촌과 도시 분야 사이의 격차는 농촌을 떠나는 인민의 이동에 대한 제한이 철폐되면서 더욱 벌어졌다. 모택동 시기에 농민들은 다른 곳에서 직업을 찾는 것을 어렵게 만든 호구(戶口)제도 때문에 고향에 얽매여 있었다. 하지만 집단화의 해체, 시장경제로의 이행, 비국영 분야와 중외합작기업의 성장은 이 제도가 가져온 고착성을 무너뜨렸다. 농민들은 보다 나은 삶을 찾아 고향의 농촌지역을 떠나 성진(城鎭)으로, 연해도시로, 특히 경제특구로 옮겨가기 시작했다. 1990년대 중반 중국의 국내 이주자, 즉 "유민(流民)"은 어디에서든지 움직이고 있었다. 비국영 기업과 중외합작회사는 낮은 임금으로 가난한 지역에서 온 청년들과 성인들을 충원했다. 이들의 임금은 그래도 고향에서 얻을 수 있는 것과 비교하면 높은 셈이었다. 이주노동자들은 임금의 일부를 고향에 있는 가족에게 송금하여 도시와 농촌 사이의 불평등을 해소하는 데 약간은 도움을 주었다. 그러나 국내 이주의 전반적 효과는 도시와 농촌의 격차를 더욱 벌리는 역할을 했다. 농사를 짓는 농촌은 기본적으로 여성과 노약자들로 채워졌기 때문이다. 1990년대에 일부 지역 농민들은 자신에게 할당된 곡물에 대해서 약식차용증서로 대가를 받는 일이 늘어나고 농촌공업을 지원하기 위해서 조세부담이 늘어나자 지방관청이나 세무서에 때로는 격렬하게 항의함으로써 그 분노를 표현했다.

중국의 유민들은 또한 그들이 유입해 들어간 도시 지역사회의 긴장도 강화시켰다. 대도시의 단기체류자들은 보통 자기 성이나 현 또는 촌에서 온 다른 체류자와 함께 거주했다. 대부분은 한계적인 생존수준에 머물렀고, 노동시장의 맨 밑바닥에서 일했다. 그렇지 않아도 학교나 의료기관 같은 도시의 편의시설이나 일반 공간은 주민의 수에 비하면 상당히 부족해 너무 과밀한 편이었다. 그런데 여기에 대한 압력이 더욱 가중되자 도시주민들은 분개하여 침

---

[*] Elisabeth Croll, *Changing Identities of Chinese Women* (London : Zed Books, 1995), p. 135.

식해 들어오는 유민들을 차별하고 고립시키기 시작했다. 단기체류자 사회에 대한 연구에서 도로시 솔린저는 이들이 거주하는 도시구역에 대해 통합되는 것을 경험하는 경우가 거의 없음을 보여주었다.[*] 그들의 소외감뿐만 아니라 높아진 기대치는 때로는 안정을 위협하는 파괴적이거나 범죄적 행동을 낳았다. 국영기업의 개혁과 더불어 직업을 찾는 이 유민의 수는 더욱 늘어날 것으로 예상된다. 20세기 말이 되면 아마 중국 국영기업 노동자 1억 가운데 절반은 새로운 일을 찾아야 할 것이다. 따라서 만약 중국의 높은 경제성장률이 떨어진다면 광범위한 항의의 잠재성은 훨씬 커질 것이다.

경제적 사다리의 맨 밑바닥 사람들과 맨 위 사람들 사이의 격차가 심화되는 것은 1997년 『차이나 데일리(*China Daily*)』에 보고된 북경의 가구당 소득수준에 대한 조사에 잘 드러난다.[**] 그것은 가장 부유한 가구의 평균 재산가치가 가장 가난한 사람의 그것보다 7.85배나 된다는 것을 알려주었다. 전형적인 최상층 소득자는 사영기업이나 합작회사의 경영자였고, 일자리를 잃거나 은퇴하거나 단기체류자인 경우는 가장 밑바닥을 차지했다. 이러한 격차는 대도시에서는 아주 뚜렷하게 드러났다. 유민 노동자들은 건설현장 옆의 판잣집에 살았지만, 신흥 부자들은 현대적 콘도미니엄, 디자이너의 의상, 명품과 고급 자동차, 그리고 해외여행으로 부유함을 뽐냈다. 신흥 세대의 중국 여피들은 휴대전화와 호출기를 자랑했다. 농촌 기업가들은 도시근교의 농촌에 3층짜리 집을 지었다. 소비주의의 만연은 모택동주의적 이상주의, 평등주의와 집단주의에서 모택동 이후 시기의 물질주의, 부의 추구와 경쟁으로 옮겨가는 가치관의 변화를 낳았다. 서구적 문화와 생활수준에의 노출은 문혁에 의해서 야기된 환멸과 더불어 개인의 권리와 자격에 대한 의식을 더욱 증대시키는 결과를 낳았다.

따라서 개혁은 모순된 충격을 가한 셈이었다. 한편으로 그것은 상향이동을 가능하게 했으며 생활수준을 향상시켰다. 다른 한편으로 이것을 따라가지 못한 사람들에게는 깊은 불만감과 "눈이 빨개지는 병(紅眼病)"이라고 일컬어진 질투심에 불을 붙였다. 1996년 빈곤등급 아래 머무는 사람들의 수는 공식적

---

[*] Dorothy J. Solinger, "China's Floating Population : Implications for State and Society," in Goldman and MacFarquhar, *The Paradox of China's Post-Mao Reforms*.

[**] Xing Zhigang, "Disparity in Assets Widening," *China Daily*, January 8, 1997, p. 3.

인 정부통계에 의하면 5,800만이었다.[*] 이것은 인구의 5퍼센트 미만으로 1979년의 26퍼센트와 비교하면 훨씬 적다고 할 수 있었다. 하지만 속도가 계속 빨라지는 사회변화, 실업보험의 부재, 인민공사나 국영기업에 의해서 제공되던 사회보장 네트워크의 붕괴는 주기적으로 찾아오는 물가상승과 맞물리면서 깊은 심리적 충격을 남겼다. 가장 고통을 받은 사람들은 농촌의 여성과 노인들이었다. 여성 자살율은 급등했다. 아서 클라인멘은 1997년의 중국은 세계 여성 가운데 가장 높은 일인당 자살율을 보였다고 추측했다.[**] 어용 노동단체와 여성단체들은 새로운 중간조직과 더불어 점차 이런 문제를 보다 적극적으로 다루게 되었다. 그들은 조합원들이 항의나 자살을 선택하지 않고 스스로의 고통을 처리할 수 있는 다른 방법을 찾아내도록 충고와 법률교육을 제공했다. 하지만 이러한 서비스는 아직 초창기 단계이다. 문제의 크기와 그것을 처리하기 위해서 필요한 재정자원은 단순하게 어용단체나 비국영 분야에서 스스로 처리하기에는 너무 거대한 것이다. 하지만 모택동 이후 시기의 약화되는 당–국가는 이렇게 시급한 문제에 대해서 해결은 물론이고 도움조차 줄 수 없었다.

공식적 이데올로기가 점점 더 인민의 생활과 무관한 것이 되자 많은 사람들은 종교로 돌아섰다. 모택동 이후 시기에는 불교와 도교가 부활하고 이슬람이 재기했다. 기독교도 급속하게 새로운 신도들을 모으게 된다. 공식적으로는 1,400만 명의 기독교도 —— 1,000만의 신교도와 400만의 천주교도 —— 가 있다. 정부는 공식적으로 승인되지 않은 어떠한 신앙에 대해서도 거칠게 탄압했다. 그러나 지하에서 또는 "가정교회"에서 기도하는 수백만 명이 더 있을 것으로 생각된다.[***] 아마도 혁명 이전 시기보다 종교신도들이 더 늘어났을 것이다. 더구나 1990년대에는 기공(氣功, 호흡과 그밖의 단련)에 대한 전국적 열풍이 일어나고 그밖의 신앙치료도 발전했다. 이러한 신앙은 공식적 이데올로기를 대신하면서 중국 사회의 다양성을 더욱 증대시켰다. 모택동 시

---

[*] Alan Piazza and Echo H. Liang, "The State of Poverty in China : Its Causes and Remedies," Paper presented at the Conference on Unintended Social Consequences of Chinese Economic Reform, Harvard School of Public Health and Fairbank Center, Harvard University, May 23–24, 1997.

[**] Arthur Kleinmen and A. Cohen, "Psychiatry's Global Challenge," *Scientific American*(March 1997).

[***] 1996년 2월의 당 내부 문서는 중국에 약 7,000만의 신도가 있다고 평가한다. Patrick Tyler, "Catholics in China : Back to the Underground," *New York Times*, January 26, 1997.

기도 과거 묘사되었던 것처럼 정말 그렇게 획일적인 사회는 아니었지만, 모택동 이후 시기의 중국 사회는 그 가치나 종교신념 또는 생활방식이라는 면에서 명백히 다원화되었다. 더구나 연해 대도시의 엘리트라는 경계를 넘어서 머나먼 내륙의 일반농민에게까지 외부세계에 대한 개방이 확산되었다. 20세기 말에 중국은 근대 역사의 다른 어느 시기보다 국가와 사회의 관계가 더욱 유동적인, 훨씬 더 복잡한 사회가 되었던 것이다.

당-국가는 여전히 권력을 잡고 있었고 그 조합주의(組合主義)[28]적 구조는 여전히 사회를 지배했다. 하지만 그 힘은 이미 상당히 약화되었고, 더 이상 그 구성원 다수에게 명령을 내릴 수 있는 처지도 아니었다. 중국 지도부가 경제개혁과 대외개방을 시작했을 때, 개혁이 그들에 의해서 완전히 통제되지는 않는 점점 더 독립적이고 다원적인 사회를 만들 것이라고 예상하지는 못했을 것이다. 개혁에 의해서 창조된 활력과 유동성은 놀라운 경제성장을 낳았으나, 그것은 또한 잠재적으로 불안정한 분열된 사회를 낳기도 했다. 점차 힘이 약해지는 당-국가가 날로 늘어만가는 다양한 사회적 이해집단을 조정하는 능력을 어떻게 확보하느냐가 앞으로 중국이 건설적인 제도적 변화를 겪느냐, 정체에 빠지느냐, 아니면 혼란에 빠지느냐를 결정하게 될 것이다.

문화적 다원성

정치체제와 경제체제 그리고 사회에 대한 개혁의 충격이 보여주는 모순성은 문화의 경우에도 비슷하다. 1980년대 이후 세계의 나머지 국가들과 경제적으로 서로 의존하게 되자 중국은 처음에는 서구에서 문화와 사상의 지침을 찾고자 했다. 모택동 시기의 박해에 대한 반발로 중국 지식인들과 소수의 개혁파 지도자들은 마르크스 · 레닌주의와 모택동사상의 파산으로 남아 있는 공백을 메우기 위해서 처음에는 동유럽에서 발전했던 마르크스주의 휴머니즘으로, 그리고 다음에는 서구 민주주의 사상으로 방향을 바꾸었다. 하지만

---

28) '이것은 노동조합주의(trade unionism)나 생디칼리즘(syndicalism)과 혼동되기도 하지만 분명히 다른 개념이다. 이 조합주의는 그 의미에 대한 논란이 다양하지만 보통 국가기구의 적극적 중재가 이루어지는 가운데, 사회집단들의 독점적, 기능적 이해관계 대변조직들이 이해관계 대변과 국가 정책집행을 연결하는 고리로서 노 · 사 · 정 3자의 정치적 교환에 참여하는 사회정치적 과정이라고 이해된다.

6·4의 진압, 소련의 붕괴 및 민주주의 제도로의 이행과정에서 나타난 무질서와 더불어 휴머니즘과 자유주의로부터의 사상적 이탈이 나타났다. 나이든 이론가 가운데 소수는 모택동사상을 부활시키려고 했다. 하지만 1990년대에 보다 젊은 지식인들을 포함한 대다수는 유교적 가치와 가부장제적 구조로 방향을 전환했다. 그들이 보기에 아시아의 네 마리 작은 용 —— 대만, 한국, 싱가포르, 홍콩 —— 의 경제 기적을 가능하게 했던 것은 바로 이것이었다. 동시에 외부세계와의 연관성의 증가 및 국내 지역주의와 다양성의 강화라는 경향과는 정반대로, 등소평 이후의 지도부와 그 사상적 대변인들은 이데올로기적이고 정치적인 통일성을 강조했다. 20세기 말에 그들이 되살린 민족주의의 정신은 20세기 초에 국가적 통일성을 강조하기 위해서 쓰였던 그것과 아주 비슷하다.

외국사상의 유입이 거대한 물결을 이루기 이전인 1980년대 중반에도 좀더 보수적인 원로들과 모택동주의자들은 등소평에게 압력을 넣어 부풀어오르는 이러한 흐름을 막으려고 했다. 그들은 국내적 통제의 완화와 더불어 서구의 "정신오염(精神汚染)"이 이데올로기적 다원성뿐만 아니라 정치적 다원성을 가져올 것이며, 나아가 당의 권력과 이데올로기에 대한 독점까지도 잠식할 것이라고 경고했다. 1980년대의 등소평과 1990년대의 강택민도 이에 따라 일련의 운동을 전개했다. 1983-1984년의 정신오염 청산운동, 1987년 초의 부르주아적 자유화 반대운동, 그리고 1990년 초반의 "전반서화(全盤西化)"와 평화적 변화[和平演變]에 대한 반대운동이 바로 그것이다.[29] 하지만 이것들은 모택동 시기와 같은 폭력, 대중동원 및 이데올로기적 열정의 후원을 받지 못했다. 따라서 반대파의 의견을 침묵하게 만들 수 없었다. 더구나 중국이 점

---

29) "청제정신오염투쟁"은 1983-1984년 중공중앙의 주도아래 갖가지 부르주아적 부패한 사상을 제거하고 공산주의·공산당에 대한 불신임을 청산한다는 의도로 시행된 운동이며, "자산계급자유화 반대운동"은 1986년 9월 개최된 중공 12기6중전회에서 통과된 「사회주의정신문명건설지도방침에 관한 결의」에 기초하여 "사회주의제도를 부정하고 자본주의제도를 주장하는" 흐름을 억제하려는 의도아래 1987년 초에 전개된 운동이다. "전반서화"라는 용어는 호적이 1929년에 쓴 「오늘날 중국에서의 문화충돌」이란 글에서 "wholesale Westernization"이라는 용어를 쓴 것에서 유래한다. 호적의 입장은 "전반서화"라기보다는 "충분서화"론이라고 보는 게 더 적절하지만, 여하튼 이 전반서화론은 이후에도 전반적인 또는 충분한 서구화를 강조하는 입장에 대해서 붙여졌다. 화평연변은 사회주의국가가 국내외의 적에 의해 비폭력적 방법에 의해 자본주의사회로 복귀한다는 의미로 문혁의 이론적 출발점이 되기도 했으나 1980년대 말 이후에도 중공의 보수파에 의해 다시 강조되었다.

점 더 외부세계와 경제적, 기술적으로 서로 의존하게 됨에 따라 서구의 영향력을 배제하는 것은 거의 불가능했다.

모택동 시기의 실질적인 이데올로기적 동질성이 문화적, 사상적 다원성에 길을 양보함에 따라 중국의 대도시는 새롭게 활동하는 적극적 예술가, 지식인, 작가, 연예인, 청중, 외국방문객, 학생, 재야 정치활동가를 끌어들였다. 1980년대의 공개적 담론과 1990년대의 다양한 집단들 사이의 개인적, 대중적 담론은 아주 다양한 주제에 걸치게 되었다. 1990년대의 공개적 정치담론은 억압을 받았지만, 검열, 재정지원, 외국의 영향에 대한 관용 등의 면에서 정부가 지속적으로 문화영역으로부터 발을 빼면서 다양한 미디어 속의 예술적 실험과 대중문화의 폭발에 불이 붙었다.* 내용과 형식이 비정치적인 것에 머무르는 한, 당-국가는 정치적 참여의 변형이라고 할 수 있는 이러한 비정치적 문화에 관용을 베풀었다. 때로는 그것을 장려하기도 했다.

1980년대의 이데올로기적, 정치적 담론은 짧은 운동기간을 제외하면 비교적 자유스러웠다. 모택동 시기에 대한 반발로 당시 개혁파 지도자들과 지식인 대부분의 지배적 관심 주제는 모택동의 급진주의와 유토피아주의에 대한 분명한 비난과 마르크스주의 휴머니즘, 민주주의적 자유주의였다. 주저 없이 이런 사상을 공격한 좀더 보수적인 다수의 원로들도 1980년대의 이러한 압도적인 자유주의 분위기를 몰아낼 수는 없었다. 1980년대 말에는 "신권위주의(新權威主義)"[30]라는 새로운 사상유파가 출현했다. 이들은 조자양과 연결되었고, 심지어는 등소평의 후원까지도 획득했던 보다 젊은 지식인들로 구성되어 있었다. 중국인이나 화교들이 다수 거주하거나 유교적 전통을 지닌 동아시아 이웃 국가들의 정치적 권위주의 모델에 매력을 느낀 그들은 다수의 교육받은 중산계급이 출현하여 중국을 민주주의로 이끌어갈 때까지는 강력한 지도자 아래서 수십 년 동안 경제개혁이 추진되어야 한다고 주장했다. 그들

---

* Geremie R. Barmé, "CPC and Adcult PRC," Paper presented at the Conference on the Non-Economic Impact of China's Economic Reforms, Fairbank Center, Harvard University, September 1996 ; Jianying Zha, "China's Pop Culture in the 1990s," in Joseph, *China Briefing*, pp. 109-150.

30) 1980년대 후반부터 정치개혁과 민주주의에 대한 논의에서 민주주의에 대한 찬미 대신 중국에서는 경제의 자유화와 그에 병행하는 권위주의적 정치체제와 강력한 권력을 가진 지도자가 여전히 필요하다는 논의가 활발해지기 시작했는데 이것이 바로 신권위주의이다. 특히 대만, 한국이 경제적으로는 자유주의, 정치적으로는 전제주의에 의해서 고도의 경제성장을 이룬 데에 주목한 것이라 볼 수 있다.

은 좀더 민주주의에 기울어진 보다 나이든 지식인들과의 열띤 논쟁에도 참여
했다. 중화인민공화국의 역사에서 처음으로 정치적 논쟁의 양쪽 편 모두가
유명한 사상토론회나 신문, 잡지 등에서 상대적으로 공평한 대접을 받았다.
하지만 6·4의 여파로 보수적인 원로 등력군이 이끄는 다수의 모택동주의 이
론가나 신좌파(新左派)가 권좌에 복귀했다. 대신 민주주의파나 신권위주의파
모두 호요방 또는 호요방과 조자양을 지지했다는 이유로 침묵을 강요당했다.
신좌파는 모택동 숭배를 부활시키고, 계급투쟁을 조장하고, 마르크스·레닌
주의를 다시 국민에게 주입하려고 했다. "모택동 열풍〔毛熱〕"은 1990년대의
대도시로 퍼져나갔다. 『모주석어록』이 다시 등장했고, 모든 택시 운전사의
백미러에는 모택동 메달이 흔들거리며 매달려 있게 되었다. 이러한 모택동
열풍은 상업적 동기에 이용된 측면도 있지만, 모택동 이후 시기의 무질서와
부패에 대조되는 모택동 시기의 질서와 정직한 관료를 상상하는 향수에 자극
을 받은 측면도 있었다.*

　하지만 1992년 초 경제개혁을 되살리기 위해서 남순(南巡)을 시작하면서
등소평은 우파보다 "좌파"가 더 큰 위험이라고 비판했다. 뒤이어 위와 같은
열풍은 점차 수그러졌다. 그리고 1993-1994년에 들어오면서 좀더 공개적인
정치분위기가 형성되자, 1980년대에 정치에 참여했던 일부 지식인들은 다시
한번 공공연하게 정치개혁과 정치범 석방을 요구했다. 그러나 이 정치의 봄
은 아주 단명했다. 1990년대 중반 모든 공개적인 재야 정치활동가는 탄압을
받았다. 좌파에 대한 등소평의 공격에도 불구하고 등력군과 그의 대변인들은
일련의 공개발언과 여러 이론잡지에서 특히 국가가 통제하는 경제의 존속을
고집하면서 꾸준히 모택동주의적 접근방식을 고취했다. 이러한 접근은 관계
(官界), 특히 경제계획 부서에서 강력한 후원자를 얻었다. 그들은 국영기업의
몰락은 자본주의가 사회주의를 압도하도록 도울 것이며, 노동계급을 빈궁화
시킬 것이라고 경고했다. 등소평의 비이데올로기적 접근에 반대하여 그들은
자본주의와 사회주의 사이의 투쟁을 끊임없이 강조했다. 1990년대 말 등소평
이후의 지도부는 국영기업을 개혁하기 위해서 그들을 비판하고 구석으로 몰
아넣어버렸다. 하지만 신좌파는 민주주의파와는 달리 자신들의 통제 아래 있

---

* Geremie Barmé, *Shades of Mao : The Posthumous Cult of the Great Leader*(Armonk, N. Y. : M. E.
　Sharpe, 1996), pp. 3-73.

는 잡지를 통해서 계속 공공연하게 자신의 주장을 전개했다.

등소평 이후의 지도부는 또다른 사상적 흐름, 즉 신유학(新儒學)의 부활에 대해서는 훨씬 관대했다. 그 주창자들은 공산당이 아니라 주로 대학에 근무하는 사람들이었다. 또 마르크스·레닌주의를 언급하지도 않았지만, 지도부는 신좌파나 자유주의자들보다는 그들의 견해가 자신들의 목표와 훨씬 조화를 이루는 것임을 발견했다. 현대신유가(現代新儒家)[31]는 현대화가 서구화를 의미하지는 않는다고 주장했다. 현대화의 씨앗은 중국의 역사와 가치, 특히 유학에서 찾아볼 수 있다고 그들은 주장한다. 5·4시기의 지식인들, 모택동주의 이론가들, 1980년대 당 개혁파와 지식인들이 주장한 것처럼 중국에 깊숙하게 뿌리 내린 전통문화가 현대화에 대한 장애가 아니라 오히려 현대화를 유인(誘引)하는 것이라고 그들은 주장했다. 유교적 영향을 받은 동아시아 이웃 국가들의 역동적 경제를 끌어들이면서 그들은 신유학의 부활이 중국의 급속한 경제발전에 사상적, 문화적 뒷받침을 제공할 수 있으며, 아울러 중국이 서구 자본주의의 부도덕성과 개인주의를 피할 수 있도록 도와준다고 강조했다.

신유학의 부활은 소수 지식인 집단의 흥미를 끌기는 했지만 1990년대에 주류를 이룬 이데올로기적 흐름은 신보수주의(新保守主義)였다. 정부 대변인에 의해서 촉진되기도 했지만 그것은 또한 지식인들에 의해 자발적으로 주창되기도 했다. 신유학의 부활처럼 그것은 1980년대의 친서구적, 반전통적 담론에 대한 반발로 발전한 것이었다. 모택동주의에 대한 환멸은 그들로 하여금 서구사회와 정치생활을 지나치게 이상주의적으로 미화시키게 했다. 하지만 지식인들이 좀더 서구에 대해서 배우게 되고, 서구의 현실과 보다 가깝게 접촉하게 되면서 이러한 이상주의는 쇠퇴하였다. 결과적으로 1990년대에는 모택동 이후 시기에 성년이 되었고, 일부는 당 원로의 자제들 —— "태자당(太子黨)" —— 과도 밀접한 관계를 맺은 보다 젊은 세대의 지식인들이 또다른 극단으로 옮겨가게 된다. 1980년대 말의 신유가나 신권위주의파와 마찬가

---

31) 當代(또는 現代)新儒家는 보통 제3기 유학이라고도 하는데 특히 '유교문화권'인 동아시아의 공업화가 어느 정도 진전되면서 최근 각광을 받게 되었다. 牟宗三·徐復觀·張君勱·唐君毅 등 홍콩·대만이나 미국 등지에 거주하는 학자들이 중심이 되어 현대화에 적응이 가능한 유교적 윤리의 창출이 가능하고, 이에 기초하여 서구와는 다른 유형의 공업사회를 창출할 수 있다는 주장을 전개했는데 1990년대에 들어와 대륙의 학계에서도 이러한 입장이 긍정적으로 평가되면서 현대신유가는 커다란 주목을 받게 된다.

524

지로 그들은 마르크스·레닌주의에 의지하지 않았다. 하지만 신권위주의파와는 달리 그들은 완전한 시장경제로의 이행과 궁극적으로는 중국을 민주주의로 이끌게 될 중산계급의 발전에 찬성하지도 않았다. 오히려 신좌파와 마찬가지로 시장경제로의 이행에 수반된 지방분권화를 비난하면서, 지방경제와 문화생활에 대한 훨씬 엄격한 중앙의 통제를 요구했다. 더구나 그들은 국내 유민의 농촌으로의 복귀를 역설했다.

그러나 신좌파가 국가 소유의 중앙집권적 경제를 옹호하는 것이 이데올로기적 동기에서였다고 하면, 이 신보수주의자들이 거기에 찬성한 것은 실제적 동기에서였다. 강력한 중앙집권적 국가는 정치적 통제와 조세수입의 확보에 필요했기 때문이다. 당-국가를 다시 강화시키지 않는다면 공산당은 경제개혁에 의해서 야기된 사회적 불안정을 제대로 다룰 수 없다는 것이 그들의 주장이었다. 당-국가의 잠식이 중단되지 않는다면 전통적인 중국의 악몽인 난(亂)이 찾아올 것이라고 그들은 경고했다. 1994년 출간되어 대중적 인기를 끈 『제3의 눈을 통해서 중국을 본다〔第三只眼睛看中國〕』는 책자와 『전략과 관리〔戰略與管理〕』라는 잡지는 이러한 신보수주의적 관점을 대변했다. 여기서는 중앙정부를 약화시킨다는 점에서 등소평의 개혁이 은근히 비판을 받고 있다.

정부에 의해서 추진된 민족주의 담론은 실제적으로는 침묵하는 자유주의 유파를 제외하면 거의 모든 사상유파 —— 신좌파, 신유가, 그리고 신보수주의 —— 에 걸쳐 있다. 등력군과 그 동맹자들의 노력에도 불구하고 강택민은 이데올로기를 부활시키는 데 실제로 그다지 힘을 기울이지 않았다. 그는 "사회주의적 정신문명"의 건설을 강조했으나, 그 내용은 사회주의와 거의 관계가 없었다. 공공장소에서의 예의바른 행동에 관련되어 있기는 하나, 그 주된 강조점은 위대한 문명으로서의 중국의 부활이었다. 유교가 현재에도 쓸모가 있다는 점에 대해서 지도부는 신유가와 의견을 같이했다. 하지만 그들은 지식인들이 권력을 남용하거나 백성을 못되게 다루는 데 가담한 관료를 비판할 의무를 지닌다는 유교적 가르침보다는 유교의 권위주의적 가치를 훨씬 더 강조했다.

이러한 민족주의적 강조는 보다 젊은 세대의 지식인들과 도시의 청년들에게 널리 수용되었다. 일부러 약간의 자극을 가할 필요도 없었다. 1993년 그들은 2000년에 세계 올림픽을 주최하겠다고 신청한 중국측의 요청이 거부당한 데 대해서 미국을 비난하면서 자발적으로 항의했다. 중국의 명백한 경제적 성공은 또한 청년세대들의 민족적 자긍심도 각성시켰던 것이다. 미국이 중국의 떠오르는 힘을 억제하려고 시도한다는 지도자들의 비난에 그들은 호응했다. 그들의 분노는 1990년대 중반에 베스트셀러가 된 『중국은 노(NO)라고 말할 수 있다〔中國可以說不〕』나 기타 그 주제에 관련된 책으로 표현되었다.

그렇지만 모택동 이후의 중국에서 나타난 다른 경향처럼 민족주의 담론은 다양하고 모순적이다. 이 담론에 내재된 문제들은 여전히 상대적으로 자유주의적이었던 잡지 『독서(讀書)』나 『동방(東方)』[32]에 투고된 논문에 의해 도전을 받았다. 하지만 『동방』이 1996년 말 강제로 발간이 중지되면서 이런 것도 사라졌다. 더구나 1990년대 말 지도부는 통제범위 밖으로 벗어날 수 있는 배외주의(排外主義)로 바뀌지 않도록 이러한 민족주의 열정을 억제하고자 했다. 『중국은 노라고 말할 수 있다』를 금지시키려고 한 것은 다른 나라들과의 관계, 특히 이 책이 주된 목표로 삼는 일본과 미국과의 관계에 돌이킬 수 없는 손상을 입힐지도 모른다는 우려에서였다. 또한 일본 투자자들이 놀라서 달아나지 않도록 일본에 배상을 요구하려는 항의자들의 움직임도 차단하려고 했다.

지도부에서는 국민을 한 방향으로 몰아가려고 했고 이론가나 지식인들은 그들을 또한 다른 방향으로 끌고 가려고 했다. 그러나 새로운 경제현실은 그들을 전혀 다른 방향으로 이끌었다. 지도층이나 지식인들 모두 시장경제로의 이행에 수반된 부패의 만연이나 어리석은 상업주의를 비난했다. 지도층에서는 자기권위에 대한 잠재적인 위협 때문이었고, 지식인들은 "이기주의(私)", 물질만능주의적 행동에 대한 전통적 경멸과 점점 심해지는 스스로의 빈곤 때문이었다. 이렇게 동기가 달랐지만 두 집단은 모두 국민들이 오로지 돈을 버는 데에만 신경을 쓴다고 꾸짖었다.

이에 대한 반응으로 새로 부유해진 일부 기업가들은 "사익(私益)"이라는 것이 공익에 반대되는 것이 아니라 그 일부라고 새로운 정의를 내리려고 했다.* 더구나 일반 중국인들은 점점 더 공익이라는 것을 공공정신이나 애국심

---

32) 원문에는 'Dongfeng'으로 되어 있으나 Dongfang의 오식인 것 같다.

* Kristen Parris, "Private Interest and the Public Good," p. 17.

보다는 물질적 복지나 소비라는 기준으로 평가했다. 시민으로서 행동하는 것이 불가능했으므로 그들은 소비재의 추구에 빠져들었다. 이러한 추구는 그 내용이 무엇이건 간에 공산당이 대중에게 이데올로기적 견해를 덮어씌우려는 노력을 갉아먹을 수밖에 없었다. 그것은 또한 사회가치의 결정자로서 자기위치를 정립시키려고 했던 지식인의 희망도 무너뜨렸다. 중국의 경제개혁이 경제권력의 균형을 국영에서 비국영 분야로 옮겨가게 만들자, 일반 중국인들은 또한 문화생활의 형태를 결정하는 역할이 관료와 지식인에서 소비자와 청중에게 옮겨가도록 하는 데 일정한 역할을 했다.

정치운동, 이데올로기 부활의 시도, 민족주의의 성장도 서구, 홍콩, 대만으로부터의 사상, 가치, 문화의 유입을 막아낼 수는 없었다. 더구나 시장경제로의 지속적인 이행과 그 가속화, 지역의 지방분권화, 사회적 다양화와 문화적 다원성 등을 고려한다면 중앙집권적인 국가의 통제를 다시 요구하는 노력은 또다른 혁명이 있다면 몰라도 더 이상 가능할 것 같지는 않다. 마찬가지로 중요한 것은 자신의 행동을 세계의 다른 나라가 어떻게 생각할 것인가에 대해서 무관심했던 모택동 시기와는 달리, 등소평과 강택민은 세계공동체의 의해서 경제적으로뿐만 아니라 정치적, 문화적으로까지 인정받는 것을 추구했다는 점이다. 더구나 외국인들이 중국에서 다양한 활동에 참가하고 있고 사건을 거기서 직접 관찰할 수 있는 까닭에, 서구 문화나 해외화교의 중국 문화에 이끌리는 사람을 무자비하게 억압하는 정권의 능력은 크게 억제될 수밖에 없었다.

하지만 외국의 압력이라고 할지라도 중국이 재야 정치활동가를 거칠게 다루는 것을 막지는 못했다. 외부세계로부터의 항의에도 불구하고, 중국의 2000년 올림픽 개최신청의 일환으로 15년의 형기가 종료되기 6개월 전인 1993년 석방되었던 위경생은 계속해서 반대의견을 공포하자 1994년 다시 체포되었다. 1995년 그는 다시 14년형이 언도되었으나, 1997년 10월 강택민의 미국 공식방문 직후 석방되어 미국으로 망명했다. 나아가 1989년 천안문시위의 공동 지도자 가운데 한 사람이었던 왕단(王丹)[33]이나 민간의 정치적 싱크

---

33) 1970- . 吉林省 출신으로 1989년 천안문사태 당시 북경대 사학계 학생으로 초기 시위대의 지휘자였다. 천안문시위가 진압된 다음 달 체포되어 4년간 투옥되었고, 1993년 2월에 가석방되었으나 1995년에 다시 체포되었다. 1996년에 징역 11년형이 선고되었으나 1998년 4월 클린턴 미국대통령의 중국방문을 앞두고 병보석으로 석방되어 미국으로 건너가서 활동하고 있다.

탱크를 건립했던 진자명(陳子明)[34]과 같은 정치활동가 역시 감옥에서 석방된 다음에도 계속해서 민주주의적 개혁을 요구하자 다시 구속되었다.

20세기 말의 문화적 다원성, 사상적 활기와 사회적 다양성은 어떤 면에서는 20세기 초의 수십 년을 되풀이하는 것처럼 보인다. 이 두 시기에는 외부세계에의 개방, 새로운 상업적 기회, 지역주의의 증대, 중산계급의 성장, 지방 엘리트의 적극적 활동, 지배적 이데올로기의 결여, 중앙정부의 통제력 약화 등이 사상적 발굴과 개인적 창의성 발휘를 위한 공간을 크게 늘려놓았다. 이런 점에서 모택동 시기는 20세기의 두 차례 활발한 문화적 발전기 사이에 낀 중간의 단절기로 보이기도 한다. 아직은 5·4시기의 도시적 창조성만큼 독창적이거나 발랄하지는 않지만, 1980년대와 1990년대의 혁신적인 문학, 예술작품, 활기에 찬 대중문화, 그리고 사상적 감수성은 20세기 초 이래로 자취를 감추었던 것들이다. 그러나 5·4시기의 선배들처럼 등소평-강택민 시기의 지식인들은 이데올로기적, 문화적 다원성이 민주주의의 전제조건이 될 수는 있어도 반드시 민주주의를 이끌어오는 것은 아니라는 점을 발견했다.

6·4 이후 정치담론이라는 "금구(禁區)" 밖에 머물렀던 지식인들은 자신들의 개인적, 직업적, 지적인 삶에서 비교적 자유롭게 지낼 수 있었다. 반면 과감하게 정치영역에 뛰어든 사람들은 계속해서 탄압을 받았다. 비정치적인 문화적, 사상적 다원성은 번창했다. 공식적 미디어뿐만 아니라 비공식적 미디어에서도 정치문제의 토론은 여전히 통제되었지만, 저널리스트들은 간접적으로 정치문제에 연결되는 문화활동, 사상적 질문, 국제뉴스, 특히 경제정보 등을 망라하는 확장된 공간을 확보했다. 그리고 1990년대에 개설이 허용된 수천에 이르는 민간서점과 수십 개 민간학교는 다양한 의견을 살포하는 더

---

34) 1950- . 저명한 중국의 민주운동가. 중학 졸업후 내몽고에 하방되어 인민공사 대대간부를 지냈으며 1974년 북경화공학원에 진학하여 공부를 하게 되었으나 1975년 이후 반체제활동을 개시했다. 1976년 왕군도와 함께 천안문사건으로 투옥되었고, 이후 북경의 봄 시절에도 당국과의 마찰이 있었다. 1980년대 중반에 북경사회경제과학연구소를 설립하여 독자적인 조사·서구사상의 번역소개 및 『經濟學周報』 발간 등의 활동을 했다. 1989년의 6·4이후 배후의 주모자('黑手')로 지목되어 피신했다가 1989년 체포되었고, 1991년 반혁명활동 혐의로 13년형을 선고받았으나 최혜국대우와 관련하여 미국정부의 호의를 얻으려는 중국정부의 의도로 1994년 석방되었다. 1995년 정치범 석방을 요구했다가 다시 체포되었고, 1996년 다시 석방되었으나 가택연금상태에 있다가 2002년 연금에서 해제되었다.

많은 통로를 제공했다. 따라서 중공이 1980년대처럼 사상과 문화활동에 대해서 비교적 느슨한 통제력이라도 유지하는 것 자체가 더 이상 불가능해졌다. 20세기 말 중국의 국민은 모택동 시기의 그 어느 때보다 더 많은 인간적, 예술적, 학문적, 문화적, 직업적, 경제적, 개인적 자유를 누리게 되었다.*

모택동 이후 시기의 문화현상 가운데 많은 것들은 20세기 초의 그것과 닮았다. 그렇지만 20세기 말이 되면 중국은 전혀 다른 정치적, 기술적 맥락 때문에 아주 다른 방향으로 움직이는 것처럼 보인다. 군벌 사이의 전쟁, 서구제국주의, 중국의 국가적인 무력함에서 비롯된 혼란에 대한 대응으로 5·4운동은 보다 강력한 국가의 건설을 모색했다. 등소평 시기에는 모택동 시기 국가권력의 중앙집권화, 생활영역 전체의 정치화에 대한 반발로 국가권력과 그 범위를 축소시키고자 했다. 5·4시기의 지식인들은 강력한 국가를 건설하는 데 유리한 사상적 분위기를 창조하기 위해 움직였지만, 모택동 이후의 지식인들과 개혁가들은 강력한 중앙국가를 재건하려는 다양한 "새 이론가들"의 노력에도 불구하고 사회와 개인에 대한 국가의 지배를 완화시키고자 했다.

5·4시기와의 좀더 의미심장한 차이는 외부세계에 대한 접근이 이제는 상해나 북경 또는 연해, 강안(江岸)의 다른 대도시 엘리트에게만 한정되지는 않는다는 점이다. 20세기 말이 되면 전세계의 정보와 대중문화가 전국 방방곡곡에 퍼졌다. 영화, 텔레비전, 라디오는 실질적으로 중국의 모든 촌락에 퍼져 있다. 공식적인 당문화(黨文化)에 대한 대안이지만, 대중문화가 용인(容認)의 대상이 되었던 것은 그 정치문제의 회피가 비정치적인 대중을 바라는 당의 희망뿐만 아니라 6·4 이후 정치로부터 관심을 떼고자 했던 대중의 압도적 희망을 반영했기 때문이다. 그럼에도 불구하고 세계의 대중문화가 실질적으로 중국의 모든 구석구석까지 퍼지게 된 것은 간접적으로 당을 파괴하는 역할을 했다. 그것은 복종과 일치를 강조하는 주류(主流)의 전통문화나 마르크스·레닌주의에는 낯선 가치들을 전파하기 때문이다. 그리고 중공은 중국 사회, 경제, 문화와 가치에서의 변화에 대응하고 그것을 통합시킬 수 있는 새로운 판본의 공식 이데올로기를 창조하는 데에 성공하지 못했다.

모택동 이후 시기의 다른 것처럼 지식인 역할의 변화도 모순적이었다. 한

편으로 지식인들은 중요한 역할을 수행했다. 그것은 강력한 제도적 기반이나 그 권위의 향상이 있었기 때문이 아니라 국가의 권위가 약화되었기 때문이었다. 그들은 비록 전통적인 정치적 지도라는 역할을 담당하지는 못했지만, 학생들이 정치활동에 나서는 1980년대에 이데올로기적, 문화적 분위기를 창조하는 데 도움을 줄 수 있었다. 이 점은 1989년의 봄에 입증되었다. 하지만 동시에 늘어만가는 다원주의와 대중문화의 확산은 중국 사회의 문화적, 도덕적 기준을 담당했던 지식인의 기반을 뒤흔들어 놓았다. 그들은 모택동 시기에도 여전히 누릴 수 있었던 국가의 지도자로서 가정되는 상징적 역할을 이제는 결코 수행할 수 없었다. 모택동이 그들을 그렇게 잔혹하게 그리고 끊임없이 박해했던 것은 바로 그런 이유 때문이었다. 1980년대에 마르크스주의 위에서 성장했던 나이든 지식인들은 당-국가 내부에서의 점진적 정치변화를 위해서 일하고자 했다. 반면 문혁기간 동안 권위에 대해서 회의하는 것을 배우게 된 홍위병 출신 지식인들은 당-국가 외부에서 변화를 위해서 일했다. 6·4 이전에는 공공영역에서 정치적 토론에 참여하는 것이 가능했고, 심지어는 상대적으로 독립적인 싱크탱크를 구성하여 경제정책뿐만 아니라 대안적 정치정책까지 구상할 수 있었다.

정치에 참여한 지식인들은 탄압을 받았지만, 경제가 더욱 복잡해지고 비국영 분야가 팽창하자 생계나 지위를 위해서 국가에 의존해야 하는 지식인의 비율은 좀더 줄어들었다. 20세기 말이 되면 지식인은 전통적으로 정부에 의존하고 또 정부와 가까이 지냈던 관계에서 이제는 점점 더 자율적인 관계로 이행하는 과정에 몸을 담았다. 일부는 기업으로 뛰어들었고, 다른 사람은 컨설턴트로 일하게 되었으며, 또다른 사람은 대중문화에 몸담았다. 자유주의자이건, 보수파이건 또는 모택동주의자이건 지식인으로 남아 있는 사람들은 정치적으로는 몰라도 사상적으로는 좀더 독립적인 자세를 취할 수 있었다. 그럼에도 불구하고 문인관료이자 사회의 양심으로서의 그들의 전통적 역할은 심지어는 이러한 상징적 중요성 때문에 그들을 심하게 박해했던 모택동 시기보다 더 축소될 수밖에 없었다. 지식인 그 자체로는 이제 중국 정치에서 더 이상 핵심적인 역할을 할 수 없게 된 것이다. 반면 1950년대 소련에서 교육을 받은 기술관료들은 강택민의 당 지도부뿐만 아니라 공공정책을 형성하는 관료기구와 연구소에서도 전면에 나섰다. 모택동 이후 시기 외국에서 공부한 학생들이 돌아옴에 따라 예전의 소련에서처럼 기술관료들은 좀더 젊어지고 접근방법에서도 좀더 서구화될 것이다.

따라서 20세기 말이 되면 중국 역사에서 보아왔던 지식인의 단일한 역할은 심각한 변화를 겪게 되었다. 이제는 점점 더 수가 늘어나는 정치적, 문화적 배역 가운데의 하나로서, 그들은 좀더 다원적인 사회를 낳는 것을 돕는 역할만을 맡게 된 것이다. 이 사회에서 그들의 역사적이고 상징적인 지도적 역할은 물론 좀더 비중이 줄어들 것이며, 좀더 주변부로 밀려나게 될지도 모른다.

추천도서목록

Geremie R. Barmé, *Shades of Mao : The Posthumous Cult of the Great Leader*(Armonk, N. Y. : M. E. Sharpe, 1996).

Richard Baum, *Burying Mao : Chinese Politics in the Age of Deng Xiaoping*(Princeton : Princeton University Press, 1994)

Michael C. Davis, ed., *Human Rights and Chinese Values : Legal, Philosophical, and Political Perspectives*(Hong Kong : Oxford University Press, 1995).

Merle Goldman, *Sowing the Seeds of Democracy in China : Political Reform in the Deng Xiaoping Era*(Cambridge, Mass. : Harvard University Press, 1994).

Merle Goldman and Roderick MacFarquhar, eds., *The Paradox of China's Post-Mao Reforms*(Cambridge, Mass. : Harvard University Press).

Huang Yasheng, *Inflation and Investment Controls in China : The Political Economy of Central-Local Relations during the Reform Era*(New York : Cambridge University Press, 1996).

William A. Joseph, ed., *China Briefing : The Contradictions of Change*(Armonk, N. Y. : M. E. Sharpe, 1997).

Kenneth Lieberthal, *Governing China : From Revolution through Reform*(New York : W. W. Norton, 1995).

Roderick MacFarquhar, ed., *The Politics of China : The Eras of Mao and Deng*, 2nd ed. (New York : Cambridge University Press, 1997).

Barry Naughton, *Growing Out of the Plan : Chinese Economic Reform, 1978-1993*(New York : Cambridge University Press, 1995).

Kevin O'Brien, *Reform without Liberalization : China's National People's Congress and the Politics of Institutional Change*(New York : Cambridge University Press, 1990).

Tony Saich, *The Chinese People's Movement : Perspectives on Spring 1989*(Armonk, N. Y. : M. E. Sharpe, 1990).

Andrew Walder, ed., *The Waning of the Communist State : Economic Origins of Political Decline in China and Hungary* (Berkeley : University of California Press, 1995).

Gordon White, Jude Howell, and Shange Xiaoyuan, *In Search of Civil Society*(Oxford : Clarendon Press, 1996).

후기

멀 골드만

1978년 말 등소평이 중국의 최고 지도자가 되면서 시작된 중국의 경제개혁과 대외개방은 19세기 말 이래로 중국을 "강력하고 부유하게" 만들고자 했던 개혁가들의 희망을 마침내 달성했다. 20세기 말 중국은 지난 100년의 역사 가운데 어느 시기보다도 국제적으로 더 강력한 존재가 되었다. 동시에 대다수 중국인은 생활수준의 뚜렷한 향상을 경험했다. 중국을 다시 한번 더욱 강력한 국가로 만들겠다는 1세기에 걸친 꿈의 실현을 가능하게 한 것은 모택동이 아니라 등소평이었다. 모택동 이후 시기의 변화는 모택동 시기의 그것만큼 혁명적이었다. 그러나 그것은 훨씬 더 온건하고 국민들이 받아들일 수 있는 방식으로 진행되었다. 또한 중국의 근대 역사에서 가장 긴 국내외적인 평화가 지속되는 가운데 상대적으로 혼란도 거의 동반되지 않았다.

하지만 중국의 개혁은 그 나름의 문제를 만들어냈다. 그 성공은 중국의 레닌주의적 당-국가와 다양한 사회 분야의 희생을 대가로 했다. 시장으로의 이행과 그에 동반하는 통제경제의 해체는 억압되었던 활력과 기업가적 수완을 해방시켰다. 하지만 그것들은 또한 표면 바로 밑에 잠복한 사회적 불균형과 불만을 노출시키기도 했다. 이런 것들은 주기적으로 노동자의 시위, 농민의 항의, 이주 노동자의 폭동과 환경파괴의 증대에 대한 지역사회의 반발로 표현되었다. 개혁은 국민에게 경제적, 문화적, 개인적 활동을 통제하는 보다 많은 능력을 가져다주었으나, 동시에 그것은 사회의 병폐를 해결하는 당-국가의 능력을 약화시키기도 했다.

등소평과 동료들은 경제개혁을 위해서는 보다 많은 권력을 지역사회로 넘겨주어야 한다는 점을 인식했다. 따라서 그들은 일정한 정도의 지역적 자율을 허용했다. 하지만 지방에 대한 경제적 결정권의 이양이 북경으로 집중되는 정치권력을 약화시킬 것이라고는 예상하지 못했다. 강력한 중앙집권적 통제를 다시 확립하고 지역주의의 활력을 막아보려고 했던 등소평의 후계자 강택민과 그의 상해 출신 동료들의 노력은 벽에 부딪치지 않을 수 없었다. 중국의 지속적 경제성장은 지방분권화와 국제적 개방성에 달려 있었기 때문이다. 지방은 점점 더 중앙의 지시에 고분고분 반응하지 않게 되었다. 국제무역에 관련된 부유한 연해지역은 특히 그러했다. 이런 성들은 주변지역과 —— 광동은 홍콩과, 복건은 대만과, 그리고 산동은 한국과 —— 밀접한 경제적 연관을 맺고 있었다. 이 지역들은 조세나 무역의 문제에서 북경의 지시가 지역의 경제이익과 충돌할 때에는 순순히 따르지 않게 되는 것이다.

티베트, 내몽골과 신강의 무슬림 지역과 같은 국경지대를 예외로 하면, 중국의 인구는 90퍼센트 이상이 한족(漢族)이다. 따라서 러시아인이 인구의 50퍼센트를 겨우 넘었던 예전의 소련과는 달리 중국의 지방분권화는 중앙집권적 정치구조의 효율성을 약화시키기는 했지만 국가로서의 중국의 통일성을 크게 위협하지는 않았다. 당—국가는 여전히 국가나 지도자를 위협한다고 생각되는 어떠한 개인이나 집단도 억누를 수 있었으며, 모택동 이후 시기에는 주기적으로 그런 조치를 취해왔다. 그러나 잠재적 정치적 도전을 제외하면 당—국가는 그 권위에 대한 다른 도전을 멈추게 하기는커녕 이제는 통제하는 것도 불가능해졌다. 부패의 만연, 사회적, 지역적 불평등의 심화, 지역이기주의, 농업의 침체, 불법활동의 증대와 환경오염의 악화 등에 관한 당의 지시나 이데올로기적 훈계는 일반적으로 무시되거나 아니면 형식적인 주목을 받았을 뿐이다. 북경 당국은 지금까지 몇 차례 통화팽창의 발작을 억누를 수 있었다. 하지만 그때마다 거시경제적 화폐공급이나 이자율의 통제가 아니라 노골적 행정간섭에 의존해야만 했다. 지방이나 개인에 대한 당—국가의 통제가 점차로 약화됨에 따라, 행정간섭의 능력은 중국의 지속적 경제활력에 결정적인 통화팽창 억제력을 도리어 약화시키게 될 것이다.

등소평의 개혁은 강력한 변화의 힘들을 풀어놓았다. 강택민과 그의 동료는 물론이고 어떤 후계자라고 할지라도 레닌주의적 당—국가를 다시 재편하거나 변화시키지 않고서는 이 힘들을 통제할 수 없을 것이다. 현재 당—국가는 중국에서 발전하고 있는 비공식적인 연방주의를 규제할 정치제도나 하부구조를 갖추고 있지 않다. 정치문제를 둘러싸고 지방이 중앙과 규칙적으로 접촉할 수 있는 절차나 제도화된 구조도 존재하지 않는다. 이러한 정치제도들이 점차 분열되어가는 중국 사회를 한데 묶을 수 있는 것도 아니다. 하지만 만약 당-국가가 이렇게 상승하는 지역주의를 억제하고, 탄력을 얻고 있는 비공식적인 연방주의를 짓누르기보다는 중앙과 지방, 그리고 국가와 사회 사이의 새로운 제도적 관계로 발전시켜서 규제하는 데에 성공하지 못한다면, 그 권위가 더욱 잠식되는 것은 불가피한 일이 될 것이다.

하지만 구소련의 해체는 지도부뿐만 아니라 국민 대다수에게도 근본적 정치변화는 불안정을 초래하며, 생활수준의 개선과 경제성장을 위협할 수도 있다는 공통의 믿음을 불어넣었다. 기존의 당-국가 체제 내에서의 여러 가지 제한된 정치개혁은 지금도 진행되고 있다. 중국 전체 촌락의 거의 3분의 1에 이르는 지역에서 치러지는 촌장의 경쟁선거나 날로 그 자율성을 강화시켜가고 있는 전국인민대표대회 등이 바로 그 사례이다. 그러나 경제적, 정치적 지방분권화의 가속화, 문화적 다원성, 분열되는 사회, 지방이나 전인대에서 싹트는 민주주의에 맞추어 정치구조를 좀더 바꾸어나가지 않는다면 당-국가는 장래에 보다 큰 혼란에 부딪칠 것이다. 사실 당-국가의 생존 여부는 이러한 변화를 얼마나 제대로 인정하고 또 거기에 적응하느냐 하는 점에 달려 있다. 그렇지만 어떠한 적응이든 레닌주의적 정치구조의 종말은 예정되어 있다.

그러나 당 지도부가 그러한 변혁의 필요성을 우선 인정해야 할 필요가 있다. 그들은 싱가포르처럼 중대한 정치변화가 동반되지 않는 경제적 근대화 모델을 모방하는 쪽을 선호한다. 하지만 인구 300만의 도시 규모 국가에서 이루어질 수 있는 일이 매년 1,300만 명씩 그 수가 늘어나는 12억의 인구를 지닌 국가에서 반복될 수는 없다. 유교적 전통을 지녔거나 중국인 내지 화교가 거주하는 한국이나 대만의 경험조차도 현실주의적 대안을 제공하지는 못한다. 권위주의적 정치체제의 지도와 부풀어오르는 중산계급의 후원을 통해서, 수십 년 동안의 경제성장과 근대화를 겪은 이 국가들은 점차적으로 그리고 평화적으로 민주주의적 정치체제로 나아갈 수 있었다. 거대한 영토, 대량의 인구, 경제적 지역주의화, 보다 커진 사회적 불평등은 중국을 정치적으로 어느 방향으로 나아가도록 이끄는 작업을 훨씬 더 힘들게 만든다. 중국의 20세기의 경험은 또한 그 미래의 발전에 영향을 미칠 다른 방면에서도 동아시아의 이웃 국가들과 다르다. 중국은 주변국가처럼 높은 식자율이나 서구적 훈련을 받은 관료를 보유하고 있지 않다. 더군다나 이 국가들은 비교적 중앙집권화가 강한 편인데, 중국에서는 정치권력의 지방분권화가 이미 너무 한참 진행되어버렸다.

통제경제와 관료기구를 통해서 권좌에 오른 강택민과 상해방은 이미 속이 비어버린 당-국가를 유지하려고 했지만 등소평만큼의 역사와 권위를 가지고 있지 못하다. 또한 그들에게 권위와 권력을 부여할 어떠한 합법적 제도, 이를테면 전국적 선거 같은 것도 존재하지 않는다. 지도층 내부의 분파투쟁, 경제침체 또는 국제위기가 현 지도층이나 정치체제 자체의 권위까지도 잠식해버릴지 모른다. 하지만 누가 그리고 무엇이 대신할 것인가? 강택민을 대신할 다른 당 지도자는 있지만, 지금으로서는 반대파의 정치적 목소리를 거듭해서 억압해온 중공을 대신할 대안이 존재하지 않는다. 당-국가의 최고위층에 대표를 보내는 군대는 분파투쟁에서 영향력을 발휘할 수 있으나, 그 기업제국을 건설하거나 무기의 현대화를 위한 추가자금을 얻어내려고 정부에 압력을 넣는 데 너무 바빠서 정치적 역할을 떠맡을 수 없다. 체제의 붕괴가 아니라면 새 지도층이 중국의 재야 정치세력에서 나올 것 같지도 않다. 그들 대부분은 감옥에 있거나 망명 중이다. 동유럽의 재야세력과는 달리 그들은 폴란드의 연대자유노조나 1980년대 체코슬로바키아의 77헌장그룹이 제시한 것과 같은 정치개혁의 강령도 가지고 있지 않다. 당-국가에 도전하거나 정치적 대안을 제시하기에는 아직 무리인 것이다.

그리고 중국의 동아시아 이웃 국가를 포함한 다른 나라의 역사와 경험에 의하면 수입과 교육수준이 향상된 중산계급의 등장은 결국 시간이 감에 따라서 그들이 정치문제에 대해서 좀더 큰 목소리를 요구하게 됨을 보여준다. 아직은 가까운 미래에 중국의 신흥 중산계급이 효과적인 정치압력을 행사할 수 있을 정도로 충분한 수를 확보하거나 관부의 후원으로부터 독립할 것이라고 생각되지는 않는다. 그렇지만 그들은 아주 신속하게 성장하면서 더욱더 부유해지고 있다. 더구나 1990년대 말에 중국 경제발전의 속도가 점차 늦추어지고, 일자리를 잃은 국영기업 노동자들이 보다 나은 대우와 사회적 안전보장을 위해서 시위를 하게 되면서 중국 노동자들 역시 정치화될 수 있는 잠재력을 드러냈다. 중국의 이웃 나라들 역시 정치적 다원주의라는 것이 경제적, 사회적, 문화적 다원성에서 점차적으로 형성되며, 권력의 균형을 국가에서 사회로 옮겨놓는 것임을 보여주었다. 중국 일부 연해지역에서는 다양한 조직들이 당-국가의 약화를 이용하여 당-국가가 철수하거나 더 이상 점거하지 않는 공간으로 밀고 들어왔다. 시간이 지나면 당-국가의 세력범위가 더욱 줄어들 것이고, 성장하는 다양한 중간계급이 당-국가에 대한 대안으로서 스스로를 정치적으로 조직화할 것이다.

중국의 최근 역사는 아마 그러한 과정을 장려할 것이다. 문혁의 여파로 모택동 이후 시기 정치적, 경제적 개혁의 열망은 모택동에게 박해를 받은 관료뿐만 아니라 일반 백성으로부터도 분출되었다. 따라서 중국의 당-국가를 약화시킨 시장경제로의 지속적인 이행과 대외개방정책은 시간이 지남에 따라 거대한 인구가 더욱 번창하고 더 많은 권리를 요구하게 되면서 중국을 보다 자유롭고 민주적인 사회로 끌고 나갈 것이다. 세계경제에의 참여는 중국이 계속해서 개방성과 다원성을 지속시켜야 한다는 것을 의미한다. 경제적으로 국제사회에 통합되면 될수록 중국은 그 경제관행뿐만 아니라 사법, 인권의 관행까지도 국제제도의 규칙, 기준, 법률, 압력, 심사와 규제에 더욱 노출될 것이다. 하지만 적절한 정치적, 사법적 제도의 발전은 아직 싹트는 단계에 지나지 않으며, 쉽게 방해받을 수 있다. 그 사이에 중국의 개혁이 가져온 예기치 않은 결과 —— 지역적 편차의 심화, 사회적 불평등, 기대치의 상승, 노동 소요, 환경파괴, 당-국가의 약화 —— 는 20세기의 마지막 20년 동안 중국이 이룬 놀라운 경제적 성공을 망가뜨릴 수도 있는 거대한 사회격변과 정치불안을 초래할 잠재력을 지니고 있다. 모택동 이후 시기 중국의 경제개혁이 가져온 모순의 충격은 바로 여기에 있다.

초판의 후기(결론)[1]

　본문에서 서술한 내용이 전달하려는 중국의 이미지는 어떤 것인가? 그리고 그것들은 중국의 미래에 대해서 무엇을 제시하는가? 다음의 내용은 정치적 측면에 대한 내 자신의 사색의 결과이다. 처음 나를 매혹시킨 것은 초기 중국의 국가와 사회를 통치했던 하, 상, 주의 군주들이 내세웠고, 또 실제로 휘둘렀을 광범위한 권력이었다. 중국인의 삶의 모든 측면은 이미 정치화되어 있는 것처럼 보였다. 즉 모든 측면이 군주의 관심사였고, 또 그의 감시 아래 있었다는 말이다.

　또 하나 매혹적인 점은 한대의 권력소유자들이 배웠던 방법으로, 어떻게 고전적인 유가이념과 의례에 충실한 사대부들을 훈련시키고, 선발하고, 또 그들과 협력하는가 하는 것이었다. 그들은 국가 이데올로기를 확립함으로써 관료를 충원하고, 이용할 수 있는 방법을 발견했던 것이다. 7세기 무렵이 되면 수·당 왕조는 통일제국을 부활시켰을 뿐만 아니라, 과거제도를 통하여 문인관료를 선발하기 시작함으로써 귀족가문의 지배에 종지부를 찍었다. 마침내 송대에는 지역 엘리트(또는 신사)들이 이학(理學)에 대한 새로운 믿음의 인도를 받으면서 지방사회의 업무를 관장했다.

　역사가들의 주목을 받지 못하는 경우도 가끔 있었지만, 중국의 이학적 질서의 성립은 의례적이고 도덕적인 지도력이 무질서에 대해서 거둔 승리로서 칭송되었다. 유가는 군주와 신하의 적절한 행동을 강조함으로써 문명의 형태를 유지하기 위해서 이념 주입과 의례적 행동이 할 수 있는 일이 무엇인가를 여실히 보여주었다. 유가적인 국가의 합리화 또는 신화 —— 지배자의 뛰어난 행동은 이를 보는 모든 사람이 그것을 모방하게 하고, 또 복종하게 한다는 —— 는 독재적 지배라는 현실을 덮어버렸다. 하지만 명대에 그 정점에 도달한 중국의 이학은 스스로의 한계를 설정했다. 외부세계에 대해서는 거의 아

---

1) 이 부분은 개정판에 생략되고 대신 멀 골드만의 후기로 대체된 부분이다. 약간 오래 되었다고는 하지만 원저자의 결론으로서 충분히 음미할 만한 가치가 있는 것으로 생각되어 여기에 남겨두었다.

무런 관심도 보이지 않은 채, 농민, 세리(稅吏), 지배계급의 안정 확보를 목표로 삼았던 것이다.

1644년 이후의 청조가 되면 내륙 아시아 비한족의 군사적 통제라는 요소가 중국의 사회·정치제도 속으로 흡수되었다. 중국과 내륙 아시아(만주족과 몽골족)의 공존은 유교적 질서를 확립하고 완성시켰다. 그것은 당시의 서구 국가에서 발전하고 있던 공업적-군사적-기업적 양식과는 뚜렷하게 구분되는 농업적-유목적-관료적 양식이었다.

유교적 중국이 서구와 대등하게 교섭하는 데 장애가 된 요소의 하나는 이러한 정치적, 사회적 양식의 차이였다. 예를 들면 이론적으로 볼 때 황제는 전능하며 제국의 중심적인 존재였다. 하지만 그의 중앙권력은 처음부터 스스로를 관리하거나 유지하는 다양한 사회집단을 형성시켰다. 그 결과 이론적으로 최종적인 권위를 독점했으나 사실은 지방에까지 그 힘을 침투시키지 못하는 전능한 중앙국가에 의해서 중국인의 삶은 다스려졌다. 아무도 부인할 수 없는 청대 건륭제의 전능함에 대한 주장을 고려해볼 때[2] 그는 뚜렷하게 불간섭정책을 채택한 군주가 되었던 것 같다. 그는 당연히 모든 반역자, 배반자, 그리고 최종적 권위에 대한 경쟁자를 파멸시켰다. 그렇지만 이것은 중국 사회에 대한 그의 최소한의 개입과 결합되어 있었다. 신사와 농민은 지방 자체의 관례를 유지하되, 긴급한 경우가 아니면 정부에 해결책을 바라지 말라는 기대를 받았다. 이렇게 국가가 지방으로부터 발을 빼내는 데 중심적인 열쇠의 역할을 한 것은 의례와 이데올로기였다. 상류계급의 생활은 과거시험에 중심을 맞추고 있었다. 비록 실제로 관리가 된 사람은 아주 적었지만, 이 과거제도는 유교적 행위라는 의무를 부과했다. 유학의 이상은 평민들이 복종하도록, 그리고 엘리트들이 지방사회의 지도와 관리라는 의무에 충실한 "자기 추진력을 가진 어른"이 되도록 훈련하는 것이었다. 자급자족적인 농민 겸 병사, 지방 엘리트 출신의 중개인 아래 스스로를 조절하는 시장, 스스로 경제생활을 규제하는 자율적 상업, 수공업행회, 서원에서 스스로 학문을 쌓는 과거시험 응모자들 —— 이 모든 사람들은 자신의 역할이 아버지이건 아들이건, 또는 학자이건 농민이건, 황제뿐만 아니라 조상을 숭배하는 유학적 견해를

---

2) 그는 자신을 문무를 겸비한 십전노인이라 칭했다.

공유해야 할 필요가 있었고, 책임 있는 의무수행에 참여할 필요가 있었다.

중국 사회의 통일적이지만 자기규제적 성격은 또한 지리적인 단일성이라는 사실에 그 원인을 돌릴 수 있을지도 모른다. 즉 고대 중국의 심장부는 해외로부터 들어올 수도 있는 통제하기 어려운 대안이나 다양성과는 멀리 떨어져 있었다. 내륙 아시아 유목민의 화력과 관리능력이 중화제국의 정상적인 구성요소의 하나가 되었을 때에도 그들은 해양생활이 거기에 끼어드는 것을 허용하지 않았다. 만주족의 청조가 들어설 무렵이면 육로를 통한 외국과의 교섭 문제는 대체로 통제할 수 있는 상황이었지만, 해양, 연해상업, 해군력에 대한 방어의 문제는 그렇지 못한 상태였다.

고대적인 독재체제는 모든 개인, 저술, 사상, 의례와 군사행동에 대한 감독과 통제의 권리를 유지할 수 있었다. 반면 다양성과 반대의견, 소수파의 의견이나 경쟁적 정책을 용납할 수 있는 제도적 구조를 발전시키지는 못했다. 위세 당당한 유가적 사회와 후기 중화제국의 약점은 바로 여기에 있었다. 사상과 행동의 통일이라는 웅장한 제국의 겉모습은 사실 속이 텅 비어 있었다. 이러한 겉모습과 실제적 일상생활 사이에는 근대적인 다원주의를 위한 장치가 필요했다. 그렇지만 사실 거기에는 진공만이 존재했다. 또한 사상의 측면에서 정확한 입장은 오직 하나뿐이라는 고집은 실제적으로 가능했고, 때로는 상당히 널리 유포되기도 했던 다양한 대안적 사상의 다원주의를 거부해버렸다. 상부에서 고집하는 정책의 통일성 역시 실제로 지방에서 나타난 정책적 다원주의를 부정했다.

중화제국의 웅장함을 특징지은 또다른 한계는 중국의 거대한 인구였다. 이미 세계 최대의 국가였던 중국의 인구는 1680년 이후 아주 급속도로 팽창함으로써 문맹, 수리, 식량공급, 지방사회의 정의 등 방대한 문제를 지닌 다루기 힘든 사회를 만들어냈다. 이 거대한 인구 때문에 질서 자체도 관리하기 어려워지기 시작했다. 19세기가 되면 청조국가의 역량은 이미 자신이 지닌 문제들을 따라잡을 수 없었다.

근대화는 아마도 대부분의 사람들에게 편리함과 재난을 거의 같은 정도로 가져다주었을 것이다. 중국의 경우 근대화가 가져온 재난은 근대화를 꾀하려는 노력 자체가 지지부진함으로써 더욱 확대되었다. 만약 1793년에 건륭제가 민족국가들의 상업세계에 참여하라는 매카트니 경을 통한 조지 3세의 요청

540

을 받아들였다면, 중국의 근대화는 일본의 그것과 경쟁할 수 있었을지도 모른다. 중국의 더딘 반응은 대신 1세기 동안의 불평등조약체제라는 결과를 가져다주었다.

20세기 초가 되어서야 중국은 해양세계에 반응을 보일 수 있었다. 하지만 단지 왕조가 바뀌는 것만으로는 불충분했다. 명조 이래로 농업적-관료적 구조가 상업화되고, 또 그 과정을 완성시켜나가고 있었지만 이것이 발전을 보장해주지는 못했다. 그러한 것이 일어나려면 우선 이학의 내용이 근대적 과학적 학문으로 대체되어야 할 필요가 있었다. 그 결과 전문가로서 외국에서 훈련을 받고자 하는 새로운 지식인들이 탄생했다. 민족주의는 민족국가 속에서 자신을 표현하고자 했다.

하지만 새로운 통일적 정부에 대한 모색이 중국적 전통의 연장선상에서 구체적 형태를 갖추게 되었음은 너무도 분명했다. 개혁가들이나 혁명가들 모두 경제성장은 일종의 "사회주의"석인 형태로 반드시 국가의 통제 아래 이루어져야 한다고 생각했다. 레닌주의의 전체주의적인 요구는 황제독재의 요구를 연장시켰다. 절대진리로서의 이학은 마르크스·레닌주의로 대체되었다. 마르크스·레닌주의 역시 이학처럼 모든 것을 포괄하는 것인 동시에 절대적인 것이었다. 전통시대 지배계급은 황제의 내조와 관료들의 외정, 그리고 지방사무를 관리하는 교육받은 신사층이라는 자체 등급을 가지고 있었다. 공산체제 아래서도 이러한 등급은 각기 당 지도자와 중앙위원회, 이념화된 정부기구의 당원, 그리고 지방의 기층간부라는 형태로 유지되었다. 새로운 공산주의적 질서는 전통적인 왕조시대의 질서와 너무나 일치했다. 따라서 모택동은 황제의 계승자답게 독재권력을 보유하면서도 동시에 혁명가로서 대중을 정치참여로 끌어들이려는 노력을 할 수 있었다. 그러한 평등주의적인 노력은 20세기의 분위기를 지배했다. 자력갱생으로 농촌발전을 위한 자금을 확보하고자 했던 시도처럼 간부들의 건전한 자아비판을 끌어내려던 모택동의 노력은 정부의 개입을 최소화하려던 명대 홍무제의 정책을 그대로 반영하는 셈이었다. 홍무제는 이갑제(里甲制)의 요역노동 및 보갑제(保甲制)의 상호책임제에, 그리고 모택동은 자경단(自警團)의 역할을 수행하는 가두순찰단과 전능한 공작단위(工作單位)에 지방질서의 유지를 맡겼다. 또한 중공의 국영기업에 대한 기본적인 의존과 마찬가지로 상인들의 기업경영을 감독하고자 했던 등소평의 노력은 중개업이나 관허 독점사업에서 상인들을 이용한 청대의 제도를 본뜨고 있는 셈이다. 정확한 비용회계나 계약을 위해서 변호사에게 의존하는 참신성에도 불구하고 이러한 혁신의 형태는 연속성이라는 면에서 보면 사실 과거의 형태와 그대로 겹쳐진다.

중앙의 통제력이 몰락하고 다시 부활되는 과정에서 수반된 또 하나의 요소는 군사화였다. 19세기 말이 되면 무기의 독점, 전보, 철로와 기선의 도움을 받아 국가의 조직화된 폭력은 훨씬 신속하고 포괄적으로 압도할 수 있는 힘을 가지게 되었다. 20세기의 기술은 국가를 전능한 존재로 만들었고, 이제 전체주의를 실질적으로 가능한 것으로 만들어주었다.

근대화 과정에 수반되는 혼란 가운데 시민사회를 위한 근대적인 모색의 방면에서는 어떤 일이 일어났을까? 시민사회는 전문 분야의 불가피한 성장과 그 결과로서 나타나는 전문가 분야에서의 자율성이라는 데에서 비롯되었다. 공학이나 항공학, 화학, 약학과 같은 전문직 내에서는 정치중심부에서 그 기술을 조종하는 것이 불가능해진다. 정치적 통제를 시도한다고 해도 쉽사리 무시해버릴 수 없는 전문 학문이라는 장벽에 부딪치는 것이다. 원자핵 공학과 같은 경우 잠재적으로는 위대한 평등주의자와 같은 역할을 가지고 있지만, 이데올로기적으로는 중립적이었다. 요컨대 새로운 과학기술은 전체적으로 자율성이라는 특징을 지닌 분야들이 도처에 흩어져 존재하는 정치체제를 의미하는 것이다. 따라서 정통성이라는 것에는 분명한 한계가 지어지고, 대신 다양화의 가능성이 나타날 수 있게 된다.

전통적 독재체제의 계승자들은 근대의 지식인들이 전문 분야의 자율성뿐 아니라 해외 사상계에서는 아주 기본적인 것으로 간주하는 다원주의까지 주장하고 나섰다는 사실 때문에 특별한 좌절을 맛보지 않을 수 없었다. 항상 자체적으로 성장하거나 아니면 지금까지는 중국화시켜왔던 사상은 이제 중국 정부의 통제 밖으로 벗어나게 되었다. 오늘날에는 너무나 많은 학자들이 세계학계에 참여할 수 있게 되었기 때문이다.

중국의 경제성장에 대해서는 외부 관찰자들이나 많은 중국인들이 인민의 정치참여가 큰 폭으로 이루어지지 않는 한 계속 순조로운 발걸음을 할 수 없으리라는 데에 의견의 일치를 보고 있다. 근대화에는 경제적 성장뿐만 아니라 정치적 성장, 그리고 그밖에도 많은 것들이 더 필요한 법이다. 과잉인구를 고려한다면 중국의 경제성장에 필수적인 것 가운데 하나는 수세기 동안 대중의 생활수준의 향상을 저지해온 과밀화(過密化)의 과정에서 벗어나야 한다는 것이다. 이러한 퇴화의 과정은 모택동 시기의 농업에서도 여전히 작용했다. 황종지(黃宗智)의 주장처럼 이러한 과밀화는 농업경제에 대한 유럽적 사고의 기본개념은 아니다. 하지만 이것을 일단 염두에 두게 되면 적어도 명대 이래로 그것이 중국의 농민에게 미친 영향은 아주 분명하게 드러난다. 유럽적 발전의 모델로 훈련을 받은 경제사가들은 이러한 사실을 인식하는 데 아주 더딘 반응을 보이지만, 한계생산성 체감의 법칙(너무 많은 인구 때문에)은 여전히 중국을 뒤에서 끌어당기고 있는 것이다.

그렇다면 이것을 해결할 방법은 어디에 있는가? 토머스 메츠거 같은 회의론자들은 주된 문제는 "낙관적 현세주의"라는 중국적 경향에 있다고 파악한다. 이것은 사실들이 원래 어떠한가를 따지지 않고 절대적으로 어떠한 것이 되어야 한다고 고집스레 강조하면서, 다른 대안을 부도덕한 것으로 비난하는 자세를 가리킨다. 따라서 그는 중국이 "세 가지 다원주의" 또는 "세 가지 시장(市場)"을 받아들여야 한다고 주장한다. 즉 자유로운 시장경제, 여러 사상들이 자유롭게 경쟁할 수 있는 사상의 자유시장, 그리고 "각기 합법적인, 그렇지만 적어도 부분적으로는 이기적인 목적을 추구하는" 이익집단과 정당들의 갈등과 협상이 이루어질 수 있는 정치적 시장을 말한다.

서구인의 눈으로 보면 중국에서의 투쟁은 독점과 경쟁 사이의 싸움으로 보이기 마련이다. 서구인들은 당연히 훨씬 큰 생산성을 자랑하는 경쟁을 선호하기 마련이다. 하지만 중국인의 눈으로 보면 이러한 투쟁은 좀더 도덕적인 기준으로 평가를 받게 된다. 즉 그것은 경제생활에서 나타나는 물질주의와 탐욕, 사상의 자유시장에서 창출되는 일상적인 혼란, 그리고 대의제 정치에서 이익집단에게 허용되는 이기주의로 비난을 받게 된다.

중국이 시민사회로 나아가는 것은 역사적인 대세라고 보아도 틀린 말은 아닐 것이다. 하지만 중국이 자유선거, 대의제 정부, 법률에 의해서 보장되는 인권을 갖춘 서구적 형태의 민주주의로 나아갈 것이라는 결론으로 비약해서는 안 된다. 오히려 중국적 형태의 민주주의는 예를 들면 동일한 지위를 지닌 집단 내부에서의 선거, 동류집단 내부의 합의를 통해서 이루어지는 대의제, 서구에서보다 좀더 협소하게 정의된 개인의 인권 등을 갖추게 될지도 모른다. 다른 나라에서 이용되는 민주적 절차를 모방하려는 중국의 노력은 아주 복합적인 결과를 낳아왔다. 그리고 서구의 민주국가들이 부패를 억제하고 대중의 사기를 유지하는 좀더 나은 방법을 찾을 때까지 이러한 민주정부의 사례들은 중국에서 대중적인 승인을 얻어낼 수 없을지도 모른다. 또한 우리 같은 국외자들이 인권의 절박한 필요성에 대해 중국에 충고를 할 수도 있다. 그렇지만 미국 자신이 안고 있는 대중매체의 폭력이라든가 마약문제나 총기남용 같은 문제들을 적절하게 통제하여 모범을 보일 수 있을 때까지는 중국이 좀더 우리를 닮아야 한다고 강요하기 어려울지도 모른다. 대신 중국 사회에 대한 우리의 기본적 가정들이 과연 적절한가 하는 문제를 깊이 음미해보아야 할 것이다.

추천도서목록

1. 일반 참고 문헌

목록

G. William Skinner 등 편, *Modern Chinese Society: An Analytical Bibliography* (Stanford University Press, 1973), 3 vols.는 유용한 분류체계로 잘 구성되어 있다. Charles O. Hucker, *China: A Critical Bibliography*(University of Arizona Press, 1962) 는 1961년까지 주제별로 2,285항목을 기재했다. Peter Cheng, *China*, World Bibliographical Series, vol. 35(Clio Press, 1983)는 1970-1982년 사이 출판된 1,470종 의 저작을 주제별로 분류한 목록이다. Chun-shu Chang, *Premodern China: A Bibliographical Introduction*(Center for Chinese Studies, University of Michigan, 1971) 은 무엇을 찾기 위해서는 어디로 가야 하는지 잘 안내해줄 것이다. 또 아래의 역사적 연구 항목에 언급된 *The Cambridge History of China*(CHOC로 약칭하기로 한다)에는 위에 언급된 것들보다 보다 최신의 방대한 목록을 싣고 있다.

동아시아 국가들에 관해서 출판된 자료의 목록은 해마다 두 종류가 발행되고 있다. The Association for Asian Studies(Ann Arbor)가 *Bibliography of Asian Studies*를 해마 다 출판하고 있으며, 또한 *Cumulative Bibliography of Asian Studies*, 1941-1965, 8 vols., 1966-1970, 6 vols.(G. K. Hall, 1969-1970, 1972)를 편찬했다. 1990년에 G. K. Hall은 매년 *Bibliographic Guide to East Asian Studies*를 출판하기 시작했는데, 첫 권 은 1989년의 출판물을 다루고 있다.

시리와 지도

P. J. M. Geelan과 D. C. Twitchett 편, *The Times Atlas of China*(London: Times Books, 1974)는 각 성(省)과 약 30개 도시의 자세한 지도와 기후나 통신과도 같은 지 리경제적 특성에 대한 설명을 포함하고 있다. 최근에는 *Atlas of the People's Republic of China*(Beijing: Foreign Languages Press and China Cartographic Publishing House, 1989)가 출판되었다.

역사지도로서는 Albert Herrmann의 *An Historical Atlas of China*, ed. Norton Ginsburg(Aldine, 1966) 신판이 있다. Caroline Blunden과 Mark Elvin, *Cultural Atlas of China*(Facts on File, 1983)에는 중국 문화의 발전을 논의하는 글과 더불어 역사지 도, 표, 사진을 싣고 있다. 또 Chiao-min Hsieh, *Atlas of China*(McGraw-Hill, 1973) 는 자연지리는 물론 역사, 경제, 문화지리를 다루고 있다. T. R. Tregear, *China: A*

Geographical Survey(Hodder and Stoughton, 1980)는 George B. Cressey의 초기 저작
에 바탕을 두고 있다.

역사적 연구

Denis Twitchett과 John K. Fairbank 총편, *The Cambridge History of China*
(Cambridge University Press).

Vol.1 : *The Ch'in and Han Empires, 221 BC-AD 220*, eds. Denis Twitchett
and Michael Loewe(1986)

Vol.3 : *Sui and T'ang China, 589-906, Part I*, ed. Denis Twitchett(1979)

Vol.7 : *The Ming Dynasty, 1368-1644, Part I*, eds. Frederick F. Mote and
Denis Twitchett(1988)

Vol.10 : *Late Ch'ing, 1800-1911, Part I*, ed. John K. Fairbank(1978)

Vol.11 : *Late Ch'ing, 1800-1911, Part II*, eds. John K. Fairbank and Kwang-
Ching Liu(1980)

Vol.12 : *Republican China, 1912-1949, Part I*, ed. John K. Fairbank(1983)

Vol.13 : *Republican China, 1912-1949, Part II*, eds. John K. Fairbank and
Albert Feuerwerker(1986)

Vol.14 : *The People's Republic, Part I : The Emergence of Revolutionary China,
1949-1965*, eds. Roderick MacFarquhar and John K. Fairbank(1987)

Vol.15 : *The People's Republic, Part II : Revolutions within the Chinese
Revolution 1966-1982*, eds. Roderick MacFarquhar and John K. Fairbank(1991)

개설서

가장 훌륭한 개설적 연구는 주요한 연구기관에서의 교육경험에서 나오는 경우가
많다. Jacques Gernet, *A History of Chinese Civilization*(Cambridge University Press,
1982 ; tr., J. R. Foster, *Le Monde Chinois*, Paris, 1972 : 이동윤 옮김, 『東洋史通論』, 법
문사, 1985)는 파리에서 출판된 포괄적이고 정교한 개설서이다. Paul S. Ropp 편,
Heritage of China : Contemporary Perspectives on Chinese Civilization(University of
California Press, 1990)은 시사하는 바가 많은 심포지움 논문집이다. 미시간의 Charles
O. Hucker가 쓴 *China's Imperial Past : An Introduction to Chinese History and
Culture*(Stanford University Press, 1975 : 박지훈 등 옮김, 『중국문화사』, 한길사, 1985)
는 1850년까지 다룬 개설서이다.

하버드의 Edwin O. Reischauer and John K. Fairbank, *East Asia : The Great
Tradition*(Houghton Mifflin, 1960 : 고병익 등 옮김, 『동양문화사』 상, 을유문화사,
1964)과 John K. Fairbank, Edwin O. Reischauer and Albert M. Craig, *East Asia : The
Modern Transformation*(Houghton Mifflin, 1965 : 고병익 등 옮김, 『동양문화사』 하, 을
유문화사, 1969)은 중국 부분만 요약하여 *China : Tradition and Transformation*(1978 ;
개정판 1989)으로 출판되기도 했다.[1] Paul A. Cohen and Merle Goldman 편, *Ideas*

Across Cultures : Essays on Chinese Thought in Honor of Benjamin I. Schwartz (Council on East Asian Studies, Harvard University, 1990)는 다양한 주제를 다룬 글을 싣고 있다.

컬럼비아의 Wm. Theodore de Bary, Wing-tsit Chan(陳榮捷), and Burton Watson이 편찬한 *Sources of Chinese Tradition*(Columbia University Press, 1964)은 공자에서 공산주의까지 950쪽에 걸쳐 철학, 종교, 정치사상 전반에 대해서 조심스럽게 선택된 원전의 번역문과 해설을 제공하고 있다.[2] Patricia Ebrey, *Chinese Civilization and Society : A Sourcebook*(Free Press, 1981) 역시 유용한 선택적 번역문을 싣고 있다.

옥스퍼드의 Mark Elvin, *The Pattern of the Chinese Past*(Stanford University Press, 1973 : 이춘식 등 옮김, 『중국 역사의 발전형태』, 신서원, 1989)는 사회경제적 주제를 다룬다. 케임브리지의 Michael Loewe, *Imperial China : The Historical Background to the Modern Age*(Praeger, 1966)는 고대사 연구자에 의한 흥미 있는 분석적 논평을 제공하고 있다. 좀더 최근의 것으로는 Loewe, *The Pride That Was China*(St. Martin's, 1990)가 있다. 다른 연구서 가운데 특히 아주 정교한 시각을 제공하는 것으로는 Ray Huang(黃仁宇), *China : A Macro-History*(M. E. Sharpe, 1988 : 홍광훈 외 옮김, 『중국, 그 거대한 행보』, 경낭, 2002)를 주목할 필요가 있다. 근대사에 관해서는 19세기와 20세기의 개설 항목을 보라.

백과사전

서구학자들이 편찬한 것으로는 Asia Society의 주관 아래 준비된 Ainslie T. Embree 편, *Encyclopedia of Asian History*, 4 vols.(Scribner's, 1988)가 있으며, 여기에는 학자들이 비전문가들을 위해서 쓴 항목들이 실려 있다. Brian Hook 주편, *The Cambridge Encyclopedia of China*(Cambridge University Press, 1982) 역시 지리, 사회, 역사와 문명의 여러 측면을 다룬다.

정사(正史)와 기타 자료

W. G. Beasley and E. B. Pulleyblank, *Historians of China and Japan*(Oxford University Press, 1961), 2 vols.는 여전히 기본적 가치를 지니는 논문을 싣고 있다. 최초의 정사인 『사기(史記)』에 대한 Burton Watson의 두 저작은 우리를 위대한 선구적인 역사가 사마천(司馬遷)에게 접근할 수 있게 해 준다. Burton Watson, *Sima Qian : Records of the Grand Historian of China*(Columbia University Press, 1961), 2 vols.는 『사기』의 번역이다. 또한 같은 저자의 *Ssu-ma Ch'ien : Grand Historian of China* (Columbia University Press, 1958 : 박혜숙 옮김, 『위대한 역사가 사마천』, 한길사, 1985)가 있다.

---

1) 『동양문화사』 상, 하권은 개정판이 김한규 등 옮김, 『동양문화사』 상 · 하. 을유문화사, 1990으로 다시 번역되어 나왔다.

2) 이 책은 Wm. Theodore de Bary, Irene Bloom, Richard Lufrano가 편찬한 제2판이 1999년에 출간되었다.

한대사(漢代史)를 다룬 『한서(漢書)』에 대해서는 Burton Watson, *Courtier and Commoner in Ancient China : Selections from the "History of the Former Han" by Pan Ku*(Columbia University Press, 1974) ; Kan Lao(勞幹) 편역, *The History of the Han Dynasty*(Chinese Linguistics Project, Princeton University, 1984)를 보라.

인명사전

전한(前漢)시대에 대해서는 Gladys Yang and Hsien-Yi Yang 옮김, *Selections from the Records of the Historian*, trans. (Beijing : Foreign Languages Press, 1979)을 보라. 송대(宋代)의 전기는 Herbert Franke 편, *Sung Biographies*(Wiesbaden : Franz Steiner Verlag, 1976), 4 vols.를 보라. 명조에 대해서는 L. Carrington Goodrich and Chaoying Fang 편, *Dictionary of Ming Biography, 1368-1644*(Columbia University Press, 1976), 2 vols.를 보라. 청조의 경우는 A. W. Hummel 편, *Eminent Chinese of the Ch'ing Period, 1644-1912*(U. S. Government Printing Office, 1943, 1944), 2 vols.를 보라.

20세기 인물에 관해서는 민국시대와 중화인민공화국 항목을 보라.

철학과 종교
철학과 사상

Benjamin I. Schwartz, *The World of Thought in Ancient China*(Harvard University Press, 1985 : 나성 옮김, 『중국 고대사상의 세계』, 살림, 1996)는 광범위한 바탕을 가진 것으로 다년간의 교육경험을 반영한 정수(精髓)이다. F. W. Mote, *Intellectual Foundations of China*, 2nd ed.(McGraw-Hill, 1989) 역시 주목할 만하다. 1950년대와 1960년대에 Arthur F. Wright가 이끈 일련의 연구토론회 결과 이루어진 것은 John K. Fairbank 편, *Chinese Thought and Institutions*(University of Chicago Press, 1957)가 있다. 다른 연구서들의 제목은 John K. Fairbank, *The United States and China*, 4th ed.(Harvard University Press, 1983 : 양호민 등 옮김, 『현대중국의 전개』, 형설출판사, 1977)에 실려 있다. 가장 중요한 종합적인 연구서는 Fung Yu-lan(馮友蘭) 지음, Derk Bodde 옮김, *A History of Chinese Philosophy*(Princeton University Press, 1952-1953)[3]이다.

상관론적 우주론

주요한 저서는 John B. Henderson, *The Development and Decline of Chinese Cosmology*(Columbia University Press, 1984)이다. 또한 Sarah Allan, *The Shape of the Turtle : Myth, Art, and Cosmos in Early China*(SUNY Press, 1991) ; Wolfram Eberhard, *A Dictionary of Chinese Symbols : Hidden Symbols in Chinese Life and Thought*

---

3) 이 책은 정인재 옮김, 『중국철학사』, 형설출판사, 1989로 번역되어 있다. 보다 내용이 풍부한 상하권으로 된 馮友蘭의 『中國哲學史』는 박성규 역, 『중국철학사』 상, 하, 까치, 1999로 번역되었다.

(Routledge and Kegan Paul, 1986)를 보라.

점복(占卜)

Richard J. Smith, *Fortune-tellers and Philosophers : Divination in Traditional Chinese Society*(Westview Press, 1991)는 방대한 자료와 문헌목록을 갖춘 광범위한 연구서이다. 이 주제에 대해서는 많은 연구문헌이 있다.

유학

유학에 대한 최근의 재평가 가운데 Wm. Theodore de Bary, *The Trouble with Confucianism*(Harvard University Press, 1991)은 권력기반을 가지지 못했음에도 불구하고 도덕적 완성을 성취하려고 했던 유학자들에 대해서 예리한 비판을 가하고 있다. 소개서로는 Wei-ming Tu(杜維明), *Confucian Thought : Selfhood as Creative Transformation*(SUNY Press, 1985) ; Irene Eber, *Confucianism, the Dynamics of Tradition*(Macmillan, 1986) ; Wm. Theodore de Bary, *The Liberal Tradition in China* (Columbia University Press, 1983 : 표정훈 등 옮김, 『중국의 '자유' 전통』, 이산, 1998) 등을 보라. 이학(理學)에 대해서는 송대와 명대의 관련 항목을 보라.

종교 일반

Laurence G. Thompson, *Chinese Religion : An Introduction*, 4th ed.(Wadsworth, 1988) ; Daniel Overmyer, *Religions of China : The World as a Living System*(Harper & Row, 1986) ; Christian Jochim, *Chinese Religions : A Cultural Perspective*(Prentice Hall, 1986)를 보라. 민간종교나 근대의 상황에 대해서는 중화민국, 대만과 중화인민공화국의 관련항목을 보라.

도교

핵심적인 문헌의 최신 번역판은 Lao Tzu(Victor Mair 옮김), *Tao Te Ching : The Classic Book of Integrity and the Way*(Bantam, 1990)로서 마왕퇴(馬王堆)에서 발견된 『백서노자(帛書老子)』에 기초를 두고 있다. 도교에 대해서 Holmes Welch, *The Parting of the Way : Lao Tzu and the Taoist Movement*(Beacon Press, 1957)가 제공하는 해설은 여전히 매혹적이다. 좀더 최근의 연구는 John Lagerwey, *Taoist Ritual in Chinese Society and History*(Collier Macmillan, 1987)에 반영되어 있다.

불교

Wm. Theodore de Bary 편, *The Buddhist Tradition in India, China and Japan* (Vintage, 1972)은 중요한 문헌을 골라 번역문을 제공한다. 중국에서의 불교의 확산에 대한 기본 연구서는 Eric Zürcher, *The Buddhist Conquest of China : The Spread and Adaptation of Buddhism in Early Medieval China*(Brill, 1959), 2 vols.이다. 일반적인 설명을 위해서는 Kenneth Chen, *Buddhism in China : A Historical Survey*(Princeton University Press, 1964 : 박해당 옮김, 『중국불교』, 민족사, 1994)를 보라. 흥미 있는 간단한 개략으로는 Arthur F. Wright, *Buddhism in Chinese History* (Stanford University Press, 1959 : 양필승 옮김, 『중국사와 불교』, 신서원, 1994)가 있다.

기술, 과학, 의학
중국과학사

개관을 위해서는 Nathan Sivin, "Science and Medicine in Imperial China : The State of the Field", *Journal of Asian Studies* 47-1(Feb. 1988) : 41-90를 보라. 세계의 과학과 기술에 대한 중국의 공헌을 평가할 때 서구에서는 전통적으로 이것을 종이, 인쇄, 나침반, 화약과 같은 대발명에 한정시켜왔지만, 이것은 여러 책으로 이루어진 *Science and Civilisation in China*(Cambridge University Press, 1954-) 시리즈를 발간하고 있는 조지프 니덤과 그의 여러 동료 —— Wang Ling, Lu Gweidjen 등 —— 에 의해서 혁명적 변화를 겪었다. 이 책의 제1권과 2권은 Colin A. Ronan, *The Shorter Science and Civilisation in China*, vol.1(1978)로 요약되어 있다. 또한 Peng Yoke Ho, Li Qi, and Shu An, *Introduction to Science and Civilization in China*(Hong Kong University Press, 1985)를 보라. 조지프 니덤의 여러 논문이나 강연의 선집도 출판되었다. 이를테면 Joseph Needham, *Science in Traditional China : A Comparative Perspective*(Harvard University Press, 1981) ; Joseph Needham, *Heavenly Clockwork : The Great Astronomical Clocks of Medieval China*(Cambridge University Press, 1986) 등이 있다.

또 Shigeru Nakayama and Nathan Sivin 편, *Chinese Science : Explorations of an Ancient Tradition*(MIT Press, 1973)은 조지프 니덤이나 A. C. Graham, 여러 일본 학자들의 글이 실려 있는 논문집이다. 사회적, 사상적 맥락에서 보는 데에 유용한 것은 Derk Bodde, *Chinese Thought, Society, and Science : The Intellectual and Social Background of Science and Technology in Pre-Modern China*(University of Hawaii Press, 1991)이다.

중국의 발명에 대해서는 중국 과학원 자연과학사연구소에서 편찬한 *Ancient China's Technology and Science*(Beijing : Foreign Languages Press, 1983), 그리고 Robert Temple, *The Genius of China : 3,000 Years of Science, Discovery, and Invention*(Simon and Schuster, 1986)을 보라.

의학

최근의 연구에는 Paul U. Unschuld, *Medicine in China : A History of Ideas*(University of California Press, 1985) ; *Medicine in China : A History of Pharmaceutics*(University of California Press, 1986)가 있다. 기본적인 분석으로는 Manfred Porkert, *The Theoretical Foundations of Chinese Medicine : Systems of Correspondence*(MIT Press, 1974)를 보라. 또한 Lu Gwei-djen and Joseph Needham, *Celestial Lancets : A History and Rationale of Acupuncture and Moxa*(Cambridge University Press, 1980)가 있다. 20세기의 발전에 대해서는 Nathan Sivin, *Traditional Medicine in Contemporary China*(Center for Chinese Studies, University of Michigan, 1987)를 보라. 심리학에 대해서는 Arthur Kleinman and T. Y. Lin 편, *Normal and Abnormal Behavior in Chinese Culture*(Reidel, 1981)를 보라.

서적과 인쇄

초기의 기술발전에 대해서는 Tsuen-hsuin Tsien(錢存訓), *Science and Civilisation in China*, vol. 5, part I : *Paper and Printing*(Cambridge University Press, 1985)을 보라. Denis Twitchett은 *Printing and Publishing in Medieval China*(Frederic C. Beil, 1983)를 출간했다.

중국어

이 분야는 아주 많이 연구되었다. John DeFrancis, *The Chinese Language : Fact and Fantasy*(University of Hawaii Press, 1984) ; S. Robert Ramsey, *The Languages of China*(Princeton University Press, 1987) ; Jerry Norman, *Chinese*(Cambridge University Press, 1988) 등을 보라.

수학

Li Yan and Du Shiran(John N. Crossley and Anthony W. C. Lun 옮김), *Chinese Mathematics : A Concise History*(Oxford University Press, 1987)

군사사(軍事史)

이 분야는 그리 많이 연구되지 않았다. Frank A. Kierman, Jr., and John K. Fairbank 편, *Chinese Ways in Warfare*(Harvard University Press, 1974)를 보라. 중국을 포함한 비교연구에 대해서는 William McNeill, *The Pursuit of Power : Technology, Armed Force and Society since AD 1000*(University of Chicago Press, 1982)를 보라. 또한 중화인민공화국 항목을 보라.

2. 선사(先史)시대와 선진(先秦)시대

고고학적 기원

최근 수십 년 동안 수천 군데의 발굴이 이루어져 선사시대에 대한 우리의 관념을 크게 바꾸어놓았다. 이러한 고고학적 혁명에 대한 가장 권위 있는 요약은 K. C. Chang(張光直), *The Archaeology of Ancient China*(Yale University Press, 1963 ; 4th ed., 1986)이다. 또한 선구적인 논문집인 K. C. Chang, *Early Chinese Civilization : Anthropological Perspectives*(Harvard University Press, 1976)와 K. C. Chang, *Shang Civilization*(Yale University Press, 1980)을 보라. 또다른 중요한 연구성과는 논문집인 David N. Keightley 편, *The Origins of Chinese Civilization*(University of California Press, 1983)이다. 또 David N. Keightley, *Sources of Shang History : The Oracle Bone Inscriptions of Bronze Age China*(University of California Press, 1978)도 있다.

새로운 발굴의 성과는 주제별 연구에도 반영되어 있다. 이를테면 Ping-ti Ho(何柄棣), *The Cradle of the East : An Inquiry into the Indigenous Origins of Techniques and Ideas of Neolithic and Early Historic China, 5000-1000 BC*(University of Chicago Press, 1976)를 들 수 있다. 1920년대와 1930년대에 근대 중국 고고학이 탄생

하는 과정에 대해서는 그 선구적인 지도자였던 Li Chi(李濟)가 쓴 *Anyang*(University of Washington Press, 1977)을 보라.

초기의 역사 : 주왕조와 전국시대

주초(周初)에 대해서는 문헌기록과 고고학적 기록을 비교하는 Cho-yun Hsu(許卓雲) and Katheryn Linduff, *Western Chou Civilization*(Yale University Press, 1988)을 보라. Herrlee G. Creel, *The Origins of Statecraft in China*, vol. I : *The Western Chou Empire*(University of Chicago Press, 1970)는 법가적 행정의 전통에 새로운 조명을 비춘 것이다. 전국시대(기원전 403-221)의 정치제도에 대해서는 Mark Edward Lewis, *Sanctioned Violence in Early China*(SUNY Press, 1990)가 분석하고 있다.

고전시대

이 시대에 관해서 가장 유용한 것은 무엇보다도 문학작품이다. 입문을 위해서는 Wm. Theodore de Bary, Ainslie T. Embree, and Amy Vladek Heinrich 편, *A Guide to Oriental Classics*, 3rd ed.(Columbia University Press, 1989)를 보라. "중국 전통의 고전"이라는 장에서는 이차적인 자료나 토론주제와 더불어 사서(四書)의 원문을 완전히 또는 부분적으로 번역한 것을 싣고 있다. 오경(五經)은 문헌목록과 더불어 또다른 가치 있는 편람인 Jordan D. Paper, *Guide to Chinese Prose*(G. K. Hall, 1973)에서 다루어진다.

고대의 북부와 남부의 시(詩)에 대해서는 Yeh Shan(Wang Ching-hsien 옮김), *The Bell and the Drum : Shih Ching as Formulaic Poetry in an Oral Tradition*(University of California Press, 1974)을 보라. 전국시대 철학가의 저작을 번역한 최근의 것으로는 John Knoblock, *Xunzi : A Translation and Study of the Complete Works, vol. I, Books 1-6*(Stanford University Press, 1988) ; W. Allyn Rickett, *Kuan-tzu : A Repository of Early Chinese Thought*(Hong Kong University Press, 1965) ; W. Allyn Rickett, *Guanzi : Political, Economic, and Philosophical Essays from Early China*(Princeton University Press, 1985)가 있다.

3. 최초의 제국 : 진한대(기원전 221년-기원후 222년)

기본적인 연구서는 Denis Twitchett and Michael Loewe 편, *The Cambridge History of China*, vol. 1 : *Qin and Han*(1986)이다.

진의 통일

진(秦)의 통일에 대해서는 *CHOC*, vol. 1(1986)에 실린 Derk Bodde의 논문을 보라. 법제에 대해서는 A. F. P. Hulsewe, *Remnants of Ch'in Law : An Annotated Translation of the Ch'in Legal and Administrative Rules of the 3rd Century BC. Discovered in*

Yun-meng Prefecture, Hu-pei Province in 1975(Brill, 1985)를 보라.

한대

Michele Pirazzoli-t'Serstevens(Janet Seligman 옮김), *The Han Dynasty*(Rizzoli, 1982)는 본문과 삽화를 훌륭하게 결합시키고 있으며, 마왕퇴에서 발견된 자료를 포함하고 있다. 또 Wang Zhongshu(K. C. Chang 옮김), *Han Civilization*(Yale University Press, 1982)을 보라. Hans Bielenstein, *The Bureaucracy of Han Times*(Cambridge University Press, 1980) 역시 주목할 필요가 있다. Michael Loewe, *Crisis and Conflict in Han China, 104 BC to AD 9*(Allen and Unwin, 1974)은 사건과 위기를 다룬 정치사이다.

한대의 경제에 대한 전론으로서는 Ying-shih Yü(余英時), *Trade and Expansion in Han China : A Study in the Structure of Sino-Barbarian Economic Relations* (University of California Press, 1967) ; Cho-yun Hsu(許卓雲), *Han Agriculture : The Formation of Early Chinese Agrarian Economy 206 BC-AD 220*(University of Washington Press, 1980)가 있다. 법률에 대해서는 A. F. P. Hulsewe, *Remnants of Han Law*(Brill, 1955)와 좀더 최근의 A. F. P. Hulsewe, *China in Central Asia : The Early Stage, 125 BC to AD 23*(Brill, 1979)를 보라.

사상과 사회

A. C. Graham, *Disputers of the Tao : Philosophical Argument in Ancient China*(Open Court, 1989)는 오랫동안 지속된 연구의 산물이다. 역시 주목할 만한 것으로는 Michael Loewe, *Chinese Ideas of Life and Death : Faith, Myth, and Reason in the Han Period, 202 BC-AD 220*(Allen & Unwin, 1982 : 이성규 옮김, 『고대중국인의 생사관』, 지식산업사, 1989), 같은 저자의 *Everyday Life in Early Imperial China during the Han Period, 202 BC-AD 220*(Dorset Press, 1988)가 있다. 한대에 대한 탁월한 최근의 연구는 Wu Hung, *The Wu Liang Shrine : The Ideology of Early Chinese Pictorial Art*(Stanford University Press, 1989)이다.

4. 수당대(589-907년)

가장 최근의 연구서는 *CHOC* vol. 3 : *Sui and T'ang China, 589-906, Part I*(Denis Twitchett 편, 1979)이다. 수의 통일에 대해서는 Arthur F. Wright, *The Sui Dynasty : The Unification of China, AD 581-617*(Knopf, 1978)을 보라.

당대의 정부

당대의 지배계층에 대해서는 Howard J. Wechsler, *Mirror to the Son of Heaven :*

Wei Cheng at the Court of Tang T'ai-tsung(Yale University Press, 1974)을 보라. 여기에는 이 시대에 대한 입문적인 내용도 포함된다. 당대의 제도에 대해서는 Denis C. Twitchett, *Financial Administration under the T'ang Dynasty*(Cambridge University Press, 1963; 2nd ed., 1970)를 보라. Wallace Johnson 편역, *The T'ang Code, vol. I: General Principles*(Princeton University Press, 1979)를 이용하면 기본 자료에 접근할 수 있다. 사대부와 국가의 관계에 대한 최근의 출판물로는 David McMullen, *State and Scholars in T'ang China*(Cambridge University Press, 1988)가 있고, 유학의 부흥에 대해서는 Charles Hartman, *Han Yü and T'ang Search for Unity*(Princeton University Press, 1986)가 있다.

당대의 사회

David Johnson, *The Medieval Chinese Oligarchy*(Westview, 1977)는 당대 사회구조에 대한 기본 연구서이다. 또한 John C. Perry and Bardwell L. Smith, *Essays on T'ang Society : The Interplay of Social, Political, and Economic Forces*(Brill, 1976)를 보라. 당대에 시작된 8세기에 걸친 변화에 대해서는 Robert Hartwell, "Demographic, Political, and Social Transformations of China, 750–1550," *Harvard Journal of Asiatic Studies* 42. 2(Dec. 1982):365–442를 참조하라.

5. 송대의 중국(960–1279년)

제도사
법률, 정치, 개혁
지방 수준의 통치에 대해서는 Brian E. McKnight, *Village and Bureaucracy in Southern Sung China*(University of Chicago Press, 1971)를 보라. 북송 말과 남송대의 변화에 대해서는 James T. C. Liu(劉子健), *Reform in Sung China : Wang An-shih(1021–1086) and His New Policies*(Harvard University Press, 1959 : 이범학 옮김, 『왕안석과 개혁정책』, 지식산업사, 1991) ; Paul J. Smith, *Taxing Heaven's Storehouse : Horses, Bureaucrats, and the Destruction of the Sichuan Tea Industry, 1074–1224*(Council on East Asian Studies, Harvard University, 1991)를 보라.

송대의 과거제도
중화제국 후기의 구조와 과정에 대해서는 Miyazaki Ichisada(宮崎市定) 지음, Conrad Schirokauer 옮김, *China's Examination Hell : The Civil Service Examinations of Imperial China*(Weatherhill, 1976 : 중국사연구구회 옮김, 『중국의 시험지옥 : 과거(科擧)』, 청년사, 1992)가 기본적인 문헌이다. 과거제도가 사회이동에서 수행한 역할 문제에 대해서는 John W. Chaffee, *The Thorny Gates of Learning in Sung China* (Cambridge University Press, 1985 : 양종국 옮김, 『송대 중국인의 과거생활』, 신서원,

2001)를 보라. 또한 Thomas H. C. Lee, *Government Education and Examinations in Sung China*(St. Martin's, 1985) ; Winston W. Lo, *An Introduction to the Civil Service of Sung China, with Emphasis on Its Personnel Administration*(University of Hawaii Press, 1987)을 보라.

사회와 경제
신사(紳士)의 등장

Robert P. Hymes, *Statesmen and Gentlemen : The Elite of Fu-chou, Chiang-hsi, in Northern and Southern Sung*(Cambridge University Press, 1986)은 한 지방사회의 신사가문에 대한 연구이다. Richard L. Davis, *Court and Family in Sung China, 960-1279 : Bureaucratic Success and Kinship Fortunes for the Shih of Ming-chou*(Duke University Press, 1986)는 한 신사가문의 가장(家長)이 쓴 잠언집을 번역하여 Patricia B. Ebrey, *Family and Property in Sung China : Yüan Tsai's Precepts for Social Life*(Princeton University Press, 1984 : 배숙희 역주, 『중국사대부의 생활문화와 처세술』, 지식산업사, 2001)에 반론을 제기하고 있다. 신사사회에 대한 보다 본격적인 연구에 대해서는 명말과 청대의 사회사 항목을 보라.

상업의 발달

Yoshinobu Shiba(斯波義信) 지음, Mark Elvin 옮김, *Commerce and Society in Sung China*(Center for Chinese Studies, University of Michigan, 1970)는 송대 상업 팽창의 다양한 측면에 대한 연구를 제공한다. Richard von Glahn, *The Country of Streams and Grottoes : Expansion and Settlement, and the Civilizing of the Sichuan Frontier in Song Times*(Council on East Asian Studies, Harvard University, 1987)는 송대의 거대한 인구이동의 한 부분을 살피고 있다. 송대의 도시생활에 대해서는 Jacques Gernet 지음, H. M. Wright 옮김, *Daily Life in China on the Eve of Mongol Invasion 1250-1276*(Stanford University Press, 1962 : 김영제 옮김, 『전통중국인의 일상생활』, 신서원, 1995)를 보라.

주희와 이학(신유학)

당송변혁기의 사상변화에 대해서는 Peter K. Bol, *"This Culture of Ours" : Intellectual Transitions in T'ang and Sung China*(Stanford University Press, 1992)를 보라. James T. C. Liu(劉子健), *China Turning Inward : Intellectual-Political Changes in the Early Twelfth Century*(Council on East Asian Studies, Harvard University, 1988)는 훌륭한 연구서이다. 이학(성리학)의 기본적인 문헌은 Chu Hsi 지음, Daniel K. Gardner 옮김, *Learning to Be a Sage : Selections from the Conversation of Master Chu, Arranged Topically*(University of California Press, 1990)를 보라. 이 위대한 집대성자(集大成者)에 대한 최근의 연구에는 Daniel K. Gardner, *Chu Hsi and the Tahsueh : Neo-Confucian Reflection on the Confucian Canon*(Council on East Asian

Studies, Harvard University, 1986);Wing-tsit Chan(陳榮捷), *Chu Hsi, Life and Thought*(St. Martin's Press, 1987);Wing-tsit Chan(陳榮捷), *Chu Hsi : New Studies*(University of Hawaii Press, 1989) 등이 있다. 주희가 유머 감각이 있었다는 증거는 없지만 마지막의 것은 이 철학자에 대한 흥미 있는 일화들을 제공한다.

또한 Thomas A. Metzger, *Escape from Predicament : Neo-Confucianism and China's Evolving Political Culture*(Columbia University Press, 1977)는 유가의 도덕적 경험에 대한 분석서로서 주목할 만하다. 또한 앞의 철학과 종교와 다음의 사상적 경향 항목을 보라.

6. 내륙 아시아의 역할

중국-내륙 아시아의 관계

내륙 아시아 민족의 기원에 대해서는 Denis Sinor 편, *The Cambridge History of Early Inner Asia*(Cambridge University Press, 1990)가 있다. 만주, 몽골, 신강과 중국 변경의 관계에 대한 연구로서는 Sechin Jagchid and Van Jay Symons, *Peace, War and Trade along the Great Wall : Nomadic Chinese Interaction through Two Millennia*(Indiana University Press, 1989);Thomas Barfield, *The Perilous Frontier : Nomadic Empires and China*(Basil Blackwell, 1989)가 있다. 후자는 연대기적인 연구이다.

송의 대외관계에 대해서는 Morris Rossabi, *China among Equals : The Middle Kingdom and Its Neighbors*(University of California Press, 1983)를 보라. 요, 금, 원의 비교에 대해서는 Stuart Schram 편, *Foundations and Limits of State Power in China*(SOAS, University of London, 1987)에 수록된 Herbert Franke의 논문을 보라.

거란족(契丹族)의 요조(遼朝)

거란족의 통치에 대해서는 K. A. Wittfogel and Chia-sheng Feng(馮家升), *History of Chinese Society : Liao 907-1125*(American Philosophical Society, 1949)를 보라. 또 Denis Sinor 편, *The Cambridge History of Early Inner Asia*(Cambridge University press, 1990)에 수록된 Herbert Franke의 글을 보라.

여진족(女眞族)의 금조(金朝)

화북지방의 금조에 대한 최근의 연구에는 Jing-shen Tao, *The Jurchen in Twelfth-Century China : A Study of Sinicization*(University of Washington Press, 1977);Hok-lam Chan, *Legitimation in Imperial China : Discussions under the Jurchen Chin Dynasty*(University of Washington Press, 1984)가 있다.

몽골과 원조(1279-1368년)

몽골족에 대한 최근의 연구에는 David Morgan, *The Mongols*(Basil Blackwell,

1986)가 있다. 몽골 제국의 창업자에 대한 많은 연구 가운데 Leo De Hartog, *Genghis Khan, Conqueror of the World*(I. B. Tauris, 1989)가 있다. 칭기즈 칸의 후계자에 대해서는 Thomas T. Allsen, *Mongol Imperialism : The Policies of the Grand Qan Mongke in China, Russia, and the Islamic Lands, 1251-1259*(University of California Press, 1987)이 있다.

원조(元朝)

왕조의 창업자에 대해서는 Morris Rossabi, *Khubilai Khan : His Life and Times*(University of California Press, 1988)를 보라. 원조의 제도에 대해서는 John D. Langlois, Jr. 편, *China under Mongol Rule*(Princeton University Press, 1981) ; Ch'i-ch'ing Hsiao(蕭啓慶), *The Military Establishment of the Yüan Dynasty*(Council on East Asian Studies, Harvard University, 1978)를 보라. 지방행정에 대해서는 Elizabeth Endicott-West, *Mongolian Rule in China : Local Administration in the Yuan Dynasty*(Council on East Asian Studies, Harvard University, 1989)를 보라.

원말의 정치문제에 대해서는 John W. Dardess, *Conquerors and Confucians : Aspects of Political Change in Late Yuan China*(Columbia University Press, 1973)를 보라. 이 시기 철학의 경향에 대해서는 Hok-lam Chan and Wm. Theodore de Bary 등 편, *Yuan Thought : Chinese Thought and Religion under the Mongols*(Columbia University Press, 1982)가 있다.

마르코 폴로 및 기타

마르코 폴로보다 앞서거나 동시대인으로 가장 잘 알려진 유럽인들에 대해서는 Christopher Dawson, *The Mongol Mission : Narratives and Letters of the Franciscan Missionaries in Mongolia and China in the Thirteenth and Fourteenth Centuries*(Sheed and Ward, 1955)를 보라. 마르코 폴로의 견문기에 대한 권위 있는 영역본은 A. C. Moule and P. Pelliot, *Marco Polo : The Description of the World*(AMS Press, 1976)를 보라. 인기 있는 판본 가운데 몇 가지가 평장본으로 나와 있다.[4]

7. 후기 중화제국 사회

17세기 말에서 18, 19세기에 이르는 시기는 근대 혁명의 배경으로서뿐만 아니라 이제는 그 자체가 다양한 논술의 대상이 되고 있다. 이 시기에 대한 연구로는 Susan Naquin and Evelyn Rawski, *Chinese Society in the Eighteenth Century*(Yale University Press, 1987 : 정철웅 옮김, 『18세기 중국사회』, 신서원, 1998) ; David Johnson, Andrew Nathan, and Evelyn Rawski 편, *Popular Culture in Late Imperial China*(University of California Press, 1985) 등이 있다. 또한 중국 사회사에 대한 접근

---

4) 한글 번역본으로는 김호동 옮김, 『마르코 폴로의 동방견문록』, 사계절, 2000을 참조.

을 시도한 논문으로는 Olivier Zunz, *Reliving the Past : The Worlds of Social History*(University of North Carolina Press, 1985)에 실린 William Rowe의 글을 보라. 후기 중화제국의 경제에 대해서는 다음의 경제적 발전 항목을 보라.

중국 사회의 성격에 대하여
일본에서의 연구

일본에서의 중국 연구에 대한 Joshua Fogel의 번역과 요약은 중국학에 몹시 필요한 시각들을 첨가시켜준다. 대표적인 일본학자〔內藤湖南〕의 해석에 대해서는 Joshua Fogel, *Politics and Sinology : The Case of Nait Konan(1866-1934)*(Council on East Asian Studies, Harvard University, 1984)을 보라. 일본 역사가들에 의한 연구작업을 번역한 최근의 것으로는 Linda Grove and Christian Daniels 편, *State and Society in China : Japanese Perspectives on Ming-Qing Social and Economic History*(University of Tokyo Press, 1984)를 보라.

막스 베버

중국 연구는 독일의 사회학자 막스 베버로부터 거대한 자극을 받고 있다. 그의 중국에 대한 선구적인 연구는 대부분 Hans Gerth에 의해서 Max Weber 지음, Hans Gerth 옮김, *The Religion of China : Confucianism and Taoism*(Free Press, 1951; Macmillan, 1964 : 이상률 옮김, 『유교와 도교』, 문예출판사, 1990)으로 번역되었다. 1964년 Macmillan 출판사에서 평장본으로 출판된 판본에는 막스 베버의 연구를 역사적 맥락에서 파악하여 그의 공헌을 평가하는 C. K. Yang의 귀중한 서문이 포함되어 있다.

아시아적 생산양식

네오 마르크스주의적인 접근에 의한 또다른 광범위한 자극은 Karl A. Wittfogel, *Oriental Despotism : A Comparative Study of Total Power*(Yale University Press, 1957 : 구종서 옮김, 『동양적 전제주의』, 법문사, 1991)에서 나오고 있다. 또한 Timothy Brook 편, *The Asiatic Mode of Production in China*(M. E. Sharpe, 1989)를 보라.

구역체계(Area systems)

"지방체계"의 연구로 이끄는 결정적 의미를 지닌 주요한 자극제는 G. William Skinner, "Marketing and Social Structure in Rural China," *Journal of Asian Studies*(1964-1965)라는 3부로 이루어진 논문(양필승 옮김, 『중국의 전통시장』, 신서원, 2000)에서 나오고 있다. 스키너의 구역(區域) 체계론은 G. William Skinner 편, *The City in Late Imperial China*(Stanford University Press, 1977)에서 서술, 적용되고 있다.

사회인류학

이 분야에 대한 두 가지 고전적인 연구논집은 *The Study of Chinese Society : Essays by Maurice Freedman*, Intro. by G. William Skinner(Stanford University Press, 1979)

와 Arthur P. Wolf 편, *Studies in Chinese Society*(Stanford University Press, 1978)이
다. 가족과 종족(또는 혈족)에 대해서는 Maurice Freedman, *Chinese Lineage and
Society : Fukien and Kwangtung*(Humanities Press, 1971 : 김광억 옮김, 『동남부 중국의
종족조직』, 일조각, 1996)을 보라.

모리스 프리드먼의 연구범위에서 벗어나 있는 것은 Patricia Ebrey and James L.
Watson, *Kinship Organization in Late Imperial China, 1000−1940*(University of
California Press, 1986) ; James L. Watson and Evelyn Rawski 편, *Death Ritual in
Late Imperial and Modern China*(University of California Press, 1988) ; Rubie S.
Watson and Patricia B. Ebrey 편, *Marriage and Inequality in Chinese Society*
(University of California Press, 1991) 등을 보라.

명말과 청대의 사회사

엘리트와 사회구조에 대한 역사적인 연구에 대해서는 Joseph Esherick and Mary
Rankin 편, *Chinese Local Elites and Patterns of Dominance*(University of California
Press, 1990)가 전형화된 신사의 이미지를 깨뜨리면서 지역상황에 따른 아주 다양한
변형들을 보여준다. 또한 Lloyd Eastman, *Family, Fields, and Ancestors : Constancy
and Change in China's Social and Economic History, 1550−1949*(Oxford University
Press, 1988 : 이승휘 옮김, 『중국사회의 지속과 변화』, 돌베개, 1999)이나 대표적인 유
럽 학자가 쓴 훌륭한 연구논문들을 모아놓은 Etienne Balazs, *Chinese Civilization and
Bureaucracy : Variations on a Theme*(Arthur F. Wright 편, H. M. Wright 옮김)(Yale
University Press, 1964)을 보라. 구역연구 가운데 주목할 만한 것으로는 Peter Perdue,
Exhausting the Earth : State and Peasant in Hunan, 1500−1850(Council on East Asian
Studies, Harvard University, 1987) ; R. Keith Schoppa, *Xiang Lake : Nine Centuries of
Chinese Life*(Yale University Press, 1989) 등이 있다.

사회사와 문화사

최근의 것으로는 Ann Waltner, *Getting on Heir : Adoption and the Construction of
Kinship in Late Imperial China*(University of Hawaii Press, 1990) ; Bret Hinsch,
Passions of the Cut Sleeve : The Male Homosexual Tradition in China(University of
California Press, 1990) ; Cynthia Brokaw, *The Ledgers of Merit and Demerit : Social
Change and Moral Order in Late Imperial China*(Princeton University Press, 1991)
등이 있다. 마지막의 것은 명말의 사회변화를 다룬 것이다. 중국인의 식자율에 대한
새로운 견해는 Evelyn S. Rawski, *Education and Popular Literacy in Ch'ing
China*(University of Michigan Press, 1979)에 제시되어 있다.

여성의 지위

이 분야에 관한 최근의 문헌목록 조사를 위해서는 Lucie Cheng, Charlotte Furth,
and Hon−ming Yip 편, *Women in China : Bibliography of Available English
Language Materials*(Institute of East Asian Studies, University of California, 1984)를

보라. 명조의 일상생활에서 나타나는 여성의 불행과 부침에 대해서는 Jonathan D. Spence, *The Death of Woman Wang*(Viking, 1978 : 이재정 옮김, 『왕 여인의 죽음』, 이산, 2002)이 묘사하고 있다.

여성에 대한 논문집으로는 Richard Guisso and Stanley Johannesen 편, *Women in China : Current Directions in Historical Scholarship*(Philo Press, 1981) ; Margery Wolf and Roxane Witke 등편, *Women in Chinese Society*(Stanford University Press, 1975)가 있다. 일본의 가장 유명한 중국 여성사 연구자의 저서도 Kazuko Ono(小野和子), Joshua Fogel 등 옮김, *Chinese Women in a Century of Revolution, 1850-1950*(Stanford University Press, 1989 : 이동윤 옮김, 『현대중국여성사』, 정우사, 1985)로 번역되어 있다. 또한 다음의 사회 속의 여성 항목을 보라. 전족에 대한 기본 자료는 지금까지 여전히 Howard S. Levy, *Chinese Footbinding : The History of a Curious Erotic Custom*(Walton Rawls, 1966)이다.

8. 명청조의 정치

명조의 정부(1368-1644년)
각 황제별로 나누어 전문가들이 쓴 연구논문은 Frederic F. Mote and Denis Twitchett 편, *CHOC*, vol. 7 : *Ming China, 1368-1644, Part I*(Cambridge University Press, 1988)을 보라.

명초
명조 성립기의 전쟁과 정치에 대해서는 Edward Dreyer, *Early Ming China : A Political History, 1355-1435*(Stanford University Press, 1982) ; Edward L. Farmer, *Early Ming Government : The Evolution of Dual Capitals*(East Asian Research Center, Harvard University, 1976) ; John Dardess, *Confucianism and Autocracy : Professional Elites and the Founding of the Ming Dynasty*(University of California Press, 1983) 등을 보라. Edward L. Farmer의 책은 남경과 북경의 문제를 다루고 있다.

정부제도
명조의 기본 행정제도의 하나에 대한 가장 구체적인 연구는 Charles O. Hucker, *The Censorial System of Ming China*(Stanford University Press, 1966)이다. Ray Huang(黃仁宇), *Taxation and Governmental Finance in Sixteenth-Century Ming China*(Cambridge University Press, 1974) 역시 탄탄한 기본 연구서이다. 악명 높은 강력한 환관에 대해서는 Mary M. Anderson, *Hidden Power : The Palace Eunuchs of Imperial China*(Prometheus, 1990)를 보라.

해상의 접촉 : 정화의 항해
Philip Snow, *The Star Raft : China's Encounter with Africa*(Weidenfeld and Nicolson, 1988)는 아시아와 아프리카의 접촉을 생생하게 다룬다. J. V. G. Mills, *Ma*

Huan : Ying Yai sheng-lan, "The Overall Survey of the Ocean's Shores" (1433)(Cambridge University Press, 1970)는 65쪽에 걸친 서론과 더불어 중국의 해외 무역과 정화의 원정에 대한 기본 자료를 번역한 것이다.

몽골과의 관계 : 만리장성

Arthur Waldron, *The Great Wall of China : From History to Myth*(Cambridge University Press, 1990)는 명조와 몽골의 관계 전반에 대해서 수정을 가하면서 정리한 것이다. Morris Rossabi, *China and Inner Asia from the 1368 to Present Day*(Thames & Hudson, 1975) 역시 유용한 연구서이다.

명청 교체기

Jonathan Spence and John Wills 편, *From Ming to Ch'ing : Conquest, Region, and Continuity in Seventeenth-Century China*(Yale University Press, 1979)를 보라. Chun-shu Chang and Shelley Hsueh-lun Chang, *Crisis and Transformation in Seventeenth-Century China : Society, Culture, and Modernity in Li Yu's World*(University of Michigan Press, 1991)는 혼란스러운 17세기의 다양한 국면을 묘사하고 있다. 왕조의 몰락은 Ray Huang(黃仁宇), *1587, a Year of No Significance : The Ming Dynasty in Decline*(Yale University Press, 1981 : 박상이 옮김, 『1587년 아무 일도 없었던 해』, 가지않은 길, 1997)에서 다루고 있다. 이 시점부터 독자들은 Jonathan Spence, *The Search for Modern China*(Norton, 1990 : 김희교 옮김, 『현대중국을 찾아서 1, 2』, 이산, 1998)에 의해서 가장 훌륭한 안내를 받을 수 있다.

청조의 정복과 지배(1644-1911년)

청조의 정복에 대한 기본 연구서는 Frederic Wakeman, Jr., *The Great Enterprise : The Manchu Reconstruction of Imperial Order in Seventeenth-Century China*(University of California Press, 1985), 2 vols.인데, 이것은 사료에 의해서 거의 전면적 설명을 하고 있다. 명조 유신(遺臣)들의 노력에 대해서는 Lynn Struve, *Southern Ming, 1644-1662*(Yale University Press, 1984)를 보라. 또 Jerry Dennerline, *The Chia-ting Loyalists : Confucian Leadership and Social Change in Seventeenth Century China*(Yale University Press, 1981)를 보라.

초기의 황제들

황제 자신의 자화상을 다룬 베스트셀러인 Jonathan D. Spence, *Emperor of China : Self Portrait of Kang-hsi*(Knopf, 1974 : 이준갑 옮김, 『강희제』, 이산, 2001) 외에도 주요 황제에 대해서는 최근 여러 연구서가 나왔다.

옹정제에 대해서는 Madeleine Zelin, *The Magistrate's Tael : Rationalizing Fiscal Reform in Eighteenth Century Ch'ing China*(University of California Press, 1984)가 그의 개혁 노력을 다루고 있다. 건륭제 시대에 대해서는 Philip A. Kuhn, *Soulstealers : The Chinese Sorcery Scare of 1768*(Harvard University Press, 1990)을 보라. 이 책은 대중과 관료, 그리고 특히 황제의 심리를 다루고 있다. R. Kent Guy, *The Emperor's*

Four Treasuries :Scholars and the State in the Late Ch'ien-lung Era(Council on East Asian Studies, Harvard University, 1987)는 위대한 문화적 업적에 대해서 새롭고 훌륭한 조명을 비추고 있다. Harold L. Kahn, *Monarchy in the Emperor's Eyes :Image and Reality in the Ch'ien-lung Reign*(Harvard University Press, 1971)은 황제의 교육과 의례화된 일상생활을 추적한다.

청조의 행정

중앙행정에 대해서는 Thomas Metzger, *The Internal Organization of Ch'ing Bureaucracy :Legal, Normative and Communications Aspects*(Harvard University Press, 1973)가 이 분야 전체에 대한 새로운 접근시각을 제공한다. Beatrice S. Bartlett, *Monarchs and Ministers : The Grand Council in Mid-Ch'ing China, 1723-1820* (University of California Press, 1991)는 강력한 정책기구인 군기처에 대한 독특하고도 통찰력 있는 연구이다. 기근 구제에 대해서는 Pierre-Etienne Will 지음, Elborg Forster 옮김, *Bureaucracy and Famine in Eighteenth-Century China*(Stanford University Press, 1990 : 정철웅 옮김, 『18세기 중국의 관료제도와 자연재해』, 민음사, 1995)를 보라.

지방행정은 John R. Watt, *The District Magistrate in Late Imperial China*(Columbia University Press, 1972) ; Frederic Wakeman, Jr., and Carolyn Grant 편, *Conflict and Control in Late Imperial China*(University of California Press, 1975)에서 분석하고 있다.

법률

Derk Bodde and Clarence Morris, *Law in Imperial China, Exemplified by 190 Ch' ing Dynasty Cases*(Harvard University Press, 1967)는 실례를 들어서 청조 법체계의 운용과 그 성격을 설명한다. T'ung-tsu Ch'ü(瞿同祖), *Law and Society in Trditional China*(Mouton, 1961)는 사회질서를 규제하기 위한 법률의 이용에 대해서 생생한 세부사항을 묘사해준다. Vivien W. Ng, *Madness in Late Imperial China :From Illness to Deviance*(University of Oklahoma Press, 1990)는 아주 광범위한 청대 사례를 인용하여 서술한다. 또한 다음의 법과 인권 항목의 연구를 보라.

청조와 내륙 아시아

내륙 아시아와 관련된 청조의 활동에 대해서는 *CHOC*, vol. 10 : *Late Ch'ing, 1800-1911, Part I*(Cambridge University Press, 1978)에 수록된 Joseph Fletcher의 논문을 보라. 만주족의 만주에 대한 통제와 이용에 대해서는 Robert H. G. Lee, *The Manchurian Frontier in Ch'ing History*(Harvard University Press, 1970)를 보라. 또 앞의 내륙 아시아의 역할 항목을 보라.

사상적 경향

명대의 이학

왕양명(王陽明)에 대한 분석적 연구로는 Wei-ming Tu(杜維明), *Neo-Confucian*

Thought in Action : Yang-ming's Youth, 1472-1509(University of California Press, 1976) ; Julia Ching, *To Acquire Wisdom : The Way of Wang Yang-ming*(Columbia University Press, 1976)을 보라.

Wm. Theodore de Bary는 여러 논문집의 편찬을 주도하거나 그것에 영향을 미쳤다. Wm. Theodore de Bary 주편, *Self and Society in Ming Thought*(Columbia University Press, 1970) ; Wm. Theodore de Bary 주편, *The Unfolding of Neo-Confucianism*(Columbia University Press, 1975) ; Wm. Theodore de Bary and John W. Chaffee 편, *Neo-Confucian Education : The Formative Stage*(University of California Press, 1989) ; Wm. Theodore de Bary, *The Message of the Mind in Neo-Confucian Thought*(Columbia University Press, 1989) 등이 그것이다.

또한 Joanna Handlin, *Action in Late Ming Thought : The Reorientation of Lü K'un and Other Scholar Officials*(University of California Press, 1983) ; Willard J. Peterson, *Bitter Gourd : Fang I-chih and the Impetus for Intellectual Change*(Yale University Press, 1979) 등을 보라.

청대의 이학

청 초의 주요 사상가들은 Alison Harley Black, *Man and Nature in the Philosophical Thought of Wang Fu-chih*(University of Washington Press, 1989)에서 다룬다. Benjamin A. Elman, *From Philosophy to Philology : Intellectual and Social Aspects of Change in Late Imperial China*(Council on East Asian Studies, Harvard University, 1984)와 보다 최근의 Benjamin A. Elman, *Classicism, Politics, and Kinship : The Ch'ang-chou School of New Text Confucianism in Late Imperial China*(University of California Press, 1990)는 비판적인 학파의 성장, 주요 지도자와 그들의 저술을 분석하면서 조명한다.

9. 서구와의 초기 접촉

예수회와 전례논쟁

마르코 폴로처럼 예수회의 선교사들의 활동 그 자체는 하나의 완전히 독립적 분야를 이루고 있지만, 그것은 여전히 논쟁으로 가득 찬 상태이다. 마테오 리치에 대한 가장 최근의 연구는 Jonathan Spence, *The Memory Palace of Matteo Ricci*(Viking Penguin, 1984 : 주원준 옮김, 『마테오 리치 : 기억의 궁전』, 이산, 1999)로서 여기에는 그의 초기 생애에 대한 연구도 포함된다. 또한 Jonathan Spence, *The Question of Hu*(Knopf, 1988) ; John Witek, *Controversial Ideas in China and in Europe : A Biography of Jean-François Foucquet, S. J. 1665-1741*(Rome : Institutum Historicum, 1982)을 보라.

유럽의 사상 논쟁에 대한 중국의 영향은 D. E. Mungello, *Curious Land : Jesuit*

Accommodation and the Origins of Sinology(Wiesbaden : Franz Steiner Verlag ; University of Hawaii Press, 1989)에 자세하게 소개된다. 중국측에 대해서는 Jacques Gernet, Janet Lloyd 옮김, *China and the Christian Impact : A Conflict of Cultures*(Cambridge University Press, 1985)가 깊이 있게 분석한다.

유럽의 초기 무역

중국연해(Maritime China)

유럽인의 초기 원동(즉 아프리카 주변) 무역보다 앞서 이루어졌고, 또 그것을 촉진한 중국인의 해외진출은 서구에서는 거의 연구되지 않았다. 이 분야에 선구적인 열여섯 편의 논문은 Wang Gengwu, *China and the Chinese Overseas*(Singapore Select Books, 1991)에 실려 있다. 그 잠재력의 실례에 대해서는 네덜란드 문서를 이용하여 중국과 자바와의 무역을 개관한 Leonard Blusse, *Strange Company : Chinese Settlers, Mestizo Women, and the Dutch in VOC Batavia*(Foris Publications, 1986)를 보라. 초기 유럽 무역을 중국적 맥락에서 새롭게 조명한 것은 Sarasin Viraphol, *Tribute and Profit : Sino−Siamese Trade, 1652−1853*(Council on East Asian Studies, Harvard University, 1977)이다. 이것은 조공선, 쌀 무역, 그리고 무엇보다도 중국과 시암과의 해외무역의 성장을 자세하게 다루었다.

포르투갈인과 네덜란드인

중국에 진출한 포르투갈인 선구자들은 George B. Souza, *The Survival of Empire : Portuguese Trade and Society in China and the South China Sea, 1630− 1754*(Cambridge University Press, 1986)에서 연구되었다. 개척자적 연구업적인 John E. Wills, Jr., *Pepper, Guns and Parleys : The Dutch East India Company and China, 1622−1681*(Harvard University Press, 1974) ; *Embassies and Illusions : Dutch and Portuguese Envoys to K'ang−hsi, 1666−1687*(Council on East Asian Studies, Harvard University, 1984)은 중국의 기록과 결합시킬 경우 네덜란드와 포르투갈의 문서가 상당한 유용성을 가지고 있음을 보여준다.

러시아

청조 초기의 러시아와의 접촉에 대해서는 Mark Mancall, *Russia and China : Their Diplomatic Relations to 1728*(Harvard University Press, 1971) ; Eric Widmer, *The Russian Ecclesiastical Mission in Peking during the Eighteenth Century*(East Asian Research Center, Harvard University, 1976)를 보라

광주 무역체제

주요한 연구는 Louis Dermigny, *La Chine et l'occident : le commerce à Canton au XVIIIe siècle, 1719−1833*(Paris : SEVPEN, 1964), 4 vols.이다. 또한 *CHOC*, vol. 10에 실린 Frederic Wakeman. Jr.의 논문을 보라.

564

10. 내부적 쇠퇴와 외국의 침략

19세기와 20세기의 개설

주요한 개설서는 Jonathan Spence, *The Search for Modern China*(Norton, 1990 : 김희교 옮김, 『현대중국을 찾아서 1, 2』, 이산, 1998)로서, 이것은 명말 이래의 주요한 국면에 대한 요약이다. 특히 정치사와 대외관계사에서 장점을 가지고 있는 것은 Immanuel C. Y. Hsu, *The Rise of Modern China*, 4th ed.(Oxford University Press, 1990)이다. 1800년에서 1911년까지의 시기는 *CHOC,* vol. 10, vol. 11에서 다룬다.

미국의 중국사 연구에 대한 비판적인 검토는 Paul A. Cohen, *Discovering History in China : American Historical Writing on the Recent Chinese Past*(Columbia University Press, 1984 : 장의식 외 옮김, 『미국의 중국근대사 연구』, 고려원, 1995)를 보라. 일반적인 개관에는 또한 Jean Chesneaux, Marianne Bastid, and Marie-Claire Bergère, *China from the Opium Wars to the 1911 Revolution*(Pantheon, 1976 : 신영준 옮김, 『중국현대사 1911-1949』, 까치, 1982) ; Frederic Wakeman, Jr., *The Fall of Imperial China*(Free Press, 1975 : 김의경 옮김, 『중국제국의 몰락』, 예전사, 1987)가 있다.

기본 사료 선집

S. Y. Teng(鄧嗣禹) and J. K. Fairbank, *China's Response to the West : A Documentary Survey, 1839-1923*, 2nd ed.(Harvard University Press, 1979)는 이 시기의 영향력 있는 인사들의 수많은 저술을 소개한다. Wm. Theodore de Bary 등 편, *Sources of Chinese Tradition*(Columbia University Press, 1964. 1999년 제2판) 역시 도움이 된다.

서구와의 관계 : 조공체제
서구에 대한 중국의 지식

중국 최초의 체계적 서구 인식에 대해서는 Fred W. Drake, *China Charts the World : Hsu Chi-yü and His Geography of 1848*(East Asian Research Center, Harvard University, 1975) ; Jane Kate Leonard, *Wei Yuan and China's Rediscovery of the Maritime World*(Council on East Asian Studies, Harvard University, 1984)에서 능숙하게 다루었다. 또한 Teng and Fairbank의 위의 책 가운데 p.457의 "Selected Primary Source Materials"와 p.461의 "Chinese Intellectuals and the Reform Effort"를 보라.

아편전쟁과 새로운 형태의 외교관계

Peter Ward Fay, *The Opium War, 1840-1842*(University of North Carolina Press, 1975)에 의한 생생한 개관은 새로운 각도의 연구를 개척했다. James M. Polachek, *The Inner Opium War*(Council on East Asian Studies, Harvard University, 1992)는 국내적 정치적 맥락에 대한 새로운 시각과 통찰력을 제공한다.

광주에서 활동한 사회세력에 대해서는 Frederic Wakeman, Jr., *Strangers at the Gate : Social Disorder in South China, 1839–1861*(University of California Press, 1966)을 보라. J. Y. Wong, *Yeh Ming–ch'en : Viceroy of Liang Kuang, 1852–8*(Cambridge University Press, 1976)은 당시의 양광총독(兩廣總督)에 대해서 내부적 시각에서 수정주의적인 견해를 제기한다.

조약관계에 의한 새로운 체제의 성립에 대해서는 John K. Fairbank, *Trade and Diplomacy on the China Coast :The Opening of the Treaty Ports, 1842–1854*(Harvard University Press, 1953)를 보라. 중국의 외교관에 대해서는 J. D. Frodsham, *The First Chinese Embassy to the West : The Journals of Kuo Sung–t'ao, Liu Hsi–hung, and Chang Te–yi*(Oxford University Press, 1970)가 그들의 일기를 연구했다. 조약항의 영국 영사들에 대해서는 P. D. Coates, *The China Consuls : British Consular Officers, 1843–1943*(Oxford University Press, 1988)를 보라.

제국주의의 팽창과 청말 대외관계

19세기의 제국주의에 대한 중국의 표준적인 설명에 대해서는 Hu Sheng(胡繩), *Imperialism and Chinese Politics*(Beijing :Foreign Languages Press, 1981)를 보라.

프랑스와의 관계에 대해서는 최근 Robert Lee, *France and the Exploitation of China, 1885–1901 :A Study in Economic Imperialism*(Oxford University Press, 1989)이 출판되었다. 독일에 대해서는 John E. Schrecker, *Imperialism and Chinese Nationalism :Germany in Shantung*(Harvard University Press, 1971)을 보라.

영국에 대해서는 E. W. Edwards, *British Diplomacy and Finance in China, 1895–1914*(Oxford University Press, 1987) ; Phillip Darby, *Three Faces of Imperialism : British and American Approaches to Asia and Africa, 1870–1970*(Yale University Press, 1987)를 보라.

일본에 대해서는 Peter Duus, Ramon Myers, and Mark Peattie 편, *The Japanese Informal Empire in China, 1895–1937*(Princeton University Press, 1989)을 보라.

중미 관계에 대해서는 많은 연구업적이 있다. 가장 나은 것으로는 Michael H. Hunt, *The Making of a Special Relationship : The United States and China to 1914*(Columbia University Press, 1983)이 있다. 또한 John King Fairbank, *The United States and China*, 4th ed.(Harvard University Press, 1983 : 양호민 등 옮김, 『현대중국의 전개』, 형설출판사, 1977년. 초판. 1985년 재판)를 보라.

선교사

개관을 위해서는 *CHOC*, vol. 10에 실린 Paul A. Cohen의 논문, 그리고 John K. Fairbank 편, *The Missionary Enterprise in China and America*(Harvard University Press, 1974)를 보라. 선교운동에 관한 최근의 연구에는 Jane Hunter, *The Gospel of Gentility : American Missionary Women in Turn–of–the–Century China*(Yale University Press, 1984)가 있다. John Hersey, *The Call*(Knopf, 1985)은 1907–1950년을 배경으로 한 역사소설이다. 선교사에 관해서는 방대한 문헌이 존재한다. John

King Fairbank, *The United States and China*, 4th ed.(Harvard University Press, 1983)를 보라.

조약항

1912-1949년 사이(중화민국 시대)의 포괄적 사실에 대한 개관은 *CHOC*, vol. 12에서 Albert Feuerwerker가 제공한다. 조약항의 기원과 일반 역할에 대해서는 Rhoads Murphey, *The Outsiders : The Western Experience in India and China*(University of Michigan Press, 1977)를 보라. 서구, 특히 영국의 영향 아래 이루어진 상해의 도시화의 측면은 Kerrie Macpherson, *A Wilderness of Marshes : The Origins of Public Health in Shanghai, 1843-1893*(Oxford University Press, 1987)가 연구했다. 중국인이 본 중국과 외국의 접촉은 Don J. Cohn 편역, *Vignettes from the Chinese : Lithographs from Shanghai in the Late Nineteenth Century*(Renditions Paperback, 1987)에서 생생하게 묘사된다.

대외무역

분석적 연구를 위해서는 Yen-p'ing Hao(郝延平), *The Commercial Revolution in Nineteenth-Century China : The Rise of Sino-Western Mercantile Capitalism*(University of California Press, 1986 : 이화승 옮김, 『중국의 상업 혁명 : 19세기 중서 상업자본주의의 전개』, 소나무, 2001)을 보라. 미국과의 무역에 대해서는 Ernest R. May and John K. Fairbank 편, *America's China Trade in Historical Perspective : The Chinese and American Performance*(Council on East Asian Studies, Harvard University, 1986)를 보라.

중국해관(中國海關)

Robert Hart에 대해서는 Katharine F. Bruner, John K. Fairbank, and Richard J. Smith 편, *Entering China's Service : Robert Hart's Journals, 1854-1863*(Council on East Asian Studies, Harvard University, 1986) ; Richard J. Smith, John K. Fairbank, and Katharine F. Bruner 편, *Robert Hart and China's Early Modernization : Robert Hart's Journals, 1863-1866*(1991)를 보라. 외국인 관리자 겸 고문으로서의 하트의 역할은 John King Fairbank, Katharine Frost Bruner, and Elizabeth MacLeod Matheson 편, *The I. G. in Peking : Letters of Robert Hart, Chinese Maritime Customs, 1868-1907*(Belknap Press of Harvard University Press, 1975), 2 vols.에서 엿볼 수 있다.

은행

토착은행인 전장(錢莊)에 대해서는 Andrea Lee McElderry, *Shanghai Old Style Banks (ch'ien-chuang), 1800-1935*(Center for Chinese Studies, University of Michigan, 1976)를 보라. 주요한 영국계 은행에 대해서는 회풍은행(匯豊銀行)의 역사에 대한 시리즈의 제1권인 Frank H. H. King, Catherine E. King and David S. J. King, *The Hongkong Bank in Late Imperial China, 1864-1902 : On an Even Keel*(Cambridge University Press, 1987), vol. I을 보라.

19세기 중반의 반란

반란과 혁명은 다양한 분석이 시도되었다. 이러한 모든 무질서의 사회적이고 제도적인 반향에 대해서는 Philip A. Kuhn, *Rebellion and Its Enemies in Late Imperial China : Militarization and Social Structure, 1796−1864*(Harvard University Press, 1970)가 철저하게 분석했다. 또한 Elizabeth J. Perry, *Rebels and Revolutionaries in North China, 1845−1945*(Stanford University Press, 1980)는 환경과 반란의 연관성에 관한 영향력 있는 연구서이다.

반란의 종교적 기원에 관해서는 Daniel L. Overmyer, *Folk Buddhist Religion : Dissenting Sects in Late Traditional China*(Harvard University Press, 1976)를 보라. 1813년의 반란은 Susan Naquin, *Millenarian Rebellion in China : The Eight Trigrams Uprising of 1813*(Yale University Press, 1976)에 의해서 최초로 자세하게 분석되었다.

태평천국의 반란

가장 기본적인 연구는 Franz Michael and Chung−li Chang(張仲禮) 편, *The Taiping Rebellion : History and Documents*, 3 vols.(University of Washington Press, 1966− 1971)이다. 아주 자세하고 포괄적인 연구로 오랫동안 주도적인 위치에 있었던 전문가가 쓴 Jen Yuwen(簡又文), *The Taiping Revolutionary Movement*(Yale University Press, 1973)가 있다.

염군(捻軍)과 이슬람 교도의 반란

가장 최근의 연구서는 Elizabeth Perry, *Chinese Perspectives on the Nien Rebellion* (M. E. Sharpe, 1981)이다. 또한 Wen−djang Chu, *The Moslem Rebellion in Northwest China, 1862−1878 : A Study of Government Minority Policy*(The Hague : Mouton, 1966)가 있다.

동치중흥

동치중흥에 대해서는 *CHOC*, vol. 10과 vol. 11에 수록된 Kwang−Ching Liu(劉廣京)의 논문을 보라. 1860년대 청조정책에 대한 가장 주요한 연구는 여전히 Mary Clabaugh Wright, *The Last Stand of Chinese Conservatism : The T'ung−chih Restoration, 1862−1874*(Stanford University Press, 1957)이다.

제도적 변화

동치중흥기의 군사적 발전에 대해서는 Bruce Swanson, *Eighth Voyage of the Dragon : A History of China's Quest for Seapower*(Naval Institute Press, 1982) ; Thomas Kennedy, *The Arms of Kiangnan : Modernization in the Chinese Ordnance Industry, 1860−1895*(Westview, 1978)를 보라. 후자는 강남제조국(江南製造局)에 관한 것이다. 성과 지방의 경우에 대해서는 Jonathan K. Ocko, *Bureaucratic Reform in Provincial China : Ting Jih−ch'ang in Restoration Kiangsu, 1867−1870*(Council on East Asian Studies, Harvard University, 1983) ; James Cole, *Shaohsing : Competition and Cooperation in Nineteenth−Century China*(University Of Arizona Press, 1986)를 보라.

후기 중화제국의 정치와 사회

지배 엘리트로서의 만주족의 운명에 대해서는 Pamela Kyle Crossley, *Orphan Warriors : Three Manchu Generations and the End of the Qing World*(Princeton University Press, 1990)를 보라. 중국 엘리트의 현실참여의 성격이 변화하는 점에 대해서는 Mary Rankin, *Elite Activism and Political Transformation in China, Zhejiang Province, 1865-1911*(Stanford University Press, 1986)과 한국의 대표적인 중국사 연구자인 민두기 교수의 *National Polity and Local Power : The Transformation of Late Imperial China*(Council on East Asian Studies, Harvard University, 1989) ; R. Keith Schoppa, *Chinese Elites and Political Change : Zhejiang Province in the Early Twentieth Century*(Harvard University Press, 1982) ; Joseph Esherick and Mary Rankin 편, *Chinese Local Elites and Patterns of Dominance*(University of California Press, 1990)를 보라.

중국의 지식인과 개혁운동

이 분야에 대한 최근의 연구에는 Hao Chang(張灝), *Chinese Intellectuals in Crisis : Search for Order and Meaning, 1890-1911*(University of California Press, 1987) ; Kwang-Ching Liu(劉廣京) 편, *Orthodoxy in Late Imperial China*(University of California Press, 1990)가 있다. 서구사상으로부터 교훈을 얻으려고 했던 청말의 움직임에 대해서는 Benjamin Schwartz, *In Search of Wealth and Power : Yen Fu and the West*(Belknap Press of Harvard University Press, 1964)를 보라. 개혁에 대한 보수적인 접근에 대해서는 Daniel H. Bays, *China Enters the Twentieth Century : Chang Chih-tung and the Issues of a New Age, 1895-1909*(University of Michigan Press, 1978)을 보라.

지도적인 개혁파 인사들은 Paul A. Cohen, *Between Tradition and Modernity : Wang T'ao and Reform in Late Ch'ing China*(Harvard University Press, 1974 ; 평장본은 Council on East Asian Studies 편, Harvard University, 1987이다) ; Roger V. DesForges, *Hsi-liang and the Chinese Revolution*(Yale University Press, 1973)을 보라.

무술개혁기의 개혁운동과 그 여파에 대한 정치적 분석에는 Luke S. K. Kwong, *A Mosaic of the Hundred Days : Personalities, Politics, and Ideas of 1898*(Council on East Asian Studies, Harvard University, 1984)을 보라. 이후의 개혁정치는 Stephen MacKinnon, *Power and Politics in Late Imperial China : Yuan Shi-kai in Beijing and Tianjin, 1901-1908*(University of California Press, 1980)에서 다룬다.

강유위와 양계초

강유위의 급진적인 개혁운동에 대한 연구는 방대한 분량인 Kung-ch'uan Hsiao(蕭公權), *A Modern China and a New World : K'ang Yu-wei, Reformer and Utopian, 1858-1927*(University of Washington Press, 1975)을 보라. 강유위의 뛰어난 제자인 양계초에 대해서는 Hao Chang(張灝), *Liang Ch'i-ch'ao and Intellectual Transition in*

China, 1890-1907(Harvard University Press, 1971)이 있다.

의화단의 봉기

가장 최근의 것은 Joseph Esherick, *The Origins of the Boxer Uprising*(University of California Press, 1987)이다. 또 David Buck, *Recent Chinese Studies of the Boxer Movement*(M. E. Sharpe, 1987)를 보라. 물론 이외에도 방대한 연구문헌이 있다.

경제발전

개관적인 연구서는 Ramon Myers, *The Chinese Economy, Past and Present*(Wadsworth, 1980)이다. 중국과 서구의 경제적 관계의 주요한 측면은 Dwight H. Perkins 편, *China's Modern Economy in Historical Perspective*(Stanford University Press, 1975)에서 다룬다. 또다른 중요한 논문집은 W. E. Willmott 편, *Economic Organization in Chinese Society*(Stanford University Press, 1972)이다.

중국 농촌

이것은 최근의 연구에서 주된 초점이 되고 있는 분야의 하나이다. 역사적 연구 가운데에는 Philip C. C. Huang(黃宗智), *The Peasant Economy and Social Change in North China*(Stanford University Press, 1985) ; Philip C. C. Huang, *The Peasant Family and Rural Development in the Yangzi Delta, 1350-1988*(Stanford University Press, 1990) ; David Faure, *The Rural Economy of Pre-Liberation China : Trade Expansion and Peasant Livelihood in Jiangsu and Guangdong, 1870-1937*(Oxford University Press, 1989) ; Loren Brandt, *Commercialization and Agricultural Development : Central and Eastern China, 1870-1937*(Cambridge University Press, 1989) 등이 있다. 16세기와 18세기의 발전을 비교하기 위해서는 Evelyn Sakakida Rawski, *Agricultural Change and the Peasant Economy of South China*(Harvard University Press, 1972)를 보라.

중요한 학문논쟁의 분야가 되고 있는 여기에 대한 명석한 이론적인 분석은 Daniel Little, *Understanding Peasant China : Case Studies in the Philosophy of Social Science*(Yale University Press, 1989)를 보라.

인구통계

개관을 위해서는 William Lavely, James Lee, and Wang Feng, "Chinese Demography : The State of the Field", *Journal of Asian Studies* 49. 4(Nov. 1990) : 807-834를 보라. 인구와 식량공급의 증가에 대한 주요한 역사적 연구는 Dwight H. Perkins, *Agricultural Development in China, 1368-1968*(Aldine, 1969 : 양필승 옮김, 『중국경제사 1368-1968』, 신서원, 1997)이다. 가장 최근의 것으로는 Kang Chao(趙岡), *Man and Land in Chinese History : An Economic Analysis*(Stanford University Press, 1986)가 있다.

공업경제와 제국주의

"관독상판(官督商辦)" 제도에 대해서는 Wellington K. K. Chan, *Merchants,*

Mandarins, and Modern Enterprise in Late Ch'ing China(East Asian Research Center, Harvard University, 1977)를 보라. 국가와 상인관계의 다른 측면에 대해서는 Susan Mann, *Local Merchants and the Chinese Bureaucracy, 1750-1950*(Stanford University Press, 1987)를 보라.

견직공업에 대해서는 Lillian M. Li, *China's Silk Trade : Traditional Industry in the Modern World, 1842-1937*(Council on East Asian Studies, Harvard University, 1981) ; Robert Eng, *Economic Imperialism in China : Silk Production and Exports, 1861-1932*(Institute of East Asian Studies, University of California, 1986)를 보라. 면직공업에 대해서는 Kang Chao(趙岡), *The Development of Cotton Textile Production in China*(East Asian Research Center, Harvard University, 1977)를 보라.

서구기업에 대해서는 Sherman Cochran, *Big Business in China : Sino-Foreign Rivalry in the Cigarette Industry, 1890-1930*(Harvard University Press, 1980)를 보라. 매판계급에 대해서는 Yen-p'ing Hao(郝延平), *The Comprador in Nineteenth Century China : Bridge between East and West*(Harvard University Press, 1970 : 이화승 옮김, 『동양과 서양, 전통과 근대를 잇는 상인 매판』, 씨앗을 뿌리는 사람, 2002)에서 연구되었다. 가장 최근의 연구는 Yuen-sang Leung, *The Shanghai Taotai : Linkage Man in a Changing Society, 1843-1890*(University of Hawaii Press, 1990)이다.

초기의 도시화

G. William Skinner 편, *The City in Late Imperial China*(Stanford University Press, 1977)는 좀더 연구가 진전되어야 할 넓은 지역들을 상세히 나타내준다. 또한 Mark Elvin and G. William Skinner 편, *The Chinese City between Two Worlds*(Stanford University Press, 1974)를 보라. Gilbert Rozman, *Urban Networks in Ch'ing China and Tokugawa Japan*(Princeton University Press, 1973)은 현대적인 정량분석을 이용하고 있다.

19세기의 상업적 성장과 사회단체에 대해서는 William T. Rowe, *Hankow : Commerce and Society in a Chinese City, 1796-1889*(Stanford University Press, 1984)과 *Hankow : Conflict and Community in a Chinese City, 1796-1895*(Stanford University Press, 1989)를 보라.

화교

가장 최근의 연구는 Lynn Pan, *Sons of the Yellow Emperor : A History of the Chinese Diaspora*(Little, Brown, 1990)이다. 해외화교의 경제적 공헌에 대해서는 Michael Godley, *The Mandarin-Capitalists from Nanyang : Overseas Chinese Enterprise in the Modernization of China, 1839-1911*(Cambridge University Press, 1982) ; Sucheng Chan, *This Bittersweet Soil : The Chinese in California Agriculture, 1860-1910*(University of California Press, 1986)을 보라.

신해혁명에서의 화교의 역할에 대해서는 Ching Hwang Yen, *The Overseas Chinese and the 1911 Revolution : With Special Reference to Singapore and Malaya*

(Oxford University Press, 1976) ; L. Eve Armentrout Ma, *Revolutionaries, Monarchists, and Chinatowns : Chinese Politics in the Americas and the 1911 Revolution*(University of Hawaii Press, 1990)을 보라.

1911년의 공화혁명(辛亥革命)

공화혁명의 기원에 관한 기본 개관은 Mary Clabaugh Wright 편, *China in Revolution : The First Phase, 1900–1913*(Yale University Press, 1968)을 보라. 좀더 최근의 것으로는 Shinkichi Eto and Harold Schiffrin, *The 1911 Revolution : Interpretive Essays*(University of Tokyo Press, 1984)가 있다.

개별지역에서의 신해혁명을 연구한 것에는 Joseph Esherick, *Reform and Revolution in China : The 1911 Revolution in Hunan and Hubei*(University of California Press, 1976) ; Edward J. M. Rhoads, *China's Republican Revolution : The Case of Kwangtung, 1895–1913*(Harvard University Press, 1975)이 있다. 정치적 배경에 대해서는 John Fincher, *Chinese Democracy : The Self–Government Movement in Local, Provincial, and National Politics, 1905–1914*(St. Martin's Press, 1981)을 보라.

지식인의 역할

사회적, 사상적 운동은 Michael Gasster, *Chinese Intellectuals and the Revolution of 1911 : The Birth of Modern Chinese Radicalism*(University of Washington Press, 1969)에서 분석되었다. Don C. Price, *Russia and the Roots of the Chinese Revolution, 1896–1911*(Harvard University Press, 1974)은 러시아 상황의 발전이 미친 영향을 분석한 개척자적인 연구이다. 손문에 대한 전론으로는 Harold Z. Schiffrin, *Sun Yat–sen and the Origins of the Chinese Revolution*(University of California Press, 1968 : 민두기 옮김, 『손문평전』, 지식산업사, 1990) ; C. Martin Wilbur, *Sun Yat–sen : Frustrated Patriot*(Columbia University Press, 1976)가 있다.

다른 지도자에 대해서는 Young–tsu Wong, *The Search for Modern Nationalism : Zhang Binglin and Revolutionary China, 1869–1936*(Oxford University Press, 1989) ; Mary Backus Rankin, *Early Chinese Revolutionaries : Radical Intellectuals in Shanghai and Chekiang, 1902–1911*(Harvard University Press, 1971)을 보라.

선구적인 심리연구는 Jon Saari, *Legacies of Childhood : Growing up Chinese in a Time of Crisis, 1890–1920*(Council on East Asian Studies, Harvard University, 1990)를 보라.

11. 중화민국(1912–1949년)

개설

이 분야에 대한 전문가들의 연구논문은 *CHOC*, vol. 12와 vol. 13을 보라. O.

Edmund Clubb, *Twentieth Century China*, 3rd ed.(Columbia University Press, 1978)는
이 시기에 대한 개괄적 지식을 제공한다.

주요한 인물에 대해서는 Howard L. Boorman and Richard C. Howard 편,
Biographical Dictionary of Republican China(Columbia University Press, 1967), 4
vols(vol. 5는 Janet Krompart, *A Personal Name Index*[1979]이다) ; Donald Klein and
Anne B. Clark, *Biographic Dictionary of Chinese Communism, 1921-1965*(Harvard
University Press, 1971), 2 vols.를 보라.

도시의 변화

상해에 대한 주요 연구서는 Marie-Claire Bergère 지음, Janet Lloyd 옮김, *The
Golden Age of the Chinese Bourgeoisie*(Cambridge University Press, 1989)이다. 또한
Joseph Fewsmith, *Party, State, and Local Elites in Republican China : Merchant
Organizations and Politics in Shanghai, 1890-1930*(University of Hawaii Press, 1985)
를 보라. David Strand, *Rickshaw Beijing : City People and Politics in the
1920s*(University of California Press, 1989)는 동향회관, 동업공소와 같은 낡은 제도와
경찰제도, 상회 같은 근대적 제도의 혼재에 대한 사례연구이다. 또한 엘리트의 역할
변화에 대해서는 후기 중화제국의 사회 항목의 연구를 보라.

초기 정치 : 원세개와 군벌정권

가장 유명한 연구서인 Ernest Young, *The Presidency of Yuan Shih-k'ai :Liberalism
and Dictatorship in Early Republican China*(University of Michigan Press, 1977)는 원
세개 통치시기의 정치발전을 분석했다. Edward Friedman, *Backward toward
Revolution : The Chinese Revolutionary Party*(University of California Press, 1974)는
1911년 이후 혁명가들의 문제를 다루고 있다. 군벌시기(1916-1927년) 중앙정부의 문
제에 대해서는 Andrew Nathan, *Peking Politics, 1918-1923 : Factionalism and the
Failure of Constitutionalism*(University of California Press, 1976)을 보라. 또한 Hsi-
sheng Ch'i, *Warlord Politics in China, 1916-1928*(Stanford University Press, 1976)도
있다.

군벌주의에 대하여

지역정치에 대해서는 Diana Lary, *Region and Nation : The Kwangsi Clique in
Chinese Politics, 1925-1937*(Cambridge University Press, 1974) ; Robert Kapp,
*Szechwan and the Chinese Republic :Provincial Militarism and Central Power, 1911-
1938*(Yale University Press, 1973) ; Donald Sutton, *Provincial Militarism and the
Chinese Republic :The Yunnan Army, 1905-1925*(University of Michigan Press, 1980)
를 보라. 최근의 개별적인 군벌에 대한 연구는 Odoric Wou, *Militarism in Modern
China :The Career of Wu P'ei-fu, 1916-1939*(Folkestone, Eng. : Dawson and Sons,
1978) ; Gavan McCormack, *Chang Tso-lin in Northeast China, 1911-1928 : China,*

Japan, and the Manchurian Idea(Stanford University Press, 1977) 등이 있다.

외국열강과의 관계에 대해서는 Anthony B. Chan, *Arming the Chinese : The Western Armaments Trade in Warlord China*(University of British Columbia Press, 1982)가 있다.

사상혁명 : 5 · 4 시기

주요한 연구는 여전히 Chow Tse-tsung(周策縱), *The May Fourth Movement : Intellectual Revolution in Modern China*(Harvard University Press, 1960 : 조병한 옮김, 『5 · 4운동』, 광민사, 1980)이다. 이 시기의 사상적 분위기에 대해서는 Jerome Grieder, *Intellectuals and the State in Modern China : A Narrative History*(Free Press, 1981) ; Jonathan Spence, *The Gate of Heavenly Peace : The Chinese and Their Revolution, 1895-1980*(Viking, 1981 : 정영무 옮김, 『천안문』, 녹두, 1985) ; Vera Schwarcz, *The Chinese Enlightenment : Intellectuals and the Legacy of the May Fourth Movement of 1919*(University of California Press, 1986) ; Wen-hsin Yeh, *The Alienated Academy : Culture and Politics in Republican China, 1919-1937*(Council on East Asian Studies, Harvard University, 1990) 등이 있다. 또한 Charlotte Furth 편, *The Limits of Change : Essays on Conservative Alternatives in Republican China*(Harvard University Press, 1976) ; Peter Zarrow, *Anarchism and Chinese Political Culture*(Columbia University Press, 1990) ; Perry Link, *Mandarin Ducks and Butterflies : Popular Fiction in Early Twentieth-Century Chinese Cities*(University of California Press, 1981)를 보라.

이 시기 전체에 대한 분석은 Joseph R. Levenson, *Confucian China and Its Modern Fate*, vol. 1 : *The Problem of Intellectual Continuity* ; vol. 2 : *The Problem of Monarchical Decay* ; vol. 3 : *The Problem of Historical Significance*(University of California Press, 1958, 1964, 1965)에 의해서 크게 자극을 받았다. 사상적 지도자에 대한 연구로는 Jerome B. Grieder, *Hu Shih and the Chinese Renaissance : Liberalism in the Chinese Revolution, 1917-1937*(Harvard University Press, 1970) ; Charlotte Furth, *Ting Wen-chiang : Science and China's New Culture*(Harvard University Press, 1970) ; Guy S. Alitto, *The Last Confucian : Liang Shu-ming and the Chinese Dilemma of Modernity*(University of California Press, 1979) ; Joey Bonner, *Wang Kuo-wei : An Intellectual Biography*(Harvard University Press, 1986) 등이 있다.

중요한 서구 사상가의 영향에 대해서는 James Pusey, *China and Charles Darwin*(Council on East Asian Studies, Harvard University, 1983)을 보라.

국민당의 북벌과 통치(1925-1937년)

1920년대의 민족주의 감정과 정치

Richard Rigby, *The May Thirtieth Movement : Events and Themes*(Australian National University Press, 1980) ; Jessie Gregory Lutz, *Chinese Politics and Christian*

Missions : The Anti-Christian Movements of 1920-1928(Cross Roads Books, 1988)를 보라.

국민당의 등장

C. Martin Wilbur, *The Nationalist Revolution in China, 1923-1928*(Cambridge University Press, 1984)에서 국민당의 성장은 연대기적으로 서술되어 있다. 또한 Donald A. Jordan, *The Northern Expedition : China's National Revolution of 1926-1928*(University of Hawaii Press, 1976) 역시 마찬가지이다. 국민당과 소련과의 관계에 대해서는 C. Martin Wilbur and Julie Lien-ying How, *Missionaries of Revolution : Soviet Advisers and Nationalist China, 1920-1927*(Harvard University Press, 1989)을 보라. 이것은 1956년의 저서를 크게 증보, 수정한 것이다.

국민당의 지배 : 남경정권(1927-1937년)

가장 최근의 것은 주로 *CHOC*에 실린 Lloyd Eastman의 논문을 책으로 펴낸 *The Nationalist Era in China, 1927-1949*(Cambridge University Press, 1991)이다. 국민당 정권에 대한 기본적인 연구에서 Hung-mao Tien(田弘茂), *Government and Politics in Kuomintang China, 1927-1937*(Stanford University Press, 1972)은 자료조사가 잘 되어 있다. Lloyd E. Eastman, *The Abortive Revolution : China under Nationalist Rule, 1927-1937*(Harvard University Press, 1974)은 좀더 우상타파주의적인 입장이다.

국가건설에 대한 외국의 역할에 대해서는 William Kirby, *Germany and Republican China*(Stanford University Press, 1984)를 보라. 이 시기의 국가와 사회의 관계에 대해서는 Prasenjit Duara, *Culture, Power, and the State : Rural North China, 1900-1942*(Stanford University Press, 1988)를 주목할 필요가 있다. 이 시대에 대한 조감도로서는 Sherman Cochran and Andrew Hsieh 편역, *One Day in China : May 21, 1936*(Yale University Press, 1983)가 있는데, 이것은 일상생활에 대한 개인적 설명을 선별한 것이다. Parks M. Coble, *The Shanghai Capitalists and the Nationalist Government, 1927-1937*, 2nd ed.(Council on East Asian Studies, Harvard University, 1986)은 당과 부르주아지의 관계에 대한 중요한 연구성과이다. 향촌건설 운동의 지도자는 Charles W. Hayford, *To the People : James Yen and Village China*(Columbia University Press, 1990)에서 연구되었다.

중국공산당의 초기 역사(1921-1936년)

Jacques Guillermaz 지음, Anne Destenay 옮김, *A History of the Chinese Communist Party 1921-1949*(Random House, 1972)은 공정하고, 충분한 자료에 기초하고 있으며, 회의적인 입장에서의 설명이다. 저자는 오랫동안 프랑스인 군사고문으로서의 직접 경험을 가진 사람이다.

당의 창건

중공의 출발에 대해서는 Arif Dirlik, *The Origins of Chinese Communism*(Oxford University Press, 1989) ; Michael Y. L. Luk, *The Origins of Chinese Bolshevism : An*

Ideology in the Making, 1920–1928(Oxford University Press, 1990)을 보라. 중국 공산주의 운동을 주도한 창건자에 대해서는 Maurice Meisner, *Li Ta–chao and the Origins of Chinese Marxism*(Harvard University Press, 1967 : 권영빈 옮김, 『이대조 — 중국사회주의의 기원 —』, 지식산업사, 1992) ; Lee Feigon, *Chen Duxiu, Founder of the Chinese Communist Party*(Princeton University Press, 1983)가 있다. 또한 Joshua Fogel, *Ai Ssu–ch'i's Contribution to the Development of Chinese Marxism*(Council on East Asian Studies, Harvard University, 1987)을 보라.

소련의 역할에 대해서는 Jane L. Price, *Cadres, Commanders, and Commissars : The Training of the Chinese Communist Leadership, 1920–1945*(Westview, 1976) ; Dan Jacobs, *Borodin : Stalin's Man in China*(Harvard University Press, 1981)를 보라. 또한 Tony Saich, *The Origins of the First United Front in China : The Role of Sneevliet*(E. J. Brill, 1991)를 보라. Sneevliet는 Maring의 본명이다.

소비에트 시기, 1928–1934년

대만의 대표적 연구자가 쓴 Warren Kuo, *Analytical History of the Chinese Communist Party*(Taipei : Institute of International Relations, 1966)는 1939년 7월까지 다루었다. 초기 중공 지도자에 의한 회고는 Chang Kuo–t'ao(張國濤, Zhang Guotao), *The Rise of the Chinese Communist Party 1921–1927 : The Autobiography of Chang Kuo–t'ao*, vol. 1 : 1921–1927 ; vol.2 : 1928–1938(University Press of Kansas, 1971–1972)이 있다.

초기 당 노선에 대해서는 Arif Dirlik, *Revolution and History : The Origins of Marxist Historiography in China, 1919–1937*(University of California Press, 1978)을 보라. 또한 Tony Saich, *The Rise to Power of the Chinese Communist Party : Documents and Analysis, 1920–1949*(M. E. Sharpe, 1996)을 보라. 광동에서의 운동에 대해서는 Roy Hofheinz, Jr., *The Broken Wave : The Chinese Communist Peasant Movement, 1922–1928*(Harvard University Press, 1977)을 보라. 그리고 강서성에서의 운동에 대해서는 Ilpyong J. Kim, *The Politics of Chinese Communism : Kiangsi under the Soviets*(University of California Press, 1973 : 김일평 지음, 『중국혁명과 군중노선』, 정음사, 1987) ; William Wei, *Counterrevolution in China : The Nationalists in Jiangxi during the Soviet Period*(University of Michigan Press, 1985)를 보라.

모택동의 등장

모택동 자신에 의한 고전적인 설명은 Edgar Snow, *Red Star over China*(Random House, 1938 ; Bantam, 1978 : 신홍범 옮김, 『중국의 붉은 별』, 두레, 1985)에 들어 있다. 또한 Li Jui(Anthony Sariti 옮김, James Hsiung 편), *The Early Revolutionary Activities of Comrade Mao Tse–tung*, trans. (M. E. Sharpe, 1977)을 보라. 모택동 사상의 발전에 대해서는 Stuart Schram, *The Thought of Mao Tse–tung*(Cambridge University Press, 1989)이 있는데, 이것은 자신이 *CHOC*에 기고한 두 편의 논문을 모으고 쓸모있는 서문을 첨가한 것이다.

지방의 운동

지방 혁명 운동의 초기 성장에 대해서는 Fernando Galbiati, *Peng Pai and the Hai-Lu-Feng Soviet*(Stanford University Press, 1985) ; Robert Marks, *Rural Revolution in South China : Peasants and the Making of History in Haifeng County, 1570-1930* (University of Wisconsin Press, 1984) ; Kamal Sheel, *Peasant Society and Marxist Intellectuals in China : Fang Zhimin and the Origin of a Revolutionary Movement in the Xinjiang Region*(Princeton University Press, 1989) ; Chong-sik Lee, *Revolutionary Struggle in Manchuria : Chinese Communism and Soviet Interest, 1922-1945* (University of California Press, 1983 : 이정식 지음, 허원 옮김, 『만주혁명운동과 통일전선』, 사계절, 1989)를 보라.

장정과 연안시기

Benjamin Yang, *From Revolution to Politics : Chinese Communists on the Long March*(Westview, 1990)는 모택동과 주은래, 장국도를 시야에 넣은 완전한 연대기이다. 연안시기 공산당 지도력의 발전에 대해서는 Mark Selden, *The Yenan Way in Revolutionary China*(Harvard University Press, 1971)를 보라. 이 시기에 대해서는 또한 항일전쟁과 내전에서 관련된 항목을 보라.

민국시대의 경제상황

민국시대의 경제발전에 대해서는 Thomas Rawski, *Economic Growth in Prewar China*(University of California Press, 1989) ; Albert Feuerwerker, *Economic Trends in the Republic of China, 1912-1949*(Center for Chinese Studies, University of Michigan, 1977)을 참조하라. 후자는 *CHOC*, vol. 13에 실렸던 논문이다.

공업과 노동운동

노동운동에 대한 최초의 주요한 업적은 Jean Chesneaux 지음, H. M. Wright 옮김, *The Chinese Labor Movement, 1919-1927*(Stanford University Press, 1968)이다. 그의 주장을 문제 삼는 좀더 최근의 연구는 Gail Hershatter, *The Workers of Tianjin, 1900-1949*(Stanford University Press, 1986) ; Emily Honig, *Sisters and Strangers : Women in the Shanghai Cotton Mills, 1919-1949*(Stanford University Press, 1986)이다.

중공 당원의 개입에 대해서는 S. Bernard Thomas, *Labor and the Chinese Revolution : Class Strategies and Contradictions of Chinese Communism, 1928-1948* (Center for Chinese Studies, University of Michigan, 1983) ; Lynda Shaffer, *Mao and the Workers : The Hunan Labor Movement, 1920-1923*(M. E. Sharpe, 1982)가 있다.

농촌경제와 농촌혁명

일반적인 평가에 대해서는 Thomas Wiens, *The Microeconomics of Peasant Economy, 1920-1940*(Garland, 1982) ; Ramon Myers, *The Chinese Peasant Economy : Agricultural Development in Hopei and Shantung, 1890-1949*(Harvard University Press, 1970)을 보라. 또한 Philip C. C. Huang(黃宗智), *The Peasant Economy and*

Social Change in North China(Stanford University Press, 1985)와 *The Peasant Family and Rural Development in the Yangzi Delta, 1350−1988*(Stanford University Press, 1990) ; Prasenjit Duara, *Culture, Power, and the State : Rural North China, 1900−1942* (Stanford University Press, 1988)를 보라.

농촌 혁명운동의 발전에 대해서는 Kathleen Hartford and Steven M. Goldstein 편, *Single Sparks : China's Rural Revolutions*(M. E. Sharpe, 1989) ; Angus McDonald, Jr., *The Urban Origins of Rural Revolution : Elites and the Masses in Hunan Province, 1911−1927*(University of California Press, 1978) ; Phil Billingsley, *Bandits in Republican China*(Stanford University Press, 1988 : 이문창 옮김, 『중국의 토비문화』, 일조각, 1996)를 보라. 이 시기에 대한 현장보고로서 유명한 것은 William Hinton, *Fanshen : A Documentary of Revolution in a Chinese Village*(Monthly Review Press, 1967 : 강칠성 옮김, 『번신〔飜身〕』 I, II, 풀빛, 1986)이다.

항일전쟁

일본과의 관계에 대해서는 Marius Jansen, *Japan and China : From War to Peace, 1894−1972*(Rand McNally, 1975)를 보라. 전쟁 자체에 대해서는 Lincoln Li, *The Japanese Army in North China, 1937−1941 : Problems of Political and Economic Control*(Oxford University Press, 1975) ; James W. Morley 편, *The China Quagmire : Japan's Expansion on the Asian Continent, 1933−1941, Selected Translations* (Columbia University Press, 1983)를 보라. 후자는 주요한 일본측 연구업적에 기초한 것이다.

항전기의 국민당 정부에 대해서는 Lloyd Eastman, *Seeds of Destruction : Nationalist China in War and Revolution, 1937−1949*(Stanford University Press, 1984 : 민두기 옮김, 『장개석은 왜 패했는가』, 지식산업사, 1986) : Hsi−sheng Ch'i, *Nationalist China at War : Military Defeats and Political Collapse, 1937−1945*(University of Michigan Press, 1982)를 보라.

항전기 국공관계에 대해서는 Kui−kwong Shum, *The Chinese Communists' Road to Power : The Anti−Japanese National United Front, 1935−1945*(Oxford University Press, 1988) ; Tetsuya Kataoka, *Resistance and Revolution in China : The Communists and the Second United Front*(University of California Press, 1974)를 보라. 또한 Tien−wei Wu, *The Sian Incident : A Pivotal Point in Modern Chinese History*(Center for Chinese Studies, University of Michigan, 1976) 역시 주목할 만하다.

항전기의 대외관계에 대해서는 Christopher Thorne, *Allies of a Kind : The United States, Britain and the War against Japan 1941−1945*(Oxford University Press, 1978) ; Michael Schaller, *The US Crusade in China, 1938−1945*(Columbia University Press, 1979) ; John W. Garver, *Chinese−Soviet Relations, 1937−1945 : The Diplomacy of Chinese Nationalism*(Oxford University Press, 1988)을 보라.

항전기 공산주의 운동에 대해서는 Yung-fa Chen(陳永發), *Making Revolution : The Communist Movement in Eastern and Central China, 1937-1945*(University of California Press, 1986) ; Peter Schran, *Guerrilla Economy : The Development of the Shensi-Kansu-Ninghsia Border Region, 1937-1945*(SUNY Press, 1976)를 보라.

내전

이 시기의 전반적인 개관은 Suzanne Pepper, *Civil War in China : The Political Struggle, 1945-1949*(University of California Press, 1978)을 보라. 내전기간의 중공에 대해서는 Steven I. Levine, *Anvil of Victory : The Communist Revolution in Manchuria, 1945-1948*(Columbia University Press, 1987)이라는 뛰어난 연구가 있다.

이 시기의 대외관계에 대해서는 James Reardon-Anderson, *Yenan and the Great Powers : The Origins of Chinese Communist Foreign Policy, 1944-1946*(Columbia University Press, 1980) 외에 Yonosuke Nagai and Akira Iriye 편, *The Origins of the Cold War in Asia*(Columbia University Press, 1977)가 이 시기의 국제관계를 커다란 맥락 속에서 조명하고 있다. Dorothy Borg and Waldo Heinrichs 편, *Uncertain Years : Chinese-American Relations, 1947-1950*(Columbia University Press, 1980)의 연구도 있다.

또한 Gordon Chang, *Friends and Enemies : The United States, China, and the Soviet Union, 1948-1972*(Stanford University Press, 1990) ; Nancy B. Tucker, *Patterns in the Dust : Chinese-American Relations and the Recognition Controversy, 1949-1950*(Columbia University Press, 1983)도 있다.

외국 언론인과 전문가의 역할에 대해서는 Stephen MacKinnon and Oris Friesen, *China Reporting : An Oral History of American Journalism in the 1930s and 1940s*(University of California Press, 1987)가 있다.

12. 중화민국 대만

개설

문헌목록에 대해서는 J. Bruce Jacobs, Jean Hagger, and Anne Sedgley 편, *Taiwan : A Comprehensive Bibliography of English-Language Publications*(East Asian Institute, Columbia University, 1984)를 보라.

초기사

성(省)으로서의 대만에 대한 연구는 Johanna Meskill, *A Chinese Pioneer Family : The Lins of Wu-feng, Taiwan, 1729-1895*(Princeton University Press, 1979) ; Ronald Knapp, *China's Island Frontier : Studies in the Historical Geography of Taiwan*(University of Hawaii Press, 1980)을 보라. 일본의 식민지배에 대해서는 Ramon

Myers and Mark Peattie 편, *The Japanese Colonial Empire, 1895-1945*(Princeton University Press, 1984)가 있다.

공업화에 대한 연구 가운데 가장 포괄적인 것은 Samuel P. S. Ho, *Economic Development of Taiwan, 1860-1970*(Yale University Press, 1978)이다. 배경에 대해서는 E. Patricia Tsurumi, *Japanese Colonial Education in Taiwan, 1895-1945*(Harvard University Press, 1977)가 있으며, 이것은 일본의 계획과 그 결과에 대한 뛰어난 연구성과이다. George H. Kerr, *Formosa : Licensed Revolution and the Home Rule Movement, 1895-1945*(University of Hawaii, 1974)는 50년에 걸친 일본 통치기 동안 대만인의 반응에 초점을 맞춘 것이다.

1949년 이후의 역사

최근의 연구 가운데 Thomas B. Gold, *State and Society in the Taiwan Miracle*(M. E. Sharpe, 1986) ; Hung-mao Tien(田弘茂), *The Great Transition : Political and Social Change in the Republic of China*(Stanford University Press, 1989)를 보라. Ramon H. Myers 편, *Two Societies in Opposition : The Republic of China and the People's Republic of China after Forty Years*(Hoover Institution Press, 1991)는 양자의 크기가 가져오는 차이에 거의 관심을 기울이지 않았지만 두 체제를 비교하는 15명의 전문가가 쓴 논문집이다.

정치와 정부

국민당의 점령에 대한 반응에 대해서는 Tse-han Lai, Ramon Myers, and Wou Wei, *A Tragic Beginning : The Taiwan Uprising of February 28, 1947*(Stanford University Press, 1990) ; George H. Kerr, *Formosa Betrayed*(Houghton Mifflin, 1965)를 보라.

정치개혁에 대해서는 John F. Copper, *A Quiet Revolution : Political Development in the Republic of China*(University Press of America, 1988) ; Harvey Feldman, Michael Y. M. Kau, and Ilpyong Kim, *Taiwan in a Time of Transition*(Paragon, 1988)을 보라.

대만의 대외정책에 대해서는 최근 Yu San Wang 편, *Foreign Policy of the Republic of China on Taiwan : An Unorthodox Approach*(Praeger, 1990) ; Chiao Chiao Hsieh, *Strategy for Survival : The Foreign Policy and External Relations of the Republic of China on Taiwan, 1949-1979*(Sherwood, 1985)이 나왔다. 대부분의 연구들은 미국과의 관계나 통일문제에 대한 것들이지만 그 가운데 Ramon Myers 편, *A Unique Relationship : The United States and the Republic of China under the Taiwan Relations Act*(Hoover Institution Press, 1989) ; Martin Lasater, *Policy in Evolution : The U. S. Role in China's Reunification*(Westview, 1989) 등을 보라.

대만의 경제발전

가치와 발전의 문제에 대해서는 Gilbert Rozman 편, *The East Asian Region : Confucian Heritage and Its Modern Adaptation*(Princeton University Press, 1991)을 보

라. 대만의 고도성장에 대한 서로 다른 이론에 대해서는 Edwin Winckler and Susan Greenhalgh 편, *Contending Approaches to the Political Economy of Taiwan*(M. E. Sharpe, 1988)이 다루고 있다. 이 주제에 대한 가장 최근의 것은 Robert Wade, *Governing the Market : Economic Theory and the Role of Government in East Asian Industrialization*(Princeton University Press, 1990)이 비고전적인 이론에 대해서 강력한 지지를 보내고 있다. 고전적인 낙관적 견해는 John C. H. Fei, Gustav Ranis, and Shirley Kuo, *Growth with Equity : The Taiwan Case*(Oxford University Press, 1979)이다. 최근의 평가는 Kuo-ting Li, *The Evolution of Policy behind Taiwan's Development Success*(Yale University Press, 1988)이다.

중심적인 의미를 지닌 토지개혁에 대해서는 Joseph Yager, *Transforming Agriculture in Taiwan : The Experience of the Joint Commission on Rural Reconstruction* (Cornell University Press, 1988)을 보라.

문화와 사회
종교
대만의 민간종교에 대해서는 수많은 민속학적 연구가 있지만, 그 가운데 특히 David K. Jordan and Daniel L. Overmyer, *The Flying Phoenix : Aspects of Chinese Sectarianism in Taiwan*(Princeton University Press, 1986) ; David K. Jordan, *Gods, Ghosts, and Ancestors : The Folk Religion of a Taiwanese Village*(University of California Press, 1972) ; Robert Weller, *Unities and Diversities in Chinese Religion* (University of Washington Press, 1987)을 보라.

계급과 가족
연구시각에 대한 조사를 위해서는 Emily Martin Ahern and Hill Gates 편, *The Anthropology of Taiwanese Society*(Stanford University Press, 1981)를 보라. 촌락연구에 대해서는 Stevan Harrell, *Ploughshare Village : Culture and Context in Taiwan* (University of Washington Press, 1982) ; Burton Pasternak, *Kinship and Community in Two Chinese Villages*(Stanford University Press, 1972)를 보라. 가족에 대해서는 Myron L. Cohen, *House United, House Divided : The Chinese Family in Taiwan* (Columbia University Press, 1976)을 보라. 최근의 것으로는 Hill Gates, *Chinese Working-Class Lives : Getting By in Taiwan*(Cornell University Press, 1987)이 있다.

13. 중화인민공화국(1949년-)

참고문헌
전문가에 의한 연구논문은 *CHOC*, vol. 14 : *The Emergence of Revolutionary China, 1949-1965*와 vol. 15 : *Revolutions within the Chinese Revolution 1966-1982*(Cambridge

University Press, 1987 ; 1991)를 보라. 또 The Association for Asian Studies가 1970년
이후 매년 발행하는 *Bibliography of Asian Studies*를 보라.

전기

Wolfgang Bartke, *Who's Who in the People's Republic of China*, 2 vols., 3rd
ed.(K. G. Saur, 1991)를 보라.

인구통계

Population Census Office of the State Council of the People's Republic of China,
Institute of Geography of the Chinese Academy of Sciences 편, *The Population Atlas
of China*(Oxford University Press, 1987)를 보라. *The Population Atlas of China*
(Oxford University Press, 1987)는 현 수준의 인구, 경제, 사회에 관한 포괄적인 자료
를 제공한다.

정기 간행물

이 시기에 대한 주도적인 학술잡지는 *China Quarterly*(London : 1960-)이다. 홍콩
에서 발행되는 *Far Eastern Economic Review*(Hong Kong) 역시 주목할 만한 주간지
이다. 또한 1년에 두 번씩 나오는 *Australian Journal of Chinese Affairs*(Canberra :
1979-), 월간지인 *Asian Survey*(University of California Press, 1971-)를 보라.

연구사

역사적 개요

프랑스인 군사고문으로서의 장기 관찰에 기초한 Jacques Guillermaz, *The Chinese
Communist Party in Power 1949-1976*(Westview, 1976)는 대외관계를 강조하고 있
다. 또한 Harold C. Hinton 편, *The People's Republic of China : A Handbook*
(Westview, 1979)을 보라. 최근의 연구를 종합하고 있는 것으로는 Marie-Claire
Bergère, Lucien Bianco, and Jürgen Domes, *La Chine au XXe siècle : de 1949 à
aujourd'hui*(Paris : Fayard, 1990) ; Maurice Meisner, *Mao's China and After : A History
of the People's Republic*(Free Press, 1986)[5] ; Lowell Dittmer, *China's Continuous
Revolution : The Post-Liberation Epoch, 1949-1981*(University of California Press,
1987) 등이 있는데, 모두 정치와 이데올로기적 상황을 분석한 것이다.

평가

Tang Tsou, *The Cultural Revolution and Post-Mao Reforms : A Historical
Perspective*(University of Chicago Press, 1986)는 20년 이상에 걸친 중국 정치를 비판
적으로 다루고 있다. Joyce K. Kallgren 편, *Building a Nation-State : China after Forty
Years*(Institute of East Asian Studies, University of California, 1990)는 좀더 완전한
범위를 제공한다. Simon Leys, *Broken Images : Essays on Chinese Culture and*

---

5) 1999년에 제3판이 다시 나왔다.

Politics(St. Martin's Press, 1980)는 과거 중국 고급문화에 매료된 적이 있었던 학자가 쓰디쓴 환멸을 내보이고 있다.

언론인에 의한 종합적인 설명에는 John Fraser, *The Chinese : Portrait of a People* (Summit, 1980)이 있고 Fox Butterfield, *China : Alive in the Bitter Sea*(Times Books, 1982)는 뉴욕 타임스 기자에 의한 것이다. Jay and Linda Mathews, *One Billion : A China Chronicle*(Random House, 1983)은 사회생활과 관습을 강조했고, John Gittings, *China Changes Face : The Road from Revolution, 1949-89*(Oxford University Press, 1989)은 정치사에 중점을 두었다.

14. 사회정치적 조직과 지도력

모택동

모택동과 그의 사상에 대한 설명과 평가 가운데 중요한 것은 *CHOC*, vol. 13과 vol. 15에 수록된 Stuart R. Schram의 논문으로 이것은 *The Thought of Mao Tse-tung* (Cambridge University Press, 1989)으로 출판되기도 했다. 또한 Benjamin I. Schwartz and Stuart R. Schram 편역, *Mao's Complete Works before 1949*(M. E. Sharpe, 근간 예정)[6] ; Michael Y. M. Kau and John K. Leung 편, *The Writings of Mao Zedong, 1949-1976*, vol. 1 : *September 1949-December 1955* (M. E. Sharpe, 1986) ; vol. 2 : *January 1956-December 1957*(근간 예정)[7] ; Roderick MacFarquhar, Timothy Cheek, Eugene Wu 편, *The Secret Speeches of Chairman Mao : From the Hundred Flowers to the Great Leap Forward*(Council on East Asian Studies, Harvard University, 1989) 가 있다.

분석

Maurice Meisner, *Marxism, Maoism and Utopianism : Eight Essays*(University Of Wisconsin Press, 1982 : 김광린 등 옮김, 『모택동사상』, 소나무, 1989)는 마르크스, 모택동과 유토피아, 공산주의에 대한 비판적인 논문집이다. Ross Terrill, *Mao : A Biography*(Harper & Row, 1980)는 아주 읽기 쉽게 모택동에게 접근한다. Dick Wilson 편, *Mao Tse-tung in the Scales of History : A Preliminary Assessment* (Cambridge University Press, 1977)는 모택동을 철학자, 마르크스주의자, 정치지도자, 군인, 교사, 경제가, 애국자, 정치가 그리고 중국을 혁신한 사람으로서 다루는 11명의 대단히 수준 높은 기고자들의 글로 이루어져 있다.

---

6) 이 책은 Stuart R. Schram이 편집을 맡아 *Mao's Road to Power: Revolutionary Writings 1912-1949*이라는 제목으로 현재 6권까지 나왔고 2004년 2월 1939-1941년의 저작을 번역한 제7권이 출간될 예정이다.

7) 제2권은 1992년에 출간되었으나 그 다음의 책은 출간되고 있지 않는 것 같다.

심리학적 측면에서 본 모택동의 지도력

Lucian W. Pye, *Mao Tse-tung : The Man in the Leader*(Basic Books, 1976)를 보라. Robert J. Lifton, *Revolutionary Immortality : Mao Tse-tung and the Chinese Cultural Revolution*(Random House, 1968)은 정신과 의사의 전혀 다른 접근방법을 보여준다.

모택동 이후의 이데올로기

Bill Brugger and David Kelly, *Chinese Marxism in the Post-Mao Era*(Stanford University Press, 1990)는 1976년 이후의 정치와 정부에서의 공산주의를 다루고 있다. William A. Joseph, *The Critique of Ultra-Leftism in China 1958-1981*(Stanford University Press, 1984)은 모택동 이데올로기에 대한 뛰어난 분석이며, 처음으로 등소평 시대 이데올로기를 분석했다. Gilbert Rozman, *The Chinese Debate about Soviet Socialism, 1978-1985*(Princeton University Press, 1987)는 공산주의 및 중소관계에 대한 의견을 다룬다.

정책과 정치

Thomas Fingar and Paul Blencoe 편, *China's Quest for Independence : Policy Evolution in the 1970s*(Westview, 1980)는 1949년부터 모택동의 사망을 포함한 1970년대까지의 국내외적인 정책을 다루었다. David M. Lampton 편, *Policy Implementation in Post-Mao China*(University of California Press, 1987)는 1976년부터 1983년 사이의 논문을 모은 것으로 인구와 환경문제에 상당히 중심을 둔다. John P. Burns and Stanley Rosen 편, *Policy Conflicts in Post-Mao China : A Documentary Survey, with Analysis*(M. E. Sharpe, 1986)는 잘 선택된 1차 자료를 갖춘 교재이다. 그 가운데 대부분은 1976년에서 1985년 사이의 정치적 사태를 다룬 기사들이다. Charles Burton, *Political and Social Change in China since 1978*(Greenwood Press, 1990)은 1976년 이래의 정치, 정부, 경제정책과 사회상황을 다루었다.

국가의 역할

Stuart R. Schram 편, *Foundations and Limits of State Power in China*(SOAS and Chinese University Press, 1987)는 특히 의례, 종교, 권력의 상징물에 초점을 맞추어 전통시대와 그 이후 시대 사이의 연관성을 추적한 유럽의 연구논문을 모은 것이다. Vivienne Shue, *The Reach of the State : Sketches of the Chinese Body Politic*(Stanford University Press, 1988)은 중국 농촌이 모택동의 국가기구로 통합되는 것에 관심을 두어 역사적 선례와 지방주의의 힘에 대해서 연구했다.

당과 정치

오랫동안 중국을 관찰해온 한 예수회 회원의 견해는 Laszlo Ladany, *The Communist Party of China and Marxism, 1921-1985 : A Self Portrait*(Hoover Institution Press, 1988)에 나타나 있다. 그리고 Hsi-sheng Ch'i, *The Politics of Disillusionment : The Chinese Communist Party under the Deng Xiaoping, 1978-1989*(M. E. Sharpe,

1991) ; Hong Yung Lee, *From Revolutionary Cadres to Party Technocrats in Socialist China*(University of California Press, 1991)를 보라.

여타의 다른 정치집단

모택동 시기에 대해서는 Harry Harding, *Organizing China : The Problem of Bureaucracy, 1949–1976*(Stanford University Press, 1981)를 보라. 또한 선구적인 연구인 Martin King Whyte, *Small Groups and Political Rituals in China*(University of California Press, 1974)를 보라. 모택동 이후 시기를 다루는 여러 연구는 압력집단을 강조한다. Victor C. Falkenheim 편, *Citizens and Groups in Contemporary China* (Center for Chinese Studies, University of Michigan, 1987) ; David S. G. Goodman 편, *Groups and Politics in the People's Republic of China*(M. E. Sharpe, 1984)에 나타나는 토론을 보라. 또한 Avery Goldstein, *From Bandwagon to Balance–of–Power Politics : Structural Constraints and Politics in China 1949–1978*(Stanford University Press, 1991)을 보라. Kenneth Lieberthal and Michel Oksenberg, *Policy Making in China : Leaders, Structures, and Processes*(Princeton University Press, 1988)는 석유, 장강 삼협 댐, 성과 중앙의 관계라는 세 가지 사례연구이다.

대중매체

John Howkins, *Mass Communication in China*(Longman, 1982)는 대중매체의 문제를 다룬다.

대중운동
연구

Gordon Bennett, *Yundong : Mass Campaigns in Chinese Communist Leadership* (Center for Chinese Studies, University of California, 1976)은 여러 대중운동의 유형학(類型學)을 제공한다. 또한 Frederick C. Teiwes, *Politics and Purges in China : Rectification and the Decline of Party Norms, 1950–1965*(M. E. Sharpe, 1979)를 보라.

토지개혁과 농업집단화

Vivienne Shue, *Peasant China in Transition : The Dynamics of Development toward Socialism, 1949–1956*(University of California Press, 1980)는 농민늘이 관료들의 감시 밖에서 조작을 행할 수 있는 약간의 자유가 있었음을 시사하고 있다. 이러한 주장은 Jean C. Oi, *State and Peasant in Contemporary China : The Political Economy of Village Government*(University of California Press, 1989)에서 다시 논의되고 있다. 이책은 모택동 시기와 모택동 이후 시기 중국 농촌을 이해하는 데에 가장 주요한 연구서이다. Edward Friedman, Paul Pickowicz, and Mark Selden, Kay Ann Johnson, *Chinese Village, Socialist State*(Yale University Press, 1991)는 대단히 파괴적이었던 1950년대와 1960년대 초기의 환멸에 대한 내부적 연구이다.

15. 지식인과 국가

지식인의 초기 시도는 Roderick MacFarquhar 편, *The Hundred Flowers Campaign and the Chinese Intellectuals*(Praeger, 1960 ; Octagon, 1973)에서 거의 완전하게 다루었다. Merle Goldman, *Literary Dissent in Communist China*(Harvard University Press, 1967 ; Athenaeum, 1971)는 선구적인 연구이다. Carol Lee Hamrin and Timothy Cheek 편, *China's Establishment Intellectuals*(M. E. Sharpe, 1986) ; Merle Goldman, Timothy Cheek, and Carol Lee Hamrin, *China's Intellectuals and the State : In Search of a New Relationship*(Council on East Asian Studies, Harvard University, 1987)은 이 주제에 대한 가장 최근의 분석이다. Judith Shapiro and Liang Heng, *Cold Winds, Warm Winds : Intellectual Life in China Today*(Wesleyan University Press, 1986)는 여행에 기초를 둔 것이다. Liu Binyan(劉賓雁) 지음, Zhu Hong 옮김, *A Higher Kind of Loyalty*(Random House, 1990)는 중화인민공화국의 역사 속에서 한 지식인이 겪어야 했던 고통스러운 역정을 다시 묘사해준다.

교육
자료

전반적 참고를 위해서는 Shi Ming Hu and Eli Seifman 편, *Toward a New World Outlook : A Documentary History of Education in the People' Republic of China 1949-1976*(AMS Press, 1976)를 보라. 여기서는 7개 시기로 나누어 각기 해설과 자료를 덧붙이고 있다. Peter J. Seybolt, *Revolutionary Education in China : Documents and Commentary*, rev. ed.(International Arts & Sciences Press, 1973)는 모든 측면에 대한 해설이 덧붙여진 32개의 핵심자료를 소개한다.

정책

많은 연구서들은 교육과 국가의 정책적 요구 사이의 상징적 관계를 반영하고 있다. Susan L. Shirk, *Competitive Comrades : Career Incentives and Student Strategies in China*(University of California Press, 1982) ; Jonathan Unger, *Education under Mao : Class and Competition in Canton Schools, 1960-1980*(Columbia University Press, 1982) ; Robert Taylor, *China's Intellectual Dilemma : Politics and University Enrollment, 1949-1978*(University of British Columbia Press, 1981) 등을 보라. 마지막의 것은 전문성과 당에서 권장하는 것 사이에 갈등이 있음을 강조하고 있다.

비교

인식심리학자에 의한 Howard Gardner, *To Open Minds : Chinese Clues to the Dilemma of Contemporary Education*(Basic Books, 1989)은 1865년 이래의 미국 교육, 1976년 이래의 중국 교육, 그리고 이 두 사회에서 창조적 사고방식을 양성하는 방법에 대해서 관심을 기울인 것이다.

교류

교육에 대한 미국의 영향에 관해서는 Leo A. Orleans, *Chinese Students in America :
Policies, Issues, and Numbers*(National Academy Press, 1988)를 보라. 또 Joyce K.
Kallgren and Denis Fred Simon 편, *Educational Exchanges : Essays on the Sino-
American Experience*(Institute of East Asian Studies, University of California, 1987)를
보라.

개혁

교육개혁을 위한 노력은 Peter J. Seybolt and Gregory Kuei-ko Chiang 편,
Language Reform in China :Documents and Commentary(M. E. Sharpe, 1978)에서 자
세하게 분석되었고, 이들의 서문이 함께 들어 있다. Suzanne Pepper, *China's
Education Reform in the 1980s : Policies, Issues, and Historical Perspectives*(Institute
of East Asian Studies, University of California, 1990)는 모택동 이후 시기의 교육변화
에 대한 훌륭한 논의이다.

16. 대약진운동, 1958-1960년

Roderick MacFarquhar, *The Origins of the Cultural Revolution*, vol. 2 : *The Great
Leap Forward, 1958-1960*(Columbia University Press, 1983)는 대단히 능숙한 자료분
석에 기초한 것이다. 또 David Bachman, *Bureaucracy, Economy, and Leadership in
China : The Institutional Origins of the Great Leap Forward*(Cambridge University
Press, 1991)가 있다. B. Ashton 편, "Famine in China, 1958-61," *Population and
Development Review* 10-4(1984)는 논란의 대상이 된 기근을 숙련된 방법으로 분석
했다.

17. 문화대혁명기, 1966-1976년

가장 큰 중요성을 지닌 것은 William A. Joseph, Christine P. W. Wong, and David
Zweig, *New Perspectives on the Cultural Revolution*(Council on East Asian Studies,
Harvard University, 1991)이라는 논문집이다.

전반적으로 이 시기에 대해서는 여러 연구업적이 있다. Hong Yung Lee, *The
Politics of the Chinese Cultural Revolution : A Case Study*(University of California
Press, 1978)는 권위 있는 정치적 해설을 제공했다. Lowell Dittmer, *Liu Shao-ch'i
and the Chinese Cultural Revolution : The Politics of Mass Criticism*(University of
California Press, 1974)은 이론, 행동방식의 측면에서 유소기의 경력을 모택동과 비교
했다. 중국 전문가에 의한 설명으로는 당시 홍콩 주재 미국 총영사가 쓴 Edward Rice,

Mao's Way(University of California Press, 1972)가 있다.

비밀 경찰

특이한 측면을 다룬 것으로 Christine Donougher가 프랑스어판에서 번역한 Roger Faligot and Rémi Kauffer, *The Chinese Secret Service*(London : Headline, 1989 ; Morrow, 1990)는 특히 강생(康生, 1898-1975)과 다른 정보관료들이 문혁에서 수행한 역할을 분석했다. 여기에는 인명과 날짜가 가득 차 있지만, 대부분의 비밀스러운 설명과 마찬가지로 거의 소문에 바탕을 둔 것이 분명하다.

농촌에서의 문혁

Anita Chan, Richard Madsen, and Jonathan Unger, *Chen Village : The Recent History of a Peasant Community in Mao's China*(University of California Press, 1984)는 문혁기 주강(珠江) 삼각주의 한 농촌 촌락을 다룬 훌륭한 연구이다. Richard Madsen, *Morality and Power in a Chinese Village*(University of California Press, 1984)는 같은 촌락에서의 유교와 도덕을 다룬 뛰어난 연구서이다. David Zweig, *Agrarian Radicalism in China, 1968-1981*(Harvard University Press, 1989)은 엘리트 정책과 지방에서의 그 이행을 다룬 농촌에서의 문혁에 대한 중요한 분석이다.

홍위병

Anita Chan, *Children of Mao : Personality Development and Political Activism in the Red Guard Generation*(University of Washington, 1985)은 정치적 사회화와 행동을 다룬 훌륭한 연구서이다. William Hinton, *Hundred Day War : The Cultural Revolution at Tsinghua University*(Monthly Review Press, 1972)는 독자를 사로잡는 생생한 묘사를 보여준다. Nien Cheng, *Life and Death in Shanghai*(Grove, 1986)는 6년 반 동안 투옥되었던 명문가의 미망인이자 국민당 외교관의 사업동료였던 한 여성의 자전적인 베스트셀러이다. B. Michael Frolic, *Mao's People : Sixteen Portraits of Life in Revolutionary China*(Harvard University Press, 1980)는 홍콩에서의 인터뷰에 바탕을 둔 것이다.

Gao Yuan, *Born Red : A Chronicle of the Cultural Revolution*(Stanford University Press, 1987)은 홍위병 출신에 의한 가장 훌륭한 해설 가운데 하나이다. Liang Heng and Judith Shapiro, *Son of the Revolution*(Vintage Books, 1984)은 문혁기에 성장한 한 홍위병의 자서전이다. Stanley Rosen, *Red Guard Factionalism and the Cultural Revolution in Guangzhou(Canton)*(Westview, 1982)는 문혁과 광주 및 중국의 교육문제를 다룬 것이다. Lynn T. White, III, *Policies of Chaos : The Organizational Causes of Violence in China's Cultural Revolution*(Princeton University Press, 1989)은 문혁에서 폭력을 이끌어낸 정치적, 사회적 불만을 분석했다.

문화대혁명 후기와 1980년대 초반

독일의 주요한 학자가 쓴 Jürgen Domes, *The Government and Politics of the*

People's Republic of China : A Time of Transition(Westview, 1985)은 1949-1976년의 시기를 다루었다. 모택동 사망 직후의 시기를 다룬 것은 Roger Garside, *Coming Alive : China after Mao*(McGraw-Hill, 1981)이다. Orville Schell, *In the People's Republic*(Random House, 1977)은 여행, 공장과 농가에서 얻은 인상을 기술했다.

후기의 운동들

도시의 청년들을 농촌으로 보낸 하방(下放) 운동에 대해서는 Thomas P. Bernstein, *Up to the Mountains and Down to the Villages : The Transfer of Youth from Urban to Rural China*(Yale University Press, 1977)를 보라. 주요한 연구서인 Frederick C. Teiwes, *Leadership, Legitimacy, and Conflict in China : From a Charismatic Mao to the Politics of Succession*(M. E. Sharpe, 1984)은 후계투쟁을 다루었다. 4인방은 모택동의 네번째 아내인 강청(江淸)의 생애를 다룬 주요한 전기인 Roxanne Witke, *Comrade Chiang Ch'ing*(Little, Brown, 1977)에서 생생하게 묘사되었다. 1974년의 프랑스어판을 번역한 Simon Leys, *Chinese Shadows*(Viking, 1977)는 강청 시기 예술과 문학에서의 반지성적인 통속성을 통렬하게 비판했다.

18. 군대

Jürgen Domes, *Peng Te-huai : The Man and the Image*(Stanford University Press, 1985)는 1959년 모택동에 의해서 공격을 받았고, 나중에 등소평에 의해서 복권된 군사령관 팽덕회에 대한 뛰어난 전기이다. 모택동 시기에 대해서는 Harvey W. Nelsen, *The Chinese Military System : An Organizational Study of the Chinese People's Liberation Army*(Westview, 1977)를 보라. 이후의 책들은 당의 장려정책과는 반대로 군 내부에서 전문성을 다시 활성화시키려는 노력이 있음을 강조했다. 이를테면 Ellis Joffe, *The Chinese Army after Mao*(Harvard University Press, 1987) ; Harlan W. Jencks, *From Muskets to Missiles : Politics and Professionalism in the Chinese Army, 1945-1981*(Westview, 1982) ; Paul Godwin 편, *The Chinese Defense Establishment : Continuity and Change in the 1980s*(Westview, 1983) 등이다. June Teufel Dreyer 편, *Chinese Defense and Foreign Policy*(Paragon, 1989)는 세계공동체에서의 중국의 역할에 대한 뛰어난 분석과 더불어 중국의 대외관계와 방위문제를 논의한 것이다.

19. 경제 일반

Alexander Eckstein, *China's Economic Revolution*(Cambridge University Press, 1977)은 이 분야의 선구적 연구자가 쓴 전반적 개관으로 제1차 5개년계획과 대약진운동에 강점을 가지고 있다. Dwight H. Perkins, *China : Asia's Next Economic*

Giant(University of Washington Press, 1986)는 모택동 사후의 경제상황을 검토했다. 산뜻한 개관을 위해서는 Christopher Howe, *China's Economy : A Basic Guide*(Basic Books, 1978)를 보라. Nicholas R. Lardy, *Economic Growth and Distribution in China*(Cambridge University Press, 1978) 역시 중요한 분석을 제공한다. 또 Chu-yuan Cheng, *China's Economic Development : Growth and Structural Change* (Westview, 1982)를 보라.

Carl Riskin, *China's Political Economy : The Quest for Development since 1949* (Oxford University Press, 1988)은 농업, 국가, 인민공화국의 개혁을 강조하고 있으며, 뛰어난 문헌목록을 제공한다. Dorothy J. Solinger, *Chinese Business under Socialism : The Politics of Domestic Commerce 1949-1980*(University of California Press, 1984) 는 사회주의 계획경제 아래의 상업에 대한 중요한 분석서이다. Thomas P. Lyons, *Economic Integration and Planning in Maoist China*(Columbia University Press, 1987) 는 중앙집권화와 분권화의 모순적 경향을 설명한다.

농업발전

Philip C. C. Huang(黃宗智), "The Paradigmatic Crisis in Chinese Studies," *Modern China* 17. 3(July 1991)는 중국적 상황에 무의식적으로 적용되는 일이 많았던 유럽적 전제(前提)에 대해서 신선한 반론을 제기했다. Dwight Perkins and Shahid Yu-suf, *Rural Development in China*(Johns Hopkins University Press, 1984)는 1949년에서 1982년경까지 광범위하게 개관하여 중국 농업 및 관련된 경제문제에 대해서 역사적, 분석적, 양적 평가를 했으며, 주로 경제발전론자를 위해서 마련된 것이다. Nicholas R. Lardy, *Agriculture in China's Modern Economic Development*(Cambridge University Press, 1983)는 계획경제체제의 변화에 대한 중요한 연구서이다. 또 Kenneth R. Walker, *Food Grain Procurement and Consumption in China*(Cambridge University Press, 1984)를 보라. John P. Burns, *Political Participation in Rural China*(University of California Press, 1988)는 정부정책에 대한 농촌주민의 영향력을 지적한 선구적인 보고서이다.

촌락 사례 연구

주요한 연구로는 William L. Parish and Martin King Whyte, *Village and Family in Contemporary China*(University of Chicago Press, 1978)를 보라. Gordon Bennett et al., *Huadong : The Story of Chinese People's Commune*(Westview, 1978)은 광주의 30마일 북쪽에 있는 대규모 교외 인민공사에 대한 전반적 설명이다. 또한 Anita Chan, Richard Madsen, and Jonathan Unger, *Chen Village : The Recent History of a Peasant Community in Mao's China*(University of California Press, 1984) ; Richard *Madsen, Morality and Power in a Chinese Village*(University of California Press, 1984)를 보라.

집단화의 해체

Sulamith Heins Potter and Jack M. Potter, *China's Peasants : The Anthropology of a Revolution*(Cambridge University Press, 1990)은 공산주의와 농촌적 사회조건의 영향을 논의하고 있다. Huang Shu-min, *The Spiral Road : Change in a Chinese Village through the Eyes of a Communist Party Leader*(Westview, 1989 : 양영균 옮김, 『린 마을 이야기』, 이산, 2003은 1998년에 나온 제2판의 번역이다)는 농촌사회 전반에 대해서 한 촌락의 당 비서와 가진 인터뷰를 싣고 있으며, 토지개혁에서 1980년 중반에 이르는 시기의 중국 농촌사회에 대한 가장 뛰어난 책 가운데 하나이다. 이 촌락은 동남 해안의 하문(廈門)에 위치하고 있다. Peter Nolan, *The Political Economy of Collective Farms : An Analysis of China's Post-Mao Rural Reforms*(Westview, 1988)는 집단화운동을 지지했던 과거 좌익 지지자의 집단화에 대한 자아비판이다. Helen F. Siu, *Agents and Victims in South China : Accomplices in Rural Revolution*(Yale University Press, 1989)은 1977년에서 1980년대 중반까지 광동성 신회(新會)현의 후안청(Huancheng) 인민공사를 중심으로 지방 엘리트와 국가의 관계 변화를 역사적으로 추적한 것이다. William L. Parish 편, *Chinese Rural Development : The Great Transformation*(M. E. Sharpe, 1985)은 젊은 교환학자들에 의한 현장조사에 바탕을 둔 것이다.

농촌공업

Jon Sigurdson, *Rural Industrialization in China*(Council on East Asian Studies, Harvard University, 1977)를 보라. Dwight Perkins 편, *Rural Small-Scale Industry in the People's Republic of China*(University of California Press, 1977)는 전문가에 의한 평가이다. 또한 William A. Byrd and Lin Qingsong 편, *China's Rural Industry : Structure, Development, and Reform*(Oxford University Press for the World Bank, 1990)은 중국의 향진(鄕鎭)과 사영기업 분야를 다룬다.

도시화와 공업

모택동 시기에 대해서는 John W. Lewis 편, *The City in Communist China*(Stanford University Press, 1971)를 보라. 모택동 이후 시기의 경우 Martin King Whyte and William L. Parish, *Urban Life in Contemporary China*(University of Chicago Press, 1984)는 인터뷰와 조사에 기초하여 중국의 도시정책이 합리적인 생활의 질을 가져올 수 있는가를 검토한 주요 연구성과이다. 또한 Christopher Howe 편, *Shanghai : Revolution and Development in an Asian Metropolis*(Cambridge University Press, 1981)은 지리, 정치, 경제의 측면을 다루었다. Ezra F. Vogel, *Canton under Communism : Programs and Politics in a Provincial Capital, 1949-1968*, 2nd ed.(Harvard University Press, 1980) 역시 고전적인 연구이다.

경영

Charles Bettelheim, *Cultural Revolution and Industrial Organization in China : Changes in Management and Division of Labor*(Monthly Review Press, 1974) ; Stephen Andors, *China's Industrial Revolution : Politics, Planning, and Management, 1949 to the Present*(Pantheon Books, 1977)를 보라. Peter N. S. Lee, *Industrial Management and Economic Reform in China, 1949-1984*(Oxford University Press, 1987)는 공업분야에 대한 연대기적이고 이론적인 분석이다.

노동과 인력

1957-1975년 사이의 노동생산성은 Thomas G. Rawski, *Economic Growth and Employment in China*(Oxford University Press, 1979)에서 분석했다. Andrew G. Walder, *Communist Neo-Traditionalism : Work and Authority in Chinese Industry*(University of California Press, 1986 ; 평장본, 1988)는 작업장에서의 보호-피보호 관계에 주목하면서 권위, 정치, 사회구조를 비교분석한 뛰어난 연구서이다. 좀더 냉혹한 측면에 주목한 것으로는 프랑스계 중국인이 노동을 통한 개조의 경험을 상세히 묘사한 Bao Ruo-Wang(Jean Pasqualini) and Rudolph Chelminski, *Prisoner of Mao*(Coward, McCann and Geoghegan, 1973)를 보라.

과학과 기술

Richard Baum 편, *China's Four Modernizations :The New Technological Revolution*(Westview, 1980)은 많은 전문가들이 기고한 논문이 실려 있다. Richard P. Suttmeier, *Research and Revolution : Science Policy and Societal Change in China*(D. C. Heath, 1974)는 역사적, 조직적, 이론적 접근방식을 취했다. 같은 저자에 의한 Richard P. Suttmeier, *Science, Technology and China's Drive for Modernization*(Hoover Institution Press, 1980)도 주목하라. Tony Saich, *China's Science Policy in the 80s*(Humanities Press International, 1989)는 1985년까지의 정책의 발전을 추적하여, 과학과 기술은 문혁의 결과를 극복하기 위해서 추진되는 4개 현대화의 핵심임을 지적했다. Caroline Davidson의 도움으로 Leo A. Orleans가 편집한 *Science in Contemporary China*(Stanford University Press, 1980)는 1978-1979년 무렵 자연과학과 사회과학의 동향을 묘사하고 평가하는 기본 연구서이다. Denis Fred Simon and Merle Goldman 편, *Science and Technology in Post-Mao China*(Council on East Asian Studies, Harvard University, 1989)는 조직의 변화와 필요성을 역사적으로 다룬 것이다.

20. 경제개혁, 1978-1990년

Harry Harding, *China's Second Revolution :Reform after Mao*(Brookings Institution, 1987)는 경제적, 정치적 정책뿐만 아니라 외국과의 경제관계도 다루었다. Elizabeth J. Perry and Christine Wong 편, *The Political Economy of Reform in Post-Mao China*(Council on East Asian Studies, Harvard University, 1985)는 농업, 공업의 개혁에 대한 훌륭한 분석적 연구이다.

국제적인 측면과 비교

Robert F. Dernberger 편, *China's Development Experience in Comparative Perspective*(Harvard University Press, 1980) ; Richard Feinberg 편, *Economic Reform in Three Giants : U. S. Foreign Policy and the USSR, China, and India*(Overseas Development Council, 1990)를 보라. N. T. Wang, *China's Modernization and Transnational Corporations*(D. C. Heath, 1984)는 비전문가가 중국의 현대화에 대한 내외적인 억제력 및 개혁의 문제와 전망을 살펴본 것이다.

대외무역

Nicholas R. Lardy, *Foreign Trade and Economic Reform in China, 1978–1990* (Cambridge University Press, 1991)를 보라. Samuel P. S. Ho and Ralph W. Huenemann, *China's Open Door Policy : The Quest for Foreign Technology and Capital :A Study of China's Special Trade*(University of British Columbia Press, 1984) 는 기술이전, 투자, 경제정책과 대외적 경제관계에 대해서 기술했다. Robert Kleinberg, *China's "Opening" to the Outside World : The Experiment with Foreign Capitalism*(Westview, 1990)은 심수(深圳) 경제특구와 외국의 투자, 1976년 이후의 경제정책과 상업정책에 초점을 맞춘 것이다.

에너지 개발

에너지 산업은 특히 복잡한 현대화의 문제를 낳고 있다. Vaclav Smil, *Energy in China's Modernization :Advances and Limitations*(M. E. Sharpe, 1988)는 에너지 정책, 동력자원, 에너지 산업에 대한 개관이다. Kenneth Lieberthal and Michel Oksenberg, *Policy Making in China : Leaders, Structures, and Processes*(Princeton University Press, 1988) 역시 주로 에너지 분야에 초점을 맞추었다.

경제특구

1978년 이후의 개방에 대해서는 Yue-man Yeung and Xu-wei Hu 편, *Chinese Coastal Cities :Catalysts for Modernization*(University of Hawaii Press, 1991)을 보라. Ezra F. Vogel, *One Step Ahead in China : Guangdong under Reform*(Harvard University Press, 1989)은 100개 현 가운데 30개 현에서의 인터뷰에 기초한 것으로, 빈약한 사회간접자본이 주요한 문제이지만 홍콩과의 거리가 가깝다는 섬 때문에 상당히 해소되었다는 점을 지적한다. 또한 아래의 중국의 외교와 정치개혁, 1978–1990 년 항목을 보라.

홍콩

이 주제에 대해서는 많은 문헌이 있다. James L. Watson, *Emigration and the Chinese Lineage :The Mans in Hong Kong and London*(University of California Press, 1975)은 이민의 원인과 결과를 추적한 것이다. Wong Siu-lun, *Emigrant Entrepreneurs : Shanghai Industrialists in Hong Kong*(Oxford University Press, 1988) 은 중국 공업자본가의 뚜렷한 특징과 홍콩으로의 이동이 어떻게 도움이 되었는가를 고려하고 있다. 또한 Peter Wesley-Smith, *Unequal Treaty 1898–1997 :China, Great*

Britain and Hong Kong's New Territories(Oxford University Press, 1980 ; 평장본, 1983) ; Frank Ching, *Hong Kong and China : For Better or for Worse*(Asia Society and Foreign Policy Association, 1985)를 보라.

21. 중국의 외교

Gerald Segal 편, *Chinese Politics and Foreign Policy Reform*(Kegan Paul International, 1990)은 1989년 중반(천안문 사건 이후)까지의 국내정책과 외교정책 사이의 상호관계를 다루면서 군대와 연해지역 성(省)의 영향력에 주목했다. 또 A. Doak Barnett, *The Making of Foreign Policy in China : Structure and Process*(Westview, 1985) ; Harry Harding 편, *China's Foreign Relations in the 1980s*(Yale University Press, 1984) ; Samuel S. Kim 편, *China and the World : New Directions in Chinese Foreign Relations*(Westview, 1989) ; Michael Yahuda, *China's Foreign Policy : Towards the End of Isolationism*(Macmillan, 1983)을 보라. John Gittings, *The World and China, 1922-1972*(Harper & Row, 1974)는 기자에 의한 광범위한 탐색이다.

한국전쟁

Bruce Cumings, *The Origins of the Korean War*, vol. 1 : *Liberation and the Emergence of Separate Regimes, 1945-1947*(김자동 옮김 , 『한국전쟁의 기원』, 일월서각, 1986) ; vol. 2 : *The Roaring of the Cataract, 1947-1950*(Princeton University Press, 1981, 1990)는 1945-1948년의 한국 역사와 연합군의 점령에서 비롯되는 한국전쟁의 원인을 추적했다.

중국과 소련

체계적이고 역사적인 연구는 O. Edmund Clubb, *China and Russia : The Great Game*(Columbia University Press, 1971)이다. 또한 Herbert J. Ellison 편, *The Sino-Soviet Conflict : A Global Perspective*(University of Washington Press, 1982)를 보라. Gordon H. Chang, *Friends and Enemies : The United States, China, and the Soviet Union, 1948-1972*(Stanford University Press, 1990)는 중소분쟁, 대만해협 위기, 중국의 한국전쟁 참전 등에 대한 미국의 정책에 관해서 새롭게 공개된 자료를 이용한 혁신적이고 학술적인 논의를 제공했다.

중국과 제3세계

Samuel S. Kim, *The Third World in Chinese World Policy*(Center of International Studies, Princeton University, 1989)는 외교관계와 경제적 원조를 다루었다. 또 Lillian Craig Harris and Robert L. Worden 편, *China and the Third World : Champion or*

594

Challenger?(Auburn House, 1986) ; Peter Van Ness, *Revolution and Chinese Foreign Policy : Peking's Support for Wars of National Liberation*(University of California Press, 1970 : 신일섭 옮김, 『혁명과 중국의 대외정책』, 사계절, 1984)을 보라.

동남 아시아

J. A. C. Mackie 편, *The Chinese in Indonesia : Five Essays*(University of Hawaii Press, in assoc. with the Australian Institute of International Affairs, 1976)는 중국인의 정치행동 및 반(反)중국인 폭동의 유형에 관한 것이다. Robert S. Ross, *The Indochina Tangle : China's Vietnam Policy, 1975-1979*(Columbia University Press, 1988)은 사이공의 함락에서 1979년 중국의 베트남 침입에 이르기까지 소련이라는 요소가 핵심적이었음을 지적했다.

남아시아

Neville Maxwell, *India's China War*(Jonathan Cape, 1970)를 보라. Allen S. Whiting, *The Chinese Calculus of Deterrence : India and Indochina*(University of Michigan Press, 1975)는 1962년의 국경분쟁과 일반적 정책행동에 대한 중요한 연구이다.

아프리카

최초의 역사적 연구인 Bruce D. Larkin, *China and Africa, 1949-1970 : The Foreign Policy of the People's Republic of China*(University of California Press, 1971)를 보라. 또 Alan Hutchinson, *China's African Revolution*(Westview, 1976)을 보라.

중국의 대외원조

Wolfgang Bartke, *The Economic Aid of the PR of China Developing and Socialist Countries*(K. G. Saur, 1989)를 보라. John Franklin Copper, *China's Foreign Aid : An Instrument of Peking's Foreign Policy*(D. C. Heath, 1976)는 지역과 국가별 자료를 신고 있다.

중국과 미국

Akira Iriye, *The Cold War in Asia : A Historical Introduction*(Prentice Hall, 1974)은 중미관계를 평가한 것이다. James C. Thomson, Jr., Peter W. Stanley, John Curtis Perry, *Sentimental Imperialists : The American Experience in East Asia*(Harper & Row, 1981)는 미국과 동아시아의 관계를 다룬 것이다. 또 Warren I. Cohen, *America's Response to China : A History of Sino-American Relations*, 3rd ed.(Columbia University Press, 1990)이 있으며. Roderick MacFarquhar, *Sino-American Relations, 1949-1971*(Praeger, 1972)은 외교정책의 변화를 보여주는 이야기와 자료에 의한 분석을 신고 있다.

중국의 "상실"

Stanley D. Bachrack, *The Committee of One Million : "China Lobby" Politics, 1953-1971*(Columbia University Press, 1976)은 유엔의 중화인민공화국 승인을 반대

한 오랜 로비 활동을 추적했다. Edwin W. Martin, *Divided Counsel : The Anglo-American Response to Communist Victory in China*(University Press of Kentucky, 1986) 역시 해박하고 흥미진진한 1948-1954년 사이의 외교사이다. John S. Service, *The Amerasia Papers : Some Problems in the History of US-China Relations*(Center for Chinese Studies, University of California, 1971)는 이 대표적인 중국통 외교관이 자신의 경험에 대해서 언급한 드문 경우 가운데 하나이다. E. J. Kahn, Jr., *The China Hands*(Random House, 1975)는 "중국의 상실"에 대한 개인적인 이야기를 모은 것이다. 또 Paul Gordon Lawson 편, *The China Hands' Legacy : Ethics and Diplomacy*(Westview, 1987)를 보라.

국교회복

Robert G. Sutter, *China Watch : Toward Sino-American Reconciliation*(Johns Hopkins University Press, 1978)은 1972년까지의 국교회복 과정을 다시 설명하는 것이다. William Dudley and Karen Swisher 편, *China : Opposing Viewpoints*(Greenhaven Press, 1989)는 1976년 이래의 인권, 역사, 경제적 상황에 초점을 두었다.

22. 정치개혁, 1978-1990년

전문학자에 의한 상당히 긍정적이고 해석적인 개혁 평가에 대해서는 A. Doak Barnett and Ralph N. Clough 편, *Modernizing China : Post-Mao Reform and Development*(Westview, 1986)를 보라. 또한 Barrett L. McCormick, *Political Reform in Post-Mao China : Democracy and Bureaucracy in a Leninist State*(University of California Press, 1990)를 보라. Carol Lee Hamrin, *China and the Challenge of the Future : Changing Political Patterns*(Westview, 1990)는 1976년 이후의 경제정책을 포함한, 개혁운동에 대한 훌륭한 정치사이다.

민주화운동

Andrew J. Nathan, *Chinese Democracy*(Knopf, 1985 ; 평장본, University of California Press, 1986)는 역사적 배경에 대한 훌륭한 연구이다. Fang Lizhi(方勵之) 지음, James H. Williams 편역, *Bringing Down the Great Wall : Writings on Science, Culture and Democracy in China*(Knopf, 1991)는 저명한 물리학자이자 개혁운동 지도자로서 천안문 사건 도중 아내와 함께 미국 대사관으로 피신한 방여지에 의한 설명이다. 또한 Andrew J. Nathan, *China's Crisis : Dilemmas of Reform and Prospects for Democracy*(Columbia University Press, 1990)를 보라. Orville Schell, *Discos and Democracy : China in the Throes of Reform*(Pantheon, 1988)은 주로 지식인과의 인터뷰에 바탕을 두어 방여지, 유빈안, 왕약망(王若望)의 묘사를 포함한 1986-1987년간에 대한 만화경적인 서술을 제공하고 있다. David Bachmen and Dali L. Yang 편역,

Yan Jiaqi and China's Struggle for Democracy(M. E. Sharpe, 1991)는 유명한 정치학자이자 반체제운동가인 엄가기(嚴家其)에 대한 것이다. 중국 미래의 정치상과 관련하여 통찰력 있는 분석은 Thomas A. Metzger, "Confucian Thought and the Modern Chinese Quest for Moral Autonomy," *Renwen ji shehui kexue jikan*(「人文及社會科學集刊」：Journal of Social Sciences and Philosophy)(Taibei), 1. 1(Nov. 1988)：297-358 을 보라.

천안문 사건, 1989년 6월 4일

Tony Saich 편, *The Chinese People's Movement : Perspectives on Spring 1989*(M. E. Sharpe, 1990)을 보라. 자료를 위해서는 Michel Oksenberg, Lawrence R. Sullivan, and Marc Lambert 편, *Beijing Spring 1989, Confrontation and Conflict : The Basic Documents*(M. E. Sharpe, 1990)를 보라. *China Rising : The Meaning of Tiananmen*(Chicago：Ivan Dee, 1990)의 저자인 Lee Feigon은 1989년의 봄을 인민대학(人民大學)의 교정에서 보냈으며, 항의시위는 "친서구적인 민주주의자"가 아니라 정치적으로 잘 연결되어 있는 민주주의적인 반대파들이 시작한 것이라는 점을 지적한다. Jeffrey N. Wasserstrom and Elizabeth J. Perry 편, *Popular Protest and Political Culture in Modern China : Learning from 1989*(Westview, 1992)은 1989년의 사건을 다양한 역사적, 문화적 시각에서 고찰하여 흥미 있는 결과를 얻었다. 중국 정부의 공식적인 견해에 대해서는 Che Muqi, *Beijing Turmoil : More than Meets the Eye*(Beijing : Foreign Languages Press, 1990)를 보라. George Hicks 편, *The Broken Mirror : China after Tiananmen*(St. James Press, 1991)은 6 · 4(천안문 사건)의 1주년 기념일에 대해서 글을 쓴 언론인, 학자, 외교관들의 설명과 예견을 싣고 있다.

23. 법률과 인권

국내법

Anita Chan, Stanley Rosen, and Jonathan Unger 편, *On Socialist Democracy and the Chinese Legal System : The Li Yizhe Debates*(M. E. Sharpe, 1985)는 법률, 적절한 절차 및 정치 참여의 관례와 일반적인 정치적, 행정적 배경에 주목한 것이다. 중국 법률의 역사와 그에 대한 비판은 Jerome Alan Cohen, R. Randle Edwards, and Fu-mei Chang Chen 편, *Essays on China's Legal Tradition*(Princeton University Press, 1980)을 보라. 또 R. Randle Edwards, Louis Henken, and Andrew J. Nathan 편, *Human Rights in Contemporary China*(Columbia University Press, 1986)나 앞의 민주화운동 항목을 보라.

국제법

Hungdah Chiu and Jerome Alan Cohen, *People's China and International Law*(Princeton University Press, 1974 ; 개정판 근간 예정)를 보라. 또한 앞서의 경제 개혁, 1978–1990년과 중국의 외교 항목을 보라.

24. 사회복지의 문제

현대 중국인의 정체성 문제는 "The Living Tree : The Changing Meaning of Being Chinese Today," *Daedalus* vol. 120, no. 2, Spring 1991에서 9명의 저명한 기고자들이 다루고 있다. 다양한 인간의 삶에 대해서는 Zhang Xinxin and Sang Ye, *Chinese Lives : An Oral History of Contemporary China*(Pantheon, 1987)를 보라. 또한 Richard Curt Kraus, *Class Conflict in Chinese Socialism*(Columbia University Press, 1981) ; James L. Watson 편, *Class and Social Stratification in Post−Revolution China*(Cambridge University Press, 1984)를 보라.

의료와 공중보건

Arthur Kleinman, *Social Origins of Distress and Disease : Depression, Neurasthenia, and Pain in Modern China*(Yale University Press, 1986)는 정신과 의사이자 인류학자 로서의 견해를 보여준다. 또한 Chen Junshi, T. Colin Campbell 편, *Diet, Life Style and Mortality in China : A Study of the Characteristics of 65 Chinese Counties*(Cornell University Press, 1990) ; Marilyn M. Rosenthal, *Health Care in the People's Republic of China : Moving towards Modernization*(Westview, 1987) ; John Z. Bowers, J. William Hess, and Nathan Sivin 편, *Science and Medicine in Twentieth−Century China : Research and Education*(Center for Chinese Studies, University of Michigan, 1988)을 보라. 이것들은 의료와 보건에 대한 다양한 주제를 다루고 있다. 또 *The Health Sector in China*(World Bank, 1984)를 보라. *A Barefoot Doctor's Manual* (Philadelphia : Running Press, 1977)은 침술 등을 다루고 있다. C. C. Chen, *Medicine in Rural China : A Personal Account*(University Of California Press, 1989)도 있다.

환경문제

Vaclav Smil, *The Bad Earth : Environmental Degradation in China*(M. E. Sharpe, 1984)를 보라. 저자는 현재 캐나다에서 가르치고 있는 체코인으로 원래 중국의 환경 문제에 대한 노력을 높이 평가했었지만, 실제 중국을 방문해본 후 완전히 환상에서 깨어났다. 그의 책은 논쟁적이지만 많은 생생한 정보를 제공한다. James E. Nickum 편, *Water Management Organization in the People's Republic of China*(M. E. Sharpe, 1982)는 직접적 경험에 의해서 쓴 관개사업에 대한 뛰어난 연구로 편자의 서문이 곁

598

들여 있다. 또 S. D. Richardson, *Forests and Forestry in China*(Island Press, 1990)를 보라. Lester Ross, *Environmental Policy in China*(Indiana University Press, 1988)는 산림정책, 수자원 보호, 자연재해정책 및 사회과학과 환경과학을 이용하고 중국의 정치적 영향력을 조절하는 오염통제 등의 실행과정에 주목했다. Grainne Ryder, *Damming the Three Gorges : What Dam-Builders Don't Want You to Know*(Toronto : Probe International, 1990)는 이붕(李鵬) 수상 등이 원하는 세계은행에 의한 차관을 막기 위해서 장강에 거대한 댐을 건설하는 것을 반대하는 주장을 담은 것이다. Lyman P. van Slyke, *Yangtze : Nature, History, and the River*(Addison-Wesley, 1988)는 시와 역사, 그리고 근대의 여행가들의 설명 속에 나타난 장강을 묘사하고 있다.

인구통계와 산아제한

Li Chengrui 편, *The Population Atlas of China*(Oxford University Press, 1987)는 1982년의 조사에 기초한 인구, 경제, 사회에 대한 중요한 자료를 담고 있다. Leo A. Orleans, *Every Fifth Child : The Population of China*(Stanford University Press, 1972)는 1953년의 인구조사에서 시작된 주요한 문제들을 묘사한다. 저명한 인구학자에 의한 조사는 Ansley J. Coale, *Rapid Population Change in China, 1952-1982*(National Academy Press, 1984)이다. 또한 Judith Banister, *China's Changing Population*(Stanford University Press, 1987)은 기초적 연구이다. Elizabeth Croll, Delia Davin, and Penny Kane 편, *China's One Child Family Policy*(Macmillan, 1985)는 대단히 유익하다. Burton Pasternak, *Marriage and Fertility in Tianjin, China : Fifty Years of Transition*(East-West Population Institute, East-West Center, 1986)은 천진(天津)에서의 결혼, 출산, 가족과 사회적 관습을 조사한 훌륭한 사례연구이다.

사회 속의 여성

일반적인 개관을 위해서는 Elizabeth Croll, *The Women's Movement in China : A Selection of Readings, 1949-1973*(London : Anglo-Chinese Educational Institute, 1974)를 보라. Margery Wolf, *Revolution Postponed : Women in Contemporary China*(Stanford University Press, 1985 : 문옥표 옮김, 「지연된 혁명」, 한울, 1988. 1991년에 나온 2판의 제목은 「현대중국의 여성」으로 바뀌었다)는 중국 여성의 지위, 역할과 자기인식을 연구한 것으로 사회주의와 가부장제의 공존을 지적하고 있다. 또한 Kay Ann Johnson, *Women, the Family, and Peasant Revolution in China*(University of Chicago Press, 1983) ; Arthur P. Wolf and Chieh-shang Huang, *Marriage and Adoption in China*(Stanford University Press, 1980)를 보라.

여성의 권리

Marilyn B. Young 편, *Women in China : Studies in Social Change and Feminism*(Center for Chinese Studies, University of Michigan, 1973)을 보라. Phyllis Andors, *The Unfinished Liberation of Chinese Women, 1949-1980*(Indiana University

Press, 1983)는 여성이 여전히 종속적 위치에 있음을 지적한다.

여성의 전기

많은 전기 가운데 Vivian Ling Hsu 편, *Born of the Same Roots : Stories of Modern Chinese Women*(Indiana University Press, 1981)이 주목할 만하다. Carolyn Wakeman 이 쓰고 Yue Daiyun이 구술한 *To the Storm : The Odyssey of a Revolutionary Chinese Woman*(University of California Press, 1985)은 한 북경대학 문학교수가 겪은 개인적, 정치적 시련에 대한 놀라운 묘사이다. Emily Honig and Gail Hershatter, *Personal Voices : Chinese Women in the 1980s*(Stanford University Press, 1988)는 여성 지위의 향상에 관한 것으로 1980년대 초반의 조사에 기초한 학술연구이다.

소수민족과 자치구

소수민족에 대해서는 Thomas Heberer 지음, Michael Vale 옮김, *China and Its National Minorities : Autonomy or Assimilation?*(M. E. Sharpe, 1989)을 보라. 저자는 1982-1988년 사이 소수민족의 거주지역을 방문했지만, 인터뷰는 하지 않고 기록된 자료에 의존했다. 이 책은 소수민족의 역사나 여러 민족 사이의 구별, 자치구 정책 등 에 대해서 좋은 참고가 된다. June Teufel Dreyer, *China's Forty Millions : Minority Nationalities and National Integration in the People's Republic of China*(Harvard University Press, 1976)는 이 문제와 정책에 대한 선구적 연구이다.

자치구역에 대한 연구로는 Dorothy J. Solinger, *Regional Government and Political Integration in Southwest China, 1949-1954 : A Case Study*(University of California Press, 1977)가 여전히 기본적인 것이다. George V. H. Moseley, III, *The Consolidation of the South China Frontier*(University of California Press, 1973)는 1950-1960년 사이의 성(省) 신문을 이용한 것이다. 또한 David S. G. Goodman, *Centre and Province in the People's Republic of China : Sichuan and Guizhou, 1955-1965*(Cambridge University Press, 1986)를 보라. Keith Forster, *Rebellion and Factionalism in a Chinese Province : Zhejiang, 1966-1976*(M. E. Sharpe, 1990)는 정 치, 정부, 역사, 그리고 특히 1966-1969년 사이의 문혁에 관한 것이다. Linda Benson and Ingvar Svanberg 편, *The Kazaks of China : Essays on an Ethnic Minority* (Stockholm : Almquist & Wiksell International, 1988)는 신강성의 위구르 자치구에 대 한 중국의 사회정책을 다룬 것이다. Dru C. Gladney, *Muslim Chinese : Ethnic Nationalism in the People's Republic*(Council on East Asian Studies, Harvard University, 1991)은 1,000만 명이나 되는 중국 이슬람 교도인 회족(回族)에 대한 현장 조사 가운데 기념비적인 것이다.

종교

Holmes Welch, *Buddhism under Mao*(Harvard University Press, 1972)는 근대 중국 의 불교에 대한 유명한 3부작을 완결시킨 것이다. George Urban 편, *The Miracles of*

Chairman Mao : A Compendium of Devotional Literature, 1966-1970(Nash Publishing, 1971)는 편자의 서문을 곁들여 신앙, 자아의 포기, 계급애, 사회주의적 희생, 범죄와 고백을 다루고 있다. G. Thompson Brown, *Christianity in the People's Republic of China*, rev. ed.(John Knox Press, 1986)는 주로 개신교에 관한 훌륭한 개관이다. Julian F. Pas 편, *The Turning of the Tide : Religion in China Today*(Oxford University Press, 1989)는 20세기 중국과 홍콩의 종교에 관한 역사적 배경과 더불어 여러 가지 신앙으로의 새로운 전환을 다룬다.

예술과 인문학

문학

Perry Link 편, *Stubborn Weeds : Popular and Controversial Chinese Literature after the Cultural Revolution*(Indiana University Press, 1983) ; Hualing Nieh 편, *Literature of the Hundred Flowers*, 2 vols.(Columbia University Press, 1981)를 보라. Perry Link, Richard Madsen, and Paul G. Pickowicz 편, *Unofficial China : Popular Culture and Thought in the People's Republic*(Westview, 1989)은 새로운 자료에 기초하여 폐쇄된 사회를 연구하는 새로운 방법을 제시하는 중요한 연구이다. Jeanne Tai 편역, *Spring Bamboo : A Collection of Contemporary Chinese Short Stories*(Random House, 1989)는 개혁세대에 의한 새로운 문학적 경향에 관한 것이다. "반체제" 문학으로서 선전된 Chen Jo-hsi, *The Execution of Mayor Yin and Other Stories from the Great Proletarian Cultural Revolution*(Indiana University Press, 1978)은 대만에서 태어나 미국에서 교육을 받은 한 중국인에 의한 1966-1973년의 경험담을 소설화한 것이다. Helen Siu and Zelda Stern 편, *Mao's Harvest : Voices from the China's New Generation*(Oxford University Press, 1983)은 거대한 환멸의 문학을 다룬 것이다. Perry Link가 편집한 Liu Binyan(劉賓雁), *People or Monsters? and Other Stories and Reportage from China after Mao*(Indiana University Press, 1983)는 사회비평의 성격을 띤 기사를 포함하는 문학작품이다.

연극

극장과 경극(京劇)에 대해서는 Bonnie S. McDougall 편, *Popular Chinese Literature and Performing Arts in the People's Republic of China, 1949-1979*(University of California Press, 1984)이 훌륭한 연구서이다. Rudolf G. Wagner, *The Contemporary Chinese Historical Drama : Four Studies*(University of California Press, 1990)는 그 정치적 맥락 속에서 경극의 역사와 비판을 다룬 것이다.

음악

Richard Curt Kraus, *Pianos and Politics in China : Middle Class Ambitions and the Struggle over Western Music*(Oxford University Press, 1989)은 인터뷰와 기록물에 기초한 저명한 중국인 작곡가와 예술가의 전기까지 포함한 대단히 개인적인 견해이다.

미술

Ellen Johnston Laing, *The Winking Owl : Art in the People's Republic of China* (University of California Press, 1988)는 중화인민공화국과 그 이전의 미술에 대한 여러 가지 접근방식의 차이를 검토했다. 또한 Joan Lebold Cohen, *The New Chinese Painting, 1949-1986*(H. N. Abrams, 1987)를 보라.

영화

Paul Clark, *Chinese Cinema : Culture and Politics since 1949*(Cambridge University Press, 1987)은 1983년에 이르기까지 영화 및 예술과 정치의 관계를 다룬 대단히 유용한 연구서이다.

편집자 후기

페어뱅크 교수는 1991년 9월 12일 아침 편집과 교정을 마친 *China :A New History*의 최종 원고를 하버드 대학교 출판사에 넘겼다. 이날 오후 그는 심장 발작을 일으켰으며, 이틀 후에 사망하여 이 저자의 후기 부분만을 쓰지 못한 채 남겨두게 되었다.

스스로 자주 언급했던 것처럼 중국사의 연구는 수많은 개인의 숙련성과 정력을 끌어모으는 공동작업이 되어야 한다는 확고한 신념에 따라 페어뱅크 교수는 10여 명이 넘는 동료 학자들에게 *China :A New History*의 원고를 보내서 비평해달라고 했다. 수정을 위한 비평을 해준 사람 가운데에는 마리-클레르 베르제르, 피터 볼, 장광직, 로이드 이스트먼, 에드워드 파머, 헤르베르트 프랑케, 윌리엄 커비, 필립 큔, 토머스 메츠거, 앤드루 네이션, 루시언 파이, 존 슈레커, 벤저민 슈워츠, 제임스 왓슨, 그리고 특히 교수의 사망 이전 몇 달 동안 그와 자주 접촉을 가졌으며, 교수의 건강이 악화되면 이 책의 출판을 돌보기로 동의했던 폴 코언이 있었다. 코언 교수의 친절한 전문가적인 감정으로 출판과정에서 편집상의 주의가 필요했던 많은 작업이 이루어질 수 있었다.

페어뱅크 교수의 연구조교였던 캐린 골린은 수많은 방법으로 중화인민공화국 이전 시대의 참고문헌 목록을 작성하고 편집하는 것을 도와주었다. 중화인민공화국 부분은 모택동 이후 시기의 환경문제에 대해서 조언을 한 마사 헨더슨 쿨리지의 헌신적인 노력으로 많은 도움을 얻었다. 그밖에도 문헌목록의 작성에 전문지식을 제공한 사람은 윌리엄 앨퍼드, 폴 코언, 존 카우프먼, 피터 퍼듀, 드와이트 퍼킨스, 테리 시큘라, 네이션 시빈, 제임스 톰슨, 루돌프 와그너, 데이비드 츠바이그, 그리고 무엇보다도 페어뱅크 동아시아 연구소의 사서인 낸시 허스트였다.

페어뱅크 교수가 쓴 예전의 여러 저서에 대해서 그랬던 것처럼 윌머 페어뱅크 여사는 삽화를 선택하고 배열하며, 그에 따른 수많은 설명문을 쓰는 데에 중국 미술사 연구자로서의 자신의 지식과 안목을 제공했다. 그녀의 목표는 사진이 발명되기 이전의 수세기 동안 중국인 예술가들이 묘사한 움직이는 중국인의 모습을 보여주려는 것이었다. 페어뱅크 여사는 또한 겉표지 삽화의 선택에도 참여했다.

삽화를 찾아내고 확보하는 데에 도움을 준 옌-슈 린 자오, 티머시 코너, 징 준, 존 킴, 토머스 로턴, 진 무어, 제임스 왓슨, 왕고 웽, 마크 윌슨, 우 훙 씨에게 출판사는 감사의 뜻을 전하고 싶다.

하버드 대학교 출판사의 부사장이자 총편집자인 아이더 도널드는 1989년 페어뱅크 교수에게 이 책을 써달라고 요청하고, 그것이 가능하도록 안배를 해주었으며, 초고를 읽었다. 원고 교열부의 편집장인 수전 월리스는 원고 수정과 편집의 최종 단계에서 저자와 긴밀하게 협력했다. 도안 책임자인 매리언 펄랙은 책과 겉표지를 디자인했다. 출판 부책임자인 데이비드 포스는 식자와 인쇄, 제본을 맡았다.

오랫동안 페어뱅크 교수의 조수였던 존 힐은 여러 차례 원고를 타이핑하는 데에 주된 책임을 졌다. 올리브 홈즈는 색인을 만들었다. 페어뱅크 교수의 감독 아래 로버트 포겟은 지도를 찾고 그려넣었다. 지도 1과 2는 케임브리지 대학교 출판사의 승인 아래 『케임브리지 중국사』에서 가져온 것이다. Harper & Row 출판사는 관대하게도 페어뱅크 교수의 1986년도 저작인 *The Great Chinese Revolution, 1800-1985*의 자료를 이용하는 것을 허용해주었다.

초판 역자 후기

이 책의 저자인 존 킹 페어뱅크 교수는 국내에서도 잘 알려져 있는 저명한 미국의 중국사 연구의 대가이다. 이미 국내에도 『현대중국의 전개』(양호민 등 옮김, 형설출판사, 1977년, 1985년 재판)와 『중국혁명운동문헌사 I, II』(김성환 옮김, 풀빛, 1986), 그리고 『동양문화사』(상, 하. 김한규 등 옮김, 을유문화사, 1990. 이전의 판본은 같은 출판사에서 1964년, 1969년에 펴낸 적이 있다) 등 여러 권의 저서가 번역되어 소개된 바 있기 때문에 그의 이름은 비교적 잘 알려진 편이라고 할 수 있다. 그는 특히 제2차 세계대전 이후 발흥하기 시작한 미국의 중국사 연구를 주도하면서 수많은 제자들을 키워냈고, 그 결과 그와 제자들의 전반적인 학문적 경향이 "페어뱅크 모델" 내지는 "페어뱅크 패러다임"이라는 틀로 불릴 정도로 하나의 커다란 흐름을 형성하면서 중국사의 연구에 가장 중요한 영향력을 발휘했다.

편집자의 후기에도 언급되어 있지만 페어뱅크 교수는 80세의 고령이었던 1991년 9월 12일 아침 편집과 교정을 마친 이 책의 최종 원고를 하버드 대학교 출판사에 넘긴 날 오후 심장발작을 일으켰다가 이틀 후에 사망하여 결국 이 책이 교수의 마지막 저서가 되고 말았다. 1948년에 초판을 발행한 이후 연구성과의 축적이나 발전에 따라 수차례 개정판을 냈던 『현대중국의 전개』는 특히 근현대 중국의 역사를 개관한 것이기는 하나 원제목(*The United States and China*)이 가리키는 것처럼 중국 역사나 중국 근대사의 개설서로서는 나름대로 한계가 있었다. 『동양문화사』의 경우도 아주 거대한 분량에 달하는 통사이지만 라이샤워 및 크레이그 교수와의 공저였던 만큼, 이 책은 거장 페어뱅크 교수가 펴낸 최초이자 최후의 중국사 통사인 셈이다. 또한 이 책에 서술되어 있는 내용도 위의 두 책을 요약하거나 정리한 것이 아니라 그것과는 상당히 다른, 그야말로 이 책의 제목 *China : A New History*(The Belknap Press of Harvard University Press, 1992)처럼 새로운 모습을 갖추고 있다.

우선 이 책을 관통하고 있는 특징의 하나는 종래의 중국사 개설서에서 보이는 것과는 다른 인류사적인 광범위한 시각이라고 할 수 있다. 페어뱅크 교수는 선사시대의 고고학적인 문제에서부터 시작하여 최근의 천안문 사건에 이르는 거대한 중국사의 흐름을 고찰하면서 그것을 단순하게 중국의 역사에만 한정하지 않고 이를테면 중동사회나 로마 제국 또는 근대 유럽 사회 등 다른 문명이나 사회와의 비교사적인 고찰을 시도하고 있다. 또한 중국사의 전개 과정에서 나타나는 유목사회적인 경험과 해양으로의 진출의 경험이라는 것을 대조하고 그것을 아울러 포괄하면서 중국사의 특질을 찾아내려는 새로운 시도를 모색하기도 했다. 이것이 저자의 오랜 중국사 연구의 경험이나 통찰력과 맞물려 새로운 중국사 이해의 실마리를 제공할 것으로 기대된다.

또 하나 이 책에서 두드러지게 나타나는 것은 최근, 특히 미국에서 축적된 최신의 연구성과를 최대한 반영하고 있다는 점이다. 특히 1970년대 이래 미국에서의 중국 연구는 눈부신 발전을 거두어왔으며, 페어뱅크 교수는 이에 대해서 "역사적인 지혜의 길은 어떤 주제들이 여전히 논쟁 중에 있고, 현재의 주요한 의문들은 어떤 것인가를 확인하는 데에 있지, 그것들을 한꺼번에 해결해버리는 데에 있지는 않다. 우리의 도서관에는 중국에 관해서 모든 것을 아는 체하지만 스스로의 무지를 전혀 깨닫지 못하는 저자들의 의견으로 가득 차 있다. 지식의 팽창은 동시에 무지의 크기도 늘려놓았다"(저자의 서문)고 지적한다. 그는 엄격한 학문적인 자세로 구미에서의 새로운 연구의 성과들을 정리하고 소개하면서 전통 시대나 근현대의 중국 사회를 바라보던 기존 시각을 재검토하고 새롭게 조명하는 데에 충분히 그것들을 활용하고 있는 것으로 보인다. 이 점은 기존의 개설서와는 크게 구별될 수 있는 특징이자 장점이라고 할 것이다.

그리고 이 책은 중국사 전반을 다루고 있다고는 하나 실제의 서술 분량에서도 알 수 있듯이 사실 전통시대보다는 근현대 중국의 역사에 훨씬 큰 비중을 두고 있다. 따라서 원서 자체가 미국의 독자를 대상으로 하고 있는 만큼 역사적인 사실이나 사건, 인물에 대한 상세한 서술보다는 중국사의 전반적인 경향이나 특성을 분석하는 데에 중점을 둔다는 것이 또 하나의 특징이라고 할 것이다. 수천 년에 걸친 중국의 역사를 자세히 개관한다는 것은 사실 쉬운 일이 아니며, 수많은 인명과 지명, 연대나 왕조의 이름은 어느 정도 거기에

606

익숙한 사람이 아니라면 오히려 읽어내려가는 데에 장애가 될 수도 있다. 그런 만큼 어느 면에서는 이것이 오히려 장점으로 작용할 수도 있으리라고 생각된다.

이 책의 전반적인 서술의 방향은 저자의 서문에서 자세히 다루고 있는 만큼 더 이상의 소개는 불필요할 것으로 생각되지만 위에서 살펴본 특징을 고려한다면 이 책은 중국사에 대한 개설적인 지식을 얻으려는 학생이나 일반인은 물론이고 최근의 연구성과나 경향 등 전문적인 지식을 알고자 하는 연구자 모두에게도 상당한 도움을 줄 수 있을 것이라고 기대된다.

마지막으로 이 책의 번역과 출판을 허락해주신 도서출판 까치의 박종만 사장님과 편집부 여러분께 감사를 드리고 싶다. 미숙한 번역에 대한 독자 여러분의 질정을 바란다.

1994년 10월
역자 씀

수정 증보판 역자 후기

이 책이 번역되어 출간된 지 10년 가까운 세월이 지났다. 초판이 나왔을 때부터의 10년이라는 기간 동안 현대 중국은 그 이전 시기와 비교해볼 때 변화의 크기나 속도가 도저히 비교가 되지 않을 정도로 아주 빠르게 바뀌었다. 1, 2년을 사이에 두고 중국의 도시를 방문해보면 전혀 다른 곳에 온 느낌을 받는 것은 바로 그 때문이다. 페어뱅크 교수의 제자인 보스턴 대학교의 멀 골드만 교수가 제21장과 후기를 새롭게 써서 보완한 것 역시 이런 사정에서 비롯되었을 것이다. 따라서 페어뱅크 교수가 초판에서 한 이야기 가운데 일부, 특히 최근의 시대에 가까운 것들은 이미 낡은 옛날 이야기가 되어버린 점도 부인할 수는 없다. 한국이 중화인민공화국과의 국교를 수립한 지도 벌써 10년이 되었으며, 1997년에 홍콩이 중국에 반환된 것도 벌써 한참 지난 얘기가 된 것 등은 그런 사례 가운데 일부이다.

그럼에도 불구하고 이 책이 지니는 가치는 여전하며, 마침 번역출판기간도 만기인 10년이 되고 초판 번역의 잘못과 부족함을 고치고 보충할 수 있는 기회라고 생각되어 다시 개정판을 내게 되었다. 개정판을 내기 위해서 전반적으로 쭉 다시 읽으면서 검토해보니 페어뱅크 교수가 대표하는 미국적인 시각이 전반적으로 여기저기서 아주 두드러지게 반영되어 있다는 점(새로 추가된 부분은 더욱 그렇다)을 새삼 느끼게 된다. 자유민주주의와 시장경제의 우월성에 대한 확고한 신념은 이를테면 본문의 곳곳에서 묻어나고 있다. 또한 전통적인 황제독재체제의 성격을 논의하면서 문(文)의 측면 못지 않게 중요한 무(武)의 측면을 강조한 점은 이 책에서 페어뱅크 교수가 가장 강조하는 점이기도 하며, 중국사 전반의 성격을 이해하는 데에 중요한 공헌을 할 수 있는 부분이라고도 생각된다. 이러한 부분을 염두에 두고 독자들이 이 책을 읽었으면 한다.

또한 초판을 냈을 때 여러 사정으로 공동 번역자의 이름으로 내지 못했는데, 개정증보판을 내는 기회를 빌려 공동 번역자의 이름을 밝히면서, 아울러 좀더 책임 있는 역자로서의 자세를 가다듬으려고 노력했다. 원문 자체를 놓고 전체를 통독하면서 가능한 한 문장을 짧게 만들고 부적절하다고 생각되는 부분을 다시 고쳐서 다듬은 만큼 많이 나아지기는 했지만, 그래도 여전히 부족한 점은 남아 있을 것으로 생각된다. 독자 여러분의 양해와 가차없는 질정을 바란다. 아울러 여기에 전부 열거하지는 않겠지만 원고의 교정을 도와주신 여러분께 감사의 말씀을 드리고 싶다.

2004년
김형종, 신성곤

인명 색인

가경제(嘉慶帝) 224, 233
가이 Guy, R. Kent 99,198−199
강유위(康有爲) 279−282
강청(江淸) 458, 460
강택민(江澤民) 497, 500, 506−511, 525,
  527−528, 530, 534, 536
강희제(康熙帝) 183, 185, 189, 195, 198,
  201, 435
건륭제(乾隆帝) 185, 199−200, 224, 232−
  233, 241, 280, 285, 540−541
(唐) 고종(高宗) 111
골드만 Goldman, Merle 76
공자(孔子) 71, 75, 77−78, 89, 129, 142,
  184, 225
공친왕(恭親王) 260, 286
관우(關羽) 196, 238
관제(關帝) → 관우(關羽)
광서제(光緖帝) 281−282, 284, 296
교석(喬石) 499, 511
구동조(瞿同祖) 227
그랜트 대통령 (President) Grant, Ulysses
  223
그레이엄 Graham, A. C. 89
기번 Gibbon, Edward 72

나가륜(羅家倫) 326
나서경(羅瑞卿) 461
나이토 코난(內藤湖南) 161−162
나폴레옹 → 보나파르트
내퀸 Naquin, Susan 194, 201−202, 234
네이선 Nathan, Andrew 320, 420
노연훤(勞延煊) 158

노신(魯迅) 326, 391, 430, 474
노자(老子) 79
노턴 Naughton, Barry 470, 472, 491
누르하치(努爾哈赤) 180, 184
니덤 Needham, Joseph 23, 90, 111, 132, 211

다 가마 da Gama, Vasco 174
달라이 라마 Dalai Lama 509
덜릭 Dirlik, Arif 335
도광제(道光帝) 242−243
동중서(董仲舒) 94
두아라 Duara, Prasenjit 45, 138, 196−197,
  357
듀이 Dewey, John 324
드레이어 Dreyer, Edward 176
드 베리 de Bary, William Theodore 90, 130,
  200
등력군(登力群) 496, 523, 525
등소평(鄧小平) 373, 405, 411, 413, 433,
  435, 444−445, 461, 464−465, 477−478,
  481−490, 494, 496−499, 502−503, 506−
  508, 510−512, 521−529, 533−534, 536,
  543

라이샤워 Reischauer, Edwin O. 98
(메리)라이트 Wright, Mary Clabaugh 261
(아서)라이트 Wright, Arthur F. 94, 104, 107
랜더스 Landers, Ann 141
랜킨 Rankin, Mary Backus 293
랭글로이스 Langlois, John D., Jr. 155, 158
레그 Legge, James 319
레닌 Lenin, Nikolai 232, 255, 334, 336,